HUMAN BEHAVIOR
AND THE
SOCIAL ENVIRONMENT
: SHIFTING PARADIGMS IN ESSENTIAL KNOWLEDGE FOR
SOCIAL WORK PRACTICE

인간행동이론과
사회복지실천

: 패러다임의 경쟁과 전환

Joe M. Schriver 지음
성균관대학교 사회복지연구회 옮김

박영사

역자서문

2년 전 봄, 대학원 수업으로 개설된 인간행동과 사회환경을 함께 수강하던 석·박사과정 대학원생들에게 뜻밖의 제안이 들어왔다. 당시 수업을 담당하시던 교수님께서 기존의 인간행동과 사회환경 전공교재들이 인간과 사회를 포괄적으로 이해하는데 상당한 제한이 따른다고 지적하시면서 이러한 한계를 나름대로 잘 소화시켜 비판적으로 재구성한 원서 한 권을 소개해주셨다. 때마침 사회복지학을 공부하며 새로운 시각과 사유에 목말라있던 선·후배 대학원생 8명과 박사 1명이 의기투합하여 방대한 분량의 원서를 함께 번역해 보기로 하였다. 우리가 번역하게 된 원서는 Joe M. Schriver 박사의 「Human Behavior and Social Environment: Shifting Paradigms in Essential Knowledge for Social Work Practice」(제5판, Allyn & Bacon, 2011)이었다.

해마다 사회복지 실천 및 정책과 관련된 수많은 전공서적들이 출간되고 다양한 이론들을 소개하고 있지만, 소위 '응용실천학문'이라는 이름 아래 등장하는 수많은 사회복지 전공교재들은 여러 학문영역들 ─사회학이론, 행정학이론, 경제학이론, 생물학 및 의학이론 등─ 에 대한 체계적이고 상호 연관된 이해 없이 다방면의 지식체계들을 끌어 모아서 난삽할 정도로 뭉뚱그려 설명하고 있는 것이 우리의 현실이다. 인간행동과 사회환경 교재들 역시 예외는 아니다. 오히려 인간행동과 사회환경은 사회복지학을 대표하는 전공 필수과목임에도 불구하고, 그 내용과 구성면에 있어서는 다른 어떤 교과목보다도 제설혼합설의 성격을 여실히 반영하고 있다. 실제로 사회복지학은 이질적인 학문분야들의 지식체계에 기반해서 만들어진 학문이다 보니 오랜 숙성의 시간을 거쳐 깊이 있게 탐구되어온 개별 학문들 ─흔히 순수학문이라는 심리학, 사회학, 정치학, 경제학 등─ 과 비교해보면 매우 광범위하지만 상대적으로 피상적일 수밖에 없다. 어찌 보면 이러한 한계는 사회복지라는 현상 자체가 이미 복합적인 현상의 구성물이라는 점, 그리고 인간 역시 특정분야의 지식만으로 설명될 수 없는 복합적인 존재라는 사실을 말해준다. 더구나 사회복지의 근원적인 목적은 특정 분야의 이론적 탐구보다는 인간의 복지를 제공하는 '실천 활동'에 있기 때문에 대다수 사회복지실천가들은 서로 다른 전통에서 개발된 이론들을 아무런 모순이나 갈등을 의식하지 않고 당장 눈앞에 있는 문제를 해결하려는 방법으로 사용하는 절충주의적 입장을 취할 수밖에 없었다.

아무튼 다양한 실천현장에서 활발한 활동을 적극적으로 펼쳐온 덕분에 이제 사회복지 영역은 광범위하게 확장되었고, 사회복지에 대한 이해나 사회복지실천에 대한 사회적 관심도 어느 때보다 커졌다고 볼 수 있다. 또한 학문적으로도 실천에서 정책에 이르기까지 광범위한 영역에 사회복지학자들의 참여가 활발하게 이루어지고 있는 만큼 사회복지학문은 실천과 학문 양 측면에서 광범위한 활동을 펼쳐 나가고 있다. 그런데 우리는 이러한 사회복지의 양적인 성장과 사회적 인정에 걸맞게 과연 질적인 성숙 또한 담보하고 있는가? 어떻게 보면 이전까지는 실천영역을 넓히고, 사회복지의 당위성을 주장하는 쪽으로 사회복지에 대한 논의가 초점을 맞추었다고 해도 과언이 아니다. 그에 비해 사회복지의 본질이 무엇이고, 또 다른 학문과의 연관성에 대한 자기반성적 학문 활동은 그다지 이루어지지 못하고 있다. 이제는 학문적인 심화와 실천기술의 전문성이 동시에 추구되고 발전되어야 할 시기가 도래했다. 그렇다면 우리는 어떻게 사회복지학문을 더 폭넓게 공부하고 심화시킬 수 있을까? 이러한 질문은 사회복지를 연구하고 실천하는 우리 모두가 풀어나가야 할 중대한 과제임에 틀림없다. 더구나 그 과정은 결코 쉽지 않을 것이다. 그럼에도 우리 각자가 서 있는 자리에서부터 출현하는 다양한 현상들에 대해 끊임없이 물음을 던지고, 그동안 당연하게 여겨졌던 인간과 사회의 이해방식들에 대한 해체적 작업을 반복하는 가운데 그 가능성은 조금씩 열려질 것이다.

그런 의미에서 Joe M. Schriver 박사의 인간행동과 사회환경 교재는 인간의 이해를 확장시켜줄 반가운 안내서이다. 이 책은 2001년에 초판이 출간된 이후 지금까지 약 12년 동안 세 차례의 개정작업이 이루어졌고 최종적으로 2011년에 5판이 출판되어 전 세계적으로 사회복지학계에서 꾸준히 읽히고 있다. 이 책의 장점은 지금까지 출간된 인간행동과 사회환경 교재들 중에서 유일하게 비판적 관점을 도입하여 기존의 이론적 논의들을 포괄적으로 검토하고 있다. 그동안의 이론들이 지배적인 패러다임이라는 문제의식을 바탕으로 크게 다섯 가지 차원에서 전통적인 이론들을 비판적으로 재검토하였고, 전통적·지배적인 패러다임에 대응하는 대안적인 패러다임을 체계적으로 제시하고 있다. 이러한 개념적 준거틀을 통해 우리는 인간행동과 사회환경에 관한 지식을 선택하고, 구체화시켜 실천에 적용할 수 있는 접근들에 대해 민감하게 사고할 수 있을 것이다. 또한 이 책에서는 인간행동과 사회환경에 관한 다양한 모델, 이론, 개념들을 체계화하는 전통적, 대안적 패러다임의 활용에 대해서도 상세하게 다루고 있다.

이 책은 총 10장으로 구성되어 있다. 각 장은 인간행동과 사회환경에 관한 다양한 모델, 이론, 개념들을 체계적으로 이해하고 활용할 수 있도록 구성되어 있다. 우선 1장은 이 책에서 중점적으로 다루게 될 핵심주제들에 대한 소개와 사회복지와의 관련성에 대해서 개괄적으로 설명하고 있다. 2장은 인간행동과 사회환경에 대한 전통적 패러다임과 대안적 패러다임에 대한 비교·검토 작업을 통해 두 가지 패러다임에 내재된 인식의 차이를 비판적으로 논의한다. 3장은 패러다임에 대한 사고를 도와주는 언어의 의미체계와 기능, 그리고 사회복지사를 위한 실천이론들을 소개하고 있다. 4장에서는 기존의 인간발달과정 관점들을 비판하고, 전통적·지배적인 발달이론들을 소개하면서 유색인종에 대한 전통적 이론들이 취해온 문제점들과 한계에 대해 비판적으로 분석한다. 5장은 다양한 개인들 ─유색인, 백인, 여성, 남성, 노인, 성적지향, 장애인─ 에 초점을 둔 대안적 관점 및 모델들에 대해서 소개한다. 6장은 가족성에 초점을 맞추어 가족에 대한 전통적 모델의 한계를 지적하고 대안적 모델을 소개하면서 다양한 집단에서의 가족성을 분석한다. 7장은 집단에 대한 역사적 배경과 집단을 설명하는 전통적, 대안적 관점에 대해 상세하게 설명하고 있다. 8장은 조직에 대한 역사적 관점을 개괄하고 조직에 관한 전통적 패러다임과 다양한 대안적 접근들에 대해 소개하고 있다. 9장은 공동체에 관한 전통적, 대안적 관점을 설명하고 대안적 공동체의 유형 및 특징을 제시한다. 마지막으로 10장은 사회복지실천과 직·간접적으로 관련되어 있는 지구적 관점과 이론을 설명하고 대표적인 국제적인 사회복지활동들에 대해 소개하고 있다.

이 책은 지난 2년여 동안 박사 1명과 대학원 석·박사과정생 8명이 한 팀이 되어 각 장을 분담하여 번역을 하고 수차례 윤독 및 검독과정을 거쳐 완성되었다. 1장과 10장은 석희정 경남대 사회복지학과 교수, 2장은 조용운 박사과정, 3장은 권현정 박사과정, 4장은 배은미 박사과정, 5장은 김동하 박사과정과 김연 석사과정, 6장은 고지영 한국사회과학자료원 연구원, 7장은 배은미 박사과정과 이수연 석사과정, 8장은 김동하 박사과정, 9장은 이현·김동하·고지영 석·박사과정이 책임번역자가 되어 처음부터 끝까지 한 호흡을 유지하면서 용어와 문장을 다듬고 교정 작업까지 마무리했다. 물론 각 장의 번역자가 정해져 있지만, 번역에 참여한 이들 모두가 혼신의 힘을 다해 대다수의 장들을 돌아가며 공역하였다. 여러 사람들이 용어나 문체를 통일하기 위해 많은 시간과 노력을 기울였음에도 불구하고 아쉬움을 고백하지 않을 수 없다. 애초에 외국의 학술서적을 우리의 글과 개념으로 옮기는 일 자체가 결코 쉬운 작업이 아니다. 또한 이책은 북미권 저자에 의해 서구사회의 사회복지 실천경험과 역사적 토대 위에서 쓰여진 이론서라는 사실을 기억해야 한다. 그럼에도 이 책에서 발견되는 모든 번역상의 오류와 잘못은 전적으로 역자들의 책임이다. 사회복지학문을 연구하고 실천하는 동료들의 아낌없는 질정을 바라며, 이 책이 사회복지학계에서 새로운 패러다임 전환의 필요성과 구체적인 방법들에 대해 본격적으로 논의하는 시발점이 되기를 기대한다.

이 책이 나오기까지는 많은 분들이 도움을 주셨다. 우선 인간행동과 사회환경 과목을 지도하시고 번역을 감수해주신 이혁구 교수님의 격려는 큰 힘이 되었다. 워낙 다양한 이론들과 그와 관련되는 개념 및 내용들이 방대하게 수록되어 있어 그 내용을 모두 이해하고 우리 실정에 맞는 말로 번역하는 데 난관에 부딪힐 때마다 이혁구 교수님은 언어의 의미를 새롭게 각인시켜 주셨고, 늘 든든한 버팀목이 되어주셨다. 또한 번역 동료들이야말로 서로에게 가장 소중한 도우미였다. 아내와 엄마, 연구자 등 1인 다역을 당당하게 소화하는 맏언니 권현정 선생님의 열정은 우리 번역 팀에게 늘 건강한 에너지의 원천이 되었다. 그리고 바쁜 직장생활에 지친 내색조차 하지 않고 늘 동료들을 먼저 챙기시고 배려해주시던 멋진 배은미 선생님의 존재는 일상의 버팀목이었다. 무수히 반복되는 윤독과 검독작업으로 누적된 피로와 좌절에 빠진 동료들을 독려하며 번역의 완성도를 위해 마지막 순간까지 희생해준 김동하 선생님이 우리 곁에 없었다면 이 책의 번역과 출판은 애초부터 불가능했을 것이다. 예쁜 두 아이의 엄마이자 멋진 연구자의 길을 걷고 있는 이현 선생님의 노고 역시 큰 몫을 해주었다. 사회복지학에 문을 두드린 만학도 김연 선생님의 유쾌하고 지적인 호기심은 진정한 배움에 대해 많은 것을 느끼게 해주었다. 미모만큼이나 고운 마음씨와 능력까지 갖춘 1등 신부감 고지영, 이수연 후배님들의 성장을 곁에서 지켜볼 수 있어서 행복하고 감사하다. 특히 많은 번역자들이 참여하는 관계로 번역작업을 수거하고 검독하고 수정하는 전 과정에서 생기는 크고 작은 일들이 차질 없이 진행되도록 애써준 조용운 박사과정 선생님의 노고에 감사드린다. 마지막으로 2년이 넘는 시간동안 번역과정을 끝까지 독려하고 이 번역서를 출판하는데 기다려주고 도움을 주신 출판사 박영사 안종만 회장님, 우석진 부장님, 송연정 대리님, 이재홍님께 역자들의 마음을 모아 깊은 감사의 뜻을 전한다.

2013년 9월

역자 대표

한국의 독자 여러분께

저는 한국에 이 책이 번역되어 출간되는 것에 대해 무한한 영광으로 생각하며 큰 기쁨을 느낍니다. 아울러 한국에 계신 독자 여러분들, 특히 사회복지를 공부하는 학생들이나 사회복지기관에 종사하시는 많은 분들이 이 책을 접하게 된 것에 대해 진심으로 환영하는 바입니다.

한국의 사회복지 교육 및 실천이 매우 활발하게 이루어지고 있다는 사실은 한국사회복지사협회에 등록된 사회복지사들이 32만 명이나 된다는 결과만 보더라도 충분히 짐작할 수 있습니다. 그러나 미국과 마찬가지로 한국 역시 사회복지와 사회복지서비스를 필요로 하는 사람들에 관한 중요한 난제들에 직면해 있을 것으로 생각합니다. 예를 들면, 미국과 한국의 사회복지사들은 모두 빈곤문제 해결을 위한 사회정책 및 이슈들을 비롯하여, 사회복지서비스를 전달하는 데 있어서 문화적 역량을 어떻게 발휘할 것인가에 관한 고민들을 공유합니다.

저는 지난 20년 동안 인간행동과 사회환경이라는 매우 광범위하고 흥미로운 분야에 대해 지속적으로 연구 및 저작활동을 해왔습니다. 그중 15년간은 사회복지분야에 있어서의 지구화와 국제화에 큰 관심을 가져왔습니다. 이 책의 10장에서 이러한 주제에 대해 직접적으로 다루고 있지만, 다른 장에서도 이민이나 빈곤 등에 대해 언급하면서 지구적 이슈들을 간접적으로 다루고 있습니다.

저는 2013년 여름에 스웨덴의 Jonkoping 대학교의 사회복지 동료들을 만나서 같이 일할 기회가 있었습니다. 현재까지도 제가 소속되어 있는 Arkansas 대학과 Jonkoping 대학은 파트너십과 교류 강화를 위해 여러 활동들을 함께 하고 있습니다. 저는 또한 2012년 7월에 동료와 함께 스톡홀름에서 열린 「제2차 국제 사회복지 및 사회개발 컨퍼런스: 활동과 영향」에서 "세계 노령화 문제, 사회복지, 그리고 신자유주의: 정치경제이론에 입각한 분석"이라는 주제로 논문을 발표하였습니다. 그럼에도 불구하고 저는 제 자신이 아직까지 사회복지의 국제화와 지구화 분야의 전문가라기보다는 배우는 학생의 입장에 더 가깝다고 봅니다.

이 책에서 제시한 개념틀은 사회복지사들이 전통적 관점 및 대안적 관점에 관한 패러다임과 세계관을 이해하는데 매우 중요합니다. 아래의 표는 이 책에서 제시한 두 패러다임의 차원들을 요약 정리한 것입니다.

전통적 패러다임과 대안적 패러다임의 차원들

전통적 패러다임	대안적 패러다임
1. 실증적/과학적/객관적/양적 인식방법	1. 해석적/직관적/주관적/질적 인식방법
2. 남성성/가부장제	2. 페미니즘
3. 백인성	3. 다양성
4. 분리적/비인격적/경쟁적	4. 상호관련적/인간적/통합적
5. 특권	5. 억압

이러한 개념틀은 개인, 가족, 집단, 조직, 공동체, 지구적 맥락에서 인간행동과 사회환경에 관한 이론들을 탐색하는데 매우 중요하게 활용될 수 있습니다.

이 책이 한국의 사회환경에 활용된다는 사실은 저에게도 중요한 배움의 과정이 될 것입니다. 저는 이 책을 읽은 사회복지 종사자들이나 학생들이 책에 대한 소감이나 활용 경험에 대해 긍정적이든 비판적이든 의견을 보내오는 것에 대해 매우 환영합니다. 따라서 많은 의견들이 제 이메일 jschrive@uark.edu 로 전달되길 기대합니다.

다시 한 번 이 책의 한국판이 나오게 된 것에 대해 깊은 감사의 뜻을 전합니다.

Joe M. Schriver

서문

본 저서「인간행동이론과 사회복지실천」은 사회복지의 기본적인 목적과 역량에 대한 설명을 시작으로, 인간행동과 사회환경을 이해하는 데 필수적인 기본 원칙들과 개념들을 소개하고 있다. 또한 본 저서에서는 인간행동과 사회환경에 대한 전통적, 대안적 관점에 관한 개념적 준거틀을 개괄적으로 제시하였다. 이러한 개념적 준거틀은 사회복지사가 인간행동과 사회환경에 관한 지식을 선택하고 구체화하여 적용하는 데 필요한 보편적이고 기본적인 접근과 관점에 대한 논의를 포함한다. 이와 더불어 이 책은 인간행동과 사회환경에 관한 다양한 모델, 이론, 개념들을 체계화하는 전통적, 대안적 패러다임의 활용에 대해서도 다룬다.

이 책의 각 장은 사회복지교육협회(Council on Social Work Education)의 교육정책과 인가기준에 따라 전문적인 사회복지사가 필수적으로 학습해야 되는 내용들로 구성되어 있다. 즉, 이 책에는 개인, 가족, 집단, 조직, 공동체, 지구적 환경에 관한 실천지식뿐만 아니라, 이들 각각의 체계들이 서로 어떻게 상호작용하는지에 관한 내용들이 담겨져 있다.

저자의 관점에 대하여

고백컨대, 필자의 관점이 편향되어 있음을 밝히는 바이다. 필자 역시 전통적인 관점에 의해 체계화된 기존의 지식과 그 가치에 대해 높이 평가한다. 그러나 이 책에서도 강조하는 바와 같이, 대안적 관점 및 세계관을 수용하지 않는다면 우리는 인간으로서의 개인이나 집단의 잠재력에 대해 많은 부분을 간과하게 될 것이다. 그러므로 독자들은 이 책에 제시된 전통적 관점 및 패러다임에 대한 설명을 접할 때마다 필자의 이러한 편향성을 감안하여 읽어주길 바란다. 필자는 "정상적" 혹은 "바람직한" 인간행동과 경험에 대해 정의하는 전통적인 관점들이 지나치게 일부 특권층만의 신념과 실제를 반영한 것이라 생각한다. 그리고 여기에서 말하는 일부 특권층에는 전통적 관점 및 세계관에 부합되는 사람들(권력, 운, 젠더, 인종, 부, 성적지향에 있어서)만이 포함된다.

독자들이 또 한 가지 인식해야 할 점은, 이 책이 비록 전통적인 관점에 대한 많은 비판들을 포함하고 있지만, 필자 역시 전통적 관점에 입각한 기존의 제도 하에서 교육받은 사람이며, 전통적 관점에 부합되는 일부 특권층의 특성을 상당수 갖추고 있는 사람이라는 것이다. 그러므로 이 책은 필자 본인에게도 스스로의 세계관에 의문을 품고, 끊임없이 이를 검토하여 새롭게 확장하기 위한 노력의 일환이라고 볼 수 있다.

감사의 글

이 책의 첫 개정판이 나올 때에 언급했던 필자의 동료들과 친구들은 지금까지도 든든한 지원군으로 남아있다. 그 분들과 함께 새롭게 필자에게 도움을 준 사람들에게도 고마운 마음을 전한다. 특히 이 책의 모든 개정판을 검토하는 데 도움을 준 North Carolina 대학의 Leslie Ann Gentry, Lipscomb 대학의 Kim Haynes, Washington 대학의 Larry Icard, Winthrop 대학의 Ameda Manetta, Rutgers 대학의 Mark Schmitz, San diego State 대학의 Maria Zuniga에게 특별히 감사를 전한다.

이 책의 초판이 발행되었을 당시, 필자의 아들 Andrew는 2살이었는데 필자에게 그 누구보다도 인간행동과 사회환경에 관한 많은 깨달음을 얻게 해 주었다. 지금 Andrew는 벌써 17살이 되었고, 내년에 대학을 간다. Andrew는 지금까지도 인간과 세상에 대한 호기심과 궁금증을 통해 필자에게 많은 것을 가르쳐주는 최고의 스승이다.

책임편집자 Ashley Dodge와 개발편집자 Deb Hanlon, 편집보조자 Carly Czech, 제작편집자 Pat Torellisms는 이번 개정판이 만들어지는 과정에서 편집팀을 새로 교체하는 어려운 상황에서도 묵묵히 필자를 도와주었다. 그리고 오랫동안 힘든 시간을 함께 해준 전편집자 Pat Quinlin에게도 감사의 인사를 전하는 바이다. 필자와 Pat은 몇 년 전 사회복지지식에 관한 "기본서 시리즈"를 만들자는 의견을 공유하였고, 이 책도 그 일환에서 나오게 된 것이다. 필자는 그녀가 우리 아이디어의 결실인 이 책을 만드는 작업에 동참하지 못한 것에 대해 아쉬워할 것이라고 생각한다. 필자는 Pat에게 이 모든 감사를 전하는 바이다.

마지막으로 Cathy Owens Schriver에게도 감사를 표한다. 그녀가 아니었으면 이 책은 세상 밖으로 나오지 못했을 것이다.

차 례

1장 인간행동과 사회환경에 관한 다양한 패러다임 1

4장　인간에 대한 전통적/지배적 관점　173

5장   개인에 관한 대안적 관점   229

6장 가족성에 대한 관점 333

7장　집단에 대한 관점　419

8장 조직에 대한 관점 465

9장　공동체에 대한 관점　529

10장   지구적 관점과 이론   589

인간행동과 사회환경에
관한 다양한 패러다임

Human
Behavior
and
the Social
Environment

이 책은 어떻게 활용될 수 있는가? 이 책은 사회복지 교과과정을 이수하는 학부와 대학원 학생들이 인간행동과 사회환경에 대한 지식을 습득하는데 활용할 수 있다. 더불어 이 책은 학부와 대학원 수준에 적합한 인간행동과 사회환경의 기초지식을 구축하기 위한 목적으로 사회복지교육협의회(Council on Social Work Education)의 요구조건들을 충족시키도록 기획된 것이다. 우선 학부 수준에서 이 책은 다(多)체계적 관점(개인, 가족, 집단, 조직, 지역사회와 지구적 체계들)에 기반한 인간행동과 사회환경에 관한 내용을 적절하게 제공할 것이다. 대학원 수준에서 본 서(書)는 인간행동과 사회환경에 대한 진전된 내용을 전달하기에 앞서 모든 체계수준에 걸친 기초지식을 제공하도록 고안된 단일한 교과과정 내지 두 개의 교과 과정[1]으로 구성된 인간행동과 사회환경 교재로 유용하게 활용할 수 있을 것이다.

사회복지 교과과정에서 인간행동과 사회환경의 내용을 배우는 목적은 실천에 유용한 지식을 얻기 위함이다. 우리가 학습한 인간행동과 사회환경의 내용을 사회복지실천과 우리 자신의 삶에 적용하는 방식을 터득하기 위해 우리는 인간행동과 사회환경의 내용을 지속적으로 검토할 필요가 있다. 따라서 이러한 노력의 일환으로 우리는 여기에서 배우는 내용들을 자신과 타인의 경험, 상이한 사회복지 교육과정, 인문학과 자연과학에서 배운 내용들과 통합하려고 노력할 것이다. 또한 우리는 장기적인 학습을 통해 우리의 사회복지실천에 도움을 줄 수 있는 모든 지식과 이해의 중요한 원천들을 종합하여 유기적인 전체로 엮어내고자 노력할 것이다.

목적, 기초, 전제

사회복지실천의 다양성(Diversity in Practice)

사회복지사들은 다양성이 어떻게 인간의 경험을 특징짓고 구체화하는지를 이해하고, 정체성 형성에 어떤 영향을 미치는지를 잘 이해해야 한다. 역량을 발휘하는 사회복지실천가가 되기 위하여 왜 우리는 우리 내부의 다양성과 문화가 지닌 영향력을 인식해야 하는가?

---

1) 역주: 미국의 HBSE 교육과정은 두 가지 과정으로 진행되는데, 일반적인 HBSE 과정과 Advanced HBSE 과정으로 구분되어 이루어진다.

이 책을 읽는 것은 여행에 비교할 수 있다. 여정을 시작하기에 앞서, 우리는 인간행동과 사회환경의 내용과 목적을 사회복지교육협의회(CSWE)에서 규정한 사회복지교육의 목적과 토대의 맥락 안에서 검토할 것이다. **사회복지교육협의회**(Council on Social Work Education)는 미국의 학부 및 대학원 사회복지 교육프로그램의 승인기준을 결정하고 감독하는 공인 기관이다.

전제

이 책에서 강조하는 몇 가지 기본적인 전제들을 제시하면 다음과 같다.

1. 우리가 세계와 사람들을 어떻게 바라보느냐에 따라 사회복지를 실천하는 방식에 직접적으로 영향을 미칠 것이다.
2. 우리가 세계와 사람들을 바라보는 방식은 이미 우리의 일상생활에 영향을 주고 있다.
3. 사회복지사로서 우리가 하는 일과 자신의 삶은 따로 분리되어 있지 않다.
4. 우리의 삶은 우리와 함께 일하고 상호작용하는 사람들의 삶과 분리되어 있지 않다.
5. 우리의 삶은 우리와 함께 일하고 상호작용하는 사람들의 삶과 연결되어 있으면서도 상당한 차이가 존재한다. 사회복지사로서 우리는 이러한 차이점들을 인정하고 배워야 한다. 이러한 차이점들은 우리가 지식을 통해 성장하고, 변화하는데 풍부하고 긍정적인 공통기반으로 작용할 수 있다.
6. 우리 자신과 타인에 대한 전제들은 개인과 집단의 역사, 문화에 강한 영향을 받는다.
7. 변화는 우리와 함께 일하는 사람들의 삶에서 지속적으로 일어난다.

이러한 전제들은 사회복지를 고찰하기 위한 대안적 패러다임(alternative paradigm)에 이미 반영되어 있다. 따라서 우리는 대안적 패러다임들에 대해 논의하기 전에 패러다임에 대한 일반적인 개념을 먼저 살펴볼 것이다.

사회복지 전문직의 목적

미국 사회복지교육협의회에 따르면,

사회복지 전문직의 목적은 인간과 지역공동체의 안녕(well-being)을 증진시키는 것이다. 인간과 환경의 구성물, 지구적 관점, 인간의 다양성 존중, 그리고 과학적 연구에 근거한 지식을 추구하는 사회복지의 목적은 사회경제적 정의 추구, 인권의 제약조건 예방, 빈곤퇴치 그리고 모든 사람들을 위한 삶의 질 향상을 통하여 실현된다(CSWE 2008:1).

사회복지의 목적은 우리가 인간행동과 사회환경의 내용을 체계적으로 이해할 수 있도록 이끌어 줄 것이다. 이러한 목적은 사회복지 전문직 역사와 특히 취약집단의 삶의 질을 개선시키기 위한 전문직의 지속적인 관심에서 출현한 것이다.

• 핵심적인 역량들
윤리적 실천
사회복지사들은 전문직의 가치기반을 잘 알고 있어야 한다. 그렇다면 인간행동과 사회환경의 지식이 사회복지 전문직의 근본적인 가치에 어떻게 반영되어 있고, 윤리적 실천은 그러한 지식을 습득하기 위한 우리의 노력을 어떻게 이끌어 줄 것인가?

사회복지 교육프로그램들(BSW와 MSW)은 모든 학생들이 10가지 핵심적인 역량에 대한 전문적 지식을 능숙하게 발휘할 수 있도록 훈련시켜야 한다. 이러한 역량을 성취하는데 필요한 지식, 가치, 기술과 함께 능숙한 역량을 입증해주는 다양한 실천적 행동사례들이 <표 1.1>에 요약되어 있다.

이 책의 목적은 인간행동과 사회환경에서 역량을 성취하는 것이지만(〈표 1.1〉, 핵심 역량 7번을 보라), 다른 아홉 가지 핵심 역량들을 인간행동과 사회환경에서 얻은 지식, 가치, 기술과 통합하는 것에도 상당한 관심을 기울인다(〈표 1.1〉을 보라). 더구나 이 책에서 다루려는 수많은 내용들이 인간행동에 영향을 주는 동시에 인간행동의 영향을 받는 "맥락" 내지 "환경"(즉 인간행동과 사회환경)과 서로 얽혀 있기 때문에, "실천을 구체화시키는 맥락들에 민감하게 반응"하는 아홉 번째 역량이야말로 인간행동과 사회환경에 관련된 필수적인 요소라고 하겠다. 더불어 인간행동과 사회환경의 각 과정들을 검토해 나가면서 습득하게 되는 역량들은 현장실습을 포함한 다른 사회복지 교육과정에서 배운 역량들과 긴밀하게 연결되어 있다.

인간행동과 사회환경에 관한 역량은 다른 핵심 역량들과 관련된 지식을 포함해야만 달성할 수 있다.

- 사회복지사 전문직 정체성의 발달
- 윤리적 행동과 그에 따른 딜레마
- 비판적인 사고 기술
- 인간의 다양성
- 인권과 사회경제적 정의
- 연구에 정통한 실천과 실천에 정통한 연구
- 사회정책적 실천
- 사회복지 실천과정

하지만, 위에 열거한 역량들 역시 인간행동과 사회환경의 지식을 획득해야만 성취될 수 있다. 기본적으로 이 교재는 전반적인 사회복지교육에 필요한 필수적이고 상호보완적인 내용으로 기획되어 있다.

더구나 이 교재의 내용은 사회복지교육협의회(CSWE)에서 인정한 사회복지 전문직의 기초적이고 근본적인 가치들, 즉 서비스, 사회정의, 인간의 존엄과 가치, 인간관계의 중요성, 역량, 인권, 그리고 과학적 탐구에 근거하고 있다(CSWE 2008). 역사적으로 이러한 가치들은 사회복지 교육과 실천 모두를 위한 토대로 존재해왔다.

표 1.1   EPAS[2] 2008 핵심 역량/ 정의/ 활용 가능한 실천 행동

역량	필요한 지식, 가치, 기술	활용 가능한 실천 행동들
1. 전문적인 사회복지사의 정체성을 확인하고 그에 맞게 행동	1. 사회복지사는 전문성, 사명 그리고 핵심 가치들을 대표하는 대리인 역할을 한다. 2. 사회복지사는 전문직의 역사를 이해한다. 3. 사회복지사는 사회복지 전문직의 발전을 위해	1. 사회복지서비스를 활용할 수 있도록 클라이언트의 접근권을 옹호한다. 2. 전문직의 지속적인 발전을 위해 개인적 성찰과 자기반성을 한다.

2) 역주: Educational Policy and Accreditation Standards(EPAS)은 사회복지 자격인증 정책 및 절차(social work accreditation policies and procedures)에 대한 상세한 정보를 제공하기 위해 미국 사회복지교육협의회(CSWE)에서 만든 지침서이다.

하기	노력한다. 4. 사회복지사는 자신의 전문적인 활동과 성장을 위해 노력한다.	3. 전문적인 역할과 한계를 인식한다. 4. 행동, 외양, 의사소통에 있어 전문가다운 품행을 유지한다. 5. 전문직을 수행하기 위한 장기적인 훈련과정에 참여한다. 6. 슈퍼비전과 자문을 활용한다.
2. 사회복지 윤리원칙을 전문직 실천에 적용하기	5. 사회복지사는 윤리적으로 행동할 의무를 지닌다. 6. 윤리적인 의사결정을 한다. 7. 사회복지사는 전문직의 가치기반, 윤리기준 및 관련법을 잘 숙지한다.	7. 전문적 가치에 따라 실천할 수 있도록 개인의 가치를 인식하고 관리한다. 8. 미국사회복지사협회 윤리강령(National Association of Social Workers Code of Ethics)과 국제 사회복지사연맹(International Federation of Social Workers)/국제 사회복지학회 산하 사회복지윤리협의회(International Association of schools of Social Work Ethics in Social Work)의 기준을 적용하여 윤리적인 결정을 한다. 9. 윤리적 갈등을 해결하는 과정에서 생기는 다양한 윤리적 딜레마들을 감수한다. 10. 윤리적인 근거를 지닌 전략들을 적용하여 원칙에 입각한 결정을 한다.
3. 전문적인 판단을 공유하기 위해 비판적인 사고를 적용하기	8. 사회복지사는 논리적, 과학적인 탐구와 합리적인 판단원칙을 잘 갖추고 있다. 9. 사회복지사는 창의성과 호기심을 통해 확장된 비판적 사고를 활용한다. 10. 비판적 사고는 관련된 정보를 통합하고 공유해야 한다.	11. 연구에 기초한 지식과 실천지혜를 모두 포함한 다양한 지식의 원천들을 판별, 평가, 통합한다. 12. 사정, 예방, 개입 그리고 평가 모델들을 분석한다. 13. 개인, 가족, 집단, 조직, 지역사회 그리고 동료들과 함께 일할 때 대화와 문서를 모두 활용하여 효과적으로 의사소통한다.
4. 다양성과 차이를 실천에 적용하기	11. 사회복지사는 다양성이 어떻게 인간의 경험을 특징짓고, 구체화시키는지를 이해하고, 정체성 형성에 얼마나 중요한가를 이해한다. 12. 다양성의 영역들은 나이, 계급, 피부색, 문화, 장애, 민족성, 젠더(gender), 성정체성 표현방식, 이민자의 지위, 정치적 이데올로기, 인종, 종교, 성(sex) 성적 성향(sexual orientation)을 포함한 복합적인 요인들이 교차하는 영역으로 이해된다. 13. 사회복지사는 한 개인의 삶의 경험 속에 특권, 권력, 사회적 인정뿐 아니라 억압, 빈곤, 사회적 배제, 소외를 포함한 차이가 존재함을 인식한다.	14. 문화적 구조와 가치가 특권과 권력을 만들고 강화시키는 방식 내지 억압, 주변과 소외시키는 방식을 인식한다. 15. 다양한 집단과 함께 일하는 사회복지사는 개인적 편견과 가치가 그들에게 영향을 미치지 않도록 충분한 자기인식을 한다. 16. 삶의 경험이 만들어내는 차이의 중요성을 인식하고 그러한 삶의 이해방식을 공유한다. 17. 사회복지사는 학습자가 되어 함께 일하는 사람들을 정보제공자로 개입시킨다.
5. 인권과 사회경제적 정의를 개선시키기	14. 모든 사람은 사회적 지위고하를 막론하고 자유, 안전, 사생활 보호, 적절한 생활수준, 보건, 교육에 관한 기본적 인권을 가진다. 15. 사회복지사는 억압이 전세계적으로 상호 연관되어 있음을 인식하고, 인권과 시민의 권리를 증진시키기 위한 정의와 전략들에 대한	18. 억압과 차별의 유형과 메커니즘을 이해한다. 19. 인권과 사회경제적 정의를 옹호한다. 20. 사회경제적 정의를 향상시킬 수 있는 활동을 한다.

		이론들을 이해한다. 16. 기본적 인권이 편견 없이 공정하게 분배되도록 사회복지는 조직, 제도, 사회 전반에 걸쳐 사회정의를 위한 실천적 활동을 포함시킨다.	
6.	연구 지향적 실천과 실천 지향적 연구를 동시에 수행하기	17. 사회복지사는 연구지식을 갖추고, 증거에 기반한 개입에 힘쓰며, 자신의 실천을 스스로 평가한다. 또한 연구결과를 실천, 정책, 사회 서비스 전달체계를 개선하는데 활용한다. 18. 사회복지사는 양적연구와 질적 연구를 이해하고, 지식구축을 위한 과학적이고 윤리적인 접근방법들을 이해한다.	21. 다양한 실천경험을 과학적 탐구에 관한 지식을 알리는데 활용한다. 22. 연구를 통해 검증된 증거를 실천한 관한 지식을 알리는데 활용한다.
7.	인간행동과 사회환경에 대한 지식을 적용하기	19. 사회복지사는 전 생애에 걸친 인간행동에 대한 지식을 이해한다. 20. 즉 사람들이 살아가는 사회체계의 다양성과 21. 그러한 사회체계들이 인간의 건강 및 안녕의 유지를 촉진시키거나 방해하는 방식들을 이해한다. 22. 사회복지사는 인문학과 관련된 이론들과 지식을 생물학, 사회학, 문화, 심리학, 영성 발달을 이해하는데 적용한다.	23. 사정, 개입, 평가과정에 지침이 되는 개념적 틀을 이용한다. 24. 인간과 환경에 대한 지식을 비판적으로 적용한다.
8.	사회·경제적 복지를 증진시키고, 효과적인 사회복지서비스를 전달하기 위한 정책적 실천에 관여하기	23. 사회복지 실천가는 정책이 서비스전달체계에 미치는 영향을 이해하고, 정책적인 실천활동에 적극 관여한다. 24. 사회복지사는 사회정책과 서비스에 대한 역사와 현재의 구조를 이해한다. 25. 사회복지사는 서비스전달체계에 있어서 정책의 역할을 잘 이해하고, 26. 정책개발에 따른 실천의 역할을 이해한다.	25. 사회복지를 향상시키는 정책들을 분석, 공식화하고, 지지한다. 26. 효과적인 정책 실행을 위해 동료집단 및 클라이언트와 협력한다.
9.	실천을 구체화시키는 맥락에 민감하게 반응하기	27. 사회복지사는 풍부한 지식을 통해 예방적 접근으로 모든 실천 수준에서 조직, 지역사회, 사회적 맥락들을 발전시키는데 정통하다. 28. 사회복지사는 실천의 맥락이 역동적이라는 점을 인식하고, 지식과 기술을 활용하여 예방적 접근을 한다.	27. 적절한 서비스 제공을 위해 실천현장, 인구집단, 과학적, 기술적인 발달과 새롭게 등장하는 사회적 동향들을 지속적으로 발견, 평가하고, 변화시키는데 참여한다. 28. 사회서비스의 질을 향상시키기 위해 서비스전달체계 및 실천에 지속적인 변화를 촉진시키는 리더십을 발휘한다.

10.	개인, 가족, 집단, 조직, 지역사회와 함께 참여하기, 사정하기, 개입하기, 평가하기	29. 전문적인 실천은 다양한 수준에서 관여, 사정, 개입, 평가의 역동적인 상호작용과정을 수반한다.
		30. 사회복지사는 개인, 가족, 집단, 조직, 지역사회와 함께 실천하는데 필요한 지식과 기술을 가지고 있다.
		32. 실천지식은 다음과 같다.
		  a. 클라이언트의 목적을 성취하기 위해 고안된 증거기반 개입 활동을 확인하고 분석, 실행하기
		  b. 연구와 진보적 기술을 활용하기
			관계형성
			29. 개인, 가족, 집단, 조직 그리고 지역사회와 협력하기 위해 현실적이고 정서적인 준비를 한다.
			30. 감정이입과 대인관계 기술을 활용하고,
			31. 상호 동의한 과업에 초점을 맞추고 기대성과들을 설정한다.
			
			사정
			32. 클라이언트 자료를 수집하여 조직하고 해석한다.
			33. 클라이언트의 강점과 한계점을 사정한다.

c. 프로그램 성과와 실천의 효과성을 평가하기 d. 정책과 서비스에 필요한 리더십을 개발, 분석, 옹호, 제공하기 e. 사회경제적 정의를 증진시키기	34. 상호간에 동의한 개입 목적과 목표를 설정하고, 35. 적절한 개입전략을 선택한다. **개입** 36. 조직적인 목적을 성취하기 위한 활동에 착수한다. 37. 클라이언트의 능력을 강화하는 예방적 개입을 실행한다. 38. 클라이언트가 문제를 해결할 수 있도록 원조한다. 39. 클라이언트를 위해 협상, 중재, 옹호한다. 40. 의뢰와 종결을 촉진시킨다. **평가** 41. 사회복지사는 개입과정을 비판적으로 분석, 감독, 평가한다.

출처: CSWE, 2008 455:3-7

인간행동과 사회환경

그렇다면, 사회복지교육협의회는 인간행동과 사회환경에 대한 역량을 성취함으로써 사회복지사에게 기대하는 바는 무엇인가? 우리는 "인간행동과 사회환경의 지식"을 능숙하게 활용하기 위해 다음과 같은 지식을 습득해야 한다.

- 전 생애과정에 일어나는 인간행동에 대한 지식
- 다양한 사회체계 영역들
- 건강과 복지를 증진시키거나 저해하는 사회체계의 유형들

아울러 우리는 다음의 내용에 대해서도 잘 알고 있어야 한다.

- 인문학 관련 이론과 지식을 생물학, 사회, 문화, 심리학 그리고 영성 발달을 이해하는데 적용한다.

우리가 다음의 과업들을 수행할 수 있을 때, 이러한 기대를 달성하게 될 것이다.

- 개념적 틀을 활용하여 사정, 개입, 평가를 수행한다.
- 인간과 환경을 이해하기 위한 지식을 비판하고 적용한다.

(CSWE 2008:6)

우리는 인간행동과 사회환경에 대한 사회복지교육협의회(CSWE)의 요구조건들과 함께 몇 가지 기본적인 전제들을 따를 것이다.

패러다임과 사회복지

패러다임(paradigm)은 "현실세계의 복잡한 특성을 분석하는 방식이자, 세계관인 동시에 일반적인 관점이다"(Lincoln and Guba 1985:15). 패러다임은 "집단적 삶에 대한 문화적 유형"으로 이루어진다(Schutz 1944). 특히 Kuhn(1970 〔1962〕:175)은 패러다임을 "기존의 공동체 구성원들에 의해 공유된 신념, 가치, 기술 등을 망라한 총체적인 구성물"로 규정한다. 패러다임은 우리가 살아가는 세계에 대한 가치, 지식, 신념을 형성하고, 이것을 통해 구성된다. 패러다임을 구성하는 그 세계의 가치, 지식, 신념은 대개 너무 당연한 것으로 여겨지기 때문에 우리는 실제로 그것의 존재와 전제들을 잘 인식하지 못한다. 하지만 패러다임은 사회복지사에게 매우 중요한 개념이다. 우리가 서로 다른 세계관을 초래하는 요인들을 알 수 있다면, 이러한 인식을 통해 우리는 자신과 타인들, 주변 환경을 이해하고 생각할 수 있는 유용한 도구를 얻을 수 있기 때문이다. 패러다임이라는 용어는 인간의 의미에 대한 과거의 관점들, 현재의 상태 그리고 미래의 가능성을 보다 완전하게 이해할 수 있도록 도와준다. 아울러 이 용어는 인간성(humanness) 자체의 의미를 형성하고 재구성하는데 우리 자신과 타인이 어떤 역할을 하는지 이해할 수 있게 해준다.

특히 패러다임에 입각한 사고를 통해 우리는 개인, 가족, 집단, 조직, 공동체 그리고 지구적 맥락에서 인간행동을 이해하는 새로운 방식들을 배울 수 있다. 이러한 패러다임 개념은 인간행동과 사회환경을 설명하는 다양한 이론, 모델 그리고 관점에 대한 우리의 인식에 질서를 부여하고 확장시켜주는 역할을 할 수 있다. 패러다임을 통해 사물이 존재하거나 존재할지도 모르는 방식을 이해할 수 있다는 점에서 사회복지사들에게 매우 중요한 개념이다.

두 가지 패러다임: 전통적 패러다임과 대안적인 패러다임

이 책에서 우리는 매우 상이하지만 상호 배타적이지 않은 두 가지 유형의 패러다임에 대해 탐구하고자 한다. 그 중 하나는 전통적 혹은 지배적 패러다임(traditional or dominant paradigms)이고, 다른 하나는 대안적 또는 가능한 패러다임(alternative or possible paradigms)이라고 부를 것이다. 제2장에서 우리는 두 가지 패러다임이 지닌 특성을 상세히 탐구할 것이다. 자세한 설명에 앞서 간략히 설명하자면, **전통적 혹은 지배적 패러다임**은 우리의 세계를 구성하고 있는 환경들에 가장 크게 영향을 끼치는 패러다임 또는 세계관을 의미한다. **대안적 혹은 가능한 패러다임**은 인간과 환경에 대한 우리 자신과 타인의 관점을 형성하는데 거의 영향을 미치지 못했거나 주목조차 받지 못한 세계관들을 의미한다. 예컨대 양적이고 실증적인 접근이 세계를 가장 정확하게 이해할 수 있는 방법을 제공해준다는 신념이 바로 전통적이고 지배적인 패러다임을 구성하는 두 가지 핵심 요소이다.

전통적·지배적 패러다임의 사고를 대표하는 양적 및 실증적 요인들이 사회복지에 반영된 대표적인 사례로는 지역주민의 욕구를 충족시켜줄 서비스를 기획하기 위해 지역사회 욕구를 사정하고 규정하는 접근방법을 들 수 있다. 전통적·지배적인 접근에 의하면, 지역주민의 욕구를 가장 잘 이해할 수 있는 방법은 서베이(survey)를 사용하는 것으로 간주한다. 즉 잠재적인 욕구를 세분화시킨 질문지 목록을 만들고 지역주민을 무작위 표본 추출하여 설문지를 배포한 후, 응답자에게 적절한 답을 선택하여 작성하도록 하고 회수한다. 회수된 질문지를 통계 분석하고 제시한 질문들에 대한 응답 빈도를 근거로 지역사회의 정책방향을 결정한다. 그 다음 서베이를 통해 결정된 욕구를 충족시켜줄 서비스를 기획, 실행하기 위해 필요한 자원과 인력을 지역사회로부터 확보하는 일에 착수한다.

한편, 양적이고 객관적인 접근 못지않게 질적이고 주관적인 접근도 우리 주변세계에 대해 많은 것을 알게 해준다는 견해에는 대안적이고 비(非)지배적인 관점이 반영되어 있다. 위의 사례에서 특정한 지역사회의 욕구를 이해하고 충족시켜 줄 서비스를 기획하고 실행하기 위한 대안적 접근방법을 활용해보자.

대안적 접근은 단지 지역사회 욕구를 측정할 질문목록을 사전에 만들어 구성원들에게 응답하도록 요구하는 것이 아니다. 그보다 먼저 지역사회 속으로 들어가서 가능한 수많은 다양한 집단(무작위표본이 아닌)을 대표하는 다양한 사람들을 만난다. 우리는 지역사회 구성원들과 이미 만들어진 질문지의 응답자가 아니라 파트너로서 관계를 맺는다. 그리고 이들과 함께 어떤 질문을 해야 할지, 어떤 방식으로 질문이 이루어져야할지(개인, 집단, 회의방식), 그리고 누가 질문을 해야 할지(예를 들어 외부 "전문가들"보다 지역사회 구성원 자신들) 등을 결정한다 (Guba and Lincoln 1989; Reason 1988). 우리는 지역사회 주민들의 실제 삶의 경험에서 우러나오는 욕구를 찾아 이해하는데 많은 관심을 가지고 있다. 그리고 지역사회 구성원들이 자신의 언어로 표현하는 욕구를 발견하고자 노력한다. 이러한 과정을 통해 우리는 지역사회 주민들과 함께 파트너로서 그들이 표현하는 욕구를 충족시키기 위해 자원을 수집하고 사람들을 연결시키는 일을 수행한다. 이 과정에서 지역사회 구성원들이 스스로 자원을 창출하고 지역사회 서비스 전달과정에 참여하는 것을 강조한다.

이와 같이 두 과정에서 동일한 일을 수행하면서도 매우 상이한 접근이 이루어지고 있음을 알 수 있다. 두 가지 접근방식은 반드시 상호 배타적이지는 않지만, 사회복지사로서 우리 자신과 지역사회 주민의 참여수준, 상호간의 관계에 대해 매우 다른 전제를 갖고 있음을 알 수 있다. 전통적인 접근방식은 상이한 역할집단 - 연구 및 개입 집단("우리")과 개입을 통해 통제받는 연구대상자("그들") - 을 서로 분리해서 바라본다. 반면에 대안적 접근방식은 우리가 관계 맺고 있는 상대방을 상호 연관된 파트너로 간주한다.

패러다임 분석, 비판적 사고, 그리고 해체

패러다임 분석은 우리의 공적인 교육환경 안팎에서 이루어지는 상호작용 - 우리의 일과 대인관계들 - 을 더 분명하게 인식하고, 구조적으로 비판하고, 분석하는데 유용한 과정이다. 간단히 말하자면, **패러다임 분석**(paradigm analysis)은 "패러다임 사고"(think paradigm)를 배우는 것이다. 이 과정은 세계와 인간(특히 우리와 다른 사람들)에 대한 우리 자신과 다른 사람들이 주고받은 정보(말로 표현하거나 표현하지 않은 정보)에 대해 끊임없이 질문하는 과정이다. 이는 "사고에 대해 사고하는" 지속적인 과정이다. 우리는 패러다임 분석을 통해 사회복지의 주요 관심사들과 양립할 수 있는 다양한 관점들을 지속적으로 비판하고 평가할 수 있다. 여기서 명심해야 할 점은 패러다임 분석과정에서 비판적으로 사고하는 것이 부정적이거나 파괴적이기보다는 유용하고, 긍정적이며 건설적인 과정이라는 점을 인식하는 것이다.

패러다임 분석

먼저 우리가 살펴보는 관점들이 사회복지의 주요 관심사들과 양립가능한지를 판단하기 위해 우리는 각각의 관점에 대해 기본적인 질문을 던지게 된다. 이러한 질문은 다음과 같다.

1. 이 관점은 인간의 존엄성을 보호하고 회복하는데 기여하는가?
2. 이 관점은 인간의 다양성을 이해하는데 도움이 되고, 그러한 다양성을 널리 알리고 있는가?
3. 이 관점은 우리 모두의 목소리, 강점, 앎의 방식들을 수용하기 위해 우리자신과 우리 사회를 변화시키는데 도움을 제공해주는가?
4. 이 관점은 모든 인간의 잠재력을 가장 온전하게 달성하는데 도움을 제공해주는가?
5. 이 관점 내지 이론은 남성과 여성, 경제적으로 부유한 사람들과 가난한 사람들, 백인과 유색인종, 남성 동성애자, 여성 동성애자, 양성애자 및 이성애자, 노인과 젊은이, 건강한 사람과 장애인의 참여와 경험들을 반영하는가?

이러한 질문들을 던지고 답을 찾는 과정에서 우리는 우리가 탐구하고 있는 관점이 사회복지의 주요 관심사들과 양립가능한지를 알게 된다. 마지막 질문에 대한 답을 통해 우리는 패러다임이 어떻게 구성되고 발전되었으며, 그 발전과 구성에 참여한 사람들이 누구인지 알게 될 것이다. 비판적 사고와 "해체(deconstruction)"는 패러다임 분석과정에 반드시 필요한 작업이다.

비판적 사고

Gibbs는 사회복지교육에서 비판적 사고훈련의 중요성을 논의하면서, 그러한 교육이 사회복지사들을 위한 교육과정을 구성하는 본질적인 부분이라고 주장한다. 일반적으로 **비판적 사고**(Critical Thinking)는 "하나의 주장에 대한 판단을 수용할지, 거부할지 아니면 보류할지 여부에 대한 주의 깊고 신중한 결정"으로 정의된다(Moore and Parker in Bloom and Klein 1997:82). 어떻게 비판적인 사고의 과정에 몰두할 수 있는가? Gibbs와 동료 연구자들은 비판적 사고를 "수행"하기 위해 필요한 관점과 과정을 다음과 같이 제시하고 있다.

1. 클라이언트의 보호와 그들의 복지에 영향을 미치는 결과에 물음을 던지려는 성향
2. 한 가지 방법이 클라이언트들에게 도움을 준다는 주장에 대면했을 경우, "그 방법이 효과가 있는가?" "어떻게 당신이 그것을 알고 있는가?" 등 치료방법을 일반화시키는 주장에 대해 질문하기
3. 논리적, 합리적, 체계적인 자료에 근거하여 주장을 입증하거나 반대하는 증거를 비교 검토하기
4. 무엇이 논쟁되고 있는지 파악하기 위해 논의내용을 분석하기, 추론과정의 일반적 오류들을 찾아내어 설명하기 그리고 과학적인 추론의 기본적인 방법론적 원칙을 적용하기(1995:196)

해체

해체(deconstruction)는 "소외된 목소리에 민감하게 반응하는"(Sands and Nuccio 1992:491) 관점으로 "편향된 지식", "텍스트"를 분석하는 하나의 과정이다. 해체과정을 통하여 "권리가 박탈된 사람들의 목소리를 포함시켜 실재(truth)를 재구성함으로써 선입견으로 구성된 지식을 바꾸고, 사회적으로 배제된 지식을 재조명할 수 있다"(Hooks 1984 in Van Den Bergh 1995:xix). 해체는 우리가 "당연한 것으로 여겨온 구성물을 그대로 수용하지 않고 대신에 그것을 사회적, 역사적, 정

치적 맥락들과 관련시켜 바라볼 것을 전제한다. 해체주의자들은 텍스트에 있는 편견을 발견해내고, 그것을 문제시하며, '해체시킨다(decenter)'. 그리고 주변부로 취급된 관점을 '중심에 세운다(centered)'(Sands and Nuccio 1992:491). 이렇게 주변부의 목소리를 중심으로 이동시키는 과정을 통해 실재에 대해 보다 더 폭넓은 이해가 가능해진다. 사회적으로 배제되었거나 사라진 목소리들이 들리기 시작하는 동시에 패러다임 형성과정의 핵심부로 부각되기 시작하는 것이다.

과연 사회환경과 인간행동 중 어느 것이 우선하는가?

비판적 사고를 위한 사례의 재구성

사회복지교육협의회(CSWE)에서 요구하는 사회복지 기초교과목인 "인간행동과 사회환경"의 주제에 대해 생각할 때 비판적 사고와 해체적 접근방식을 적용할 수 있고 꼭 적용해야만 한다. 예컨대 우리는 인간행동과 사회환경이라는 기본과목의 명칭에 대해 의문을 던질 수 있다. 왜 "인간행동"이 앞에 나오고, "사회환경"이 그 뒤에 나오는가? 만약 기본과목의 이름이 "사회환경과 인간행동"이라면, 이 교재의 내용과 관점은 어떻게 바뀔 수 있을까? 만약 기본과목이 사회환경과 인간환경이었다면, 관점과 내용 모두에 중요한 변화가 있어야만 할 것이다. 아마도 이 교재를 구성하는 장의 순서가 바꿔야 할지도 모른다. 사회환경이 앞에 나오고, 인간행동이 뒤에 나온다면, 개인적인 인간행동(인간발달)을 먼저 이해하려 하기에 앞서 더 광범위한 사회체계의 영향력에 초점을 둘 가능성이 높아진다. 우리는 개인의 발달에 영향을 미치는 더 큰 사회환경, 즉 지구적인 문제들이 행사하는 막대한 영향력을 이해하기 위해 노력할 것이다. 어쩌면 개인의 발달과 관련된 4장과 5장을 읽기 전에 10장의 주제인 "지구적" 관점에 대해 먼저 검토할지도 모른다. 혹은 개인의 행동과 발달에 대해 두 장을 할애하지 않고 한 장에서만 다룰지도 모른다.

이러한 질문에 대해 비판적으로 사고하는 것은 과목내용 이상의 것에 질문을 던지도록 해준다. 즉 사회복지교육과 실천의 우선순위(priorities)에 대해 생각하게 한다. 사회복지는 개인 수준의 이해와 개입에 우선적으로 관여해야 하는가? 아니면 사회복지의 목적을 위하여 더 큰 사회환경을 이해하고 개입하는 것에 일차적인 초점을 두어야 하는가? 이것은 오랜 인류역사를 통해 수많은 연구자들과 실천가들이 고군분투해온 질문이다. 또한 우리가 이 교재의 장들을 따라가면서 고심하고 되돌아갈 하나의 주제이기도 하다. 이러한 질문에 답을 찾기 위한 한 가지 길은 각 장에서 "사회환경과 인간행동"의 관점에서 도출된 내용에 대해 토론해 보는 것이다. 예컨대 관점이 전환되면 빈곤감소를 위한 책임과 기존 연구자들과 실천가들의 우선순위에 변화가 있을까?

빈곤감소

아마도 그와 같이 관점이 변화하면, 지금까지 연구자들과 실천가들이 상당히 등한시 해온 빈곤감소가 다시 중요하게 고려될 것이다. 만약 우리가 사회복지의 주된 목적을 "사회경제적 정의(justice) 추구"와 "빈곤감소"를 통한 "인간과 지역사회의 안녕(well-being)을 증진시키는 것"에 둔다면(CSWE 2008:7), 우리는 빈곤 제거를 중요한 구성요소로 다룰 것이다. 만약 오늘날 사회복지교육에서 필수적인 역량을 찾는다면, "인권과 사회경제적 정의"에 초점을 둔 역량에 대해 살펴 볼 것이다. 이러한 역량은 5~10가지로 열거되어 있다(6쪽 〈표 1.1〉에서 "인권과 경제사회적 정의를 향상시키는" 5가지 역량을 보라). 다양한 체계수준들을 살펴봄으로써 빈곤상태가 사회, 교육, 건강지표와 같이 모든 체계수준이 원활하게 작동하는 방식과 밀접하게 관련되어 있음을 확인하게 될 것이다. 빈곤은 좋은 교육과 건강한 삶, 가족과 지역사회복지, 기술적인 자원의 접근과 활용을 방해하는 장애물이며, 폭력과 학대, 유아사망과 저체중아 문제와 직접적으로 연결되어 있다. 저체중은 아동의 건강과 성장에 위험을 알리는 지표이다. Rank와 Hirschl의 주장에 따르면, "빈곤은 모든 주제, 즉 복지 이용권(welfare use), 인종 불평등, 한 부모 가족, 유아사망, 경제적 불안정 그밖에 수많은 다른 주제와 관련된 논의들과 무관하게 이 모든 주제의 기초가 된다(Rank and Hirschl 1999:201).

빈곤과 억압

인간행동과 사회환경을 학습하는 과정에서 가장 중요한 점은 아마도 억압과 빈곤의 상호연관성에 주목하는 것이다. 예컨대, 우리는 미국사회와 세계적으로 억압받는 집단의 구성원들, 예컨대 유색인, 여성, 장애인이 왜 지배세력, 즉 유럽계 백인남성보다 더 심각한 빈곤상태에 놓이게 되는지에 대해 주의 깊게 검토해 볼 필요가 있다.

사회환경과 인간행동: 지구적 맥락

인간행동을 이해하기 위해 노력하는 과정에서 사회환경을 중요하게 고려해야 하는 필요성을 보여주는 가장 두드러진 사례는 아마도 우리가 살고 있는 환경이 점점 더 지구적으로 상호의존하는 관계에 놓여 있다는 점이다. 2001년 9월 11일 사건과 그 비극 뒤에 밝혀진 사건은 미국과 주변세계의 사람들에게 지구적인 맥락을 사회환경의 중요한 영역으로 포함시켜야 한다는 위기감을 불러일으켰다. 우리는 앞으로 논의를 진행해나가면서 지구적 관점을 통해서 개인, 가족, 집단, 조직, 지역사회, 사회, 경제 그리고 정치적 문제를 탐구할 것이다.

정보격차에 따른 과학기술 접근성의 빈곤: 사회복지와 인간행동과 사회환경/사회환경과 인간행동

우리는 다음 장들에서 지속적인 과학기술의 발전이 지역적, 세계적으로 소통할 수 있는 능력을 새롭게 구축해내고, 또한 그것이 개인, 가족, 집단, 조직, 지역사회 수준에서 인간행동에 미치는 사회환경의 중대한 영향력이라는 점을 살펴볼 것이다. 과학기술이 개인과 공동체의 삶에 점점 더 중대한 영향력을 지속적으로 행사함에 따라, 우리는 과학기술이 다양한 인간행동과 사회환경의 영역들에 미치는 영향을 보다 잘 평가하고 이해할 수 있어야 한다. 우리는 사회복지의 목적을 달성하는데 도움이 되는 과학기술을 주요수단으로 활용하는 방법도 배워야 한다.

그러나 우리는 비판적인 관점에서 과학기술과 그 변화들에 접근해야 한다. 이를 위해서 우리는 반드시 과학기술의 혜택과 한계를 동시에 고찰해야 한다. 특히 사회복지사들은 미국사회와 전 세계에서 "가진 자(the haves)"와 "가지지 못한 자(the have-nots)" 사이에 존재하는 간극을 줄이기보다 오히려 그 간극을 벌리는 과학기술의 잠재력을 인식할 필요가 있다. 과학기술과 그 혜택의 접근에서 벌어지는 간극을 **정보격차**(the digital divide)라고 부른다. 우리는 다음 장에서 인간의 복지를 향상시키고, 빈곤과 차별을 완화시키며, 다양한 수준에서 인간행동과 사회환경의 이해를 증진시켜 주는 과학기술의 혜택과 한계점을 살펴볼 것이다. 또한 과학기술을 둘러싼 정책 및 실천적 함의들을 탐구할 것이다.

패러다임과 역사

전통적·대안적 패러다임을 탐구하는 과정에서 비판적 사고를 적용하기 위해 우리는 이러한 세계관들이 출현했던 역사적 맥락들을 포착할 필요가 있다. 전통적인 패러다임뿐만, 아니라 대안적 패러다임도 결코 역사적인 진공상태에서 생겨난 것이 아니다. 오히려 그것들은 우리 자신과 타인의 행동, 그리고 인간이 살아온 환경을 이해하기 위한 부단한 노력을 통해 부각된 역사적 연속체(historical continuum)에 대한 논쟁과정에서 부상하였다.

전근대/실증주의 이전

역사적 관점을 통해서 우리는 현재까지 지배적인 전통적 패러다임이 그 출현 당시에는 매우 대안적이고 심지어는 급진적인 관점으로 간주되었다는 점을 인식하게 해준다. 예컨대 르네상스(1400년 중반기)의 시작과 중세 말기에(1400년 초) 유럽에서 출현한 **인본주의**(humanism)는 그 시대의 수많은 사람들에게 대안적이면서 진보적인 패러다임이었다. 인본주의는 당시 권력을 가진 수많은 사람들에게는 대안적일 뿐만 아니라 위험하고 그릇된 심지어 이단적인 것으로 여겨졌다. 인본주의는 중세시대(대략 A.D. 476-1400년대 중반기)에 수많은 유럽사회에 막강한 지배력을 행사해온 전통적인 패러다임 내지 세계관이었던 스콜라철학에 대한 모욕으로 간주되었다. **스콜라철학**(Scholasticism)(대략 A.D. 800-1400년대 중반기)은 인간행위의 유일한 결정자이자 재판관으로서 로마 가톨릭교회를 대표하는 기독교의 신을 섬기는 세계관이었다. 이러한 기독교의 신은 인간이 실존하고 있는 자연세계의 주관자였다. 마찬가지로 **프로테스탄티즘**(Protestantism)은 1500년대 초기에 마틴 루터의 운동으로 자리 잡은 세계관이다. 로마 가톨릭교회의 절대적인 권위와 신의 유일한 대변자로서 로마교황에게 이의를 제기함으로써 기존의 세계관에 저항하는 또 다른 급진적인 대안으로서 여겨졌다. 인본주의와 프로테스탄티즘의 출현은 인간과 그들의 환경 모두에 대해 이의를 제기하는 대안적인 관점으로, 기존의 지배적, 전통적인 세계관들의 커다란 위협으로 여겨졌다(Manchester 1992; Sahakian 1968).

모더니즘/실증주의

패러다임이 출현하는 역사적 과정을 이해하는 또 다른 중요한 관점은 과학을 통해 우리가 살고 있는 환경과 인간행동을 연구하는 세계관이 탄생했다는 것이다. 과학을 통해 그 세계를 설명했던 세계관의 출현은 여러모로 인본주의적 패러다임의 확장이었다. 과학은 인간이 그들의 행동과 그들이 살아온 우주에 대한 지배력을 얻을 수 있는 강력한 수단이었다. 과학은 인간이 감각기관들을 통해 직접 관찰하고, 관찰된 것을 엄밀하게 측정하며, 실험과 분석을 거쳐 자신의 세계를 이해하게 되었다. 그러나 17세기와 18세기의 계몽주의 내지 "이성의 시대"로 불리진 시기에 과학적 사고 내지 실증주의의 출현은 인본주의를 향한 중대한 도전인 동시에 그 자체로 대안적 패러다임을 반영하였다. 과학적 사고는 예술, 문학, 시학과 같은 표현방식을 통해 이해에 도달하려는 인본주의의 주된 관심사들에 문제를 제기하였다. 과학적 세계관은 인본주의와 그것을 인문학에 반영하는 것을 전통적이고 불충분한 세계관으로서 간주해버렸다.

과학은 인간보다 우주(cosmos)를 중심에 놓고 인본주의 방식보다 더 확실하고 포괄적인 방식으로 세계를 인식하고 이해하도록 확장시켰다(Sahakian 1968:119). 인문학은 로마인과 그리스인의 고전 작품들과 같이, 과거로부터 인간에 대한 위대한 사상과 표현양식들을 탐구하고 재발견함으로써 다양한 질문들을 제기하는 동시에 해답들을 찾고자 했다. 과학은 새로운 질문 방식들을 통하여 우주와 미래의 비밀을 드러내는 열쇠를 제공하였다. 과학은 단지 새로운 질문들을 던지는 물음방식 외에도 오래된 질문들에 대한 해답까지도 제공하였다(Boulding 1964).

예컨대 1500년대 초기에 코페르니쿠스의 발견들을 확증하는 1600년대 초중반에 갈릴레오 갈릴레이의 경험적 관찰은 문자 그대로 새로운 세계관을 제공해주었다(Manchester 1992:116-117). 이러한 새로운 대안적 관점으로 인해 지구는 움직이지 않는 우주의 중심적인 존재가 아니라 태양을 둘러싼 수많은 행성들 가운데 하나로 바뀌었다. 코페르니쿠스의 발견은 전통적인 가톨릭 이데올로기에 기반한 세계관에 상당한 위협이 되었으며, 이러한 내용은 Manchester의 저서, *불로만 밝혀지는 세상*(A World Lit Only by Fire)에서 설득력 있게 묘사되어 있다.

성서에 따르면 모든 것은 인간이 사용하기 위한 목적으로 창조되었다고 묘사하였다. 만약 지구가 우주의 그저 작은 조각에 불과하다면, 인류 또한 하찮은 존재가 될 것이다. "하늘"과 "땅"이 모든 의미를 상실하면, 다시 말해 하늘, 땅이 24시간 마다 바뀐다면―천국도 사라지게 되는 것이다(1992:229).

Manchester는 1575년 "기독교도에 대한 공격 중 가장 큰 위협은 무한한 크기와 깊이를 지닌 우주이다."라고 하였다(1992:229).

다음 장에서 우리가 탐구하는 다양한 전통적 패러다임들은 오늘날 우리가 실제로 당연한 것으로 간주하는 과학과 과학적 사고방식에 그 뿌리를 두고 있다. 우리의 세계를 이해하기 위한 이러한 접근들은 지식을 획득하기 위한 경험적 관찰과 합리적 방법들에 집중되어 있다. 그래서 역사적 의미에서 과학은 그 당시에는 대안적이었던 관점이 오늘날 전통적 패러다임으로 바뀌는 경우를 제공해주고 있다. 그러한 사례는 역사적인 측면을 가지고 있기 때문에 최근에 발생한 패러다임의 변화들, 다시 말해 우리가 인간행동과 사회환경을 이해하기 위한 중요한 수단으로서 대안적 패러다임들(alternative paradigms)이라고 부르는 접근방법은 과학적 접근방법을 추구하는 사람들뿐 아니라 우리 모두의 세계관에 물음을 던지고, 도전하게 하고, 세계를 바라보는 시선을 더욱 확장시키도록 한다.

포스트모더니즘/포스트-실증주의

가령 Berman(1996)은 17세기 계몽주의 시기에 출현한 전통적인 과학 패러다임의 기본적인 방법과 가정은 단지 인간과 지구의 발전과정에서만 나타난 것은 아니라고 지적하였다. Berman(1996:33)은 기계론적 패러다임(mechanical paradigm)으로도 불리는 과학적인 패러다임으로 인해 "지구를 비활성적이고, 생명력이 없거나 기껏해야 태양계의 일부로 간주하고, 일종의 규칙적인 메커니즘으로 여긴다 … 이러한 시각 때문에 결과적으로 지구를 마구잡이로 개발하게 되는 시발점이 되었다." 더구나 Berman에 따르면 과학은 세계를 구성하는 정신적(spiritual)이고 주관적인(subjective) 요소들을 위한 공간을 거의 남겨두지 않고, 이러한 관점은 세계를 유기체로 바라보려는 동기마저도 남겨두지 않았다. 그는 "기계적 패러다임은 하나의 수단으로 여길 때는 아무런 잘못이 없다. 그러나 무슨 이유에서인지, 우리는 그것을 멈출 수가 없다. 즉 우리는 이것을 실재를 구성하는 모든 것으로 간주하고, 그렇게 함으로써 20세기 말에 역기능적인 과학과 사회에 도달하였다."(Berman 1996:35)고 한다. 우리는 다음 두 장에 걸쳐서 과학적 방법의 구성요소들과 과학적 패러다임에 대한 대안들을 보다 상세하게 탐색할 것이다.

우선 우리는 과학 및 과학적 추론이 우리의 주변세계를 이해하는데 유일하고, 가장 좋은, 심지어 가장 정확한 수단이 되지 못하는 후기 실증주의 내지 포스트모던 세계에 살고 있다. 과학에 대해 이와 같이 생각하는 시기에 이미 진입했는지 아니면 진입하고 있는지에 관해서 오늘날 적지 않은 논쟁과 상당한 의견차이가 존재한다는 사실을 인식할 필요가 있다.

역사적 시기에 대한 개관

역사적 맥락에서 사회복지를 검토하기 전에 기본적인 역사적 시기에 대한 전체적인 개관(비록 매우 불완전하고 과잉 단순화된 관점이긴 하더라도)을 살펴보는 것이 도움이 될 것이다. 아래에 나오는 관점은 과거에 대한 전체적인 개요를 살펴보는데 도움이 된다. Lather(1991)에 의해 제시된 이 관점은 모더니즘이라는 개념을 지식생산, 역사에 대한 관점, 경제구조의 측면에서 과거와 현재를 바라보는 중심개념으로 사용한다.

래더(Lather)의 역사적 시대구분

1. 전근대(Premodern): 진리와 지식을 결정짓는 신성한 토대로서 교회의 중심적 역할을 강조함. 봉건경제와 신(神)중심의 역사관.
2. 근대(Modern): 세속적 인본주의, 이성(reason), 과학이 진리를 결정짓는 중심적 역할. 경제생활의 기초로서 산업사회, 자본주의, 관료제, 인간의 합리성과 과학에 의해 지속적으로 진보하는 역사관. 무지는 인간의 잠재력에 대한 계몽과 해방을 위한 "필연적인 역사"
3. 포스트모던(Postmodern): 기존의 전통적인 지식과 지식생성과정에 대한 강력한 문제제기. 비위계적, 페미니즘적, 참여적 과정을 통한 다양한 인

식 방법을 강조. 정보, 기술, 세계 자본주의에 의존하는 경제체제, 비선형적이고 순환적으로 부단히 재구성되는 역사관. "역사의 산물인 현재와 현재 시점에서 재구성된 과거에 초점"(Lather 1991:160-161).

사회복지의 역사: 과학과 예술

사회복지사(또는 예비 사회복지사)는 인간행동과 사회환경을 오로지 과학적 접근방법으로만 이해하려고 할 것이 아니라, 그 대안적 접근에 대해서도 관심을 가져야 한다. 연구와 실천에 있어 사회복지의 짧은 역사 동안, 사회복지사들은 주로 과학적 접근을 사용하여 세계를 이해하고 세계에 개입해 왔다. 예술과 과학 중 어느 하나도 소홀해서는 안 된다고 말하면서도, 많은 사람들은 과학을 더 선호해왔다. 19세기와 20세기 근대 세계에 만연해 있던 과학적 접근방법의 힘과 이에 대한 믿음을 생각한다면, 이는 놀라운 일이 아니다. 사회복지의 지식과 실천이 체계적으로 발달한 시기는 19세기 후반과 20세기이다.

전통적 그리고 대안적 패러다임에 관한 많은 역사적 논의들 – 인본주의, 과학, 종교 – 은 사회복지의 역사와 유사점을 갖고 있다. 사회복지의 사명, 주요 관심사와 목적은 모두 세계와 인간의 본성에 대한 믿음을 담고 있다. 사회복지는 개인 및 집단의 행복을 증진시키기 위한 사회개혁에 관심을 가질 뿐만 아니라, 상호작용하고 의존하는 개인, 가족, 공동체에도 관심을 갖는다. 이러한 사회복지의 관심은 세계와 인간의 본성에 관한 중요한 믿음을 반영한다.

Goldstein(1990:33-34)에 따르면 사회복지는 매우 상이한 두 가지 경로를 따라 전개되면서 그 실천적 사명을 수행하여 왔음을 강조한다. 이 두 가지 경로는 인본주의적 관점 및 과학적 관점으로 대표되는 매우 상이한 두 가지 세계관 내지 패러다임과 많은 점에서 유사하다. Goldstein은 사회복지가 비록 그 사명을 수행하기 위해 과학적 접근을 수용했지만, 인본주의적 성향을 완전히 포기하지는 않았음을 지적한다. 이러한 두 가지 경로는 인간행동과 사회환경을 이해하기 위한 다양한 접근들로 이어져왔다. 이 경로들은 때로는 "프로이드 심리학, 행동심리학의 경험주의, 그리고 사회과학적 방법의 객관성"으로 이어졌고(1990: 33), 때로는 이와는 매우 다른 "실존적, 예술적, 가치 중심적" 대안으로 이어졌다(1990:35). Goldstein은 사회복지사들이 오늘날 인본주의적, 주관적 또는 해석적 경로로 방향을 선회하고 있다는 사실을 발견했다. 이는 우리가 앞으로 각 장에서 검토하게 될 대안적 패러다임들과 일치하는 방향이기도 하다. 이러한 대안적 경로를 통해 사회복지사들은 "클라이언트의 도덕적, 이론적, 문화적 신념 등 주관적인 영역에 대해 더 많은 관심을 갖고 배려할 수 있게 된다"(England 1986 in Goldstein 1990:38).

증거에 기반한 실천

보다 최근에는 위와 같은 논쟁의 초점이 소위 증거에 기반한 실천(Evidence-based practice; EBP)에 놓여지고 있다. **증거기반실천**(EBP)은 "개인을 보호하는 결정을 함에 있어서 현재 가장 적절하다고 판단되는 경험적 증거를 성실하고, 명시적이며, 신중하게 사용하는" 것이다(Sackett, Richardson, Rosengerg, and Haynes, 1997, in Gambrill 1999). Gambrill에 따르면,

> 증거기반실천은 클라이언트의 가치와 기대를 고려하는 것 외에도, 개인의 전문적 실천 기술과 가장 유용한 외부 증거를 통합하는 것을 말한다.
> 증거기반실천(EBP)의 특징은 다음과 같다. (1) 개별화된 사정, (2) 클라이언트의 관심사에 관한 가장 유용한 외부 증거 찾기, 이 증거가 특정 클라이언트에게 어느 정도로 적용되는지를 측정, 그리고 (3) 클라이언트의 가치와 기대를 고려(Sackett et al. 1997). 기술에는 다음과 같은 것들이 포함된다. 즉 중요한 실천 문제 중에서 응답할 수 있는 문제를 확인하기, 이러한 문제들에 응답하는데 필요한 정보를 확인하기, 이러한 문제들에 응답하는데 적합한 최선의 증거를 가장 효율적으로 찾아내기, 이 증거를 비판적으로 검토해서 그 타당성과 유용성을 확인하기, 이러한 비판적 검토의 결과를 클라이언트와의 업무에 적용하기, 그 성과를 평가하기.
> 더불어, 증거기반실천은 실천과 관련된 주장들에 대한 비판적 검토가 활발하게 이루어질 것을 전제로 클라이언트들도 관련 정보를 제공받고 참여하게 된다. 증거기반실천의 중요한 특징은 클라이언트의 가치 및 기대에 대한 관심이다(1999).

한편, Witkin과 Harrison은(2001) 증거기반실천으로의 전환에 대하여 문제점을 지적한다. 그들은 "사회복지사는 문제에 대한 이해를 사회적, 환경적 요

소로 확장시켜 실천의 핵심을 '상황 속의 인간'으로 본다. 사회복지실천이 사람들을 공통적 특성에 준하여 어떤 문제나 진단으로 분류할 수도 있지만 그렇게 분류하기에는 사람들마다 편차가 크다고 지적한다. 사회복지실천은 서비스를 제공받는 사람들의 관점을 중요시하고, 이들의 상황에 대한 개인적 그리고 집단적 담화를 이해하기 위해 노력한다"(Witkin 2001:294). Witkin은 증거기반실천에 대한 지나친 의존은 사회복지실천을 위축시켜 증거기반실천도 지배적인 패러다임과 별반 차이가 없게 된다고 말한다. 그에 따르면, "인간과 환경"에 대한 관점은 사회복지사로 하여금 그 업무를 개별화하고 다양한 관점(multiple lens)을 사용하도록 함으로써 집단 및 공동체와 상호작용하는 사람들의 실제 경험에 초점을 맞출 수 있게 해준다. 예컨대, 그는 "각자의 상황 속에서 상호작용하는 사람들의 이야기는 단지 이해를 위한 수단이 아니라, 사회문제, 건강상태, 그리고 행동에 관한 개인적 경험의 본질적인 요소들이다. 사회복지사는 보다 더 강력한 체계들에 대처하는 혜택 받지 못한 사람들의 공적 담론과 여러 상이한 이해를 제공하는 집단, 개인 내부의 내적 담론 사이에 존재하는 모순에 귀를 기울이는 법을 배우게 된다. 이러한 의미에서 사회복지사는 다양한 세계들을 이해할 수 있는 문화적 가교역할을 한다"(Witkin and Harrison 2001:294). 분명한 것은 효과적인 사회복지실천을 위해서 예술과 과학의 적절한 균형점을 찾고자 했던 이러한 역사적인 논쟁은 지금도 활발히 진행 중이고 앞으로도 계속될 것이라는 점이다.

양자택일이 아니다

이 책은 전통적·지배적 패러다임의 한계를 극복하고, 대안적 패러다임으로의 전환을 강조한다. 그러나 인간행동과 사회환경을 이해하는 과정에서 반드시 두 가지 세계관에 대하여 양자택일을 할 필요는 없다.

우리의 여정은 전통적이고 대안적인 목적지 모두를 향해 갈 것이다. 무엇보다도 전통적인 과학적 세계관은 우리 자신과 세계에 대한 귀중한 지식을 많이 밝혀냈다.

이 책에서 우리는 과학을 유일한 이해의 원천으로 여기는 전통적 패러다임을 뛰어넘어 대안적 패러다임에 대해 배우게 될 것이다. 그러나 대안적 패러다임들을 이해하기 위해서는 전통적 이론들을 잘 알고 있어야 한다. 우리는 전통적 패러다임이 불완전하고, 많은 사람들을 배제시키며, 그 패러다임이 출현한 역사적 시기에 비추어 몇 가지 편견들을 반영하고 있다고 보고, 이에 도전할 것이다. 다만 전통적 이론들은 이러한 부족함 덕분에 오히려 인간행동과 사회환경에 대한 지식의 구축과 적용에 강력한 영향력을 행사하며, 이는 과거에도 그러했고, 현재에도 그러하며, 미래에도 그러할 것이다. 전통적인 접근들은 인간행동과 사회환경에 대한 더 완전하고, 더 포괄적이며, 한 가지 방향으로 치우치지 않는 관점을 향한 여정의 출발점이다. 우리가 만나게 될 많은 대안적 패러다임들은 기존의 전통적인 세계관들의 확장 내지 재(再)개념화(reconceptualization)를 통해 출현하였다.

전통적인 패러다임에서 파생된 이론들을 배우는 데에는 또 다른 실천적인 이유가 존재한다. 사회복지사들이 살아가는 실천 세계는 주로 인간행동과 사회환경에 관한 전통적인 관점들에 입각하여 구성된 세계이다. 그러한 세계를 바꿀 수 있을 만큼 오랫동안 그 세계에서 살아남기 위해서, 우리는 그 세계의 담론에 대해 잘 알아야 한다.

전통적·지배적 패러다임은 인간의 잠재력을 극대화하는 데 유용하다는 장점이 있기 때문에, 그 안에서 보존 가치가 있는 요소를 선별하기 위해서는 이 패러다임에 대하여 잘 알아야 한다. 또한 무엇을 버리고 무엇을 바꾸어야 사회복지의 동일한 핵심 관심사에 더욱 기여할 수 있는지를 결정하기 위해서도 이 패러다임에 대하여 잘 알아야 한다. 시기에 따라 상이한 세계관들이 출현한 역사적 흐름 또는 연속체를 이해한다면 어느 때 보기에는 안정적이어서 영원히 변하지 않을 것 같아 보이던 세계관도 변할 수 있다는 점을 알 수 있다.

위의 예들과 같이 서구적 세계관이 시간이 지나면서 변화하였다는 점을 상기해 본다면, 영속적인 접근방법은 특정 시기의 관점보다 현실성이 떨어진다는 사실을 알 수 있다. 시기에 따라 발생하는 근본적인 변화들을 개념화하는 한 가지 방법은 패러다임 전환이라는 측면에서 생각하는 것이다.

패러다임 전환

패러다임 전환(paradigm shift)이란 "실재에 대한 특정한 시각을 이루는 사상, 인식, 가치의 근원적인 변화"이다(Capra 1983:30). 패러다임 전환에 요구되는 근본적인 변화들을 표현하기 위해서, Thomas Kuhn(1970)은 다른 행성으로 떠나는 여행에 비유한다. Kuhn은 패러다임 전환을 "마치 전문가 사회가 돌연, 이전의 친숙한 대상들도 달리 보이고 미지의 것들과도 섞여 있는 다른 행성으로 옮겨가는 것과 흡사하다."(p.111)고 말한다. 이러한 비유의 구성요소들－여행, 다른 행성 또는 세계, 친숙하면서도 새로운 대상을 달리 보는 것－은 인간행동과 사회환경을 보다 깊이 이해하기 위한 우리의 여정과도 일치한다.

우리의 여정은 우리를 다른 사람들의 세계로 인도할 것이고, 또한 다른 사람들의 세계의 새로운 것과 우리 세계의 익숙한 것들을 새로운 방식과 다른 사람들의 눈으로 볼 수 있게 해줄 것이다. 우리는 여정의 과정이 최종 목적지만큼 중요하다는 사실을 알아야 한다.

패러다임은 모호하고, 영구히 결정되어 있는 부동의 대상(objects)이 아니다. 패러다임은 인간에 의해 만들어진 사회적 구성물이다. 패러다임은 바뀌고 재구성될 수 있으며, 실제로 오랜 역사동안 인간에 의해 바뀌고 재구성되어 왔다(Capra 1983:30). 이를 테면, Kuhn(1962)은 패러다임 전환과 변화를 가져온 과학적, 정치적 혁명에 관하여 설명한다. Kuhn에 따르면, 패러다임의 변화는 공동체의 일부(보통 작은 일부)에서 기존 제도에 의해 만들어진 환경 문제를 적절하게 해결할 수 없다는 불만이 점차 확산될 때 발생한다. 불만을 품은 공동체의 일부가 취하는 행동들로 인해 낡은 패러다임의 전체 내지 일부분이 새로운 패러다임으로 대체되는 결과가 나올 수 있다. 그러나 패러다임이 어떠해야 하는지, 누구의 가치와 신념을 패러다임에 반영해야 하는지에 관해서 모든 사람들이 동일한 정도의 영향력과 권력 및 통제력을 가진 것은 아니기 때문에, 패러다임을 바꾸려는 노력에는 갈등과 투쟁이 따른다(Kuhn 〔1962〕 1970:93).

패러다임 전환 개념을 사용함으로써 인간행동과 사회환경에 대한 지식을 넓힐 수 있고, 이 확장된 지식을 사회복지실천에 활용할 수 있을 것이다. 또한 이 개념을 사용함으로써, 우리는 유일한 세계관으로서 전통적 세계관에 대한 지나친 의존에서 벗어날 수 있고, 전통적인 세계관을 넘어 대안적인 가능성으로 나아갈 수 있다.

패러다임 전환을 통해 우리는 전통적·지배적 패러다임에서 검토되지 않던 인간의 관심사, 욕구, 관점을 대변하는 대안적 패러다임과 그 요소들을 탐구하는데 반드시 필요한 변화를 겪게 된다. 또한 패러다임 전환 개념은 전통적 패러다임과 대안적 패러다임 간의 관계를 이해하는 데 유용하고, 대안적 패러다임이 전통적·지배적 패러다임으로부터 어떻게 출현하게 되었는가를 더듬어 보는 데 유용하다. 전통적·지배적인 패러다임과 대안적·가능한 패러다임이 반드시 상호배타적인 것은 아니다.

패러다임과 그 역사에 대한 논의에서 살펴보았듯이, 상이한 패러다임은 인간행동과 사회환경에 대한 인식 방법에 따라 변화하는 상이한 두 점으로 묘사될 수 있다. 전통적·지배적 관점으로부터 대안적·가능한 관점으로의 진행은 사회복지의 핵심 관심사와 역사적 가치에 부합하는 인간행동 관점을 향한, 그리고 소수의 특권층만을 포함하고 다수의 사람들을 배제하는 좁은 관점에서 벗어난 인간행동의 관점을 향한 지속적인 운동을 의미한다. 경우에 따라서 이러한 진행은 이전에 소홀히 했던 패러다임으로 복귀하는 것일 수도 있다. 그렇다면 이러한 진행은 오직 앞을 향한 직선적 움직임을 의미하는 것이 아니다. 더 쉽게 생각하면 나선형 또는 구불구불한 형태의 움직임이라고 할 수 있다. 예컨대, 역사에 대한 논의에서 설명한 세계관들은 거의 전적으로 유럽인들의 관점만을 대변해왔다. 이와는 매우 다른 세계관들이 유럽 이외의 지역에서 나타났다. 예컨대 Myers는 5,000년 전에 현실세계가 영적인 동시에 물질적이라고 믿었던 이집트인들로부터 아프리카 중심의 세계관이 출현했다고 설명한다. 이러한 전체론적인 관점은 모든 것에 신의 뜻이 깃들어 있다고 보았다. 자아에는 "선조, 후손, 모든 자연, 전체 공동체"가 포함되었다(Myers 1985:35). 많은 학자들은 이러한 패러다임이 오늘날에도 많은 아프리카계 사람들의 세계관에 꾸준히 영향을 미친다고 한다.

이러한 아프리카 중심의 패러다임은 분명히 르네상스 기간 동안에 출현한 유럽의 인본주의 내지 과학적 패러다임들에 대한 하나의 대안이 될 수 있다. 개인과 지역공동체의 상호관련성과 상호 책임성을 강조하는 대안은 사회복지의 주된 관심사들과 많은 점에서 일치한다. 연속성 개념을 통해 우리는 지배적 패러다임을 잘 이해하는 것이 중요하다는 사실을 알 수 있고, 이와 동시에 전통적 패러다임의 한계를 극복하고 사회복지의 핵심 관심사를 더 충실히 반영하는 패러다임으로 나가려는 시도를 할 수 있다.

패러다임 전환, 사회복지 그리고 사회변화

패러다임 전환 개념은 사회복지사에게 중요하다. 앞의 논의를 떠올린다면, 사회복지의 기본 목적이 사회적, 경제적 정의를 추구하기 위해서 사회적, 정치적 행위에 참여할 것을 요구한다는 점을 볼 때, 사회복지의 기본 목적에는 사회변화가 포함된다. 또한 사회 변화는 인간의 행복을 증진시키고 기회와 자원과 권력에 대한 접근이 제한된 억압받는 사람들을 돕기 위해서도 필요하다. 우리 사회복지사들이 패러다임과 그 패러다임에서 유래한 제도를 변화시키는 과정의 일부가 될 때, 우리는 비로소 근본적인 사회 변화의 과정에 속하는 것이다.

우리는 사람들의 욕구 충족과 잠재력 발휘를 방해하는 장애물을 만들어내는 패러다임을 변화시키거나 교체하기 위해 우리가 현재 가지고 있는 정보를 활용할 수 있다. 패러다임은 우리의 일상생활을 구성하고 있는 신념, 가치, 제도, 그리고 과정 전반에 걸쳐 반영되어 있기 때문에, 우리는 패러다임에 대한 사고를 인간행동과 사회환경에 대한 관심사로 제한할 필요는 없다. 우리는 교육과 실천 전반에 걸쳐서 패러다임과 패러다임의 변화에 관한 지식을 응용할 수 있다. 이는 사회복지학생들이 전문적 사회복지사에게 요구되는 10가지 핵심역량을 성취하기 위해서는 모든 사회복지 연구에 반영된 패러다임의 특성을 잘 알고 있어야 한다는 것을 의미한다(〈표1.1〉을 보라). 또한 우리는 스스로의 경험을 통해 알게 되는 패러다임뿐만 아니라, 예술과 인문학(음악, 연극, 시각예술, 철학, 문학, 영어, 언어, 종교학), 사회과학(경제학, 정치학, 심리학, 사회학, 인류학, 역사학), 그리고 자연과학(생물학, 물리학, 화학, 지질학, 지리학)의 교과과정을 통해 알게 되는 패러다임에 대해서도 그 특성과 가정을 분석해야 한다.

사회화(Socialization)는 새로운 구성원들에게 보다 큰 집단 또는 사회의 규칙을 가르치는 과정이다. 사회화는 새로운 구성원들에게 그들이 따라야 할 지식, 가치, 그리고 기술을 전달하는 과정이다. 예컨대 여러분이 현재 속해있는 사회복지교육과정은 전문적인 사회복지사로서 요구되는 지식, 가치, 그리고 기술에 대해 사회화하는 과정이다(다음 절에서 사회화의 개념을 좀 더 살펴볼 것이다).

일반적으로 말하자면, 우리는 패러다임적 관점에서 도출된 사회환경에서 사회화되고, 그러한 사회환경에 있는 다른 사람들과 상호작용한다. 이러한 패러다임적 관점은 비단 공식적 학교교육을 통해서만 아니라, 가족, 종교기관, 다른 집단과 조직으로부터 배운 것을 통해서도 우리에게 전수된다. 우리는 세계관의 영향을 받는 동시에 우리를 사회화시킨 그 세계관에 대해 되돌아본다. 미국 교육체계를 통하여 사회화된 사람의 경우 이 사람에게 가장 큰 영향을 미쳤을 것으로 생각되는 세계관은 전통적·지배적 세계관이다. 비록 우리 가족이나 문화의 세계관이 전통적·지배적 패러다임과 다소 갈등을 겪고 있음에도 불구하고, 이 패러다임의 영향력은 널리 퍼져 있다. 전통적인 패러다임을 따르는 권력으로 인해 대안적 패러다임이 정당성을 부여받기는 매우 어렵다. 그러나 반드시 불가능한 것은 아니다. 우리가 알고 있듯이, 전통적 패러다임과 대안적 패러다임을 이해함으로써, 그리고 우리 삶을 이끄는 패러다임 또는 세계관에서 우리가 선택할 수 있는 역동적인 패러다임 변화를 이해함으로써 대안적 패러다임이 크게 정당성을 부여받을 수 있다. 여기서 세계관의 전환으로부터 발생하는 사회변화는 본질적으로 개인들이 세계를 바라보는 방식의 변화로부터 나온다고 할 수 있다. 이러한 입장은 많은 대안적 패러다임 사고의 주장, 특히 '개인적인 것이 정치적인 것이다.'라는 페미니즘 주장과 일치한다.

패러다임에 대한 지식을 활용하여 사회 변화/변혁의 과정을 지지하기 위해서는 우선 패러다임 분석 과정이 필요하다. 주지한 바와 같이, 패러다임을 분석하기 위해서는, 사회복지의 핵심 관심사와 일치하는 접근들의 채택 및 적용과 관련하여 교육과 실천에서 지침이 될 수 있는 일련의 질문을 할 필요가 있다.

앞에서 지적했듯이, 사회복지사들의 중요한 책임은 지배적·전통적 패러다임에서 유래한 사회환경에서 제도와 환경을 통해 욕구가 충족되지 못하고 문제가 해결되지 못하는 사람들을 돕는 것이다. 사회복지의 역할은 기존의 패러다임들을 인식하고, 분석하고, 이에 도전하면서 변화시키는 것이다. 이러한 중요한 책임을 완수하기 위해서 자신의 행복과 공공선에 기여해야 하는 클라이언트의 목소리에 귀를 기울이고, 존중하며, 이에 효과적으로 대응하는 법을 배울 필요가 있다. 이러한 방식을 통해 대개 영구불변한 것으로 여겨지던 패러다임들도 의문시되고, 도전 받으며, 변경되고 대체될 수 있다. 더욱 중요한 점은 패러다임이 변화됨으로써 이전의 패러다임 형성과정에서 참여가 배제되었던 사람들의 세계관을 더 충실히 반영할 수 있다는 점이다.

이와 같은 관점은 사회복지사와 클라이언트를 협력 관계로 맺어준다. 그러한 관점을 통하여 사회복지사는 클라이언트의 강점을 통합할 수 있게 되고, 실천적인 상호작용에서 클라이언트의 강점과 협력하여 사회복지 지식, 기술, 가치를 활용할 수 있게 된다.

가능한·대안적 패러다임은 기존의 패러다임 형성과정에서 소외되었던 사람들의 목소리와 시선－가치, 신념, 실행방법과 인식방법－을 포함시킴으로써 기존의 패러다임을 풍성하게 하고, 변경하거나 교체한다. 패러다임 형성과정에서 소외되었던 사람들이 대개 전통적으로 클라이언트 집단이었고, 역사적으로 사회복지사의 관심대상집단이었다는 사실은 흥미롭지만 우연이라고 볼 수는 없다.

이 책을 읽으면서 우리는 대안적이고 보다 포괄적인 패러다임에 대해서는 물론이고, 전통적 또는 지배적 패러다임에 대해서도 이해하고 비판하고 분석하여야 한다. 우리는 가족, 집단, 조직, 공동체, 그리고 지구적인 맥락에서 인간행동에 대한 이론과 정보를 검토하면서 이러한 이해, 비판, 분석 과정에 들어갈 것이다. 패러다임의 이해, 비판, 분석에서 중요한 것은 패러다임과 관련된 문화, 민족성, 인종 개념을 고려하는 것이다.

패러다임, 문화, 민족성, 그리고 인종

여기서 패러다임이라는 것은 서로 상이하면서도 상호 관련된 수많은 요소들을 포괄한다. 상이한 사람들에 의해 유지되는 세계관 혹은 패러다임들의 복잡성과 변화들을 보다 잘 이해할 수 있게 해주는 구성요소로 문화, 민족성 그리고 인종을 들 수 있다. 그럼에도 불구하고, Helms(1994:292)는 이 용어들이 "대개 서로 교체 사용되고 있으며 … 인종이라는 용어는 미국사회에서 일상어로 사용되고 있기 때문에 문화나 민족성이 꼭 인종과 관련 있는 것은 아니다"고 말한다. 이 용어들은 각각 다양한 의미를 포함하고 있으며, 이 용어들을 사용하는 사람들의 세계관과 그 사용맥락에 따라 상이한 방식들로 사용된다. 예컨대 이러한 각각의 개념들은 그 사용자들이 마음먹기에 따라 단결과 협력을 위한 강력하고 긍정적인 힘이 될 수도 있고, 반대로 차별과 지배를 위한 강력하고 부정적인 힘이 될 수도 있다. 우리는 아래에서 이러한 개념들의 상호적 의미를 검토한다.

문화와 사회: 다양한 의미

가장 기본적이고 전통적인 **문화** 개념은 "집단 구성원들이 공유하는 가치, 전통, 규범, 관습, 예술, 역사, 민속, 그리고 제도"이다(NCCC 2004). 보다 기본적인 개념은 Herskovits가 제시한 것으로, 그는 문화를 "인간이 만든 환경의 일부"라고 하였다(Lonner 1994:231). **사회**는 "문화유산 내지 역사를 공유하는 사람들의 집단"으로 규정될 수 있다(Persell 1987:47-48). Lonner(1994:231)가 지적하듯이, 문화란 "어떤 사회의 인간집단들이 연장자로부터 배우고 젊은 세대에게 전수하는 행동의 총체(總體)이다." 이 정의는 문화와 사회의 개념을 연결시켜 서로 수렴하고 통합하는 것으로 보고, 문화는 사회에서 타인들로부터 배우는 것이라고 주장한다. 문화의 전승은 두 가지 방식으로 이루어진다. 문화의 전승은 **사회화**를 통해 이루어질 수 있으며, 이는 앞 세대가 뒷 세대에게 공식적인 지도와 규칙을 통해 매우 명시적으로 문화를 가르치는 것이다. 또한 문화의 전승은 **문화적응**을 통해서도 이루어질 수 있으며, 이는 일상생활에서 암묵적으로 뒷 세대에게 문화를 가르치는 것이다(Lonner 1994:234).

이러한 정의들은 문화가 인간집단(사회)에 의해 구성되고, 신념, 실천, 생산물(인공물)로 이루어지고, 한 세대에서 다른 세대로 전수된다는 것을 의미한다. 그러나 많은 사람들은 문화가 위의 개념들이 의미하는 것보다 훨씬 더 복잡하고 다양하다고 주장한다.

Helms(1994)에 따르면, 예를 들어, 문화는 두 개 이상의 매우 상이한 독립체 또는 유형으로 생각할 수 있다. 바로 "대 문화(상위문화)와 특수한 집단적 정체성을 가진 집단들로 이루어진 부 문화(또는 하위문화)"가 그것이다. Helms는 부 문화(하위문화)를 "사회집단들의 관습, 가치, 전통, 생산물, 그리고 사회정치적 역사"로 정의하는데, 이는 위에서 본 전통적 개념과 매우 유사하게 보인다. 그러나 그는 이러한 문화들이 대 문화—여기서 대 문화란 지배적 사회나 집단의 신념 또는 세계관을 말함—속에 부수적으로 존재한다고 언급하였으며, 이는 대안적인 관점과 상당히 유사하다. Helms는 문화개념에 지배와 권력의 차원을 추가했다. 나중에 살펴보겠지만, 권력차이의 개념은 전통적·지배적 패러다임과 대안적 패러다임 간의 차이를 이해하는 데 필수적인 요소이다.

위의 정의들은 모두 문화와 사회를 구성하는 사람들 사이의 유사성과 공통성을 강조한다. 사회복지사는 이러한 유사성에 대하여 지나친 일반화를 하지 않도록 주의하여야 한다. 사회복지사는 문화가 단순히 사람들을 하나로 묶거나 동질화하는 것이 아니라는 것을 알아야 한다. 즉 문화는 어떤 경우에는 일탈을 허용하고, 또 다른 경우에는 일탈을 조장하는 경향을 보이기도 한다. 이는 역할의 차별화에 기인하거나 단순히 유행, 상상력 혹은 스타일상의 개인적 차이를 촉진하는 것이다. 바꿔 말하면, 문화는 동질성(uniformity)과 개별성(individuality) 양자를 모두 필요로 한다"(Boesch 1991 in Lonner 1994:233).

민족성

민족성은 "문화적 기준에 근거하여 사회적으로 정의된다 … 따라서 외모 자체보다는 관습, 전통, 가치관들이 민족성을 규정하게 된다"(Van Den Berghe in Helms 1994:293). Helms(1994:293)는 민족성이 "선조들의 국가나 부족집단의 문화에 기반한 사회적 정체성으로 정의되지만, 그 집단이 현재 속해 있는 대문화(CULTURE)의 요구에 따라 수정될 수도 있다."고 주장한다. Helms는 민족성을 정의함에 있어 이러한 문화에 대한 규정과 함께, 다른 집단들보다 지배적이거나 세력이 큰 집단들의 영향력을 언급한다. 즉, 사회적 정체성인 민족성은 지배적이거나 세력이 큰 집단들의 요구에 따라 변경되거나 수정될 수도 있다. 그러나 세력이 큰 집단이 다른 집단들의 민족성을 결정하는 데에는 한계가 있음에 주의하여야 한다. 이를 위해서는 민족계층화(Ethnic classification)와 민족 정체성(Ethnic identity)의 구별이 필요하다. **민족계층화**는 "외부로부터" 정의되며, "신체적 특징이나 상징적 행동(예를 들어, 민족의상)과 같은 외형적 기준으로부터 추정될 수 있다." 반면 **민족정체성**은 "개인 내부로부터 결정되어 외부세계로 투사되는 것"이며, "영향력 있는 타인에 의해 어쩔 수 없이 강제되기보다는 '만족감'을 통해 스스로 규정하고 유지해 나가는 것이다"(Helms 1994:293-294).

인종의 다양한 의미

인종이라는 말은 역사적으로 다양한 의미를 지녀왔으며, 이러한 의미들은 시간의 흐름에 따라 변화해왔다. 그러나 미국사회에서 인종이라는 용어는 다양한 의미를 지니고, 다양한 사람들에게 매우 다양한 결과를 가져오게 만들며, 끊임없이 감정적인 논쟁을 불러일으키고 있다. 우리는 다차원적 개념이자 맥락적으로 고려되어야 하는 인종 개념에 대하여 살펴볼 것이다. 또한 미국사회에서 인종의 의미가 일관되게 권력투쟁의 장으로서 사용되고 있다는 사실도 발견하게 될 것이다. 지배집단의 구성원들은 정권을 잡고 세력이 약한 집단에 대한 지배권을 유지하기 위하여 흔히 인종차별이라는 수단을 활용한다. 이러한 측면에서 우리는 인종이라는 개념의 문화적·사회적 의미를 살펴볼 것이다. 또한 인종에 있어서 생물학적 요소들은 부차적인 것에 불과하다는 것에 주의하여, 인종을 사회적 구성물이 아닌 생물학적 구성물로 오인하는 일이 없도록 해야 할 것이다. 이번 장에서는 억압과 연대 및 해방에 있어서의 인종적 명명(designation)에 대해 간략히 살펴본다. 2장에서는 백인성, 다양성과 억압과 관련한 전통적 패러다임과 대안적 패러다임의 차원을 검토한다.

인종: 생물학적 용어인가? 문화적 용어인가? 아니면 두 가지의 결합인가?

인종이란 무엇인가에 관한 논쟁은 우리사회에서 지속적으로 존재해왔다. Spickard(1992:13-14)에 따르면, "가장 일반적인 관점은 인종을 별개의 종(種)으로 보는 것이었다. 즉 과거에는 완전히 별개로 존재하는 순수한 네다섯 개의 인종이 있었고, 그 인종들은 서로 완전히 다른 신체적 특징, 유전자 공급원, 기질을 가졌던 것으로 추정된다."고 말한다. 인종을 종으로 보는 순수혈통적 관점과 관련된 생물학적 용어에는 유전적인 구조 내지 기초를 뜻하는 **유전자형**(genotype)과 신체적 특징과 외모를 뜻하는 **표출**(表出)**형**(phenotype)이 있다.

Spickard(1992:15)는 다음을 강조한다.

21세기에 점차 많은 학자들은 종으로서의 인종 개념에 이의를 제기해왔다. 아마도 인종문제들에 대한 가장 선구적인 미국의 유전학자인 James C. King(1981)은 그러한 유형학적 관점을 "속임수"라고 비난한다(p.112). 생물학자들과 자연계 문화인류학자들은 인종을 아종(subspecies)으로 보려고 한다. 즉, 그들은 모든 인간의 본질적인 공통점을 인정하고, 인종을 지리학적인 동시에 생물학적으로 분기해 나간 인구집단으로 바라본다 … 그들은 모든 인간들을 모든 시공간에서 혼합된 인구집단으로 간주한다. 거기엔 어떤 '순수한' 인종들도 결코 존재하지 않았다.

오늘날 대부분의 과학자들은 "인종은 일차적으로 문화와 사회구조에 관한 것이지, 생물학에 관한 것이 아니다 … 그리고 인종이 생물학과 약간의 관련성이 있다하더라도, 무엇보다 사회정치적인 구성물이다."라고 결론지었다. 근대에 와서 사람들을 인종으로 분류한 것은 일반적으로 권력집단이 자신의 힘을 유지하고 확대하기 위한 목적이었다(Spickard 1992:13-14).

인종과 권력

Spickard(1992:19)는 "지배집단의 관점에서, 인종차별은 지배를 위한 필수도구이다. 인종차별은 종속된 사람들을 '타자(Other)'로 분리시키는 역할을 한다. 지배자들은 피지배자들에게 간편한 인종적 꼬리표를 붙임으로써 그들의 도덕적 특질(moral quality)에 대한 부정적인 믿음을 손쉽게 만들어낸다. 이는 지배자들로 하여금 자신의 희생자들이 지니는 개별적인 인간성을 보다 쉽게 무시할 수 있도록 한다. 인종차별은 억압에서 오는 죄의식을 덜어준다." 예를 들어, "유럽에서 발달한 인종에 대한 유형학적 관점은 미국사회의 사람들을 신체적 능력과 도덕적 특질의 측면에서 위계적으로 배열하였는데, 그 순서는 백인, 동양인, 아메리카 인디언, 아프리카 흑인 순이다"(Spickard 1992:14).

인종이 흔히 지배도구로 사용되기는 하지만 결코 부정적인 것만은 아니다.

피지배자들의 입장에서 보면, 인종은 소속감, 상호원조, 자존감의 원천이라는 긍정적인 수단이 될 수도 있다. 인종의 범주는 … 인종을 정체성(sense of identity)과 공통의 경험을 공유하는 사람들로 인식한다 … 또한 인종은 개인의 심리적 위치인 민족의식(a sense of peoplehood)을 공유하게 하며, 공통적 정치행위의 토대를 제공하기도 한다. 이처럼 사회적으로 구성된 정체성인 인종은 억압의 도구일 뿐만 아니라, 집단적 자아실현을 이루는 강력한 도구가 될 수도 있다(Spickard 1992:19).

인종: 생물학, 문화, 권력

앞서 언급하였다시피, 문화와 사회, 민족성, 인종이라는 개념들은 서로 긴밀하게 얽혀있다. Helms와 Gotunda(in Helms 1994)는 미국에서 사용되는 인종 개념이 이 다양한 개념들의 긴밀한 관계를 반영하는 세 가지 유형으로 정의된다고 주장한다:

1. 준(準)생물학적 인종(quasi-biological race): 피부색, 머릿결 또는 생김새(얼굴의 이목구비)처럼 인종의 본질로 간주되는 가시적인 측면에 바탕을 둔다. "일반적으로 지배집단이나 사회정치적으로 강력한 집단들이 이러한 인종적 특징에 대한 집단적 정의를 선택한다 … 이처럼 미국의 백인들은 유의미한 인종적 특성들을 명시한 뒤, 이것을 표준집단이나 비교집단으로 활용한다." 예를 들어, "미국 원주민들은 백인에 비해 '불그스름'하며, 흑인들은 백인과 대조적으로 검다."

2. 사회정치적 인종(sociopolitical race): "상호배타적인 인종적 범주를 활용하여 집단을 구분하려는 시도는, 피부색의 단계 및 기타 유의미한 인종 집단적 표식에 따라 집단의 서열을 결정하는 것과 마찬가지로, 지능과 도덕성과 같은 심리적 특성 측면에서의 [서열]을 의미하는 것이다."

3. 문화적 인종(cultural race): 관습, 전통, 문화적 산물과 인종집단의 가치관 (Helms 1994:297-299).

사회복지와 문화적 역량

사회복지사들은 문화, 사회, 민족성 혹은 인종의 정의를 구성하는 추상적인 복잡성들을 단순히 이해하는 것만으로는 불충분하다. 왜냐하면, 사회복지적인 가치와 실천에 있어서 다양성에 대한 존중은 매우 중요하며, 문화는 인간의 다양성을 이해하기 위한 중요한 수단이기 때문이다. 사회복지사들은 역량 있는 사회복지실천을 위하여 문화와 문화적 차이를 고려하기 시작하였고, 이에 따라 실천가 개인과 클라이언트, 가족과 기관을 포함하는 다양한 수준과 분야에서 문화적으로 역량 있는 사회복지실천 및 그와 관련된 개념들이 논의되고 있다.

문화적 역량(cultural competence)이란 여러 문화가 혼재된 상황에서 효율적으로 일할 수 있게 하는 실천수단으로서, 제도나 기관 또는 전문가들의 일련의 문화적 행동과 태도들의 통합을 의미한다(National Center for Cultural Competence 2004). 문화적 역량은 두 가지 차원으로 구성된다.

▶ **표층구조**(surface structure): 대상자가 익숙해 하고 선호하는 사람, 장소, 언어, 음악, 음식, 의복을 활용한다.

▶ **심층구조**(deep structure): 사회인구학적 집단과 인종/민족 집단에 대한 차별 및 민족적, 문화적, 사회적, 환경적, 역사적 요인들이 행위에 미치는 영향력을 포함한다(National Center for Cultural Competence 2004).

전미문화역량센터는 문화적 역량을 갖춘 서비스전달의 주요한 특징 세 가지를 제시한다(다음 페이지 글상자를 보라).

문화적 역량을 갖춘 사회복지실천—그 의미와 적용—은 가장 중요한 사회복지실천의 측면으로 부상하고 있다. 이는 특히 미국 인구의 다양성이 계속 증가한다는 이유에서 중요하다. 또한 경제, 의사소통, 운송이 국제적으로 변화함에 따라 우리는 점차 전 세계의 사람들과 상호관계를 맺게 되기 때문에, 문화적 역량을 갖춘 실천의 중요성이 보다 강조되고 있다. 문화적 역량을 갖춘 사회복지실천과 관련된 내용은 3장의 "사회복지실천의 도구들" 중의 하나로써 보다 자세히 다루게 될 것이다.

패러다임, 문화 그리고 사회

패러다임 내지 세계관은 사회구성원들이 공유하는 제도와 절차를 반영하면서 동시에 형성한다. 그러나 특정한 패러다임 요소들—패러다임을 구성하는 부분들—은 매우 다양하며, 사회구성원들이 이러한 요소를 저마다 공유하는 정도에도 상당한 차이가 존재한다. 이는 특히 미국사회에서 적용되지만, 대개의 경우 인지되지 못한다. 패러다임 요소란, 문화를 형성하고 민족성과 인종과 같은 개념에 다양한 의미를 부여하는 절차, 신념, 가치, 문화적 산물 등이다. 여기에는 미술, 음악, 과학, 철학, 종교, 정치, 경제, 여가, 일, 교육과 같은 다양한 문화적 표현이 포함된다. Logan(1990:25)에 따르면, "문화는 인간의 물질적, 행위적 측면을 비롯하여 영적인 삶(spiritual life)의 측면에서도 고찰되어야만 한다." 사회라는 개념의 경우에도, 상이한 문화를 구성하는 패러다임 요소들의 특성의 차이, 그러한 패러다임 요소를 미국인 혹은 전세계인이 공유하는 정도의 차이에 따라 엄청난 다양성이 존재한다. 여기에서는 이러한 차이와 다양성이 인간행동과 사회환경의 이해를 위한 다채롭고 본질적인(비록 충분히 활용되지 못하고 있지만) 원천으로서 논의된다.

문화적 역량을 갖춘 서비스전달의 특징	
이용가능성(Available): 서비스의 이용가능성은 의료서비스 및 이중문화/이중언어가 가능한 직원이 존재한다는 것을 나타낸다. **접근가능성**(Accessible): 접근가능성은 서비스 비용, 서비스 공급시간, 프로그램의 지리적 위치 같은 요인들에 따라 정해진다.	**수용가능성**(Acceptable): 수용가능성은 서비스가 고객의 문화적 가치와 전통에 부합하는 정도를 나타낸다(National Center for Cultural Competence 2004).

사회복지와 인문학

우리는 문화적 역량을 갖춘 사회복지실천에 대비하기 위해서, 우리의 일상생활에 영향을 미치는 수많은 패러다임 요소들을 자각하는 방법과 우리의 세계를 경험하는 방법에 대하여 탐구하고자 한다. 패러다임 요소들은 수많은 문화적 표현이나 사회적 표현과 얽혀 있기 때문에, 사회복지사들은 이러한 중요한 요소와 표현들에 대해 생각하고 이를 배우기 위한 기회를 가능한 한 많이 가져야 한다. 이를 위한 한 가지 방법은 모든 사회복지교육이 광범위한 다(多)학제적인 인문사회과학(liberal art and sciences) 교과과정을 기본으로 하여 이루어지는 것이다. 우리는 이러한 교과과정을 공부하면서 자신의 문화뿐만 아니라 타인의 문화까지도 이해할 수 있게 된다.

사회복지사들은 인간행동과 사회환경을 이해하기 위한 이 귀중한 방안들을 오랫동안 인식해 왔다. 인문사회과학 분야는 사회복지실천에 인간행동과 사회환경에 관한 지식을 적용하는 역량을 달성하기 위한 지식의 일환으로서, 전반적인 사회복지사 교육에 있어서 매우 중요한 것으로 여겨진다(CSWE 2008).

우리는 이 책을 통하여 인간행동과 사회환경에 대해 생각하고 학습한 내용을 우리가 이미 가지고 있거나 혹은 인문사회과학을 통해 지속적으로 얻고 있는 많은 경험 및 지식과 연결시키고자 노력할 것이다.

Lather는 인문사회과학에 대한 유용한 정의로서, 인간과 관련된 학문인 사회학, 심리학, 생물학을 망라하는 "인간과학(human sciences)"을 제안한다. 이러한 "인간과학"은 인문사회과학을 통해 인간행동을 이해하기 위하여 보다 광범위하고 포괄적인 접근을 제시한다. 인간과학은 "인간의 특질에 관하여 개방적인 태도로 인간에 대한 질문에 접근하고, 그 질문에 적절한 방법이 무엇인지를 알려주는 보다 포괄적이며, 다양한 탐구 시스템을 활용하는 과학이다"(Lather에서 인용된 Polkinghome 1991:166). 보다 포괄적이고 개방적인 이러한 접근법은 인간 행동과 사회환경을 이해하기 위한 대안적 패러다임에 관한 이 책의 관점 혹은 태도와 일치하는 것이다.

사회복지사인 Howard Goldstein(1990)은 인문과학(인문학)으로부터 얻는 폭넓은 지식이 사회복지실천에 도움이 될 수 있다고 주장한다. 사회복지사들은 인문과학의 학습을 통해 클라이언트들의 삶에서 끊임없이 펼쳐지는 복잡한 특징들을 보다 잘 이해할 수 있게 된다. Goldstein에 따르면, 이러한 폭넓은 지식의 범주에는 미술, 문학, 연극, 철학, 종교와 역사가 포함된다.

창의적 사고는 클라이언트뿐 아니라 우리 자신의 경험과 세계를 이해하기 위한 질문을 던지도록 도와주며, 사회복지실천이란 무엇인가에 있어서 매우 중요하다.

패러다임들, 권력 그리고 임파워먼트

미국사회와 같은 문화와 사회를 반영하는 동시에 형성하는 패러다임을 검토함으로써, 권력관계와 차등적인 자원분배에 관한 많은 논의가 가능하다. 권력, 불평등, 자원분배에 대한 관심이 사회복지사들의 주요 관심사라는 것을 명심해야만 한다. 패러다임에 대한 연구를 통하여, 불평등하고 차별적인 권력과 자원에 관련한 많은 것들을 이해할 수 있다.

권력: 사회경제적 정의

사회복지사들의 주요관심사는 젠더, 인종, 성적성향, 종교, 연령, 능력, 문화, 소득, 계급(위험에 처한 집단 구성원) 등으로 인한 권력과 자원의 차이(사회적 정의와 경제적 정의)이다. 이러한 차이는 우리사회의 의사결정을 이끄는 지배적·전통적 패러다임으로부터 수많은 사람들의 입장과 목소리를 배제시키는 결과를 낳았다. 위에서 열거된 차이들은 인간의 욕구 충족 및 잠재력 달성을 위한 제도와 절차에 있어서 일부 개인과 집단의 세계관이 월등한 영향력을 발휘하도록 만들고 있다. 우리 중의 일부가 우리의 삶에 영향을 주는 의사결정과정에 영향력을 미칠 기회를 부정한다면, 그것은 결국 우리 모두의 피해로 돌아올 것이라는 것이 이 책의 견해이다. 패러다임 및 패러다임의 구축과정에서 우리 중 일부의 목소리와 시각이 배제당한다면, 이는 곧 우리 모두의 실패나 다름없다. 우리는 다른 젠더, 인종, 성적성향, 종교, 연령, 능력, 문화, 소득, 계급을 지닌 사람들의 목소리에 귀를 기울이고, 그들의 눈으로 세상을 바라봄으로써, 우리 모두의 삶을 풍요롭게 하는 새로운 패러다임과 세계관에 대한 많은 것을 배울 수 있다. 우리와는 다른 사람들에게 세심한 주의를 기울여 그들의 목소리와 시각을 포함시킴으로써, 우리는 인간행동과 사회환경 및 인간의 의미에 대한 이해의 폭을 더 넓힌다는 흥미진진한 새로운 가능성을 가지게 된다.

임파워먼트

임파워먼트(empowerment)는 사회복지의 기본목적을 달성함에 있어서 패러다임과 그 역할을 이해하기 위해 권력의 중요성을 고려하고자 할 때 유용한 개념이다. 임파워먼트는 패러다임 및 패러다임의 구축과정에서 이전에는 배제 당했던 사람들의 목소리와 비전을 포함시키기 위한 자원의 재분배와 관련된다. **임파워먼트**(empowerment)란, 특히 사람들이 자신의 세계를 형성하고 완전한 잠재성을 발휘하기 위해 필요한 권력과 자원을 획득해내는 과정이다. 임파워먼트는 권력 그 자체에 대한 대안적 정의를 제시하는데, 아프리카계 미국 여성주의자들이 제시한 권력의 대안적 정의가 매우 유용하게 쓰인다. 권력의 대안적 정의는 한 사람 혹은 집단이 다른 사람을 지배하기 위해 사용하는 상품이라는 권력에 대한 전통적 개념을 거부하는 대신, "자아실현, 자기인식과 자기결정이라는 인본주의적 시각에 기초한 대안적인 시각"을 받아들인다(Collins 1990:224에서 인용된 Lorde 1984; Steady 1987; Davis 1989; Hooks 1989). 이러한 대안적 시각은 다른 사람을 "마음대로 지배하는" 힘으로 정의하는 권력에 대한 전통적 개념과 비교할 때, 사회복지의 목적과 기반에 훨씬 더 부합하는 것으로 여겨진다.

사회복지사인 우리들은 권력에 대한 대안적 시각들을 탐구함에 있어서, 전통적·지배적인 패러다임을 대변하는 자들의 목소리와 시각이 아닌, 그 외 다른 사람들의 임파워먼트에 대하여 관심을 지닌다. 가장 대표성이 부족한 전통적 패러다임 대변자들은 "부와 자원에 접근할 수 있는 이성애자이면서, 기독교를 믿는, 건강하고, 젊은, 백인 남성"이다(Pharr 1988:53). 우리의 대안적 시각은 여성, 유색인종, 게이와 레즈비언, 비(非)기독교인, 비(非)청년, 장애인, 비(非)유럽계, 저소득층, 비(非)중산층 혹은 사회경제적 비(非)상층 사람들의 임파워먼트를 추구한다.

임파워먼트의 목적은 본질적으로 사회복지의 목적이다: 즉, 인간의 존엄성을 지키고 회복시키며, 인간의 다양성을 찬양하고 그 혜택을 누리며, 우리들 모두의 목소리, 잠재성, 인식방법, 에너지를 기꺼이 받아들이고 지원해주는 사회를 만드는 것이다. "사회복지의 임파워먼트 실천은 여성과 유색인종에게 보다 효과적이고 대응적인 서비스를 개발하기 위한 노력으로부터 시작되었다"(Gutierrez et al. 1995:534). 임파워먼트는 권력분배의 변화에 중점을 두며, 권력을 "다양한 원천으로부터 비롯되는 무한한 것으로 설명하는데, 그 이유는 권력이 사회적 상호작용 과정에서 발생되기 때문이다(Gutierrez et al. 1995:535). 이 책을 통해 개인, 가족, 집단, 조직, 지역사회와 세계에 대한 다양한 관점을 고찰함에 있어서, 그 관점이 모든 사람들을 임파워먼트시키고 사회변화 혹은 사회전환을 촉진하는 잠재력을 지니는가를 유념해야만 한다. 우리는 사회복지의 역사적 사명과 주요 관심사들, 즉 "사회적 정의와 경제적 정의, 인간의 권리를 제약하는 상황을 방지, 빈곤 퇴치, 모든 사람들의 삶의 질 향상"에 반하는 패러다임과 관점에 대한 발견사항을 지속적으로 고려할 것이다(CSWE 2008:1). 인간행동과 사회환경에 대한 보다 온전한 이해를 위한 여정에서 우리가 설정한 과업들은 분명 어려운 것들이다. 그러나 이 책을 통해 다루게 될 우리가 맡은 과업과 주제들은 이번 장의 도입부에서 설정한 사회복지, 사회복지사인 우리 자신, 우리와 함께 일하는 사람들의 상호관련성 및 상호의존성에 대한 가정들과 마찬가지로, 상호관련되고 상호의존적인 것들이다.

요약

1장은 다양한 분야의 정보와 관점을 제공함으로써, 인간행동과 사회환경이 사회복지 교과과정에서 차지하는 위상과 그 중요성에 대하여 소개하였다. 또한 사회복지실천에 필요한 기본적 지식의 토대를 형성시키기 위하여, 모든 공인 사회복지교육 프로그램에서 인간행동과 사회환경의 내용에 인문사회과학의 광범위한 내용들을 필수적으로 결합시켜야 한다고 설명하였다. 이 장에서는 우리 자신, 타인, 사회복지실천 간의 상호관련성에 대한 많은 기본 전제들이 제시되었다.

패러다임 또는 세계관의 개념 정의와 더불어, 패러다임 분석과 패러다임 전환 등의 관련 개념 및 사회복지사와 사회변화에 있어서의 그 중요성에 대한 논의들이 제시되었다. 이 장에서는 전통적 혹은 지배적인 패러다임과 대안적 혹은 가능한 패러다임의 개념들이 소개되었다. 이러한 개념들은 개념의 등장과 시간에 따른 변화에 대하여 논의됨으로써, 역사적 연속성의 맥락 속에 놓여 있다. 이번 장에서는 인간과 지역사회의 복지를 향상시키고 빈곤과 억압을 완화시키는 역사적 사명을 형성하는 사회복지의 목적과 토대에 주목하였다. 패러다임과 사회복지의 주요 관심사들을 이해하기 위하여, 권력과 관련된 임파워먼트의 이슈들이 논의되었다. 전통적이고 지배적인 패러다임으로부터 배제된 다양한 사람들에 대한 소개와, 문화와 민족성, 인종의 복잡성과 다양한 정의들의 소개도 이루어졌다. 이번 장에서 다룬 개념과 이슈들은 인간행동과 사회환경을 이해하기 위한 이 책의 기본 주제들을 구성하게 된다. 우리는 이 장에서 설명한 개념과 이슈들을 기반으로, 다음 장에서 전통적 패러다임과 대안적 패러다임의 세부적 차원들을 탐구하게 될 것이다.

1장 복습

연습문제

1. 다음 중 사회복지의 가치와 일치하지 않는 것은?
   a. 사회복지사들의 전문적 관계는 개인의 가치와 존 엄성에 대한 존중에 기반해야 한다.
   b. 사회복지사들은 인간의 자기결정권을 존중한다.
   c. 사회복지사들은 클라이언트가 자신의 지시를 따르 도록 요구한다.
   d. 사회복지사들은 스스로의 윤리적 행동에 책임을 진다.

2. 다음 중 논리적, 합리적, 체계적이고 데이터에 입각 한 방식으로 증거와 주장을 비교하여 검토하고, 개입 (treatment)방법이 "효과가 있는가?", "그 효과를 어떻게 알 수 있는가?"라고 묻는 사회복지사가 활용 하고 있는 것은?
   a. 과학적 방법
   b. 증거기반실천적 사고
   c. 비판적 사고
   d. 경험적 사고

3. 실재(reality)에 대한 특정 관점을 형성하는 사고, 인 식, 가치관의 깊은 변화를 (   )이라 한다.
   a. 패러다임 전환
   b. 패러다임 분석
   c. 사고하는 패러다임
   d. 대안적 패러다임

4. 미술, 문학, 시를 통하여 우리자신을 이해하게 되는 과정은 (   )이라 언급된다.
   a. 세속주의
   b. 인도주의
   c. 경험주의
   d. 포스트모더니즘

5. (   )은(는) 본래 대안적 패러다임이었으나 오늘날 에는 전통적 패러다임으로 간주되고 있는 사례이다.
   a. 스콜라철학   b. 전근대주의
   c. 과학   d. 비판적 사고

6. 사회복지에 영향을 미치는 두 가지 엇갈리는 세계관은 과학적 관점과 (   )관점이다.
   a. 실증주의적
   b. 해석적
   c. 쾌락적
   d. 결정론적

7. (   )은(는) 조상의 국가 또는 종족집단의 문화에 기 반하되, 그 집단이 현재 소속된 문화에 의해 수정되어진 사회적 정체성이다.
   a. 민족성
   b. 사회
   c. 문화적응
   d. 사회화

8. 집단의 (   )은(는) "개인의 내부로부터 정의되어 외 부로 보여 지게 되며", "'만족감'을 통해 스스로가 규 정하고 유지하는 것"이다.
   a. 문화
   b. 민족정체성
   c. 인종
   d. 민족 계층화

9. Kuhn은 (   )을(를) "특정 공동체의 구성원들이 공유 하는 신념, 가치, 기술 등의 총체"로서 정의한다.
   a. 패러다임
   b. 문화
   c. 공동체 정체성
   d. 사회적 사고

10. 다음의 사례 중 Lather의 포스트모던 시대의 특징이 아 닌 것은?
   a. 진리를 결정함에 있어서 개인적 이성의 중요성
   b. 다양한 인식방법의 강조
   c. 역사의 비선형성
   d. 참여적, 페미니즘적, 비위계적인 진리추구수단의 중요성

답: 1) c 2) c 3) a 4) b 5) c 6) b 7) a 8) b 9) a 10) a

참고문헌

Berman, M. (Winter 1996). "The shadow side of systems theory." Journal of Humanistic Psychology, 36(1).

Bloom, M. and Klein, W. (Eds.). (1997). Controversial issues in human behavior in the social environment. Boston: Allyn and Bacon.

Boulding, Kenneth E. (1964). The meaning of the 20th century: The great transition. New York.: Harper-Colophon.

Capra, Fritjof. (1983). The turning point: Science, society, and the rising culture. Toronto: Bantam Books.

Collins, Patricia Hill. (1990). Black feminist though: Knowledge, consciousness, and the politics of empowerment, Boston: Unwin Hyman, Inc.

CSWE, (2008). Educational Policy and Accreditation Standards Retrieved July 1, 2008, from http://www.cswe.org/CSWE/accreditation/

Council on Social Work Education (CSWE), (2001). Handbook of accredition standards and procedures (5th ed.). Alexandria, VA: Author

Gambrill, E. (July/August 1999). "Evidence-based practice: An alternative to authority-based practice." Fanilies in Society, 80(4).

Gambrill, E., and Gibbs, L. (1996). Critical thinking for social workers: A workbook. Thousand Oaks. CA: Pine Forge Press.

Gibbs, L. G., Blakemore, J., Begun, A., Keniston, A., Preden, B., and Lefcowitz, J. (1995). "A measure of critical thinking about practice." Research on Social Work Practice, 5(2): 193-204.

Goldstein, Howard, (1990). "The knowledge base of social work practice: Theory, wisdom, analogue or art?" Families in Society, 71(1): 32-43.

Guba, Egon G., and Lincoln, Yvonna S. (1989). Fourth generation evalution. Newbury Park. CA: SAGE Publications.

Gutierrez, L., Delois, k., and Linnea, G. (November 1995). "Understanding empowerment practice: Building on practioner-based knowledge." Families in Society: The Journal of Conetemporary Human Services.

Helms, J. E. (1994)/ "The conceptualization of racial identity and other 'racial' constructs." In Trickett, E. J., wATTS, r. j., and Birman D. (eDS.) (1994). Human diversity: Perspectives on people in context. San Francisco: Jossey-Base.

Kuhn, Thomas S. ([1962] 1970). The strcutureof scientific revolutions (2nd ed.). Chicago.

Lather, P. (1991). Getting smart: Feminist research and pedagogy with/in the postmodern. New York: Rutledge.

Lincoln, Y. S., and Guba, E. G. (1985). Naturalistic inquiry. Beverly Hills: Sahe.

Logan, Sadye. (1990). "Black famlies: Race, ethncity, culture, social class, and gender issues." In Logan, S., Freeman, E., and McROY, R. Social Work Practice With Black Families. New York: Longman.

Lonner, W. J. "Culture and human diversity." In Trickett, E. J., Watts, R. J., and Birman D. (Eds.) (1994). Human diversity: Perspectives on people in context. San Francisco: Jossey-Bass.

Manchester, William, (1992). A world lit only by fire: The medieval mind and the renaissance: Portrait of an age. Boston: Little, Brown and Company.

Myers, Linda J. (1985). "Transpersonal psychology: The role of the afrocentric paradigm." Journal of Black Psychology, 12(1): 31-42.

National Association of Social Workers (NASW). (1982). Standards for the classification of social work practice. Silver Spring, MD: NASW.

National Center for Cultural Competence, G. U. (2004). Achieving Cultural Competence : A Guidebook fo Providers of Services to Older Americans and Their Families Retrieved 2/22, 2009, from http://www.aoa.gov/PROF/adddiv/culture/CC-guide-book.pdf.

Persell, Caroline Hodges. (1987). Understanding society: An introduction to slciology. New York: Harper and Row.

Pharr, Suzanne. (1988). Homophobia: A Weapon of Sexism. Inverness, CA: Chardon, Press.

Rank, M., and Hirschl, T. (1999). "The likelihood of poverty across the American adult life span." Social Work, 44(3): 201-216.

Reason, Peter, (Ed.) (1988). Human inquiry in action: Developments in new paradigm research. London: SAGE Publications.

Root, Maria P. P. (Ed.) (1992). Racially mixed people in America. Newbury Park, CA:Sage.

Sahakian, William S.(1968). History of philosophy. New York: Barnes and Noble books.

Sands, R., and Nuccio, K. (1992). "Postmodern feminist theory in social work." Social Work, 37: 489-494.

Schulz, Alfred. (1944). "The stranger: an essay in social psychology." American Journal of Sociology, 49: 499-507.

Spickard, P. R. "The illogic of American racial categories." In Root, Maria P. R. (Ed.). (1992). Racially mixed people in America. Newbury Park, CA: Sage.

Trickett, E. J., Watts, R. J. and Birman, D. (Eds.). (1994). Human diversity: Perspectives on people in context. San Francisco: Joosey-Bass.

Van Den Bergh, N. (Ed.) (1995). Feminist practice in the 21st century. Washington DC: NASW Press.

Witkin, S., and Harrison, D. (October 2001). "Editorial: Whose evidence and for what purpose?" Social Work, 46(4).

2장

전통적 패러다임과
대안적 패러다임

Human
Behavior
and the Social
Environment

이번 장에서 필자는 책 전반에 걸쳐 사용하게 될 개념적 준거틀(conceptual framework)을 개괄적으로 소개하고자 한다. 여기에서 우리는 사회복지실천 지식을 이해하고 체계화하기 위해 전통적 패러다임과 대안적인 패러다임을 소개하고, 이 두 패러다임간의 차이점을 다섯 가지 차원에서 비교·검토할 것이다. 이러한 다섯 가지 차원은 사회복지사가 다양한 학문분야로부터 얻을 수 있는 인간행동과 사회환경에 관한 폭넓은 지식들을 체계화하는데 유용한 기본관점을 제공할 것이다. 개념적 준거틀은 또한 우리가 인간행동과 사회환경을 보다 포괄적이고 비판적으로 이해하기 위한 기본적인 도구가 될 것이다.

전통적·지배적 패러다임의 차원

다른 패러다임이나 세계관과 마찬가지로, 여기에서 말하는 전통적·지배적 패러다임 역시 상호 연관된 차원들의 집합체로, 이 패러다임에 의해 우리는 우리 주변세계에 대한 지식과 그러한 지식을 인식하는 방법을 형성하고 소통하며 통제한다. 여기에서 의미하는 차원은 방법(과정), 속성, 관점, 기준, 관계 방식들이 포함된다. 이러한 차원들이 합쳐져서 전통적·지배적 패러다임을 구성하게 되며, 우리가 이 사회에서 옳고 진실한 것이라고 믿도록 교육받게 되는 다양한 것들로 표상(表象)된다.

전통적·지배적 패러다임은 다음의 방식으로 그 나름의 특수한 정체성을 형성한다. 구체적으로, 전통적·지배적 패러다임은 기본 행위와 신념의 근간이 되는 지식을 생산하기 위해 **실증적, 과학적, 객관적, 양적 방법**(과정)을 주로 사용한다. 지배적 패러다임은 **남성적 속성**과 **가부장적 관점**을 중요시하고, 인간의 가치와 중요성을 **백인성의 기준**에 따라 평가한다. 타인과의 관계는 매우 **분리적**이고 **비인격적**(impersonality) **특성**으로 구성된다. 지배적 패러다임에서 개인들은 서로 **대립적**이거나 **경쟁적** 관계에 놓이게 된다. 어떤 사람의 **특권적 지위**는 그 사람이 얼마나 전통적·지배적 패러다임에 입각한 방법(과정), 속성, 관점, 기준, 타인과의 관계방식을 적용하고 고수하는 수준에 따라 획득여부가 결정된다. 다음 절에서 이러한 전통적·지배적 패러다임의 차원들을 좀 더 심도있게 살펴보고자 한다.

실증적, 과학적, 객관적, 양적 인식방법

전통적·지배적 패러다임을 이해하기 위해서는 지식과 정보가 획득되고 평가되는 방법과 과정을 살펴볼 필요가 있다. 이러한 방법 내지는 과정은 그 자체로 전통적·지배적 패러다임을 이루는 중요한 요소이자, 전통적·지배적 세계관을 창조하는 메커니즘이다. 이 두 개념은 지식의 "인식방법(ways of knowing)"과 "어떤 지식이 가치 있는 지식(worth knowing)"인지에 대한 전반적인 내용을 모두 담게 된다. 지식에 대한 이러한 관점은 결국 전통적 패러다임의 핵심 "과정"이자 본질적인 "결과물"이다. 다시 말해, 이는 전통적·지배적인 패러다임에 입각해서 우리가 무엇을 알아야 하고 어떻게 알 수 있는가라는 물음에 대한 답이기도 하다.

전통적·지배적 패러다임은 **실증적, 과학적, 객관적, 양적** 특징들을 지니고 상호 밀접하게 관련되어 있다. 더불어 이러한 특징들은 전통적 패러다임을 통하여 지식의 "인식방법"과 "어떤 지식이 가치 있는지(또는 타당한 지식인지)" 모두에 적용될 수 있기 때문에 하나의 차원으로 고려될 수 있다. 보다 명확한 설명을 위해 우리는 이러한 상호 관련된 특징들을 각각 개별적으로 살펴보겠지만, 일련의 차원들이 모여서 세계를 조망(眺望)하는 하나의 관점 내지는 의미있는 입장이 된다는 사실을 잊지 말아야 한다.

실증주의적 차원

전통적 패러다임의 첫 번째 차원은 실증주의적 접근 혹은 실증주의(positivism)이다. 실증주의는 때에 따라서 **경험주의**(empiricism)라고도 불린다(Imre 1984:41; Bottomore 1984:22-23). **실증주의와 경험주의**는 우리 주변 세계를 객관적으로 관찰함으로써, 지식이 획득된다는 신념을 바탕으로 형성되었다. 즉, 우리를 둘러싼 세계에 관한 모든 결과물들은 오로지 객관적인 관찰에 기초해야 한다는 것이다(Manheim 1977:12-14; Dawson et al. 1991:247-8, 432). 실증주의자 혹은 경험주의자들은 우리의 감각을 통해 관찰할 수 있어야만 세계를 명확하게 이해할 수 있다고 본다. 이러한 생각에는 같은 사건·경험·대상을 관찰하는 사람이면 누구나 같은 방식으로 보고, 느끼고, 맛보고, 냄새 맡고, 들을 수 있다는 가정이 깔려있다. 요컨대, "진리(truth)" 혹은 "지식(knowledge)"은 이러한 방법을 통해서만 증명될 수 있다는 것이다(Manheim 1977:12; Dawson et al. 1991:19-20). 많은 학자들이 실증주의와 경험주의를 같은 개념으로 보는 반면에, 이 양자를 구별하는 학자들도 있다. 실증주의와 경험주의를 구별하는 학자들에 의하면, 실증주의는 보다 좁은 개념으로써 항상 과학적 방법을 통해 지식을 획득하고자 한다. 반면 경험주의는 실증주의보다 포괄적이고 넓은 개념으로, 과학적 방법뿐만 아니라 때로는 질적 방법과 같은 다른 접근 방법을 통해 지식을 획득할 수 있다고 보는 점에서 차이가 있다(Heineman Pieper 1995: xiii; Tryson 1995:9).

과학적 차원

전통적·지배적 패러다임에 따라 세계를 인식하고 판단하는 준거틀로 활용되는 두 번째 차원은 과학적 접근이다. 실증주의·경험주의와 마찬가지로, 과학적 접근도 우리의 감각을 통한 경험·사건·대상의 관찰을 기본으로 한다. 이와 더불어 **과학적 접근**은 "자연현상의 관계의 방식에 대한 가설을 체계적, 통제적, 경험적, 비판적으로 검증할 것을 요구한다"(Kerlinger 1973:11). 이와 같이 관찰 가능한 현상 간의 관계를 검증하는 과학적 접근을 통해 우리는 세계와 인간에 대해 이해할 수 있게 된다. 그러나 우리가 아는 것과 알 가치가 있는 것을 결정하기 위한 과학적 접근이라는 관점에서 권력의 영향력을 간과할 수는 없다. 아래 글상자는 상술한 과학적 방법을 간략하게 제시하고 있다.

과학적 방법	"과학적 방법은 과학적 지식이 어떤 과정을 통해 생성되고 평가되어야 하는지에 관한 일련의 연구수행 단계와 방법으로 구성된다."
과학적 방법의 단계	1. 연구주제 선택 2. 가설 설정 3. 연구방법 선택 4. 자료 수집 5. 자료 분석 6. 결과 해석 및 결론 도출(Alix 1995:41)

객관적 차원

전통적·지배적인 패러다임의 세 번째 차원은 객관성으로, 이는 과학적 접근의 핵심이기도 한다. **객관적인 접근**에서는 "비편향성, 비편견성, 분리성, 비인격성을 매우 중시한다." **객관성**(objectivity)이란 "사물을 있는 그대로 바라보는 것"을 의미한다(Manheim 1977:10). 특히, 이 차원은 연구자의 가치가 연구대상인 사건·경험·대상으로부터 완전히 분리되어야 함을 강조한다. 하지만 과학적 관점을 따르는 사람들은 "논리적 사고와 경험적 사실이 서로 밀접하게 연결되어 있으며, 객관적 실재(objective reality)라는 것이 존재하기에 그러한 객관적 실재는 본질적으로 하나라고 믿는다. 따라서 논리적인 것과 경험적인 것을 구분해서 보지 않는다"(Dawson et al. 1991:20).

양적 차원

인간의 감각기관에 의한 체계적이고 객관적인 관찰을 통한 지식의 획득과 검증을 강조하는 전통적·지배적 패러다임은 관찰된 사건·경험·대상의 특징과 수치의 기록을 매우 중요하게 여긴다. 이러한 맥락에서 전통적·지배적 패러다임의 네 번째 차원은 '양적' 접근이다. **양적 접근**은 "모든 물질이 잠재적으로 수량화될 수 있음을 가정한다"(Kerlinger 1973:529). 양적 접근은 "정확하게 측정된 수량에 기초하여 사람과 사물을 일반화함으로써 질문에 대한 해답을 찾고자 한다"(Dawson et al. 1991:436). 즉, 어떤 사물이나 현상이 얼마나 자주 혹은 많이 관찰되고 누적되었는지에 따라 가치, 진실성, 중요성, 영향력이 결정된다.

우리는 앞으로 지금까지 살펴본 전통적·지배적 패러다임의 기본 차원들 외에 다른 차원들에 대해서도 살펴볼 것이다. 여기에서 이러한 차원들이 모두 서로 밀접하게 연관되어 있다는 사실을 인식하는 것이 매우 중요하다. 전통적·지배적 패러다임의 차원들이 서로 복잡하게 연관되어 있다는 사실을 이해하는 것은 전통적·지배적 패러다임이 우리 자신과 타인의 삶에 어떠한 영향을 미치는지 이해하는 과정에서 중요하기 때문이다. 앞에서 살펴본 전통적·지배적 패러다임의 네 가지 차원들(실증적, 과학적, 객관적, 양적 차원)이 지식의 인식방법과 가치 있는 지식을 결정하는 과정에서 상호보완적인 것처럼, 우리는 전통적·지배적 패러다임의 다른 차원들도 그로 인한 결과를 산출하는 과정에서 상호의존적이라는 사실을 인식해야 한다.

남성성/가부장제(Masculinity/Patriarchy)

전통적·지배적 패러다임은 남성다움이나 남성성과 관련된 속성들을 반영하고 중시한다. 이와 같이 남성성을 강조하는 전통적·지배적 패러다임은 곧 가부장적 체제·관점·제도에 의미있는 영향을 미쳤다. 흥미롭게도 남성성/가부장제를 깊이 있게 살펴보면, 앞에서 설명한 전통적·지배적 패러다임의 실증적, 과학적, 객관적, 양적인 차원들이 남성다움 혹은 남성성과 밀접하게 연관되어 있음을 인식하게 된다. 궁극적으로 전통적·지배적 패러다임의 많은 다른 과정들 및 산물들이 가부장적 관점 및 제도의 핵심 요소가 된다는 사실을 깨닫게 될 것이다.

가부장제(Patriarchy)

가부장제를 문자 그대로 해석하면 "아버지에 의한 지배 혹은 통치"로 규정할 수 있다. 사회과학에서 의미하는 가부장제 역시 이러한 어의적 정의와 유사하다. **"가부장제는 공적 결정과 정책 수립의 권력이 성인남성에게 주어진 사회를 말한다"**(Ruth 1990:45). 이러한 개념적 정의는 전통적·지배적 패러다임과도 부합된다. 사회와 제도에서 중요한 가치와 우선권이 거의 전적으로 가부장제에 의해 결정된다는 것을 의미하며, 가부장제는 곧 "남성성의 이상과 실천의 구현"을 담고 있다(Ruth 1990:45). 우리는 이 책에서 미국의 공적(그리고 많은 사적) 결정과 정책이 사실상 남성에 의해 대부분 결정된다는 점에서 미국을 가부장제 사회로 간주한다. 일례로 미국의 공공정책과 의사결정이 주로 이루어지는 주 의회, 연방 의회, 그리고 연방대법원 등에서의 남녀의 비율만 살펴보아도 경험적으로 파악할 수 있다(비록 배타적인 가부장제에 대한 반대 급부로 여성의 입후보가 선거에 어느 정도 반영되고 있음에도 불구하고 말이다).

가부장제와 그 영향력에 관한 증거 및 사례들은 정치 영역 예외도 우리의 일상생활에서도 쉽게 찾아볼 수 있다. Belenky와 그의 동료들(1986:5-6)은 "오늘날의 지식과 진리가 사실상 남성지배적 문화의 역사에서 형성되어왔다."고 강조하였다. 그들은 남성들이 자신들만의 관점과 시각으로 지배적인 이론을 형성하였고, 역사를 기록하였으며, 가치의 방향성을 설정하였다고 보았다. 또한 남성에 의해 형성된 이 모든 것들이 남성뿐만 아니라 여성에게도 똑같이 적용되는 기본 원칙으로 자리잡았음을 주장하였다. Belenky와 그의 동료 연구자들은 또한 교육제도에서의 가부장적 특성을 제시하고 있는데, 이러한 맥락에서 우리는 교육제도가 사회 구성원인 남성과 여성을 사회화시키는 기본 제도임을 기억해야 한다. 만일 여러분이 사회복지 교과과정이라는 하나의 제도 안에서 해당 내용을 학습하고 있다면, 본인 스스로 교육제도라는 맥락 속에서 사회화되고 있음을 인지할 필요가 있다.

남성성(Masculinity)

가부장제를 남성이 정책결정을 통제하는 제도로 규정한다면, 가부장적 특성을 지닌 정책에 반영되는 남성다움 내지 남성성의 속성은 과연 무엇인가? 남성의 고유한 속성이 무엇인가에 대해서는 연구자들마다 다소 차이를 보인다. Ruth는 소위 "이상적인 가부장적 남성성"의 속성들로 공격성, 용기, 신체적 힘과 건강, 자기 통제와 감정표현의 자제, 인내, 역량과 합리성, 독립성, 자립, 자율성, 개별성, 성적 능력 등을 제시하였다(Ruth 1990:47).

Easlea(Ruth 1990:61)는 자연과학 특히, 물리학에서 이러한 남성적 속성들이 과정과 결과에 어떻게 반영되고 영향을 미치는지를 설명하였다. 그는 전통적·지배적 패러다임의 두 가지 차원인 남성성과 과학의 밀접한 관계를 밝히고 있다. 또한 Easlea는 대부분의 저명한 물리학자들(고에너지 물리학계에 속한 학자들)이 '공격적 개인주의, 오만한 자신감, 뚜렷한 경쟁심'과 같은 남성적 행동특성을 보인다는 인류학자 Traweek의 주장에 동의하고 있다(Easlea in Ruth 1990: 61). 물리학에 남성적 특성이 반영된다는 사실은 물리학과 대학 교직에서 여성이 차지하는 비율이 매우 낮다는 사실만 보아도 쉽게 알 수 있다. 예컨대, 미국 대학의 물리학과에서 여성 정교수의 비율은 1998년 3%, 2002년 5%, 2006년 6%에 불과하다(Ivie 2009).

1913년에 Bertland Russell은 "과학적 태도"에 대한 흥미로운 설명을 제시하였다. Russell이 설명한 과학적 태도는 전통적·지배적 패러다임이 가진 남성적 속성, 가부장적 관점, 기타 특징들(실증적, 객관적, 과학적, 양적)과 상당 부분 일치한다. Russell은 과학적 태도란 "알고자 하는 욕망을 위하여 다른 모든 욕망을 없애는 태도로써, 어떠한 선입견이나 편견도 없이 사물을 대상자체로 바라볼 수 있도록 모든 주관적인 감정을 억누르는 것"이라고 설명하였다(Easlea in Ruth 1990:63).

여성과 가부장제(Women and patriarchy)

만약 정치, 교육, 과학과 같은 기본적 사회제도에 남성적 속성과 가부장적 관점이 지나치게 반영되어 있다면, 여성에게는 어떤 결과가 나타날 것인가? Westkott(1979:424)은 남성성과 가부장제의 영향을 받은 전통적·지배적 세계관이 여성에게 미치는 영향에 대해 우리에게 중요한 시사점을 제공하였다. 그녀에 의하면 "남성적 특성을 강조하는 구조와 가부장적 문화는 서로 사회, 정치, 경제 제도에 있어서 상호 지지적이며 보완적"이라는 것이다. 그 결과 "여성을 비롯한 다른 일탈자들은 그 사회에서 중요하지 않거나 소외되고 실패한 존재로 취급되며, 사회는 그들의 본질적인 열등적 속성으로 간주한다 … 이러한 사회적 맥락이 곧 가부장제이며, 가부장제에서는 조직화된 사회적 관계를 통해 여성은 남성의 지배를 받고 문화적으로 평가절하된다"(Westkott 1979:424).

전통적·지배적 패러다임에서 남성성/가부장제를 포함하여 실증적, 과학적, 객관적, 양적 차원이 상호 강력하게 연관되어 있다는 사실을 염두에 두는 것은 중요하다. 따라서 이 책에서는 전통적·지배적 패러다임이 여성과 다른 소수자들에게 미친 영향에 대해 지속적으로 살펴볼 것이다. 이에 앞서 우리는 다음 절에서 전통적·지배적 패러다임에 입각한 백인성의 기준에서 사람들을 어떻게 바라보고 평가하는지에 대해 살펴보기로 한다.

백인성(Whiteness)

전통적·지배적 패러다임은 유럽계 백인들의 영향을 지나치게 많이 받았으며 그들에 의해 통제되어 왔다고 해도 과언이 아니다. 이는 곧 백인과 비(非)백인을 막론한 모든 사람들이 거의 모든 삶의 영역에서 유럽계 백인들의 가치·태도·경험·역사적 관점이 반영된 기준에 따라 판단되고 평가되어 왔음을 의미한다. 이러한 이유로 전통적·지배적 세계관은 점차 유럽중심적인 관점으로 간주되어 왔다.

백인성, 권력, 사회제도(Whiteness, power, and social institutions)

우리가 이미 앞에서 살펴본 전통적·지배적 패러다임의 다른 차원과 마찬가지로, 백인성 역시 세계를 구성하고 형성하는 과정과 그 결과에 영향을 미친다. 남성성과 가부장제에 대한 설명에서 공적 의사결정과 정책결정이 대부분 남성들에 의해 이루어진다고 언급한 바와 같이, 이 사회에서 권력을 가진 대부분의 단체나 조직의 직위는 백인들이 차지하고 있다. Pharr(1988)는 우리 사회의 금융과 은행, 교회와 회당, 군대와 같은 여러 다른 사회제도의 통제를 유색인의 시각으로도 바라보아야 할 필요성에 대해 주장하였다. 그럼으로써 우리는 사회제도의 통제가 백인들에 집중되어 있다는 사실을 인식할 뿐만 아니라, 그러한 백인성이 사회제도를 통해 우리 사회 깊숙이 영향을 미치고 있다는 사실을 깨닫게 될 것이다. Pharr는 "학교에서 가르치는 문학과 역사는 대부분 백인의 눈으로 본 백인의 업적에 관한 것이라는 점을 지적하면서, 흑인의 역사를 배우는 기간은 고작 한 달인데 반해, 백인의 역사는 1년 내내 가르친다"는 점을 비판하였다(Pharr 1988:54).

Collins(1989:752)는 "지식의 검증"이나 "교육/연구과정"과 같은 사회의 근본적인 과정들이 사회의 한 집단, 즉 백인 남성에 의해 지배적으로 통제될 경우, 상대적으로 다른 집단의 목소리와 방식들이 억압된다는 사실을 지적하였다. 그녀는 "전문가들 사이에서 당연하게 받아들여지는 지식에 의해 형성된 일반 문화에는 흑인과 여성은 열등하다는 가정이 폭넓게 깔려있기 때문에, 이러한 기본 가정을 뒤흔들 수 있는 새로운 지식의 주장은 불합리한 것으로 치부될 수 있다"고 주장하였다. 사실상 "백인남성에 의해 지배되고 있는 학계"에서 기존의 지식에 대해 의문이 제기되는 일이 발생하기란 쉽지 않다(Collins 1989:752).

백인성과 민족중심주의(Whiteness and ethnocentrism)

Leigh(1989:6-7)는 기존의 지배적 패러다임이 유럽계 백인의 편견이 반영되어 상당히 민족중심적이라고 지적하고 있다. 이러한 편견은 의도적으로 다른 민족과 문화를 억압하는 결과를 초래한다. **민족중심주의**(Ethnocentrism)란 자신의 집단을 다른 집단들보다 더 중요하고 가치 있게 여기는 경향을 말한다. 우리는 이 개념에 대해 나중에 보다 자세하게 다룰 것이다. 따라서 여기에서는 백인 유럽 민족중심주의가 전통적·지배적 패러다임에 큰 영향을 끼쳤다는 수준에서 이해하고 넘어가기로 하겠다. Leigh는 지배적 백인사회에서 바라보는 아프리카계 미국인들에 대한 부정적 시각은 곧 모든 유색인종을 바라보는 잣대가 된다고 주장하였다. 예를 들면, 2006년에 아프리카계 미국인들이 물리학 박사학위를 받은 비율은 전체의 2%이고, 히스패닉계 미국인의 경우는 전체의 3%에 불과하다. 이는 분명 아프리카계 미국인과 히스패닉계 미국인이 차지하는 전체 인구 비율에 비해 절대적으로 낮은 비율이다(AIP 2006). Leigh는 과거에도 사회복지를 포함한 사회제도에서 소수자의 경험을 이해하는데 실패했었고, 현재도 실패를 거듭하고 있으며, 백인의 경험을 전체 모델에 적용하는 오류를 범하고 있다고 논증하고 있다(Leigh 1989:9). 다시 말해서 전통적·지배적 패러다임의 백인 편향은 유색인종들의 경험을 배제함으로써 중요한 가치를 누락시키고 있다는 것이다.

전통적·지배적 패러다임의 기본 요소들은 서로 밀접하게 연결되어 있다. 지식창출과정, 남성적·가부장적 특성과 관점, 백인성의 기준 모두가 전통적·지배적 세계관에서 상호 연결되어 있다. 이렇게 상호 연결된 요소들은 궁극적으로 지배적 패러다임에 순응하지 않거나 그 기본 차원들에 따르지 않는 사람들을 배제하는 상황을 만들어낸다.

백인성에 대한 탐구

백인성의 차원을 우리 일상생활 속에서 보다 자세히 살펴보기 위해 다음의 질문을 생각해보자. 여러분의 대학에서 얼마나 많은 교과과정에서 아프리카계 미국인, 아시아계 미국인, 라틴계 미국인, 미국 원주민들을 중요하게 다루는가? 그 과목들은 선택과목인가, 아니면 필수과목인가? 여러분은 유색인종에 초점을 둔 교과과정을 얼마나 많이 수강했는가? 몇 명의 백인 학생들이 유색인종에 초점을 둔 교과과정에 수강신청을 하는가? 유색인들이 졸업요건(역사, 철학, 예술, 음악, 연극, 문학)을 충족하기 위해 백인, 유럽중심적 경험에 초점을 둔 교과과정을 얼마나 많이 수강해야 하는가? 비서양(비유럽)권 문명에 대한 과목들이 필수과목으로 지정된 경우는 얼마나 있는가? 유색인종의 역사, 경험, 문화적 표현을 다룬 과목들이 개설되는 데에 대한 저항은 어느 정도인가? 여러분은 앞에서 제시된 이러한 질문들을 남성성/가부장제의 차원과 관련해서 여성의 역사 및 경험을 반영하는 교과과정에 적용해서 생각해볼 수 있다. 만일 여러분이 비지배집단을 옹호하는 대학, 가령 역사적으로 흑인들이 많이 다니는 대학(HBCU)에 다닌다면, 이러한 질문에 대한 답변은 아마 많이 달라질 것이다.

인종차별주의와 권력(Racisms and power)

백인성이 부정적으로 표출되는 대표적인 경우가 인종차별주의이다. Carter and Jones(1996)에서 Jones는 인종차별주의란 보다 힘이 있는 집단이 힘이 없는 집단에 행사하는 권력이라고 정의하고 있다.

인종차별주의는 의도적이든 비의도적이든 전체 문화(혹은 인종)의 지지를 받는 개인이나 제도들이 열등한 것으로 규정된 인종집단에 대해 권력을 행사하는 것으로, 인종 편견 내지는 민족중심주의의 변형된 형태이다.

위에서 제시된 인종차별주의에 대한 일반적 정의를 바탕으로, Carter and Jones(1996)에서 Jones는 인종차별주의가 개인적, 제도적, 문화적 수준에서 다양하게 조작적 정의가 가능하다는 사실을 입증하였다.

인종차별주의의 3가지 유형(Three types of racism)

1. 개인적 수준의 인종차별주의: 어떤 사람은 "흑인(또는 유색인) 집단이 신체적(유전적)으로 백인보다 열등하다고 생각한다. 이렇게 생각하는 사람들은 이러한 열등한 신체적 특성이 그들의 열등한 사회적 행동, 도덕, 지능을 결정한다고 믿고 있으며, 따라서 이러한 열등성으로 인해 흑인(또는 유색인)이 미국 사회에서 열등한 처우를 받는 것이 적절하다고 생각한다."

2. 제도적 수준의 인종차별주의: "미국 사회에서 인종적 불평등을 체계적으로 반영하고 만들어 내는 법, 관습, 관행을 말하며, 이는 개인이 이러한 인종차별적 관습을 따르는 것과는 별개의 문제이다"(Carter and Jones 1996). "제도적 수준의 인종차별주의를 가장 명확하게 나타내는 지표는 과거부터 현재까지 지속되는 백인과 유색인종의 환경적 조건의 차이이다."

3. 문화적 수준의 인종차별주의: "아프리카계(히스패닉, 아시아계, 인디안) 사람들의 도구·수공예품·농업·경제·음악·예술·종교·전통·언어·역사가 열등하다는 신념이다 … 즉, 흑인들(기타 비백인들)이 주류 백인의 문화와 구별되는 독자적인 도구·수공예품·농업·경제·음악·예술·종교·전통·언어·역사를 가지고 있다는 사실을 인정하지 않는다"(Carter and Jones 1996:2-3).

분리적/비인격적/경쟁적(Separate/Impersonal/Competitive)

전통적·지배적 패러다임은 세계를 분리적이고 비인격적이며 경쟁적인 체계로 이해한다. 이는 전통적·지배적 패러다임이 세계를 "양자 모두(both/and)"

또는 "우리 모두(us)"와 같은 협력적이고 포괄적인 개념이 아니라, "양자 택일 (either/or)" 또는 "우리 아니면 그들(we/they)"과 같은 이분법적이고 경쟁적이며 대립적인 개념들로 설명해왔다는 것을 의미한다(Derrida in Scott 1988:7).

분리성과 비인격성(Separateness and Impersonality)

서양 철학에서 분리성에 대한 관심은 신체로부터 사유를 분리하려는 전통적인 관심에서 시작되었다. 우리가 이미 과학적 접근에서 다룬 바와 같이, 자연과학과 사회과학은 지식구축을 위한 경험적 과정에서 개인의 가치를 분리시킬 것을 강조한다. 사실상 오래 전부터 과학적 사유의 과정에서는 어떤 형태의 주관적·객관적 요소의 결합도 지식축적과정에 장애가 된다고 여겨왔다. 과학이 과학적이기 위해서는 반드시 비인격적이어야 한다는 것이다. 자연과학자들의 교육과정에는 끊임없이 가치중립성, 객관성, 연구와 연구자의 분리를 강조해왔다. 사회과학과 사회복지학의 많은 학자들 역시 자연과학의 비인격성과 가치중립성의 기준에 맞는 지식을 추구하려는 노력을 기울여왔다.

비인격성과 분리성은 또한 남성적 속성에 해당되는 독립성, 자율성, 개별성 등과 밀접하게 관련되어 있다. 이 속성들은 앞에서 언급한 "이상적인 가부장적 남성성"에 해당된다. 이와 같이 남성적인 속성들에 가치를 부여하고 분리성과 비인격성을 중요시하는 경향은 인간 발달과 행동에 관한 연구의 본질과 초점에 커다란 영향을 끼쳤다. 예컨대, Berenky와 그의 동료들은 "인간의 본질을 이분법적으로 구분하려는 서양의 전통적 주류학파에 의해 자율성과 독립성의 발달에 관해서는 많은 것을 배울 수 있었던 반면에, 상호의존성, 친밀감, 양육, 맥락적 사고에 관해서는 배울 기회가 없었다."고 지적하였다(Belenky et al. 1986:6-7).

우리는 개인의 행동과 발달에 대한 전통적, 대안적 접근을 다루는 4장과 5장에서 이러한 자율성과 상호의존성에 관한 이슈를 보다 자세하게 다룰 것이다. Berenky와 그의 동료들은 "추상적이고 비인격적인 것에 관한 정신적 과정은 '사고(thinking)'라고 명명되어 남성의 주된 속성으로 여겨지는 반면, 인간적이고 대인관계적인 것에 관한 정신적 과정은 '감정(emotions)'으로 분류되어 대개 여성적 속성으로 평가 절하되어 왔다고 지적하였다"(1986:7). 여기에서 우리는 전통적·지배적 패러다임의 차원들이 서로 밀접하게 연관되어 있다는 사실을 다시 한 번 확인할 수 있다.

경쟁성: 이분법과 위계(Competitiveness: binaries and hierarchies)

프랑스의 철학자이자 언어학자인 Jacques Derrida는 이분법을 대립적이고 경쟁적인 권력들로 분리시키는 성향이라고 언급하고 있다. 어떤 생각이나 특성들을 이분법적으로 구분하게 되면, 한 쪽은 지배적이거나 중요한 것이 되고 다른 한 쪽은 종속적이거나 부수적인 것이 되어 위계가 발생하는 경향을 보인다. 또한, Collins는 이와 같은 이분법적 사고 성향에는 체계적 불평등의 의미가 강하게 내재되어 있다고 지적하였다. 그녀는 "이분법적이고 대립적인 분류는 언제나 우등과 열등의 위계 관계를 내포하기 마련인데, 이는 지배와 종속의 정치경제적 수직 관계와 맞물려 작동하게 된다"고 강조하였다(Collins 1986:20).

Jacques Derrida는 서양 철학의 전통은 상당부분 보편성과 다양성, 공통점과 차이점, 존재와 비존재와 같은 이분법적 대립에 기초한다고 주장하였다(Scott 1988). Collins는 아프리카계 미국인 페미니스트의 관점을 토대로 이분법적 사고의 의미를 억압의 맥락에서 설명하였다. 그녀는 이를 통해 전통적·지배적 패러다임의 몇몇 차원들이 서로 연관되고 상호의존 관계에 있음을 밝혀냈다. 그녀는 "인종·계급·성별에 의한 억압 체계의 핵심적인 철학에는 양자택일(either/or)의 이분법적 사고 또는 … 이분법적이고 대립적인 차이에 관한 구성체가 존재할 수 있다."고 보았다. "이러한 이분법적 구성체는 기본적으로 사람, 사물, 생각을 다른 것과 차이를 두어 분리·범주화하는 특징을 지닌다." 그녀는 이분법의 대표적인 예로 '흑인/백인, 남성/여성, 이성/감정, 사실/의견, 주관/객관'을 제시하였는데(Collins 1986:20), 이러한 예들은 이미 전통적·지배적 패러다임에서 중요한 의미를 차지하고 있는 것들이다.

물론, 사회복지영역도 이분법이나 이원론(dualities)의 영향에서 자유로울 수 없다. Berlin은 사회복지가 "이원론의 토대하에 등장했음"을 지적하였다. 그녀는 사회복지사는 "개인의 적응과 사회 변화" 또는 "인본주의 가치와 과학지식의 발달"과 같은 상반되는 임무를 동시에 가지고 있다고 언급하였다. 실제로 사회복지는 끊임없이 이 두 가지 상반되는 임무 사이에서 어떤 것을 취할지에 대해 고민해왔다. 과거 역사상 사회복지실천은 시대적 흐름에 따라 이러한 대립적인 임무 중 어느 하나를 선택했다가 다른 것으로 옮겨가기도 했다. 때로는 개인의 변화에 초점을 두었다가, 때로는 사회 변화에 초점을 두는 방향으로 옮겨

갔다. 어떤 때는 인본주의적 가치를 최우선으로 여겼으며, 또 다른 시대에는 사회복지의 과학적 측면을 강조하였다. 많은 학자들은 사회복지의 영역이 그동안 사회변화 및 인본주의적 가치의 고수보다는 개인수준의 적응 및 과학적 방법에 상당부분 치우쳐왔음을 주장한다. 하지만 이러한 담론과는 별개로, 사회복지영역의 특성상 특정 한 방향에 치우치기보다는 지속적인 갈등과정과 긴장 영역에 놓여 있는 대립적 이분법의 양 측면을 모두 고려하는 것이 큰 강점을 지닐 수 있게 된다.

특권(Privilege)

전통적·지배적 패러다임이 항상 중립적인 노선을 취하거나 가치중립적 성향을 띠는 것은 아니다. 지금까지 우리가 살펴본 전통적·지배적 패러다임의 요소들은 사람에 따라 다른 의미로 적용되고 다른 결과를 초래하였다. 전통적·지배적 패러다임으로 이득을 보는 사람들은 전통적·지배적 패러다임의 과정, 속성, 관점, 기준, 관계 방식을 규정하고 조정하며 실행하는 사람들이라고 할 수 있다. 이러한 사람들이 받는 일련의 혜택을 우리는 소위 **특권**이라고 한다. 전통적·지배적 패러다임에 대한 설명을 마무리하기 전에 이러한 특권에 대하여 간단히 살펴보고자 한다. 특권은 우리가 인간행동과 사회환경을 심도 있게 이해하기 위한 여정에서 지속적으로 관심을 가져야 할 중요한 개념이다.

정당성의 규범(Norms of rightness)

여기서 말하는 특권은 Pharr가 억압의 공통요소를 설명하면서 언급한 "**규범, 정당성의 기준, 혹은 정당화**"와 동일한 의미로 쓰인다. 규범은 모든 사람을 판단하는 기준이 된다. 또한 규범은 제도적·경제적 권력과 제도적·개인적 폭력의 성향에 영향을 받는다. Pharr는 미국에서 규범을 규정하고 집행하는 사람은 "부와 자원에 대한 접근성이 높은 남성, 백인, 이성애자, 기독교인, 장애가 없는 사람, 청년"이라고 밝히고 있다. 그녀는 특권을 이해하기 위한 중요한 개념으로 "규범 설정(defined norm)"에 대해 설명하고 있다. 그녀는 "규범은 반드시 수적으로 다수를 대변하는 것이 아니라, 권력이 있고 타인을 통제할 능력을 가진 사람들에 의해 규정되는 것임"을 우리에게 상기시키고 있다(Pharr 1988:53).

백인의 특권(White privilege)

　　미국사회에서 권력을 행사하고 타인을 통제할 수 있는 능력은 대개 백인성과 연관되어 있으며, 어떤 학자들은 이를 백인의 특권이라고 부른다. 그러나 대부분의 백인들은 자신들이 미국사회에서 얼마나 특권을 누리고 있는지에 대해 인식하지 못하고 있거나, 그러한 노력조차 시도하지 않는다. Helms(1994:305)는 많은 백인들이 그들이 누리는 특권의 실체와 존재를 부정한다고 주장하였다. 심지어 명확한 특권을 행사하는 백인집단의 존재마저 부정하는 형태로 나타나기도 한다. 그녀는 "백인 특권을 부정하는 것은 곧 백인집단이 백인 특권으로부터 얻는 이득마저도 인정하지 않는 것"이라고 주장하였다. 우리는 5장에서 백인정체성 및 정체성 발달과 관련된 모델과 이슈를 자세하게 다룰 것이다.

　　특권(Privilege)은 강력하지만 때로는 그것을 누리는 사람에게는 암묵적이면서도 당연한 것으로 여겨진다. 그리고 그러한 특권을 누리는 사람들은 그가 속한 세계에 대한 의사결정에 적극적이고 강하게 영향력을 행사한다. 이는 곧 특권을 가진 사람들이 그들이 속한 세계를 지배한다는 것을 의미한다. 특권은 그러한 지배의 결과로 특정 사람들에게 돌아가는 이득의 총합이다. 그러나 특권에 대한 이러한 정의에는 안타깝게도 다른 누군가의 희생 하에 특권이 획득되고 유지된다는 전제를 수반한다. 요컨대, 특권은 배타적 특성을 지닌다.

　　페미니스트 학자인 Peggy McIntosh는 전통적·지배적 패러다임의 차원에 부합되고 "정당성의 규범"에 영향을 발휘하는 사람들이 어떻게 실제 생활에서 이득을 보는지에 대한 예를 제시하였다. 그녀가 설명하는 "피부색 특권(skin-color privilege)"이란 여기에서 말하는 "백인성"을 의미한다. 그러나 그녀가 제시한 사례에는 "정당성의 규범"의 다른 특성에서 파생된 특권들에 대해서도 다루고 있다. 다음 페이지는 백인의 특권이 우리의 일상생활에서 실제적으로 어떻게 이루어지고 있는지에 대한 구체적인 예를 제시한 것이다. 이러한 사례를 통해 우리는 일상생활에서 당연하게 받아들여지는 백인성 및 기타 특권들에 대해 인식하게 될 것이다.

　　McIntosh는 백인의 한 사람으로써, 백인의 특성에 대해 다음과 같이 묘사하고 있다.

- 나는 TV를 켜거나 신문을 펼쳐 볼 때마다 백인들이 전반적으로 긍정적으로 묘사되어 있는 것을 쉽게 볼 수 있다.
- 나는 내 자녀들이 백인들의 존재 가치를 확고히 하는 학습 자료로 공부하고 있다고 확신한다.
- 나는 해당 업무의 담당자와의 면담을 요청할 때 그 담당자가 나와 같은 백인일 것이라고 확신한다.
- 나는 나와 같은 인종인 백인이 그려진 포스터, 엽서, 그림책, 연하장, 인형, 장난감, 아동 잡지를 쉽게 구입할 수 있다.
- 내가 모임에 지각할 경우, 백인이니까 지각했다는 비난을 들을까봐 걱정하지 않는다.
- 나는 내 피부색에 맞는 화장품이나 의료용 밴드를 쉽게 구할 수 있다 (McIntosh 1992:73-75).

McIntosh는 이 외에도 백인들의 피부색 특권들에 대한 사례들을 제시하고 있다.

대안적/가능한 패러다임의 차원

대안적 패러다임도 전통적·지배적 패러다임과 마찬가지로 상호 연관된 차원의 집합체이다. 이 패러다임에 의해 우리는 우리 주변세계에 대한 지식과 그러한 지식을 인식하는 방법을 형성하고 소통하며 통제한다. 대안적 패러다임에도 방법(과정), 속성, 관점, 기준, 관계 방식들이 포함되어 있다.

대안적 패러다임에서는 지식을 구축하기 위한 방법으로 **해석적, 직관적, 주관적, 질적** 과정과 산물들을 포함한다. 그렇다고 해서 대안적 패러다임이 반드시 전통적·지배적 패러다임의(실증적, 과학적, 객관적, 양적) 차원을 전적으로 배제하는 것은 결코 아니다. 그러나 대안적 패러다임에서는 전통적·지배적 패러다임의 과정과 산물이 이해와 행동을 하는데 있어서 유일하고 가장 적합한 방법이라고 보지 않는다. 우리가 여기에서 살펴보고자 하는 대안적 패러다임은 **여성적 속성과 페미니스트의 관점**을 반영한다. 대안적 패러다임에서는 남성적 속성이나 가부장적 관점을 우선적으로 적용하지 않는다. 대안적 패러다임에서는 인간의 고유성과 존엄성의 규범에 따라 개인의 가치와 중요성을 평가하며, 특히 인간의 **다양성**을 큰 이점으로 인식한다. 더 이상 백인성을 기준으로 사람을 평가하지 않는다. 대안적 패러다임에서는 우리 자신과 다른 사람과의 관계 및 우리 자신과 세계를 구성하는 요소들과의 관계가 상호 밀접하게 연관되어 있으며 인간적 특성을 지녔다는 인식에 입각해서 관계를 구성한다. 전통적 패러다임의 특징인 분리성과 비인격성은 효과적인 관계를 설정하는 데 방해되는 장애물로 여겨진다. 우리가 관심을 갖는 대안적 패러다임은 사람과 사고가 서로 대립적인 입장에 있다고 가정하지 않는다. 대신에 대안적 패러다임에서는 사람과 사고 간의 차이를 **통합**하고 **보완**하는 데에 더 초점을 둔다. 우리가 앞으로 살펴보고자 하는 대안적 패러다임에서는 억압의 존재를 인식하고, 누군가의 희생을 전제로 특정 사람 및 집단이 특권을 행사하는 환경을 타파하고자 한다. 이러한 것들이 대안적 패러다임의 중요한 차원들이며, 우리는 이를 통해 세상을 새로운 방식으로 보는 방법을 찾으려는 시도를 할 것이다. 다음 절에서 보다 자세하게 대안적 패러다임의 상호 관련된 차원들에 대해 살펴보도록 하겠다.

해석적, 직관적, 주관적, 질적 인식방법

전통적·지배적 패러다임에 관한 논의에서, 우리는 지식 및 정보를 얻고 평가하는 방법과 과정을 검토하는 것이 그 패러다임을 이해하는 데에 필수적인 작업임을 언급한 바 있다. 이뿐만 아니라 지식과 정보를 얻고 평가하는 방법은 대안적 세계관을 구축하기 위한 필수적인 요소이자 수단이 된다. 대안적 패러다임은 지배적 패러다임보다 해석적이고 직관적이며 주관적이고 질적인 "인식방식"을 강조한다. 이러한 대안적 패러다임의 특징들은 또한 "알아야 할 가치가 있는 지식"을 결정하는 데에도 적용된다. 대안적 패러다임의 이러한 특징들은 전통적·지배적 패러다임에서는 그 중요성을 인정받지 못했지만, 사회복지사에게는 인간과 개인의 행동을 이해하고 우리가 살고 있는 환경을 보다 완전히 이해하도록 하는데 중요한 수단이 된다.

이러한 지식을 토대로 하여, 다음에서 인간행동을 이해하기 위한 대안적 패러다임의 해석적, 직관적, 주관적, 질적 차원들에 대해 보다 자세하게 살펴볼 것이다. 우리는 이 차원들을 개별적으로 살펴보겠지만, 실제로는 이러한 차원들이 서로 관련되어있으며, 대안적 세계관과 산물을 형성하는 과정에서 복합적으로 영향을 미치고 있다는 사실을 명심해야 한다.

해석적 지식(Interpretive knowledge)

대안적 패러다임에 의한 지식추구과정의 첫 번째 차원은 해석적 지식이다. 논란의 여지가 있을 수 있지만, 해석적 접근에 의해 개인과 개인의 행동을 이해하려는 시도들이 활발하게 이루어지고 있다(1장에서 우리는 패러다임 전환에 대한 개념과 결과에 대해 상세히 살펴본 바 있다). Edmund Shermen(1991:69)은 사회과학에서 사고하는 방식과 정보를 얻는 방식에서 일어나는 변화에 대해 논의하였다. 그는 사회과학계의 많은 사람들이 "사회과학이 얼마나 과학적일 수 있고, 과학적이어야 하는가에 대하여 의문을 품고 있다."고 언급하였다. 일부 사회과학자들은 전통적·지배적 패러다임의 "과학"이 유일한 방법론이라고 생각하지 않고 기초교양, 특히 인문학에서 특히 활용될 수 있는 방법론으로의 변화를 추구하기도 한다.

Sherman은 이러한 전환이 사회과학에서 지식축적방법이나 과정을 기술하기 위해 사용되는 언어의 변화를 통해 나타난다고 주장하였다. 그는 사회과학에서도 자연과학만큼이나 많이 새로운 방법에 대한 요구들이 있으며, 이러한 요구들에 대해 사회과학자들은 '해석(interpretation)', '해석학(hermeneutics)', '수사학(rhetoric)' 같은 용어들을 쓰고 있다고 언급하였다(Winkler 1985 in Sherman 1961: 69). 학문적 언어들(해석, 해석학, 수사학)은 어쩌면 자연과학의 지식획득과정이라기보다는 인문과학 및 인문학의 지식획득과정과 훨씬 더 부합할지도 모르겠다. 인간행동에 관한 지식을 갖춰야 하는 우리들이 인간의 상황을 보다 잘 이해하기 위하여 "인문학"(주로 문화적 성격을 지닌 학문(Webster 1983))을 검토하는 것은 그리 놀랄 만한 일이 아니다.

이와 같이 보다 깊은 이해를 위해 활용하는 **해석적 접근**을 **해석학**(hermeneutics)이라고도 부른다. 웹스터(Webster)사전을 보면, "해석학은 '해석의 과학'으로 단순하게 정의된다"(1983:851). 지식에 대한 해석적 접근 내지 해석학을 보다 잘 이해하는 방법은 이 개념을 다루는 인문학(철학과 역사)에 대해 아는 것이다. 철학가이자 역사가인 Wilhelm Dilthey는 **해석학**이란 인간행동, 언어, 제도 등을 연구하고 해석하는 데 관심을 가지는 학문이라고 보았다(Dilthey in Sherman 1991:71). Dilthey의 역사 이해를 위한 해석학적 접근에서는 "연구 중인 역사적 사건을 직접 경험하였거나 그 사건을 최초로 기록한 사람들의 주관적, 경험적 세계에 뛰어들어 다시 체험하는 것"을 강조하였다. 이러한 맥락에서 해석학의 의미는 우리가 인간행동과 사회환경을 공부하면서 얻고자 하는 것과 매우 흡사하다.

이러한 해석학적 접근은 "공감(empathy)" 그리고 "클라이언트가 있는 곳에서 시작하기(beginning where the client is)"와 같은 사회복지의 기본 개념이 의미하는 바와 매우 유사하다. 인식에 대한 해석적 접근은 인간 경험의 의미를 이해한다는 것과 크게 관련되어 있다. 인간경험의 의미를 이해하고자 하는 시도는 우리로 하여금 지식 형성에 대한 전통적·과학적 접근을 뛰어넘게 한다. 우리는 실험실 밖으로, 그리고 우리 자신과 클라이언트들이 실제로 살아가는 일상 세계로 나아가게 된다.

이러한 해석적 탐색은 과학의 특징인 객관적 관찰로부터 예술과 관련된 정서적 관여로의 변화를 의미한다. Reason과 Hawkins(in Reason 1988:80)는 경험의 의미를 이해한다는 것은 "우리가 이야기하고, 극본을 쓰고, 연기하고, 시를 쓰고, 명상하고, 그림을 그리고, 심리치료를 받는 과정을 통해서야" 비로소 이루어질 수 있다고 주장한다. 우리는 인생을 살아가면서 끊임없이 인생의 의미를 창조한다. 즉 인생의 목적은 의미를 만드는 것이다. 따라서 사회복지사는 개인의 행동과 경험을 보다 잘 이해하기 위해서 이러한 다양한 방법들을 풍부하게 활용할 수 있다(예술치료와 같이 이미 우리가 사용하고 있는 방법들도 있지만, 아직 우리에게 알려지지 않은 방법들도 있다). 전통적·지배적 패러다임의 지식축적과정을 통해서는 이러한 접근 또는 "인식 방식"에 대하여 사유하기란 결코 쉽지 않다.

해석학적 접근의 또 다른 중요한 장점은 관찰자로 하여금 자신이 가진 선입견과 가치를 이해하도록 강조하는 것이다(Dean and Fenby 1989:48). 이는 전문적 사회복지실천영역에서도 매우 중요하다. 사회복지사들은 자기이해(self-awareness), 즉 우리의 개인적 세계관이 우리 자신의 행동과 다른 사람들의 행동을 어떻게 인식하는지에 영향을 미친다는 사실을 깨달아야 한다.

직관적 지식(Intuitive Knowledge)

인식과 이해에 대한 대안적 방법의 두 번째 특징은 **직관 혹은 직관적 지식**이다. 물리학자인 Fritjof Capra(1983)는 "**직관적 지식이란** ··· 인식이 확장된 상태에서 발생하는 현실에 대한 직접적이고 비이성적인 경험을 토대로 하며, 이러한 지식은 통합적이고, 전체론적이고, 비단선적인 경향을 보인다."고 설명하고 있다. Reason(1981)은 인식방법의 도구로 직관을 사용하는 사람들을 설명하기 위해 Jung이 제시한 개념들과 유사한 설명을 제시하고 있다. 사람들은 "상상을 통해 정보를 얻고, 전체 혹은 게슈탈트에 관심을 갖는다. 그들은 이상주의자이고, 새롭고 참신한 관점을 창조하는 데 있어서 일어날 수 있는 가능성에 관심을 갖는다"(Reason 1981:44). 이와 같은 전체적 사고는 사회복지 지식과 실천에 필수적이다.

하지만 직관적인 사고를 실제로 하기란 쉽지 않은데, 특히 거의 전적으로 지배적 패러다임에 의해 교육을 받은 우리들에게는 더욱 어렵다.

Abraham Maslow(1962)는 그러한 직관적 지식을 "절정 체험(peak experience)"이라고 명명하였다. 보다 쉽게 설명하면 우리가 갑자기 새로운 것에 대해 깨달았을 때, 그러나 그러한 깨달음이 어떻게 해서 얻어졌는지 확실하지 않을 때, 우리는 머릿속에 "불이 번쩍 커졌다(the light bulb going on)."라고 이야기한다. Esterson(Reason and Rowan 1981:169)은 직관과 해석의 결합을 새로운 패러다임연구에서 일어날 것으로 추측되는 사건에 대한 가설도출과정의 일부라고 설명하면서, 이러한 과정은 직관적으로 순식간에 나타나며 심사숙고하다가 잠시 휴식을 취하는 시간에도 일어날 수 있다고 설명한다.

일부 학자들은 직관이 자연과학을 포함한 모든 지식형성과정에서 중요한 역할을 한다고 주장하고 있다. Polanyi(1964 in Moustakas 1981:209)는 "사물의 본질에 대한 어떤 직관적인 개념"은 "과학적이든, 비과학적이든, 반과학적이든 본질에 대한 모든 해석을 포함한다."고 주장하였다. 일부 사회복지사들은 역사적으로 이러한 직관적/해석적 지식구축의 측면을 사회복지의 기술(技術)로 바라본다.

주관적 이해(Subjective understanding)

지식획득을 위한 대안적 접근에서 중요한 세 번째 요소는 바로 주관적 이해이며, 이는 직관적 인식방법과 매우 밀접하게 연관되어 있다. 직관적 인식방법과 마찬가지로, 주관적 지식에서는 우리의 인식방법과 세계관에 중요하게 영향을 미치는 것으로 개인의 경험을 존중한다.

직관 체험하기(Zukav 1980:40)
여러분이 어떤 놀라운 감정을 느낄 때, 그 감정을 이해하려고 하지 말고 그냥 그 감정이 자유롭게 흘러가도록 내버려 두어라. 여러분은 말로 표현할 수 없는 방법으로도 이해가 가능하다는 사실을 깨닫게 될 것이다. 이것이 바로 직관적으로 인식하는 것이다.

주관적 이해(James Hillman 1975 in Reason 1988:80)
내 영혼은 설명을 요하는 객관적 사실의 결과가 아니라 이해를 필요로 하는 주관적 경험의 반영이다.

그의 동료들은 주관적 지식이란 "진리와 지식은 개인적·주관적으로 인식되거나 직관적으로 받아들여지게 되는 관점"으로 설명한다(1986:15).

Belenky와 그의 동료들은 주관적 지식은 지배적 패러다임에서 객관성이 지식추구를 위한 가장 올바른 길이라고 보는 신념에 의문을 제기한다. 객관적으로 도출된 지식만이 유일하고 타당한 지식이라고 보는 관점에는 유럽중심적 편향이 담겨 있어서, 그러한 관점은 보편적으로 적용될 수 없다고 비판한다. 즉 "과학기술이 발달하지 않은 많은 비서구 사회에서는 주관적 지식과 직관적 과정들이 문화적으로 인정받는다"(Belenky et al. 1986:55). 비서구 사회의 대안적 패러다임에서는 개인적, 주관적 경험을 가치있는 지식으로 인정한다.

지식형성에 대한 **주관적 관점**은 "실재가 객관적으로 외부에 존재하는 것이 아니라, 다양한 사회문화적 요인들의 영향 하에 있는 사람들에 의해 구성되어진다."고 가정한다(Guba and Lincoln 1989). 이러한 관점에서 볼 때 지식의 형성 또는 이해는 "우리의 주관적 경험을 비판적 능력에 통합하는 인식상태를 의미하며, 그럼으로써 우리는 우리가 발견하고 이해한 것들을 발전시킬 수 있다"(Reason 1988:23). 이러한 지식형성방식은 개인적 경험과 관점에서부터 시작되고 이를 중요하게 여긴다. 그러나 동시에 이러한 지식형성과정은 그 사회문화적 환경에 있는 타인들과 비판적 견해를 교환하고 개인적/주관적 경험을 공유하는 엄격한 과정을 거쳐 형성된 집단적 의미에 영향을 받으면서 그 의미를 발전시켜 나간다. 따라서 지식형성에 대한 개인적 또는 주관적인 접근은 사회적·환경적 맥락에서 엄격한 검증 과정을 필요로 한다(Reason and Rowan 1981:xii-xiv).

Belenky와 그의 동료들은 여성이 지식을 도출하고 검증하는 방법에 관한 연구를 통해, "주관적 인식의 주체"라는 개념을 발전시켰다. 그들은 주관적 인식의 주체에 대해, 이해를 위한 직관이나 주관적인 자원이 어떻게 무시되고 소홀히 다루어지는지를 설명하고 있다. 그 연구에서 한 여성은 자신의 주변세계를 파악하고 이해하는 방법들 가운데 직관적/주관적 차원을 설득력 있게 기술하였다. "내 안에 또 다른 내가 있다는 것(본능, 직관 혹은 다른 어떤 것)을 최근에서야 깨달았습니다. 그것은 나에게 매우 유용하며 심지어 나를 보호해줍니다. 또한 통찰력있고 섬세합니다. 나는 그저 내면의 소리에 귀 기울이다보면 무엇을 해야 할지 알게 됩니다"(Belenky et al. 1986:69). 이 여성의 내러티브는 이러한 인식방법이 지닌 개인적이고 강력한 특성을 분명하게 나타내줄 뿐만 아니라, 우리가 대개 이러한 중요하고 확실한 인식의 차원을 깨닫지 못하고 있다는 사실을 일깨워준다. 이러한 인식방법을 인지하고 존중하고 신뢰함으로써 사회복지사는 인간행동을 통찰하는 중요한 방법을 터득할 수 있고, 또한 클라이언트가 적극적으로 지식형성과정에 참여할 수 있도록 격려할 수 있다.

영성(Spirituality)　　영성은 이해를 위한 주관적 접근 가운데에서도 소홀히 다루어지는 영역이다. Cowley와 Derezotes는 사회복지사들이 "클라이언트 체계·조직·공동체 내의 물질적·정서적·인지적·문화적·조직적·사회정치적 차원과 더불어 영적 차원에도 관심을 가져야 한다"고 주장하였다(1994:33). Sermabeikian은 "전통적·비전통적 종교, 그리고 인본주의·실존주의 철학을 살펴봄으로써 영성에 대한 전문적 지식과 이해가 고양될 수 있다."고 보았다(1994:182).

또한, 영성의 본질에 관한 주요 이론들을 이해하는 것도 유용하다. Miovic (2004:106)은 개인의 영적 신념의 본질을 정의하는 세 가지 기본 관점을 다음과 같이 제시하고 있다.

1. 유신론(theism)은 불멸의 영혼이나 다른 어떤 형태의 신이든 초월적 존재로서 신은 존재한다는 신념이다.
2. 무신론(atheism)은 어떠한 형태의 신이든 존재하지 않는다는 신념으로, 이는 근대의 오직 물질만이 실재한다는 유물론적 가정을 반영한다.
3. 불가지론(agnosticism)은 어떠한 형태로든 신이 존재하는지 여부는 그동안 증명되지 않았고 앞으로도 증명될 수 없다는 신념이다.

Cowley와 Derezotes는 영성은 많은 사람들에 의해 "인류 문명의 보편적 특성"으로 여겨진다고 언급하였다. 그러나 그들은 "영성은 종교, 신앙심, 신학과는 다르며 … '영적'이라는 말은 신념의 상태를 표현하는 것도 아니고, 예배 참여의 기준도 아니다. 실제로 무신론자가 영적으로 심오한 삶을 살 수도 있다."고 지적한다. 다만 Cowley와 Derezotes는 영성이 우리 자신과 세계에 대한 주관적인 이해 및 경험의 일부로서 매우 중요하다고 결론지었다. 그들은 "영성이 존재론적으로 주관적이고, 초이성적이며, 비논리적이고, 비세속적인 존재의 본질적 측면이다."라고 주장하였다(Cowley and Derezotes 1994:33).

Sermabeikian은 영성을 이해하기 위하여 대안적 패러다임 사유 방식이 필요하다고 언급한다. 그녀는 "영적 관점을 이해하기 위해서는 우리가 평상시에 하던 단선적이고 외부지향적인 사고와 관찰방법을 기꺼이 뒤집을 수 있어야 한다. 우리는 보이는 대로 쉽게 설명될 수 있는 것들을 초월하여 바라볼 수 있어야 하며, 세계에 관한 우리의 범주와 개념에 맞지 않는 것들에 대해 살펴보아야 한다. 어떤 것이 유용할 것이라고 미리 판단할 수는 없다. 다만, 영적 관점은 우리에게 삶의 의미를 살펴볼 것을 요구하고, 또한 과거와 병리적 측면에 집착할 것이 아니라, 영감을 주고 의미를 발견하는데 목표를 둠으로써 당면한 문제에 대한 두려움과 한계를 뛰어넘어 바라볼 것을 요구한다."(1994:179)라고 언급하였다. Sermabeikian은 인간이 가진 영성의 본질을 표현하기 위하여, Siporin이 설명한 영성의 초월적이고 다체계적인 특성을 활용하였다. Siporin은 "영적 차원이란 개인이 초월적인 가치·의미·경험·발달을 위해 노력하는 것으로, 이는 궁극적 실재에 대한 지식, 도덕적 경험세계와 공동체와의 관계, 인간을 이끄는 내재적이고 초자연적인 힘과 선악 세계와의 결합을 위해 필요하다."고 주장한다(1994:180).

사회복지영역에서 개인, 가족, 공동체의 삶과 환경에서 영성의 중요성에 대한 관심이 점차 늘어나고 있으며, 심리학과 정신의학에서도 사정과 개입에서 영성이 수행하는 중요한 역할에 대해 관심이 증가하고 있다. 예컨대, Miovic은 다음과 같이 언급한다.

서양에서는 영성심리학이 발달함으로써, 약물남용 및 기타 중독질환에 대한 12단계 프로그램, 호스피스 서비스, 정신종양학(psychooncology)이 지속적으로 발전해왔다. 이러한 방법들은 임상적 전통과는 다르게, 환자의 선호와 제공자의 편의에 따라 영성과 유신론적 세계관을 진지하게 수용한다. 또한 새로운 교육정책에서는 정신과 환자들을 대상으로 종교와 영성에 관한 교육과정을 도입하였다(Miovic 2004:109).

종교와 영성　　앞에서 살펴본 바와 같이 영성은 종교나 광적인 신앙심과는 차이가 있지만, 여러 면에서 많은 관련이 있다. Canda(1989:39)는 종교와 영성을 다음과 같이 구분하고 있다. **영성**은 "의미, 목적, 도덕성을 발달시키는 보편적인 인간 경험"인 반면, **종교**는 "영적 신념과 관행에 대한 공식적인 제도적 맥락"을 말한다(Canda 1989:39).

Canda는 사회복지에 종교적 내용을 포함시키기 위한 비교접근방법을 제안하였으며, 사회복지실천현장에서 종교와 영성에 관련된 이슈를 이해하기 위한 지침을 제공하였다. 이 지침에 의하면 사회복지사는 다음과 같은 역할을 할 수 있어야 한다.

1. 종교 및 영성을 보편적인 인류문명과 경험의 영역으로서 검토할 것
2. 다양한 종교 행위와 신념을 비교·대조할 것
3. 종파적 혹은 반종교적 편향을 피할 것
4. 가치의 문제를 분명히 하고 가치의 차이를 존중하도록 대화를 촉진할 것
5. 종교적 신념과 관행의 잠정적인 득실에 대해 검토할 것
6. 사회복지사의 종교에 대한 이해와 클라이언트에 대한 효과적인 서비스 제공과의 관련성을 강조할 것(1989:38-39).

또한 Canda는 사회학과 심리학에서 종교를 정의하는 몇 가지 일반적인 방식들에 대해 정리한 Wilber의 설명을 다음과 같이 제시하고 있다.

- 비합리적, 직관적, 상징적 정신 활동에의 참여
- 삶의 의미, 목적, 자신과 세계의 통합에 관한 개인적·집합적 이해를 발달시키고자 하는 실존주의적 과정
- 위기, 고통, 설명될 수 없는 것으로부터 발생하는 불안을 방지하려는 심리사회적 시도
- 인간과 신 또는 초월적 존재 간의 보다 깊은 교감을 이끌어내는 개인적·집합적 과정

- 발달상의 고착 또는 퇴행으로 인해 나타나는 환상
- 종교제도와 신념의 체계화에 참여하는 것과 관련된 행동의 심오한 측면
- 초자연적인 인식과 의식의 확장상태에 관여하는 인간 경험의 심오한 측면(1989:39).

영성과 종교가 우리의 개인적, 공동체적, 사회적 삶에서 수행하는 역할을 이해하기 위해서는 개방적이고, 비판적으로 접근하는 것이 중요하다. 예컨대, Sermabeikian은 영성과 종교가 그 표현의 성격에 따라 유용성과 유해성을 동시에 지닐 수 있다고 언급한다.

인간의 필요에 따라 영성은 다차원적이며, 그 결과 영성은 건강한 방식과 건강하지 못한 방식으로 나타날 수 있다. Bergin(1990:401)은 "근본주의자 집단에서처럼 영적 현상이 파괴적 특성을 가질 수도 있다."고 언급하였다. 종교적 병리, 융통성이 없는 이데올로기, 정신질환과 관련된 종교적 열정, 사이비 숭배 활동, 특정 신념 및 관행에 의한 비생산적인 결과 등은 전문가들이 풀어야 할 또다른 어려운 숙제와도 같다(1994:181-182).

과학과 영성

과학과 영성은 흔히 서로 양립불가능하거나 심지어 대립적인 세계관으로 여겨진다. 예컨대, Miovic(2004:107)은 다음과 같이 언급한다.

과학을 종종 무신론과 동일한 개념으로 보는데 이는 잘못이며, 정확히 말해 과학적 방법으로 신을 증명하는 것이 불가능할 뿐이다. 과학에서는 "물질만이 유일한 실재"라고 증명하지는 않는다. 그 대신에 과학은 수량화할 수 있고, 반복할 수 있으며, 측정할 수 있는 물질적 현상·힘·과정만이 실험적 방법을 충분히 적용할 수 있다는 가정에서 출발한다. 과학의 방식으로 측정 불가능한 독특한 현상 또는 비물질적 힘·존재·현상에 대하여는 실험으로 증명할 수 없기 때문에 전혀 설명할 수 없다. 그러므로 과학은 물질세계를 연구하는 훌륭한 도구임에도 불구하고, 실재와 같은 궁극적인 본질에 대한 논쟁에서는 그 힘을 발휘할 수 없다.

과학과 영성이 서로 대립적이라는 생각과는 달리, 양자물리학(3장에서 논의

함)에서는 단지 전통적·객관적·과학적 시각으로만 세계를 단순화시켜 바라보는 것에 대해 의문을 제기한다. Miovic에 따르면, 양자물리학의 몇몇 결과들은 "우리가 일상생활에서 당연하게 받아들이는 단순한 공간, 시간, 인과성의 개념들에 대해 완전히 거부하고, 물질이 심리학적·신경생리학적 모델에서 제시된 것보다 훨씬 더 신비롭고 복잡하다."는 것을 보여준다(Miovic 2004:107).

또한 Miovic은 많은 구체적인 정신건강 영역에서 영적 관점의 중요성을 지지하는 경험적 증거들이 등장하고 있다고 언급하였다. 예컨대, 그는 "오늘날 많은 경험적 연구에서 불교가 심신의학이나 정신치료에 미치는 영향에 대해 관심을 갖는다고 지적하였다. 명상과 긴장이완 반응에 대한 Herbert Benson의 선구적인 연구는 … 불교의 '관명상(觀冥想)'(지켜보기 명상: mindfulness, meditation)(순간에 대한 비심판적 인식)을 확장시킨 연구로, 이러한 명상활동이 불안, 만성통증, 류마티스 관절염 등의 증상을 개선시킨다는 것"을 보여준다(2004:110).

Sermabekian은 사회복지의 영적 요소들에 대해 언급하였다. 즉, 그는 "우리의 전문적 영성은 우리를 한 걸음 발전시키는 이상적인 인간에 대한 연민과 행복으로부터 비롯된 집단적 영감(collective inspiration)으로 정의될 수 있다."고 밝히고 있다(1994:182).

질적 접근(qualitative approaches)

대안적 패러다임에서 중요시하는 네 번째 요소는 **질적 접근방법**이다. Capra는 "진정한 인식의 과학에서는 양보다 질을 중시하고, 검증 가능한 측정보다 경험의 공유를 기본 토대로 한다. 그러한 인식의 과학에서는 경험이 주자료원이되는데, 이러한 경험은 기본단위로 수량화될 수 없을 뿐만 아니라 정도의 차이에 따라 언제나 주관적일 수 있다"(Capra 1983:376). 사회복지지식에 관한 대안적 패러다임에서는 이러한 질적인 인식방법을 중요시하고 존중한다. 질적 인식방법은 사회복지의 가치, 실천, 목적과 일치하기 때문에 특히 인간행동과 사회환경의 연구에 적합하다. 질적 특성은 우리가 다루었던 대안적 패러다임의 다른 특징들(해석적, 주관적, 직관적)과 밀접하게 연관되어 있다.

Cobb과 Forbes(2002:M198)에 의하면 "질적 연구란 내담자의 내러티브 자료를 분석함으로써 인간행동을 연구하는 것으로, 내담자 자신의 환경 속에서 내담자 자신의 관점에 입각해서 의미를 해석하는 것이다. 즉, 질적 연구자들은 보호시설, 병원, 지역사회 등과 같은 특정 장소로 들어가, 일정 기간 동안 그들을 관찰하고, 경청하고, 질문하고, 기록함으로써 그들이 어떻게 세계를 보고 경험하는지를 충분히 이해하려고 노력한다. 질적 연구에서는 연구자들이 연구참여자들의 삶 속으로 깊이 들어가 그들의 이야기를 듣고 그들의 생각과 의미를 이해할 것을 요구한다."

Cobb과 Forbes(2002:M198)는 "가장 일반적으로 사용되는 세 가지 질적 방법으로, 인류학으로부터 유래된 민속지학, 사회학에서 발달된 근거이론, 철학과 심리학에서 유래된 현상학"이라고 밝히고 있다. 그들은 이 세 접근방법들 간의 차이점과 유사점에 대해서도 언급하였다.

▶ 민속지학에서는 문화와 그 문화적 맥락 내에서의 인간행동의 의미를 기술하는 것을 목적으로 한다.
▶ 근거이론 연구는 직접적인 관찰, 면접, 현지조사를 통하여 얻은 자료에 "근거하여" 귀납적으로 이론을 발전시키는 것이 목적이다.
▶ 현상학 연구는 기본적으로 고통이나 용기 같은 감정처럼 대개 측정하기 어려운 경험을 공유한 소수의 사람들에 대한 심층 면접을 이용한다. 현상학의 목적은 그 사람들이 겪은 경험의 본질을 그대로 기술하는 것이다.

질적 인식방법은 "개인과 집단이 사건에 대하여 부여하는 주관적인 의미"를 중요시한다(Epstein in Dawson et al. 1991:244). 이 접근은 또한 "다양한 근거, 상충하는 가치체계, 서로 다른 현실들을 수용한다"(Rodwell in Dawson et al. 1991:244). 이런 점에서 질적 접근은 사회복지와 마찬가지로 다양성을 존중하고 모든 관련자들의 참여와 파트너십을 중요시한다.

인식에 대한 대안적 접근: 자기발견적(heuristic), 자연주의적(naturalistic), 포스트 모던적 접근

전통적인 실증적, 과학적, 객관적, 양적 접근과 관련 있는 두 가지 대안적 접근방법은 자기발견적 접근과 자연주의적 접근이다. 즉, 자기발견적 접근은 단순히 전통적 인식방법들(과학적, 실증적 등)과 상반되는 것이 아니라, 전통적·과학적 접근방법들의 많은 측면들을 포함하고 있다. 자기발견적 접근의 연구자들은 전통적·과학적 접근이 지식구축을 위한 유일하고 최선의 방법이라고 생각하지 않는다. 여기에서 "과학"의 의미는 전통적인 실증적, 양적, 객관적 관점에서 말하는 과학과는 큰 차이가 있다. 많은 자기발견적 접근의 지지자들은 이 방법이 특히 사회복지사의 인간 중심적 관점에 적용될 수 있다고 보았다. 우리는 다음에서 자기발견적 접근과 자연주의적 접근에 의한 연구들에 대해 살펴볼 것이다. 대안적 접근방법들을 이해하기 위해서는 이들 대안적 접근방법들이 서로 긴밀하게 연관되어 있고 어느 정도는 중복된다는 것을 인식해야 한다. 그러나 자기발견적 접근이 연구에 대한 사고방식에 관한 것이라면, 자연주의적 접근은 연구의 방법론에 특히 초점을 둔다는 차이점이 있다.

자기발견적 연구(Heuristic research)   사회복지에서 자기발견적 접근을 강력하게 지지하는 Heineman Pieper는 **자기발견적**이란 "타당하고, 신뢰할 수 있으며, 유용한 정보를 얻을 수 있을 것으로 여겨지는 모든 문제해결 전략"이라고 광범위하게 정의하고 있다. 그녀는 "'자기발견적'이란, 확실성보다는 유용성을 목적으로 하는 문제해결 전략"이라고 덧붙이고 있다(1995:207). 자기발견적 연구자들은 실제생활의 문제들이 너무 복잡하고, 상호작용적이며, 주관적이기 때문에 종합적인 분석과 정확한 해결을 모색하기는 어렵다는 현실적인 입장을 취한다(Heineman Piper 1995:209). Tyson은 가장 광범위한 입장에서 자기발견적 접근을 설명하고 있는데, 그에 의하면 "과학적 연구로서의 자기발견적 접근에서 가장 핵심적인 생각은 … 모든 인식방법들이 자기발견적이라는 것이다. 또한 과학적 지식의 생성에 있어서 그 어떤 인식방법도 본질적으로 다른 방법보다 우월하지 않다"(1995:xiv).

Tyson과 Heineman Pieper 모두 자기발견적 패러다임을 과학적이라고 언급했지만, Heineman Pieper는 전통적 패러다임에서의 과학과 대안적 패러다임에서의 과학의 의미를 구분하였고, 자기발견적 접근이 특히 실천 맥락에서의 사회복지연구에 보다 적절하다고 강조하였다. 즉 "논리적 실증주의 패러다임과는 달리, 자기발견적 패러다임에서는 사회복지의 오랜 관심사인 복잡하고, 비구조적이며 보다 실질적인 중요한 문제들을 다룬다"(1995:207). 또한 그녀는 자기발견적 접근이 사회복지 실천가와 클라이언트 모두에게 보다 직접적이고 유용한 정보를 제공해 줄 수 있다고 주장하였다. "실재를 우리의 오감을 통해 확인할 수 있는 것이라고 보는 논리실증주의의 가정과는 달리, 자기발견적 접근에서는 실재는 우리 안에 이미 만들어진 개념틀에 의해 우리가 그러한 감각적 경험을 어떻게 해석하느냐에 의해 구성되어지는 것이라고 본다. 다시 말해, 지식은 인식의 주체에 의해 어느 정도 주관적일 수 있다는 것이다 … 자기발견적 관점을 지닌 연구자들은 연구의 배경이 되는 이론과 연구문제 모두에 적합한 자료의 유형과 자료수집방법을 선택한다 … 자기발견적 패러다임에서는 다른 자료들과 마찬가지로 실천가와 클라이언트의 판단도 연구에서 동일한 기준에 의해 평가되어야 한다고 본다. 즉, 궁극적으로 이 모든 것은 유용한 지식과 보다 효과적인 서비스를 창출하는 지 입각해서 평가되어야 한다."는 것이다(Heineman Pieper 1995: 211-212). 그럼에도 자기발견적 연구의 지지자들은 이 접근법에 대해 적지 않은 오류가 있음을 인정하였다.

자기발견적 및 자연주의적 연구의 지지자들은 이러한 대안적 패러다임에 의해 수행된 연구가 점점 더 많은 주목받게 되면, 이는 실천가가 현장에서 일하는 데에도 도움이 될 뿐만 아니라 보다 많은 실천가들이 직접 연구에 참여하게 될 것이라는 기대를 가지고 있다. 그 이유는 이러한 접근들은 실천가들을 변화시키려 하지 않고, 그들의 능력과 판단을 연구과정에서 중요하고 적절한 정보로 인정받기 때문이다. 이러한 대안적 접근들은 연구와 실천 사이에 존재하는 영역의 분리, 그리고 연구자와 실천가의 존재에 대한 분리를 인정하지 않는다. 왜냐하면 이들의 입장에서 연구 영역과 실천 영역은 본디 하나였으며, 여전히 동일한 것으로 판단하고 있기 때문이다.

자연주의적 연구(Naturalistic inquiry)　　　　　Lincoln과 Guba는 자연주의적 연구에 대해 보다 구체적으로 설명하였다. 그들은 자연주의적 연구를 다음과 같이 정의하면서, 자연주의적 접근의 14가지 "상호 연관된 특성들"에 대해 제시하고 있다.

> 자연주의적 연구는 틀에 박힌 척도나 편향적인 연구문제에 의해 오염되지 않은 사실들, 사회적 현실들, 인간의 지각을 중시한다. 자연주의적 연구는 많은 독특한 이야기들, 그러면서도 현실적이고 자연스러운 방법으로 어떤 사람이나 사건에 대해 이야기한 내용들을 표현하도록 구성되어졌다. 자연주의적 연구는 자연스러운 언어와 표현으로 '실생활의 단면'을 보여주고자 한다. 그럼으로써 최대한 사람들이 어떻게 느끼고, 인식하며, 그들의 관심사, 신념, 인식, 이해가 무엇인지를 있는 그대로 보여주고자 한다.

전통적인 실증적 접근에 의한 지식추구와 자연주의적 연구와 같은 대안적 접근에 의한 지식추구는 연역적 추론과 귀납적 추론이라는 개념을 통해 구분되어질 수 있다. **귀납적 추론**은 "특정한 사례로부터 일반적 원칙을 추론하는 것이다 … 귀납법은 관찰된 자료에서 출발하여, 관찰된 대상들 간의 관계에 대한 설명을 일반화시킨다." **연역적 추론**은 "이론을 특수한 사례에 적용함으로써, 일반적인 것으로부터 개별적인 것을 추론하는 것이다. 연역적 추론에서는 일반적 법칙을 개별 사례에 적용한다"(Rubin and Babbie 1997:48).

자연주의적 연구의 14가지 상호연관된 특성들

1. **실제 현장**(Natural setting) ─ 연구자는 연구하고자 하는 실체들이 존재하는 현장이나 환경에서 연구를 수행한다. 왜냐하면 "실재(realities)는 그 맥락으로부터 분리되어서는 이해될 수 없는 전체(whole)이며, 이를 분리시켜 그 일부만 연구하는 것은 불가능하다."

2. **연구자 자신의 도구화**(Human instrument) ─ 연구자는 "연구 참여자뿐만 아니라 자기 자신도 1차적 자료 수집 도구로서 활용할 수 있어야 한다. 왜냐하면 현실적으로 어떠한 상황에도 다 적용될 수 있는 비인간적인 도구(non-human instrument)를 찾기란 불가능하기 때문이다."

3. **암묵적 지식의 활용**(Utilization of tacit knowledge) ─ 연구자는 "명제적 지식(언어 형태로 표현되는 지식) 외에도 "암묵적(직관적, 감각적) 지식을 중시한다. 왜냐하면 다양한 현실에서의 미묘한 의미 차이는 이러한 암묵적 지식으로만 인식될 수 있기 때문이다."

4. **질적 방법**(Qualitative methods) ─ 연구자는 "양적 방법뿐만 아니라, 질적 방법을 사용한다(반드시 전적으로 질적 방법만을 사용한다고는 할 수 없지만). 왜냐하면 질적 방법이 수량화가 어려운 다양한 현실들을 다루는데 보다 적합하기 때문이다."

5. **의도적 표집**(Purposive sampling) ─ 연구자는 "무작위 표집이나 확률 표집보다는 의도적 혹은 이론적 표집을 선호한다. 왜냐하면 의도적 표집 방법을 활용함으로써 드러나지 않은 다양한 현실을 다룰 수 있을 뿐만 아니라 자료의 범위도 넓어진다(무작위 표집이나 확률표집에서는 특수한 사례들이 누락될 가능성이 높다)."

6. **귀납적 자료 분석**(Inductive data analysis) ─ 연구자는 "연역적 자료 분석보다는 귀납적 자료 분석을 선호한다. 왜냐하면 귀납적 추론에 의한 자료 분석방법이 보다 다양한 현실을 발견할 가능성이 크기 때문이다."

7. **근거 이론**(Grounded theory) ─ 연구자는 "자료로부터 새로운 실제적인 이론을 끌어내는 것을 선호한다. 왜냐하면 어떠한 기존의 이론도 모든 다양한 현실에 다 적용될 수는 없기 때문이다."

8. **새로운 연구 설계**(Emergent design) ─ 연구자는 "연구 설계를 미리 선험적으로 구성하지 않고, 연구가 자연스럽게 진행되도록 한다. 왜냐하면 미리 고안된 연구 설계는 다양한 현실을 반영하는데 한계가 있기 때문이다."

9. **연구결과의 공유**(Negotiate Outcomes) ─ 연구자는 "연구의 의미와 해석을 주자료제공자인 연구 참여자들과 공유하고자 한다. 왜냐하면 연구자는 연구를 통해 연구 참여자가 실재를 구성하는 방식을 재구성한 것이기 때문이다."

10. **사례 연구 방법**(Case study reporting mode) ─ 연구자는 "과학적, 기술적 연구방법보다는 사례 연구방법을 더 선호할 것이다. 왜냐하면 이 방법이 다양한 현실을 설명하는데 보다 적합하기 때문이다."

11. **개체서술적 해석**(Idiographic interpretation) ─ 연구자는 "자료의 해석에 있어서 일반화가 목적인 법칙정립적(nomothetically), 결론 보다는 사례의 특수성에 중점을 둔 개체서술적(idiographically) 결론을 더 선호한다. 왜냐하면 다양한 해석이 다양한 현실을 보다 잘 반영하기 때문이다."

12. **한시적 적용**(Tentative application) ─ 연구자는 "연구 결과를 폭넓게 적용하기 보다는 한시적으로 적용하기를 원한다. 왜냐하면 현실은 다양하고 상이하기 때문이다."

자연주의적 연구와 엄격성: 신뢰성 기준　　전통적인 과학적 연구와 자연주의적 연구에서는 다음 4가지의 엄격성을 갖추어야 한다. 엄격성 검증을 위해 필요한 다음의 요소들에는 자연주의적 연구 맥락에서 활용될 수 있는 방법들이 포함되어 있다(주: [ ] 괄호 안은 자연주의적 용어에 대응되는 실증주의적 연구에서 사용되는 용어이다).

1. 진릿값(Truth Value)/신빙성(Credibility) [내적 타당도(Internal Validity)] — 연구결과가 옳은지를 어떻게 알 수 있는가? 우리는 이를 위해 다양한 대상과 집단을 대상으로 연구결과를 입증하거나, 시간별로 꾸준히 결과를 재검증하거나, 다양한 대상에 대한 신뢰도 검증의 적합성을 평가할 수 있는 기준을 확립하거나, 연구대상에 대해 다수의 측정방법을 사용하는 "삼각검증법(Triangulation)"을 활용할 수 있다.

2. 적용가능성(Applicability)/적합성(Fittingness) [외적 타당도(External Validity)] — 이 연구의 결과를 다른 사람들이나 다른 맥락에서도 적용가능한지 어떻게 알 수 있는가? "적합성"의 문제를 어떻게 해결할 것인가? 만약 원래의 연구와 동일한 맥락이 적용된다면, 잠재적 연구 대상자로부터 얻은 정보 역시 적용될 수 있을 것이다. 상황이나 맥락 혹은 시간의 변화에 따라 변경이 가능한 "연구가설(working hypotheses)"을 일반화시키는 것도 하나의 방법이다. 또한 "맥락에 대한 설명(thick description)"이라는 개념이 유용하게 활용될 수 있다. 이는 "실체를 있는 그대로, 그리고 그것이 놓인 상황, 관련된 사람들의 특성, 그것이 속해있는 지역사회의 맥락에서 기술하는 것"을 의미한다.

3. 일관성(Consistency)/감사가능성(Auditability) [신뢰도(Reliability)] — 동일한 연구를 반복하여 시행할 때에도 같은 결과가 나올 것인지를 어떻게 알 수 있는가? "맥락적" 특성을 지닌 자연주의적 연구에서는 연구결과의 동일 재현가능성이 희박하다. 그러나 자연주의적 연구라도 연구수행의 일

관성은 어느 정도 확보되어야 한다. 자연주의적 연구에서의 내적 신뢰도는 연구팀의 다른 구성원들이 서로 자신의 작업을 교환하여 상호 교차 검독과정을 통해 확보될 수 있다. 또한 외적 신뢰도는 연구과정에 외부 평가자 혹은 "감사관"을 참여시킴으로써 확보될 수 있다.

4. 중립성(Neutrality)/확인가능성(Confirmability) [객관성(Objectivity)] − 연구결과가 연구자의 편견, 관심사, 관점으로부터 영향 받지 않았다는 사실을 어떻게 알 수 있는가? 연구의 중립성을 유지하기 위해서는 사실에 입각한 확인 가능한 데이터를 사용해야 하고, 연구자의 가치관이 사실상 연구에 개입될 수 있다는 사실을 인식해야 하며, 연구자 자신만의 편향된 객관성이 아니라 사실에 입각한 객관성을 추구해야 한다(Guba and Lincoln 1981:103-127).

포스트모던적 인식방법   1장에서 이미 살펴보았듯이, 오늘날 많은 학자들은 현 시대를 전통적 인식방법(실증적, 과학적, 객관적, 양적)이 지배적인 모더니즘에서 포스트모더니즘으로 변화되는 패러다임의 전환기로 보고 있다. 포스트모던적 사고로의 전환은 점차 사회복지사들의 교육 및 실천적 접근법에도 많은 영향을 미치고 있다. Ann Hartman(1995:xix)은 Tyson의 책 '과학과 행동과학연구를 위한 새로운 토대: 자기발견적 패러다임(New Foundation for Scientific and Behavioral Research: The Heuristic Paradigm)'을 소개하면서, 전통적 인식방법에 대한 자신의 문제제기가 많은 부분 포스트모더니즘과 관련 있다고 밝히고 있다. Hartman은 전통적인 과학적·대학 중심적 인식방법이 누리는 특권에 대해 다음과 같이 설명하고 있다.

전통적인 과학적·대학 중심적 인식방법은 주로 대학에 소속된 연구자들에게 지식 권력을 집중시키는 복잡한 사회적·정치적 과정이다. '진리'의 본질에 대한 실증주의적 담론이 점차 특권화 됨에 따라, 다른 지식과 인식방법들은 점차 신빙성을 잃게 되었고 실증주의적 지식에 종속되는 결과를 초래했다 … 예로부터 인정받던 학문적 지식과 지역고유의 가치 있는 토착 지식들이 이러한 특권적인 과학 방법론들에 예속됨에 따라 '공식적으로 인정받은 지식의 영역에서 배제되어' 주변부에 놓이게 되었다(White and Epson 1990, p.26 in Hartman 1995).

우리가 사실 혹은 진리라고 알고 있는 것들의 근본 자체가 급격하게 변화하는 현 시점을 고려했을 때, 포스트모더니즘과 그 관련 개념들을 보다 면밀하게 검토할 필요성이 요구된다. Lather는 포스트모던적 사고의 핵심을 살펴봄으로써 포스트모던 시대를 설명하고자 하였다. Lather의 설명은 우리가 이 책에서 살펴본 대안적 패러다임의 다양한 차원들을 반영한다. Lather는 Riley의 말을 인용하여 "우리는 단일성이 다양성으로, 명확성이 모호성으로, 동일 목소리에서 다양한 목소리로 변화하는 세계, 역설과 불확실성이 가득한 복잡 다양한 세계에 살고 있다."고 언급하였다(Riley 1988 in Lather 1991:xvi). 사회복지사인 Van Den Bergh는 포스트모던적 관점은 우리가 "당연한 것으로 여기는" 이론이나 모든 상황에 적용된다고 생각하는 "거대이론"들에 대한 문제제기에서 시작된다고 설명한다. 그녀는 또한 포스트모더니즘을 우리가 그동안 "당연하게 받아들인" 가정들에 대한 중대한 변화의 도래라고 보았다(1995:xii-xiv). Van Den Bergh는 사회복지학의 "거대이론"(보통 다른 사회과학분야로부터 차용한)의 예로서, 체계이론과 생태이론, 자아심리학, 인지·행동이론, 심리·도덕적 발달 패러다임, 마르크스주의와 같은 정치·경제적 사회관계 모델 등을 꼽고 있다. 우리는 앞으로 사회복지실천에 활용될 수 있는 도구로써 이러한 이론들에 대해 검토할 것이다. 그러나 포스트모더니즘의 지지자들은 이러한 이론들을 실천현장에 적용할 때마다 비판적 관점에서 검토해야 한다고 주장한다. 이러한 이론들이 모든 개인, 가족, 집단, 조직, 지역사회, 국가에 적용 가능하다고 보는 과잉일반화를 피하기 위해서이다.

전통적 인식방법과 대안적 인식방법의 비교

이제 전통적 패러다임과 대안적 패러다임이 지식구축과 지식의 인식방법에 있어서 어떤 근본적인 차이가 있는지 살펴보도록 하겠다(〈표 2.1〉 참고). 이 두 가지 패러다임을 비교하기 위해서는 우리가 이미 살펴본 각 패러다임의 차원, 즉 남성성/가부장제, 백인성, 분리/비인격성/경쟁, 특권과 페미니즘, 다양성, 상호연관성/인간성/통합성, 억압 등의 함의를 함께 고려해야 한다.

우리가 이미 살펴본 대안적 패러다임의 해석적/직관적/주관적/질적 차원과, 앞으로 살펴볼 대안적 패러다임의 다른 차원은 이해와 의미의 발견을 위해 보다 전체론적으로 접근할 것이다. 페미니즘은 우리가 앞으로 살펴볼 또 다른 대안적 패러다임의 차원으로, 해석적/직관적/주관적/질적인 차원을 통합한다. 페미니즘은 우리가 인간행동과 사회 환경을 이해하고 의미를 발견하기 위해 전체적 접근을 가능하게 한다.

표 2.1	실증주의(Positivist)와 자연주의(Naturalist) 원리의 비교	

원리(Axioms)	실증주의적 패러다임	자연주의적 패러다임
실재(實在)의 본질	실재는 유일하고, 확인가능하며, 분리될 수 있다.	실재는 복잡하고, 구성적이며, 전체적이다.
지식인식주체와 지식 간의 관계	지식인식주체와 지식은 독립적이고 이원적이다.	지식인식주체와 지식은 상호작용적이며 불가분의 관계이다.
일반화 가능성	시간과 맥락에 구애받지 않는 일반화(보편적 진술)가 가능하다.	일회적이고 맥락에 따라 달라지는 연구가설의 설정(개체서술적 진술)이 가능하다.
인과관계 가능성	원인이 결과에 선행하거나, 원인과 결과가 동시에 나타난다.	모든 실체는 동시에 발생적이기 때문에 원인과 결과를 구분할 수 없다.
가치의 역할	연구는 가치중립적이다.	연구는 가치의존적이다.

출처: Lincoln, Y.S. and Guba, E.G. Naturalistic Inquiry, p. 37. Copyright ⓒ 1985 by Sage Publication, Inc. Reprinted with permission

페미니즘

페미니즘은 인간행동과 사회환경의 이해를 위한 대안적 패러다임의 발전에 매우 큰 영향을 미친 접근방법이다. 페미니즘과 페미니스트적 사고는 대안적 패러다임의 중요한 차원이며, 대안적 관점 그 자체라 해도 과언이 아니다. 페미니즘은 다양한 사람들에게 다양한 의미를 가능하게 하는 다차원적인 접근방법이다. 따라서 페미니즘을 단지 여성에만 적용하는 단순한 개념으로 보는 것보다는 다양한 소수계층에 적용될 수 있는 복합적인 개념으로 보는 것이 더 적절할 것이다. Ruth(1990:3)는 페미니즘의 포괄적이고 다차원적 특성에 대해 설명하고 있다. 그녀는 페미니즘을 하나의 "관점이자 세계관, 또는 정치 이론, 영적 초점, 그리고 일종의 행동주의"로 볼 수 있다고 주장하였다.

사회복지사인 Van Den Bergh와 Cooper는 페미니즘적 세계관에 사회복지의 목적과 가치를 반영하여, 페미니즘을 다음과 같이 정의하였다. "페미니즘이란 여성을 비롯한 권력을 박탈당한 집단의 지위를 분석하는 개념적 준거틀이자 분석방법으로서, 다수집단과 소수집단 간의 사회문화적 지위 및 권력의 격차를 발생시키는 역동과 환경을 비교문화적·역사적으로 설명하는 것이다(1995:xii)."

Fritjof Capra(1983:415)는 페미니즘이 생태론적·전체론적 관점과 같은 다른 대안적 패러다임과 일치하며, 이러한 관점들을 포함한다고 설명한다. 생태학적·전체론적 접근 역시 인간행동과 사회환경의 이해를 확장시키는데 유용한 관점이다. 실례로, Capra는 "생태학적 관점의 영적 본질은 여성운동을 통해 지지되는 페미니스트적 영성 안에서 가장 이상적으로 표출된다."고 주장하였다. Capra는 "페미니스트적 영성은 모든 생명체의 삶의 방식, 그리고 삶과 죽음의 순환주기는 동일하다는 인식에 기반한다. 따라서 생명을 매우 심오한 생태학적 입장에서 본다."

페미니즘에 대한 복합적 정의*

페미니즘은 단순히 "여성들의 문제"만을 다루는 것이 아니라 전체 세계를 바라보는 관점이자 하나의 게슈탈트(역자주: 전체)이다. 페미니스트 이론은 우리 삶의 모든 영역을 이해하기 위한 토대를 제공하며, 페미니스트 관점은 우리가 살고 있는 세계에 정치적·문화적·경제적·종교적으로 영향을 미친다(Charlotte Bunch, Learning Our Way, 1983).

페미니즘은 결국 아버지에 대한 복종의 중단을 의미하며, 아버지가 보여준 세상이 전부가 아님을 인식하는 것이다 … 페미니즘은 남성 중심적 이데올로기의 왜곡과 부적절함을 충분히 인식하고, 이러한 인식을 기반으로 생각하고 행동하는 것을 의미한다(Adrienne Rich, Of Woman Born, 1976).

페미니즘은 모든 여성을 해방시키고자 하는 정치이론이자 실천이다. 여기에서는 경제적으로 특권을 누리는 백인이성애자 여성뿐만 아니라 유색인 여성, 여성 노동자, 빈곤 여성, 신체장애 여성, 레즈비언, 여성 노인 등이 모두 포함된다.

이들 중 누군가가 제외된다면 그것은 진정한 의미의 페미니즘이 아니다 … (Barbara Smith in Cherríe Moraga and Gloria Anzaldúa, This Bridge Called My Back, 1981)

페미니즘은 서양문화의 다양한 영역(성별, 인종, 계층 등)에 깊숙이 파고든 지배 이데올로기를 근절하고 미국사회를 새롭게 재구성하기 위한 하나의 노력이다. 이러한 노력을 통해 제국주의와 경제성장, 물질적 욕망보다 인간의 자기개발이 더 중요함을 인식하게 된다(Bell Hooks, Ain't I a Woman, 1981).

*Kramarae and Treichler's Feminist Dictionary in Ruth 1990:30

전통적인 생태학적/체계 모델의 한계

페미니스트적 세계관은 최근 에코페미니즘이라는 개념으로 확장되고 있다. Berman(Besthorn and McMillen 2002:173)는 에코페미니즘(ecofeminism)을 "생태학적 원리와 페미니즘 이론을 결합한 사회변화 이론이자 사회운동"이라고 정의한다. 또한 Sandilands(Besthorn and McMillen 2002:90)는 에코페미니즘을 "페미니즘과 생태학의 공백을 메우는 이론이자 사회운동으로, 모든 형태의 지배를 종식시키기 위한 목적에 맞게 이 두 이론을 변형시켜 하나의 통합된 형태를 취한다."라고 설명하고 있다. 페미니즘과 생태학의 이러한 결합은 페미니즘을 생물학, 자연과학, 생태학과의 상호 연계된 관점으로 보는 Capra의 주장과 유사하다.

Capra는 페미니스트들이 주장하는 이상적인 세계관을 제시하였다. 이 세계관에서는 남성과 여성 모두가 자신의 잠재력을 충분히 발휘하기 위해서는 특히 남성들의 인식이 중요하다고 본다. 이러한 맥락에서 Capra는 다음과 같이 예견한다.

> 그러므로 페미스트들은 여성운동을 통해 지속적으로 페미니즘이 우리 시대의 가장 영향력 있는 문화적 흐름임을 굳게 내세울 것이다. 페미니스트 운동의 궁극적인 목적은 인간의 본질을 재정립하는 것이며, 이것이 우리 문화의 발전에 중요한 영향을 미칠 것이다(1983:416).

페미니즘은 이러한 세계관으로의 변화를 위해서는 먼저 사회에 만연한 불평등을 인식해야만 한다고 주장한다. Donadello(1980:214-215)는 페미니즘의 핵심은 "우리 사회와 문화가 여성의 권리 및 기회의 평등, 여성의 서비스 및 재화의 접근성을 체계적으로 부인하고 있음을 분명하게 인식하는 것"이라고 강조하였다. 이러한 불평등에 대한 인식으로부터 변화는 시작될 것이며, 그 변화는 "가부장적 체제에서 모든 사람에게 자아실현의 가능성과 기회를 제공해주는 평등주의 체제로의 변화여야 한다. 이러한 인본주의적 세계관에서는 모든 인간의 가치를 강조하고, 인간의 자유와 존엄성을 최대한 보장해준다." 이는 페미니즘과 사회복지의 공통된 주요 관심사를 반영할 뿐만 아니라, 페미니스트 관점이 전통적/지배적 관점과 명백한 차이가 있다는 사실을 보여준다.

Bricker-Jenkins와 Hooyman(1986:8)은 사회복지적 관점에서 페미니즘을 이해하려는 노력의 일환으로 한층 진보된 사회복지와 페미니즘의 결합을 추구하였다. 그들은 "페미니즘은 인간의 발달, 자유, 건강에 저해가 되는 그 어떠한 선택도 인정되어서는 안되며 … 페미니즘에는 여성 고유의 잠재력을 온전히 실현하는 데 장애가 되는 것들에 이의를 제기하고, 이를 변화시키겠다는 근본적인 합의가 존재해야 한다."고 주장하였다.

페미니즘의 목표와 이데올로기에 대한 이와 같은 논의들은 사회복지의 가치 및 철학과 일치하며, 우리가 이 책을 통해 추구하고자 하는 대안적 세계관에도 부합된다.

사회복지와 페미니스트 세계관의 공통점	
▶ 모든 인간이 서비스를 통해 발전될 수 있다는 믿음 ▶ 모든 인간의 고유한 가치와 존엄성 ▶ 적극적인 사회참여의 중요성 강조 ▶ 자아실현을 저해하는 요소들의 제거	▶ 서비스, 노동, 고용, 인간의 공통된 욕구에 대한 차별 철폐 및 예방 출처: Wetzel in Swigonski 1994:389

페미니즘, 사회복지, 그리고 포스트모더니즘

페미니즘과 포스트모더니즘, 사회복지의 세계관은 많은 공통점을 지닌다. 그러나 이들 세 관점을 보다 본질적으로 들여다보면 중요한 차이점을 발견하게 된다. 순수한 포스트모더니즘은 비정치성을 표방하며, 모든 것을 해체의 대상으로 본다. 반면, 페미니즘과 사회복지는 명백히 "정치적" 특성을 지닌다. 이 밖에도 사회복지에서는 젠더, 인종, 계층, 성적지향 등의 "범주(categories)"를 그 자체로서 원조의 목적으로 중요하게 여기는 데 반하여, 포스트모더니즘은 범주 및 보편적 지식과 특수한 지식에 대해 의문을 제기한다(Van Den Bergh 1995:xxv-xxvi).

페미니스트 입장론

Van Den Bergh는 이러한 갈등상태를 해결하기 위한 하나의 시도로, Swigonski와 다른 학자들이 주장한 입장론을 활용하였다. Van Den Bergh(1995: xxvii)에 따르면, "입장(standpoints)이란 특정한 사회적 지위로부터 획득된 현실에 대한 인식을 기반으로 형성된 진리나 지식을 말한다. 즉, 인간은 누구나 자신이 속한 사회문화적 위치에서 세상을 바라본다고 가정한다. 우리가 현실이라고 여기는 것은 우리 각자의 입장에 따라 달라지며, 우리가 속한 사회문화적 지형 속에서의 우리 자신의 위치와 관련된 경험을 토대로 한다."

Van Den Bergh는 "입장론은 초기의 페미니스트 연구들과는 달리 다양한 여성들의 다양한 경험을 강조한다"고 지적하였다. 그녀에 의하면 "입장론은 여성들의 단일한 입장만을 제시하는 것이 아니라, 다양한 여성들, 즉 아프리카계 미국인, 레즈비언, 라틴계, 노인 여성들의 입장을 포괄한다"(1995:xxvii). 이는 "여성"이라는 하나의 전체 집단에 속한 특정 여성들의 특수한 경험을 존중하기 위한 것이며, 페미니스트적 관점과 페미니즘을 하나의 일원적인 관점이 아닌 다원적 관점으로 보아야 할 필요성을 반영한 것이다. 또한 Collins(1997)는 입장론을 이해하기 위해서는 먼저 사회적 지위가 외부의 위계적 권력관계에 의해 결정되는 것임을 인식해야 한다고 주장하였다. 즉, 개인의 사회적 지위 및 입장은 그 집단의 구성원들이 스스로 결정하는 것이 아니라, 위계적 권력관계에 의해 결정된다는 것이다.

아프리카계 미국 여성들의 페미니즘, 입장론, 지구적 페미니즘

대표적인 아프리카계 미국인 페미니스트 학자인 Patricia Hill Collins는 입장이 위계적 권력관계에 의해 결정된다는 맥락에서 볼 때, 입장론과 페미니즘은 아프리카계 미국 여성을 비롯한 다른 여성들의 삶과 경험을 이해하는 과정에서 서로 다른 해석과 의미를 부여한다고 주장하였다. 그녀는 이러한 해석의 차이가 페미니스트 연구의 보다 지구적인 접근을 가능케 했다고 보았다. 더불어, 지난 20년 동안 유색인 여성들의 관점에 관한 연구들이 크게 발전해 왔음을 다음과 같이 언급하고 있다.

> 1980년대와 1990년대에 아프리카계 미국 여성들은 흑인여성으로서의 자신들의 입장을 스스로 규명하고 "목소리"를 내기 시작하였다(Collins 1990). 흑인여성들은 또한 지배적 담론에서 묘사된 흑인여성에 대해 "반론"을 제시하기 위해 자신들의 입장을 활용하였다. 이러한 투쟁의 결과, 아프리카계 미국 여성들의 생각과 경험들이 과거에는 상상조차 할 수 없을 만큼 신분의 상승을 이루었다.

Collins는 이러한 발전을 통해 그동안 하나의 집단으로 여겨져 왔던 아프리카계 미국 여성들의 다양한 입장들 간의 상호작용을 보다 깊이 이해할 수 있게 되었다고 보았다. 다시 말해, 다양성 안의 다양성에 대한 보다 깊이 있는 인식이 가능하게 되었음을 의미한다("다양성 속의 다양성"에 대한 자세한 논의는 다음 절에 제시될 "다양성의 개념"을 참고하라). 그녀는 특히 "흑인여성들이 새롭게 그들의 안전을 대중적으로 보장받게 됨으로써, 흑인여성들 간에 존재하는 성적지향, 사회적 계층, 국적, 종교, 지역에 따른 뚜렷한 차이들이 표면화되었다."고 지적한다. 이러한 이질성으로 인해, 현재 아프리카계 미국인 여성들은 "'흑인여성'이라는 테두리 안에 존재하는 수많은 이질성을 인식하면서도 집단의 결속을 유지해야만 하는 근본적인 어려움"에 직면하게 되었다. Collins는 이질적인 거대 집단의 개인들이 서로의 차이를 극복하고 상호관계를 맺기 위해서는 사회 정의와 참여민주주의가 기본원칙이 되어야 한다고 주장하였다(Collins 1996).

Collins는 이처럼 다양하게 확장된 관점들을 활용하여 지구적 페미니즘의 아젠다를 개괄적으로 제시하고 있다. Collins가 제시한 아젠다는 다음 4가지 주요 영역으로 구성되어 있다. 첫째, 여성의 경제적 지위이다. 여성들은 전 세계적으로 "교육기회, 산업 발달, 차별적 환경보호정책, 고용정책, 성매매, 재산상속법"의 영역에서 소외됨으로써 빈곤에 처해있다. 둘째, 여성의 정치권으로, 구체적인 관심 영역은 "투표권의 획득, 집회의 권리, 공공영역으로의 이동, 공직임용, 정치범의 권리, 고문 및 강간과 같은 여성의 기본권에 대한 침해"이다. 셋째, 결혼과 가족에 관한 이슈로써, "결혼 및 이혼에 관한 법률, 양육권 정책, 가사노동" 등이 여기에 해당된다. 넷째, 여성의 건강과 생존에 관한 문제로, "성(性)과 생식에 대한 권리, 임신, 성적지향, 에이즈" 등이 포함된다(Collins 1996).

다양성

인간행동과 사회환경의 이해를 위한 대안적 패러다임의 핵심적인 개념은 다양성과 차이의 중요성을 인식하는 것이다. 인간의 다양성은 대안적 패러다임의 모든 차원들과 밀접하게 연관되어 있다. 다양성은 대안적 관점에 의한 지식구축, 페미니즘, 상호관련성, 억압의 본질을 이해하고 이를 타파하기 위한 노력에 있어서 필수적인 개념이다. 대안적 패러다임에서는 인간의 다양성을 강점, 창조성, 경이로움, 건강의 원천으로 인식한다. 더불어 대안적 패러다임에서는 여러 질문들에 대해 다양한 해답을 찾아가는 발견의 과정을 중요시한다. 우리는 인간으로서의 차이점과 유사점을 모두 인식할 때만이 우리가 가진 잠재력을 충분히 발휘할 수 있게 된다. 대안적 패러다임을 탐색하는 과정은 곧 다양성을 탐색하는 과정이다. 이것은 또한 아주 오래된 문제에 대해 새로운 해답을 찾는 과정이며, 오랫동안 침묵해온 목소리를 듣고자 하는 노력의 과정이기도 하다. 대안적 패러다임은 인간행동에 대한 복잡한 질문들에 대해서 사회복지사와 상호작용하는 클라이언트들의 다양한 욕구 및 관점에 부합하는 다양한 해답이 존재할 수 있음을 인정하고 존중한다.

우리는 젠더, 인종, 성적지향, 종교, 나이, 장애, 문화, 소득, 계층에 따른 인간의 다양성에 관심을 둔다. 이처럼 다양한 개인과 집단의 목소리와 관점을 이해하는 것은, 우리로 하여금 주요 관심 대상이라 할 수 있는 개인, 가족, 집단, 조직, 공동체, 국가를 보다 유용하고 창조적인 대안적 관점에서 이해하도록 한다. 다음에서 다양한 개인들과 집단들의 세계관을 이해하는 것이 어떻게 사회복지사에게 인간행동과 사회환경을 이해하기 위한 새로운 사고방식을 제공하는지에 대한 몇 가지 실례들을 제시하였다.

다양성과 세계관: 우리는 다른 사람들로부터 무엇을 배울 수 있는가?

인간의 경험을 보다 깊이 있게 이해하기 위한 여러 방법 중 하나는 아프리카계 사람들의 경험과 역사에 기초한 세계관의 요소들에 대해 살펴보는 것이다. 아프리카계 사람들이 공유하는 경험과 역사는 지배적 패러다임과는 확연히 다른 그들만의 세계관을 형성하는 가치관과 관점으로 나타난다. 이와 관련하여 Graham(1999)은 다음과 같이 언급하고 있다(Bent-Goodley 2005).

아프리카 중심적인 세계관은 역사적 억압의 문제를 초월하여, 아프리카가 최고라는 역사적 근거를 이끌어냄으로써, 전 세계적으로 아프리카인들의 철학적, 문화적, 역사적 유산을 지지하는 사회복지적 접근과 방법을 발전시킨다.

Bent-Goodley(2005:199-200)는 "아프리카 중심적 패러다임"을 반영하는 몇 가지 상호 관련된 원칙들에 대해 제시하였는데, 아프리카계 미국인들을 위한 사회복지실천에 중요한 영향을 미칠 수 있다. 이러한 구성요소에는 성선설(性善說), 자기인식, 공동체의식, 영성, 자립, 언어와 구전(口傳), 사고와 실천(지식과 사회적 행위의 결합을 강조)의 원칙들이 포함된다(이 원칙들은 5장에서 보다 자세히 검토할 것이다.). 인간행동과 사회환경에 대한 이해를 넓히기 위해서는 이러한 다양한 가치관들을 존중하고 이해하는 것이 중요하다.

레즈비언과 게이의 경험과 관점 역시 인간행동에 대한 탁월한 혜안(慧眼)을 제공해 줄 수 있다. 이들의 경험과 관점은 단지 성적지향의 다양성(레즈비언, 게이, 양성애자, 트랜스젠더, 이성애자)에 대한 이해의 폭을 넓혀주는 것을 넘어서, 인간 다양성의 본질, 새로운 대안적 가족구조, 원조에 있어서의 강점기반 관점과 같은 광범위하고도 중요한 관심사에 대하여 새로운 관점을 제공해 준다.

우리는 레즈비언과 게이의 경험을 통해서야 비로소 그들이 동성애자의 세계와 이성애자의 세계 모두에 적응해야 하는 이중문화의 의미를 이해할 수 있게 된다. 두 개의 문화에 동시에 적응해야 하는 이러한 **이중문화**(biculturality)에 대해서는 다른 장에서 보다 자세히 살펴볼 것이다. 여기에서는 레즈비언과 게이, 유색인종 등 다양한 집단의 구성원들이 지배적 패러다임과 자신들의 대안적 세계관 모두의 기대에 부응하도록 효과적으로 적응해야 한다는 사실을 인식하는 것만으로 충분하다. 반면, 지배 집단의 구성원들에게는 이러한 이중문화의 능력이 요구되지 않는다. 이중문화에 관한 모델은 특히 다양한 문화적 배경을 지닌 클라이언트와 만나게 되는 사회복지사들에게 중요한 의미를 지닌다.

미국 원주민 문화의 몇 가지 대안적 관점들은 다양성 내에서 강점을 발견하기 위한 유용한 모델을 제시한다. 미국 원주민인 인디언 문화에서는 단지 게이를 차별하지 않는 것을 넘어서 공동체 안에서 그들과 같은 특별한 구성원들의 역할과 책임을 존중한다. Evans-Campbell과 동료 연구자들은 "역사적으로 북미의 많은 원주민 사회에서는 공동체 구성원들 간의 다양한 젠더와 성정체성을 인정해왔다 … 예외는 있지만, 대체적으로 이들 구성원들은 대부분 부족 공동체에 잘 융화되었으며, 사회적으로나 의례적으로 존경받는 역할을 담당했다."고 언급하고 있다. 예를 들어, 원주민들 중 "LGBTQT-S(레즈비언, 게이, 양성애자, 트랜스젠더, 퀴어, 두 개의 영혼(two-sprit))"들은 대게 돌봄과 관련한 문화적 역할과 책임을 담당하였다(Evans-Campbell, Fredriksen-Goldsen, Walters and Stately 2007:78). 이러한 문화에서는 게이나 레즈비언을 전통적인 젠더의 역할의 한계를 초월한 구성원으로 인식한다.

우리는 다양성 탐구를 통해 전통적 패러다임을 대체할 중요한 대안들을 발견할 수 있다. 미국 인디언, 아시아계 미국인, 이슬람계 미국인, 아프리카계 미국인들이 가지고 있는 인간과 자연환경의 관계에 대한 신념체계는 우리 생존에 필수적인 많은 것들을 제공해준다. 다양한 집단들은 오랫동안 인간이 자연계의 모든 요소들(인간, 동물, 무생물)과 조화롭게 공존해야 한다는 인식을 공유해왔다. 이러한 신념체계는 자연에 대한 깊은 존중과 자연보호에 대한 관심으로 이어졌다. 인간과 자연의 상호관련성 및 상호책임의 인식은 대안적 패러다임은 물론 사회복지의 주요 관심사와도 궤(軌)를 같이한다. 반면, 이러한 관점은 인간은 자신의 이익을 위해 자연을 지배하고 이용할 수 있다고 믿는 지배적 패러다임과는 상반되는 것이다. 지배적 패러다임은 몇몇 인간들이 눈앞의 이득을 위해 자연을 통제하고 착취함으로써 자연환경의 남용과 파괴를 초래했다.

우리는 다양성을 이해함으로써 사회복지의 또 다른 관심 영역에 대한 이해의 폭을 넓힐 수 있다. 가령 대안적 관점에서는 노인들의 역할과 기여를 중요시한다. 많은 미국 인디언들, 아프리카계 미국인들, 아시아계 미국인들, 히스패닉계 가족과 공동체에서는 노인 구성원들이 중요하고 존경받는 위치에 있다. 아프리카계 가족과 공동체에서는 노인들을 그 문화의 지혜를 가진 자로 간주하며, 노인들은 구전을 통해 후손들에게 지혜와 역사를 전수할 책임을 지닌다. 특히 조부모로써 노인들이 맡은 또 다른 중요한 역할은 아동양육에 적극적으로 참여하는 것이다. 필요하다면 손자녀들의 위탁부모나 양부모의 역할을 맡을 수도 있다. 아프리카계 미국인 가족과 공동체에서는 부모와 조부모뿐만 아니라, 전통적 혈연관계나 법적인 가족관계 이외에 공동체 내의 다른 어른이나 노인들이 아동양육의 책임을 공유한다. 이러한 포괄성은 노인들에게 중요한 역할을 부여하는 동시에, 공동체의 아이들에게는 보다 큰 돌봄 체계를 제공해준다. 이처럼 확장된 체계는 세대와 전통적 가족의 경계를 넘어서 공동체 내의 상호이익과 상호책임의 기회를 제공한다(Beaver 1990:224; Turner in Everett et al. 1991:50-51).

다양성 안의 다양성: 이분법을 넘어서(beyond binaries)

전통적 패러다임에서는 세계를 양자택일의 이분법적 시각으로 봄으로써 다양한 사람들에 의한 다양한 현실을 지나치게 단순화하는 경향이 있다. 이러한 이분법적 시각에는 백인지배집단에서 세계를 "흑백"으로 바라보는 경향성이 투영되어 있다.

역사적으로 "미국 사회는 크게 백인과 흑인, 두 인종으로 구성된 것으로 본다. 이중 유럽계 백인은 생물학적으로 순수한 혈통이라고 보는 반면, 조상 중에 한명이라도 흑인이 있는 사람들은('한 방울의 검은 피')[1] 아프리카계 미국인 범주에 속한다. 백인도 흑인도 아닌 그 밖의 사람들은 그다지 중요하게 취급되지 않았다(Spickard et al. 1996:14)."

---

1) 소위 "한 방울(one-drop)" 법칙 내지 "하이포센트(hypodescent) 법칙"이라고 한다(Daniel 1992:336).

인구조사(The Census)　이와 같이 미국사회에서 다양한 인종의 현실을 인정하지 않는 이분법적 성향은 전통적인 미국 인구조사국의 자료에도 그대로 반영되어있다. 그러나 최근 자료들은 이러한 현실이 변하고 있음을 보여준다. AmeriStat 인구통계청(AmeriStat Population Reference Bureau)과 사회과학자료분석연결망(Social Science Data Analysis Network)에 의하면 "미국의 인구 조사에서 사용되는 분류와 개념이 변하고 있으며, 이는 곧 다양한 인구집단의 증가, 사회정치적 분위기의 변화를 반영하고 있다."는 것이다. AmeriStat에서는 다음과 같이 설명하고 있다.

1790년에 이루어진 최초의 인구조사에서는 거주민을 백인과 "기타"로 구분하였다. 여기에서 노예는 별도로 분류되었다. 1860년의 인구조사에서는 거주민을 백인, 흑인, 흑백 혼혈로 구분하였다(〈표 2.2〉 참조). 1870년에는 미국 인디언 원주민과 중국인을 별도의 범주로 추가하였다. 1890년 인구조사에서는 거주민을 백인, 흑인, octoroon(1/8 흑인), quadroon(1/4 흑인), mulatto(1/2 흑인), 중국인, 일본인, 인디언 원주민으로 분류하였다.

〈표 2.2〉에 나타나듯이 1980년대와 1990년대까지 인종의 범주가 급격히 증가되었다. 1990년 인구조사 양식에서는 43개의 인종범위 및 그 하위범주로 구분되었는데, 여기에는 "백인, 흑인; 미국 인디언, 에스키모, 알류트(Aleut); 11개의 아시아인 범주, 4개의 태평양 섬주민 범주; 기타 인종; 멕시코, 푸에르토리코, 쿠바, 기타를 포함한 15개의 히스패닉계 범주(미국 인구조사국 1992)"가 포함되었다(Spickard et al. 1996:15).

2000년 인구조사에서는 처음으로 응답자가 인종을 중복으로 답할 수 있게 하였다. 이로 인해 63개나 되는 인종 조합이 가능해졌다. 이 조사에서는 또한 히스패닉계 사람들을 보다 자세히 분류하였다. 2000년 인구조사에서는 히스패닉이나 라틴계를 30개 이상(출신지를 Salvadora계, Nicaragua계, Argentina계와 같은 특정 출신도 포함하여)으로 구분하였다. 이러한 변화로 인해 다인종 사람들이 보다 정확하게 자신의 인종정체성을 보고할 수 있게 되었다(Armas 2000; Bureau of the Census 2000). 〈표 2.3〉에 제시된 2000년 인구조사 자료는 미국 인구의 다양성이 한층 복잡해졌음을 단적으로 보여준다.

표 2.2

1860년-2000년 인구조사에서의 인종/민족 범주

인구조사	1860	1890[1]	1900	1970	2000[2]
인종	백인	백인	백인	백인	백인
	흑인	흑인	흑인 (니그로 계)	니그로 또는 흑인	흑인, 아프리카계 미국인, 또는 니그로
	흑백혼혈	Mulatto			
		중국인	중국인	중국인	중국인
		인디언	인디언	인디언	미국 인디언 또는 알래스카 원주민
		Quadroon			
		Octoroon			
		일본인	일본인	일본인	일본인
				필리핀인	필리핀인
					인도인
				한국인	한국인
				하와이인	하와이 원주민
					베트남인
					괌 또는 카모로인
					사모아인
					기타 아시아인
					기타 태평양 섬 주민
				기타	기타 인종
히스패닉 민족				멕시코인	멕시코인, 멕시코계 미국인, 치카노
				푸에르토리코인	
				중남미 아메리칸	
				쿠바인	쿠바인
				기타 스페인계	기타 스페인계/히스패닉인/라틴인
					비(非)스페인계 히스패닉인, 라틴인

Source: 200 Years of U.S. Census Taking: Population and Housing Questions 1790-1990. U. S. Department of Commerce. U.S. Bureau of the Census. Available: http://www.ameristat.org/racethnic/census.htm. Reprinted with permission. Population Reference Bureau, www.ameristat.org
[1] 1890년 인구조사에서는 mulatto를 3/8에서 5/8이 흑인인 혼혈아, quadroon은 1/4이 흑인인 혼혈아, octoroon은 1/8이 흑인인 혼혈아로 정의했다.
[2] 2000년 인구조사의 최종 설문지에서 구분한 범주를 참조함.

Note: 1970년 인구조사 이전에는 조사원들이 개인의 인종을 직접 기입하는 방식으로 조사가 이루어졌는데, 이후의 인구조사에서는 응답자 및 조사원들이 주어진 범주에 체크하는 방식으로 조사가 이루어졌다. 또한 1970년 인구조사를 시작으로 응답자 및 조사원들이 미국 인디언이나 기타 아시안, 혹은 히스패닉계에 해당되는 경우 자신이 속한 하위집단 및 부족을 기입하도록 하였다. 특히 히스패닉의 경우 1970년 인구조사에서는 일부만 미국인으로 인정되었는데, 1980년 인구조사부터는 전체가 미국인으로 인정되었다.

표 2.3 2000인구조사 개요1

분류	인구수(명)	비율
인종		
전체인구수	281,421,906	100.0
단일 인종	274,595,678	97.6
백인	211,460,626	75.1
흑인 또는 아프리카계 미국인	34,658,190	12.3
미국 인디언 및 알래스카 원주민	2,475,956	0.9
미국인디언	1,865,118	0.7
알레스카 원주민	97,876	0.0
미국 인디언과 알래스카 원주민 모두에 해당	1,002	0.0
미국 인디언과 알래스카 원주민 모두에 해당, 그러나 미분류	511,960	0.2
아시아인	10,242,998	3.6
인도인	1,678,765	0.6
중국인	2,432,585	0.9
필리핀인	1,850,314	0.7
일본인	796,700	0.3
한국인	1,076,872	0.4
베트남인	1,122,528	0.4
기타 아시아인	1,061,646	0.4
두 개 이상의 아시아 인종에 해당	223,588	0.1
하와이 원주민과 다른 태평양 섬주민	398,865	0.1
하와이 원주민	140,652	0.0
사모아인	91,029	0.0
괌 또는 카모로인	58,240	0.0
기타 태평양 섬주민	99,996	0.0
두 개 이상의 하와이 원주인 또는 기타 태평양 섬주민	8,918	0.0
기타 인종	15,359,073	5.5
두 개 이상의 인종	6,826,228	2.4
기타인종이 포함된 두 개의 인종	3,001,558	1.1
기타인종이 포함되지 않은 두 개의 인종 및 세 개, 네 개의 인종	3,824,670	1.4

기타 인종이 포함되지 않은 두 개의 인종	3,336,517	1.2
세 개 또는 네 개의 인종	458,153	0.2
히스패닉인 또는 라틴인		
전체인구수	281,421,906	100.0
히스패닉인 또는 라틴인	35,305,818	12.5
멕시코인	20,640,711	7.3
푸에르토리코인	3,406,178	1.2
쿠바인	1,241,685	0.4
기타 히스패닉인 또는 라틴인	10,017,244	3.6
비(非)히스패닉인 또는 라틴인	246,116,088	87.5
인종과 히스패닉인 또는 라틴인		
전체인구수	281,421,906	100.0
단일 인종	274,596,678	9736
히스패닉인 또는 라틴인	33,081,736	11.8
비히스패닉인 또는 라틴인	241,513,942	85.8
두 개 이상의 인종	6,826,228	2.4
히스패닉인 또는 라틴인	2,224,082	0.8
비히스패닉인 또는 라틴인	4,602,146	1.6

(X) Not applicable.
주) U.S. Census Bureau, Census 2000 Summary File 1, Matrices P3, P4, PCT4, PCT5, PCT8, and PCT11

　　　　다양한 인종(Multiple diversities)　　　한 개인의 정체성에는 인종, 문화, 민족의 다양성뿐만 아니라 다른 측면의 다양성도 복합적으로 포함될 수 있다는 인식이 확대되고 있다. 즉, 다양성이라는 것이 하나의 단일한 형태로 존재하는 것이 아님을 인식할 필요성이 제기된다. 어떤 집단이라도 그 구성원들 간에는 상당한 개인 차이가 있기 마련이다. 또한 개인은 여러 집단에 동시에 복합적으로 소속될 수 있다. 예컨대 어떤 사람은 게이 남성이자, 유색인, 신체 장애인으로서의 정체성을 가지고 있을 수 있다. 이러한 모든 정체성은 개인이 자신을 바라보는 방식과 타인이 그 사람을 바라보는 방식에 중요한 영향을 미친다. 개인의 이러한 여러 정체성들은 개인이 성장함에 따라 개인과 다양한 사회환경과의 관계에서 복잡하게 상호작용한다. Spickard는 "인구집단 내부의 유전적 변동성이 서로 다른 집단 간의 유전적 변동성보다 크다."고 지적하였다(1992:16). 같은 젠더 내에서도 이러한 변동성이 나타난다. Demo와 Allen은 젠더와 성적지향에 대한 그들의 연구에서, "남성과 여성 간에 존재하는 변동성보다 동일한 젠더 내에 존재하는 변동성이 훨씬 더 크다는 사실을 인식할 필요성"에 대해 언급하였다(1996:418).

Fong과 그의 동료들은 "사회복지사가 아프리카계 미국인을 더 이상 편향적 범주에 입각해서 보지 말고, 그들의 배경과 정체성을 충분히 이해하려고 노력함으로써, 그 어떤 인종 및 민족보다도 아프리카계 미국인에게 훨씬 더 가혹하게 적용되는 역사적인 이분법 체제를 의도적으로 개선해야할 책임이 있다."고 강조하였다(1996:21). Parks와 그의 동료들 역시 상담과 발달 분야에서 이와 유사한 지적을 하고 있는데, 그들의 주장에 따르면 "최근의 이론과 치료적 접근에 의하면, 인종과 젠더 집단이 본질적으로 단일하다고 가정하는 오류를 범하고 있다. 즉, 개인이 자신의 인종과 젠더에 따라 다양한 정체성을 가질 수 있으며, 이것이 개인의 적응에 미치는 영향에 대해서는 거의 관심을 두지 않는다. 오히려 많은 학자들은 여성심리학, 흑인심리학이 모든 여성들과 모든 흑인들에게 적용된다고 생각한다."는 것이다(1996:624). Root은 "최근에 주목받고 있는 다차원적 모델은 개인이 동시에 다양한 집단의 구성원이 될 수 있으며, 복합적이고 유동적인 정체성을 가질 수 있음을 인정한다고 보았다. 또한 이 모델은 소외계층을 만들어내는 양자택일적 분류체계를 근본적으로 거부한다."고 강조하였다(1992:6). 우리는 이러한 복합적인 정체성에 관해 4장과 5장의 정체성 발달에서 보다 깊이 있게 살펴볼 것이다.

앞에서 제시한 페미니즘의 예에서도 살펴볼 수 있듯이, 인간행동과 사회환경에 대한 대안적 패러다임은 단일 차원이라기 보다는 다양성의 차원에서 이해되어야 한다. 다양성의 개념은 많은 대안적 패러다임을 이해하기 위한 하나의 관문과도 같다. 다양성을 통해 우리는 개인, 가족, 집단, 조직, 공동체, 국가에 대한 보다 풍부하고 폭넓은 이해가 가능해진다. 따라서 다양성은 어떤 하나의 대안적 패러다임이 가진 하나의 차원만을 의미하는 것이 아니다. 즉, 다양성은 이 책 전체에 걸쳐 우리로 하여금 인간행동과 사회환경에 대해 보다 폭넓고, 진보적이며, 창조적이고 인본적으로 생각할 수 있도록 조직적인 개념틀과 근본적인 토대를 우리에게 제공한다.

상호관련성/인간적/통합적

　우리가 관심을 가지는 대안적 패러다임에서는 모든 인간들의 **상호관련성과 상호유대성**을 인정한다. 많은 대안적 패러다임 이론가들은 모든 인간들이 상호 관련되어 있다는 단선적 인식관(認識觀)을 초월하여, "인간을 비롯한 모든 현상들이 본질적이고 불가피하게 상호 연결되어 있다."고 본다(Guba and Lincoln 1989:66). 많은 아프리카인들, 미국 인디언 원주민들, 아시아인들은 인간이 환경의 모든 요소들과 서로 밀접하게 관련되어 있다는 인식을 공유한다. 이러한 전체론적 관점은 인간의 행동을 보다 큰 환경적 맥락에서 보고자 하는 사회복지의 주된 관심사와도 일치하며 유용하게 적용될 수 있다. 우리는 대안적 패러다임을 통해 인위적 환경과 자연환경을 모두 포함한 보다 포괄적인 환경적 맥락을 고려할 수 있게 된다.

　Capra는 물리적 세계가 서로 긴밀하게 연결되어 있다고 보는 물리학의 새로운 관점에 대해 소개하고 있다. 그는 물리학의 이러한 관점이 "인문과학"에 중요한 영향을 미친다고 주장하였다. 물리학의 새로운 관점에서는 자연세계의 모든 요소들이 "서로 조화롭게 연결되어 있다."는 가정을 토대로 한다. Capra는 뿐만 아니라, 물리학의 이 관점은 지배적 패러다임에서 사회를 분절적이고 경쟁적인 요소들로 구성된 것으로 보는 것과는 다르다고 지적하였다. Capra는 자연과학의 이러한 새로운 관점과 일치하는 사회·경제이론을 가져오기 위해서는 "지금과는 근본적으로 다른 사회·경제구조가 요구되며, 이는 진정한 의미에서 문화적 혁명이 될 것"이라고 주장하였다(1983:17-19). 이와 같이 물리학적 관점에서 사회의 변화에 대해 설명한 이러한 주장은 사회복지의 핵심가치 및 철학과도 상당히 유사하다.

　사회복지사인 Ann Weick도 우리가 사회를 제대로 이해하기 위해서는 전통적 패러다임을 대체할 새로운 대안을 자연과학에서 살펴볼 필요가 있음을 지적하였다. 그녀는 Capra와 마찬가지로 상호관련성을 중요하게 여기는 물리학에서의 새로운 관점(양자 이론)에 대해 설명하였다. 그녀는 이러한 물리학적 관점을 받아들여, "인간의 행동은 역동적인 상호작용이 이루어지는 관계망 속에서 이해되어야 하며, 그러한 관계망 속에서 어떤 한 요소를 분리시켜 이해한다는 것은 전형적인 관계망을 깨지 않고서는 불가능한 일"이라고 역설하였다(Weick 1991:21).

여성 발달에 대한 대안적 관점을 심도있게 연구하고 발전시킨 Jean Baker Miller는, 타인과의 관계와 상호관련성이 여성의 발달에 매우 중요한 영향을 미친다는 사실을 발견하였다. Miller에 의하면 "여성은 타인과의 관계라는 맥락 속에서 살아가고 성장하고 발달한다. 그녀는 실제로 많은 여성들의 의식은 소속감과 관계가 만들어지는 맥락 속에서 훨씬 더 잘 형성되고 유지된다."고 강조하였다. Miller의 연구 결과는 남성과 여성의 개인발달에서 분리·개별화·자율성을 강조하는 지배적 패러다임과는 상반된다. Miller는 "여성뿐만 아니라 남성을 포함한 모든 개인의 발달은 관계를 매개로 이루어진다고 보았다. 그러나 남성들은 아직까지 이러한 점에 대해 인식하지 못하고 있다."고 그녀는 지적한다. 인간 발달에서 관계의 중요성은 5장에서 보다 자세하게 살펴볼 것이다.

상호관계성에 있어서, 사회복지사에게 특히 중요한 의미를 지니는 측면은 인간의 상호관계에 존재하는 상호호혜와 파트너십이다. 상호호혜는 우리가 이 책에서 도달하고자 하는 인간행동과 사회환경의 이해에 있어서 가장 핵심적인 부분이다. 우리는 타인의 행동을 이해하기 위한 각고의 노력을 통해 우리 자신에 대해 알게 되고, 우리 자신의 행동을 이해하고자 노력함으로써 비로소 타인에 대해 알게 된다. 이러한 관점은 우리 사회복지사가 클라이언트를 비롯하여 관계를 맺고 있는 모든 사람들과 동떨어져 있지 않다는 사실을 강조한다. 대신에 우리 모두는 의미와 이해를 함께 추구해 가는 파트너인 것이다. 이와 같이 함께 의미와 이해를 찾는 과정을 통해 클라이언트뿐만 아니라 우리 자신도 인간으로서의 잠재력을 최대한 발휘할 수 있게 된다. 이처럼 관계를 기반으로 개인과 집단의 목적을 달성하려는 형태는 **사회자본**(social capital)이라는 개념을 통해 이해될 수 있다. 이 개념은 나중에 보다 자세히 검토할 것이다.

대안적 패러다임에서는 또한 세계를 구성하는 요소들을 이해하고 이를 변화시키기 위해서는 개인의 경험과 행동이 중요하다고 인식한다. 즉 대안적 관점에서는 개인의 일상적 경험, 어려움, 성취, 난관에 중요한 의미를 부여한다. 왜냐하면 우리 모두는 우리가 일상적으로 경험한 일들을 통해 우리를 둘러싼 세계를 이해하기 때문이다. 그리고 우리 자신의 일상적인 경험을 우리 주변의 다른 사람들과 공유함으로써 우리는 자신과 타인의 경험 간에 존재하는 유사점과 차이점을 인식하게 된다.

개인의 경험을 공유하고 분석하는 과정을 통해 우리는 세계를 보다 깊이 이해할 수 있게 될 뿐만 아니라, 모든 사람들이 자신의 잠재력을 충분히 발휘할 수 있는 세계를 만들기 위해 함께 힘을 합칠 수 있게 된다. 이는 여성운동이나 몇몇 개발도상국의 해방운동에서 이루어지고 있는 의식고양운동(consciousness-raising)을 통해 효과적이고 완전한 형태로 나타나고 있다. 이러한 접근에는 개인적인 것이 바로 정치적인 것이라는 가정이 깔려있다. 개인적인 경험을 집단이 함께 공유하는 과정은 각 개인의 경험에 타당성을 부여할 뿐만 아니라 그 개인을 임파워먼트하는 역할을 한다. Longres와 McLeod가 사회복지실천영역에서 의식고양의 중요성을 언급했던 바와 같이, 의식고양을 통해 "사람들은 자신의 삶에 부정적인 영향을 미치는 사회적 조건들을 극복하려는 노력에 참여하게 된다 … 의식고양은 사람들로 하여금 사회구조적 문제와 자신의 일상적인 경험을 연결시켜 볼 수 있는 능력을 제공하고, 그럼으로써 이들이 행동화를 통해 적극적으로 그러한 사회적 조건들을 변화시킬 수 있는 힘을 갖게 된다"(1980:268).

대안적 패러다임에서 개인을 중시하는 특징은 여러 측면에서 전통적 접근과 대조된다. 예컨대 대안적 패러다임은 전통적 패러다임과는 달리 역사를 단순히 위대한 영웅이나 중대한 사건의 이야기로 보는 것이 아니라, 우리 모두의 이야기 또는 우리 모두의 삶을 구성하는 사건들의 이야기로 본다. 개인의 경험과 관점을 존중하고 중시하는 것은 임파워먼트의 중요한 원천이 될 수 있다. 특히, 지배적/전통적 패러다임의 체제와 역사에서는 소외되었던 개인들에게는 더욱 그러하다. Collins(1986:16)는 우리 개인의 경험을 인식하고 중시하여야 개인적 경험을 평가절하하는 억압에 맞서고 그러한 억압을 극복할 수 있다고 주장한다.

억압

Collins(1990)는 지배적 패러다임이 사람과 정보에 서열을 매기고 가치를 정하기 위해 각각을 대립적이고 경쟁적인 관계로 보며 서로 간의 차이를(사람들 간이나 신념들을) 부각시키는 이분법적 사고에 기초한다는 사실을 강조하였다. 이러한 측면에서 그녀는 이분법적 사고가 억압으로 이어지는 중요한 요소라는 사실을 발견하였다. 억압을 이러한 관점에서 본다면, 상호연계된 억압을 제거하기 위해서는 보다 통합적이고 협력적인 과정이 필요할 것으로 생각된다. 통합적인 접근은 우리로 하여금 이분법적이고 양자택일적 사고가 아니라 양자를 모두 고려하는 사고를 가능케 한다. 통합적 접근은 또한 우리에게 균형을 중시하는 동양철학이나 관찰자와 관찰대상자의 상호관련성을 중요시하는 양자개념과 같은 보다 다양한 접근을 깊이 고려해 볼 수 있게 한다.

억압의 상호연계성(interlocking oppressions)

지금부터는 Collins(1990:222ff)가 언급한 "억압체계의 상호연계성(interlocking systems of oppression)"에 대해 구체적으로 살펴보려 한다. 우리는 특히 미국사회 뿐만 아니라 전세계적으로 만연하는 제도 및 체계 내의 명백한 억압에 대해 주목하고자 한다. 대안적 패러다임에서는 억압의 상호연계성에 주목하고, 억압이 전통적/지배적 패러다임과 대안적 패러다임의 각 차원들과도 밀접하게 연관되어 있다고 본다. 또한 대안적 패러다임에서는 어떤 특정 개인이나 집단에 대한 제도적 억압이 다른 개인 및 집단에 대한 억압을 초래하거나 이와 관련되어 있다고 본다. 이러한 억압의 상호연계적 특성은 억압이 그 자체로 체계적인 속성을 지녔다는 것을 의미한다.

이와 같이 다면적이고 상호연결된 개념으로써 억압을 인식하기 위해서는 사고의 전환이 요구된다. 억압이라는 개념을 이해하는 과정에서 단순히 다양한 사람 및 집단에 대한 억압이나 여러 제도에서 억압들을 이해하는 접근에서 탈피하여, 다양한 체계들에서 발생하는 억압의 상호작용에 대해 인식해야 한다고 주장한다. Collins는 이러한 억압의 상호연계적 특성을 아프리카계 미국여성들의 경험을 토대로 설명하고 있다. 그녀는 흑인 페미니스트들이 억압을 이해하는 기존 접근으로부터의 "근본적인 전환"을 요구함으로써 억압에 관한 대안적 패러다임을 제공하였다고 주장하였다. 즉, 흑인 페미니스트들은 억압을 단순히 젠더에 연령, 성적지향, 인종, 사회계층, 종교 등의 다른 변수들이 가중되는 방식으로 이해하는 것이 아니라, 억압의 독특한 체계를 지배구조의 중요한 일부분이라고 보고 있다(Collins 1990:222). 이러한 관점에서는 "하나의 체계가 기능하기 위해서는 다른 체계와의 관계가 전제되어야 한다."고 가정한다(Collins 1990:222).

"인종, 젠더, 계층에 있어서 나타나는 억압의 상호연계성에 대한 관심이 … 흑인 페미니스트의 연구에서 재조명되고 있으며"(Collins 1986:19), 사회복지사는 이처럼 복잡하고 상호강화적인 억압의 역동을 인식해야 한다. 억압에 대한 이러한 대안적 관점은 사회복지사에게도 많은 의미를 부여한다. Collins는 "이러한 관점은 인종, 젠더, 계층에 있어서 어느 한 형태의 억압을 우선적으로 보고 각 억압의 특징적인 요소를 설명하려는 기존의 연구방향으로부터, 이들 억압체계간의 관계를 살펴보고자 하는 연구로의 전환을 가능케 한다."고 지적하고 있다(Collins 1986:20).

상호교차성(intersectionality)

상호교차성은 인간행동과 사회환경 간의 복잡성과 상호관련성을 이해하기 위해 최근에 대두되고 있는 접근 방법이다. 이러한 접근은 인종, 계층, 젠더, 성적지향과 같은 이슈들을 다루는 과정에서 양자택일적 접근을 취하는 것이 아니라, 어느 시점에서 발생하는 차원들 간의 상호작용을 살펴봄으로써 각각의 개별적인 차원들을 보다 깊이있게 이해할 수 있다고 본다. 이를 위해 사회복지 영역에서는 여러 수준에서 패러다임의 전환이 요구된다. Murphy, Hunt, Zajicek, Norris, Hamilton(2009:2)은 "점점 더 다양하고 지구적인 공동체와 일하게 될 사회복지사에게는 특히 복잡한 사회환경 속에서 발생하는 인간행동을 보다 깊고 다양하게 이해하기 위해서 이러한 상호교차성을 포괄적으로 받아들이는 패러다임의 전환이 필요하다."고 지적하였다. 그들은 구체적으로 다음과 같이 주장하고 있다.

상호교차성의 관점에서는 인종, 계층, 젠더, 나이, 성적지향 각각에 대한 사회적 관계와 정체성을 독립적으로 개념화하는 것이 아니라, 이와 관련된 인간행동을 보다 폭넓게 인식하고자 한다. 상호교차성의 접근은 유색인 여성들의 경험을 통해 성립된 억압 요소들 간의 상호작용효과를 설명한 이론적 틀에 그 기반을 두고 있다. 또한 상호교차성의 접근에서는 권력이 사회구조적으로 복잡하게 분배되어 있다는 사실을 인식한다(2009:2).

상호교차성의 접근에서는 개인과 집단이 지배적 권력구조 및 위계 내에서 차지하는 사회적·정치적 위상(位相)을 검토하는 동시에, 그들의 다양한 특징과

정체성을 고려함으로써 개인과 집단의 경험을 보다 전체적으로 이해할 수 있게 한다. Cole과 Omari는 "인류학자인 Ortner(1998)의 말을 인용하여, 모든 개인은 다양한 사회적 지위에 놓여있기 때문에, 근본적으로 모든 정체성은 상호교차적일 수밖에 없다."고 지적하고 있다(Cole and Omari 2003:786).

Stewart와 McDermott은 **상호교차성**의 세 가지 원칙을 다음과 같이 제시하고 있다(2004:531-2).

(a) 어떤 사회집단도 동질하지 않다.
(b) 모든 개인은 사회적 구조 내에 위치하고, 그 구조에 부여되는 권력관계 내에서 이해될 수 있다.
(c) 하나 이상의 사회집단에 속함으로써 발생하는 독특하고 비가산적인 효과가 발생할 수 있다.

Pastrana는 상호교차성과 유사한 또 다른 개념으로 다양한 것들이 함께 공존하는 동시성에 대해 설명하면서, 이러한 동시성 역시 유색인종 페미니스트, 양성애자의 연구에서 뚜렷하게 나타난다고 지적하였다(2004:81). Fernandes(2003:309)는 상호교차성 관점을 지지하는 연구에서 "백인, 남성, 가부장제, 인종차별주의 억압체계 속에서 흑인여성에게 부여된 인종, 젠더, 계급이 어떻게 상호작용하는가에 주목하며, 상호교차성 분석은 이처럼 은밀하게 이루어지고 있는 다양한 차별행위와 이러한 차별행위가 어떻게 권력관계를 교란시키고 있는지를 밝히는 작업"이라고 언급하였다.

> Crenshaw는 … "구조적 상호교차성"과 "정치적 상호교차성"을 구별하였는데, 그에 의하면 "구조적 상호교차성"은 한 사회 내에 존재하는 정치적, 경제적, 제도적 형태의 억압과 지배, 그리고 그 결과로 나타나는 체계 및 제도로, 이 체계와 제도는 일부집단에 특권을 부여하는 반면 다른 집단을 억압한다는 것이다. 한편, "정치적 상호교차성"은 지배적인 문화에서 가지고 있는 인종, 젠더, 계층, 민족성, 나이, 성적지향에 대한 일차원적이고 고정적인 관념이 어떻게 정부의 정책과 법령에 영향을 미치는지에 대해 강조한다(Fernandes 2003:310).

사회복지를 공부하는 학생으로서 우리는 억압의 상호연계적 체계를 인식하고 이를 근절하기 위해, 각각의 이론과 관점, 패러다임을 비판적으로 검토할 수 있어야 한다. 다음 장에서 이러한 노력의 일환으로 우리는 상호교차성 관점이 사회복지실천영역에 시사하는 함의에 대해 보다 자세하게 살펴볼 것이다.

억압과 억압하는 자

Paulo Freire(1992)는 억압하는 자와 억압을 당하는 자 모두에게 영향을 미치는 억압의 상호효과에 대해 설명하였다. 그에 의하면 "일단 폭력 및 억압이 발생되는 상황이 만들어지면, 그에 관련된 모든 사람들(억압하는 자와 억압을 당하는 자)의 삶과 행동방식이 영향을 받게 된다는 것이다. 즉, 억압하는 자와 억압을 당하는 자 모두가 그러한 상황에 얽매이게 되고, 억압의 노예가 된다"(Freire in Myers and Speight 1994:109). Freire는 이를 인간성 말살(dehumanization)이라고 언급하면서, "인간성을 박탈당한 사람이나 인간성을 박탈한 사람 모두 인간성이 말살된다."고 강조하였다. 더불어, "억압하는 자의 신념체계는 모든 것을 지배의 대상으로 보며, 이는 모든 실체를 물질주의적 관점으로 보는 결과를 초래한다고 보았다. 피(被)억압자는 대개 억압 체계를 인식하지 못하며, 그 결과 억압자와 동일시하게 된다. 따라서 피억압자들은 억압자가 갖고 있는 신념체계를 내면화하게 된다"(Myers and Speight 1994:108). 즉 피억압자는 "차이, 모호함, 거절의 경험을 내면화함으로써 자아를 부정하고 평가절하하게 되는데, 이를 '인종차별주의의 내재화' 또는 '내재화된 억압'이라고 부른다"(Kich 1992:307-308).

억압과 사회경제적 정의

사회복지사로서 억압의 다양한 역동과 영향을 인식하는 것은 시작에 불과하다. 이러한 인식은 사회경제적 정의를 이끄는 변화의 행동으로 이어져야 한다. Watts는 억압과 불합리에 대한 인식이 어떻게 이를 종식시키기 위한 행동으로 발전될 수 있는지에 관한 유용한 청사진을 제시하였다. 그는 이를 위해 이론과 실천의 관계, 그리고 개인적 관점과 정치적 관점의 상호관련성에 대해 설명하였다. 이는 또한 다체계 분석과 행동의 필요성(개인, 집단, 조직, 공동체, 사회)을 반영한다(1994:67-68).

요약

이 장에서 우리는 인간행동과 사회환경을 이해하기 위한 개념틀을 살펴보았다. 이 개념틀은 전통적 패러다임과 대안적 패러다임을 토대로 한다. 전통적 패러다임은 다섯 가지의 상호 연관된 차원들로 이해될 수 있다. (1) 실증적/과학적/객관적/양적 (2) 남성성/가부장제 (3) 백인성 (4) 분리성/비인격성/경쟁성 (5) 특권. 대안적 패러다임에도 다섯 가지의 상호 연관된 차원들을 포함한다. (1) 해석적/직관적/주관적/질적 (2) 페미니즘 (3) 다양성 (4) 상호관련성/인격적/통합적 (5) 억압.

다음 3장에서는 사회복지 실천에 적용 가능한 지식을 습득하기 위해 지배적 패러다임과 대안적 패러다임을 새로운 방식으로 이해하려는 시도를 할 것이다. 즉, 사회복지사가 활용할 수 있는 유용한 도구들에 대해 살펴볼 것이다.

2장 복습

연습문제

1. 패러다임을 이해하기 위한 중요한 방법은 각 패러다임의 "인식방법(ways of knowing)"과 그 패러다임에서 "가치있는 지식(worth knowing)"이 무엇인지를 이해하는 것이다. 즉, 패러다임을 이해하기 위해서는 지식을 _____ 방법에 대해 알아야 한다.
   a. 토론하고 이해하는
   b. 구축하고 가치를 부여하는
   c. 제거하고 복구하는
   d. 반복하고 기록하는

2. 미국 사회에서 인종적 불평등을 체계적으로 반영하고 만들어 내는 법, 관습, 관행을 말하며, 개인이 이러한 인종차별적 관습을 따르는 지와는 별개인 인종차별주의의 한 종류는 무엇인가?
   a. 제도적 인종차별주의
   b. 비의도적 인종차별주의
   c. 문화적 인종차별주의
   d. 비인격적 인종차별주의

3. 사회복지사가 자주 적용하는 _____ 은 해석적, 자기발견적 접근의 특성을 띤다.
   a. 다양성   b. 공감
   c. 패러다임   d. 이중문화성

4. 다른 가족구성원들과 생물학적으로나 법적으로 관련되어 있지 않지만, 실제적으로 가족에 대한 책임과 권리를 행사하는 가족구성원을 무엇이라고 하는가?
   a. 확대가족
   b. 가상친족(fictive kin)
   c. 배우자
   d. 핵가족

5. 다음 중 전통적·지배적 패러다임의 특징이라고 보기 어려운 것은?
   a. 해석적, 주관적 과정
   b. 객관적, 실증적, 양적 특성
   c. 남성적 특성
   d. 가부장적 관점

6. 공동체를 연구하는 사회복지사가 그 공동체에 소속된 사람들의 이야기를 경청하고 질문하고 기록함으로써 그들의 생각과 경험을 이해하기 위해 활용하는 연구방법은 무엇인가?
   a. 개인 연구   b. 양적 연구
   c. 실증주의 연구   d. 질적 연구

7. 다음 중 질적 연구 방법에 해당되지 않는 것은?
   a. 현상학   b. 민속지학
   c. 정당성의 규범   d. 근거이론

8. 다음 중 보편적인 법칙과 이론 보다는 다양성, 복합성, 다원성을 강조하는 사유방법에 해당되는 것은 무엇인가?
   a. 경험적 사고
   b. 이분법적 사고
   c. 포스트모던적 사고
   d. 객관적 사고

9. 인간은 누구나 자신이 속한 사회문화적 위치에서 세상을 바라본다고 가정하며, 우리가 현실이라고 여기는 것은 우리의 사회문화적 지위에 관련된 입장과 경험에 따라 달라진다고 보는 관점은 무엇인가?
   a. 근거이론
   b. 해석적 지식
   c. 자기발견적 연구
   d. 입장론

10. 어떤 사회집단도 동질적이지 않고, 모든 개인은 사회구조 내에 위치하며, 그 구조에 부가되는 권력관계 내에서 이해되어야 하고, 하나 이상의 사회집단에 속함으로써 발생하는 독특하고 비가산적인 효과가 존재한다고 보는 개념은 무엇인가?
   a. 사회체계모델
   b. 해석적 지식
   c. 상호교차성
   d. 다양성 이론

답: 1) b 2) a 3) b 4) b 5) a 6) d 7) c 8) b 9) d 10) c

참고문헌

(AIP), A. I. o. P. (2006). Physics Degrees Earned by U. S. Minorities Retrieved March 14, 2009, from http://www.aip.org/statistics/trends/highlite/ed/table13.htm

Alix, E. K. (1995). *Sociology: An everyday life approach.* Minneapolis: West.

AmeriStat. (2000). *Race and ethnicity in the census:* 1860.2000, [Web site]. AmeriStat Population Reference Bureau and Social Science Analysis Network. Available: http://www.ameristat.org/racethnic/census.htm [2000,4/4/00].

Armas, G. (2000, March 13, 2000). Administration puts out new guidelines for multiracial categories. *Northwest Arkansas Times.*

Beaver, Marion. (1990). "The older person in the black family." In *Social work practice with black families.* Logan, Sadye, Freeman, Edith, and McRoy, Ruth (Eds.). New York: Longman.

Belenky, Mary F., Clinchy, Blythe M., Goldberger, Nancy R., and Tarule, Jill M. (1986). *Women's ways of knowing: The development of self, voice, and mind.* New York: Basic Books, Inc.

Bent-Goodley, T. B. (2005). An African-centered approach to domestic violence. *Families in Society, 86*(2), 197.

Berlin, Sharon B. (1990). "Dichotomous and complex thinking." *Social Service Review, 64*(1): 46-59.

Besthorn, F., and McMillen, P. (2002). "The oppression of women and nature: Ecofeminism as a framework for an expanded ecological social work." *Families in Society,* 83(3): 221-232.

Bottomore, Tom. (1984). *The Frankfurt school and critical theory.* London: Tavistock Publications.

Bowser, B. P., and Hunt, R. G. (Eds.). (1996). *Impacts of racism on white Americans* (2nd ed.). Thousand Oaks, CA: Sage.

Bricker-Jenkins, Mary, and Hooyman, Nancy R. (Eds.). (1983). *Not for women only: Social work practice for a feminist future.* Silver Spring, MD: NASW, Inc.

Bureau of the Census. (2000). *Census 2000, Frequently asked questions.* U.S. Bureau of the Census. Available: http://www.census.gov/dmd/www/genfaq.htm

Canda, E. R. (1989). "Religious content in social work education: A comparative approach." *Journal of Social Work Education, 25*(1): 36-45.

Capra, Fritjof. (1983). *The turning point: Science, society, and the rising culture.* Toronto: Bantam Books.

Carter, R. T., and Jones, J. M. (1996). "Racism and white racial identity merging realities." In Bowser, B. P. and Hunt, R. G. (Eds.) *Impacts of racism on white*

Americans. (2nd ed.). Thousand Oaks, CA: Sage.

Cobb, A., & Forbes, S. (2002). Qualitative research: What does it have to offer to the gerontologist? *Journals of Gerontology, 57A*(4), 6.

Cole, E., & Omari, S. (2003). Race, class and the dilemmas of upward mobility for African Americans. *Journal of Social Issues, 59*(4), 785-802.

Collins, P. H. (1986). "Learning from the outsider within: The sociological significance of black feminist thought." *Social Problems, 33*(6): 14-32.

Collins, P. H. (1989). "The social construction of black feminist thought." *Signs, 14*(4): 745-773.

Collins, P. H. (1990). *Black feminist thought: Knowledge, consciousness, and the politics of empowerment.* Boston: Unwin Hyman, Inc.

Collins, P. H. (1996). What's in a name? Womanism, black feminism, and beyond. *Black Scholar, 26*(1), 9-17.

Cowley, A. S., and Derezotes, D. (1994). "Transpersonal psychology and social work education." *Journal of Social Work Education, 30*(1): 32-41.

Daniel, G. R. (1992). Beyond Black and White: the new multiracial consciousness. In Root, M. P. P. (Ed.). *Racially mixed people in America.* Newberry Park, CA: Sage Publications.

Dawson, Betty G. Klass, Morris D. Guy, Rebecca F. and Edgley, Charles K. (1991). *Understanding Social Work Research.* Boston: Allyn & Bacon.

Dean, Ruth G., and Fenby, Barbara L. (1989). "Exploring epistemologies: Social work action as a reflection of philosophical assumptions." *Journal of Social Work Education, 25*(1): 46-54.

Demo, D. H., and Allen, K. R. (1996). "Diversity within lesbian and gay families: Challenges and implications for family theory and research." *Journal of Social and Personal Relationships, 13*(3): 415-434.

Donadello, Gloria. (1980). "Women and the mental health system." In Norman, Elaine, and Mancuso, Arlene (eds.). *Women's issues and social work practice.* Itasca, IL: F. E. Peacock Publishers, Inc.

Easlea, Brian. (1990). "Patriarchy, scientists, and nuclear warriors." In Sheila Ruth (Ed.). *Issues in feminism.* Mountain View, CA: Mayfield.

Evans-Campbell, T., Fredriksen-Goldsen, K., Walters, K., & Stately, A. (2007). Caregiving exeriences among American Indian two-spirit men and women: Contemporary and historical roles. *Journal of Gay & Lesbian Social Services, 18*(3/4), 75-92.

Fernandes, F. (2003). A response to Erica Burman. *European Journal of Psychotherapy, Counselling & Health, 6*(4), 309-16.

Fong, R., Spickard, P. R., and Ewalt, P. L. (1996) "A multiracial reality: Issues for social work." In Ewalt, P. L., Freeman, E. M., Kirk, S. A., and Poole, D. L. (Eds.). *Multicultural issue in social work.* Washington, DC: NASW Press.

Guba, E. G., and Lincoln, Y. S. (1981). *Effective evaluation.* San Francisco: Jossey-Bass.

Guba, Egon G., and Lincoln, Yvonna S. (1989). *Fourth generation evaluation.* Newbury Park, CA: SAGE Publications.

Hartman, A. (1995). Introduction. In Tyson, K. (Ed.). *New foundations for scientific social and behavioral research: The heuristic paradigm.* Boston: Allyn and Bacon.

Heineman Pieper, M. (1995). Preface. In Tyson, K. (Ed.). *New foundations for scientific social and behavioral research: The heuristic paradigm.* Boston: Allyn and Bacon.

Helms, J. E. (1994). "The conceptualization of racial identity and other 'racial' constructs." In Trickett, E. J., Watts, R. J., and Birman D. (Eds.). (1994). *Human diversity: Perspectives on people in context.* San Francisco: Jossey-Bass.

Hillman, James. (1988). In Peter Reason (Ed.). *Human inquiry in action: Developments in new paradigm research.* London: SAGE Publications.

Imre, Roberta Wells. (1984). "The nature of knowledge in social work." *Social Work, 29*(1): 41-45.

Ivie, R. (2009). Women in Physics & Astronomy Faculty Positions. Retrieved March 14, 2009, from http://www.aip.org/statistics/trends/highlite/women3/faculty.htm

Kerlinger, Fred N. (1973). *Foundations of behavioral research.* New York: Holt, Rinehart and Winston, Inc.

Kich, George K. (1992). "The Developmental Process of Asserting a Biracial, Bicultural Identity." In Root, M. P. P. (Ed.). *Racially mixed people in America.* Newberry Park, CA: Sage Publications.

Lather, P. (1991). Getting smart: *Feminist research and pedagogy with/in the postmodern.* New York: Routledge.

Leigh, James. (1989). "Black Americans: Emerging identity issues and social policy." *The Annual Ellen Winston Lecture.* Raleigh: North Carolina State University.

Lincoln, Y. S., and Guba, E. G. (1985). *Naturalistic inquiry.* Beverly Hills: Sage.

Longres, J., and McLeod, E. (May 1980). "Consciousness raising and social work practice." *Social Casework, 61*: 267-276.

Manheim, Henry L. (1977). *Sociological research: Philosophy and methods.* Homewood, IL.: The Dorsey Press.

Maslow, Abraham H. (1962). *Toward a psychology of being.* Princeton: Van Nostrand.

McIntosh, Peggy. (1992). "White privilege and male privilege. A personal account of coming to see correspondences through work in Women's Studies." In Margaret Anderson and Patricia Hill Collins (Eds.). *Race class and gender: An anthology.* Belmont, CA: Wadsworth Publishing Co.

Miller, Jean Baker. (1986) *Toward a new psychology of women.* (2nd ed.). Boston: Beacon.

Miovic, M. (2004). An introduction to spiritual psychology: Overview of the literature, East and West. *Harvard Review of Psychiatry, 12*(2), 105-115.

Moustakas, Clark. (1981). "Heuristic research." In Peter Reason and John Rowan (Eds.). *Human inquiry: A sourcebook of new paradigm research.* New York: Wiley and Sons.

Murphy, Y., Hunt, V., Zajicek, A., Norris, A., & Hamilton, L. (In press). *Incorporating Intersectionality in Social Work Practice, Research, Policy, and Education.* Washington, DC: NASW Press.

Myers, L. J., and Speight, S. L. (1994). "Optimal theory and the psychology of human diversity." In Trickett, E. J., Watts, R. J. and Birman D. (Eds.). (1994). *Human diversity: Perspectives on people in context.* San Francisco: Jossey-Bass.

Pastrana, A. (2004). Black identity constructions: Inserting intersectionality, bisexuality, and (Afro-) Latinidad into black studies. *Journal of African American Studies, 8*(1/2), 74-89.

Reason, Peter (1988). "Reflections." In Peter Reason. (Ed.). *Human inquiry in action: Developments in new paradigm research.* London: SAGE Publications.

Reason, Peter. (1981). "Methodological approaches to social science by Ian Mitroff and Ralph Kilmann: An appreciation." In Peter Reason and John Rowan. (Eds.). Human inquiry: A sourcebook of new paradigm research. New York: John Wiley and Sons.

Reason, Peter, and Hawkins, Peter. (1988). "Storytelling as inquiry." In Peter Reason (Ed.). *Human inquiry in action: Developments in new paradigm research.* London: SAGE Publications.

Root, M. P. P. "Within, between, and beyond race." In Root, Maria P. P. (Ed.). (1992). *Racially mixed people in America.* Newbury Park, CA: Sage.

Rubin, A., and Babbie, E. (1997). *Research methods for social work.* (3rd ed.). Pacific Grove, CA: Brooks/Cole.

Ruth, Sheila. (1990). *Issues in feminism.* Mountain View, CA: Mayfield Publishing Co.

Scott, Joan W. (1988). *Gender and the politics of history.* New York: Columbia University Press.

Sermabeikian, P. (1994). "Our clients, ourselves: The spiritual perspective and social work practice." *Social Work, 39*(2): 178-183.

Sherman, Edmund. (1991). "Interpretive methods for social work practice and research." *Journal of Sociology and Social Welfare, 18*(4): 69-81.

Spickard, P. R. (1996). "The Illogic of American Racial Categories." In Root, M. P. P.

(Ed.). *Racially mixed people in America*. Newberry Park, CA: Sage Publications.

Spickard, P. R., Fong, R., Ewalt, P. L., Freeman, E. M., Kirk, S. A., and Poole, D. L. (Eds.). *Multicultural Issues in Social Work*. Washington, DC: NASW Press.

Stewart, A., & McDermott, C. Gender in psychology. *Annual Review of Psychology, 55*(1), 519-44.

Swigonski, M. E. (July 1994). "The logic of feminist standpoint theory for social work research." *Social Work, 39*(4): 387-393.

Turner, Robert J. (1991). "Affirming consciousness: The Africentric perspective." In Joyce, E., Chipungu, S., and Leashore, B. (Eds.). *Child welfare: An Africentric perspective*. New Brunswick, NJ: Rutgers University Press.

Tyson, K. (1995). "Editor's Introduction" *Heuristic research. New foundations for scientific social and behavioral research: The heuristic paradigm*. Boston: Allyn and Bacon.

Tyson, K. (Ed.) (1995). *New foundations for scientific, social and behavioral research: The heuristic paradigm*. Boston: Allyn and Bacon.

Van Den Bergh, N. (Ed.). (1995). *Feminist practice in the 21st century*. Washington, DC: NASW Press.

Webster's New Universal Unabridged Dictionary (2nd ed.) (1983). In Edmund Sherman, "Interpretive methods for social work practice and research." *Journal of Sociology and Social Welfare, 18*(4): 69-81.

Weick, Ann. (1991). "The place of science in social work." *Journal of Sociology and Social Welfare, 18*(4): 13-34.

Westkott, Marcia. (1979). "Feminist criticism of the social sciences." *Harvard Educational Review, 49*(4): 424-430.

Zukav, Gary. (1980). *The dancing wu li masters: An overview of the new physics*. Toronto: Bantam Books.

3장

패러다임에 대한 사고와
사회복지 실천지식

Human
Behavior
and the Social
Environment

3장은 인간행동과 사회환경에 대한 전통적 관점과 대안적 관점을 이해하는데 도움이 되는 도구들을 다룬다. 여기에서 다루게 될 도구란, 준거틀, 개념, 모델, 이론을 말한다. 만약 여러분들이 이전에 한번도 가본적이 없는 곳을 찾아간다면, 길을 가르쳐주는 지도나 표지판과 같은 도구를 사용할 것이다. 이와 마찬가지로, 본서의 궁극적 목적지(인간행동과 사회환경에 대한 관점과 지식을 습득하는 것)를 안내해 줄 지도나 나침판과 같은 역할로 이 도구들(준거틀, 개념, 모델, 이론)을 활용하는 것이다. 앞서 제시한 도구들은 인간행동과 사회환경을 보다 온전하게 이해하기 위한 노력의 일환으로 2장에서 살펴본 전통적 패러다임과 대안적 패러다임을 탐구하는데 있어서 우리의 여정에 길잡이가 될 수 있다.

우리는 언급한 도구들(준거틀, 개념, 모델, 이론)에 추가하여, "패러다임에 대한 사고(think about thinking)"를 도와줄 또 다른 도구들 즉, 은유(metaphor), 모호함(ambiguity)에 대한 긍정적 수용, 개인적 문제와 정치적 문제와의 상호작용(혹은 개인과 사회변화), 언어와 말의 중요성, 사회복지와 사정도 함께 활용하고자 한다.

우리는 사회복지사로서 중요하게 생각하는 문제와 전통적·대안적 패러다임 간의 관련성을 이해하기 위해 이러한 다양한 형태의 도구들은 길잡이로 사용할 것이며, 특히 본장에서 다루게 될 이러한 도구들은 본서를 통해 도달하고자 하는 목적지에 이르는데 크나큰 도움을 줄 것이다. 또한 우리는 이러한 도구들을 통해 개인, 가족, 집단, 조직, 공동체, 국제적인 활동 등과 같은 인간행동을 더 잘 이해할 수 있을 뿐만 아니라, 인간행동이 발생하는 사회환경에 대해서도 보다 완전하게 이해할 수 있게 된다. 게다가 이러한 도구들은 사회복지사로서 우리의 역할을 보다 잘 수행하는 데에도 도움이 될 것이다.

패러다임에 대한 사고를 도와주는 도구 및 용어

본절에서는 사회복지실천에 필요한 구체적인 도구들을 살펴보기에 앞서, "패러다임에 대한 사고"에 필요한 도구들을 먼저 살펴보고자 한다. "패러다임에 대한 사고"를 도와줄 유용한 도구들은 지식을 형성하고 체계화하는 과정을 보다 잘 이해할 수 있도록 해준다.

우리는 이미 패러다임을 "기존의 공동체 구성원들이 공유하고 있는 신념이나 가치, 기술 등을 망라한 총체적인 집합체"로 정의한 바 있다. 또 다른 학자들(Dawson et al. 1991:16; Brown 1981:36)은 연구를 보다 명확히 하고 구체화하는데 유용한 이론, 모델, 개념, 범주, 가정, 접근 등을 통틀어 연구 패러다임(research paradigms)이라고 정의하였다. 이러한 개념들은 본서에서 매우 중요한 의미로 쓰이지만, 이러한 용어들을 사용할 때 실제적인 의미가 무엇인지를 생각해 보아야 한다. 많은 경우에 있어서 이러한 개념들이 서로 혼용되거나 모호하게 사용되고 있다. 그러나 다행스럽게도 이러한 개념들 간에는 공통적으로 합의된 의미가 존재하므로, 이 책에서는 이를 준용하여 논의해 나갈 것이다.

존재론과 인식론

지식을 생성하고 구조화하는 과정을 이해하는데 있어서 중요한 두 가지 개념이 바로 존재론과 인식론이다. Stanley와 Wise(in Van Den Berg 1995)는 **존재론**(Ontology)이란 "무엇이 실재하는가에 관한 이론(theory about what is real)"이라고 설명하였다. Van Den Bergh는 사회복지에 있어서의 **존재론적**(ontological) 관점은 클라이언트와 그들이 가진 문제(또는 강점)를 클라이언트의 생애사나 '생활공간(혹은 환경)'에 기반하여 맥락적으로 보는 것을 의미한다고 넓은 시각에서 언급하였다. **인식론**(Epistemology)은 "지식과 지식형성과정에 관한 학문"으로 정의된다(1995:xii). 인식론은 "실재하는 것을 인식하는 방법에 관한 이론(theory about how to know)"이다(Tyson 1995:10). 달리 말하자면, 인식론은 지식이 어떻게 형성되는가에 대한 학문이다. Harding은 인식론에 대해 "'누가 지식인이 될 수 있고', '지식이 정당화되기 위해서는 어떠한 검증을 거쳐야 하는가'와 같은 질문을 포함한 이론"이라고 설명하였다(in Trickett et al. 1994:16). 이러한 관점에서 볼 때, 우리가 이미 2장에서 살펴본 전통적 패러다임과 대안적 패러다임에 대한 논의가 실재의 본질에 대한 연구(존재론)와 지식과 지식생성과정에 관한 연구(실재론)의 매우 상이한 두 가지 접근 방법에 대한 비교이자 논쟁이라고 할 수 있다.

개념(concepts)은 "관찰 가능한 현상(내지 사건)을 나타내는 일반적인 단어나 용어 또는 어구(語句)를 의미한다. 우리는 이러한 개념을 통해 우리의 관심을 표현하고, 인식을 형성하며, 우리가 경험한 것을 이해하게 된다"(Martin and O'Connor 1989:39). 물론 우리는 이밖에도 다른 많은 개념들도 고려할 것이다. 다음으로 살펴볼 "**개념적 준거틀**(conceptual framework)은 어떤 관심주제나 과정을 설명하기 위해 상호 연관된 일련의 개념군으로 정의되는데, 이는 학설이나 실재에 관한 이론(substantive theory), 개념적 도식으로 알려져 있다. 개념적 준거틀은 엄밀한 의미에서는 이론보다 덜 발전된 것이지만 보통 이론으로도 불린다"(Martin and O'Connor 1989:39). 본서의 **개념적 준거틀**이 의미하는 바는 환경적 맥락에서의 인간행동을 설명하는데 도움이 되는 상호 관련된 개념들로 이루어진 개념적 도식이라고 볼 수 있다. 이미 2장에서도 언급한 바와 같이 본서에서 말하는 "개념적 도식(conceptual scheme)"이란 전통적 패러다임과 대안적 패러다임 두 가지로 구성 되어 있다. 각각의 패러다임은 다섯 가지의 차원으로 나누어진다. 그리고 이 차원은 다시 이론들(예, 페미니즘 이론)과 개념들(예, 다양성, 억압)로 구성된다.

한편, **모델**(model)은 Mullen(in Grinnell 1981:606)이 Siporin의 모델 정의를 인용하여 "특정문제나 현실과 관련된 은유와 명제들을 문제해결 방법에서 어떻게 작동되는지에 대한 상징적이면서 도식화된 개념들의 구조"라고 정의하였다. 우리는 3장 후반부에서 인간행동과 사회환경에 대한 이해를 확장시키는데 도움이 될 다양한 모델들에 관해 논의할 것이다. 우리가 살펴볼 모델에는 사회체계모델, 전(全)생애발달모델, 생태학적 모델과 사회복지실천에 있어서 매우 유용한 지식체계인 강점기반 모델에 대해서도 다룰 것이다.

다음은 Dawson과 그의 동료들(1991:438)이 **이론**(theory)을 "현상을 설명하기 위하여 검증된 근거에 입각해 도출되고 지지되는 논리 정연한 명제들"이라고 설명하였다. Martin과 O'Connor(1989:39)는 이론이란 "관찰 가능한 세계의 주제 내지 과정을 설명하는 개념적 준거틀"이라고 말한다. 또한 Shafritz와 Ott(1987:1)에 따르면, 이론은 "우리가 무언가를 설명하거나 예측하고자 하는 하나 내지 둘 이상의 명제들을 의미한다."고 말한다. 이론의 이러한 정의들은 우리에게 어떤 일이 왜 일어났는지 그 발생 원인을 설명해주거나 방향성을 제시해주는 기능을 하기 때문에 유용하다. 그러나 여기에서 말하는 이론이란 어떤 사건이 어떻게 왜 발생하는지에 대해 단지 관찰을 기반으로 한 추측만을 제시할 뿐이라는 점을 알아야 한다. 정확히 말해, 이론은 절대적인 답을 제공하지는 않는다.

본서는 인간행동의 다양한 양상들을 설명해주는 이론들에 관심을 가질 것이다. 우리는 인간행동과 환경적 맥락, 그리고 인간과 환경의 상호작용을 설명하는 전통적 이론들에 대해서도 주목할 뿐만 아니라, 이러한 전통적 이론 외에도 인간행동과 환경 그리고 이들 간의 상호작용을 설명하는 가능한 대안적인 이론들에 대해서도 관심을 두고 있다.

그렇다면, 본서에서 언급하는 환경이 의미하는 바가 무엇인지 좀 더 살펴보자. 보통, 환경(environment)은 인간행동이 발생하는 사회적·물리적 맥락을 의미한다. 그러나 Germain(1986:623)은 이러한 사회적·물리적 맥락의 환경 외에도 시간과 공간과 같은 요소들을 환경에 포함해야 한다고 보았다. 다소 생소하지만, 시간과 공간과 같은 환경적 요소는 다양한 문화에 개입하는 사회복지사들에게는 매우 중요한 의미를 지닌다. 이러한 시간과 공간과 같은 환경적 요소는 문화에 따라서 매우 다른 관점을 취하기도 한다. 일례로, 미국 도시에 거주하는 지배층의 백인사회 문화권에 속한 구성원은 매우 정확한 시간에 따라 활동하고 그러한 환경을 조성한다. 반면에, 이와는 다른 미국 인디언 문화권이나 전통적 시골 혹은 농촌 문화권에 살고 있는 구성원들은 아침, 점심, 저녁이나 계절변화에 따라 시간을 구분하지 않고 훨씬 더 자연스럽고 덜 구조화된 환경에서 활동하고 있다.

은유의 의미

은유는 인간행동과 사회환경을 이해하는데 또 하나의 유용한 도구이다. 인간행동과 사회환경에 관한 많은 사회복지 관련 이론들이 은유의 도움을 받고 있으며, 사회복지뿐만 아니라 다른 많은 사회과학적 사고도 이 은유의 영향을 받아 이루어지고 있다. 은유는 우리 자신과 우리를 둘러싼 세계에 관한 생각들을 전달하기 위해 흔히 사용된다. 이러한 은유의 한 예로, "교육은 성공을 위한 열쇠이다"라는 말이 있다. 여기에서 "열쇠"란 여러분의 행복한 미래를 위한, "교육의 중요성"을 나타낸다. 동시에 열쇠는 교육이 성공적인 미래를 향한 "관문"을 의미하기도 한다. Aristotle는 이 은유(metaphor)를 "어떤 사물에 대해 다른 이름을 부여하는 것"이라고 정의하였다(Aristotle quoted in Szasz 1987:137). 우리가 인간의 세계와 행동을 충분히 이해할 수 있는 능력은 바로 은유를 사용할 수 있는 능력에서 비롯된다. 우리는 이해하지 못한 어떤 것을 이미 자신이 이해하고 있는 것과 비유하거나 묘사함으로서 그 어떤 것을 설명해 낸다.

3장 도입부에서, 필자 또한 본 장에서 달성하고자 하는 바를 이미 은유를 사용하여 설명하였다. 다시 설명하면, 본 장에서 우리가 얻고자 하는 것들에 대해 도구나 지도, 궁극적 목적지를 찾는 과정을 은유를 사용하여 표현하였다. 본서에서 우리가 인간행동과 사회환경에 대한 이해를 발전시켜가는 노력을 마치 여정이라는 과정으로 비유하는 것 역시 일종의 은유이다. 여기서 또 하나 중요한 점은, 은유의 유용함을 고려하는 동시에 은유의 한계에 대해서도 인식해야 한다는 것이다. 우리가 어떤 것을 다른 것과 비교하거나 유사하다고 말하더라도 엄밀히 말해 이 두 가지는 같은 것이 아니다. 가령 사회체계이론을 지도에 비유하지만 여기에서 말하는 지도는 우리가 일반적으로 정의하는 지도를 뜻하는 것은 아니다. 따라서 인간행동과 사회환경을 보다 잘 이해하기 위해 모든 도구들을 사용할 때, 은유의 개념을 보다 비판적으로 사용해야 할 필요가 있다. 달리 표현하자면, 우리는 은유에 대해서 그것이 무엇이 될 수도 있고, 무엇이 아닐 수도 있다는 것을 수용해야만 한다. 이처럼 현상을 이해하고 설명하기 위해 은유를 사용할 때 주의할 점은 무엇이 될 수도 있고 아닐 수도 있다는 모호함(은유의 한계)에 대한 수용이다.

모호함을 긍정적으로 수용해야 할 필요성

모호함 혹은 모호함의 표현은 종종 부정적인 태도로 여겨진다. 이는 모호함을 전통적인 "양자택일"적 접근에 국한시켜 정의할 때 더욱 그러하다. 전통적인 양자택일적 접근에서는 미묘하거나 예측 불가능한 변화의 가능성에 대한 여지를 인정하지 않은 것에 비해, 대안적 접근에서는 이러한 예측 불가능성을 인간의 경험과 행동의 복잡성을 이해하는데 필수적이라고 본다.

우리는 본서를 통해 이러한 모호함에 대해 인식하고 이를 긍정적으로 수용하고자 한다. 반면 확실성(certainty)에 대해서는 잠시 생각을 접어두기로 하자. 우리는 **모호함**(ambiguity)을 수용하는 것이 보다 완전한 이해를 가능케 한다는 사실을 일깨워주고자 한다. 모호함은 어떤 질문에 대해 '절대적으로' 혹은 '항상 틀림없이'라고 대답하기보다는 '아마도', '그럴 수도 있겠다'와 같은 긍정적인 의미이다. 다음에서 모호함이 사회복지사에게 어떤 함의를 가지는지 살펴보도록 하자.

Ann Weick(1991:19)은 사회복지사들이 인간행동과 사회환경에 대한 사고와 이론 속에 모호함을 결부시킬 필요가 있다고 설명한다. 그녀는 모호함을 수용하는 것이 은유적 사고의 한계를 바로잡아주는 또 하나의 방법이라고 보았다. 그녀는 "모든 이론이나 지도(map)가 가진 문제점은 그것이 절대적인 의미에서 실제인 것처럼 간주하고, 바로 그 이론이나 지도를 사용함으로서 세상의 현상들을 그대로 보여주고 있다고 믿게 된다"는 점을 지적하였다. 그녀는 이론이 우리의 머릿속에 끊임없이 떠오르는 불분명한 생각들과 심상(心象)들을 묶는 하나의 불완전하며 일시적으로만 유용한 방법에 불과하다고 깨닫는 데에는 자신감과 훈련이 필요하다"고 보았다. Ann Weick의 이러한 지적은 우리의 사고 과정에 모호함을 포함시키는 것의 장점과 한계를 잘 보여준다.[1]

Ann Weick(1991:23)은 자연과학의 양자론에서 불확실성과 예측불가능성을 긍정적으로 평가하는 예를 들면서, 사회복지사가 모호함을 긍정적으로 인식하는 것의 중요성에 대해 설명하였다. 전통적인 뉴턴주의 물리학자들이 확실성과 예측가능성을 물리적 세계의 특징으로 주장했다면, 양자론을 주장하는 학자들은 불확실성과 예측불가능성을 물리적 세계의 특징이라고 보았다. Weick은 만일 양자론을 주장하는 학자들의 관점에서 인간행동을 생각한다면 모호함이 이해의 폭을 넓히는 중요한 요소 중 하나라는 것을 알게 될 것이라고 주장한다. 그러나 이러한 사고방식을 위해서는 확실성과 예측가능성이 이해를 위한 핵심이라고 보는 전통적 자연과학 패러다임에서 벗어나 모호함을 인정하는 대안적 패러다임으로의 전환이 요구된다. 이처럼 대안적 관점에서는 인간이 예측 가능한 방식으로 행동할 가능성이 있는 것과 마찬가지로 예측불가능하게 행동할 가능성도 있다는 점을 인정한다. 우리는 본 장의 후반부(카오스와 복잡계 이론에 대한 논의를 참조)에 모호함을 긍정적으로 인식하는 데 있어서 유용한 자연과학의 다른 이론들에 대해서 살펴볼 것이다.

---

1) 역자주: Ann Weick은 지금까지 언급했던 도구 중 하나로 이론의 예를 들고 있다. 가령, 사회체계이론을 지도에 비유하여, 인간행동이 왜 일어나는지를 이론(지도)을 통해 보여준다. 이러한 이론(지도)은 전통적 의미에서는 확실하고 예측가능하다고 말하면서 여지를 두지 않지만, 대안적 의미에서는 예측불가능하기 때문에 오히려 은유의 유용함과 모호함(은유는 정확하지 않고 애매함)을 긍정적으로 바라본다.

우리는 은유를 사용함으로써 "인간관계의 본질이 결정론에 의해 지배되지 않는다는 것을 인식하게 된다. 인간행동은 비인과적이다. 다시 말해 인간행동에 대한 매우 협소한 정의를 제외하고는 인간행동은 본질적으로 선행 행동에 의해 예측될 수 없다"(Weick 1991:21). 예측은 실제로 대규모 집단에서의 합계된 행동들에 대해서만 예측 가능하며, 집단 내의 어떤 한 사람의 개인적인 행동을 일관되게 정확한 예측을 해낼 수는 없다. 사회복지사는 통계에서 총합이 의미하는 한계를 인식할 필요가 있다. 데이터는 패턴이나 경향성을 파악하는 데에는 유용하지만, 어떤 한 개인의 행동을 예측하는 수단으로서는 그다지 유용하지 않다. 예를 들어, 우리는 통계 수치를 통해 최근 들어 급격히 증가되고 있는 10대 임신의 경향성은 파악할 수 있지만, 이러한 데이터가 사회복지사에게 원조받기 위해 찾아온 10대 클라이언트가 임신을 할 수밖에 없었던 요인에 대해서는 정확하게 설명해 주지 못한다.

개인적인 것과 정치적인 것과의 통합: 개인과 사회변화[2]

페미니즘이론은 사회복지의 기본정신은 물론이며 본서에서 다루고 있는 많은 대안적 패러다임의 여러 차원들을 수용하고 있다. 또한 페미니즘이론은 인간행동을 이해하고 사회변화를 야기하기 위한 방법으로써, 사람들의 개인적인 이야기들과 경험들을 다룬다. 페미니즘은 본질적으로 "어려운 상황에 놓은 자신이나 다른 사람들의 이야기를 다룸으로써 일어나는 의식제고"에 초점을 둠으로써 궁극적으로 개인적인 문제와 정치적인 문제를 통합한다(Goldstein 1990: 40-41).

Bricker-Jenkins와 그의 동료들(1991:279)은 페미니스트 사회복지실천을 논하는 데 있어서 개인과 사회변화가 서로 밀접하게 연결되어 있다는 것, 즉 개인적인 문제가 정치적인 문제로 통합된다는 의미의 중요성에 대해 설명하고 있다. Bricker-Jenkins는 "삶에 있어서 개인과 집합적 삶의 문제와 고통을 항상 정치적이며 문화적 차원의 성격을 가진다."고 주장하였다. Bricker-Jenkins와 Hooyman (1986:14)은 "우리 자신과 우리를 둘러싼 환경에 대한 우리의 사고나 의식은 정치적 힘에 의해 형성됨"을 상기시켰다. 또한 "사회질서를 만드는

---

2) 역자주: 페미니즘의 슬로건인 "개인적인 것이 정치적인 것이다(The Personal as Political)"를 지칭한 것이다.

것은 개개인 행동의 합으로 이루어지기 때문에, 우리는 서로의 행동에 대한 책임이 있다."고 지적하였다(1986:14). 페미니즘과 페미니스트 사회복지실천에 대한 이러한 주장은 개인으로써 우리가 행동하는 것과 행동하지 않는 것이 사회적·정치적 환경에 영향을 미친다는 사실을 일깨워준다. 이와 마찬가지로 사회정치적 수준에서 발생하는 사건들은 우리 개인의 삶에 영향을 미칠 수 있음을 의미한다. Bricker—Jenkins와 Hooyman은 이러한 상호의존적인 역동을 사회복지 실천적 측면에서 "역사적, 물질적, 문화적 환경을 변화시키기 위해 집단적 행동을 취하는 과정에는 클라이언트 개개인의 정신적 고통과 어려움이 반영되어 있으며, 이러한 집단행동을 취하는 과정에서 다른 무엇보다 우리 자신의 변화를 기대할 수 있다."고 설명하고 있다(1986:14).

인간행동과 사회환경, 그리고 사회환경과 인간행동

우리는 1장에서 "인간행동과 사회환경"이 의미하는 바를 문제제기하였고, 만약 "사회환경과 인간행동"으로 단어의 순서를 바꾼다면 우리의 초점이 어떻게 변화될 수 있는지에 대해서도 의문을 제기하였다. 일부 사회복지학자들은 사회복지의 사명에 있어 전통적 관점에서도 개인과 사회변화에 대한 이와 유사한 논의를 해왔다고 지적하였다.

사회복지에 대한 전통적 관점에서는 사회복지사들이 그들의 관심과 에너지를 개인에게 쏟아야 할지 아니면 사회적 측면에 더 집중해야 할지에 대해 논쟁해왔다. 여기에서 제시한 관점은 개인과 사회, 둘 다에게 관심과 에너지를 쏟아야 한다는 입장을 취하고 있다. 이것은 앞서 언급한 페미니스트의 관점과 일맥상통하게 둘 중 하나만을 선택해야 하는 양자택일의 문제가 아닌, 모두를 고려해야 하는 문제이다. Bricker-Jenkins와 Hooyman(1986:13)은 "우리는 자신을 변화시킴으로서 우리가 살아가는 세상을 바꿀 수 있다."고 주장하였다. 이는 곧 내가 행복해지기 위해서는 상대방도 행복해야 하고, 결국 우리 모두가 행복해야 함을 의미하는 것이다.

인간행동과 사회환경, 그리고 사회환경과 인간행동에 대한 논의를 통해 우리는 단어를 배열하는 방식에 따라 그 말에 주어진 우선순위나 중요도가 달라질 수 있음을 알 수 있었다. 다음 절에서는 권력과 의미를 전달하는 수단으로서

인간행동이론과 사회복지실천

언어나 말의 중요성에 대해 좀더 구체적으로 논의할 것이다.

언어와 말의 실재적 본질

사회복지사는 자신이나 타인이 사용하는 언어와 말에 의해 전달되는 내용
이나 메시지를 인식하고, 이를 심사숙고하는 일이 무엇보다 중요하다. 이렇게
사용하는 언어나 말은 인간행동과 사회환경을 이해하기 위한 패러다임의 본질
을 전달하는 일차적 수단이 된다. 또한 언어나 말은 자신과 타인의 세계관을 형
성하는데 중요한 역할을 한다. 사회복지사에게 있어서 언어와 말의 의미는 단
지 우리에게 흔히 알려져 있는 전통적이고 편협한 의미의 언어와 말이 아니라
이러한 한계를 초월하는 의미이다. 언어와 말은 인간행동과 사회환경을 보다
완전하게 이해하기 위한 중요한 수단이 된다.

언어, 텍스트, 담론

Joan Scott(1988:34)은 세상을 보다 잘 이해하기 위한 수단으로서 언어가 갖
는 실질적 본질을 반영한 확장된 언어에 대한 관점을 제시한다. 이러한 언어에
대한 Scott의 설명은 인간행동과 사회환경을 이해하는 데 있어서 언어와 말의
중요성을 보다 잘 인식할 수 있도록 해준다. 그녀에 의하면 **언어**(language)란
"단순히 말이나 어휘 또는 문법만이 아니라 일종의 의미구성체계(meaning-con-
stituting system)이다." 이것은 사람들 사이에서 의미가 형성되고 문화적 관습이
구조화됨에 따라 어떠한 체계가 만들어지고, 그 체계에 따라 사람들은 자신의
정체성과 타인과의 관계방식을 둘러싼 그들의 세계를 보다 잘 이해하고 표현하
게 된다.

Scott(1988)은 우리가 세계를 이해하고 설명하고 구성하기 위해 사용하는
"텍스트"에 대해 보다 주의 깊게 분석해야 한다고 주장하였다. 그녀는 "**텍스트**
(texts)"란 책이나 문서만을 의미하는 것이 아니라 문화적 관습(예, 다양한 문화에
서의 혼인 의례와 같은 제도화된 문화적 의식)을 포함한 모든 형태의 표현 방식이
다 포함되어야 한다고 보았다. Scott은 언어와 글의 확장된 개념의 또 다른 예
로 담론에 대해 설명한다. Scott은 Michel Foucault의 담론 정의를 인용하여, **담
론**(discourse)이란 언어나 텍스트와는 다른 개념으로 "역사적이고 사회적이며 제

도적인 특성을 띄는 진술, 용어, 범주, 신념"이며, 이를 통해 의미가 구성되고 전달되며 통용되는 것이라고 설명한다. 이러한 담론 개념에는 세계를 정의하고 설명하기 위한 언어와 텍스트가 포함되지만, 이 외에도 세계를 구성하는 조직과 제도들이 포함된다. 또한 담론에는 의미를 검토하고 통제하고 변화시키는데 중요한 갈등과 권력의 개념도 포함되어 있다.

이와 같은 언어나 담론의 확장된 개념은 사회복지사가 대안적 혹은 전통적 패러다임이 사회복지 목표와 부합되는지를 검토하기 위한 분석기술을 발달시키는데 매우 도움이 된다. 사회복지사는 이러한 확장된 시각을 가짐으로써 분석에 있어서 권력, 임파워먼트, 갈등과 같은 핵심 요소들을 고려할 수 있게 된다.

사회복지사들은 사회복지의 핵심목표에 부합되는 의미를 찾기 위해 우리를 둘러싼 세계를 끊임없이 "해석"하고 "해체시킬" 필요가 있다. 이것은 특히 우리가 인간행동과 사회환경에 관한 이론들과 모델들을 검토할 때에 중요한데, 그 이유는 사회복지실천이 이러한 이론과 모델을 통해 이루어지기 때문이다. 또한 언어와 말에 관한 이러한 관점은 사회복지실천의 기본 기술인 경청, 명료화, 재진술의 중요성을 강조한다.[3]

이처럼 우리를 둘러싼 세계를 의미가 형성되고 전달되는 하나의 담론의 장으로 본다는 것은 우리가 만들어낸 의미들이 역사적, 정치적, 사회적 맥락에 따라 변할 수 있다는 것을 의미한다. 따라서 인간이 만들어 낸 의미들은 인간의 노력에 의해 변화될 수 있다. 의미가 변하는 과정, 그리고 이러한 의미가 형성되고 전달되는 조직과 제도들은 사회가 변화되는 과정의 본질을 반영하게 된다.

언어: 배타성과 포괄성

인간행동과 사회환경을 이해하고 사회복지를 실천하기 위해서 우리가 논의한 몇몇 관점들은 포괄성과 배타성의 이슈로 집약될 수 있다. 이제까지 살펴본 지식의 생성 및 형성 과정의 본질, 개인적 차원과 정치적 차원의 통합, 말과 언어의 영향력에 대한 관심은 모두 포괄성과 배타성의 문제와 관련지어 생각해 볼 수 있다.

---

3) 만약 이 책을 읽고 있는 독자가 아직 이러한 기술들을 터득하지 않은 상태라면, 사회복지교육을 끝마치기 전에 이러한 기술들을 터득하게 될 것이다.

우리는 미국 내의 다양한 사람들에게 부여되는 단어들을 통해 언어와 말이 지닌 개인적이고 정치적인 의미들의 복잡한 상호작용을 엿볼 수 있다. 명칭을 부여하거나 라벨을 붙이는 과정은 사회복지뿐만 아니라 포괄성과 배타성의 문제에 있어서 중요한 의미를 지닌다.

언어: 라벨과 유색인종

Asamoah와 그의 동료들(1991:9)은 인종/민족 집단에 부여되는 **라벨**이 매우 중요한 의미를 지닌다고 지목하였다. **라벨**(labels)은 "권력에 대한 접근, 자원분배, 그리고 사회정책과 관습에 있어서 의미 있는 구조적인 인식"이다. 또한 라벨은 "포괄적이거나 배타적일 수 있으며, 통합이나 분열을 조장할 수도 있고, 문화적·정치적·민족적 정체성의 구분을 모호하게 하거나 더욱 명확히 할 수도 있으며, 집단 내 혹은 집단 간의 사회적 상호작용에 긍정적이거나 부정적인 영향을 미칠 수 있다"(1991:9).

다양한 사람들의 라벨에 내재되어 있는 개인의 정체성과 정치적 의미 모두에 있어서 누가 이름을 결정하고 누가 명명(labeling)하느냐는 중요한 문제이다. Harding(in Asamoah et al. 1991:10)은 아프리카계 미국인에 대해 언급하면서 "자아정체감은 민족의식 발달의 토대가 되고 주류사회의 어려움을 극복하기 위해 필요한 토대를 제공한다."고 주장하였다. 그러므로 우리는 Harding의 이러한 제안과 사회복지의 자기결정권에 따라, 클라이언트들에 대해 그동안 들어왔던 익숙하고 편한 이름이 적합하다고 당연시하기보다는 그들의 입장에서 그들이 선호하는 이름을 찾아내고 이를 존중해야 할 것이다. 이는 특히 역사적으로 억압받아 왔고 권력에 대한 접근이 차단된 사람들의 경우에 더욱 그러하다. 심지어 스스로 정한 라벨도 시간이 지나면서 개인과 집단의 경험과 관점이 변하면서 바뀔 수 있다는 점을 반드시 인식해야 한다. 다양한 부류의 사람들이 스스로 선호하는 라벨이 사회에 통용되도록 돕는 것이 바로 사회복지사의 책임이다.

소수자의 의미

다양한 사람들에게 부여되는 특수한 라벨과 관련된 또 다른 문제는 바로 소수자라는 단어이다. Asamoah와 그의 동료들(1991:10)은 **소수자**(minority)라는 용어가 "집단만의 고유성을 무시하고 그 용어에 속한 사람들은 모두 어떤 공통적인 특징을 가진 것으로 생각하는데, 이는 사실과 다르다."고 주장하였다. 이는 일종의 과도한 일반화로 사람들의 개별성과 고유성을 박탈하는 것이다. 이는 우리가 앞서 언급한 다양성 안의 다양성(2장 참조)에 관한 논의로 매우 중요하다. 미국흑인사회복지사협회인 NABSW(The National Association of Black Social Workers)는 소수자라는 용어의 부정적인 정치적 어감 때문에 이 용어의 폐지를 촉구하는 캠페인을 펼쳐왔다. "일단 어떤 개인이 가치가 없다고 판단되는 집단에 소속되었다는 인상이 한번 형성되면 … 그것과 관련된 모든 일들이 이런 시각에 입각해서 판단하게 된다"(Asamoah et al. 1991:20).

게다가 **소수자**라는 용어는 많은 집단에서 부정확한 의미로 쓰이고 있는데, 그 대표적인 예가 여성이다. 여성은 수적으로 다수이나 소수자로 분류되고 있다. 마찬가지로 유색인종의 경우에도 미국의 많은 도시나 지역에서 이들이 수적으로 다수를 차지하고 있음에도 불구하고 소수자로 불리는데, 이러한 사실은 이 용어가 부정확하게 적용되고 있다는 사실을 입증한 것이다. 이것은 비단 미국에서만이 아니라 전 세계적인 현상이다. 그러나 또 하나 중요한 사실은 "유색인종"이라는 용어가 "소수자"라는 용어보다 더 정확하고 적절한지에 대해서는 아직 보편적인 합의가 이루어지지 않았다는 점을 인식할 필요가 있다. 일부 학자들은 집단에 따라 그 구성원들이 획득가능하고 활용 가능한 권리나 자원, 기회가 다르다는 차원에서 억압된 사람들을 지칭할 때 "소수자"가 더 적절한 용어라고 주장한다. 예컨대, 남아프리카 공화국의 경우 수적으로 절대 다수인 흑인들은 권리나 권력, 자원에 있어서 수적으로 적은 백인들에 비해 확실히 접근성이 떨어지므로 소수자임에 틀림없다. 최근에 남아프리카 공화국에서는 다수 집단을 차지하고 있는 흑인들에 대한 권리·권력·자원 보장을 위한 지속적인 투쟁이 이루어진 결과, 아파르트헤이트(apartheid)[4]가 폐지되었다. 이는 권리, 권력, 자원의 접근성에 의해 규정된 소수자의 지위가 그들의 요구와 행동에 의해 얼마든지 변화될 수 있음을 보여준다.

라벨에 내재된 개인적·정치적 의미는 그 라벨이 집단 내부의 구성원에 의해 결정된 것인지 아니면 집단 외부 사람에 의해 결정된 것인지에 달려있다. 라벨이 집단 구성원이 아닌 집단 외부의 다른 사람에 의해 결정될 경우, 그 집단의 구성원들은 "그들 자신도 정확히 알지도 못하는 어떤 외부적 기준에 의해

---

4) 역자주: 아파르트헤이트(예전 남아프리카 공화국의 인종차별 정책)

적절성을 평가받게 된다"(Asamoah et al., 1991:20). 사회학에서 중요한 영향을 미치고 있는 낙인이론은 바로 라벨 부여의 이러한 특성에 초점을 맞추고 있다. 낙인이론(Labeling Theory)은 "사회의 어떤 집단들이 다른 집단의 구성원들에게 '비정상(deviant)'이라는 낙인을 부여하는 능력에 대해 설명한다"(Persell 1987: 163).

결론적으로 말하자면, 억압받는 집단의 구성원들이 스스로 자기 이름을 부여하는 것이 바로 임파워먼트이다. Asamoah와 그의 동료들(1991:20)은 "일단 우리자신이 누구인지를 분명하게 규정했다면, '그들'이 우리를 어떻게 부르는지에 대해서는 더 이상 중요하지 않다고 강조하였다. 중요한 것은 '우리'가 어떻게 반응하느냐이다.[5] 이와 같이 우리가 만든 세계관에 누구를 포함시키고 누구를 배제시킬지를 결정하는데 있어서 명명(命名)과 단어의 중요성은, 우리로 하여금 또다시 인간행동과 사회환경을 이해하기 위한 다양한 도구들이 서로 상호작용한다는 사실을 분명하게 해준다.

언어: 포괄성과 장애를 지닌 사람들

Patterson과 그의 동료들(1995:76)은 "장애는 단지 인간의 한 측면만을 나타낼 뿐"이라는 사실을 강조한다. 그들은 1990년에 미국에서 장애인으로 등록된 사람들이 모두 4천3백만 명에 달하며, 이들은 미국에서 가장 큰 규모의 "소수집단"이라는 사실 또한 지적하였다. 여기에서 이들과 관련된 단어나 말들은 장애를 지닌 사람들을 포괄하고 존중하는 패러다임을 정의하는 동시에 이를 반영하는 중요한 요소이다. Patterson과 그의 동료들은 다음에 제시되는 단어들이 부적절하다고 보았다:

1. 장애를 지닌 사람들에 대한 근거 없는 믿음과 고정관념을 강화시키는 말들:
   - '휠체어 신세를 지는', '휠체어에 얽매인', '비참한', '고통스러운' vs. '휠체어를 사용하는'
   - '정상인처럼 행동한다'는 말은 장애를 지닌 사람들이 '건강한' 사람에 비해 비정상적이라는 의미를 내포한다.

---

5) 역자주: 앞서 말한 자기명명과 그들의 명명이 다를 때, 세상의 세계관에(지배적 담론 속) 포괄되지 못하고 배제되더라도 우리가 스스로 결정한 자기명명의 중요성이 임파워먼트가 된다. 뒤에서 설명할 5장의 자기명명 (self-definition)은 정체성을 획득하면, 다른 이들의 관점은 중요하지 않다. 여기서 말하는 반응(answer)은 자기정체성을 가지는 것을 말한다.

- 장애, 질병, 질환은 동의어가 아니다.

2. 장애를 지닌 사람들을 '장애'라는 명사와 동일시하는 것.

- '장애인', '불구자', '맹인': "이러한 단어들이 장애를 지닌 사람들과 동일시된다 … 장애는 … 단지 인간의 독특하고 복합적인 특성 중 하나일 뿐이다."

3. 장애를 지닌 사람들을 지칭할 때, 구시대적이고 비하적인 의미의 단어나 표현을 사용하는 것.

- 비과학적인 단어들: '병신', '백치', '불구자'(1995:77-78).

Patterson과 그의 동료들은 **장애**(disability)라는 말이 비교적 적절한 용어라고 주장하면서, 장애에 대해 "자기 돌봄, 이동, 의사소통, 기동성, 일상생활 활동, 직장 등의 주요생활 영역에서 제약을 받는 신체적, 정신적, 정서적, 지각적 조건"이라고 정의하고 있다(1995:78).

언어와 성적지향: 용어의 부재(不在)

다양한 집단들에게 부적절한 단어나 라벨이 부여된다는 문제 외에도, 더욱 큰 문제는 게이나 레즈비언에게 해당되는 이들 가족이나 주변 사람들에 대한 단어나 라벨, 규범이나 지침이 부재하다는 것이다. 그 예로, Demo와 Allen은 게이나 레즈비언들을 비롯하여 그 가족들의 관계나 역할, 의미를 표현할 수 있는 단어나 말들이 부족하여 발생하는 많은 문제들을 다음과 같이 제시하였다:

1. 청소년은 친어머니의 레즈비언인 남편을 어떻게 불러야 하는가?
2. 가족의 오래된 친가족원처럼 잘 보살피고 자주 왕래하는 삼촌이나 친구 같은 가족을 어떻게 호칭해야 하는가?
3. 정자를 기증받아 태어난 딸의 생물학적 아버지를 어떻게 호칭해야 하는가?
4. 게이나 레즈비언이 파트너의 부모 및 형제와 같은 친인척들과 교류하는 데 있어서 필요한 용어나 규범에는 어떠한 것들이 있는가?(1996:426)

과학기술

최신 과학기술은 1장에서 언급한 바와 같이 사회복지교육과 실천에 있어서 새로운 도구들로 점차 부상하고 있다. 화상회의와 같은 기술뿐만 아니라 온라인에서 제공되는 인터넷기반 학습과 같은 원격교육기술은 사회복지교육의 수단들을 확대시킨다. 이러한 새로운 방법들은 사회복지교육에 대한 접근성을 향상시키고, 각각의 학생들에게 필요한 맞춤형 교육을 제공한다. Gardner는 기술발달로 초래되는 교육의 변화에 대하여 다음과 같이 설명하고 있다.

> 미래에는 대부분의 교육이 컴퓨터를 중심으로 이루어질 것이다. 과거에는 돈 있는 사람들만이 누려왔던 컴퓨터를 통한 개별화된 맞춤식 교육이 이제 누구에게나 가능해진다. 모든 학생들은 자신의 필요성, 학습방식, 학습속도, 숙련과정, 이전의 기록 등을 기반으로 맞춤식 교육과정을 받게 될 것이다. 이러한 컴퓨터 기술은 사실상 전 세계 모든 학생들에게 "개별화"되고 "능동적인 체험학습"이 가능하다는 진보적인 교육적 발상을 가능케 한다(Gardner 2000).

그러나 이러한 신기술은 학생과 교사 간에 직접적인 교류나 대화가 부족하다는 측면에서 비판을 받기도 한다. 따라서 이것은 전통적인 교육방법을 대체하기보다는 교육의 기회를 확대시켜주는 도구로 인식해야 할 것이다. 아울러 많은 개인들과 단체들이 이러한 새로운 기술을 동등하게 접하지 못한다는 사실을 아는 것도 중요하다.

한편, 신기술을 활용하기 위해서는 이를 습득하고 가르치는 능력 역시 요구된다. 가장 기본적인 능력이 바로 디지털 활용능력이다. Gilster에 따르면, "디지털 활용능력은 컴퓨터로부터 얻는 다양한 형식의 정보를 이해하고 평가하고 통합하는 능력을 의미한다. 정보를 평가하고 해석하는 능력은 매우 중요하다." **디지털 활용능력**(digital literacy)은 비판적인 사고능력을 필요로 한다. Gilster는 "인터넷을 통해 얻은 정보를 이해하기 위해서는 정보의 출처에 대한 평가와 상황에 맞는 정보활용이 이루어져야 한다."는 점을 강조하였다(in Pool 1997).

또한 신기술은 사회복지사가 개인, 집단, 조직, 공동체와 함께 일하는 데 있어서 유용한 많은 새로운 도구들을 제공한다. 전문가들 간의 의사소통뿐만 아니라 클라이언트들이 서비스를 이용하는 데 있어서 이메일이나 리스트서브 (listserve: 전자우편자동전송시스템), 소셜 네트워크 서비스(예, 페이스북), 화상회의 등과 같은 기술들이 활용되고, 그 외에도 여러 가지 지역사회, 국제적, 정책적 수준에서 활용 가능한 새로운 기술들이 많이 나오고 있다. 이러한 기술들 중에 대표적인 예로 지리정보시스템(Geographic Information System: GIS)을 들 수 있다. 지리정보시스템(GIS)은 "공간적 정보(예, 지리, 위치)와 비공간적 정보(예, 통계, 속성)를 포착하여 저장·활용·분석·제시·통합하는 컴퓨터 시스템을 말한다."(Queralt and Witte 1998). 이러한 GIS기술이 위성위치확인시스템(Global Positioning Satellite System: GPS)과 클라이언트의 인구사회학적 자료에 대한 맵핑 시스템과 결합되면, 서비스 이용 및 욕구에 대한 경향과 패턴을 파악하는데 도움이 되는 보고서나 자료를 산출해내는데 매우 유용하다. Queralt와 Witte는 GIS기술의 활용법을 다음과 같이 제시하고 있다:

▶ 기관에서 담당하는 지역의 인구사회학적 특성을 평가한다.
▶ 서비스 공급 부족지역에 대한 서비스 개발 촉진을 위해 해당 지역사회의 표적집단에 대한 서비스 공급이 충분하고 적절하게 이루어지고 있는지를 평가한다.
▶ 새롭게 설립될 서비스 지부(地部)의 위치, 표적 클라이언트집단, 제공될 서비스를 결정하는 데 도움이 된다.
▶ 잠재적 클라이언트의 생활환경에 적절한 최장 이동 거리와 시간을 고려하여 다양한 시설들(예, 특수학교, 임시지원기관, 특수의료서비스, 외래환자 정신과 치료서비스)의 접근 가능 권역을 설정한다.
▶ 다양한 지역사회 서비스를 이용하는 클라이언트들의 동선을 파악한다. 가령 대규모 노인밀집지역에서 가장 가까운 노인 병원까지의 이동 거리와 소요시간을 파악하거나, 기초생활보장 수급자들이 자택에서 회사로 통근하는데 걸리는 이동 시간과 거리를 파악한다.
▶ 경로 설정에 유용하다. 가령 지역사회 치안유지를 위해 범죄율이 가장 높은 것으로 보고된 지역에 대한 경찰의 순찰경로를 설정하는 데 도움이 된다(1998).

GIS는 인간행동과 사회환경을 이해하는데 있어서 중요한 도구가 될 수 있는 최신 기술의 한 예를 보여준다.

사회복지와 사정

인간행동과 사회환경에 관한 많은 부분은 적합한 사회복지실천을 목적으로 클라이언트와 그를 둘러싼 사회적 환경을 효과적으로 사정하기 위한 정보와 관점을 획득하는 것과 관련 있다. Norman과 Wheeler(1996:208-210)는 사회복지사정에 관한 세 가지 모델을 제시하였다. 그들은 "실천가들이라면 반드시 인간은 모두 고유한 존재로서 각 개인만의 독특한 경험과 인식, 감정, 행동을 가지는 동시에 인간으로서 가지는 공통점들을 공유하고 있다는 사실을 인식해야 한다."고 주장하였다. 그들은 개인을 어떻게 인식해야 하는지에 관한 모델을 다음과 같이 제시하고 있다.

1. 개인은 고유한 존재이다: "클라이언트가 여성이라는 사실만으로 다른 모든 여성들과 같은 경험과 관점을 공유한다는 것을 의미하지는 않는다."
2. 개인은 타인과 유사한 특성을 공유한다: "모든 인간은 어떤 하위집단이나 범주에 속해 있다. 젠더는 이러한 범주들 중에 하나이며, 사정과 개입단계에서 반드시 고려되어야 한다.
3. 개인은 공동체에 속한 다른 모든 사람들과 공통점을 지닌다: "인간은 공통된 욕구를 가진다." Jung(1964)은 "인류역사를 통해 조상으로부터 물려받은 잠재된 기억의 창고인 '집단무의식(collective unconscious)'이라는 개념을 제시하였다.", "한 인간을 완전하게 이해하기 위해서는 먼저 모든 인간에 대해서 이해해야 할 필요가 있으며, 그것이 바로 우리 모두를 연결시키는 공통성이다"(1996:208-210).

이 모델은 개인에 대해 언급하고 있지만, 그들은 이 모델이 다양한 클라이언트 체계를 사정하는데 도움이 될 수 있다고 제안한다. 위에 제시된 세 가지 차원을 가족, 집단, 조직, 공동체, 또는 전체 문화에 각각에 대입시켜서 생각해 볼 수 있다. 우리는 각 체계 수준에서 개개인의 고유성, 같은 범주에 속한 타인과의 유사성, 그리고 보편적인 인간으로서의 공통성을 인지할 수 있어야 한다.

사회복지사정과 타학문들

Bergen(1994)은 학문분야를 초월하여 이루어지는 학문 간 상호연계의 정도에 따라 사정범위에 차이가 있다고 보는 연속적 사정 과정을 제시하였다. 대부분의 사회복지 업무는 다른 학문분야의 전문가들과 공조를 통해 이루어진다. Bergen의 연속적 사정과정은 여러 학문들 간의 상호연계의 정도에 따라 다른 사정범위를 나타내고 있다. Bergen은 아동에 대한 사정을 예로 들어 세 가지 다른 학문 간 상호연계에 대해 설명하고 있다:

초학문적 관점의 정의

1. **다학문적 사정**(Multidisciplinary Assessment): 다학문적 사정에서는 각각의 학문분야에 속한 전문가들이 사정에 필요한 공통적인 도구와 절차를 사용하여 각각 독립적으로 사정을 수행한다. 그런 다음 그 결과를 사례의 주책임자(예, 의료팀이나 임상팀의 책임자)에게 서면으로 보고한다. 이 모델에서는 대개 사정에 참여한 전문가들이 개입계획을 수립하는데 관여하지 않는다 … 이 경우는 주로 부모들이 자신의 자녀에 대해 명확히 알기 위해 다양한 전문기관에 데려가서 여러 전문가들의 입장에서 사정한 결과를 듣고자 할 때 사용된다.

2. **간학문적 사정**(Interdisciplinary Assessment): 간학문적 사정에서는 각 학문분야에 속한 전문가들이 각각 독립적으로 사정을 실시하나, 그 전문가만의 특수한 도구를 활용하여 사정한다는 점에서 차이가 있다. 여기에서는 사정한 전문가들 간에 어느 정도의 의사소통 및 정보 교류가 이루어지는데, 종종 부모를 만나거나 팀 구성원들과 미팅을 하는 과정을 통해 이루어진다. 일반적으로 팀회의에서는 전문가들이 차례로 부모에게 사정한 결과를 보고하고 개입에 필요한 사항들을 제안한다 … 또한 부모가 회의 도중 질문이나 의견에 반응을 보인다 하더라도 개입에 관한 각 전문가들의 사정기록과 결정은 이미 회의 전에 작성된 것으로, 팀회의 결과에 따라 크게 변하지 않는다.

3. **초학문적 사정**(Transdisciplinary Assessment): 초학문적 사정은 사정 절차와 개입계획의 설정에 있어서 앞의 두 방법과는 다르다. 이상적으로는 부

모가 본격적인 사정이 시작되기 전에 참여하는 것이다. 부모는 자기 나름대로 자녀에 대해 사정을 함으로써 사정과 개입에 있어서 부모가 중요하게 느끼는 부분을 명확히 설명한다. 또한 부모는 이러한 사정의 기회를 통해 자신의 자녀에게 부여되는 가족 전체의 욕구를 파악하고, 자녀의 양육과 교육에 있어서 가족의 강점에 대해서도 인지할 기회를 가지게 된다. 그런 후에 팀 전체가 그 아동에 대한 적절한 사정 방법을 결정한다. 이때 사정 방법은 모든 학문분야에서의 적절한 방법들을 통합적으로 적용한다(Bergen 1994:6).

사정에 있어서 다학문 간의 상호 연계적 접근방식을 제안한 Bergen의 이러한 접근은 보다 전체적인 접근을 추구하는 것으로 대안적 패러다임의 관점에 잘 부합된다. Norman과 Wheeler의 사회복지 사정 모델과 Bergen의 모델 중 특히 초학문적 사정의 결합은 사회복지 사정에 있어서 매우 유용한 접근방식이 될 수 있다. 우리는 4장에서 몇 가지 전통적인 사정 방법에 대해 소개할 것이며, 본장의 후반부에서 강점을 기반으로 한 사정 방법에 대해 살펴볼 것이다.

사회복지사가 활용할 수 있는 도구: 실천이론

전통적 이론

인간행동과 사회환경에 관한 다수의 전통적 이론(Traditional Theoretical Approaches)들은 사회과학과 행동과학에서 유래되었다. 가령, 이 책을 읽는 독자 중에 인간행동과 사회환경 과목을 아직 이수하지 않았다고 하더라고 심리학, 사회학, 인류학, 정치학에 대해 아주 기초적인 수준의 지식만 있다하더라도 다음 절에 소개되는 이론들을 한번쯤 들어보았을 것이다. 앞으로 본서의 다른 장들에서 다루게 될 개인, 가족, 집단, 조직, 공동체, 국제적 이슈에 있어 사회복지의 주된 관심사가 인간행동과 사회환경에 관한 전통적 이론들과 어떻게 연결되는지를 이해할 때 여기에서 소개할 전통적 이론들은 도움이 될 것이다.

그러나 이러한 전통적 이론들이 사회복지실천에 적용되는데 있어서 충분한 경험적 지지를 받고 있는지에 대해서는 전문가들 간에 상이한 견해가 존재한다는 사실을 알 필요가 있다(Thyer 2001).

기능주의 이론

Alix에 따르면, "기능주의 관점은 사회질서가 합의를 통해 이루어진다고 본다. 이 관점은 인간존재를 본질적으로 배려하고 협력하는 존재이지만, 다소 무질서한 존재로 바라본다. 따라서 인간이 자신이 가진 능력 이상의 목적을 추구하지 않도록 하기 위해서는 일종의 규제가 필요하다. 이러한 규제는 합의(대다수 사회 구성원간의 동의)를 통해 실행된다"(1995:27). Henslin은 **기능주의 이론**(Functional Theory)에서는 "사회를 상호연관된 부분들이 함께 기능하는 하나의 전체단위"(1996:11)로 본다는 점이 핵심이라고 설명하고 있다. 그러나 Alix는 "이러한 기능주의의 관점이 사회의 모든 합의 즉, 인종/민족 차별과 젠더 차별과 같은 부정적인 합의까지도 어떤 식으로든 사회 전체의 기능에 기여한다고 본다는 점에서 본질적으로 보수적인 관점"이라고 비판한다(1995:29).

갈등주의 이론

갈등주의 이론은 기능주의 이론과는 대조적인 입장을 취한다. "기능주의자들은 사회를 구성하는 각각의 부분들이 조화롭게 기능하여 하나의 전체를 이룬다고 보는 반면, 갈등주의자들은 사회를 각각의 집단들이 부족한 자원을 두고 격렬하게 경쟁하는 것으로 본다. 겉으로 보기에는 서로 협력하고 연합하는 것처럼 보이지만, 실제로는 그 이면에 권력을 위한 투쟁이 존재한다."(Henslin 1996: 13). 갈등이론의 창시자인 Karl Marx는 "모든 인간 역사의 핵심은 계급투쟁이며, 각 사회에서는 일부 소수집단이 생산수단을 통제하고, 생산수단을 갖지 못한 사람들을 착취한다."고 생각하였다(Henslin 1996:13). "**갈등주의 관점**(Conflict Theory)은 기본적으로 사회질서가 강압적이라는 관점을 지지한다." 이 관점에서 인간은 이기적이고 경쟁적이지만 이것은 반드시 인간의 본성 때문만은 아니다 … 우리 모두는 부나 권력과 같은 한정된 자원을 놓고 서로 갈등하는 관계가 될 수밖에 없다. **갈등주의 관점**에서는 권력을 가지지 못한 집단이 권력을 가진 집단이나 계급에 의해 받는 강압이 사회질서의 기본이 된다고 본다(Alix 1995: 29).

상호작용주의 이론

기능주의 이론이나 갈등주의 이론과는 또 다른 영역인 상호작용주의 이론은 개인 간에 존재하는 상호작용의 의미와 속성에 초점을 둔다. 상호작용주의 이론을 변형한 몇몇 이론들도 존재한다. 상호작용주의 이론(Interactionist Theory)은 인간행동을 설명하는 데 있어서 거시적(사회적)인 접근보다는 미시적(개인이나 소집단)인 접근을 취한다. 또한 인간행동의 주관적인 의미에 보다 주목한다는 점에서 다른 이론들에 비해 다소 덜 전통적이라는 평가를 받는다. **상호작용주의 이론의 관점**은 인간의 행동을 "각본에 의해 정해진 것으로 보지 않는다. 대신 보다 유동적이고 잠정적이며 절충 가능한 것으로 본다. 다시 말해, 사람들은 사회에서 정해진 역할을 수행하도록 되어 있지만, 그 정해진 역할을 수행하는 데는 어느 정도 자신만의 재량권(가령 열의를 가지고 임하느냐 아니냐와 같이)을 발휘할 수 있다"(Alix 1995:31). Alix는 상호작용주의 이론을 변형한 이론으로 다음 세 가지 이론을 제시하였다.

> 교환이론: **교환이론**(Exchange Theory)에서는 인간의 상호작용이 합리적 계산에 의해 이루어진다고 본다. 사람들은 자신의 과거 경험에 입각해서 현재의 상황이 자신에게 얼마나 즐거움이나 고통을 줄 것인지를 판단한다 … 사람들은 고통스러운 상황을 되도록 피하고 즐거운 상황을 유지하고자 노력할 것이다(1995:33).
>
> 상징적 상호작용론: **상징적 상호작용론**(Symbolic Interaction Theory)에서는 인간의 상호작용에는 타인과의 상호작용에서 발생하는 비용과 이득에 대한 객관적 평가뿐만 아니라 주관적이고 상징적인 과정도 포함된다고 본다 … 다시 말해 상징적 상호작용론에서는 사람들이 상호작용을 하기 전에 먼저 서로의 상징적 의미(예, 여자나 교사, 학생과 같이)에 대한 판단을 한다고 주장한다(1995:33-34).
>
> 연극이론: Goffman(1922-1882[sic[6]])은 인간사회를 보다 극적이고 냉소적인 관점에서 보고 있는데, 그의 **연극이론**(Dramaturgical Theory)에 의하면 사람들은 모두 연극무대의 배우들이다. 우리 모두의 일상적인 삶은 일종의 연극

---

6) 역자주: SIC는 원문 그대로임 즉, 다른 곳에서 따와 인용하는 단어에 철자나 다른 오류가 있을 경우 그것을 알지만 원문 그대로임을 나타내기 위해 그 단어 뒤에 씀.

무대와 같다. 사람들은 자신의 관심사에 따라서 장면을 구성하고, 자신이 맡은 역할에 맞는 의상을 입게 되는 것이다(1995:35).

역할이론

역할이론은 인간행동을 설명하는 또 다른 중요한 이론이다. **역할이론**(Role Theory)에서는 인간행동을 그 사람이 차지한 지위에 부여된 규칙에 따른 행동에 입각해서 설명한다. 예를 들어 사람들은 부모, 형제, 노동자, 학생, 교사 등과 같은 역할에 적합한 행동을 취하게 될 것이다. 본서의 6장에서는 가족 맥락에서의 젠더 역할에 대해 살펴볼 것이고, 7장에서는 집단 구성원으로서의 역할에 대해 살펴볼 것이다.

정신분석이론

정신분석이론(Psychoanalytic Theory)은 인간행동을 설명하는 가장 영향력 있는 이론이다. 우리는 4장에서 인간행동의 내적이고 무의식적인 근원에 초점을 둔 전통적인 개인발달 이론인 정신분석이론에 대해 보다 자세하게 살펴볼 것이다.

행동주의/학습이론

정신분석이론과는 대조적으로 **행동주의 혹은 학습이론**(Behavioral/Learning Theory)은 인간행동이 전적으로 타인에 의한 행동의 강화나 타인의 행동을 관찰 모방하는 등의 학습을 통해 결정된다고 본다. 이때 행동을 학습하는데 필요한 강화나 모델링은 대부분 외부환경에서 기인한다. 우리는 5장에서 개인발달에 관한 대안 이론들, 즉 여성, 민족 정체성, 게이나 레즈비언의 정체성 발달에 대해 다룰 것이다. 다양한 대안 이론에서는 인간발달을 다양한 요소 간의 상호작용의 결과라고 보는데, 이러한 요소 중 일부는 우리 내부로부터 파생된 것도 있고 사회환경에서 파생된 것도 있다.

중범위이론

인간행동과 사회환경을 이해하기 위한 다수의 이론적 접근들 중에는 중범위이론(Mid-Range Theoretical Approaches)으로 고려될 수 있는 몇몇 이론들이 있다. 이러한 중범위이론은 전통적 이론에서 진일보한 이론으로써 인간행동을 설명하는 데 있어서 사회환경을 중요하게 다룬다. 또한 중범위이론은 우리가 앞서 살펴본 전통적 이론보다 시간에 따른 변화에 대한 개념을 중시한다. 그럼에도 불구하고 이러한 중범위이론은 여전히 전통적 패러다임에 뿌리를 두고 있으며, 대안적 패러다임에서 강조하는 해석적이고 직관적인 인식방법, 페미니스트적 접근, 다양한 세계관, 권력과 억압의 문제에 대해서는 충분히 다루지 못하고 있다. 여기에서 다루고자 하는 중범위이론(또는 관점)은 인간발달, 전(全)생애발달 관점, 생애과정, 사회체계/생태학적 접근들이다.

인간발달이론

인간발달이론들은 사회복지에서 인간행동과 사회환경을 이해하고 평가하기 위해서 매우 중요한 이론이다. Bergen은 **인간발달**(Human Development)을 다음과 같이 정의하고 있다.

1. 유기체로서의 인간은 그 구성과 기능, 행동에 있어서 끊임없이 변화한다.
2. 그러한 변화는 시간에 따라 이루어진다(단기간에 이루어질 수도 있고, 오랜 기간에 걸쳐 이루어질 수도 있다).
3. 인간발달은 성숙(유전)과 학습(환경과의 상호작용)의 상호작용적 결합으로 이루어진다(1994:13).

전(全)생애발달 관점

인간행동에 대한 지식을 체계화하기 위해 사회복지사들이 활용하는 또 하나의 공통적인 준거틀은 전생애발달 관점이다. 이 관점은 보통 인간행동을 개인적 수준에서 논할 때 자주 언급된다. 그러나 전생애발달 관점은 개인뿐만 아니라 가족, 집단, 조직, 심지어는 공동체에도 적용될 수 있다.

전생애발달 관점(Life span perspective)은 때때로 인간행동에 관한 생애주기(life-cycle)나 생애단계이론(stage-based theories)과 대체가능한 관점으로 사용된다. 그러나 여기서 말하는 전생애발달 관점은 전통적인 생애주기나 생애단계이론들보다는 더 광범위하고 비(非)단계적인 관점을 말한다. Newman과 Newman(1991)은 이러한 보다 광범위하고 비단계적인 전생애발달 관점의 기본적인 전제에 대해 개괄적으로 설명하고 있다.

Newman과 Newman이 제시한 전생애발달 관점의 주요전제는 네 가지로 구성되어 있다. 그들이 제시한 네 가지 전제는 개인의 생애주기에 맞도록 고안된 것이지만, 이 전제들은 우리가 다양한 맥락 속에 있는 체계수준의 인간행동을 살펴볼 때도 유용한 지침이 된다. 그들이 제시한 네 가지 전제는 다음과 같다:

1. 성장은 인간 생애의 모든 발달단계 즉, 잉태되는 그 순간부터 노년기에 이르기까지 일어난다.
2. 인간의 생애는 시간에 따른 지속성과 변화를 동시에 내포하고 있다. 이러한 지속성과 변화가 어떤 역할을 하는지를 인식하는 것이 곧 인간발달을 이해하는 핵심이 된다.
3. 인간은 전인적인(whole person) 존재로 이해되어야 한다. 왜냐하면 인간은 삶을 살아가는 데 있어서 통합적인 방식으로 기능하기 때문이다. 전인적인 인간을 이해하기 위해서는 신체적, 사회적, 정서적, 사고능력, 그리고 이 모든 것들의 상호작용을 포함한 주요 내적 발달에 대해 알 필요가 있다.
4. 모든 인간행동은 사람들 간의 관계와 관련된 상황적 맥락 속에서 분석되어져야 한다. 인간은 환경에 적응하는 고도의 능력을 가지고 있다. 어떤 행동의 패턴이나 변화에 대한 의미는 그것이 발생하는 물리적·사회적 환경 속에서 해석되어야 한다(Newman and Newman 1991:4).

이러한 전제들은 우리로 하여금 인간(그리고 다른 사회체계수준이)이 어떻게 시간에 따라 변화되고 발달하는지에 주목하도록 함으로써 전통적 관점보다 새롭고, 총체적이며, 맥락적인 대안들을 고려하게 한다.

사회체계/생태학적 관점

사회체계 관점(Anderson and Carter 1990; Martin and O'Connor 1989)과 생태학적 관점(Germain 1991)은 사회복지지식을 체계화하고, 사회복지 실천적 접근방법을 개념화하는데 매우 중요한 준거틀이 되어왔다. 그러나 사회체계이론과 생태학적 관점의 유사점과 차이점에 대해서는 사람들마다 상이한 견해를 보인다. 일반체계이론은 인간 세계뿐만 아니라 모든 물리적 세계를 다 포괄하는 반면,

사회체계이론과 생태학적 관점은 주로 인간과 인간 간의 상호작용, 그리고 그들을 둘러싼 세계에만 관심을 갖는다는 점이 크게 다르다. 여기에서 생태학적 관점은 환경을 인간 외적인 물리적 요소들까지 포함한 것으로 명확하게 정의한 반면, 사회체계이론에서는 환경에서 이러한 인간 외적인 물리적 요소들의 역할과 위치에 대해 다소 덜 명확하게 정의하고 있다. 어떤 학자들은 사회체계이론과 생태학적 관점이 인간의 상호작용이 발생하는 경계와 그 경계 간에 이루어지는 교환의 개념에 있어서 서로 다른 견해를 보인다고 주장한다. 이처럼 이 두 이론이 서로 다르다는 의견이 제시되고 있으나 본서에서는 이 두 이론을 유사한 것으로 보고 접근하고자 한다.

사회체계이론과 생태학적 관점은 전통적 패러다임과 대안적 패러다임 간의 차이를 이어주는 가교 역할을 한다. 사회체계이론과 생태학적 관점의 핵심은 인간행동과 사회환경을 이루는 다양한 요소들 간의 상호관련성 혹은 상호연관성의 개념이다. 이 관점들은 우리가 인간행동과 사회환경을 이해하기 위해서는 변화와 과정을 모두 이해해야 한다는 점을 강조한다. 또한 이러한 개념들은 우리가 살펴본 대안적 패러다임의 몇몇 차원들과 일치한다.

사회체계이론과 생태학적 관점이 사회복지사들에게 중요한 관점임에도 불구하고, 페미니스트나 임파워먼트 관점과 같은 대안적 패러다임에서 강조하는 근본적인 사회변혁이나 개인적 이슈와 정치적 이슈의 통합에 대해서는 소홀히 다루어 온 경향이 있다. 사회체계이론에서는 체계가 끊임없이 변화한다고 보지만, 이러한 체계의 변화과정을 근본적으로 기능적이고 자기 규제적이라고 봄으로써, 체계가 기존의 배제와 억압을 더 강화시키는 방향으로 변화될 가능성에 대해서는 무시한다(후술될 사회체계론 비판을 참조).

사회체계이론과 생태학적 관점에서는 적응(adaptation)이라는 개념에 환경에 대한 개선도 포함될 수 있다고 본다. 예를 들어, Anderson과 Carter(1990:39)는 "체계에만 적응이 필요하고 상위체계나 환경체계에서는 적응이 필요하지 않다는 생각은 잘못된 판단"이라고 주장하였다. Germain(1979:8)은 생태학적 관점에 대한 자신의 논의에서, "살아있는 유기체들은 환경을 적극적으로 변화시킴으로써 환경에 적응한다."고 강조하였다. 그녀는 그 예로 새가 둥지를 짓고 인간이 땅을 개척하는 것을 들었다. 그러나 여기에서 중요한 점은 사회체계이론과 생태학적 관점이 제시하는 환경 변화의 수준과 정도가 대안적 패러다임에서 요구하는 근본적인 수준의 구조적·제도적 변화에 비해 다소 점진적(적응적)인 변화라는 점이다. 가령, 페미니스트들은 개인적·정치적 권력분배와 사람들이 환경 내에서 서로 관계 맺는 방식에 대한 근본적인 변화를 요구함으로써, 지배집단에 의해 평등한 권리를 가질 기회를 거부당한 여성들이나 소수집단들에 대한 탄압을 종결짓고자 한 것이다. 그럼에도 불구하고 본서가 탐구하는 여정에서 사회체계이론과 생태학적 관점은 유용한 수단임에 틀림없는 사실이다.

Capra(1983)는 자연과학에서 새롭게 대두되는 이론들로부터 도출한 자신의 대안적 관점을 바탕으로 사회체계이론과 생태학적 관점을 설명하고자 하였다. 그는 사회를 이해하기 위한 사회체계이론이나 생태학적 관점이 물리적 세계를 이해하기 위한 대안적 관점들과 밀접하게 연관된다고 주장하였다. 그는 이에 대해 다음과 같이 설명하고 있다:

> 현대 과학에서 심층생태학(deep ecology)은 매우 각광 받고 있다. 이는 과학적 준거틀을 초월한 실재에 대한 인식 즉, 모든 생명체의 일체성과 생명체들 간의 복잡한 상호의존적 공생, 그리고 변화주기에 대한 직관적 인식에 그 뿌리를 두고 있다. 인간의 정신을 전체로서의 우주와 연결되어 있다고 인식하는 이러한 관점은 생태학적 인식이 곧 영적인 것임을 분명하게 제시하고 있다(Capra 1983:412).

또한 Capra는 체계이론과 생태학적 관점을 대안적인 패러다임의 중요한 부분을 차지하고 있는 페미니스트와 영적 관점에 연결시키고 있다. 그는 "생태학적 관점에서의 영적 특성은 여성운동에 의해 옹호되는 페미니스트 정신을 통해 표출된다."고 보았다. 또한 그는 "이와 같이 페미니스트와 생태학을 자연스럽게 연결하고자 하는 시도는 고대로부터 여성과 자연을 동일시하는 역사에 기원을 두고 있다."고 밝히고 있다(1983:415). 페미니스트 정신은 모든 생명체의 일체성, 삶과 죽음의 순환성에 대한 인식에 기반을 둔다는 점에서 생명에 대한 심오한 생태학적 태도를 반영하고 있다(Capra 1983:415). 앞서 우리는 인간행동과 사회환경에 관한 대안적 관점을 추구하기 위해 다양한 방법들을 찾는 시도를 할 것이라고 언급한 바 있다. 여기에서 사회체계이론과 생태학적 관점을 페미니스트와 같은 새로운 관점과 연결시키려는 노력들이 바로 이러한 시도 중 하나이다.

최근 들어 심층생태학과 페미니즘의 개념이 사회복지 관점과 통합되고 있다. Besthorn과 McMillen(2002)은 생태학적 관점과 페미니스트 관점을 분석하여 이 관점들이 사회복지실천에 기여할 수 있는 가능성을 제시하였다. 그들은 "생태학적 페미니즘 또는 에코페미니즘으로 알려진 현대 환경철학이 사람과 자연환경 간의 관계를 보다 잘 설명하기 위한 언어나 표현방식을 가능케 함으로써 사회복지에 중요한 개념적 정의를 제공한다."고 주장하였다(Besthorn and McMillen 2002:221). Berman(in Besthorn and McMillen 2002:224)은 에코페미니즘을 "페미니즘이론에 생태학적 원리를 결합시킨 이론이자 사회변화를 위한 운동"이라고 주장하였다. 에코페미니즘은 "각각의 개인들이 복잡한 전체 자연 속에서 겪는 직접적이고 생생한 감각적인 경험들을 서로 연결시켜 우주 만물 본연의 상호연관성을 재구축하려고" 노력한다(Besthorn and McMillen 2002:226).

에코페미니즘에서는 자연과 인간은 하나이고 자연은 인간에게 이로운 것이라고 가정한다. 이러한 에코페미니즘의 두 번째 가정은 넓은 의미에서 사회, 정치, 경제, 환경적 이슈는 서로 연관되어 있고, 또한 이는 자연과 그로부터 파생된 모든 행동들 간의 관련성을 이해하기 위한 인간의 철학적 노력과 관련되어 있다고 본다(Besthorn and McMillen 2002:227). 에코페미니즘은 다음과 같이 설명하고 있다.

> 확장된 생태학적 사회복지 모델에서는 … 경쟁 중심의 현대 사회체계에 만연한 지배, 경쟁, 착취가 아닌 배려와 공감에 기반을 둔 상호작용과 행동을 강조한다. 이 모델은 사회복지에서 사회, 정치, 경제, 환경적 이슈들의 상호관련성을 공식적으로 인정해야 할 필요성에 대한 철학적 근거를 제시한다(Besthorn and McMillen 2002:229).

이러한 접근은 대안적 패러다임의 차원들—페미니즘, 상호관련성, 억압—과 일맥상통한다.

체계이론은 다양한 수준의 인간행동에 적용되어 왔다. 우리는 본서를 통해 체계이론이 개인, 가족, 집단, 조직, 공동체, 지구적 차원의 인간행동을 이해하고 체계화하기 위해 사회복지에 자주 적용되어온 유용한 수단 중 하나라는 사실을 인식하게 될 것이다. 체계이론은 때에 따라 전통적 패러다임을 반영하기도 하고, 대안적 패러다임을 반영하기도 한다.

사회체계이론에 관한 용어들

다양한 체계적 관점들 간의 기본 주제나 가정들은 매우 유사하다. 그러나 사회체계의 구조와 역동을 설명하는데 사용된 특정 용어들은 상당한 차이가 있다. Anderson과 Cater(1990) 그리고 보다 최근에 발표된 Anderson, Cater Lowe(1999)의 사회체계에 대한 용어 정의는 미국의 인간행동과 사회환경 교과목에서 사회체계를 논할 때 가장 많이 활용되고 있는 것으로, 이 책에서도 이를 소개할 것이다. 이외에도 Martin과 O'Connor(1989)의 "개방체계적용" 모델은 다소 광범위한 사회체계이론의 준거틀을 제공한다. 본 장에서 다루게 될 체계이론의 관점은 Anderson과 Carter가 제시한 접근과 많이 유사하다. 다만 구체적으로 사용된 용어는 다소 차이가 있을 수 있다.

Anderson과 Cater(1990:226-267)는 **체계**(system)란 "다른 것과 뚜렷하게 구별된 방식으로 서로 상호작용하고 일정기간 동안 지속되는 요소들로 이루어진 조직화된 전체"라고 정의하였다. 그들은 사회체계이론의 핵심이 되는 많은 기본 개념을 제시하였다. 그들은 모든 사회체계는 크건 작건 상관없이 다른 체계의 일부인 동시에 그 자체로 하나의 전체를 이루고 있다고 보았고, 이를 **홀론**(holon)이라고 명명하였다. 그들은 홀론이 사회체계이론에서 핵심적인 개념이며, 이를 통해 우리가 관심을 가져야 하는 체계를 **초점체계**(focal system)로 보고 접근하는 것이 가능하다고 보았다. 초점체계를 명확히 해야 초점체계를 이루고 있는 부분들이나 **하위체계**(subsystem)들을 구분할 수 있고, 아울러 초점체계를 둘러싸고 있는 환경이나 **상위체계**(suprasystem)를 파악할 수 있게 된다.

Anderson과 Carter는 사회체계이론의 기본 개념들에 대한 설명 외에도 사회체계의 중요한 특성에 대해서도 언급하고 있다. 그 중에서 **에너지**(energy)라는 개념은 "활동 능력", "활동" 혹은 "변화를 일으키는 힘"을 말한다(1990:11). 에너지는 체계의 다소 포괄적인 측면으로, 역동성 내지 "과정"의 특성을 지닌다. 에너지는 체계를 움직이는 역할을 한다. 에너지는 체계의 생존에 있어서 필수적이며, 체계를 움직이는 원동력이다. 건강한 체계는 **시너지**(synergy) 즉, 에너지를 사용하여 새로운 에너지를 생성해내는 능력을 지닌다. 반면 에너지의 생성이나 유입보다 에너지 손실이 더 빠르게 발생되는 체계는 **엔트로피**(entropy)의 특징을 지닌다. 이는 체계가 "쇠퇴" 또는 "축소" 단계에 있음을 의미한다(1990:13). Anderson과 Carter가 제시한 사회체계의 또 다른 기본적인 특성은 바로 조직이다. **조직**(organization)이란 "체계가 어떤 목적을 달성하기 위해 하나의 전체를 이루도록 하위요소들을 구분하고 배치하는 것"을 의미한다(1990:20). 에너지가 체계에 원동력과 변화능력을 제공한다면, 조직은 체계에 구조를 제공한다. 이러한 개념은 체계가 그 목표를 달성하거나 업무를 완수하기 위해 각 하위 구성요소를 정렬하거나 조직화할 충분한 능력이 있음을 보여준다. 사회체계의 구조 또는 조직과 관련된 중요한 개념은 **경계**(boundary)이다. 경계는 체계를 구성하는 하위요소들과 그 체계가 속한 주변 환경을 구별짓는 방법을 의미한다. Anderson과 Carter는 경계에 대하여 "에너지 교환의 강도가 크게 다르게 나타나는 특정 지점이나 특정 구성단위들의 위치"라고 정의내리고 있다. 그들은 경계가 장벽을 의미하는 것이 아니라는 점을 강조하는데, 그 이유는 체계가 존속되고 번창하기 위해서는 반드시 경계 너머의 다른 체계와 에너지를 교환해야 하기 때문이다. 이러한 에너지 교환의 과정은 체계들 간의 연계를 통해 이루어진다. 사회체계들 간에도 경계를 넘어 에너지 교환을 하는데 있어서 상대적으로 더 개방적이거나 폐쇄적일 수도 있다(Anderson and Carter 1990:29-31).

Anderson과 Carter를 비롯한 많은 학자들은 그 밖에도 체계의 특성으로 다음과 같은 개념들을 추가시키고 있다. **위계**(hierarchy)는 체계의 부분들이 배열되는 특정한 질서를 의미하고, **분화**(differentiation)는 체계를 이루는 부분들 간의 업무 분할을 나타내며, **전문화**(specialization)는 이러한 체계의 업무 분할에 있어서 특정 부분만이 특정 기능을 수행할 수 있게 하는 것을 의미한다. 또한 **사회화**(socialization)는 체계의 부분들에게 행동규칙을 부여하는 것이며, 일탈한 하위체계들이 체계의 규칙에 맞게 행동하도록 압력(설득적이거나 강압적)을 가하는 것은 **사회통제**(social control)이다. **의사소통**(communication)은 체계의 목표 달성을 위한 에너지의 이동을 의미하며, 목표달성을 위해 체계가 받는 정보와 그 정보에 대한 체계의 반응은 **피드백**(feedback)이라고 본다(1990:31-38).

사회체계에 관한 이러한 기본 개념들은 인간행동과 사회환경을 이해하고자 하는 우리의 목적을 이루는데 유용하게 적용될 수 있다. 이 개념들은 인간행동과 사회환경에 대한 전통적 관점과 대안적 관점 모두에게 적용될 수 있다. 이러한 측면에서 볼 때 이 개념들은 상당히 중립적이라 할 수 있다. 이 개념들은 사용되는 목적과 맥락에 따라 달리 적용될 수 있다. 즉, 이러한 개념들은 현상을 유지하고 옹호하기 위해 사용할 수도 있고, 변화의 필요성을 강조하기 위해 사용할 수도 있다. 따라서 이 개념이 어떤 맥락에서 사용되었는지 정확한 의미를 알기 위해서는 이 개념을 사용한 사람의 관점을 파악하는 것이 중요하다.

사회체계이론에 대한 비판   우리는 사회체계이론이 현상을 유지하기 위한 기제로도 활용될 수 있고 변화에 대한 요구를 나타내는 기제로도 활용될 수 있다는 가능성을 염두에 두면서, 사회체계이론에 대한 최근의 비판을 검토하고자 한다. 이와 더불어 체계이론에 대한 대안적 관점에 대해서도 살펴볼 것이다. 여기에는 가장 최근의 대안적 관점인 카오스이론, 복잡계이론, 가이아 가설 등이 포함된다. 특히 우리는 이러한 최근의 대안적 관점들뿐만 아니라 전통적 사회체계이론에 대한 Berman(1996)의 비판을 중점적으로 다루고자 한다.

다음에 후술될 글상자에서는 체계이론에 대한 다양한 비판들이 정리되어 있다. 우리는 이러한 비판들을 살펴봄에 있어 그 비판이 정당한지, 어떤 비판이 정당하고 정당하지 않은지를 구분할 수 있어야 한다. 아울러 이러한 비판에서 제기된 사회체계이론의 취약점을 최소화시키기 위해 사회복지사로서 어떠한 역할을 할 수 있는지에 대해서도 생각해 보아야 한다. 마지막으로, 체계론적 사고가 과연 사회복지 실천지식을 체계화하는데 있어서 적절한 접근법인가에 대해서도 자문해 보아야 한다.

체계론적 사고에 대한 이러한 일반적인 비판들 외에도, 페미니스트 학자들은 사회체계론적 접근법이 사회체계 속에 엄연히 존재하는 여성에 대한 편견을 무시하고 있다고 비판한다. 이러한 비판은 특히 사회체계론적 접근에 근거한 가족치료에서 두드러지게 나타난다. 가령, 페미니스트 학자들은 "사회의 권력과 자원이 여성과 아동보다는 남성들에게만 불공평하게 분배"되어 있기 때문에 체계이론이 공평하고 합리적으로 적용되기란 불가능하다고 지적한다. 또한, 체계적 사고는 "체계에 속한 모든 부분들이 모두 균등한 정도로 역기능을 야기한다."고 보기 때문에, 폭력과 근친상간과 같은 심각한 문제들을 상대적으로 축소시키는 결과를 초래한다는 비판을 받기도 한다(Whitechurch and Constantine 1993: 325).

체계이론에 대한 비판

1. 체계이론은 불명확한 일반화와 모호함으로 이루어져 있기 때문에, 경험적 연구를 통해 검증되기 어렵다. 체계론적 사고는 현상을 개념화·구조화 하는데 유용하지만, 그 어떤 것도 설명해내지 못한다(Whitechurch and Constantine 1993:346).

2. 체계의 모든 부분이 동등하게 중요하다고 가정하기 때문에, 중요한 요소와 상대적으로 덜 중요한 요소가 모두 동일한 가치를 지닌다고 평가한다(Whitechurch and Constantine 1993:346).

3. 체계론적 사고는 잠재적으로 강압적일 가능성이 있다. 즉 사회를 사회공학자들에 의해 좌우지되는 전체주의적(totalitarian)이고, 초거대 과학기술적 관점에 입각해서 보게 될 위험이 있다(Berman 1996:39).

4. 현실을 단순히 체계들 간의 정보교환으로 보는 관점은 사회적 맥락을 간과하는 결과를 낳을 수 있다. 체계이론은 권력의 차이를 인정하지 않고 모든 것이 평등하다고 가정한다. 즉 "의사소통의 개선만으로도 모든 갈등이 해결될 수 있다고 보는 평등사회를 전제로 한다." 그러나, "현실적으로 지배자와 피지배자의 관계는 그렇게 단순한 의미로 파악될 수 없기 때문에, 이와 같이 불평등 자체가 존재하지 않는다고 보는 잘못된 가정은 오히려 정치적 불평등을 더 악화시키는 결과를 초래한다"(Berman 1996:39).

5. 사이버네틱스 모형(cybernetics model)과 기계론적 사고가 실제로 그렇게 확연하게 다른지 의문시된다. 컴퓨터는 결국 매우 정교한 시계와 같은 것이 아닌가? 모든 것을 상호 연관된 피드백 고리에서 서로 기능하는 체계들로 본다면, 폭력피해자(예, 매 맞는 아내)의 경우에 자신이 폭력을 당하는 데에 일정부분 책임이 있다"는 주장이 제기될 수 있다. 권력을 "인식론적 오류"로 간주하기보다는, 사실상 "인간관계의 본질"이라 여긴다(Berman 1996:39-41).

6. 체계이론은 반(反)개인주의이다: 체계이론에서는 "부분의 반대개념인 전체를 강조"함으로써 "전체로부터 분리된 개인이나 개인 간 차이를 허용하지 않는다"(Berman 1996:41).

7. 인간행동에 대한 과학의 은유가 지나치게 과장되었다. "실험실의 연구와 학자들이 이로부터 도출하고자 하는 철학적 이론 사이에는 간극이 존재한다"(Berman 1996:42).

8. 세계관이 기득권에 의해 형성된다는 것은 논쟁의 여지가 있다. 체계론적 접근은 현재의 글로벌 경제의 강세에 한몫을 하였다. "체계론적 접근의 발생은 사회경제적 배경과 무관하지 않다. 체계이론의 개념과 결과는 20세기 후반의 사회경제적 과정 속에서 만들어졌다고 볼 수 있다." "이러한 사실에 대해 어느 누구도 정확히 증명할 길은 없지만, 적어도 이러한 배경에는 기계적 및 유기체적 측면과 그 밖에 몇 가지 관련된 다른 측면들이 존재한다는 것은 어느 누구라도 알 수 있다"(Berman 1996:44).

9. 사회체계는 매우 보수적이다. 전체적으로 모든 것이 조화를 이루어야 한다고 본다. 이러한 "진화론적 체계관은 현상유지나 조화라는 이름하에 이루어지는 횡포를 지향"하는 결과를 초래하게 된다. 즉 "이러한 체계 중심적 사고는 사회의 불평등과 계급제도를 정당화한다는 비판을 받고 있는 구조기능주의의 주장과 일치한다"(Berman 1996:39-45).

대안적 이론

인간행동과 사회환경을 이해하기 위한 몇몇 새로운 대안적 접근들은 전통적 패러다임에서 당연시한 많은 가정들에 대해 의문을 제기한다. 이러한 대안적 이론들은 사회복지사들이 인간행동과 사회환경을 이해하고 이를 실천현장에 적용하는데 유용한 여러 대안적 도구들을 제시한다. 대안적 이론들은 대안적 패러다임의 특성인 주관적, 해석적, 직관적, 정성적(定性的), 상호연관성, 인간의 다양성에 대한 긍정적 측면, 페미니즘적 사고, 억압의 종식을 위한 사회행동을 강조한다. 앞으로 우리가 살펴보게 될 대안적 접근에는 강점기반, 건강성, 임파워먼트, 문화적 역량, 자산발달 관점, 입장론, 자아초월적 영성 등이 포함될 것이다. 그 밖에도 사회체계론적 이론의 대안적 확장으로써 카오스이론, 복잡계이론, 가이아가설에 대해서도 살펴볼 것이다.

생애과정이론

생애과정이론

생애과정이론(Life Course Theory)은 맥락적이고 과정중심적이며 역동적인 접근이다. 이것은 전생애과정에서의 개인, 가족, 공동체적 경험을 모두 포함함으로써 미시체계에서 거시체계에 이르기까지 다체계적 설명이 가능하다(Bengston and Allen 1993:469-499). George는 "지난 20년 동안 Glen Elder와 그의 동료학자들이 경제대공황이나 제2차 세계대전 참전과 같은 생애과정의 경험들이 개인의 주관적인 결과(예, 자아의식, 심리적 고통의 수준, 일과 가정생활에 대한 태도)에 중요한 영향을 미친다는 사실을 일관성있게 입증해 왔다"고 주장하였다(George 1996:248). 그녀는 생애과정이론의 몇 가지 기본요소에 대하여 다음과 같이 설명한다. "무엇보다도 생애과정연구들은 개인의 생애사와 사회적·역사적 요소가 교차되는 지점에 초점을 두고자 한다"(George 1996:248ff). 이와 더불어,

> 경로와 전환이라는 개념은 생애과정연구에 있어서 매우 중요한 주제이다 … 전환(transition)이란 비교적 경계가 명확하게 구분되는 지위 변화(대개는 역할 전환)를 말하는 것으로, 그 영향이 장기간에 걸쳐 나타날 수 있다. 경로 (trajectories)는 안정성이나 변화가 장기간 지속되는 것을 말하며, 안정과 변화가 번갈아 나타나는 것과는 명백히 다르다.

George는 경로와 전환이 서로 밀접하게 연관되며 중첩되기도 한다고 지적한다. 예를 들어, "경로는 종종 여러 번의 전환들을 포함하기도 한다 … 그리고 경로에 포함된 전환들은 그 경로에서 그 나름의 독특한 형태와 의미를 지닌다"(George 1996:248ff). 우리는 본서 가족을 다루는 6장에서 생애과정이론에 대해 좀 더 자세하게 살펴볼 것이다.

강점기반 관점

De Jong과 Miller(1995), Saleebey(1992, 1996)는 개인으로서 혹은 전문가로서 강점 관점(Strength-based perspective)을 채택하기 위해서는 실천에 관한 전통적인 접근방식에서 벗어나 중대한 패러다임의 변화가 요구된다고 강조하였다. De Jong과 Miller는 강점 관점의 기본 가정은 "사회복지사가 원조과정에서 클라이언트가 자신과 세계를 바라보는 방식에 보다 주목하고 이를 존중해야 한다는 후기구성주의 개념에 기반한다."고 보았다. 다시 말해 강점 관점에서는 원조과정에서 클라이언트의 '의미'가 보다 더 중요하게 다루어져야 하며, 과학적인 명칭과 이론은 그다지 중요하지 않다."고 주장한다(1995:729).

강점과 관련된 개념과 자원 　　　강점기반 관점과 관련된 개념으로는 레질리언스, 멤버십, 대화, 협력, 불신감 유예 등이 포함된다. 먼저, 레질리언스(resilience)는 "사람들이 역경을 극복하고 시련에 맞서 싸우면서 오랜 시간에 걸쳐 축적한 기술, 능력, 지식, 통찰력을 뜻한다"(Saleeby 1996:298). Scannapieco와 Jackson은 개인적인 차원에 국한되어 있던 전통적인 레질지언스의 개념을 보다 확장시키고자 하였다. 그들은 레질리언스가 "그동안 다양한 상황에서 역경을 극복하고 성공적으로 적응하기 위한 개인의 능력으로 정의되어 왔지만 … 보다 최근에는 이러한 레질리언스 개념이 가족, 학교, 공동체를 설명하는데 적용된다."고 주장하였다(1996:190). 강점 관점을 이해하기 위한 또 다른 중요한 개념은 멤버십이다. Saleebey는 멤버십(membership)이란 "성공적인 집단이나 공동체에서 책임 있고 가치 있는 구성원이 되는 것"이라고 정의하였다. 그에 따르면, 맴버십이 없는 사람은 소외되고 사회적 주변화와 억압을 당할 가능성이 높다"(1996:298-299). 반면 멤버십을 가지게 되면 "사람들은 자신이 가진 자산과 능력

강점 관점은 사고의 전환을 요구한다(Saleebey 1996:297-298)

강점 관점에서는 개인, 가족, 공동체를 다른 방식으로 바라볼 것을 요구한다. 모든 사람은 그들이 지닌 능력, 재능, 역량, 가능성, 비전, 가치, 희망에 입각해서 이해되어야 한다. 설령 사람들의 이러한 특성들이 손상되고 왜곡되었다 할지라도 이는 환경, 억압, 트라우마에 의한 영향일 수 있다. 강점 접근에서는 사람들이 무엇을 알고 있고 어떤 것을 할 수 있는지에 대한 이해를 중요시한다 …

강점 관점에서는 개인, 가족, 공동체 안팎에 존재하는 자원들을 파악할 것을 강조한다 … 사회복지실천에서 레질리언스, 회복, 가능성, 변화에 기반을 두기란 쉬운 일이 아닌데, 이상하게도 이러한 노력이 원조서비스 분야에서 자연스럽게 여겨지지 않기 때문이다 … 따라서 사회복지사는 클라이언트를 대할 때 초기에 불신감을 갖지 않도록 노력해야 한다.

을 인식하고 활용하기 시작하고, 역경을 극복하고 살아가는 것에 대해 자긍심을 느끼며, 점점 더 많은 능력을 업무에 발휘하는 동시에 일상생활을 즐기게 된다."는 것이다(Saleeby 1996:299).

Saleebey는 "강점기반 관점은 많은 사회복지지식과 실천이론에 내재되어 있는 전통적인 병리학적 접근에 대한 대안적 관점"이라고 설명하였다(1996:298). Saleebey는 이 두 가지 관점을 아래 글상자에서 비교 제시하고 있다.

강점기반 사정   우리는 본장 전반부에서 인간행동과 사회환경을 이해하고, 이러한 이해를 실천에 적용하기 위한 도구로서 사정의 중요성에 대해 살펴보았다. 사정은 강점 관점에 있어서 핵심적인 역할을 한다. Cowger는 "만약 결함이나 결핍에 초점을 두고 사정을 하게 되면, 사회복지사와 클라이언트 모두 원조과정에 있어서 결함에만 집중하게 된다 … 사정은 결과물인 동시에 과정이다."라고 언급한 바 있다(1994:264-265). Cowger(1994)는 강점에 기반을 둔 사정

병리적 접근과 강점기반 접근의 비교	
병리적(Pathology) 접근	강점기반(Strengths) 접근
개인은 하나의 '사례'로 규정되며, 개인의 증상을 진단한다.	개인은 고유한 존재로 규정되며, 그의 특성, 재능, 자원은 강점이 된다.
치료의 초점이 문제에 있다.	치료의 초점이 가능성에 있다.
개인의 진술은 전문가의 재해석을 통해 진단을 내리는데 활용된다.	개인의 진술은 그 사람을 알고 이해하기 위한 중요한 과정이다.
실천가는 클라이언트가 자신의 이야기를 합리화시키는지에 대해 의구심을 갖는다.	실천가는 클라이언트의 내면을 이해하기 위한 노력을 한다.
유년기에 겪은 트라우마는 성인기 병리의 예측요인이다.	유년기에 겪은 트라우마는 예측가능하지 않다. 그것은 개인에 따라 강화될 수도 있고 약화될 수도 있다.
치료는 전문가 세운 치료계획에 의해 이루어진다.	가족, 개인, 공동체의 참여에 의한 개입활동이 이루어진다.
클라이언트의 삶을 잘 알고 있는 전문가는 실천가뿐이다.	개인, 가족, 공동체가 모두 클라이언트에 대한 전문가이다.
개인의 선택, 통제, 책임, 발전 가능성이 모두 진단 내려진 병에 의해 제한된다.	개인의 선택, 통제, 책임, 발전 가능성은 항상 열려있다.
전문가의 기술과 지식이 실천 활동을 위한 자원이다.	개인이나 가족, 공동체의 강점, 능력, 적응기술들이 실천 활동을 위한 자원이다.
원조의 목적은 증상의 영향을 감소시키고, 행동, 감정, 사고, 관계가 개인과 사회에 미치는 부정적인 결과를 감소시키는데 있다.	원조의 목적은 개인의 삶이 성공적으로 영위되고, 가치와 책무를 명확히 하고 발전시키며 공동체에 대한 멤버십을 형성하거나 찾도록 도와주는 데 있다.

* Saleeby(1996:298).
Copyright 1996, National Association of Social Worker, Inc., Social Work. Reprinted with permission

을 하는데 있어 몇 가지 유용한 지침들을 제시하였는데, 이것은 아래 글상자의 "강점 사정을 위한 지침"에 자세하게 소개되었다. 강점을 기반으로 한 사정에서는 어떤 상황에 대해 사람들이 인식하는 실재는 매우 다양할 뿐만 아니라(동일한 상황에 대해 사회복지사와 클라이언트가 각각 인식하는 것을 포함하여), 그러한 사람들의 관점은 상호작용적이고, 다원적이며, 변화가능하다는 점을 인정한다.

강점기반 관점에서 사회복지사와 클라이언트는 함께 작업하는 관계이며, **대화**(dialogue)와 **협력**(collaboration)이 중요한 요소가 된다. 강점기반 관점에서는 사회복지사와 클라이언트와의 사이에 공감, 포용력, 평등에 기반을 둔 진정한

강점 사정의 지침

1. 클라이언트가 사실을 이해하는 방식에 초점을 두어라. "상황을 바라보는 클라이언트의 관점, 그 상황에 대해 클라이언트가 부여하는 의미, 그리고 상황과 관련된 클라이언트의 느낌이나 감정이 사정에 있어서 중요한 초점이 된다."

2. 클라이언트를 신뢰하라. "강점 관점의 핵심은 클라이언트가 본질적으로 신뢰할 수 있는 존재라는 강한 믿음이다 … 클라이언트가 실재를 이해하는 방식은 전문가들이 가지고 있는 실재에 대한 사회적 구성물과 다를 바 없이 중요하다."

3. 클라이언트의 욕구가 무엇인지를 찾아라. "서비스에 대한 클라이언트의 욕구와 기대는 무엇인가? 클라이언트는 자신이 처해 있는 상황에서 무엇을 원하는가?"

4. 개인과 환경이 가진 강점에 중점을 두고 사정하라. 장애물에 대해 인식할 필요는 있지만, "그러한 장애물에 대한 해결책이 강점 속에 있다는 사실을 믿는다면, 결국 장애물은 그다지 중요하지 않다는 것을 알게 될 것이다."

5. 다양한 차원에서 강점을 사정하라. 강점과 자원은 클라이언트의 내부와 외부(환경) 모두에서 발견될 수 있다. 즉, "클라이언트의 대인관계기술, 동기, 정서적 강점, 명료한 사고능력"을 비롯하여 "가족관계망, 중요한 타인들, 자원봉사조직, 공동체집단, 공적제도"와 같은 것들이 모두 강점과 자원이 될 수 있다. 다차원적 사정에서는 또한 "클라이언트가 환경과 상호작용하는 과정에서 발생하는 권력과 권력관계에 대해서도 검토한다.

6. 클라이언트의 고유성에 초점을 두고 사정하라. "강점기반 사정은 클라이언트가 경험하고 있는 특수한 상황을 이해하도록 각 클라이언트에 맞게 개별화되어야 한다."

7. 클라이언트가 이해할 수 있는 언어를 사용하라. 전문용어는 "사회복지사와 클라이언트의 상호 참여적 관계"를 확립하는 데에 도움이 되지 않는다. 사정의 결과는 "쉬운 말로 기록되어야 하며, 자기탐색적인 방식으로 전개되어야 한다."

8. 사정을 사회복지사와 클라이언트의 공동 작업으로 간주하라. 이는 사회복지사와 클라이언트 간의 권력 불균형을 최소화하는데 도움이 된다. "클라이언트는 사정의 과정과 결과에 주도적이어야 하는데, 이는 사정이 사회복지사와 클라이언트의 공동 작업으로 상호 개방적으로 공유될 때에 비로소 가능하다."

9. 사정에 대해 사회복지사와 클라이언트의 상호 합의를 이끌어내라. 비밀스런 사정은 있을 수 없다. "문서화된 모든 형태의 사정은 전부 클라이언트에게 공개되어야 한다."

10. 비난과 책임전가를 피하라. "비난은 결핍 모델(deficit model)의 특성이다."

11. 인과론적 사고를 피하라. "원인론적 사고는 문제 상황을 파악하기 위한 많은 방법들 중 하나이지만, 이는 비난을 유발시킬 수 있다. 클라이언트의 문제 상황은 대개 다차원적이고 변화무쌍하며 다각적 측면을 보인다. 또한 단순한 인과론적 설명으로는 한계가 있는 역동성을 지닌다."

12. 사정은 진단이 아니다. "진단은 병리적, 일탈적, 결함적 맥락에서 이해된다 … 진단은 평범하지 않고 이해될 수 없는 행동들을 모두 병리적 증상으로 간주하는 의료적 낙인 모델과 관련된다"(Cower 1994:265-267).

관계형성을 강조한다. 이를 위해 사회복지사는 클라이언트가 말하는 것을 진심으로 경청하고 클라이언트의 목소리를 존중해야 한다. 이는 클라이언트를 이해하고 그들을 위해 행동하기 위해 매우 중요하다. 사회복지사는 전문가의 역할에서 클라이언트와 "함께 공동작업하는" 파트너의 역할로 변화되며, 이 과정에서는 협력이 필수적으로 요구된다. 마지막으로, Saleebey는 강점 관점에 기반한 사회복지사는 클라이언트에 대해 불신을 갖지 않아야 한다고 강조한다. 즉, 사회복지사는 클라이언트의 말을 진심으로 경청할 뿐만 아니라, 클라이언트를 믿어야 하고, 클라이언트가 "잘못된 기억, 왜곡된 인식, 제한된 자기인식"을 가지고 있다고 가정해서는 안 된다(Saleebey 1997:10-11).

강점 관점의 비판　　　많은 사회복지사들이 사회복지실천에 있어서 전통적 관점에 대한 유용한 대안으로서 강점 관점을 추구하고 있다. 그러나 일부 사회복지사들은 이 관점이 과연 전통적 관점에 대한 대안이 될 수 있을지, 실제로 유용한 관점인지에 대해 문제를 제기하고 있다. Saleebey는 강점 관점에 관한 이러한 일부 비판들을 제시하고, 각각의 비판에 대해 강점 관점을 지지하는 자신의 입장을 다음과 같이 설명하고 있다.

1. 강점 관점은 위장된 "긍정적 사고"이다:
   대답: 강점은 단순히 모든 것이 다 괜찮다고 말하거나 표현하는 그 이상의 것이다. 사람들이 자기 자신에 대해 정말로 강하고 가치 있고 유능하다고 믿는 것은 클라이언트뿐만 아니라 사회복지사를 비롯한 모든 사람들에게 매우 어려운 일이다.

2. 고통을 재구성한다. 강점 관점은 실제 환경이 변화되거나, 그 어떠한 변동도 일어나지 않은 채 그저 현실을 재구성할 뿐이다. 그 대신에 클라이언트는 "자신이 겪는 어려움을 보다 덜 고통스럽고 덜 위협적인 것으로 재개념화해서 생각하는 방법을 배우게 된다."
   대답: "강점 관점은 현실을 부정하지 않는다. 다만 진단적 낙인으로 억눌려 있던 개인의 본성과 기회, 가능성을 다시 발달시키기 위해 약간의 재구성을 필요로 한다."

3. 과도한 낙천주의이다. 강점 관점은 "클라이언트나 클라이언트 집단이 때로는 사람을 교묘하게 이용하려 하고, 위험하며, 파괴적일 수 있다는

사실을 무시한다. 클라이언트 중에서는 회복의 가능성이 전혀 없는 집단이 있을 수 있다.

대답: 강점 관점에서는 일부 사람들이 우리가 이해하는 수준을 넘어서 자신과 타인에게 상처를 입히는 행위를 한다는 사실을 부인하지는 않는다. 그러나 강점 관점은 사회복지사로 하여금 클라이언트가 어떤 자질과 기술, 혹은 동기와 열정을 가지고 있는지 알아야 필요성을 강조한다 … 사회복지사는 아무런 이유 없이 사람들을 부정적으로 생각해서는 안 된다. 세상에는 분명히 정말 개선의 여지가 없고 희망과 거리가 먼 사람들이 있을 수 있다. 그러나 우리는 미리부터 이러한 가정을 만들지 않는 것이 최선이라고 생각해야 한다.

4. 실재를 무시한다: 현실적 문제를 경시한다.

대답: 강점 관점은 "클라이언트의 문제를 무시하지 않는다 … 모든 사회복지사들은 클라이언트가 가진 문제, 어려움, 고통, 장애들과 자원들을 사정하고 이에 대해 평가하여야 한다." 그러나 이와 동시에 사회복지사들은 "클라이언트가 지금까지 어떻게 생존해 왔으며, 불행에 대항해서 어떻게 대처해왔는지"에 대해서도 파악해야 한다(Saleebey 1996:302-303).

건강성

건강성이론은 강점 관점과 밀접하게 관련되어 있다. Jones과 Kilpatrick은 건강성이론의 기본 가정을 "우리의 신체기능이 우리의 정서 상태와 사고과정에 직접적인 영향을 미치는 것과 마찬가지로 우리의 사고와 감정도 우리의 신체기능과 건강에 직접적인 영향을 준다."는 데 있다고 보았다(1996:262). 건강성 관점에서는 "신체·정신·환경과 건강과의 관계가 매우 밀접하고 중요하다."고 보며(Saleebey 1996:300), "원조 과정에 있어서 관심 대상은 개인, 가족 혹은 도움이 필요한 대상의 신체적, 정신적, 영적, 사회적 건강"이라는 점을 강조한다(Jones and Kilpatrick 1996:263). 이러한 신체적, 정신적, 영적, 사회적 건강 간의 복잡한 상호작용은 "사람들의 행복유지나 트라우마 이후의 회복능력, 재난과 시련의 여파와 충격에서의 생존 가능성에 중대한 영향을 미친다(Saleebey 1996:300). "건강성이론에서는 건강성의 발달이 지속적이며 전생애에 걸쳐 이루어지는 과정이라고 본다. 또한 장수(長壽)보다는 삶을 어떻게 사는지의 질(質)에 더 많은 관심을 둔다(Jones and Kilpatrick 1996:264).

Jones와 Kilpatrick은 **건강성**(Wellness)이란 "개인의 정신, 신체, 정서, 영성이 조화, 에너지, 긍정적인 생산, 행복을 이루는 상태라고 정의하였다. 또한 건강성이 보장된 상태는 개인과 그 자신을 둘러싼 물리적 환경, 공동체, 사회와의 관계뿐만 아니라, 개인과 가족 및 다른 사람과의 관계를 보다 확장시킨다"(1996: 259).

건강성의 철학적, 생물학적, 사회적 요소   건강성이론에 영향을 미친 철학적, 생물학적, 사회적 이론들은 구성주의, 심리신경면역학, 사회발달이론으로, 이 이론들은 건강성을 발달시키고 유지시키기 위해 우리 삶의 다양한 측면들의 상호작용을 강조한다. **구성주의**(constructivism)는 "어떤 한 사건이나 상황"을 바라보는 데에는 실재를 인식하는 다양한 관점들이 존재하며, 이러한 관점들은 모두 타당하다고 본다. 원조관계에 속한 사람들은 모두 클라이언트가 구성하는 실재에 대한 내러티브를 존중하고 이해해야 한다. "건강성이론에서의 클라이언트의 역할은 사회복지사의 역할 못지 않게 중요하다"(Jones and Kilpatrick 1996: 263). 사회복지사는 클라이언트의 상황에 대해 정확히 알지 못하며, 클라이언트가 그들 자신의 상황에 있어서 전문가임을 인정해야 한다(Jones and Kilpatrick 1996:260, 264-265). 사회복지사는 사람들을 행복하게 하는 것이 무엇인지에 대해 가능한 한 많은 정보를 획득하여야 한다. **심리신경면역학**(psychoneuroimmunology)은 건강성이론에 영향을 미친 생물학적 관점으로, "정신과 신체 간의 상호관계"에 초점을 둔다(Jones and Kilpatrick 1996:261). 이는 "정신과 신체가 분리될 수 없으며, 정신과 신체의 다양한 조직기관들 간에는 뇌의 화학작용을 통해 지속적인 상호교류 작용이 발생한다는 것"을 기본 전제로 한다(Jones and Kilpatrick 1996:261). 사회발달이론은 거대 사회가 어떻게 건강성의 발달과 유지를 촉진하거나 억제하는지에 대한 사회 거시적 관점이다. **사회발달이론**(social development theory)은 "인간의 사회적·정치적 기능에 초점을 두며, 사회의 특정 하위집단에 대한 억압과 차별의 근간에 있는 불평등에 대해 설명하려고 시도한다"(Jones and Kilpatrick 1996:261). 사회발달이론에 대해서는 이 책 9장 공동체에서 자세하게 다룰 것이다.

건강성과 장애: 건강성이론 적용의 사례
(Wellness and Disabilities: Illustrations of the Application of Wellness Theory)

Jones과 Kilpatrick은 장애인에게 건강성이론을 적용한 사례를 제시하였다. 그들은 "건강성은 장애나 긍정적 스트레스 경험을 부정적으로 보지 않는다."는 점을 강조한다 (1996:259).

1. 건강성의 관점에서 장애를 지닌 클라이언트에 대해 개입할 때에는 무엇보다 "목표설정과 문제해결과정에 참여하는 모든 사람들이 장애와 사람을 별개로 보아야 한다. 왜냐하면 사람과 장애는 같은 수준에서 다루어 질 수 없기 때문이다"(Jones and Kilpatrick 1996:261).

2. "만약 사회에서 원조 전문가들과 대중들이 진정으로 장애를 수용하는 마음을 가진다면, 장애인의 삶에 걸림돌이 되는 것들을 제거하는 데 주력할 것이다."(Asch and Mudrick in Jones and Kilpatrick 1996:261). 예를 들면, "19세기 미국의 Martha's Vineyard라는 지역에서는 주민들 대다수가 청각장애를 가진 친척이나 가족들이 있었다. 지역사회에서의 원활한 의사소통을 위해 모든 사람들은 수화를 배우기 시작하였고, 짧은 기간 동안 수화는 비장애인 사이의 의사소통에도 사용될 만큼 보편화되었다. 사람들은 물고기를 잡을 때처럼 목소리를 내는 것이 그다지 도움이 되지 않는 상황에서는 서로 수화로 대화를 하곤 했다. 그 당시, 언어 장벽이란 존재하지 않았고 청각손실은 장애에 해당되지 않았다"(Shapiro in Jones and Kilpatrick 1996:261).

3. "거시적 사회복지실천에서 장애인 사회운동가들은 장애와 장애인들에 대한 사회 인식과 태도를 변화시키기 위한 노력으로 자신들의 이야기를 표명해왔다 … 그들은 장애를 기술적인 도움과 대인돌봄서비스를 통해 충분히 극복될 수 있는 것으로 정의하였으며, 따라서 장애인들도 비장애인들과 마찬가지로 얼마든지 독립적으로 생활하고 일할 수 있다."고 주장하였다(Jones and Kilpatrick 1996: 263). 장애인의 자립생활 운동에 관해서는 이 책의 9장에서 보다 자세하게 살펴볼 것이다.

---

* Jones and Klipatrick(1996). Wellness theory: A discussion and application to clients with disabilities, *Families in Society*. Reprinted with permission from *Families in Society*(www.families in society.org), published by the Alliance for Children and Families.

건강성과 사회변화　　건강성이론은 개인과 사회변화를 모두 다루는 이론임을 인식하는 것이 중요하다. Jones와 Kilpatrick은 "건강성이론은 빈곤노인, 노숙자, 장애인과 같이 억압된 집단의 임파워먼트에 유용하게 적용될 수 있다."고 강조한다(1996:260).

임파워먼트

우리는 1장에서 임파워먼트의 기본 개념에 대해 살펴보았다. 여기에서는 임파워먼트를 이론과 실천의 통합이자 변화의 한 과정이라는 측면에서 살펴보고자 한다.

　　Gutierrez와 그의 동료들은 "사회복지에서 임파워먼트 실천은 여성과 유색인에 대해 보다 효과적이고 유용한 서비스를 개발하기 위한 노력의 일환으로 등장했다."(1995:534)고 설명하고 있다. **임파워먼트**(empowerment)는 "권력 분배의 변화를 도모하는 데 중점을 두며", 권력이란 다양한 원천에서 발생하고 사회적 상호작용 과정에서 무한히 생성되는 것이라고 본다(Gutierrez et al. 1995:535).

Gutierrez와 그의 동료들은 임파워먼트가 다양한 특성을 가지며, 개인, 집단, 공동체를 포함한 다양한 수준에서 적용될 수 있다고 보았다. 그들은 임파워먼트에 대해 다음과 같이 설명하고 있다.

1. 임파워먼트는 이론과 실천 모두에 있어서 권력과 권력박탈, 억압의 문제를 다루고 있으며, 이러한 문제들이 개인, 가족, 공동체의 문제해결에 어떻게 기여하고 원조관계에 어떤 영향을 미치는지에 관심을 둔다.
2. 임파워먼트의 목적은 개인, 가족, 공동체가 개인적·대인관계적·정치적 힘을 키워 그들이 처한 상황을 개선하기 위해 스스로 행동을 취할 수 있도록 하는데 있다.
3. 임파워먼트의 과정은 개인적·대인관계적·공동체적 수준에서 발생한다. 임파원먼트의 구체적인 과정에는 다음의 내용들이 포함된다.
   - 집단의식의 고취
   - 자기비난의 감소
   - 변화에 대한 개인의 책임성을 전제
   - 자기효능감의 향상(1995:535)

Gutierrez와 그 동료들은 임파워먼트의 개입방법에 대해 다음과 같이 제시하고 있다.

- ▶ 협동과 신뢰, 권력의 공평한 분배를 기초로 한 원조관계
- ▶ 소집단 활용
- ▶ 클라이언트에 의한 문제 정의
- ▶ 클라이언트의 강점을 발견하고 확립함
- ▶ 계급과 권력 문제에 대한 클라이언트의 의식 고양
- ▶ 변화과정에서 클라이언트의 활발한 참여
- ▶ 클라이언트에게 필요한 구체적 기술을 습득시킴
- ▶ 상호부조집단, 자조집단, 지지집단 등을 활용
- ▶ 원조 관계에서 클라이언트 자신의 힘을 경험하게 함
- ▶ 클라이언트에 대한 옹호와 자원동원(1995:535)

Gutierrez는 임파워먼트와 전통적 접근법과의 차이를 비교하였다. 그녀는

"전통적 대처 관점에서는 개인과 환경의 적합성을 향상시키기 위해 개인적 혹은 심리적 변화를 도모한 반면, 임파워먼트 관점에서는 개인과 환경의 적합성을 향상시키기 위해 오직 환경의 변화에만 초점을 둔다."는 점을 지적하였다 (1995:208-209).

문화적 역량

문화적 역량 관점은 다양한 인구집단의 증가로 특징 지워지는 21세기에 그 실효성과 타당성을 인정받으려는 노력과 함께 사회복지의 가장 중요한 관점 중 하나로 등장하였다. 이와 더불어 글로벌 경제와 정치, 과학기술의 발달은 우리로 하여금 거의 매일 출신이 다른 사람들과 상호작용하도록 한다. 이러한 다양성과 지구화의 경향은 우리 개인의 삶에 점점 더 많은 영향을 미칠 뿐만 아니라, 전문가로서의 사회복지사의 역할에도 많은 변화를 일으키고 있다. 많은 학자들이 사회복지실천에 있어서 문화적 역량이 의미하는 바가 무엇인지를 정의하기 위해 노력해왔다(Green 1999; Leigh 1998; Lum 1999; Weaver 1999; Williams 2006). 이러한 노력으로 인해 사회복지실천에서 문화적 역량의 의미에 대한 개념 정의가 상당부분 이루어졌으며 앞으로도 더욱 지속적으로 발전해 나가야 할 부분으로 기대된다. 문화적 역량은 달성해야 할 최종 목표라기보다는 지속적으로 이루어야 할 과정이다. Diller는 문화적 역량을 "지식의 지속적인 습득, 보다 새롭고 진보된 기술발달, 그리고 끊임없는 자기평가에 의해 얻어지는 발전적 과정"이라고 설명하고 있다(Diller 1999:10). Lum은 **문화적 역량**(Cultural competency)을 "문화, 민족성, 인종차별주의에 대한 사회복지사의 경험적 자각, 역사적 억압과 이와 관련된 다문화 개념에 대한 지식, 다양한 문화로부터 온 클라이언트의 욕구를 효과적으로 다루기 위한 기술의 발달 등" 새로운 다문화 지식의 통합을 위한 계속적인 노력의 과정으로 정의한다(1999:174).

Williams(2006:110)는 그동안 사회복지실천에 있어서 문화적 역량을 정의하기 위한 많은 노력이 있었음에도 불구하고, 여전히 문화적 역량을 충분히 이해하고 전문가로서 그 효과성을 평가하기 위한 이론적 토대는 부족하다고 주장한다. 이에 그녀는 문화적 역량과 관련된 주요 이슈들에 대한 유용한 설명을 제시하였고, 이러한 이슈들을 몇몇 전통적·대안적 패러다임의 입장에서 체계화하였다. 그녀는 문화적 역량을 후기실증주의, 구성주의, 비판 이론, 포스트모더니즘의 다양한 인식론적 관점에 입각하여 설명하고 있다(지식의 본질에 대한 보다 자세한 내용은 2장을 참고하라). 이러한 패러다임들을 간단히 요약하면 다음과 같다. 후기실증주의(Postpositivism)는 "실재란 올바른 도구를 사용하여 확률적으로 이해할 수 있는 것"이라고 가정하고 있어서 우리가 앞에서 이미 살펴본 바 있는 전통적 패러다임의 실증주의나 모더니즘에 대한 논의와 유사하다. 반면 후기실증주의에서는 "연구가 연구자들의 이론과 편견에 의해 영향 받는다"고 인정한다는 점에서 실증주의나 모더니즘과는 차이를 보이고 있다. 그러나 후기실증주의자들은 실증주의를 주장하는 연구자들과 마찬가지로 "연구자들은 오염되지 않고 합리적이며 변치 않는 지식 획득이 가능하다"고 가정한다(2006:211). 구성주의(Constructivist) 패러다임에서는 "실재란 사회적 상호작용과 대화를 통해 구성되고, 우리가 지식이라고 생각하는 것은 집단의 공통 경험을 바탕으로 하고 있으며, 그 지식을 창출하는데 관여한 사람들과 밀접하게 연관 되어있다."고 본다(2006:212). 비판이론(Critical Theory)의 패러다임에서는 "실재란 '권력자의 목적'을 달성하기 위한 사회적·정치적 과정을 토대로 역사적으로 생성되는 것"이라고 주장한다(2006:213). 포스트모더니즘(Postmodernism)에서는 1장에서 언급한 바와 같이 "실재란 어떤 일정한 규칙성으로 축소시켜 규정할 수 없는 끊임없이 움직이는 것"이라고 주장한다(2006:214). 문화적 역량에 대한 개념과 실천을 체계화하는데 유용한 분류가 <표 3.1>에 제시되어 있다.

Weaver는 문화적 역량의 3가지 중요한 원칙을 다음과 같이 정리하였다.

▶ 휴먼서비스 제공자는 표적 집단에 대해 지식을 갖추어야 한다.
▶ 휴먼서비스 제공자는 자기 성찰적이어야 하며, 개인적 편견과 전문가로서의 편견을 모두 인식할 수 있어야 한다.
▶ 휴먼서비스 제공자는 이러한 지식과 성찰을 실천 기술에 적용할 수 있어야 한다.

이러한 정의와 원칙을 통해 우리는 문화적 역량을 갖춘 사회복지사는 다양한 문화에 속한 구성원들에 대한 지식을 갖추어야 하며, 자신의 문화와 자신이 가진 편견, 인종차별주의에 대해 자각할 수 있어야 하고, 문화적 존재로서의 자신과 타인에 대한 지속적인 탐구의 의지가 있어야 하며, 무엇보다도 이러한 지식들을 실천 기술에 통합하려는 의지가 있어야 함을 알 수 있다. 문화적 역량에

표 3.1 문화 역량적 사회복지의 패러다임

변수	후기실증주의 (Postpositivism)	구성주의 (Constructivism)	비판이론 (Critical Theory)	포스트모더니즘 (Postmodernism)
문화의 속성	상대적으로 안정적이고 검증가능함	부분적으로 적용할 수 있으며, 특별한 대인관계에 의해 구성됨	사회적, 정치적, 경제적 합의에 의해 역사적으로 파생됨	고정되어 있지 않고 지속적으로 변화함
실천가의 역할	전문가, 인류학자	내부자, 문화 주도자	옹호자, 멘토	탐구자, 촉진자
실천 방식	문화에 관한 지식을 배우고 이를 형성화하는 것	내부자적 준거기준을 활용하여 문화적 경험에 몰입하기	의식고양, 행동화, 집합적 참여행위	알지 못하는 자세(not knowing)[7], 예외 끌어내기, 재구조화, 재진술
제한점	정형화, 과도한 일반화	문화적 쇼비니즘(chauvinism), 주류독점(main stream appropriation)	이념적 장애로 인한 성공적 실천의 어려움, 개인의 문제를 무시함	실천에 있어서 '알지 못하는 자세'를 유지하는 것이 현실적으로 어려움
목표, 결과	모든 대상자에게 다 적용할 수 있는 기술적으로 유능한 실천	집단의 정체성 확립과 행복	임파워먼트와 사회변화	자기인식, 다양한 정체성
유사한 사회복지모델	포괄적, 외부자적 관점 (etic)	문화 특수적 서비스 제공	반(反)억압적, 페미니스트, 인종차별반대주의자	내러티브, 간주관성

출처: Adapted from Williams, C. (2006). The Epistemology of Cultural Competence. Families in Society, 87(2).

입각한 실천은 우리 사회복지사가 개인, 가족, 집단, 조직, 공동체, 그리고 특히 국제적 접근을 할 때 필수적이라는 사실을 인식하는 것이 중요하다.

해결중심 단기치료

해결중심 단기치료(SFBT: Solution-Focused Brief Therapy)는 다양한 사회복지 실천 현장에서 많이 적용되는 기법 중 하나이다. 이 접근법은 의료세팅, 집단, 범죄자, 다문화적 상황을 비롯한 기타 많은 환경에서 적용되고 있다. 이 접근법의 적용을 경험적으로 지지하는 연구들도 많이 실시되어 왔다(Gingerich 2000). Lee(2000:387)는 해결중심 단기치료의 근거는 "치료에 효과적인 방법"을 찾으려는 노력에서 발견될 수 있다고 보았다.

Gingerich(2000:478)에 따르면, "해결중심 단기치료는 1980년대 초 Winsconsin주 Milwaukee에서 Steve de Shazer, Insoo Kim Berg와 그의 동료들이 운영

---

7) 역자주: 알지 못하는(Not Knowing) 자세란 포스트모더니즘을 반영한 상담기법 중 하나로, 클라이언트의 문제는 누구보다도 클라이언트 자신이 잘 알고 있으며, 실천전문가는 클라이언트에 대해 '알지 못하는(not knowing)' 자세로 클라이언트를 대해야 함을 의미한다.

한 단기 가족 치료 센터에서 개발되었다 … 그 명칭에서 알 수 있듯이, 해결중심 단기치료는 문제를 해결하기보다는 해결을 만들어 나가는 것을 강조한다." Gingerich는 해결중심 단기치료의 주요 원리를 다음과 같이 정리하고 있다.

> 치료의 주요 과업은 클라이언트로 하여금 상황을 어떻게 바꾸고 싶은지와 그렇게 하려면 어떻게 해야 하는지를 생각하도록 하는 것이다. 문제에 대한 진단이나 개인력, 문제 탐색에 대해서는 거의 관심을 갖지 않는다. 해결중심 치료자들은 클라이언트가 변화를 원하고, 변화를 계획할 수 있으며, 변화를 위해 최선의 노력을 다할 것이라고 가정한다. 또한 해결중심 치료자들은 해결은 이미 미비하게나마 이루어지고 있다고 가정한다 … 치료는 비교적 단기간에 이루어지며, 대개 6회기를 넘기지 않는다(2000:478).

또한 Lee는 해결중심 단기치료가 우리가 앞서 언급했던 사회구성주의, 임파워먼트, 강점관점, 문화적 역량과 연관된 일관성 있는 접근이라고 지적하였다(2000:389).

Lee는 "해결중심 개입의 목적은 실용적 목표를 세우고 이에 대한 해결을 찾는 과정에서 클라이언트를 치료적 대화에 참여시키는 것"(2000:390)이라고 보았다. 1980년대에 해결중심 단기치료가 시작된 이후, 이를 체계화하고 실천하기 위한 많은 구체적인 기법들이 개발되었다. 가령 해결책을 찾는 과정에서 "클라이언트의 자원과 잠재력을 최대한 활용하기 위해" 치료적 대화에서 사회복지사가 클라이언트에게 적용할 수 있는 몇 가지 질문들이 있다(2000:390). 이러한 질문들은 다음과 같다.

> ▶ **예외 질문**(Exception question): 클라이언트에게 문제가 일어나지 않았던 때나, 일어나도 그다지 심각하지 않았을 경우 혹은 클라이언트가 수용할 수 있을 정도였던 때를 회상해 보도록 한다 … 예를 들어, 언제 문제가 발생하지 않았나요? 언제 그 문제가 심각하지 않았나요? 그 때와 지금은 무엇이 다른가요?(Lee 2003:390)
> ▶ **결과 질문**(Outcome question): 클라이언트에게 현재의 문제가 없는 삶이나 현재의 문제가 개선된 상태의 삶을 상상하게 한다. 이 질문은 주로 기적 질문의 형태로 사용된다(Lee 2003:390).
> ▶ **기적 질문**(Miracle question): "당신이 오늘밤 잠을 자는 동안 기적이 일어나

오늘 여기에 가져온 문제가 모두 해결되었다고 가정해 보세요. 그러나 당신이 잠을 자는 동안 기적이 일어났기 때문에 당신은 기적이 일어난 것을 모릅니다. 아침에 일어나서 지난 밤 기적이 일어났다는 것을 무엇을 보고 알 수 있나요?(Newsome and Kelly 2004:70)

▶ 대처 질문(Coping question): 클라이언트가 자신들의 문제에 성공적으로 대처했을 경우가 언제이고 그때 어떻게 대처했었는지를 인식하게 한다. … 예를 들면, 당신은 그 어려운 상황 속에서 어떻게 지금까지 견딜 수 있었나요? 언어장벽을 어떻게 극복하셨나요?(Lee 2003)

▶ 척도 질문(Scaling question): 클라이언트가 지금의 상황이나 목표에 대해 1부터 10까지의 점수를 매겨 표현하도록 한다 … 대개 1은 가장 나쁜 상황을 나타내고 10은 가장 바람직한 상황을 나타낸다 … 예를 들면, "1부터 10까지의 척도에서, 1은 가장 나쁜 결과이고 10은 가장 바람직한 결과라고 할 때, 지금 당신의 상황은 몇 점에 해당되나요?"(Lee 2003:390)

▶ 관계성 질문(Relationship question): 이 질문은 클라이언트와 중요한 관계에 있는 사람들이 클라이언트의 문제상황과 클라이언트의 변화에 어떻게 반응할지를 상상해 보도록 한다. 예를 들면, 만약 당신의 문제가 해결되면 당신의 어머니(혹은 배우자, 여동생 등)는 당신의 어떤 점이 달라졌다고 느낄까요? 당신의 부인(혹은 다른 중요한 사람들)은 당신의 변화 동기를 1부터 10까지의 척도점수 중 몇 점이라고 생각할까요?(Lee 2003:390-391)

이 외에도 해결중심 단기치료는 클라이언트에게 과제나 "숙제"를 내서 클라이언트가 자신의 일상생활 속에서 해결책을 찾을 수 있도록 한다. "만약 클라이언트가 문제에 대한 예외행동을 찾는다면, 클라이언트에게 '그러한 효과적인 행동을 더 많이 하도록' 과제를 부여할 수 있다"(Lee 2003:391).

해결중심 단기치료를 다양한 실천 현장에서 적용한 경험적 연구들과 그 효과성을 검증하는 분석들도 많이 이루어져 왔다. Gingerich는 해결중심 단기치료의 효과성에 관한 문헌과 연구들을 체계적으로 검토한 후 다음과 같은 결론을 내리고 있다.

비록 현재까지 검토된 연구들이 해결중심 단기치료의 효과를 확정짓기에는 부족할 수 있지만, 적어도 해결중심 단기치료가 클라이언트에게 유용하게 적용될 수 있다고 생각한다. 다양한 세팅에서 다양한 대상자들과 다양한 상황에 해결중심 단기치료를 적용한 결과, 해결중심 단기치료가 광범위한 분야에 유용하게 적용될 수 있음이 밝혀졌지만, 아직은 잠정적인 결론일 뿐이고 앞으로 더 많은 연구가 요구된다. 제대로 통제된 다섯 개의 연구에서 모두 해결중심 단기치료가 유의미하게 도움이 된다고 보고하였다. 이 중 네 개의 연구에서는 해결중심 단기치료를 제공한 경우가 이를 제공하지 않거나 다른 일반적인 서비스만 제공한 경우에 비해 유의미하게 더 나은 결과를 가지는 것으로 나타났다(2000:496).

인간행동과 사회환경 관점에서 사회복지사가 활용할 수 있는 도구-빈곤감소와 자산발달 관점

빈곤감소를 위한 기본적인 요인들을 검토하는 데 있어서도 이론적인 도구들이 필요하다. 빈곤감소에 관한 이슈를 설명하는데 있어서 흥미로운 접근들과 도구들이 사회복지분야를 비롯하여 다른 분야에서도 등장하고 있다. 대부분의 이러한 도구와 접근들은 모두 강점기반 사고에 초점을 둔다는 공통점이 있지만, 빈곤을 거시수준이나 공동체 수준에서 좀 더 포괄적으로 본다는 점에서 전통적인 사회복지적 관점과 차이가 있다. 자산발달 관점도 이러한 도구들 중의 하나이다. 자산발달 관점이란 빈곤 정책 및 프로그램의 초점을 소득 지원(또는 최저생활을 보장하는 전통적 복지)에서 자산 접근으로 전환하여, 사람들과 지역사회가 빈곤으로부터 영구적으로 벗어나도록 하는 관점이다. 이 자산발달 관점은 단순히 빈곤한 사람들이나 지역사회가 최소한의 생활을 유지할 수 있도록 지원하는 것이 아니라, 빈곤으로부터 벗어날 수 있도록 자택을 소유하거나 교육이나 사업자금에 투자할 자원을 개인적·집합적으로 비축하도록 촉진한다. 이처럼 새롭고 포괄적인 공동체 중심적 자산발달 관점은 단순히 영구적인 빈곤 환경 내에서 생존할 수 있도록 돕는 것이 아니라, 개인·가족·공동체가 인적자본, 경제자본, 사회자본을 비축하고 발달시킬 수 있도록 한다. 여기에는 공동체 구축계획(community building initiatives), 공동체 재건, 자산발달 관점, 그리고 사회자본 등이 포함된다. 빈곤감소와 관련된 이러한 도구와 개념에 대해서는 본서 9장에서 자세하게 살펴볼 것이다.

입장론

우리는 2장에서 입장론(Standpoint Theory)이란 역사적으로 억압종식을 위한 정치적 행동에 관심을 가져온 페미니스트들의 입장에 정치적, 개인적, 사회적 환경의 인식에 대한 포스트 모더니즘적 관심을 통합한 연구와 실천 접근이라고 설명한 바 있다. Swigonski는 **입장**을 다음과 같이 정의하였다.

> 입장(standpoint)이란 현실에 대한 인식 중 어떤 한 측면이 두드러지게 나타나고, 다른 측면은 모호해지는 사회적 지위를 의미한다. 특히 사회적 입장에서 볼 때, 어떤 사람들이 다른 사람들에 비해 더욱 두드러지게 나타난다고 볼 수 있다. 입장은 두 가지 수준에서의 의식적 자각을 포함하는데, 하나는 사회구조에서의 그 사람의 지위이고, 다른 하나는 그 지위와 그 사람의 인생경험의 관계에 관한 것이다(hartsock 1987). 어떤 사람의 입장은 그 사람의 젠더, 문화, 피부색, 민족성, 계급, 성적지향과 관련된 사회적 지위와 그러한 요소들이 서로 어떻게 상호작용하여 그 사람의 일상생활에 영향을 미치는가에서 발생한다(1993:172).

입장론은 소외된 집단이 살아오면서 경험한 강점과 잠재적 기여를 강조한다. Swigonski는 연구자들이 소외집단의 인생경험을 보다 명확히 밝히는 연구에 관심을 가져야 하며, 그들의 일상생활을 연구의 중심주제로 삼아야 한다고 주장하였다(1993:173). Swigonski에 따르면, "입장론의 기본 가정은 사회에서 권력을 획득하지 못한 구성원들이 억압으로 인해 다른 현실을 경험한다는 것이다." 이와 같은 사실은 "그들이 생존을 위해 지배집단의 관점과 자신들의 관점 모두에 대해 알고 이에 민감하게 반응해야 할 필요성을 강조한다. 이는 곧 '이중시각(double vision)' 혹은 '이중 의식(consciousness)'을 의미하며, 이러한 잠재적 능력은 사회현실에 대한 보다 완전한 시각을 가능하게 한다"(Swigonski 1993:173).

자아초월적/영적 관점

이미 영성(spirituality)에 대해 2장에서 논의한 바와 같이, 그동안 영성은 사회복지교육과 실천에서 소홀히 다루어진 영역이었다. 본 장에서는 자아초월 심리학과 인본주의 심리학에 대한 최근의 흐름을 살펴보고, 이것을 사회복지교육과 실천에 대한 적용가능성을 파악해보고자 한다. 자아초월심리학과 인본주의 심리학 그리고 이를 사회복지에 적용하려는 시도는 분명 대안적 접근에 해당된다.

Cowley와 Derezotes는 존재의 영적측면을 사회복지교육과 실천에 통합시키기 위해, 동양의 관상 수련(contemplative practice)에서 유래된 자아초월 이론의 현상학적 측면을 고려한 패러다임 전환의 필요성에 대해 언급하였다(1994:33). Cowley와 Derezotes는 자아초월(Transpersonal)이란 그 개인의 수준을 넘어서, 영성 혹은 보다 높은 의식 상태를 포함하는 것이라고 설명한다. 그들은 자아초월 심리학이 심리학의 기본적인 이론적 패러다임 중 하나라고 보았다. 그들은 Maslow가 이러한 자아초월 심리학을 심리학의 제4의 영향력으로 언급했다고 하였다.

▶ 제1의 영향력: 정신역동적 심리학(정신분석)
▶ 제2의 영향력: 행동주의 심리학
▶ 제3의 영향력: 경험적, 인본주의적, 실존적 심리학
▶ 제4의 영향력: 자아초월 심리학(Cowley and Derezotes 1994:34)

자아초월 심리학은 자기실현이 인간발달의 최상위 단계라고 보는 Maslow 의 개념에 도전하는 대안적 이론이다. 우리는 2장에서 직관적 이해에 대한 예로써 Maslow의 절정경험 또는 "아하(aha)"의 경험에 대해 살펴보았다. 자아초월 심리학은 자기실현과 에고(ego)를 넘어 시간과 공간의 한계를 초월하는 인간의 가능성에 대한 확장된 개념을 제공하려는 동서양 심리학의 통합이다(Cowley and Derezotes 1994:33).

Miovic은 서양의 자아초월적, 영적 접근에 영향을 준 동양의 두 가지 영적 신념체계로 불교와 힌두교를 논하였다. 이 중 불교는 불가지론의 신앙체계이며, 힌두교는 유신론적 신앙체계이다(불가지론과 유신론적 신앙체계에 대한 논의는 2장 참조). Miovic은 다음과 같이 설명하고 있다.

아시아의 두 가지의 거대한 종교적·영적 전통으로는 불교와 힌두교가 있다. 이 둘은 모두 매우 체계적인 영성 심리학을 발전시켰으며, 이러한 영성심리 학은 종교와 철학이 배제된 전형적인 서양의 심리학과는 달리 종교와 철학 이 모두 통합된 형태를 취한다. 이 두 주요 전통 중에 … 불교는 아직까지도 서양심리학에 커다란 영향을 끼치고 있다. 이렇게 두드러진 영향을 끼친 중

요원인은 다수의 불교학파가 비신론(non-theistic[8])이라는 것과, 역사상 부처가 실재(reality)의 궁극적 본질에 대해서는 침묵으로 남겨두었다는 점이다 … 부처의 비신론이 힌두교의 유일신(monotheism)보다 서양과학의 세계관에 좀 더 부합했던 것으로 보인다.

불가지론적 불교철학의 핵심은 … 영속적 존재도, 객관적 존재도 아닌 유체구조물로서의 "자신(self)"을 드러내는 마음챙김 명상(mindfulness, 알아차림의 열리는 순간)과 위빠사나(vipassana) 명상[9]을 활용한다는 점에 있다(2004: 109-110).

자아초월이론을 따르는 사회복지사들은 "본질적으로 자기실현을 넘어선 최상의 안녕과 자아초월을 향해 진화해가는 인간의 잠재력을 고려할 것"이라고 본다(Cowley and Derezotes 1994:34). 그러한 사회복지사들은 "의미라는 욕구 즉, 보다 높은 차원의 가치와 영적인 삶에 대한 욕구가 생물학적, 사회적 욕구만큼 실재적인 것"이라고 생각한다(Cowley and Derezotes 1994:34).

Sermabeikian(1994:179)은 심리학자인 Carl Jung이 "영적 차원은 인간본성의 정수라는 점을 증명하려고 했다."고 지적한다. Jung의 두 가지 중요한 개념은 "집단 무의식(collective unconscious)과 정신의 원형(archetypes of the psyche)인데, 이것은 인류와 인류발생 이전의 종(種)으로부터 축적되어 온 경험으로 상징, 신화, 의식 혹은 의례, 문화를 계승한 것을 포함한 것이다. Walsh와 Vaughan (1994:10)은 자아초월 심리학의 대가인 Ken Wilber와 유사한 개념화를 제시하지만 다만 의식 수준에 대해서는 구별한다. Wilber는 진화에는 두 가지 뚜렷한 선(line)이 있다고 가정하였다.

1. 평균적(혹은 집단적) 의식
2. 집단에 영감을 불어넣고 이끄는 선구자들(샤만, 요가지도자, 성인, 현자)
   (Walsh and Vaughn 1994:10)

---

8) 역자주: 비신론(非神論, nontheism)은 무신론의 대안으로 제시된 용어다. 무신론의 주장은 '신이라는 것이 있는데 그것은 존재하지 않는다.'는 것이다. 그러나 허구의 존재든 그렇지 않든 우선 신을 가정해야한다. 이에 반해 비신론은 애초에 신이라는 존재를 가정하는 것에서 벗어나고자 하는 것이라 할 수 있다 (출처: From Wikipedia, the free encyclopedia)

9) 역자주: Vipassana는 위(vi)와 빠사나(passana)의 합성어로 vi는 분리라는 뜻이며, 이는 보는 주체와 보이는 대상을 객체로 분리하는 것을 의미한다. 빠사나(passana)는 관찰한다, 응시한다 등 따르며 보는 것을 의미하는 것으로 대상을 놓치지 않고 계속 알아차리는 것을 말한다. 그러므로 위빠사나는 대상을 주체와 객체로 분리해서 알아차리되 지속적으로 알아차린다는 의미이다.

Wilber는 인간행동과 사회환경의 복잡성을 이해하기 위해서는 다차원적인 패러다임 접근을 사용해야 한다고 주장한다. 그는 앎에 대한 세 가지[10] 인식론적 방법을 제시하였다.

1. 감각적 인식방법: 앎에 대한 과학적 접근
2. 인지적 또는 상징적 인식방법: 해석학적 접근
3. 관조적 인식방법: 이 분야의 대가나 지도자에 의한 간주관적 검증(Walsh and Vaughn 1994:11-14)

Wilber는 "실재는 다층적이며, 물질, 신체, 정신, 영성들을 포함한 각 실존의 수준들은 존재론적 계층구조나 호로아키(holoarchy)[11]를 형성한다."고 주장한다(Walsh and Vaughn 1994:17). Wilber는 "우리는 먼저 우리의 몸에 대해 인식해야 하고 그런 후 자아(ego-mind)에 대해 인식할 수 있으며, 그 다음에야 관조적인 명상수련을 통해 미묘한 정신 영역을 인식할 수 있고, 최종적으로 순수의식에 도달할 수 있다."고 주장한다(Walsh and Vaughn 1994:17). Wilber는 또한 이러한 존재론적 계층구조(ontological hierarchy)라는 개념이 역사적으로 계층구조의 낮은 단계에 있는 것들(예, 신체나 감정, 성적지향, 지구)을 지배하고 가치 절하하는데 이용되어 왔다고 지적하였다(Walsh and Vaughn 1994: 17).

이와 같이 우리의 감각을 통해 경험하는 현실을 초월한 실재의 존재를 다룬 자아 초월적 개념은 논쟁의 여지가 있겠지만, 우리 자신과 클라이언트의 행동 및 세계관을 보다 완전히 이해하려는 노력의 일환으로 충분히 가치가 있다.

체계론적 접근의 대안적 확장

사회체계이론은 오랫동안 사회복지사가 인간과 그를 둘러싼 사회환경을 이

---

10) 역자주: Ken Wilber는 사물에서 거대한 우주에 이르기까지, 그리고 개인의 의식에서 종교적 영성에 이르는 영역을 포괄적으로 아우르는 3가지의 눈이라는 개념으로 설명하였다. 그 세 가지 눈이란 육체적인 감각이나 과학기술을 통해 사물을 인지하는 '감각의 눈'(육안肉眼, the eye of flesh), 이성과 논리로 대상을 인식하는 '이성의 눈'(심안心眼, the eye of reason), 수행이나 명상으로 종교적인 영역을 체험하는 '관조의 눈'(영안靈眼, the eye of contemplation)이 그것이다. 특히 그는 현대인들이 굳게 닫고 있는 '관조의 눈'의 중요성을 역설하며 이 세상의 진실을 바라보는데 있어서 관조의 눈이 절대적임을 강조한다.

11) 역자주: 켄 윌버는 "감각과 영혼의 만남"이란 저서에서 계층구조란 용어보다는 holoarchy라고 부르기를 더 선호하였다. holoarchy는 이른바 존재의 대둥지라 불리우며 각각의 상위수준은 하위수준을 초월하고 포함하거나 또는 감싸 안고 받아들이는 일련의 감싸 안긴 영역이라고 할 수 있다(『켄 윌버의 일기』. 김명권 외 공역. 2010, 학지사).

해하기 위한 지식을 체계화하고 개념화하는데 중요한 영향을 미쳐 왔다. 이제 우리는 이러한 체계이론을 확장하려는 최근의 흐름에 대해 보다 자세하게 살펴보고자 한다. 최근의 확장된 체계론적 사고는 체계의 기본 질서를 이해하는 수준을 넘어 무질서나 카오스, 인간과 다른 물리적 체계 내에 존재하는 복잡계라는 또 다른 유형까지 이해하려는 수준으로 확장되고 있다. 가이아 가설은 이러한 확장된 체계론적 사고 중 하나로, 인간과 무생물계와의 관계에 대하여 인간 진화에 대한 우리의 기본적 사고에 의문을 제기하는 매우 흥미로운 접근이다.

카오스이론/복잡계이론

Krippner는 수학의 동역학계이론(dynamical systems theory)에서 유래된 카오스이론에 대하여 다음과 같이 정의한다. "카오스이론(Chaos Theory)은 수학적 연구의 한 분파로서, 언뜻 보기에는 너무나 복잡해서 어떤 법칙이나 원칙에 의해 지배되지 않는 것으로 보이지만 실제로는 기본 질서가 있는 과정들에 대한 연구이다 … 카오스 과정의 예로는 연기가 피어올라 나부끼는 것, 그 연기가 흩어지면서 기류를 형성하는 것, 계곡물이 흘러가는 것 혹은 폭포물이 낙하하여 부서지는 물줄기, 인간의 뇌파기록장치를 그려내는 그래프의 움직임, 동물개체수의 변동, 증권거래소에서 오르내리는 주가곡선의 파동, 기상 현상 등이다. 이 모든 현상들에는 몇 가지 요소들의 상호작용과 그러한 상호작용이 시간의 흐름에 따라 변화하는 패턴이 포함되어 있다." Krippner에 따르면 "카오스이론가들은 … 매우 복잡하지만 뚜렷하고 아름다운 질서를 가진 자연의 패턴을 발견하고자 한다. 카오스이론은 자연에 대한 이해를 단순하지만 심오한 우주의 원리를 찾고자 하는 노력이다"(1994:49).

James Gleick은 카오스이론을 수학이나 자연과학계 외의 일반 독자들에게 처음으로 소개한 학자로서, 카오스이론이 자연과학계에 불러일으킨 패러다임의 대전환에 대해 다음과 같이 설명하고 있다.

카오스이론이 대두되면서 고전과학은 힘을 잃게 되었다. 그동안 물리학자들에 의해 밝혀진 자연의 법칙으로는 대기의 무질서함, 복잡한 해류(海流), 야생동물개체수의 변동, 뇌파와 심장박동 등을 전혀 설명할 수 없었다. 고전과학에서는 자연의 불규칙하고 불연속적이며 변칙적인 면에 대해 전혀 이해할 수 없었으며 속수무책인 상황이었다(Gleick 1987:3).

Gleick는 카오스이론이 매우 다양한 과학 분야에 영향을 미쳤으며, "이제까지 일반적으로 적용된 과학 방법들에 대해 문제를 제기하였다."고 보았다. 카오스 이론은 복잡함 속에 숨어있는 보편적 움직임이 있다는 것을 강조한다" (1987:5). Gleick는 자연과학이 이러한 패러다임의 전환을 통해 인간에 대한 의미를 보다 직접적으로 고려하도록 자연과학을 되돌아보게 할 것이라고 믿었다.

Gleick는 카오스 및 복잡계 이론가들이 전통적인 과학적 사고와는 대립된 견해로 "투입에서의 작은 차이가 너무나 다른 결과로 이어질 수 있다는 사실을 발견했다는 점을 강조하였다. 이러한 현상은 '초기조건의 민감성(sensitive dependence on initial conditions)'이라고 불린다. 예를 들어, 날씨에 대해 반농담식으로 알려진 나비효과(Butterfly Effect)는, 오늘 북경에서 나비 한 마리가 날갯짓을 하면, 다음 달 뉴욕에서 허리케인을 발생시킨다는 생각을 표현한 것이다"(1987:18).

무질서 속의 질서   Gleick에 의하면, "카오스의 역동성을 연구하는 학자들은 단순체계의 무질서한 움직임이 곧 창조적 과정이라는 사실을 발견하였다. 이러한 창조적 과정을 통해 복잡성이 발생하는데, 이러한 복잡성은 매우 체계적인 패턴을 지니며, 안정적이면서도 불안정하고, 한정적이면서도 무한정적인 면을 모두 가지고 있다"(1987:43). 이 무질서 속의 질서와 관련된 개념이 바로 프랙탈이다. 프랙탈(fractals)은 "단순한 작은 구조들이 비슷한 형태로 반복되는 기하학적 패턴을 일컫는다." Mandelbrot은 "자연 과정에서의 불규칙적 패턴"에 대해 연구한 과학자로, "자기유사성"이라는 것을 발견하였다. "자기유사성(self-similarity)은 대칭적 구조를 이루며, 패턴 속에 패턴이 계속 반복되는 것을 의미한다 … 자기유사성은 우리 생활 주변에서 쉽게 찾아볼 수 있다. 가령 마주보는 두 개의 거울 사이에서 내 모습이 무한대로 계속 비춰지는 것, 작은 물고기를 잡아먹으려는 물고기를 다시 잡아먹으려는 물고기의 모습을 그린 카툰 등이 바로 자기유사성의 예에 해당된다"(Gleick 1987:103).

카오스와 질서(Gleick 1987:6-8)	
물리학자들은 우주나 미세입자가 아닌 인간 수준에서 발생하는 현상을 다시금 진지하게 고찰하기 시작하였다. 그러나 이번에는 이전과 달리 일상생활에서의 복잡성과 비예측성에 대해서 관심을 가진다. 그들은 거대한 은하를 연구하기보다는 구름을 연구하기	시작하였다 … 가장 단순한 체계가 예측성에서 거대한 차이를 불러일으킬 수 있다는 사실에 주목한다. 그러나 이러한 체계들 속에서도 자연스레 질서가 생겨나는데, 그럼으로써 카오스와 질서가 공존하게 된다.

Gleick를 비롯한 다른 학자들은 카오스 및 복잡계 이론이 과학의 많은 주요 부분에서 패러다임의 전환을 일으켰다고 주장하였다. 우리는 1장에서 역사적으로 한때는 대안적 패러다임이었던 것이 어떻게 많은 사람들에게 보편적으로 받아들여지는 전통적·지배적인 세계관이 되었는지에 대해 논의하였다. 만약 과학의 전통적 접근법이 카오스와 복잡성의 개념으로 대체되거나 이를 반영하기 시작한다면 물리적 실재와 사회적 실재에 대한 우리의 정의는 어떻게 달라질까? 이것은 먼 미래의 문제가 아니라, 오늘날 자연과 현실에서 일어나는 많은 담론들 중 하나이다.

일반적으로 카오스이론은 수학과 자연과학 분야에서 주로 연구되고 있지만, 최근 이 현상에 대한 관심이 사회과학을 비롯하여 보건, 의료 등의 다른 자연과학 분야로 빠르게 확산되고 있다.

카오스, 생물학, 그리고 건강　　　Krippner는 다음과 같이 주장한다:

카오스이론은 의료모델에서 예외적 현상으로 분류되는 측면에 대한 질병·건강 모델을 구축하는데도 활용되고 있다. 예를 들면, 기존의 의료모델에서는 건강한 신체의 경우 비교적 단순한 리듬을 지니지만… 건강하지 않은 신체는 복잡하고 제어되지 않는 리듬을 가지는 것으로 본다. 그러나 이와는 달리,

1. 백혈병 환자의 백혈구 수치는 매주 급격히 변화하지만, 이것은 건강한 사람들의 무질서한 백혈구 수치의 변동보다는 더 예측가능하다.
2. 울혈심부전증(Congestive heart failure)[12]은 대개 안정적이고 주기적인 심박을 나타낸다.
3. 간질환자가 아닌 사람의 뇌는 "매우 불규칙한 것이 정상이다."
4. 정신분열증 환자는 뇌 속에 일어나는 질서라는 함정에 빠져 고통스러워하고 너무나 심한 질서를 겪는다"(Brigg and Peat 1989 in Krippner 1994:54-55).

카오스와 창의성　　　또 다른 학자들은 카오스와 복잡성의 개념을 심리학과 창의성에 적용하고 있다. Rossi는 "인간의 창의성은 기본적으로 카오스의 과정을 거치는데, 이러한 과정은 작은 변화를 선택적으로 크게 확대시켜 사고와 상상이라는 정신상태에 적용하는 것"이라고 주장하였다(in Richards 1996:53-54). Richards는 "카오스 모델이 특히 인본주의 심리학과 잘 맞는다고 주장하였다.

---

12) 역자주: 심장이 점차 기능을 잃으면서 폐나 다른 조직으로 혈액이 모이는 질환

그에 의하면 인본주의 심리학과 카오스 모델은 모두 개방적이고, 복잡하며, 발전적이고, 비예측적이라는 특성을 지니며, 이는 인간행동을 다소 통제적이며, 단선적이고, 제한적이며, 인과관계 중심으로 보는 전통적·과학적 모델과는 대조를 보인다는 것이다. 즉, 인본주의 심리학과 카오스 모델은 모두 상호연관성과 고유성의 정수를 보여준다고 볼 수 있다.

가이아

카오스 및 복잡계이론으로부터 나온 체계이론의 대안적 확장 중 가장 논란의 여지가 많은 관점이 **가이아가설**이다. 가이아 가설(Gaia Hypothesis)은 사회체계나 인간체계와 같은 어떤 특정 체계에 관한 전통적 개념을 초월하여, 전 지구를 하나의 전체 체계로 조망하고자 하는 체계론적 관점이다. James Lovelock과 Lynn Margulis는 가이아 가설의 이론적 체계를 구축하고 발표한 학자들로, **가이아 가설**의 두 가지 기본요소에 대해 다음과 같이 제시하고 있다.

1. 지구는 "초유기체적인 체계이다."
2. 진화는 경쟁이 아닌 협력의 산물이다(Stanley 1996:www).

다음은 Lovelock가 발표한 가이아 가설 중 일부인 "살아있는 유기체로서의 지구"에서 발췌한 내용이다.

바이러스에서 고래, 해조류, 참나무에 이르는 지구상의 모든 생명체들은 하나의 단일한 유기체를 구성하고 있다고 볼 수 있다. 이러한 각각의 생명체들로 구성된 단일 유기체는 모두에게 필수적인 지구의 대기를 유지시키는데 기여할 뿐만 아니라 각각의 생명체를 초월하는 힘과 에너지를 지닌다 … 가이아는 지구의 생물, 대기, 해양, 토양을 포함하는 하나의 복합적인 실체로서, 지구상의 모든 생명체에게 최적의 물리적·화학적 환경을 제공하기 위한 사이버네틱 시스템의 피드백으로 구성된 전체로 정의될 수 있다.

Stanley(1996:www)는 가이아 가설에 대해 다음과 같이 설명한다.

인체를 신경계, 폐, 순환계, 내분비계 등의 구성요소들이 상호작용하는 하나의 체계로 볼 수 있듯이, 지구 역시 대기, 생물, 토양, 물의 4가지 주요 구성요소들로 이루어진 하나의 체계로 이해할 수 있다.

가이아 가설은 다윈의 진화를 설명하는 중심 개념인 적자생존을 비롯하여 다윈설의 기본 개념들에 대해 몇몇 의문을 제기한다.

Margulis는 다윈의 이론을 틀렸다고 볼 수 없지만, 불완전하다고 언급하였다. 그녀는 세포내공생(endosymbiosis)[13]이라는 특정 유기체의 진화에 대해 연구하였는데, 이러한 과정에서 진화가 진행되는 데에는 공생관계, 상호호혜관계가 중요하다는 사실을 밝혀냈다. 그녀는 다윈의 이론과는 달리 "돌연변이가 아닌 공생이 진화의 원동력이며, 개체간의 경쟁이 아닌 유기체와 환경간의 협력이 자연선택설의 주요 기제"라고 주장하였다(Stanley 1996:www).

Lovelock은 생태학적 이론의 확장으로서 이러한 공생과 체계 기능의 확장 개념에 대해 다음과 같이 설명하였다.

> 생명체와 그를 둘러싼 물리적 환경을 하나의 체계로 간주함으로써, 우리는 비로소 서로 경쟁적인 많은 종(種)들을 포괄하면서도 수적으로 안정된 생태학적 모델을 구축할 수 있게 되었다. 이러한 생태학적 모델은 통제(regulation)가 용이해짐에 따라 종(種)들 사이에 다양성을 증가시켰다(Stanley 1996: www).

한 유기체의 활동이 유기체 자신과 그를 둘러싼 환경까지도 촉진할 때, 이 유기체는 더욱 번성하게 되며, 결국 그 유기체와 그로 인한 환경의 변화는 지구 전체에 영향을 미치게 된다. 그 반대의 경우도 마찬가지인데, 환경에 부정적인 영향을 미치는 종(種)들은 결국 멸종하게 될 것이다. 그럼에도 불구하고 생명은 계속해서 이어질 것이다(Stanley 1996:www).

가이아: 다윈은 틀렸는가?(Stanley 1996:www)

고전과학에서는 자연을 기본적인 요소들로 구성된 기계적 체계로 보았다. 다윈은 이러한 관점에 준하여, 생존의 단위를 하나의 종(種), 아종(亞種) 혹은 생물계의 다른 기본 요소들로 보는 진화론을 주장하였다. 그러나 1세기 후에는 생존의 단위가 이러한 하나하나의 개체가 아니라는 사실이 명백하게 드러났다. 모든 유기체들은 환경과의 상호작용을 통해 생존해 나가기 때문이다.

자신의 생존만을 생각하는 유기체는 자신을 둘러싼 환경을 파괴할 것이고, 이는 곧 스스로를 파괴시키는 길이다. 체계론적 관점에서 보았을 때, 생존의 단위는 하나의 독립체가 아니라, 유기체가 환경과의 상호작용하면서 적응된 조직적 패턴이다.

---

13) 역자주: 한 생물이 다른 생물의 내부에 존재하는 공생.

요약

3장에서는 앞으로 펼쳐질 각론에 해당하는 개인, 가족, 집단, 조직, 공동체 등의 다양한 체계의 인간행동에 대한 전통적 관점과 대안적 관점을 살펴보기 앞서, 우리의 사고를 체계화하고 이끌어 줄 다양한 도구들을 탐색해 보았다. 우리는 인간행동과 사회환경에 대한 패러다임을 이해하기 위해 다양한 도구들 즉, 은유의 활용, 모호함을 긍정적으로 수용해야 할 필요성, 개인적인 것과 정치적인 것과의 통합(혹은, 개인과 사회변화) 언어와 말이라는 권력, 포괄성과 배타성을 고려해야 할 필요성 등에 대해 살펴보았다. 또한 사회복지사들이 인간행동과 사회환경을 이해하기 위해 활용할 수 있는 다수의 전통적 이론, 중범위이론, 대안적 이론에 대해서도 개괄적으로 살펴보았다. 이제 우리는 전통적 패러다임과 대안적 패러다임에 대한 지식과 더불어, 본 장에서 살펴본 도구들을 활용하여 인간행동과 사회환경에 대한 이해를 완성하기 위한 여정을 계속할 것이다.

3장 복습

연습문제

1. 다음 중 페미니즘의 "개인적인 것이 정치적인 것이다 (personal as political)"는 개념에 따라 실천하는 사회복지사에 대한 설명에 해당하는 것은?
   a. 개인과 사회변화를 위한 활동에 참여할 것이다.
   b. 클라이언트가 행정관청을 관리하도록 권고한다.
   c. 오로지 지역사회 수준에서만 일한다.
   d. 자신이 근무하는 기관이 집단사회사업에 주력할 것을 강조한다.

2. 다음 중 강점관점과 일치하는 것은?
   a. 원조관계의 강점은 사회복지사의 전문가적인 역할로부터 도출된다.
   b. 클라이언트는 혹독한 환경의 피해자인 경우가 많다.
   c. 사회복지사와 클라이언트는 협력적 관계이다.
   d. 클라이언트는 강점이 부족하므로 환경으로부터 강점을 찾아내야만 한다.

3. 특정문제나 현실에 관한 은유와 명제, 그리고 그것들이 어떻게 작용하는지에 관한 개념의 상징적이고 도식화 된 구조를 무엇이라 하는가?
   a. 이론   b. 개념적 준거틀
   c. 모델   d. 인식론적 설명

4. 책이나 문서뿐만 아니라, 문화적 관습을 나타내는 모든 형태의 표현 방식을 무엇이라 하는가?
   a. 텍스트   b. 언어
   c. 담론   d. 은유

5. 사정의 한 방법으로써, 클라이언트 스스로가 자신의 욕구와 강점에 대해 사정한 것을 포함하여 각 학문분야의 전문가들이 하나의 팀을 구성하여 함께 적절한 사정 방법을 결정하고 각 학문분야의 방법들이 통합적으로 적용되는 사정 모델은 무엇인가?
   a. 전체론적 사정(wholistic assessment)
   b. 다학문적 사정(multidisciplinary assessment)
   c. 초학문적 사정(transdisciplinary assessment)
   d. 클라이언트 중심 사정(client-centered assessment)

6. 가족발달의 맥락 속에서 개인발달의 경로를 추적함으로써, 시간의 흐름에 따른 개인과 가족생활의 변화를 검토하고자 할 때 활용되는 이론은 무엇인가?
   a. 생애과정이론(life course theory)
   b. 전생애발달이론(life span theory)
   c. 가족역할이론(family role theory)
   d. 인간발달이론(human development theory)

7. 다음 중 임파워먼트에 대한 설명으로 옳지 않은 것은?
   a. 개입은 클라이언트의 강점이 무엇인지 결정한 후에 이루어진다.
   b. 이론과 실천에서 권력, 권력박탈, 억압의 문제를 다룬다.
   c. 임파워먼트의 과정은 개인, 대인관계, 공동체의 수준에서 모두 발생할 수 있다.
   d. 임파워먼트는 특정 기술을 가르친다.

8. 사람은 누구나 자신의 사회문화적 위치에서 세상을 바라보게 된다고 가정하는 이론은 무엇인가?
   a. 아프리카중심의 인식론(Afrocentric epistemological theory)
   b. 다중다양성이론(multiple diversities theory)
   c. 페미니스트 입장론(feminist standpoint theory)
   d. 유럽중심의 가부장적 페미니스트 이론(Eurocentric patriarchal feminist theory)

9. 진단과 개인력 조사에 시간을 할애하기 보다는 클라이언트가 바꾸고 싶은 상황과 이를 위해 필요한 것들을 상상하도록 돕는 것이 주된 개입방법이라고 생각하는 사회복지사의 관점은 무엇인가?
   a. 생태학적 관점   b. 초학문적 관점
   c. 체계이론   d. 해결중심 단기치료

10. 소득지원이 아닌 자산에 관심을 가지며, 개인과 지역사회의 빈곤탈출을 돕기 위한 정책적 방안으로, 사회복지사가 활용할 수 있는 이 접근은 무엇인가?
   a. 사회자본(social capital)
   b. 공동체구축계획(community building initiatives)
   c. 자산발달(asset development)
   d. 모두 활용 가능하다

답: 1) a 2) c 3) b 4) a 5) c 6) a 7) a 8) c 9) d 10) d

참고문헌

Alix, E. K. (1995). *Sociology: An everyday life approach.* Minneapolis: West Publishing.

Anderson, Ralph, and Carter, Irl. (1990). *Human behavior in the social environment: A social systems approach* (4th ed.). New York: Aldine de Gruyter.

Anderson, R., Carter, I., and Lowe, G. (1999). *Human Behavior in the social environment: A social systems approach.* 5th ed. New York: Aldine de Gruyter.

Asamoah, Yvonne, Garcia, Alejandro, Hendricks, Carmen Ortiz, and Walker, Joel. (1991). "What we call ourselves: Implications for resources, policy, and practice." *Journal of Multicultural Social Work, 1*(1): 7-22.

Bengston, V., and Allen, K. (1993). The life course perspective applied to families over time. In P. Boss, W. Dogherty, R. LaRossa, W. Schumm, and S. Steinmetz (Eds.), *Sourcebook of family theories and methods: A contextual approach.* New York: Plenum.

Bergen, D. (1994). *Assessment methods for infants and toddlers: Transdisciplinary team approaches.* New York: Teachers College Press, Columbia University.

Berman, M. (Winter 1996). "The shadow side of systems theory." *Journal of Humanistic Psychology, 36*(1): 28-54.

Besthorn, F., and McMillen, D. (2002). The oppression of women and nature: Ecofeminism as a framework for an expanded ecological social work (2002:229). *Families in Society, 83*(3), 221-232.

Bricker-Jenkins, Mary, and Hooyman, Nancy, (Eds.). (1986). *Not for women only: Social work practice for a feminist future.* Silver Spring, MD: National Association of Social Workers, Inc.

Bricker-Jenkins, Mary, Hooyman, Nancy, and Gottlieb, Naomi (Eds.). (1991). *Feminist social work practice in clinical settings.* Newbury Park, CA: SAGE Publications.

Brown, Edwin G. (1981). "Selection and formulation of a research problem." In Richard M. Grinnell, Jr, *Social work research and evaluation.* Itasca, IL.: F. E. Peacock Publishers, Inc.

Capra, Fritjof. (1983). *The turning point: Science, society, and the rising culture.* Toronto: Bantam Books.

Cowger, C. D. (1994). "Assessing client strengths: Clinical assessment for client empowerment." *Social Work, 39*(3): 262-268.

Cowley, A. S., and Derezotes, D. (1994). "Transpersonal psychology and social work education." *Journal of Social Work Education, 30*(1): 32-41.

Dawson, Betty, Klass, Morris D., Guy, Rebecca F., and Edgley, Charles K. (1991). *Understanding social work research.* Boston: Allyn and Bacon.

DeJong, P., and Miller, S. D. (November 1995). "How to interview for client strengths." *Social Work, 40*(6): 729-736.

Diller, J. (1999). *Cultural diversity: A primer for the human services.* Belmont: Brooks/Cole Wadsworth.

Gardner, H. (2000). "Technology remakes the schools." *The Futurist, 34*(2): 30.32.

George, L. (1996). Missing links: The case for a social psychology of the life. *Gerontologist, 36*(2).

Germain, Carel. (1979). *Social work practice: people and environments, an ecological perspective.* New York: Columbia University.

Germain, Carel. (1986). "The life model approach to social work practice revisited." In Francis Turner (Ed.). (3rd ed.). *Social work treatment.* New York: Free Press.

Germain, Carel. (1991). *Human behavior in the social environment: An ecological view.* New York: Columbia University Press.

Gingerich, W. J. (2000). Solution-Focused Brief Therapy: A Review of the Outcome Research. *Family Process, 39*(4), 477.

Gleick, J. (1987). *Chaos: The making of a new science.* New York: Penguin Books.

Goldstein, Howard. (1990). "The knowledge base of social work practice: Theory, wisdom, analogue, or art?" *Families in Society, 71*(1), 32.43.

Green, J. (1999). *Cultural awareness in the human services: A multi-ethnic approach.* (3rd ed.). Boston: Allyn and Bacon.

Gutierraz, L. M., DeLois K. A., and Glen Maye, L. (1995). "Understanding empowerment practice: Building on practitioner-based knowledge." *Families in Society: The Journal of Contemporary Human Services,* 534-543.

Henslin, J. M. (1996). *Essentials of sociology: A down-to-earth approach.* Boston: Allyn and Bacon.

Jones, G. C., and Kilpatrick, A. C. (May 1996). "Wellness theory: A discussion and application to clients with disabilities." *Families in Society: The Journal of Contemporary Human Service, 77*(5): 259-267.

Krippner, S. (Summer 1994). "Humanistic psychology and chaos theory: The third revolution and the third force." *Journal of Humanistic Psychology, 34*(3): 48-61.

Lee, M. Y. (2003). A solution-focused approach to cross-cultural clinical social work practice: Utilizing cultural strengths. *Families in Society, 84*(3), 385-395.

Leigh, L. (1998). *Communicating for cultural competence.* Boston: Allyn and Bacon.

Lum, D. (1999). *Culturally competent practice: A framework for growth and action.* Pacific Grove: Brooks/Cole.

Martin, Patricia Yancey, and O'Connor, Gerald G. (1989). *The social environment: Open systems applications.* White Plains, NY: Longman, Inc.

Miovic, M. (2004). An introduction to spiritual psychology: Overview of the literature, East and West. *Harvard Review of Psychiatry, 12*(2), 105-115.

Mullen, Edward J. (1981). "Development of personal intervention models." In Richard M. Grinnell, Jr. *Social work research and evaluation.* Itasca, IL: F. E. Peacock Publishers, Inc.

Newman, Barbara, and Newman, Philip. (1991). *Development through life: A psycho− social approach* (5th ed.). Pacific Grove, CA: Brooks/Cole Publishing Company.

Newsome, W. S., and Kelly, M. (2004). Grandparents raising grandchildren: A solution-focused brief therapy approach in school settings. *Social Work with Groups, 27*(4), 65-84.

Norman, J., and Wheeler, B. (1996). "Gender-sensitive social work practice: A model for education." *Journal of Social Work Education, 32*(2): 203-213.

Patterson, J. B., McKenzie, B., and Jenkins, J. (1995). "Creating accessible groups for individuals with disabilities." *The Journal of Specialists in Group Work, 20*(2): 76-82.

Persell, Carolyn. (1987). *Understanding society* (2nd ed.). New York: Harper and Row.

Pool, C. (1997). "A new digital literacy: a conversation with Paul Gilster." *Educational Leadership, 55:* 6-11.

Queralt, M., and Witte, A. (1998). "A map for you? Geographic information systems in the social services." *Social Work, 43*(5): 455-469.

Richards, R. (Spring 1996). "Does the lone genius ride again? Chaos, creativity, and community." *Journal of Humanistic Psychology, 36*(2): 44-60.

Saleebey, D. (1997). "Introduction: Power in the people." In D. Saleebey (Ed.). *The strengths perspective in social work practice* (2nd ed., pp. 3.19). New York: Longman.

Saleeby, D. (May 1996). "The strengths perspective in social work practice: Extensions and cautions." *Social Work, 41*(3): 296-305.

Saleebey, Dennis. (1992). *The strengths perspective in social work practice.* White Plains, NY: Longman, Inc.

Scannapieco, M., and Jackson, S. (1996). "Kinship care: The African American response to family preservation." *Social Work, 41*(2): 190-196.

Scott, Joan W. (1988). "Deconstructing equality-versusdifference: Or, the uses of poststructuralist theory for feminism." *Feminist Studies, 14*(1): 33-50.

Sermabeikian, P. (1994). "Our clients, ourselves: The spiritual perspective and social work practice." *Social Work, 39*(2): 178-183.

Shafritz, Jay M., and Ott, J. Steven. (1987). *Classics of organization theory.* Chicago: The Dorsey Press.

Stanley, D. (1996). *The Giants of Gaia*. Web Publication by Mountain Man Graphics: Australia. http://magna.com.au/ ~prfbrown/gaia_jim.html

Swigonski, M. E. (Summer 1993). "Feminist standpoint theory and the questions of social work research." *Affilia, 8*(2): 171-183.

Szasz, Thomas Stephen. (1987). *Insanity: The idea and its consequences*. New York: John Wiley and Sons, Inc.

Thyer, B. (2001). "What is the role of theory in research on social work practice?" *Journal of Social Work Education, 37*(1):9-25.

Trickett, E. J., Watts, R. J., and Birman, D. "Toward an overarching framework for diversity." In Trickett, E. J., Watts, R. J., and Birman, D. (Eds.). (1994). *Human diversity: Perspectives on people in context*. San Francisco: Jossey-Bass.

Tyson, K. (1995). *New foundations for scientific and behavioral research: The heuristic paradigm*. Boston: Allyn and Bacon.

Van Den Berg, N. (Ed.). (1995). *Feminist practice in the 21st century*. Washington, DC: NASW.

Walsh, R., and Vaughan, F. (1994). "The worldview of Ken Wilber." *Journal of Humanistic Psychology, 34*(2): 6-21.

Weaver, H. (1998). "Indigenous people in a multicultural society: Unique issues for human services." *Social Work, 43*(3): 203-211.

Weaver, H. N. (1999). "Indigenous people and the social work profession: Defining culturally competent services." *Social Work, 44*(3): 217.

Weick, Ann. (1991). "The place of science in social work." *Journal of Sociology and Social Welfare, 18*(4): 13-34.

Whitechurch, Gail G., and Constantine, Larry L. (1993). "Systems Theory." In Boss, P. G., et al. (Eds.). *Sourcebook of family theories and methods: A contextual approach*. New York: Plenum Press.

Williams, C. (2006). The epistemology of cultural competence. *Families in Society, 87*(2).

4장

인간에 대한 전통적/ 지배적 관점

Human
Behavior
and the Social
Environment

우리는 다양한 패러다임과 관점을 학습해가는 과정에서 사회복지의 목적인 "인류와 공동체의 복지 향상"과 다음의 사회복지 원칙을 고려해야 한다.

개인과 환경의 조합, 지구적 관점, 인간의 다양성 존중, 과학적 연구방법에 근거한 지식, 사회적·경제적 정의 추구, 인권침해 예방, 빈곤 퇴치, 모든 사람의 삶의 질 향상(CSWE 2008:1).

또한 인간에 대한 서로 다른 관점(4장의 전통적 관점과 5장의 대안적 관점)이 사회변화를 촉진하거나 저해하는 역할을 할 수 있음에 유의해야 한다.

인간행동과 사회환경을 완전히 이해하는 것은 어려운 일임이 분명하다. 그러나 1장에서 사회복지, 사회복지사, 클라이언트가 상호연결되어 있으며, 상호의존적이라고 가정했던 것과 마찬가지로, 이 책의 모든 장도 상호연결되어 있으며, 상호의존적이다. 예를 들어, 개인에게 초점을 두는 장은 4장과 5장이지만, 6장과 7장에서도 계속해서 개인의 발달이나 행동에 관련된 내용과 의문점을 다룰 것이다. 즉, 4장과 5장에서 개인과 관련된 전통적 관점과 대안적 관점을 살펴본 뒤 이어지는 장에서는 가족, 집단, 조직, 공동체, 지구적인 맥락을 다루게 되는데, 이러한 맥락들도 개인의 발달과 밀접하게 관련될 것이다. 가족, 집단, 조직, 공동체, 국가도 궁극적으로는 개인의 발달이 이루어지는 기본 맥락이기 때문이다. 이 맥락들은 인간의 발달에 영향을 미치는 동시에, 인간으로부터 영향을 받기도 한다.

발달과정에 대한 비판적 관점: 발달은 사다리 오르기 같은 것인가?

인간행동과 발달에서 가장 널리 활용되는 전통적 모델은 연령에 따른 순차적 발달단계와 발달과업에 초점을 둔 단선적 접근일 것이다. 이러한 모델과 개념에서는 모든 사람이 마치 "발달의 사다리를 올라야만" 하는 것으로 보아, 단계에 따른 발달과업과 기대치를 제시한다. 우리는 출생하여 사다리의 첫 발판에 올라서서, 죽을 때 마지막 발판을 딛게 된다.

이러한 단선적 접근법에서는 발달을 지속적으로 성장하는 것으로 보는, 긍정적인 관점을 제시한다. 또한 간결하고 예측이 가능하기 때문에, 변화의 과정에서 발생되는 혼란을 명확하게 정리해준다(Steenbarger 1991:288). 그러나 이 접근에서는 "발달의 사다리"가 모든 사람에게 동일하게 적용되며, 모두가 똑같이 오를 수 있는 것이라는 인상을 준다. 즉, 발달의 사다리는 인간의 발달과정에서 나타나는 복잡성, 다양성, 모호성을 지나치게 단순화시킨다.

전통적 발달단계이론에 대한 비판

많은 학자들은 전통적인 인간발달이론, 그 중에서도 특히 발달을 단선적인 단계로 보는 이론에 여러 비판을 제기하고 있다. 우리는 사회복지사로서 비판적 시각을 유지하면서 전통적 발달이론을 활용하기 위해 이러한 비판을 잘 알고 있어야 한다. 전통이론에 대한 비판에는 개인의 내적 요인을 지나치게 강조하여 발달에 영향을 주는 환경적 요인을 등한시하는 점, 발달단계에서 다음 단계로 전환되는 결정요인을 연령으로만 한정짓는 것은 불충분하다는 점, 발달을 단순한 변화가 아닌 성취로 보아 성취를 지나치게 강조하는 점, 인간의 다양성을 고려하지 않거나 이를 충분히 설명하지 못한다는 점 등이 포함되어 있다.

전통적 인간발달이론과 사회환경: 지나친 인간행동 강조 및 사회환경에 대한 경시

전통적인 인간발달이론을 비판하는 이러한 견해는 우리가 인간행동이 사회환경 속에서 이루어진다고 보는 관점과 일치한다. 전통적 인간발달이론에서 사회환경적인 영향을 배제한 채 인간의 내면적 발달과정만을 강조한 결과는 어떠한가? 인간발달에서 사회환경의 영향을 배제하는 것에 대한 첫 번째 비판은 빈곤이나 억압이 발달에 미치는 영향을 고려하지 못한다는 점이다. 전통적 관점에서는 빈곤한 사람들이나 젠더, 인종/민족성, 성, 장애로 인해 억압받는 환경에 처한 사람들의 개인적인 발달의 경험이나 결과가, 억압당하지 않는 부유한 사람들의 발달경험이나 결과와 크게 달라질 수 있음을 문제삼지 않는다.

지구적 관점과 전통적 인간발달이론

지구적, 국제적 관점에서는 전통적 인간발달의 관점에 사회 환경적 이슈가 충분히 반영되지 못했다고 지적한다. Chatterjee와 Hokenstad는 다음과 같이 주장한다.

사회환경적 맥락에서 나타나는 인간행동을 완전히 이해하기 위해서는 국제적 차원과 상대적 차원을 고려해야한다. 현대사회는 국제화되면서 우리 삶의 모든 영역에 영향을 미친다. 국제화된 경제는 전 세계인의 사회적·정신적 행복에 큰 영향력을 미치게 되었고, 환경 파괴나 지구 온난화와 같은 국제적인 문제도 개인의 신체 건강에 영향을 미친다. 국가 간의 불평등한 부의 분배로 인한 이민도 미국인뿐만 아니라 대다수 사람들의 삶의 질에 영향을 미치고 있다(Chatterjee and Hokenstad 1997:186).

전통적 이론에서는 인간행동의 지구적 측면을 고려하지 않았기 때문에 인간행동을 상대적인 것으로 보지 않으며, 전 세계 사람들의 행동을 '동일한 척도'로 측정하는 것이 가능하다고 보는 위험성이 있다. Chatterjee와 Hokenstad는 "사람들이 서로 다른 사회환경 속에서 어떻게 기능하는지를 완전히 이해하기 위해서는 반드시 비교분석해야 한다."고 주장한다(1997:186). 예를 들어 "'서로 다른 문화권에서 보는 '올바른' 배변훈련이나 아동훈육의 방법은 무엇인가?', '각 문화에서는 어떠한 종교관을 형성하는가?' 라는 주제로 국가 간에 비교연구를 해보면, 독특한 문화적 행동양식을 구분해낼 수 있다"(Chatterjee and Hokenstad 1997:186-7).

환경, 내적 작용, 연령

단계이론에 대한 첫 번째 비판은 환경의 영향을 충분히 고려하지 못한다는 점이다. Miller는 Bronfenbrenner(1977)의 말을 인용하여 "인간발달 연구의 가장 큰 한계점은 개인적 측면에만 초점을 두는 것이다. 인간의 발달을 완전히 이해하기 위해서는 전체적인 사회환경을 고려해야 한다."고 말한다. 단계이론에 대한 두 번째 비판은 내적 작용(internal process)을 지나치게 강조한다는 점이다. D'augelli는 "발달상의 내적 작용을 강조하는 단계모델을 게이나 레즈비언의 정체성 형성에 대한 모델에 적용하는 데는 한계가 있다."고 언급한다. 단계이론에 대한 세 번째 비판은 연령의 한계이다. 연령기반의 단계 모델을 비판하는 Jendrek 등의 학자들은 연령과 인생의 특정 시기(예를 들어, 전통적 역할에서 설정하는 조부모 되기)간의 연관성이 점점 약해지고 있다고 말하며, 이것을 "유동적 주기(fluid-cycle)"의 패턴으로 대체하자고 제안한다. 물론 "이 모델에도 패턴과 기대치가 있지만, 연령과의 연관성은 상대적으로 덜하다"(1994:207).

유동적 주기 모델을 지지하는 학자들은 인생의 주요한 사건이 연령에 따라 나타나지 않는다고 주장한다. 생애과정에서의 질서정연함을 주제로 삼는 연구도 있지만, 어떤 연구자들은 '무질서'가 '질서'보다 더 '정상적'일 수 있다고 주장한다(Jendrek 1994:207). 이는 카오스와 복합성의 개념 그리고 대안적 패러다임의 접근과 일맥상통하는 개념이다. 그 외에도 대안적 접근에서는 '생애과정'이나 인간발달이 단계순으로 이루어진다고 보는 '거대 담론이나 이론'에 의문을 제기한다.

발달에서의 성취

Bergen에 의하면, 성취를 중시하는 주류 미국사회에서는 '성취를 곧 발달'로 간주한다. 그래서 미국의 부모와 교사들은 아이들이 눈에 띄게 성장하거나 획기적인 성취를 이루어야만 발달이라는 변화가 일어났다고 생각한다. Bergen은 발달을 단순한 변화가 아닌 진보로 보는 관점에 이의를 제기하며, "모든 인간은 연령에 관계없이 그 자체로서 완전하다."고 주장한다(1994:13). 이러한 "성취로서의 발달" 개념에서는 "적절한 시기에 순차적으로 발달과업을 성취하지 못한 아이들을 '발달지체'로 본다." Bergen은 "많은 학자들이 발달의 순서, 주요 사건, 단계를 표준적인 발달의 특성으로 규정하고 있고, 이는 발달의 보편성으로 알려져 있다. 그러나 학자들은 보편적인 발달의 패턴 속에 개인차가 크다는 점을 발견하였는데, 통상적인 발달 범위 안에서의 개인차는 '정상범위'로 보지만, 그 '정상범위'를 벗어난 큰 차이는 이상행동이나 장애로 분류하였다."(1994: 13)고 한다.

발달단계에 대한 비판 요약

Steenbarger(1991:288-289)는 단계모델에 대한 비판을 다음의 세 가지로 요약하였다.

1. 단선성을 강조하는 단계모델에서는 인간발달의 복잡성을 설명할 수 없다.
2. 일정한 순서를 강조하는 단계모델에서는 상황이 발달과정에 얼마나 중요한 영향을 미치는지를 설명하지 못한다.
3. 발달을 획일적인 순서로 단순화시키는 단계이론은 가치 전제에 있어서 문제를 내포하고 있다.

단계이론은 "획일성을 강조하며 다원성과 다양성의 가치를 등한시한다."

단계이론과 다양성

이러한 비판을 조금 더 살펴보기 위해 "발달의 사다리"라는 비유를 다시 검토해보자. 전통적인 단선적 관점에서는 모든 사람의 사다리가 동일한 형태라고 가정할 뿐만 아니라, 모든 사람의 사다리는 동일한 개수의 발판이 있고, 이 발판의 폭도 같으며, 사다리의 높이와 넓이도 같다고 가정한다. 또한 전통적 이론에서는 발달의 사다리가 놓여있는 맥락과 상황이 모든 사람에게 동일하고, 적어도 해가 되지는 않는다고 가정한다. 이런 가정으로 인해 우리는 모든 사다리가 동일한 위치에 동일한 기울기로 놓여있으며, 모든 사람은 첫 발판에서부터 한 계단씩 올라가서 사다리 꼭대기의 같은 위치에 올라서게 된다고 생각하게 된다.

그러나 사다리의 특징과 이 사다리가 놓여있는 상황과 맥락은 각각 다르다 ([그림 4.1] 참고). 만약 모든 사람에게 그들의 환경적 조건과 상관없이 동일한 사다리가 주어진다면, 사다리의 활용도는 극히 제한될 것이다. 20개 계단 높이의 가로등 전구를 교체해야 하는 상황에서 5개의 발판만 있는 사다리를 사용할 수 있겠는가? 사다리가 유용한지는 사다리의 사용 목적, 이용 가능한 사다리의 형태, 사다리가 놓인 환경, 특히 사다리를 사용하는 사람의 기술과 능력에 의해 좌우된다. 이와 마찬가지로 인간의 발달에 있어서도 다양한 특징과 상황을 고려해야만 한다. 인간의 발달을 이해하기 위해서는 발달의 사다리가 개인의 욕구, 자원, 환경에 따라 매우 다양함을 인식해야 한다.

이처럼 사다리가 놓인 상황과 그 특성은 매우 다양하기 때문에, 특정 상황에서 잘 활용되었던 사다리가 다른 상황에서는 사용하기 어려울 수도 있다.

어쩌면 인도, 다리, 비행기의 연결통로, 아치형 계단, 엘리베이터, 자동차, 비행기, 심지어 영화 스타트랙에 등장했던 "트랜스포터"가 보다 더 적당한 이동수단이 될 수 있지만, 이렇게 다양한 대안들을 고려해보지 않고 있을 수도 있다. 욕구나 상황, 최종 목적지나 가용자원을 고려했을 때 다른 수단을 사용하는 것이 더 효과적일 수 있음에도 불구하고, 인간발달에 대한 단선형의 발달의 사다리나 단계모델에서는 발달이라는 여정에서 오직 한 가지 방법만을 고수한다.

그림 4.1

첫 번째 그림에서는 사다리가 낮아서 가로등의 전구를 교체할 수 없다.

두 번째 그림의 경우, 사다리의 높이는 충분하지만 휠체어를 타고서는 올라갈 수가 없다.

발달에 대한 관점: 공통성과 다양성

발달에서 다양성을 중요시 한다고 해서 모든 사람들이 공유하는 발달과업이나 욕구가 있음을 부정할 필요는 없다. 우리에게는 분명 공통된 발달과업과 욕구가 있다. 공통성은 모든 사람을 하나로 묶는 연결고리로써, 공통된 인간성을 정의하고 공통의 권리와 책임을 나타내는 기본적인 방식이다. 그러나 이러한 공통성이 다양성을 무색케 하거나, 다양성보다 중요하게 여겨져서는 안 된다.

인간에게는 공통된 발달과업과 욕구가 있지만, 모든 사람들이 동일한 환경과 조건, 또는 동일한 자원이나 장애물 하에서 같은 속도로 발달하지는 않는다. 인간의 행동과 발달에 대한 단선적이고 일차원적인 접근은 사회복지실천에서 효과적이지 못하며, 사회복지의 가치에도 위배될 수 있다. 이러한 접근에서는 개인의 고유성을 부정하여 사람들이 자신만의 고유한 발달을 이룰 기회를 빼앗는다.

예컨데, 발달에 대한 전통적 관점에서는 다른 사람의 도움 없이 혼자서 걷는 것을 공통된 발달과업이라고 간주한다. 그러나 다른 사람이나 도구의 도움 없이 걸을 수 없는 많은 사람들은 이 과업을 달성할 수 없다. 선천적이거나 사고로 인해, 또는 노화나 질병으로 신체적 변화가 생겨 발달상에 차이가 나타나는 경우가 이에 해당한다. 도움 없이 혼자서 걷기라는 과업을 '주어진 환경과 절충하여 이동방법을 찾아 자신의 잠재력을 극대화하기'로 확장한다면, 보다 많은 생애과정에 더 많은 사람들을 포함시킬 수 있게 된다.

다음으로는 발달의 공통성과 다양성 모두를 설명해 주는 놀이에 대해 살펴본 뒤, 다양한 발달경험과 결과를 낳는 발달위기와 조건을 알아볼 것이다. 또한 발달의 공통성과 다양성을 평가하기 위해 일반적으로 사용되는 평가 도구에 대해 검토할 것이다.

놀이: 인간발달의 보편성

모든 인간은 발달과정에서 보편적으로 놀이를 경험하지만, 이러한 놀이의 내용과 놀이가 이루어지는 상황은 사람마다 다르게 나타난다. 사회복지사들은 놀이에 대한 평가를 통해 개인과 집단의 인간행동과 발달을 이해할 수도 있다. 이후에는 놀이의 정의, 놀이를 통한 학습, 놀이의 특성과 기능을 통해 발달의 보편성을 검토할 것이다.

놀이의 정의

1. 아이들은 놀이를 통해 말로는 배울 수 없는 것을 배운다. 놀이는 아이들이 공간과 시간, 사물, 동물, 체계 및 인간세상을 탐구하고 이에 적응해 가는 방식이다.
2. 놀이는 일정한도 내에서 자유로이 행동하고 기능하는 것이다.
3. 아이들에게는 놀이가 일이다.

놀이를 통한 학습

1. 아이들은 놀이를 통해 사회적 관계와 사회성을 발달시킨다.
2. 아이들은 놀이를 통해 친구들과 장난감을 나누어 사용하는 법을 배운다.
3. 아이들은 놀이를 통해 자기 차례를 기다리는 법을 배운다.

4. 아이들은 놀이를 통해 자기가 원하는 것을 부탁하는 법을 배운다.

5. 아이들은 놀이를 통해 사람들(엄마, 아빠, 아기, 의사 등)의 역할을 이해하게 된다.

6. 아이들은 놀이를 통해 기술을 터득한다.

놀이의 특성

1. 놀이는 즐거운 것이다(비록 즐거운 요소가 없어 보일지라도, 놀이를 하는 사람들은 만족을 느낀다).

2. 놀이에는 특정한 목적이 없다(그렇지만 놀이가 비생산적이지는 않다).

3. 놀이는 의무감에 의한 것이 아니라 자발적이고 자연스러운 것이다.

4. 참여자들은 놀이에 적극적으로 임한다.

놀이의 기능

1. 놀이는 아이들의 문제해결을 도울 수 있다.

2. 놀이는 아이들의 욕구 표현을 유도하여 자기 확신을 가지게 한다.

3. 아이들은 놀이를 통해 친구를 만나 이야기하면서 언어능력이 향상된다.

학습은 연속적인 과정이다. 아이들은 놀이를 통해 충동적인 행동을 통제하고, 생활기술을 익히며, 사람들과 어울리는 법을 배운다(University of Arkansas Nursery School 1996).

발달위기에 대한 사정(developmental risk assessment)

인간은 발달과정을 거치면서 여러 종류의 취약성과 발달위기를 경험하게 되는데, 이는 다양한 발달경험과 결과로 이어진다. Bergen은 발달상의 취약성과 위기를 고려한 접근법을 제시하는데, 이러한 취약성을 사정(査定)하기 위한 방법과 도구들은 다양한 학문 분야에서 활용되고 있다. 다음 절에서는 이러한 사정도구 몇 가지 살펴볼 것이다. Bergen에 따르면, 사정도구는 선천적 위기, 생물학적 위기, 환경적 위기라는 세 영역과 관련되어 있다.

1. **선천적 위기**: 신경학적, 유전적, 기형적, 인지적 또는 감각적 손상이나 기타 신체적, 의학적 증상으로 심각한 발달상의 문제가 발생하는 경우

이다 … 선천적 위기는 이른바 장애를 의미한다. 여기에는 다운증후군, 이분척추증, 뇌성마비, 시각장애, 사지절단이나 기형을 비롯한 유전적, 운동 신경적, 감각적, 인지적 손상이 포함된다.

2. **생물학적 위기**: 태내기, 출산과정, 신생아기에 발생한 신체적, 의학적 트라우마 상태를 의미하는데, 이는 발달지체로 이어질 가능성이 높지만 반드시 그런 것만은 아니다. 예를들어 저체중아는 발달지체가 되기도 하지만, 아무 문제없이 잘 성장하기도 한다.

3. **환경적 위기**: 물리적 환경(예: 열악한 주거환경, 납 성분이 포함된 페인트에 노출) 또는 가정환경이나 사회제도적 상황(예: 부모의 양육 능력, 낮은 사회경제적 수준, 치료를 금하는 문화적 가치관)으로 인하여 아동의 발달과정에 부정적인 영향이 잠재되어 있는 경우이다. 가족 내의 부정적인 여건(예: 가정폭력이, 부모의 약물 남용)은 모든 가족 구성원들의 발달뿐만 아니라 위기에 처한 아동에게 적절한 환경을 제공하는 능력에도 영향을 미친다.

발달에 대한 전통적인 사정도구   우리는 3장에서 다양한 유형의 다학제적 접근법을 살펴보면서 사회복지사가 종종 다학제팀의 구성원이 된다고 언급하였다. 따라서 인간발달의 취약성을 밝히는 전통적 관점을 정확히 이해하기 위해서는 다양한 전문가들이 사용하고 있는 사정의 원칙, 용어, 도구를 검토해야 할 필요가 있다. <표 4.1>에서는 전통적인 발달 원리, 그 대표사례들, 각 발달 원리와 관련된 위기 상황을 개괄적으로 보여준다.

Kalmanson은 발달의 취약성을 사정하는 과정에서 "행동의 패턴을 확인하는 것이 보다 중요한 이유는 이것이 개입의 필요성과 연계되어 있기 때문이다. 반면에 '하나하나의 개별 행동들은 발달의 정상범위 내에서의 개인차를 나타내는 것일 가능성이 크다.'"고 언급한다(Bergen 1994:36). <표 4.2>는 Kalmanson이 영아와 유아기의 발달상 취약성을 설명하는 지표이다.

신생아를 사정할 때에 보편적으로 사용하는 척도는 Apgar와 Brazelton의 신생아행동평가 척도이다. Apgar 점수(<표 4.3>)는 5가지 특성을 통해 신생아의 전반적인 건강을 평가하는 것으로, 출생 1분 후와 5분 후에 측정한다. Apgar 점수는 10점이 가장 건강한 상태에 해당한다. Brazelton의 척도(<표 4.4>)는 신생아의 행동과 신경 기능을 평가하는 것으로, "Apgar 점수보다 미래 성장의 발달

표 4.1　발달 원리 및 이와 관련된 대표사례와 위기상황

원리	일반적 특성	위기상황
1. 발달과정에 있는 아이들은 활동적이다.	영아는 신기한 현상을 바라보거나 움켜쥐거나 다가가는 등 적극적으로 자극을 얻고자 한다.	위기에 처한 아이들은 적극적으로 자극적인 환경을 선택하고 이에 집중하며, 이러한 자극에 따라 행동하려 한다; 장애로 인해 자아 효능감이 저해되는 경우라면, 조정 장치나 사회적 자극을 활용하여 행동하도록 해야 한다.
2. 발달상의 변화는 일생의 모든 지점에서 발생할 수 있다.	부모는 연령에 상관없이, 자녀를 갖게 되면서 발달상의 변화를 경험하게 된다.	나이가 들어도 위기로 인해 발달의 주요단계에 도달하지 못할 수도 있지만, 이들의 발달은 계속 진행 중인 것이다; 교육으로 인해 일생동안 차이가 만들어진다.
3. 발달과정은 수월하거나 저절로 이루어지지 않는다; 발달은 통합적이고 조화로운 시기 뿐 아니라 혼란스럽고 어수선한 시기를 모두 포함하는 이행과 순환의 과정이다.	"미운 두 살"인 아이들은 매우 의존적이지만, 그래도 자율성을 얻으려고 노력한다. 그래서 이들의 행동은 양육을 받는 것과 자아나 타인을 통제하려는 것 사이에서 오락가락하곤 한다.	위기를 경험하는 아이들은 좌절, 퇴보, 혼란과 새로운 시작을 경험하기도 한다; 이러한 순환과정은 비정상적인 것이 아니라, 일반적인 발달의 전환기에 해당하는 것으로 보아야 한다.
4. 생물학적 성숙과 유전적 요인은 발달의 매개변수이다.	아이의 체격은 걸음마 시기에 영향을 미친다.	생물학적·유전적 요인들은 발달의 진행수준과 완성수준에 영향을 미친다.
5. 환경은 발달을 촉진할 수도, 제한할 수도 있다.	영양결핍이거나 요람 속에 누워만 있는 아이는 보통의 경우보다 걸음마가 늦다.	특정 유형의 발달지체(예: 언어, 사회성)는 가정, 학교, 지역사회 환경의 영향을 많이 받는다.
6. 발달에는 연속적인 발달과 불연속적인 발달이 있다.(예: 점진적으로 지속되는 성장과 갑작스러운 변화)	아이의 기질은(예: 느긋한 아이) 일생동안 유지되지만, 사고의 패턴은 자라나면서 질적으로 달라질 것이다.	연속적인 발달은 쉽게 인식되지 않는 반면, 불연속적인 발달은 눈에 잘 띄며 위기에 처한 아이들의 발달을 저해하는 요인이 되기도 한다.
7. 발달의 패턴과 과정 중에는 보편적인 것이 많다(예: 발달의 시간간격, 지속기간, 변화순서 등은 문화에 관계없이 대부분 유사하다).	모든 문화권의 아기들은 처음 말을 배울 때 "아기말"로 말한다.	위기에 처한 아기들 또한 이러한 패턴을 보이지만, 장애로 인하여 왜곡되거나 지체될 수도 있다.
8. 개인들의 고유한 생물학적 특성과 더불어 문화적, 환경적인 특성도 발달의 시기, 지속기간, 순서, 특수성에 영향을 미친다.	보통의 경우 여아들이 남아에 비해 일찍 말을 시작하지만, 어머니가 남아에게 많이 말을 건네는 문화권에서는 남아들이 더 일찍 말을 한다; 여성들이 적극적인 문화권에서는 여아들의 활동수준이 높게 나타난다.	위기에 처한 아이들은 독특한 특성을 갖거나 독특한 경험을 하는 경우가 많은데, 이는 발달의 보편성이 발현되는데 영향을 미친다.
9. 발달적 변화는 건강 및 다른 요인들에 의해 영향을 받기 때문에, 긍정적일 수도 부정적일 수도 있다.	만성질환은 아동의 발달에 영향을 미치며, 만성질환으로 퇴행하여 "아기"처럼 행동하게 되기도 한다.	심각한 진행성 질환을 앓는 아이들은 발달이 퇴보될 수도 있다; 긍정적 발달을 유지하고 부정적 징후를 조절하는 것 간에 균형을 이루는 것이 필요하다.
10. 발달로 인한 변화의 간격은 나이가 어릴수록 짧게 나타나는 경향이 있다.	6개월 된 영아와 1살 된 영아의 운동기능상의 차이는 매우 크다. 그러나 15세와 17세인 아이들의 운동기능은 그리 차이가 나지 않는다.	장애아동의 경우에는 발달로 인한 변화의 시간간격이 더 크다. 그러나 아동의 발달은 어릴수록 빠르게 진행되기 때문에 조기개입이 중요하다.

출처: 출판사의 허락을 받아 전재함: Bergen, D. (1994). Assessment Methods for Infants and Toddlers. New York: Teachers' College Press, Columbia University. All right reserved.

결과를 예측하는 수단으로써는 더 낫다."고 알려져 있다(Bergen 1994:42).

　　<표 4.5>는 일반적인 의학진단 검사와 그 과정을 간략히 보여준다. 의료진은 필요에 따라 여러 검사를 함께 활용할 수도 있다. <표 4.6>에는 정신과 의사들이 정신건강을 사정하는 방법이 요약되어 있다.

　　<표 4.7>은 심리학자들이 사정에서 주로 활용하는 용어를 이해하는데 유용할 것이다. 이 용어들은 인간행동을 이해하고 측정하기 위한 전통적인 패러다임의 기본요소들을 반영하고 있다.

　　<표 4.8>, <표 4.9>, <표 4.10>은 언어·청각 전문가들이 사용하는 용어와 사정도구이다. 우리는 이 정보들을 통하여 청력손상의 정도와 상대적 소음도, 발음의 종류 및 정의를 파악할 수 있다.

표 4.2　영유아기 발달상의 취약성

	영아기	유아기
자기조직화	안정된 상태를 유지하기 어려움, 과민성, 울기, 수면장애 주의 집중이 불규칙함, 어른과의 상호작용에 집중하거나 반응하지 못함	사람이나 사물에 집중하지 못함 잠들기 어렵거나, 신경질적으로 깨어남 음식물 섭취가 불규칙적임
사회정서	반응이 없음 눈을 맞추지 않음 예상하지 못한 반응을 함 혼자 있는 것을 좋아함 애착형성이 부족함	상호작용/놀이의 부족 또는 결여 주 양육자에 대한 애착이 거의 없음 주 양육자가 사라지거나 나타난 상황에서 지나치게 괴로워하거나 무관심함 모방놀이를 하지 않음
운동신경	목소리에 대한 운동반응이 부족함 안았을 때 뒤로 젖힘 축 늘어지며 부모에게 잘 안기지 않음	산만하고 마구잡이로 움직임 충동적으로 달리고 넘어짐 움직이는 것에 관심이 없음
감각통합	외부의 소리나 광경에 흥분하거나, 깜짝 놀람 부모가 주는 자극에 어울리는 반응을 하지 못함 (엄마가 안아주거나 말을 건넬 때 엄마를 바라보지 않음)	깜짝 놀람 소리가 나는 곳을 알아채지 못함 평상적인 자극에 압도되어 위축됨 자기자극에 몰두함
언어	부모의 목소리에 반응하는 옹알이를 하지 않음 부모의 목소리에 관심이 없음	대화나 몸짓을 하지 않음 말을 따라하지 않음 중요한 사람/사물을 말로 표현하지 않음 대화를 나눌 의도가 없음

출처: 출판사의 허락을 받아 전재함: Bergen, D. (1994). Assessment Methods for Infants and Toddlers. New York: Teachers' College Press, Columbia University. All right reserved.

표 4.3　분만시의 신생아 평가: Apgar 점수

징후	0	1	2
1. 심박수	없음	100 이하	100 이상
2. 호흡	없음	느리거나 불규칙함	좋음, 잘 운다
3. 근긴장도	기운 없이 축 늘어져 있다	팔다리를 약간 움직인다	팔다리를 활발히 움직인다
4. 카테터(catheter)를 코 속에 넣는 자극에 대한 반응 (인두 중앙부를 깨끗이 한 뒤에 검사)	반응 없음	얼굴을 찡그린다	기침이나 재채기
5. 피부색깔	푸른색, 창백함	몸통은 분홍색, 손발은 푸른색	전신이 분홍색

출처: 저자의 허락을 받아 전재함: Apgar(1953). "A proposal for a new method of evaluation of a newborn infant, Anesthesia and Analgesia." Lippincott Williams&Wilkins의 허락을 받아 전재함: Bergen, D. (1994). Assessment Methods for Infants and Toddlers. New York: Teachers' College Press, Columbia University. All right reserved.

표 4.4　영아의 신경학적 평가, Brazelton의 신생아 행동평가척도

다음의 7가지의 측정 척도는 Brazelton척도를 요약한 것이다.

1. 습관화:
   밝은 빛, 딸랑이, 방울, 바늘에 대한 반응

2. 지남력:
   시청각적 자극에 대한 주의집중

3. 운동성:
   동작 성숙도와 근육의 탄력도

4. 상태범위:
   최고 흥분상태 도달
   상태고조의 신속성
   민감성
   상태의 가변성

5. 상태조절:
   안기기
   달래기
   스스로 진정하기
   손가락 빨기

6. 자율신경계 안정성:
   진전(떨림)
   놀람
   피부색 변화

7. 반사작용:
   비정상적 반사작용의 횟수

출처: John Wiley@Sons, Inc.의 허락을 받아 참고함: Brazelton, Nugent, & Lester, 1987. 출판사의 허락을 받아 전재함: Bergen, D. (1994). Assessment Methods for Infants and Toddlers. New York: Teachers' College Press, Columbia University. All right reserved.

표 4.5   일반적인 의학진단 검사와 그 과정

초음파 검사	음파를 이용하여 신체 내부를 관찰한다. 화면영상은 엑스레이 필름으로 전환되며, 의사는 이것을 해석한다.
심전도 검사(EKG)	아동의 심장 박동을 기록한다. EKG는 심박 수와 리듬의 변화, 심실의 크기, 심장의 압력 등을 감지한다. (예: 관상동맥폐쇄)
컴퓨터 단층 촬영(CT)	엑스레이의 일종으로, 아동의 뇌와 복부를 촬영한다. 경우에 따라서는 정맥주사로 조영제(造影劑)를 투여하기도 하는데, 이 약물이 혈액을 따라 순환하면서 뇌와 복부의 모습을 더 잘 보여준다.
요추 천재(뇌척수액 검사)	뇌척수액의 압력을 측정하거나, 소량의 검사물을 채취한다. 척수관 아래 부분을 마취한 후, 바늘을 척수관까지 삽입하여 척수액을 채취한다.
뇌전도 검사(EEG)	뇌가 활동할 때 발생하는 전류를 기록한 것으로, 이는 흥분성시냅스후전위와 억제성시냅스후전위의 총합을 의미한다.
자기공명영상(MRI)	영상을 통해 뇌와 기타 장기를 진단하는 비외과적인 방법이다. 이 검사는 X선 대신 자기장을 이용하여 만들어진 영상을 컴퓨터로 분석한다. MRI는 해부학적 구조를 상세하게 보여준다.
사건관련전위(ERP)	말초신경 자극에 따라 일정 시간동안의 발생하는 뇌의 전기적 활동을 분석하는 방법이다(예: 귀-뇌간유발반응, 눈-시각유발반응, 말초신경-체성감각유발반응). 신호는 두피의 해당 부위에서 EEG 전위로 나타난다. 작은 값의 신호들을 탐지하기 위해 평균치를 이용하는데, 이것은 지속적인 EGG와는 구별되어야 한다.
체외막산소화장치(ECMO)	아기의 심장이나 폐의 이상으로 혈액을 통해 충분한 산소의 공급이 불가능할 때, 인공 심장과 인공폐의 역할을 하여 산소를 공급해주는 기계이다. ECMO가 심장과 폐의 기능을 보조하는 동안, 아기의 심장과 폐를 정상으로 회복시키는 것이 목적이다.
뇌실단락수술	뇌수종을 완화시키기 위해 아동의 머리에 작은 튜브를 삽입한다. 션트술을 시행하여 뇌척수액을 머리에서 혈관이나 복부로 배출시킨다.
션트기능검사	뇌실단락수술의 효과가 제대로 나타나지 않는 이유를 밝히기 위해 사용된다. 작은 바늘을 션트 밸브로 삽입해 뇌척수액을 채취하여 검사한다. 밸브를 통해 척수내 방사선 동위원소 주사를 놓은 후 엑스레이 촬영을 한다. 션트에 펌프 작용을 가한 후에 다시 엑스레이를 촬영하여 염색물질이 션트 튜브를 따라 움직이는지를 확인한다.

출처: 출판사의 허락을 받아 전재함: Bergen, D. (1994). Assessment Methods for Infants and Toddlers. New York: Teachers' College Press, Columbia University. All right reserved.

표 4.6 　심리사회적 사정의 유형

분류	구체적인 문제 상황
신체적 성장	체중미달, 비기질적인 성장장애와 과성장, 비만
수면	불면증, 몽유병, 악몽
운동능력	행동과다, 과잉행동, 대근육 및 소근육의 운동 지연
인지-언어	정신지체, 학습장애, 언어지체, 주의집중장애, 언어장애
학교	중도포기, 등교거부, 장기결석, 무단결석
행동	야뇨증, 분노발작, 방화, 도둑질, 틱, 분변실금, 과도한 자위행위
정신-생리학	만성적인 복통, 두통, 무릎과 다리의 통증
정서	불안 또는 신경과민, 우울감, 낮은 자존감, 과도한 분노와 흥분
사고	망상, 환청, 모순된 생각
또래활동	자신감의 결여, 소외, 싸우거나 괴롭히기
부모-자녀	분리불안, 신체적 학대, 정신적 학대, 성적 학대, 방임
사회	불안정한 주거, 잦은 이사, 경제적 문제, 성적 학대(부모 외에 다른 사람)
가족	이혼이나 별거, 부모의 신체적·정신적 질환, 부모의 약물·알코올 남용, 부부싸움, 사회관계 부족, 형제간의 문제, 부모의 사망

출처: Horwitz, McLeaf, Leventhal, Forsyth, & Speechly(1992)로부터 전제함. American Academy of Pediatrics의 허락을 받아 전재함: Bergen, D. (1994). Assessment Methods for Infants and Toddlers. New York: Teachers' College Press, Columbia University. All right reserved.

표 4.7 　심리학자들의 사정 용어

성취	아동이 주어진 과업을 성공하는 정도
대표값	가장 대표적인 측정치 혹은 점수(평균, 중앙값, 최빈값 등)
발달기준	실험집단의 50%가 과업을 완수하는 연령
규범적임	대표값 또는 일반적인 범위에 속하는 측정결과
규준(規準)	특정 집단(예: 연력, 민족, 지역)을 대표하는 표준화된 일반 점수
심리측정	인간의 인지적, 정서적, 운동 행동을 표준적 도구를 활용하여 측정하는 것
신뢰도	검사나 관찰이 일관된 결과를 나타내는 정도
표준점수	서로 다른 검사들의 결과를 비교할 수 있도록 수학적으로 변환한 점수
표준검사	일관된 방법과 자료, 점수계산법을 사용하는 검사
타당도	검사나 관찰이 측정하고자 했던 것을 측정해낸 정도

출처: 출판사의 허락을 받아 전재함: Bergen, D. (1994). Assessment Methods for Infants and Toddlers. New York: Teachers' College Press, Columbia University. All right reserved.

| 표 4.8 | 청력손상, 청력이 언어와 인지에 미친 영향의 범주 |

경도 난청 (15-30 dB HTL)	중고도 난청 (55-70 dB HTL)
• 모음은 잘 들리지만, "s"와 같은 무성음은 잘 들리지 않는다. • 강세가 없는 짧은 단어와 작은 목소리를 듣지 못할 때가 있다.	• 커다란 환경음과 가까운 곳의 큰 목소리만 들을 수 있다. • 보청기 없이는 언어를 배울 수 없다. • 보청기 없이는 모음과 자음을 구별할 수 없다. • 문법과 추상적 의미의 학습이 지체되거나 불가능하다.
중도 난청 (30-50 dB HTL)	**고도 난청 (75-90 dB HTL)**
• 일상적인 대화 수준의 소리가 잘 들리지 않지만, 보청기를 착용하면 들을 수 있다. • 마찰음(표 4.10을 보라)과 같이 음향학적 에너지가 낮거나 음도가 높은 소리가 왜곡되어 들리거나 생략된다. • 강세가 없는 짧은 단어가 들리지 않는다. • 추상적 개념과 다중어의 의미를 배우거나, 상위개념을 발달시키기 어렵다.	• 보청기 없이는 큰 목소리도 듣지 못한다. • 보청기 없이는 청각을 통해 언어를 습득할 수 없다.

주: dB=데시벨 : HTL=청력 손상의 정도
출처: 출판사의 허락을 받아 전재함: Bergen, D. (1994). Assessment Methods for Infants and Toddlers. New York: Teachers' College Press, Columbia University. All right reserved.

| 표 4.9 | 음압 수준의 예시 |

데시벨	자극
20	숲
30	속삭임
60	대화
80	자동차가 다니는 도로

출처: 출판사의 허락을 받아 전재함: Bergen, D. (1994). Assessment Methods for Infants and Toddlers. New York: Teachers' College Press, Columbia University. All right reserved.

| 표 4.10 | 음성의 분류 및 정의 |

유성음	폐에서 나온 공기가 성대를 진동시켜 생성되는 음성(cup을 발음할 때 "u"). 모든 모음은 유성음이다.
무성음	폐에서 나온 공기가 성대를 진동시키지 않고 생성되는 음성(pit을 발음할 때 "p", fun을 발음할 때 "f").
마찰음	조음기관의 수축으로 순간적인 압력의 변화로 생성되는 음성. 유성음과 무성음이 있다("z", "s").
파열음	조음기관을 짧게 차단시켜서 만들어내는 파열적 음성. 역시 유성음과 무성음이 있다("p", "b").
비음	코를 통해 나오는 유성음(man).

출처: 출판사의 허락을 받아 전재함: Bergen, D. (1994). Assessment Methods for Infants and Toddlers. New York: Teachers' College Press, Columbia University. All right reserved.

정상과 비정상: 전통적 관점과 대안적 관점

인간행동과 발달에 대한 전통적 관점과 대안적 관점을 살펴보기 전에, 우리는 기존에 사용해온 정상과 비정상의 개념에 의문을 제기해 볼 필요가 있다. 왜냐하면 지배적/전통적 패러다임의 사고에서는 인간의 행동을 총합이나 소위 규범, 또는 평균적인 행동 등과 같이 좁은 시각에서 논의하기 때문이다.

사회복지사들은 개인적인 욕구, 역사, 문화, 경험의 혼합물인 개인, 집단, 가족, 조직, 지역사회와 함께 일할 때 "정상"이라는 개념에 의문을 가지고, 보다 전체론적인 대안을 찾아보아야 한다. 이를 위해 다음과 같은 의문을 제기해 보아야 한다; 정상이란 누구를 위한 개념인가? 누구의 눈에 정상인가? 어떤 가치관에 의한 것인가? 얼마나 지속되어야 하는가? 어떤 맥락과 상황에서 정상이라고 할 수 있는가?

우리는 무엇이 "정상"적인 인간행동이고 발달인지를 이해하기 위해 다양한 범위와 순서를 살펴보려 한다. 다음 장에서는 사람들의 다양한 특성, 욕구, 역사, 환경을 보다 전체론적인 관점에서 살펴볼 것이다. 이를 위한 가장 좋은 방법은 그러한 경험, 환경, 역사를 대표하는 사람들이 만든 발달론적 접근, 관점, 모델을 찾아보는 것이다.

사람들의 강점을 최대한 활용하고 개인 간의 차이를 강점으로 "정상"적인 행동에 대한 전통적인 관점은 미흡하고 아쉬운 점이 많다. Weick(1991:22)에 의하면, 전통적인 "정상"의 개념은 인간의 행동을 과학적이거나 실증적인 관점에서만 보려한 결과로 도출된 것이다. 이러한 관점에서는 "자연 세계의 법칙"이나 "규범"을 연구한다. Weick은 기존의 이론보다 덜 경직된 인간성장/발달이론을 만들기 위해 "'정상적인' 발달의 엄격한 관점에서 벗어날" 것을 주장한다(Weick 1991:23). 이러한 대안적 접근은 "모든 사람들의 성장의 근원이 되는 창조적이고 강력한 에너지를 인식하는 유연한 모델"이어야 한다(Weick 1991:23).

이 책에서는 "정상"의 개념이 개인, 환경, 문화, 젠더, 역사, 인종, 계급, 연령, 성, 능력과 이러한 다양성의 복잡한 상호작용의 측면에서 지극히 상대적인 것이라고 가정할 것이다. 이와 같이 인간의 폭넓은 다양성에 중점을 둔다면, "비정상"도 사실은 "정상"이 될 수 있다. 모순처럼 보이는 이 주장이 의미하는 바는 "비정상"을 차이의 폭이 크다는 것으로 인식해야 한다는 것이다. 물론 "비정상" 중에는 정신분열증이나 범죄행위처럼 전통적 정의의 병리에 해당하는 것도 있지만, 대부분은 그저 인간행동과 발달에 대한 전통적/지배적 패러다임, 이론, 가정에 따른 규범과 차이가 있는 것이거나 이에 대한 대안을 의미한다.

차이를 넓게 보면 정상의 범위 또한 넓어진다. 그러나 우리가 인간으로서 공통된 발달의 "주요사건"이나 기대치를 공유하는 것도 중요하다. 따라서 발달상의 주요사건에 도달하지 못하거나, 제때에 이르지 못하는 경우에는 다른 누군가의 도움을 받아 발달되도록 해서 자신의 잠재력을 충분히 발휘해 나갈 수 있을 것이다.

인간행동의 다양성과 보편성을 동시에 수용하는 접근법은 발달상의 일반적인 주요사건과 차이점을 동시에 바라보는 실천지식을 갖는 것이다. 이렇게 균형을 갖추기 위해서는 인간발달에 대한 전통적 접근과 대안적 접근 모두를 이해하고 있어야만 한다.

Richards는 다양성과 비정상을 혼동하는 것의 폐해를 지적하면서, "비정상과 병리를 동일시하고, 인간의 가치를 향상시키는 다양성을 격하시키는 것은 큰 비극이다. 모든 인간이 자신의 기능을 완전히 발휘하도록 하기 위해서는 '정상의 범위'를 보다 넓게 재정의해야 할 것이다."(1996:50)고 한다.

지능에 대한 전통적 개념: IQ

지능지수 혹은 IQ는 정상의 범위를 결정하기 위해 전통적으로 가장 많이 사용된 방법 중 하나이다. 전통적 관점에서는 일반적인 지능수준을 "g" 또는 일반지능이라 한다. 일반지능은 "지능검사의 문제에 답하는 능력으로 측정"한다. 이 검사에서 얻은 점수는 "연령별로 문제에 답한 것을 비교하는 통계적 기법"을 활용하여 기본적 지능을 나타내는 지능지수 혹은 IQ로 도출한다. 이 점수는 "연령과 다른 검사"간의 상관관계를 보기 때문에, 이를 토대로 얻은 지능지수는 연령이나 훈련, 경험을 통해 크게 변하지 않는다고 본다(Gardner 1993:15).

학교, 군대, 회사와 같은 사회기관에서 IQ검사를 활용할 때는 IQ검사의 문화적 편향성으로 인한 논란이 있다. 문화적 편향성 때문에 출제자와 동일한 문화권에 속한 사람은 높은 점수를 얻을 가능성이 있지만, 이와 반대로 그 문화권에 속하지 않은 사람은 점수에서 불이익을 얻게 될 가능성이 있다. Stephen Jay

Gould는 "인간에 대한 오해 The mismeasure of Man"라는 책에서, IQ검사가 흑인과 같이 낮은 사회경제적 지위에 있는 사람들을 배제시키고 배제를 악화시키는 도구로 활용되어졌다고 주장한다(in herrnstein and Murray 1994:11-12).

한편 Herrnstein과 Murray는 "종곡선 The Bell Curve"라는 책에서 여전히 논란이 되고 있는 전통적 관점을 제기하였다. 이들은 "g" 또는 일반지능의 개념을 지지하며, IQ검사가 반드시 문화적 편향성을 지니는 것은 아니라고 주장했다. 이들은 "IQ검사가 적절히 시행된다면 사회적, 경제적, 문화적, 인종적 편향이 나타나지 않는다."고 한다(1994:23).

5장에서는 인간발달요인으로써의 지능과 전통적 IQ 개념에 도전하는 대안적 관점인 Gardner의 다중지능에 관하여 살펴볼 것이다.

발달에 대한 패러다임과 사회복지

사회복지를 효과적으로 실천하기 위해서는 다양한 발달 이론과 관점에 대한 광범위한 지식이 필요하다. 사회복지사들이 이러한 이론적 지식을 갖추면, 다양한 사람들의 경험과 사례에 적용할 수 있는 다양한 도구들을 다룰 수 있게 된다. 우리의 세계관과 패러다임으로부터 발생한 인간행동과 발달에 대한 관점은 개인 간에 존재하는 발달상의 차이를 충분히 반영하고 있어야 한다. 이러한 차이에는 성취해야 하는 과업의 특성과 시기, 과업을 성취하기 위한 방법, 활용 가능한 자원의 역사적 패턴과 현재의 패턴, 과업 성취에 활용할 수 있는 능력의 부족 등이 포함되어 있다. 즉, 인종, 계급, 성, 젠더와 같은 차이가 발달경험에 중요한 영향을 미칠 수 있음을 인정해야만 한다.

만약 우리가 사회복지실천에서 활용하는 이론과 접근에서 이러한 차이를 인정하지 않거나 협소하게 인정한다면, 우리의 실천은 소수에게만 도움이 될 뿐이며, 많은 이들을 혼란스럽게 하거나 좌절시키고 심지어는 피해를 줄 수도 있다. 개인의 특성, 역사, 환경의 차이를 무시하는 이론과 관점에서는 개인 간의 차이를 부적절한(비정상적인) 발달로 보거나 아예 취급조차 하지 않는다. 만약 전통적인 발달이론과 관점에 백인, 중산층, 이성애자인 남성들의 발달경험만을 반영한다면, 유색인, 저소득층, 게이나 레즈비언, 여성들은 그 이론에서 완전히 무시되거나 부적절하고 비정상적인 사람으로 분류될 것이다.

전통과 대안

5장에서는 인간행동과 발달에 대한 대안적 접근에 초점을 둘 것이다. 이러한 대안적 관점을 이해하기 위해서는 우선 인간행동과 발달에 대한 전통적 이론을 알아야 한다. 전통적 이론은 많은 사람들을 배제한다는 측면에서 불완전하며, 그 이론이 만들어진 역사적 상황과 가치전제로 인해 편향성을 지닌다. 그러나 미흡한 점이 있음에도 불구하고, 전통적 이론은 예로부터 지금까지 인간행동과 발달에 대한 지식을 구성하고 적용할 때 많은 영향을 미쳐왔으며, 미래에도 그러할 것이다. 전통적인 접근은 이후 5장에서 살펴볼 인간의 잠재력을 최대로 이끌어내는 보다 완전하고, 포괄적이며, 편향성이 적은 발달 이론을 향한 여정의 출발점이기도 하다. 앞으로 살펴볼 대안적 관점들은 전통적 이론을 재정립하거나 확장하면서 나타난 경우가 많다.

인간행동과 발달에 대한 전통적 이론을 학습해야 하는 데는 매우 현실적인 이유도 있다. 여러분이 속하게 될 사회복지사들의 실천 세계의 많은 부분은 전통적인 인간행동과 발달에 대한 관점으로 구성되어 있다. 그 세계를 변화시키기 위해서는 그곳의 담론과 맥락을 잘 알고 있어야 한다. 우리는 인간행동과 발달에 대한 전통적이고 지배적인 패러다임을 충분히 이해해서, 인간의 잠재력을 극대화시키려는 목표를 이루기에 유용한 세계관이 무엇이며 사회복지의 핵심 가치를 실현하기 위해 버리거나 대체해야 할 세계관이 무엇인가를 결정해야 한다.

환원주의와 결정주의

전통적 접근법을 잘 이해하기 위해서는 그 한계를 분명히 알아야 한다. 우리가 지금까지 활용해온 발달이론들은 사회복지사들이 함께 일하는 다양한 인종, 젠더, 계급에 속한 대부분의 사람들을 잘 대표하지 못하고 있다. 또한 많은 전통적 모델은 성, 연령, 장애에 대해서는 완전히 무시하거나 비정상으로 분류하며, 장애가 없는 백인, 젊은, 중산층, 이성애자인 남성의 경험만을 강조한다.

인간발달에 대한 여러 전통적 이론에서는, 인간을 그 이론에서 중점을 두는 특정 요인으로만 축소시켜 설명하는 한계가 있다. 이러한 환원주의는 여러 학문에서 널리 활용되고 있는 Erikson의 생애주기이론에서도 찾아볼 수 있다. Erikson의 발달이론에 의하면, 인간의 행동과 발달은 오로지 어린 시절 경험의 결과로 결정된 자아역동에 의해 이루어진다. 영유아기의 성에 초점을 두는 Freud의 발달이론, Piaget의 인지이론, Kohlberg의 도덕성 발달이론에서도 이와 유사한 환원주의적이고 결정주의적인 경향이 나타난다.

Erikson은 자신과 Freud의 이론에 이러한 경향이 있음을 인식하고 다음과 같이 경고하였다: "사람들은 인간존재에 대한 미지의 영역을 탐구할 때면, 특정 영역을 과장하여 일반화하고 그 중심을 주된 개념으로 구체화시킨다"(Erikson 1963:414-150). 이러한 환원주의와 결정주의로 인해 사회복지실천의 기반이 되는 인간발달에 대해 온전한 지식을 갖지 못하게 된다. 우리는 4장의 전통적/지배적 관점을 살펴보면서 이러한 경향을 인식하고, 5장을 통해 이를 경계하기 위한 대안적 관점들을 탐구할 것이다.

전통적/지배적 발달이론

이번 절에서는 인간의 행동과 발달을 설명하는 전통적/지배적 이론 중 가장 유명하고 영향력 있는 몇 가지 모델들을 대략적으로 살펴볼 것이다. 이 모델들을 선택한 이유는 다음과 같다. 이 모델들이 비록 인간의 행동과 발달에 대한 전통적 접근을 완전히 대표하지는 않지만, 사회복지실천과 사회복지교육 분야에 큰 영향력을 미치고 있다. 이 모델들은 사회복지를 비롯한 많은 학문 분야의 전통적/지배적 패러다임 사고를 결정하는데 지대한 영향을 미쳤다. 이 모델들은 전 생애에 걸친 인간행동을 설명하는 관점을 제시한다. 예컨대 인간행동과 발달을 설명하기 위해 보편적으로 사용되는 대부분의 기초 개념들을 제시하고 있다. 마지막으로, 이번 절에서 제시하는 모델들은 5장에서 살펴보게 될 대안적 접근들이 등장하는데 많은 영향을 미친 모델이기도 하기 때문이다.

지금부터 살펴볼 전통적 모델은 Freud, Erikson, Piaget, Kohlberg, Levinson의 이론이다. 이 이론들은 인간행동과 발달에 관한 여러 전통적 이론 중에서 20세기에 가장 큰 영향력을 발휘해 왔다. 우리는 이 전통적 접근의 원리를 살펴보면서, 이 이론이 전통적/지배적 패러다임과 일치하고 있는 부분을 검토할 것이다.

Freud

역사적 배경

Freud는 1856년 모라비아(구 체코슬로바키아의 한 지역)에서 태어났다. 그는 당시 의학 분야에서 유명했던 비엔나 대학에 입학하여, 전통적/지배적 패러다임하에 의학을 전공했다. 초기에 Freud는 어류의 신경계 구조를 과학적으로 연구하였으며, 이후의 연구에서도 과학적인 관점을 유지하였다. 그는 실험보다는 관찰을 통해 연구하였고, 이는 그가 정신분석학자로 활동할 때도 영향을 미쳤다. Freud는 당시 최면술로부터 시작된 심령요법의 영향도 받았는데, 이는 보다 직관적으로 인간행동을 이해하고 개입하는 방법이어서, 그 당시에는 전통적인 접근이라고 볼 수 없었다(Green 1989:33-35; Loevinger 1987:14-19). Freud는 정신분석학자로서 연구하면서, 환자의 증상이 어린 시절의 트라우마와 부모와의 관계로부터 발생되는 것이라는 결론에 도달했다(Green 1989:36-37; Loevinger 1987: 15-16).

Freud는 그가 환자들의 고통의 근원이라고 여긴 어린 시절의 트라우마와 부모와의 관계에 개입하기 위한 기법으로 자유연상과 꿈의 해석을 개발하였다. 자유연상이란 환자가 긴장을 풀고 편안한 상태에서 마음속에 떠오르는 생각을 자유롭게 말하도록 하는 것이다. Freud는 자유연상을 통해 떠오른 모든 생각을 중요시하였으며, 이 생각들을 검토해서 환자의 무의식과 증상의 원인을 결부시킬 수 있다고 보았다. 꿈의 해석은 환자의 꿈의 내용을 분석하여 그 상징적 의미와 숨겨진 의미를 찾아내 이를 해석하고, 환자가 과거의 문제를 극복하도록 하여 현재의 증상을 해소시키는 것이다(Green 1989; Loevinger 1987).

모델

Freud는 의식하지도 기억하지도 못하는 어린 시절의 경험이 이후의 삶에서 문제를 일으키는 주된 원인이라는 결론에 이르렀다. 그는 정신분석학자로서 이러한 문제에 개입하는 방법을 만들기 위해, 인간의 행동과 발달을 설명하는 체계를 구성해냈다. 1930년 Healy, Bronner, Bowers는 Freud가 만든 체계를 구성하는 다양한 기본개념, 과정, 구조를 정리하였다. 이들의 작업은 Freud의 실제 활동과 저서를 동시대적 관점에서 서술했다는 점과, Freud의 업적을 자신들의 관점보다는 Freud 본인의 언어와 기록물에 근거하여 해석했다는 점에서 역사적으로 의미가 있다. 이러한 측면이 중요한 이유는, 수많은 학자들이 Freud의 작업을 해석하고 재해석하는 과정에서 때로는 어떤 것이 원래 Freud의 관점이고, 어떤 것이 Freud의 관점을 해석한 것인지 구분하기 어렵게 되었기 때문이다. 그 당시 Freud의 패러다임이 매우 혁신적이었고 강한 영향력을 발휘했기 때문에 다양하게 해석되는 것이 어쩌면 당연한 결과이겠지만, 우리는 Freud가 만들어낸 원래의 모델을 아는 것이 중요하다. Freud의 이론은, 어떤 이론이 처음 등장하여 발전하는 시기에는 매우 대안적이고 혁신적인 것으로 여겨지다가, 시간이 지난 후에는 많은 한계를 가진 전통적 패러다임으로 인식되게 되는 과정을 보여주는 예이기도 하다.

Healy, Bronner, Bowers는 Freud의 정신분석이 심리학과 생물학의 통합구조라고 설명하면서, 이를 "정신생물학 영역에서 확립된 구조"라고 언급하였다 (1930 : xviii). 그들은 생물학과 심리학의 통합에 대해 다음과 같이 정리하였다:

a. 생물학적 발달과 심리적 발달은 불가분의 밀접한 관계이다.
b. 인간의 본성은 원래 환경과는 독립적인 것으로, 타고나는 부분과 노력해서 얻어지는 부분이 있다.
c. 어린 시절에 어떤 경험을 하고 어떻게 반응하는가에 따라, 그 사람의 남은 평생 동안의 상태와 행동의 대부분이 결정된다.
d. 생애 초기에 겪는 생물학적, 심리적 경험은 인간에게 매우 큰 영향을 미친다.
e. 활발한 정신생활을 영위하는 인간일지라도, 자각하지 못하는 큰 부분이 있다.
f. 생물학적 구조와 그에 따른 정신적 구조는 개인마다 차이가 있다(1930 : xx).

Freud의 정신분석 패러다임을 이해하기 위해서는 우선 기본이 되는 "기초용어"를 이해해야 한다. Healy, Bronner, Bowers가 제시한 기초용어들은 정신분석 패러다임의 기본개념을 이해하는 데 도움이 된다. 리비도(libido)는 "정신세계에서 드러나는 성적 본능에 의한 힘"이다. 리비도나 에로스는 "'사랑'이라는 말로 표현할 수 있는 모든 것과 관련된 본능적 에너지"이다. 여기에서 설명하는 리비도의 개념은 단순한 '성적 욕망'보다 훨씬 넓은 의미여서, 자기 자신과 타인에 대한 사랑, 우정, 휴머니즘을 포함하는 것이기도 하다(1930:2-4).

Green은 정신분석의 토대인 리비도를 본능적 에너지 혹은 정신 에너지라고 보았다. 모든 사람은 일정량의 두 가지 본능적 에너지를 가지고 태어난다. 그 중 하나인 에로스는 "삶과 활동, 희망, 성적욕망에 대한 긍정적인 에너지"이며, 다른 하나인 타나토스는 "죽음과 파멸, 절망, 공격과 관련된 부정적인 에너지"이다(1989:36, 38-39).

카텍시스(cathexis)란, "정신 에너지가 특정한 위치에 모이거나 집중된 것으로써, 리비도일 수도 있고 아닐 수도 있다"(Healy et al. 1930:8). 이러한 카텍시스의 개념은 앞서 살펴본 사회체계적 사고와 어느 정도 유사한 측면이 있다(3장 참고). 양극성(polarities)은 정신세계에서 서로 상반되게 작용되는 측면을 의미한다. 이 원칙은 능동-수동, 자기-외부세계(주체-대상), 기쁨-고통, 삶-죽음, 사랑-증오, 남성성-여성성의 대비를 강조한다(Healy et al. 1930:18). 이러한 양극성은 앞서 2장에서 다루었던 전통적/지배적 패러다임 사고의 이분법적 특성이나 경쟁적 특성에 대한 논의와 공통점이 많다. 양가감정(ambivalence)은 "동일한 대상에 대해 모순되는 정서적 태도를 가지는 것"이다(Healy et al. 1930:20). Freud의 이론에 의하면 양가감정은 해롭거나 문제가 많은 성향이기는 하지만, 사회복지사가 인정해야만 하는 인간행동의 모호성(3장 참고)과 유사한 점도 있다. 양가감정이 부정적인 것으로 표현되기도 하지만, 모호함은 인간행동에서 실제로 필요한 대안적 측면이기도 하다.

Healy, Bronner, Bowers는 정신분석의 기초용어 중에서도 "정신세계의 분리구조"를 가장 비중 있게 다루었다(1930:22). 정신세계는 의식, 전의식, 무의식으로 구성된다. 이는 Freud를 이해하기 위해 반드시 알아야 할 개념이다. 정신분석학에 의하면, 무의식(unconscious)은 의식보다 인간의 행동에 미치는 영향이 훨씬 더 강력하다. 무의식은 인간의 매우 활동적인 부분이며, 인간의 의식적 생각과 행동을 좌지우지한다. 무의식은 의식수준으로 나타난 적이 없거나, 한때는 의식이었지만 현재는 무의식으로 가라앉았거나 억압되어 있는 생각을 의미한다(Healy et al. 1930:24-28). 전의식(preconscious)은 "생각해내려고 노력하거나, 연관된 생각으로 자극 받으면 의식으로 전환될 수 있는 정신세계의 일부"이다. 전의식은 정신의 의식부분에 조금 더 가깝지만, 때로는 무의식 속의 기억을 의식 수준으로 끌어올리는 역할을 하기도 한다. 의식(conscious) 수준은 "우리가 깨어있는 동안 경험하는 사고와 생각"으로, 정신세계를 이루는 세 가지 수준 중에서 가장 적은 부분에 해당한다. 의식의 내용은 지극히 순간적이며, 끊임없이 변화한다(Healy et al. 1930:30-32).

Freud가 인간의 정신세계를 의식, 전의식, 무의식으로 구분한 것은 유용하기는 했지만, 인간행동을 충분히 설명하지는 못했다. 그래서 Freud는 인간행동을 보다 분명히 설명하기 위해 인간의 정신을 구성하는 세 가지 요소인 원초아, 자아, 초자아의 개념을 구상해냈다. 그는 이 구성이 앞서 설명한 의식, 전의식, 무의식 구조를 대체하는 것이 아니라, 보완하는 개념이라고 생각했다(Healy et al. 1930:34). 원초아(id)는 본능적인 에너지의 원천이다. 원초아는 리비도를 담고 있는 무의식으로써, 도덕관념이나 일정한 목적 없이 쾌락만을 추구한다(Healy et al. 1930:36). 자아(ego)는 원초아의 충동이 외부세계의 기대와 요구에 따라 수정된 결과로 나타나는 정신의 일부분이다. 자아는 원초아로부터 나온 것으로써, 흔히 "이성과 분별력" 있는 생각을 의미한다. 자아는 원초아와의 충동을 도덕적으로 억제하려는 경향이며, "외부세계, 원초아의 리비도, 초자아의 제재"라는 영향력과 끊임없이 투쟁한다(Healy et al. 1930:38). 초자아(superego)는 자아로부터 자라난 것으로써, 자아를 통제하는 힘을 지닌다. 초자아는 대부분 무의식적 수준에서 이루어지며, 우리가 의식이라 생각하는 것으로 표출된다. 초자아는 부모의 영향을 많이 받으며, 죄책감을 유발하거나 "도덕적으로 검열"하는 역할을 한다(Healy et al. 1930:44-46).

Green(1989)은 Freud가 말한 인간발달의 심리성적인 단계에 대한 개념을 정리하였는데, 이는 Healy, Bronner, Bowers(1930: 80ff)가 정리한 내용과 유사하다. Green은 5단계를 제시하였는데, 이는 Healy와 동료학자들이 제시한 3개의 기본 단계 중 첫 번째인 유아기를 3단계로 세분화(구강기, 항문기, 남근기)한 것이다. Healy와 동료학자들이 정리한 내용은 유아기의 하위단계를 포괄적으로 보아 유아기 및 유아기의 성에 대한 전통적 Freud 학설의 중점적인 내용을 이해하는데 유용하지만, 이번 장에서는 유아기의 발달을 좀 더 명확히 하기위해 Green이 제시한 모델을 활용한다.

Freud의 발달단계는 발달의 결정적 시기에 초점을 두며, 유아기부터 성이 중요한 역할을 한다고 본다. 발달에 대한 전통적 사고의 대부분은 이러한 단선적, 결정론적, 환원주의적인 단계모형에 기반을 둔다. 첫 번째 단계는 구강기

(oral stage)이다(출생 후 1세까지). 구강기의 유아는 기쁨(음식물을 섭취)과 고통(필요한 음식물을 거부)의 근원인 입과 구강의 욕구를 만족시키거나 거부하는데 중심적 역할을 하는 부모에게 집중한다. 두 번째 단계는 항문기(anal stage)이다(1~3세). 이 시기에는 정신에너지가 구강에서 항문으로 옮겨가서 배설을 제어하는데 중점을 두게 되는데, 이는 성적 기쁨, 힘, 통제와도 관련되어 있다. 항문기 단계에서 겪는 힘과 통제 간의 갈등은 대부분 배변훈련 때문에 발생한다. Freud는 이 갈등의 초점이 독립과 자기통제에 있다고 보았다. 세 번째 단계인 남근기(phallic stage)는(3~6세) 성정체감과 성역할의 발달에 있어 매우 중요한 시기이다. 이 단계의 본능적 에너지는 생식기에 집중되며, 부모와의 사랑/증오 관계 속에서 갈등이 발생한다. 남아는 오이디푸스 콤플렉스(Oedipal complex)를 가지며, 어머니의 애정을 차지하려고 아버지와 경쟁한다. 남아는 아버지가 자신이 어머니에게 갖는 열망을 응징하기 위해 거세할지도 모른다는 불안을 느끼고, 이에 타협하고자 자신과 아버지를 동일시하고 아버지의 가치관과 태도, 행동, 습관을 받아들여 이를 초자아로 형성한다.

Freud는 여아의 경우 엘렉트라 콤플렉스(Electra complex)라는 과정을 겪게 된다고 설명한다. 여아는 아버지와 남성들의 힘의 상징인 남근을 선망하여 자신에게 남근을 주지 않은 어머니를 비난하지만, 자신이 남근을 가질 수 없음을 인정한 후에는 결국 어머니와 동일시하게 된다. Freud에 따르면, 여아는 이러한 동일시를 통해 여성의 성역할을 받아들인다. 이 시기의 여아는 초자아를 형성하지만, 남아에 비해 약하다. 왜냐하면 여아는 남근이 없기 때문에 거세 불안을 느끼지 않고, 그래서 남아들처럼 강력한 억압에 대한 저항 속에서 발생되는 정신력(초자아)이 존재하지 않기 때문이다. Freud는 여성의 초자아 혹은 양심의 발달에 대해 "여성의 초자아는 남성과는 다른 감정들로부터 발생되기 때문에, 남성만큼 견고하거나 독립적이지 못하다."고 설명한다(Freud in Healy et al. 1930: 51). Healy와 동료 학자들(1930:51)은 Freud 시대의 정신분석학자들이 "여성의 초자아는 어린아이와 같다."는 점에 동의하고 있었다고 언급한다.

그러나 모두가 이에 동의한 것은 아니었다. Healy와 동료 학자들은 "'남근 선망'에 대한 믿음은 지나친 남성지향으로 인한 결론이다."라고 말한 Karen Horney(여성 정신분석학자)의 견해를 소개하였다. Horney는 "여아들은 어머니가 될 수 있는 능력을 가지며, 이 능력의 생리적 우월성은 너무도 명백하여 반론의 여지가 없으며", "남성들이 무의식적으로 모성, 임신을 강렬히 선망한다는 것을 입증할 수 있는" 자료도 충분하다고 한다(1930:161). Horney는 "이 모든 문제가 남성 중심적인 관점으로 인해 발생되는 것"으로 보았다(1930:163).

다음 장에서는 이러한 의견에 동의하는 대안적 패러다임들을 살펴보고, 여아와 여성들의 실제 발달경험을 적절히 포함하여 인간행동과 발달을 재정의할 것이다.

네 번째 단계는 잠재기(latency)이다(5~6세부터 사춘기까지). 이 단계의 아이들은 가족에서 벗어나 사회, 특히 동성의 또래집단으로부터 영향을 받으며, 아이들의 성적 본능과 에너지는 스포츠나 학교생활, 사회적 놀이로 전환된다. Freud는 잠재기에 별로 주목하지 않았는데, 그 이유는 이 단계가 다른 단계에 비해 성적 갈등이 덜하기 때문이다. 다섯 번째 단계는 생식기(genital stage)이다(사춘기에서 성년기까지). 이 단계에서 중심이 되는 갈등은 성적 기쁨과 사랑을 얻기 위해 성숙한 이성애적 행동패턴을 확립하는 것이다(Green 1989:42-49).

전통적 Freud 학파에서 중요시하는 또 다른 요소는 방어기제이다. 방어기제(defense mechanisms)는 불안을 감소시키기 위해 자동으로 발생되는 사고의 패턴이다(Green 1989:49). Healy와 동료학자들은(1930:198) 방어기제가 "무의식적 자아가 원초아의 충동이나 욕망, 바람으로부터 자신을 지키거나 방어하는 과정에서 나타나는 특정한 역동성"이라고 설명한다. 방어기제는 이처럼 역동성 또는 역동적 힘으로써 그 과정과 능동적 특성을 이해할 수 있다. 대표적인 방어기제로는 억압, 퇴행, 투사, 반동형성, 전치 등이 있다. 억압(repression)은 불안을 가져오는 기억과 생각을 깊이 감추는 것이고, 퇴행(regression)은 불안이 적었던 이전의 발달단계로 되돌아가는 것이다. 투사(projection)는 불안을 일으킨 생각이나 감정을 다른 사람의 탓으로 돌리는 것이며, 반동형성(reaction formation)은 불안을 일으키는 행동과 정반대의 행동을 하는 것이다. 마지막으로 전치(displacement)는 무의식적으로 자신에게 덜 위협적인 대상이나 사람에게로 불안을 일으키는 감정을 옮기는 것이다(Green 1989:49-51).

소결

Freud의 영향을 받은 인간발달이론과 전통적 패러다임은 여러 측면에서 일치하고 있다. 즉, 단선적이며 단계적이다. Freud의 이론이 광범위하게 해석되고 적용되고는 있지만, 주된 관심이 정신 내부의 구조와 과정에 있다는 점에서 상대적으로 편협하다. 이 이론을 구성하는 토대는 과학주의와 실증주의이며, 남성의 경험을 중시하는 남성주의와 가부장적 관점을 기반으로 한다. Gilligan은 남성의 삶을 인간발달의 규범으로 보는 경향이, 적어도 Freud까지 거슬러 올라가는 긴 역사를 지닌다는 증거를 제시하였다(Gilligan 1982:6). 여성의 발달경험을 제시한 경우는 정상적인 남성의 경험과의 차이점을 보여주기 위한 것일 뿐이었다. 이 모델은 유럽중심의 백인 문화를 보편적인 것으로 간주하고 있으며, Freud 자신과 Freud의 환자들이 겪은 유럽 백인들의 경험을 반영하고 있다. 개인주의적 성향을 지니는 이 모델은 발달의 성숙한 마지막 단계가 분리와 독립이라는 데 가치를 두었으며, 양극성을 강조한다는 측면에서 이분법적이다. 또한 이 모델은 특권적인 차원을 내포한다. 이는 전통적/지배적 패러다임의 몇 가지 차원들을 포함하며, 충분한 자원과 권력을 소유한 젊은 백인 이성애자, 기독교인인 남성, 장애가 없는 특권집단에 속한 사람의 특성을 반영하고 있다(Pharr 1988).

사회환경 및 인간행동과 Freud: 사회환경에서 인간행동으로의 패러다임 전환

앞서 언급한대로 Freud 모델은 사회복지실천에 지대한 영향을 미치고 있다. Ann Weick(1981:140)은 Freud의 정신분석이론이 "사회복지의 진화를 이뤄낸 가장 중대한 발전"이라고 언급하였다. 여기에서 진화가 의미하는 바는, 사회복지에서 문제를 설명하는 접근방법이 개인의 기능과 내면의 현상, 즉 "정신 내부의 현상을 중시하는" 방향으로 전환된 것을 의미한다. 사회복지의 토대가 개인으로 전환되면서 환경을 중심으로 복지의 문제를 설명하고 이해하던 관점은 축소되었다. 그 결과, 사회복지에서는 사회변화와 강점 관점에서 개인의 문제를 다루기보다는 의학적 관점이나 병리적 관점을 강조하게 되었다.

의학적이거나 병리적 관점은 인간의 행동이 상황에 따라 달라지며 예측 불가능하다고 보는 대안적 패러다임의 관점보다는, 전통적 패러다임과 같이 결정론적인 규칙에 따라 예측 가능한 것으로 보아 전통적 관점을 재정립했다는 점에서 역사적으로 중요하다. Thomas Szasz는 정신병의 신화 The Myth of Mental Illness 라는 저서에서, 정신의학의 이러한 추세에는 중요한 정치적 의미가 있다고 주장하였다. 그는 개인적 문제와 정치적 이슈 간의 관계를 규명해보고자 하였다. Szasz(Szasz 1961:5)는 개인적 문제가 오직 "유전적－정신적" 요인의 결과로 나타난다고 알려져 있지만, 대안적 패러다임의 관점(사회복지의 핵심 가치를 반영한)에서 보면 "정신과 관련된 원칙은 사회적 상황에 따라 상대적이다. 다시 말해, 사회적 원칙과 별개인 심리적 원칙이란 있을 수 없다."고 주장하였다(1961:7). 즉, 사회환경을 주의 깊게 살피고 이해하지 않고서는 인간행동을 이해할 수 없다.

지금까지 Freud 모델에 대한 비판을 살펴보았지만, 그렇다고 해서 인간행동과 사회환경에 관한 관점을 선택할 때 Freud 모델을 완전히 버려야하는 것은 아니다. Freud의 접근법은 인간행동의 복잡성을 보는 새로운 통찰력을 부여한다. 어린 시절의 경험이 이후의 정신생활에 영향을 미친다는 주장은 대단히 중요하고 획기적이지만, 이러한 Freud의 접근이 사회복지의 주된 관심사인 전체론적·포괄적인 관점을 발전시키는 것과는 상충되는 측면이 있음도 인식해야 한다. 이러한 이유에서 본서는 전통적 모델과 대안적 모델 모두에 대해 비판적이고 신중하게, 또한 분석적으로 접근할 것을 제안한다. 전통적 정신분석이론에는 논란이 되는 부분이 있으며, 여성을 비롯한 많은 사람들의 경험을 배제시켜온 것을 수정할 필요가 있음을 인식해야만 한다. 예컨대 Miller(1986:28)는 독립성과 자율성이 건강한 성장과 발달이라고 강조하는 전통적 정신분석이론들을 비판하는데, 비판 내용은 건강한 성장과 발달을 위해서는 타인과 상호의존적인 관계를 형성하고 유지하는 능력도 중요하다는 것이다. Miller는 관계와 상호의존을 강조하는 이러한 새로운 시각이 인간의 발달을 남성의 것으로만 보던 관점에서 벗어나 여성의 관점에서 살펴보려는 노력들이 생겨나면서 등장했다고 한다(1986). 이 새로운 시각에 관한 내용은 5장에서 살펴볼 것이다.

Piaget

역사적 배경

Piaget의 연구도 Freud와 마찬가지로 전통적인 과학적 접근에서 시작되었다. Piaget는 인간의 행동과 심리를 연구주제로 삼기 전에 생물학을 연구하였다. 그는 12세에 달팽이를 연구하여 첫 논문을 발표하였다. Piaget의 첫 심리학

연구는 인간의 지능을 양적으로 측정하기 위한 지능검사(IQ검사)를 고안해낸 Binet의 연구실에서 이루어졌다. 그러나 Piaget는 양적인 것보다는 질적인 측면에 관심을 가져서, 아이들이 맞춘 정답의 개수보다 질문에 왜 그렇게 답하는가에 흥미를 가졌다. 그의 연구는 자신의 세 자녀를 비롯한 어린아이들을 대상으로 한 복잡한 질적 인터뷰를 통해 이루어졌다. Piaget는 인지발달의 위계적 단계모델을 구성하였고, 이 모델 또한 Freud의 모델처럼 인간발달에 대한 전통적 사고에 지대한 영향을 미쳤다(Loevinger 1987:177-182).

모델

Piaget의 발달모델은 발달을 감각운동기, 전조작기, 구체적 조작기, 형식적 조작기의 4단계로 구분한다. 감각운동기(sensorimotor period)는 "인지의 기초단계"를 이루는 6개의 하위 단계로 구성된다. 1단계인 반사활동기는(빨기) "반사적 행동으로 외부세계에 대처한다." 2단계인 1차순환반응기는(차기, 담요 잡기) 점차 두 가지 이상의 행동이 도식으로 협응된다(담요를 응시하는 동시에 손에 쥠). Piaget는 도식(scheme)이란 자극과 운동이 하나의 패턴으로 통합되어 감각간의 협응이 일어나는 것으로 보았다. 3단계는 2차순환반응기로서, 자신이 원하는 결과를 얻기 위한 행동을 반복한다(요람을 흔들기 위해 발차기를 계속 함). 4단계 도식협응기에서는 "도식을 협응하여 새로운 상황에 이를 적용하게" 된다. 이는 영아가 자신의 목표를 달성하기 위해서 도식을 실험해보기 시작하는 것을 의미한다(수건 밑에 있는 장난감을 집기 위해 수건을 잡아당김). 이 단계는 만 1살 정도에 나타난다. 5단계는 3차순환반응기로서, 영아는 새롭고 다양한 패턴의 실험을 계속해서 시도한다. 6단계 감각운동기의 영아는 손으로 더듬어보지 않고도 사고를 통해 새로운 의미를 발견할 수 있게 된다. 이 단계의 영아는 어떤 대상이 눈에 보이지 않더라도 그것이 존재하고 있음을 아는 대상영속성(object permanence)을 갖는다(Loevinger 1987:182-183).

이후의 세 단계는 조작적 사고(operational thought)가 발달하는 시기이다(조작적 사고의 시기는 전조작기 preoperational period, 구체적 조작기 concrete period, 형식적 조작기 formal period라는 세 시기로 이루어진다). 전조작기(preoperational period)의 아동은 기호와 상징을 이용하여 존재하지 않는 대상과 상황에 대해 사고하는 법을 배운다. 이 시기는 말을 배우기 시작하는 18개월~2세 무렵부터 6~7세경에까지 이른다. 이 시기의 아동은 대상과 상황의 두드러지는 속성을 중심으로 직관적으로 사고하며, 자신만을 인식하여 자아중심적으로 사고한다(Loevinger 1987:183).

다음 단계인 구체적 조작기(concrete operational period)는 대략 7세에서 14세까지의 시기이지만, 성인기까지 이어질 수도 있다(Green 1989:178). 아동은 세상을 움직이는 "일관성과 통합적 인지체계"를 활용해서 구체적 사물과 상황을 정확히 판단할 수 있다(Falvell in Loevinger 1987:183). 또한 구체적 조작기의 아동은 보존이라는 인지능력을 발달시키기 시작한다. 보존(conservation)이란, 사물의 외형이 바뀌더라도 그것이 같은 사물이라는 것을 이해하는 능력이다. 부피에 대한 보존 개념은 컵에 담긴 물을 다른 모양에 컵에 옮겨 담더라도 물의 양이 변하지 않는다는 것을 이해하는 능력이다. 예를 들면, 길고 좁은 컵에 들어있던 물을 짧고 넓은 컵으로 옮겨 담는 경우이다. 구체적 조작기의 후반부에 들어선 아동은 보다 정교한 보존개념을 이해할 수 있게 된다. 마지막 단계는 형식적 조작기(formal operational period)이다(14세부터 성인기까지). 이 단계에서는 가상의 상황을 비교적 정확히 판단하게 된다. Piaget가 아동의 발달에서 중요하게 생각한 인식이란, 단편적인 정보를 단순히 수집하는 것이 아니라 추론적 사고체계를 갖는 것을 의미한다. 새로 학습한 내용은 이미 습득된 지식과 잘 어우러져야 하는데, Piaget는 이를 평형능력(ability as equilibration)이라고 했다.

소결

Piaget의 모델은 발달의 질적인 측면을 강조한다는 점에서 덜 전통적이기는 하지만, 그럼에도 전통적 패러다임 사고를 반영하고 있다. 이 이론은 직접 관찰하여 "실제" 지식을 구축하는 경험적이고 실증적인 모델이며, 특정 단계에서 다음 단계로의 진행을 강조하는 단선적인 모델이다. Piaget 모델은 젠더에 따라 발생되는 경험의 차이나 인종과 계급의 차이를 반영하지 않았고, 개인발달에 영향을 줄 수 있는 사회적·환경적 조건에도 주목하지 않았다. 이와 같이, Piaget의 모델은 개인과 정치적 측면을 연결시키지 않았으며 개인과 사회변화의 상호관계에 대해서도 설명하지 못한다.

Freud의 경우와 마찬가지로, Piaget 모델을 비판하는 것도 이 모델을 완전히 폐기시키자고 주장하는 것은 아니다. 그러나 우리는 사회복지의 관심사를 기반으로 비판적 시각을 갖고 이 이론을 검토해야 할 것이다. Piaget의 모델은 아동의 사고 방법을 이해하려 할 때 대단히 중요하다. Piaget는 아이들이 시험에서 맞춘 정답을 갯수로 아이들의 학습량만을 측정할 것이 아니라, 아이들이 학습한 것을 어떻게 배워 나가는지를 이해하는 것이 중요하다는 대안을 제안하였다. 이러한 장점도 있으므로, 이 모델과 연구방법상의 한계를 부정할 필요는 없다.

Kohlberg

소개

Kohlberg의 연구는 Piaget로부터 발전된 것이며, 도덕성의 발달에 초점을 두고 있다. Kohlberg의 연구방법은 도덕적 딜레마의 상황을 제시하고 이에 대한 답을 분석하는 것이다. Piaget가 도덕성 연구에서 12~13세 이하의 아동들만을 대상으로 한 반면, Kohlberg는 이보다 대상 연령을 확대하여 많은 청소년들을 인터뷰 하였다(Loevinger 1987:193ff).

모델

Kohlberg의 연구에 따르면, 도덕적 판단의 발달은 3단계로 이루어진다. "전인습적 수준(preconventional level)은 구체적인 개인의 관점, 인습적 수준(conventional level)은 사회구성원으로서의 관점, 후인습적 수준(postconventional level)은 사회적 규범을 넘어서는 관점이 특징이다"(Kohlberg in Loevinger 1987:194). 또한 각각의 수준은 다시 2개의 단계로 나누어진다. 이와 같이 Kohlberg의 모델은 도덕성의 발달단계를 6단계로 세분화하였다.

"1단계는 처벌과 복종을 지향"하며, 2단계는 쾌락주의의 특징을 갖는다. 3단계는 "타인과 좋은 관계를 유지하고 그들로부터 인정받는 것", 4단계는 사회규범을 따르는 것에 초점을 둔다. 5단계에서는 "사회계약에 근거한 의무와 권리를 이해"하게 되고, 6단계에서의 "도덕적 판단은 자신이 스스로 선택한 양심의 원칙에 따라서 결정"된다(Loevinger 1987:194-195).

소결

Kohlberg의 모델은 전통적/지배적 패러다임을 반영하고 있다. 이 모델은 과학적, 실증적, 객관적인 가정에 기초하고 있으며, 남성만을 연구대상으로 삼았다. 또한 인종이나 계급에 따른 발달경험의 차이를 반영하지 않았고, 자율성과 분리, 개성을 강조하였다. 이 모델은 지금까지 살펴본 다른 모델들과 마찬가지로 특권층의 관점을 취하여, 인간에게는 발달을 성취하기에 충분한 자원과 힘이 있다고 가정한다.

분석/비판: Freud, Piaget, Kohlberg 연구에서의 여성의 위치

Carol Gilligan(1982)은 Piaget와 Kohlberg의 발달이론에서 여성의 발달경험을 어떻게 다루고 있는지 검토하였다. 앞서 살펴본 바와 같이, 이 이론들은 도덕적 판단과 정의감의 발달에 대해 논의하고 있다. Gilligan은 Freud의 이론이 여성의 도덕적 판단과 정의감의 발달을 어떻게 다루는지도 논하였는데, 그녀는 Freud가 "여성들의 정의감에 대해 맹목적인 공평성을 거부한다는 점에서 약하고 타협적"이라고 본다고 생각했다(1982:18).

Gilligan에 따르면, "아동의 도덕적 판단에 대한 Piaget(1932)의 연구에서 여아들은 단지 부차적인 것에 불과하다. 그가 말하는 '아동'이란 남아를 가정하는 것이기 때문에, 설명에서 '남아'라는 표현을 사용하지 않았다." Kohlberg의 연구에서는 여성을 전혀 포함시키지 않았다. 그의 6단계 모델은 "84명의 남아에 대한 경험적 연구결과에 근거한 것으로서, Kohlberg는 20년이 넘는 기간 동안 그들의 발달과정을 추적하였다." Kohlberg는 자신의 모델이 모든 사람들에게 보편적으로 적용된다고 주장하였지만, Gilligan은 "Kohlberg의 원실험집단에 속한 84명의 대부분이 마지막 단계까지 도달하지 못했다."는 점을 지적한다. 또한 여성의 도덕성은 6단계 중에서 3단계를 넘어서기 어려운데, 이 3단계의 도덕성은 관계중심적인 것으로서 다른 사람을 돕고 기쁘게 하는 것을 곧 선(善)이라고 보는 것이다. Kohlberg에 따르면, 여성들이 상위단계로 발달하기 위해서는 남성의 영역을 거쳐야만 한다. 즉, 관계는 부차적인 원칙일 뿐이며(4단계), 보편적 윤리를 중요시해야만(5, 6단계) 한다. Kohlberg의 모델은 전통적으로 여성들에게 "선"이라 규정되어온, 타인을 돌보고 헤아리는 행위를 도덕의 발달상에서 결함으로 보는 모순을 드러낸다. 이렇듯 긍정적인 특성이 도덕발달의 결함이 되는 문제는 남성만을 연구했기 때문에 발생한다(Gilligan 1982:18). Karen Herney도 이와 비슷한 주장을 했는데, 관련된 내용은 앞서 Freud 이론의 비판 부분에서 논의한 바 있다.

Erikson

소개

Erik Erikson의 단계 이론은 사회복지 교과과정 중 인간행동과 사회환경 과목이나 발달심리학 과정에서 흔히 다루어지는 인간발달이론이다. Erikson의 8단계 모델은 사회 속 인간 생애의 발달과정을 다루고 있는데, 그 영향력은 매우 크다.

인간발달에 대한 전통적 접근에서는 Erikson 모델과 관련된 개념들을 보편적으로 활용하고 있다. Erikson 모델은 대안적 모델과 이론들의 출발점이 되기도 한다. 발달단계, 심리 및 발달상의 위기, 점성의 원리 같은 기본개념들은 모두 Erikson의 발달이론에서 나온 것이며, 대안적 패러다임 관점에서도 발달과정을 설명할 때 이 개념들을 많이 활용한다. 이번 절에서는 이러한 주요개념을 간략히 다룰 것이다. 4장 후반부에 제시된 Erikson의 발췌문을 읽으면서, 이 주요개념들이 Erikson의 8단계 모델에서 어떻게 활용되는지 주의깊게 살펴보도록 하자.

Erikson에 따르면, 인간의 발달은 심리적, 생물학적, 사회적으로 준비가 이루어지면 정해진 일련의 단계대로 진행된다. 발달단계를 밟아가면서 인간은 점차 광범위하게 사회생활에 참가하게 된다. 이 모델에서는 발달에 필요한 자원과, 각 단계를 밟아가기 위한 적절한 시기의 도전을 환경으로부터 얻는다고 전제한다. Erikson은 이러한 일련의 순서에 따라 이루어지는 발달과정을 점성의 원리로 설명하였다. 점성의 원리(epigenetic principle)란, 발달의 각 단계가 전체 계획의 일부로 진행된다는 것이다. 발달의 특정 단계는 그 사람이 해당 단계에 진입할 준비를 갖추어 내적, 외적 조건이 충족되었을 때, 종합적 계획의 맥락 하에 이루어진다. Erikson은 발달을 위한 준비가 된 시기를 우세함(ascendancy)이라 하였다(Erikson 1968:92-93). 발달단계(developmental stage)는 인간이 발달상의 위기를 해결하기 위해 노력하는 결정적 시기이다. 인간은 단계별로 위기를 해결하고 다음 단계로 나아가며, 이 과정은 8단계까지 계속된다. Erikson이 말하는 발달위기(developmental crisis)란 재앙이 아닌 "전환기이자, 취약성이 증가하고 잠재력이 고조되는 결정적 기간"을 의미한다(Erikson 1968 in Bloom 1985:36). <표 4.11>에서는 Erikson의 8단계 모델과 단계별 자아강점과 위기를 보여준다.

표 4.11 Erikson의 심리사회 발달단계

No	단계명/연령	자아강점	설명
1	신뢰감 vs 불신감 (0-1세)	희망	신뢰감은 신체적 안정과 불안을 최소화하면서 발달한다. 아기의 신뢰감을 발달시키는 중요기제는 돌봄의 질이다(예: 미소, 애정). **위기는 신뢰감의 형성에 있다.**
2	자율성 vs 수치심과 의심(1-3세)	의지	운동능력이 생긴 유아는 자율성을 갖게 된다. **위기=부모의 규제 vs 자율성** 부모가 아동의 자율성을 지지해주면 이후의 삶에서 자기신뢰감이 발달된다.
3	주도성 vs 죄책감 (3-6세)	목표	주도성을 갖는 것이 중요하다. 아동은 활동을 통해 능숙해지는 것에서 즐거움을 느낀다. 만약 부모가 처벌을 가하면 죄책감이 심해질 것이다. **위기는 죄책감 없는 주도성을 키우는 것에 있다.** 부모는 활동을 칭찬하고, 질문에 답해주고, 취미 활동을 지원해줌으로써 주도성을 키워줄 수 있다.
4	근면성 vs 열등감 (6-12세)	능력	학교 또래집단 속에 속함으로써 정체성을 추구한다. 열등감을 감추고, 또래 친구들의 눈에 유능해 보이기 위한 사회적 노력을 강화한다. **위기는 능력을 키우기 위해 노력하는 것이다.**
5	정체성 vs 역할 혼란 (12-17세)	성실	아동기에서 성인기로 넘어가는 과정이다. 신체적으로 많은 변화가 일어난다(예: 목소리, 체격, 현저한 성적성숙). 서구사회에서는 유예기간을 인정해준다(예: 더 이상 어린이로 보지 않지만, 아직 성인으로서의 역할을 기대하지는 않음). **정체성 위기=불확실한 미래 및 아동의 역할** 청소년들은 조급하게 정체성을 형성하려는 압박 때문에 위기해결에 실패하기도 한다.
6	친밀감 vs 고립감 (성인 초기)	사랑	자신이 헌신할 수 있는 중요한 관계를 찾는데 집중한다. 위기는 중요한 관계에 몰두할 수 있는 능력이다. 관계가 잘못되면 친밀감의 위기가 나타날 위험이 있다. 고립은 친밀감을 회피하기 위한 방법이다.
7	생산성 vs 침체 (성인 중기)	돌봄	**생산성의 위기는 가까운 가족 이외의 다른 사람들에게 관심을 갖는 것이다.** 자기몰입=침체
8	자아통합 vs 절망 (성인 후기)	지혜	자신이 성취해온 것에 만족하고, 죽음을 피할 수 없는 것으로 받아들인다. **위기는 죽음에 직면하여 통합을 이루는 것이다.** 죽음이 인생의 성취기회를 앗아간다고 느낄 때 절망이 나타난다.

출처: Wastell(1993) Journal of Counseling & Development 74, July/August 1996. pg.577. ⓒACA.

Erikson 모델: Erikson 본인의 설명

Erikson 모델은 인간발달에 대한 전통적 패러다임의 근간을 이루고 있기 때문에, Erikson이 직접 설명한 이 모델의 내용과 기본개념을 살펴보는 편이 좋을 것이다. Erikson이 1950년에 발표한 "인간의 여덟 시기 Eight ages of Man"는 그의 유명한 저서인 아동기와 사회 Childhood and Society에서 발췌한 것이다. 이 글은 Erikson이 제시한 인생의 8단계를 개관한 것으로, 우리는 이를 통해 Freud와 정신분석이 Erikson의 생각과 저술에 지대한 영향을 미쳤음을 알수 있다. 이 인용문의 전제, 예시, 참고문헌 등을 젠더와 성적지향의 측면에서 비판적인 시각을 가지고 살펴보길 바란다.

인간의 여덟가지 시기 - Erik Erikson

1. 신뢰감 vs 불신감

사회적 신뢰감이 형성된 아기는 잘 먹고, 깊은 수면을 취하고, 배변도 잘 한다. 아기는 부모의 양육방식을 수용하면서 상호조정을 이루며, 이를 통해 미성숙해서 발생하는 불편함이 점차 상쇄된다. 아기의 첫 번째 사회적 성취는 어머니가 눈에 보이지 않는 상황을 불안해하거나 화내지 않고 받아들이는 것이다. 이는 아기가 어머니에 대한 내적 확실성(inner certainty)과 외적 예언력(outer predicatability)을 획득했음을 보여준다.

"신뢰감(trust)"이라는 단어를 사용하는 이유는, 이 단어가 순수하고 상호적인 의미를 지니기 때문이다: 아기가 신뢰를 넘어 확신(confidence)을 가지게 되었다고까지 하기는 지나친 느낌이 있다. 이러한 신뢰감은 아기가 지속적이고 일관되게 자신을 보살펴주는 누군가에게 의존하는 것을 배우고, 자신의 욕구에 스스로 대처할 수 있는 능력이 있음을 믿으며, 자신을 신뢰할만하다고 받아들여 어머니가 자신을 꼬집지 않을 거라는 것을 받아들이는 것까지를 포함한다.

자아의 첫 번째 과업은 존재에 대한 기본적 신뢰감 대 불신감의 핵심적 갈등을 해결하기 위한 패턴을 견고하게 수립하는 것인데, 따라서 어머니의 돌봄이 무엇보다도 중요하다. 여기에서 중요한 것은 초기 유아가 갖게 되는 신뢰감의 정도가 음식이나 애정표현의 절대량보다는 어머니와의 관계의 질에 달려 있다는 것이다.

2. 자율성 vs 수치심과 의심

항문기(괄약근)의 성숙은 '보유'와 '배출'이라는 두 가지 사회적 양식을 실험하는 단계이다. 그러므로 이 시기의 외부통제는 유아를 확고히 안심시키는 것이어야 한다. 구강기를 통해 존재에 대한 기본적 신뢰감을 느끼게 된 유아는 지나치게 보유하거나 완강히 버리려 하는 상반된 선택을 해야하는 갑작스런 강한 열망 때문에 위태로워지지 않을 것이다. 확고함은 유아가 아직 판별력을 익히지 못해 자신의 의지에 따라 보유하거나 배출하지 못해서 발생하는 잠재적 혼란을 방지할 수 있다. 유아는 환경적 촉진에 따라 "혼자 힘으로 일어서게" 되는데, 이로 인해 무의미하고 자의적인 수치심과 의심으로부터 벗어나게 된다. 수치심이란 타인에게 완전히 노출되어 보여진다고 의식하는 것이다: 즉, 남의 시선을 의식하는 것으로, 보여줄 준비가 되지 않았는데 보여지는 것이다. 수치심은 얼굴을 가리고 싶거나 앉은 자리에서 땅속으로 숨어버리고 싶은 충동으로 나타난다.

의심은 수치심의 형제이다. 임상적 관찰에 의하면, 수치심은 의식의 수립과 노출에 영향을 받고, 의심은 의식의 앞면과 뒷면 중에서도 특히 "뒷면"과 관련이 있다고 보인다.

3. 주도성 vs 죄책감

보행이 가능한 남근기 단계의 유아는 "형성" 내지 "형성 중인 존재"라는 기본적 사회양식을 추가한다. 이보다 더 간단하고, 기존에 열거한 사회양식에 알맞은 단어는 없다. 이 단어는 공격과 정복에서 얻는 기쁨을 암시한다. 남아의 경우 남근적-공격적 성향이 강조되며, 여아의 경우에는 보다 공격적으로 낚아채서 "꽉 쥐거나", 강한 소유욕으로 "고약하게 굴거나", 때로는 온순하게 사랑스럽고 매력적인 태도를 보이는 방식을 보인다.

유아의 성과 근친상간, 거세불안 콤플렉스와 초자아는 하나로 통합되어 부모에 대한 전성기기적(pregenital, 前性器期) 애착을 버려야 하는 위기로 이어진다. 이는 전통을 전달하는 부모처럼 되어가는 과정이다.

다시 한 번 상호조정의 문제가 나타난다. 이제 자기 자신을 스스로 통제할 준비가 된 유아는 서서히 아버지 같은 책임감을 발달시킬 수 있다. 책임감 있는 참여를 가능하게 할 제도, 기능, 역할에 대한 통찰력을 획득한 유아는 도구와 무기를 휘두르며, 장난감을 조종하고 동생을 돌보면서 성취의 기쁨을 알아갈 것이다.

4. 근면성 vs 열등감

이미 정신적으로는 초보 부모인 아동은 아이이기 전에 생물학적으로 부모가 될 수 있으며, 근로자 내지는 잠재적 부양자가 될 준비를 해나가야만 한다. 잠복기 동안 정상적으로 성장한 아동은 직접 사람을 "만들거나" 성급하게 엄마와 아빠가 되려던 자신을 잊고, 이제는 무언가를 생산함으로써 존재를 인정받는 법을 배운다. 아동은 보행 및 자신의 신체를 완전히 익히며, 미래를 위해서는 궁극적으로 가족이라는 울타리를 벗어나야만 한다는 현실을 경험하게 된다. 이에 따라 아동은 주어진 기술이나 과업을 적용해볼 준비를 갖추게 되는데, 이는 단순한 놀이로서의 신체적 표현과 팔다리의 활용을 넘어서는 것이다. 아동은 근면성을 발달시킨다. 예를 들어, 도구 중심적 세계의 물질법칙에 자신을 적응시킨다. 아동은 생산적 상황의 구성원으로 흡수될 수 있다. 아동의 목표는 자신의 자율적 신체의 욕구와 변덕으로부터 점차 생산적 상황을 완성하는 것으로 대체된다. 아동의 자아범위는 도구와 기술을 포함한다; 아동은 꾸준한 집중과 인내심 있는 근면성이라는 일의 원칙을 통해 일을 완수하는 기쁨을 배운다.

5. 정체성 vs 역할 혼란

기술과 도구의 외부세계에 잘 적응하고 성적 성숙이 나타나면서 아동기가 끝나고 청소년기가 시작된다. 그러나 사춘기와 청소년기에는 기존의 동일성과 연속성이 다시금 의문시되는데, 그 이유는 초기 아동기에서와 같은 신체의 급속한 성장과 생식기의 성숙이 일어나기 때문이다. 커다란 생리적 변화에 직면한 성장기 청소년의 주된 관심사는 스스로가 느끼는 자신과 남들의 눈에 비춰지는 자신의 모습을 비교하는 것과, 앞서 자신이 연마한 기술과 역할들을 미래의 직업과 어떻게 연결할 것인가이다. 청소년들은 새로운 동일성과 연속성을 찾는 과정에서 지난 시간들과 맞서 싸우게 된다. 그렇더라도, 적의 역할을 하는 사람이 선한 사람이라고 정의해야만 한다. 청소년들은 최종적 정체성을 이끌어줄 영구적인 이상을 가질 준비와 인생을 위한 내면의 계획을 "확정"하는 성인식을 치를 준비가 되어있다.

자아정체감의 형태로 나타나는 통합은 아동기 동일시의 총합보다 크다. 통합은 자아와 변화무쌍한 리비도를 동일시하는 능력, 타고난 자질로부터 발달된 적성을 동일시하는 능력, 사회적 역할에서 주어진 기회를 동일시하는 능력이 모두 축적된 것이다. 따라서 자아정체성은 내면의 동일성과 연속성이 타인의 평가와 일치되어 "직업"에 대한 약속으로 보장됨으로써 축적된 자신감이다.

6. 친밀감 vs 고립감

정체성의 혼란을 이겨낸 젊은이만이 친밀감과 관련된 6단계를 통달할 수 있다. 성기성(genitality)에서 보면, 이제 성생활이 가능해진다. 신체와 자아는 성적쾌감과 성적결합, 친밀한 우정과 싸움, 교사로부터의 영감과 자신의 직관에 있어서 자아상실의 두려움에 맞서기 위해 자신의 신체와 갈등에 능숙해져야만 한다. 이러한 경험을 피하게 되는 이유는 자아상실의 두려움 때문이며, 이로 인해 깊은 고립감을 느껴 자신에게만 몰두하게 된다.

정신분석학자들은 성기성을 사회에 대한 보편적 치료법으로 보아 지나치게 강조하고, 그 내용을 해석하려는 사람들에게 새로운 몰입거리와 유용성을 제공하기도 하였지만, 이것이 실제 성기성이 의미하는 모든 목적을 보여주는 것은 아니다. 사회적으로 중요하게 유지될 이상적인 성기성은 다음의 내용을 포함해야 한다.

1. 성숙한 성적 쾌감
2. 사랑하는 파트너

3. 이성
4. 상호신뢰를 공유하고자 하는 사람
5. 다음의 주기를 함께 나누고자 하는 사람
   a. 일
   b. 생식
   c. 여가
6. 자손의 안전과 만족스러운 발달

이렇게 광범위한 영역에서 이상적 목표를 달성하는 것은 개인의 노력이나 치료만으로는 불가능하다. 이는 또한 성적인 문제만도 아니다.

7. 생산성 vs 침체

생산성은 다음 세대를 확립하고 이끄는 것과 어떤 상황에서도 부모로서의 책임을 지는 것에 주로 관심을 두는 것이다. 생산성의 발달에 실패하면, 상호반발로 가로막히는 가짜 친밀감을 강박적으로 찾게 되어 개인의 침체와 대인관계의 피폐함이 만연하게 된다.

8. 자아통합 vs 절망

어떤 방식으로든 사람과 사물을 돌봐오고, 자녀를 낳고 사물과 생각을 창조할 때의 승리감과 상실감에 적응해온 사람만이 지금까지 거쳐 온 7단계의 결실을 얻을 수 있다. 이를 표현하는 단어로는 자아통합이 가장 적당하다고 여겨진다. 이는 자신과 자신의 인생을 그 자체로서 중요한 것으로 받아들여, 다른 것으로 대체될 수 없다고 여기는 것이다: 이것은 새로운 부모의 사랑을 의미한다. 과거에 시간의 순서에 따랐던 길과 다른 선택을 할 수 있었던 길들이 조화를 이루게 된다. 그는 개인의 삶이 우연한 사건들로 이루어지지만, 그러한 삶 또한 역사의 한 부분이 된다는 것을 깨닫는다: 전인류의 통합은 그가 포함된 하나의 통합방식과 일치한다. 통합방식은 문화와 문명에 따라 발달하여 그 자신의 도덕적 유산을 나타내는 "정신적 유산"이 된다. 이 최종적인 해답 앞에서는 죽음의 고통도 잊혀진다.

자아통합이 이루어지지 않으면 죽음에 대한 공포가 나타난다. 유일한 삶의 주기를 궁극적 삶으로 인정하지 않으며, 또 다른 삶을 새로 시작하거나 통합에 이르는 다른 방법을 찾기에는 너무 시간이 부족하다는 생각에 절망감을 느낀다. 이러한 절망감을 죽음에 대한 혐오감으로 숨기는 것이다.

신뢰감(첫 번째 자아 가치관)은 이제 "다른 사람의 통합(마지막 자아 가치관)에 의지하는 것"으로 정의된다. 성인의 통합과 유아의 신뢰와의 관계를 다르게 표현하자면, 죽음을 두려워하지 않을 정도로 통합을 이룬 부모를 둔 건강한 자녀는 두려움을 느끼지 않을 것이라고 말할 수 있다.

Reprinted from Childhood and Society by Erik H. Erikson with the permission of W. W. Norton & Company, Inc. Copyright 1950, © 1963 by W. W. Norton & Company, Inc., renewed 1978, 1991, by Erik Erikson

분석/비판: Erikson 이론에서 "여성의 위치"

Erik Erikson의 8단계 모델은 남성의 발달과 경험을 표준으로 설명하고 있다. Gilligan 등은(Berzoff 1989; Miller 1991) 특히 관계와 소통의 측면에서, 그리고 여성을 다루고 설명하는 측면에서 Erikson의 이론을 분석하고 비판하였다.

Gilligan은 Erikson의 이론에서 남아가 성인으로 성장하는 과정만 설명하고 있음을 발견하였다. Erikson 모델에서 가장 중시하는 것은 내가 누구인가에 대한 의식인 정체성의 발달이다. Erikson은 특히 독립성과 자율성을 우선으로 하는 정체성을 발달시키는 것이 정상적인 정체성 발달이라고 보았다. Gilligan은 이에 대해, Erikson 모델의 초기단계에서는 유아가 신뢰감을 형성하기 위해 보호자와 유대 관계를 형성할 필요가 있지만, 이후 단계에서는 발달의 초점이 개별화로 전환되고 있다고 지적하였다.

자율성 대 수치심과 의심 단계, 주도성 대 죄책감 단계, 근면성 대 열등감 단계, 정체성 대 역할혼란 단계에서는 모두 분리와 경쟁, 청소년기의 독립된 자아로서의 정체성을 갖는 것을 중요하게 본다. 따라서 Erikson의 남성 중심적 모델에서 친밀감 대 고립감의 위기에 도달한 성인기 인간은 영아기에 확립한 신뢰를 제외한 모든 관계를 소멸시키고, 분리를 중시하는 발달적 기술을 연마하게 된다. 그래서 이러한 모델에서는 성인에게 필요한 친밀감 형성을 소홀히 하는 경향이 있다.

Erikson은 여성과 남성의 발달경험이 어느 정도 다르다고 인식했지만, 이러한 차이를 일반적인 남성발달모델에 부차적으로 덧붙이는 정도로만 다루고 있다. 예를 들어, 그의 저서인 정체성: 젊음과 위기 Identity: Youth and Crisis (1968)에서 여성의 발달문제와 경험의 차이를 끝에서 두 번째 장인 "여성성과 내적 공간 Womanhood and the Inner Space"에서 설명하였다. 마지막 장은 흥미롭게도 "인종과 다양한 정체성 Race and Wider Identity"을 다루고 있다. 이 두 개의 장은 1950년에 처음 8단계의 윤곽을 잡은 이후, 오랜 시간이 지난 1964년과 1966년에 저술한 글과 강의에서도 수정되지 않았다. Erikson은 1950년에 발간한 저서 아동기와 사회 Childhood and Society에서 다음과 같이 언급하였다. 주도성 대 죄책감 단계에서 남아는 "남근적-공격적 방식"에 초점을 두고 주도성을 형성하는 반면, 여아는 "보다 공격적인 형태나 강한 소유욕으로 '고약하게 구는' 방식, 또는 온순한 형태로 자신을 사랑스럽고 매력적이게 보이도록 하는 방식"으로 주도성을 형성한다(Erikson 1950). Erikson이 1968년에 저술한 내용을 보면, Erikson은 청소년기의 정체성 발달에 있어서 여성과 남성의 차이를 인식하고 있었지만, 이로 인해 당초 단계모델의 윤곽을 바꾸지는 않았다(Gilligan 1982:12).

Levinson: 성인발달

소개

Daniel Levinson은 발달과 관련된 대부분의 연구가 인생초기의 발달경험과 과업에서 출발하였다고 보았다. 대부분의 전통 모델들이 아동을 관찰하고 연구해서 도출한 개념과 패턴을 이후의 인생주기에 적용한 반면, Levinson은 성인 중기 중심의 성인기 발달경험을 연구 대상으로 삼았다. 그러나 앞서 살펴본 다른 전통 모델들과 마찬가지로 Levinson 모델 역시 남자가 겪는 인생의 사계절 The Seasons of a Man's Life (1978)에서 나타나듯 남성의 발달경험 측면에서만 발달을 언급했다.

모델

Levinson과 동료학자들은(1978:18) 인생의 주기가 부분적으로 중첩되는 4개의 연속된 시기(eras)로 이루어지며, 각 시기는 22년 정도씩 지속된다고 판단하였다. 또한 이 시기는 "인생의 주요 사건과 세부사항을 보다 세밀하게 보여주는" 하위 발달구간으로 나눌 수 있다(1978:19)고 보았다. Levinson은 특히 각 시기가 시작되거나 종료되는 시점의 연령에 관심을 두었는데, 이 연령의 변화폭은 "대개 5~6년 이하"일 것으로 보았다. Levinson 모델의 주요개념은 각 시기 간의 전환기(transitions)이다. 전환기는 4~5년 동안 지속되며, "인생의 구조에 근본적인 변화"가 일어난다(1978:19). 각각의 시기와 전환기는 다음과 같다.

1시기   [성인이전시기] 아동기와 청소년기: 0~22세
            아동초기전환기: 0~3세
            성인초기전환기: 17~22세

2시기   성인초기: 17~45세
            성인초기전환기: 17~22세
            중년전환기: 40~45세

3시기   성인중기: 40~65세
            중년전환기: 40~45세
            성인후기전환기: 60~65세

4시기　　성인후기 : 60~?

　　　　성인후기전환기 : 60~65(Levinson 1978:20)

성인이전시기(1시기)의 사회환경은 가족, 학교, 또래집단과 이웃이며, 발달 과업은 훈육, 근면성과 전문성이다. 사춘기는 12~13세경에 시작되어 청소년으로 전환되는 시기로서, "성인이전시기의 정점"이다. 성인초기전환기(대략 17세-22세)는 청소년과 성인을 잇는 가교 역할을 하는 시기이다. Levinson은 "이 기간 동안 청소년은 남성으로" 놀라울 만큼 성장하지만, 성인이라고 보기에는 아직 미숙하고 불안정한 상태라고 말한다(1978:21).

성인초기(2시기)는 정신적·생물학적 특성이 최고조에 이르는 "가장 극적인 시기"이다. 이 시기에는 예비 성인으로서의 정체성을 형성하며, "결혼, 직업, 주거 및 생활방식" 등을 선택하게 된다. 사람들은 이 시기 동안 자녀를 낳아 기르고 경제활동을 하며, "초보성인"에서 "직장, 가정, 공동체에서 보다 높은 위치"로 이동해간다. Levinson에 따르면, 이 과정은 스트레스와 도전으로 부담을 갖는 동시에 성공을 통해 보람을 얻는 시기이다.

성인중기(3시기)는 약 40세에서 45세까지의 중년전환기를 포함하는데, Levinson은 이를 "연구과정에서 가장 논란이 되었던 시기"라고 언급하였다(1978:23). 사춘기의 경우 아동기로부터 청소년기나 성인초기로의 분명한 전환이 일어나지만, 중년전환기의 경우는 사춘기처럼 분명한 전환이 뚜렷하게 나타나지 않기 때문이다. 중년전환기에는 생물학적·정신적 기능과 세대의 순서, 경력과 사업에서 점진적이고도 미묘한 변화를 겪게 된다(1978:24).

이 시기에는 "본능적 에너지"와 성적능력 같은 생물학적 기능의 감소가 두드러진다. Levinson은 생물학적 기능의 감소가 반드시 결손은 아니라고 보았는데, 왜냐하면 "친밀감을 형성하는 능력을 더 발달시키고 자신의 부드럽고 '여성적'인 측면을 보다 충분히 통합하여, 애정관계의 질이 더 향상될 수 있기 때문이다. 여성뿐 아니라 다른 남성과도 보다 많은 공감을 나누어 친구가 될 수 있다"(1978:25). Levinson은 이 시기 동안 나타나는 변화의 강도와 이에 대한 반응에는 개인차가 있다고 언급하였다. "중년전환기는 가볍게 나타난다. 중년전환기가 매우 혼란스럽거나 분열을 일으킨다면, 이는 중년의 위기라 해야 할 것이다." 이 시기에는 젊음의 상실과 허무함을 인식하지만, 여기에서 삶이 끝나는 것이 아니라 남은 인생이 이어짐을 깨닫는다(Levinson 1978:26).

Levinson 모델의 핵심개념은 세대(generation)이다. 그는 세대에 대해 다음과 같이 설명한다: "세대란 같은 연령수준에 있는 사람들로써, 젊은 세대와 나이든 세대로 대조된다. 청년 세대가 세월의 흐름과 함께 다음 세대로 이동해가면서, 다른 세대들과의 관계를 새롭게 만들어낸다." 한 세대는 "12~15년 정도"이다 (1978:27). Levinson은 Jose Ortega Y Gasset의 개념으로 세대를 설명한다:

1. 아동기: 0~15세
2. 청년기: 15~30세
3. 착수기: 30~45세
4. 지배기: 45~60세
5. 노년기: 60세 이상(1978:28)

Levinson이 말하는 직장과 사업에서의 발전이란, "40대 초반의 남성들이 문제를 정리하고, 한계를 받아들이는 법을 배우며, 인생의 다음 단계를 생각하는 것"이다. 40대의 남성은 인생에 있어 중요한 성공과 실패를 경험한다. Levinson은 이 시기가 "한 사람이 보다 고유한 개인이 되는 발달과정"인 "개별화(individuation)"의 시기이기도 하다고 설명한다. 그는 자신의 정체성을 명확하고 완전하게 확립함으로써, 개인의 역량을 전보다 잘 활용하고 자신의 목표를 추구할 수 있고 새로운 수준의 의식, 의미, 이해를 갖게 된다고 한다(1978:31-33).

Levinson은 성인후기(4시기)에 많은 관심을 갖지는 않았지만, 이 시기의 과업에 대해 다음과 같이 설명하였다. Levinson은 이 시기가 60세부터 85세까지 이어진다고 보았다. 이 시기의 발달과업은 성인후기에 맞는 새로운 형태의 젊음을 유지하기 위해 "청춘과 노년"의 균형 잡기, 이전의 인생설계를 마무리하고 수정하기, 생활의 "중심 위치"에서 물러나기, 인생의 통합을 위해 "사회와 자신 사이의 새로운 균형" 찾기, 죽음을 맞이하기 위한 인생의 의미 발견하기, 자기 내외부의 적들과 평화롭게 지내기 등이다(Levinson 1978:36-38).

Levinson은 80세 정도에 시작되는 성인후기에 대해서도 간략히 설명하였다. Levinson의 저서가 처음 출판되었던 1978년까지 이 시기의 발달은 거의 연구된 바 없었는데, 그는 이 시기의 기본적인 발달과업이 "죽음의 과정을 받아들이고 자신의 죽음에 대비하기", 영혼의 불멸을 믿는 경우 사후의 삶을 준비하고, 영원을 믿지 않는 경우 자신의 죽음을 인간의 운명과 인류 진화의 한 부분으로 받아들이기, 삶과 죽음의 의미를 용인하고 자신만의 의미 찾기 등이라고 보았다. 그리고 "자신에 대해 알고 사랑하며 포기할 준비를 갖추어, 자신을 받아들이는 법을 배워야 한다."(1978:38-39)고 하였다.

    Levinson은 남자가 겪는 인생의 사계절을 출간한 이후에도 성인발달에 대한 연구를 지속하였다. 그는 몇몇 후속연구를 통하여 인간의 삶에 영향을 미치는 복잡하고 다양한 요인들을 인식하고 통합하는 발달모델이 필요하다고 강조하였으며, 발달이 전개됨에 따라 인간과 사회환경 간의 상호영향이 강조되어야 한다고도 역설하였다(Levinson 1986). 또한 그는 자신의 이론에 여성의 발달경험을 포함시켜 이론을 확장하였다. 그래서 Levinson은 성인남성에만 초점을 두었던 초기 연구에 성인여성에 대한 연구를 추가하였다. 그는 원래의 모델을 약간만 수정하면 남성과 여성의 경험에 동일하게 적용할 수 있다고 보았다. Levinson은, "성인인 여성과 남성은 동일한 연령에 동일한 인생발달 순서를 겪게 된다."(Levinson and Levinson 1996:413)고 했다. 그러나 Levinson은 동일한 성인기의 발달순서를 거치는 과정에서 남성과 여성이 겪는 경험이 다름을 발견하였다. 이러한 경험의 차이를 설명하는 주요개념은 성의 분리이다. 성의 분리(gender splitting)란, "생의 모든 측면에서 나타나는 여성과 남성, 여자다움과 남자다움에 대한 엄격한 분리"이다(Levinson and Levinson 1996:414). Levinson은 공적인 직업과 가정 내 삶의 영역에서의 남성과 여성의 경험에서 성의 분리가 더 분명히 드러남을 발견했다-"여성의 일과 남성의 일, 자기 안의 여성스러움과 남자다움". Levinson은 "여성이 남성에게 종속되는 가부장적 사회에서는 성의 분리를 조장하고, 이러한 분리가 사회를 유지시킨다."고 지적하였다(Levinson and Levinson 1996:414). 그러나 여성이 가정을 벗어나 공적 영역에 진입하는 경우가 늘면서 "여성과 남성의 삶과 성격이 보다 유사해지고 있다."(Levinson and Levinson 1996: 414)고 보았다. Levinson이 말한 남성과 여성의 발달경험에 대한 관점은 Gilligan(1982)이 주장한 내용과는 확연히 다르다. Berzoff(1989) 역시 남성과 여성의 성인 발달유형을 일반화할 수 있는가에 대해 의문을 제기하였다.(아래의 "분석/비판"을 참고하라.)

분리이론

분리이론(disengagement theory)은 성인의 발달 중에서도 특히 성인후기의 발달을 설명하는 또 다른 전통적인 접근이다. Achenbaum과 Bengstson의 주장에 따르면, "분리이론은 노년학 분야의 사회과학자들이 발전시킨 다학문적이며, 영향력 있는 이론"이다(1994:756). "분리이론"은 Cumming과 Henry(1961)의 저서인 노화 Growing Old에서 최초로 개념화되었다. 이 이론에서 주장하는 주요한 내용은 다음과 같다. "분리(disengagement)란 노화의 필연적인 과정으로써, 개인과 사회 사이의 수많은 관계가 변하고 결국은 단절되는 것이다. 분리는 심리적 변화(자아기제)와 사회적 변화(역할과 규범) 모두로 나타날 수 있으며, 의욕 저하를 유발한다"(Achenbaum and Vengston 1994:758).

분리이론에 대한 반론

몇몇 학자들은 노화에 따른 개인의 경험이 상이하다는 관점하에 분리이론에 의문을 제기하였다. Achenbaum과 Bengstson는 1957년 Habighust의 발표를 인용하여 "중년기의 사회적 역량에 관한 이론을 보면 대부분의 사람들이 60대 후반까지 사회적 역할을 할 수 있다고 강조한다. 그리고 삶의 만족은 어느 정도 사회적 활동과 관계가 있다고 주장하였다"(1994:759). 1968년 Smith는 "아프리카계 미국인, 만성질환자, 빈곤층을 조사하였는데 분리이론이 증명되지 않았고, Smith는 이 결과를 토대로 분리이론이 갖는 전제의 보편성과 기능성에 반론을 제기하였다." 1969년 Tallmer와 Kutner는 "분리를 일으키는 것은 연령 그 자체가 아니라, 연령의 증가와 함께 나타나는 신체적·사회적 스트레스의 영향"이라고 주장하였다(in Achenbaum and Bengstson 1994:760). 1969년 Bengstson은 "은퇴 이후의 역할과 활동이 직업이나 국가에 따라 획일적이기보다는 다양하다. 분리가 보편적이라고 주장할 만한 근거는 거의 없다."고 보고하였다(Achenbaum and Bengstson 1994:760). Neugarten도 1968년과 1969년에 "노화의 패턴 및 노인들의 성격의 차이와 다양성"을 강조하였다(Achenbaum and Bengstson 1994:759). 최근 Tornstam(1999/2000)은 분리이론을 재검토하여, "노년초월(gerotranscendence)"이라는 대안이론을 내놓았다. Tornstam의 이론을 비롯한 노화에 대한 대안적 이론에 대해서는 5장을 참고하라.

분석/비판: 성인발달에서 "여성의 위치"

Neugarten은 다양한 사람들의 다양한 노화경험을 이해하기 위해 복합적 관점으로 성인의 발달과 노화를 관찰해야 한다고 주장하였다. 그녀는 자신의 연구를 근거로, 젠더와 사회계층에 따라 개인의 노화경험이 상당히 달라질 수 있다고 보았다. Neugarten은 성년기와 노화를 "생물학적 운명"으로 여겨왔던 전통적인 개념에 반대한다(Achenbaum and Bengstson 1994:759-60).

Achenbaum과 Bengstson(1994:75)은 "Neugarten이 노화연구의 분야에서 몇 가지 업적을 이루었다고 본다. 첫째, 생물학적, 사회적 변화가 성이나 젠더에 따라 다르다고 강조하였다. 둘째, 노화의 과정을 설명하기 위해서는 생애과정 전체를 관찰해야 한다고 주장하였으며, 행동패턴은 언제든지 변할 수 있다고 가정하였다." Bernice Neugarten은 기존의 생물학적 요소 외에도 다양성과 젠더, 계층까지를 노화과정의 결정요인으로 고려함으로써, 페미니즘과 대안적 접근의 토대를 마련하였다.

Carol Gilligan(1982) 역시 여성에 대한 연구에서 성인의 발달관점을 제시하였다. 특히 그녀는 Levinson이 제시한 남성 중심의 성인발달모델과 Erikson의 남성 중심적 발달단계 모델을 비판하였다. Gilligan은 이 모델들이 여성의 발달 경험을 배제하고 있으며, 그 결과 인간의 발달을 완전히 설명하지 못한다고 보았다. 이 모델에서는 남성을 중심으로 설명하여 여성의 중요한 능력을 고려하지 않는다. Gilligan은 "전통적 성인발달모델에서 남성은 관계 맺는 능력이 약화되어 있으며, 감정표현이 위축되어 있다."고 보았다(1982:154). 기존의 모델들은 "관계가 상호의존적으로 성숙될 수 있음을 설명하지 못한다. 관계를 유지하는 것을 여성의 특성으로 보아 무시하거나 소홀히 다룬다"(Gilligan 1982:155).

청소년기와 성인초기의 남성과 여성의 주요 발달경험은 상당히 다르다. 남성은 "자신을 규정하고 스스로에게 힘을 부여하는 분리"를 중요시 하는 반면, 여성은 "공동체를 창조하고 유지시키는 애착을 지속하는 과정"에 중점을 둔다(Gilligan 1982:156). Gilligan은 기존의 성인발달 연구에서 귀 기울이지 않았던 여성들의 목소리를 들음으로써, 성인발달의 개념을 새로 만들어낼 수 있다고 강조하였다. 이렇게 새로이 확장된 시각은 "발달한다고 애착을 유지하고 돌보는 것의 가치가 약화되지는 않는다고 주장"한 Miller의 성인심리학과도 일치한다 (Gilligan 1982:170). "발달이 개인의 성취라는 관점에서 발달이 돌봄의 관계라는 관점으로 전환되면, 여성이 애착을 지속하는 것도 성숙에 이르는 길이라고 보게 될 것이다"(Gilligan 1982:170).

Gilligan을 비롯한 학자들(Miller 1991 and Berzoff 1989)은 남성 중심적인 전통적/지배적 인간발달모델을 비판하였는데, 왜냐하면 이 모델에서 여성을 완전히 배제하지는 않았더라도 여전히 전통적 발달모델의 한계를 지니기 때문이다. Gilligan에 따르면 전통적 발달모델들에서는 여성을 배제하거나 소홀히 다루었고, 그래서 진정한 인간발달모델로 발전하기 위해서는 여성의 목소리를 반영한 성인발달의 관점이 필요하다. Gilligan이 지적하였듯, "성인발달에 대한 연구에서 가장 시급한 아젠다는 성인 여성의 경험을 여성 자신의 언어로 풀어내는 것"이다. 여성들의 발달경험에 대해 듣고 배우는 것은, 전통적 모델에서 무시해 온 절반의 인류를 포함시키는 일이다. Gilligan의 주장처럼 여성과 남성 모두를 포함하는 인간발달의 의미를 이해하기 위해서는 반드시 여성의 목소리에 귀 기울여야 한다.

분석/비판: 성인발달에서 "레즈비언의 위치"

Furst(in Wheeler-Scruggs 2008:45)는, "Levinson의 연령별 성인발달의 보편적 발달이론은 문화·역사·젠더의 차이를 무시하고 있다"고 한다. Wheeler-Scruggs (2008)는 레즈비언 여성의 성인발달과 Levinson 모델의 "적합도"를 평가한 결과, "레즈비언들의 발달 시기의 구성과 변화 순서는 Levinson 모델과 기본적으로 같다고 볼 수 있지만, 레즈비언들이 해당 과업을 달성하는 방법은 다르게 나타난다."고 결론지었다(Wheeler-Scruggs 2008:45). 그녀가 제시하고 있는 예를 살펴보자.

레즈비언의 성인발달모델에서는 부모로부터의 분리, 독립, 독자적인 의사결정의 욕구를 다른 것으로 대치할 필요가 있다. 그리고 레즈비언과 직접 관련되는 요소들을 레즈비언 삶의 구조를 토대로 고려해야 한다. 레즈비언을 고려한 발달이론이라면, 예컨대 커밍아웃이라는 요소를 반드시 다루어야 한다. 또한 레즈비언들은 다른 차원의 가족요소를 가지고 있다. 일부일처제가 보편적인 사회에서는 두 명의 레즈비언이 맺고 있는 관계를 가족의 단위로 받아들이려 하지 않지만, 이들은 실제 가족에 해당된다. 레즈비언들의 삶 속에서는 친구도 가족으로서의 역할을 한다. 사회에서는 친구를 가족으로 인정하지 않지만, 레즈비언 발달이론에서는 친구가 가족을 보완하는 역할을 할 수 있음을 고려해야 한다(Wheeler-Scruggs 2008:45).

분석/비판: 발달에 대한 전통적 접근과 유색인종

발달이론과 인종/Erikson

Erikson에 의하면, 인간발달의 성공은 다음 각 집단들의 멤버십과 관련된 정신 내적갈등의 해결여부에 달려있다.

1. 젠더
2. 종교
3. 연령
4. 직업
5. 정치적 이데올로기
6. 성적지향(Helms 1992:287)

눈에 띄는 점은 이 목록에 인종과 민족성이 언급되지 않았다는 점이다. Helms는 "Erikson이 인종 집단내에서 갖는 멤버십이 아프리카계 미국인에게는 부정적 정체성 발달을 이루게 하는 중요한 측면이라고 보았지만, 백인의 정체성 발달에 미치는 영향에 대해서는 언급하지 않았다. Erikson은 인종 집단과 자신을 동일시하는 것이 인격 형성에 긍정적인 영향을 줄 수 있다고 보지 않았다. 그러나 인종 집단은 미국에 존재하는 다양한 집단의 정체성 중에서도 가장 중요한 집단이다."라고 언급한다(1994:287).

Parks와 동료학자들은 인간발달의 다양성을 무시하고 이를 비정상적인 것으로 묘사하고 있는 많은 문헌들에 대해 다음과 같이 지적하였다. "최근까지도 문헌들을 보면 백인남성의 '규범'에서 벗어난 사람들을 비판적으로 본다. 정상적인 심리기능과 발달에 대한 수많은 이론들은 백인남성에 대한 연구로부터 출발하였으며, 여성과 흑인의 경험은 백인남성과 다르다는 이유를 들어 이들을 결함이 있는 존재로 본다. 일반적으로 정신이 건강하다는 이미지는 인종차별주의자, 성차별주의자, 이성애주의자들의 준거틀로부터 나온 것이다"(1996:624).

전통적 발달이론과 다인종

인간발달에 대한 전통적 이론에서는 다인종·다민족적 발달경험의 복잡성도 반영하지 않았다. Miller는 "이러한 발달모델은 대부분 역사와 맥락을 잘 이해하지 못하기 때문에, 인종과 민족적 계층화를 야기하는 사회생태적 측면을 축소시킨다."고 주장한다(1992:33). Miller는 다양성을 무시하는 전통적 발달이론의 몇 가지 한계점을 지적하였다. 아래에 제시된 Miller의 한계점을 앞서 살펴본 전통적 단계모델에 대한 비판과 비교해 보자.

> 보편성: "Erikson 학파의 모델들에서는 민족정체성이 발달하는 과정이 보편적이라고 가정한다. 이와 유사하게, 집단에 대한 사회심리이론에서는 집단소속감의 발달과정 자체가 어떤 경우에도 항상 동일하게 나타난다고 가정한다."
>
> 단선성: "특히 다민족인의 경우 정체성이 형성되는 과정은 단선적이지 않다. 다민족인은 주어진 상황 속에서 직접적인 효용을 얻을 수 있는 행동, 선입견, 시각을 선택하게 될 것이다. 다문화주의를 온전히 수용한 사회에서만 정체성 형성과정이 단선적일 것이다. 다민족인은 상황에 따라 적절하게 자기인식을 전환할 것이다."
>
> 귀속성과 이원성: "Erikson 학파와 사회이론에서는 귀속적인 인종·민족 정체성이 곧 개인적 유산이라고 전제한다. 이러한 가정으로 인해 다민족적인 정체성을 가진 사람들을 '혼란'을 경험하거나 부적응한 사람으로 본다. Erikson 학파와 사회정체성이론에서는 한 사람이 동시에 두 집단의 구성원일 수는 없다고 생각한다"(Miller 1992:33-34).

이와 같은 한계를 보면 전통적 패러다임의 이분법적 사고나 양자택일적 특성이 드러난다. 이러한 사고유형에서는 다민족인을 비롯한 유색인종들의 풍부하고 복합적인 경험들을 담아낼 여지가 없다.

발달에 대한 전통적 접근에서의 유색인종에 관한 주제

Spencer(1990:267-269)는 전통적 접근에서 유색인종의 발달을 어떻게 보는지를 정리하였다. 그녀는 전통적/지배적 접근에서 아프리카계·아시아계·히스패닉계·아메리칸 인디언계 미국인의 발달경험을 배제하거나 불충분하고 부정확하게 묘사한다고 보았고, 이로부터 기인하는 전통적/지배적 접근법들의 몇 가지 특성을 서술하였다. 그 내용은 다음과 같다:

1. 전통적 패러다임의 연구자들은 인종과 사회경제적 지위를 "매개변수"로 간주하여 통제하도록 교육받는다.

2. 소수자에 대한 연구에서는 소수자를 다수자의 규범에서 "일탈"된 것으로 보는 관점으로 진행하는 경우가 많다. 이러한 "일탈"적 접근에서는 유색인종들이 그들의 발달을 가로막는 적대적인 환경에 창조적으로 적응해가는 것을 무시하곤 한다.

3. "규범적인" 발달은 동화되지 못한 소수자의 규범을 배제한 채 지나치게 유럽중심적인 기준에 따라 정의된다. 문화적 차이와 불평등과 차별을 발생시키는 구조에 대한 설명은 대부분 무시된다.

4. "유색인종의 인종을 고려하지 않고 모두 같은 '인간'으로 보는 시각은 그들만의 독특한 문화적 가치관, 문화적 학습유형, 사회적 경험과는 상반된다. 예를 들어, 개인주의와 경쟁을 중시하는 서구적 가치관은 협력과 협조를 중시하는 아메리칸 인디언·아시아계·아프리카계 미국인의 소수문화의 가치관과 정반대된다."

5. 소수집단의 구성원들을 마치 눈에 보이지 않는 듯 취급하고, 부정적 측면만을 묘사하거나(예: 범죄 용의자), 고정 관념만을 만들고, 편협하게 묘사(예: 스포츠 선수)하고 있으며, 소수집단의 아이들에게 매우 제한적인 역할모델만을 제공하는 결과를 낳았다.

6. 전통적 설명의 많은 부분은 20년도 더 된 "인종의 도가니"라는 관점을 반영한 것이다. 이는 그 당시는 물론 현재에도 존재하지 않으며, 미래에도 나타나지 않을 바람직하지 않은 관점이다.

7. 이처럼 배타적이고 부정확한 묘사는 폭넓은 문화를 설명하기에는 부족하다. 전통적 패러다임은 소수의 경험과 문제해결양식을 무시하기 때문에 "소수집단의 청년들이 자신의 재능, 창조성, 능력을 발휘하여 문화를 풍부하게 하는 잠재력을 펼칠 기회를 부여하지 않는다"(1990:267-269).

위 내용에는 전통적/지배적 패러다임 사고의 다양한 차원들이 반영되어 있으며, 이는 대안적 패러다임 차원에 기초한 유색인종 발달 관점을 형성하고 적용하는 것이 필요함을 여실히 보여준다. 사회복지사로서 보다 포괄적인 강점기반 관점을 지지하기 위해서는 전통적 패러다임 사고로 유색인종의 발달을 설명하기 어려움을 인식해야 한다. 다음 장에서는 인간행동과 사회환경의 이해를 돕고 사회복지실천의 기초가 되는 발달과 유색인종에 대한 다양한 대안적 관점들을 살펴보게 될 것이다.

요약

이번 장은 인간발달의 전통적 사고를 비판하는 관점을 소개하였다. 사회복지사들은 이러한 비판적 관점을 통해 인간발달에 대한 전통적 사고의 한계를 인식해야 하지만, 그럼에도 불구하고 인간발달과 관련된 사회복지를 보다 효과적으로 실천하기 위해서는 전통적 패러다임의 중요성과 유용성도 인정해야 한다.

그리고 이번 장에서는 인간발달에 대한 전통적 이론 중에서도 가장 중요한 모델인 Freud의 정신역동이론, Piaget의 인지발달이론, Kohlberg와 Piaget의 도덕성발달이론, 사회복지사들이 자주 활용하는 Erikson의 발달단계이론, Levinson의 성인발달이론과 분리이론을 소개하였다. 이러한 모델들은 여성을 다루지 않거나 잘못 설명하고 있는데, 이를 설명하기 위해 각 모델을 여성의 발달경험 관점에서 분석하고 비판하였다. 또한, 유색인종에 대한 전통적 패러다임이 지니는 한계점도 살펴보았다.

다음 장에서도 우리는 인간발달에 대한 사고를 분석적/비판적으로 접근할 것이다. 그리고 여러 대안적 관점들을 살펴볼 것인데, 그 중 몇몇은 이번 장에서 다룬 전통적 모델로부터 확장된 것이다. 우리는 이러한 대안적 관점을 통해 인간행동과 발달에 대한 전통적 이론에서 배제시켜온 여성, 유색인종, 장애인, 게이 및 레즈비언들의 다양한 발달경험들을 고려할 수 있게 될 것이다. 이번 장에서 살펴본 모델들은 다른 곳에서도 보아온 친숙한 모델이었지만, 다음 장에서는 완전히 새로운 모델들을 다루게 될 것이다.

연습문제

1. Erickson의 발달이론에서 인간의 행동과 발달은 오직 유아기와 유아기의 경험의 결과라고 보는데 이는 어떤 개념을 설명할 때 활용하는 예인가?
   a. 환원주의
   b. 결정주의
   c. 정상적 발달
   d. 전의식 단계

2. 정신역동이론에서 카텍시스(cathexis)의 개념은 사회체계 이론 중 어떤 개념과 유사한가?
   a. 경계   b. 체계
   c. 에너지   d. 홀론

3. Jendrek과 동료 학자들은 주요한 생활 사건이 특정 연령과 연계성을 찾기 어렵다면서 연령과 인생의 특성 시기의 연계가 희미해진다고 보는데 이 모델은 무엇인가?
   a. 대안적 단계모델
   b. 연령-과업 관련 모델 (task-age relativity model)
   c. 유동적 주기 모델 (fluid-cycle model)
   d. 연령 순환 모델 (age recycling model)

4. Piaget는 아동기 발달에서 사고가 단순히 관계없는 정보의 총합이 아니며, 새로 학습하는 것은 이미 알고 있는 것에 맞추는 것이라고 보았다. 이는 어떤 능력을 설명하는 것인가?
   a. 건설
   b. 보존
   c. 형식적 조작
   d. 평형능력

5. Erickson의 발달모델에서 자신이 헌신할 수 있는 주요한 관계에 집중하는 단계에서 경험하는 발달상의 위기는 무엇인가?
   a. 정체성 대 역할 혼란
   b. 친밀감 대 고립감
   c. 신뢰감 대 불신감
   d. 자율성 대 수치심

6. Levinson의 모델 중 성인중기는 Erickson의 모델 중 어느 단계와 유사한가?
   a. 생산성 대 침체
   b. 친밀감 대 고립감
   c. 자아 통합 대 절망
   d. 근면성 대 열등감

7. 발달이 단순한 변화가 아니라 과정이라고 보는 것과 발달을 성취하는 것이라고 정의하는 것은 어떤 개념을 이끌어 내는가?
   a. 발달상의 위기   b. 단계적-성취모델
   c. 헤드스타트   d. 발달 지체

8. Gilligan은 남성과 여성이 성인기로 진입하는 발달경험이 서로 다르다고 본다. 남성은 분리를 자아 발달로 보는 반면, 여성은 _____의 지속적인 과정이 자아 발달의 중요한 것으로 본다.
   a. 교육   b. 애착
   c. 독립   d. 자기 성찰

9. Freud의 정신역동 이론은 역사적으로 사회사업 발전에 많은 영향을 미쳤다. 이러한 영향이 미친 결과는 무엇인가?
   a. 인간의 문제를 보는 관점이 사회변화나 강점 관점에서 의료적 병리적 관점으로 바뀌는 변화가 일어나게 되었다.
   b. 문제를 다루는 관점이 내적이거나 정신내부 현상에 초점을 두는 것으로 전환되었다.
   c. 전통적인 패러다임과 같이 인간의 행동이 결정적 요인에 의해 예측가능하다고 정의하였다.
   d. a, b, c 모두

10. 다음 중 단계모델을 비판하는 내용이 아닌 것은 무엇인가?
    a. 발달에 예측 가능한 부분을 설명하고 있음
    b. 내적 과정을 지나치게 강조함
    c. 다양성의 가치를 무시함
    d. 환경적 영향을 충분히 고려하는데 실패함

답: 1) a 2) c 3) c 4) d 5) b 6) a 7) d 8) b 9) d 10) a

참고문헌

Achenbaum, W. A., and Bengtson, V. L. (1994). "Re-engaging the disengagement theory of aging: On the history and assessment of theory development in gerontology." *The Gerontologist, 34*(6): 756-763.

Bergen, D. (1994). *Assessment methods for infants and toddlers: Transdisciplinary team approaches.* New York: Teachers College Press, Columbia University.

Berzoff, Joan. (1989). "From separation to connection: Shifts in understanding." *Affilia, 4*(1): 45-58.

Bloom, Martin. (Ed.). (1985). *Life span development* (2nd ed.). New York: MacMillan.

Chatterjee, P., and Hokenstad, T. (1997). "Should the HBSE Core Curriculum Include International Theories, Research, and Practice?" In M. K. Bloom, W. (Ed.). *Controversial issues in human behavior in the social environment.* Boston: Allyn and Bacon.

CSWE (2008). *Educational Policy and Accreditation Standards.* Alexandria, VA.

D'Augelli, A. R. (1994). "Identity development and sexual orientation: Toward a model of lesbian, gay, and bisexual development." In Trickett, E. J., Watts, R. J., and Birman, D. (Eds.). *Human diversity: Perspectives on people in context.* San Francisco: Jossey-Bass.

Erikson, Erik H. (1950) *Childhood and society.* New York: W. W. Norton and Company, Inc.

Erikson, Erik H. (1963). *Childhood and society.* (2nd ed.). New York: W. W. Norton and Company, Inc.

Erikson, Erik H. (1968) *Identity: Youth and crisis.* New York: W. W. Norton and Company, Inc.

Gardner, H. (1993). *Multiple intelligences: The theory in practice.* New York: Basic Books.

Gemmill, G., and Oakely, Judith. (1992). "Leadership an alienating social myth?" *Human Relations 45*(2): 113-139.

Gilligan, Carol. (1982). *In a different voice: Psychological theory and women's development.* Cambridge: Harvard University Press.

Green, Michael. (1989). *Theories of human development: A comparative approach.* Englewood Cliffs, NJ: Prentice Hall.

Healy, William, Bonner, Augusta, and Bowers, Anna Mae. (1930). *The structure and meaning of psychoanalysis as related to personality and behavior.* New York: Alfred A. Knopf.

Helms, J. E. (1994). "The conceptualization of racial identity and other 'racial' constructs." In Trickett, E. J., Watts, R. J., and Birman, D. (Eds.). *Human diversity: Perspectives on people in context.* San Francisco: Jossey-Bass.

Herrnstein, R. J., and Murray, C. (1994). *The Bell Curve: Intelligence and class structure in American life.* New York: Free Press.

Jendrek, M. P. (1994). "Grandparents who parent their grandchildren: Circumstances and decisions." *The Gerontologist, 34*(2): 206-216.

Levinson, D., and Levinson, J. (1996). *The seasons of a woman's life.* New York: Knopf.

Levinson, Daniel. (1986) "A conception of adult development." *American Psychologist, 41*(1): 3-13.

Levinson, Daniel J., Darrow, Charlotte N., Klein, Edward B., Levinson, Maria H., and McKee, Braxton. (1978). *The seasons of a man's life.* New York: Alfred A. Knopf.

Loevinger, Jane. (1987). *Paradigms of personality.* New York: W. H. Freeman and Company.

Milillo, D. (2006). "Rape as a tactic of war: Social and psychological perspectives." *Affilia: Journal of Women and Social Work, 21*(2), 196-205.

Miller, Jean Baker. (1986). *Toward a new psychology of women.* Boston: Beacon.

Miller, Jean Baker. (1991). "The development of women's sense of self." In Jordan, J., Kaplan, A., Miller, J. B., Stiver, I., and Surrey, J. *Women's growth in connection: Writings from the Stone Center.* New York: Guilford Press.

Miller, R. L. (1992). "The human ecology of multiracial identity." In Root, Maria P. P. (Ed.). *Racially mixed people in America.* Newbury Park, CA: Sage.

Parks, E., Carter, R., and Gushue, G. (July/August 1996). "At the crossroads: Racial and womanist identity development in Black and White women." *Journal of Counseling and Development, 74:* 624-631.

Pharr, Suzanne. (1988). Homophobia: *A weapon of sexism.* Inverness, CA: Chardon Press.

Richards, R. (Spring 1996). "Does the lone genius ride again? Chaos, creativity, and community." *Journal of Humanistic Psychology, 36*(2): 44-60.

Spencer, Margaret Beale. (1990). "Development of minority children: An introduction." *Child Development, 61:* 267-269.

Spencer, Margaret B., and Markstrom-Adams, Carol. (1990). "Identity processes among racial and ethnic minority children in America." *Child Development,* 61: 290-310.

Steenbarger, Brett. (1991). "All the world is not a stage: Emerging contextualist themes in counseling and development." *Journal of Counseling and Development,* 70: 288.

Szasz, Thomas Stephen. (1961). *The myth of mental illness: Foundations of a theory of personal conduct.* New York: Harper and Row Publishers, Inc.

Tornstam, L. (Winter 1999/2000). "Transcendence in later life." *Generations,* 23(4): 10-14.

University of Arkansas Nursery School. (September 1996). *Play.* Typescript. Fayetteville, AR: Author.

Weick, Ann. (1981). "Reframing the person-in-environment perspective." *Social Work, 26*(2): 140.

Weick, A. (1991). The place of science in social work. *Journal of Sociology and Social Welfare, 18,* 13-33.

Wheeler-Scruggs, K. S. (2008). "Do lesbians differ from heterosexual men and women in Levinsonian phases of adult development?" *Journal of Counseling & Development, 86*(1), 39-46.

5장

개인에 관한 대안적 관점

Human
Behavior
and
the Social
Environment

이 장에서는 개인의 발달경험과 그 경험이 발생하는 환경을 심도 있게 이해하는 데에 초점을 둔다. 우리는 개인들의 다양한 발달 현실, 경험, 전략에 숨겨져 있는 내재된 강점들을 통합하는 방법에 대해 살펴볼 것이며, 이는 사회복지실천에 유용하게 적용될 수 있을 것이다.

목적

이 장에서 우리가 도달하고자 하는 목적지는 "적합한 인간행동과 발달"에 대한 완벽하고 절대적인 이해가 아니다. 사실 이 장의 목적은 어느 한 가지로 귀결될 수 없다. 이 장에서 우리의 가장 중요한 목표는 모든 인간이 경험하는 발달상의 공통점을 이해하는 동시에 서로 다른 개인들이 얼마나 상이하게 발달하는지를 인식하고 존중할 수 있도록, 자원(발달문제에 관한 도구, 정보, 지식, 사고방식)으로 활용할 다양한 모델들에 대하여 이해하는 것이다. 또한 이 장에서 제공하는 정보들은 일생 동안의 인간행동을 이해하기 위한 토대를 제공한다. 따라서 이 장에서 추구하고자 하는 목적은 클라이언트의 잠재력 발휘에 장애가 되는 것들을 제거하기 위해 사회복지사가 행동하는 데 있어서 필요한 충분한 근거지식을 획득하는 것이다.

이 장에서 특별히 강조하는 주제는 다양성, 다양성 속에 다양성(diversity within diversity), 복합적 다양성(multiple diversities), 차이에 관한 다양한 관점들이다. 우리는 4장에서 발달의 보편성(developmental universals) 또는 발달의 공통성(commonalities)의 개념에 대해 살펴보았다. 이 장에서는 발달의 다양성에 관해 주목할 것이며, 이러한 발달의 다양성은 개인의 건강한 발달뿐만 아니라 사회의 건강한 발달에 있어서도 필수적이다.

대안적 그리고 가능한 발달이론들

우리가 살펴볼 대안적/가능한 모델들은 전통적 모델에서는 등한시했거나 부분적으로만 살펴보았던 개인과 환경을 포함하는 발달적 접근에 초점을 둔다. 이러한 접근들은 또한 2장에서 언급한 인간행동과 사회환경에 관한 대안적 패러다임의 차원을 반영한 것이다.

우리는 어떤 하나의 대안적 접근도 모든 차원의 대안적 패러다임을 통합하는 모델을 제공하지는 못한다는 점을 이해해야 한다. 그러나 각각의 대안적 접근은 적어도 하나의 대안적 패러다임 차원에서 전통적 모델에 대한 대안을 제시한다. 이와 같이 초점을 다양화하는 것은 각기 다른 개인들의 다양한 발달적 경험들을 반영하는 복합적인 모델들과 접근을 찾으려는 지속적 과정이다. 우리가 살펴볼 대안들은 완벽하고 최종적인 해답을 제시하는 어느 하나의 대안이 아니라, 사회복지사들이 관심을 가지는 다양한 개인, 경험, 환경으로부터 발생하는 발달 문제에 대하여 다양한 해법들을 제시하는 여러 시도들을 반영한 것이다.

여기서 살펴볼 대안들은 서로 많은 점에서 차이가 있음에도 불구하고 몇몇 중요한 차원(dimensions)과 주제들을 공유한다. 이러한 대안들은 전통적 패러다임에서 제외된 많은 사람들의 시각과 목소리를 대변한다. 대안들은 억압(oppression)의 역사적 맥락을 다룬다. 그 밖에도 우리가 살펴볼 몇몇 대안적 관점들은 다음의 내용들을 포함한다.

1. 정체성 형성을 위한 공통의 발달과정 수행에 있어서 개인적 경험의 차이
2. 억압되고 소외된 많은 사람들을 위한 발달과정상의 멘토나 역할 모델의 부족
3. 전통적 모델이나 지배적인 사회에서 배제되고 억압된 사람들을 발달의 결핍이나 비정상적 상태로 보는 것의 영향
4. 개인발달에 영향을 미치는 사회환경에 주목

많은 대안적 접근이 가진 또 다른 중요한 구조적 특징은 **비단선적**(nonlinear)**이고 맥락적 특성**(contextual quality)을 가졌다는 것이다. 이러한 특징들은 우리가 앞으로 살펴볼 몇몇 대안들의 비단계적 특징(non-stage-based nature)에서도 명확하게 나타난다. 심지어 전통적인 단계 중심 모델로부터 유래되거나 변형된 모델들도 맥락적이고 비연대적(nonchronological) 경향을 보인다. 앞으로 살펴볼 접근들과 모델들은 정도의 차이는 있지만 대안적 패러다임의 사고를 포함하고 반영하려는 시도를 한다. 이 접근들과 모델들은 개인의 전생애적 발달에 대한 대안적 관점을 제시한다. 대안적 접근들은 때로 전통적·지배적 모델에 그 뿌리를 두고 있지만, 전통적 모델들의 한계를 극복하고 다양성을 끌어안으려고 노력한다.

이 장에서 앞으로 다룰 개인의 발달과 행동에 대한 대안적 관점들은 유색인종, 여성, 성적지향, 장애인, 노인, 남성과 같은 여러 가지 "초점들(focuses)"에 따라 구성된다. 이 초점들은 전통적 패러다임 연구에서는 관심을 가지지 않았던 다양한 집단이 직면하는 발달 문제와 과업을 조명하는 데 그 목적이 있다. 그러나 특정 초점에서 다루어지는 개념과 이슈들이 반드시 그 특정 초점에 해당되는 개인이나 집단에만 적용되는 것은 아니다. 이미 앞에서 강조한 바와 같이 우리가 다룰 집단들의 발달적 이슈, 환경, 경험들 간에는 많은 부분이 중복되고 상호 관련되어 있으며 유사성을 지니고 있다. 우리는 또한 "다양성 속의 **다양성**(diversity within diversity)"에 대해서도 이해해야 한다. 어떤 특정 집단에 소속된 구성원들 간에도 많은 차이가 존재한다. 만약에 우리가 이러한 다양성 속의 다양성을 이해하지 못한다면 개인의 고유성을 무시하게 될 위험이 있다. 또한 동시에 둘 이상의 다양한 집단의 구성원이 된 사람이 겪는 특수한 발달적 복잡성을 이해하는 것도 중요하다. 3장에서 논의된 **교차성**(Intersectionality)은 동시에 여러 개의 억압된 집단에 소속됨으로써 야기되는 복잡성(complexity)에 대한 이해를 강조하는 새로운 접근법이다.

인간행동과 사회환경 그리고 개인발달

대안적인 발달 관점을 고려함에 있어서 특히 중요한 주제 중 하나는 거대 사회환경이 수행하는 역할이다. 4장에서 살펴본 바와 같이 전통적인 개인발달 이론들은 사회환경적 요인들이 발달에 미치는 중요한 영향에 대해 그다지 주의를 기울이지 않았다. 그러나 거대 사회와의 상호작용(예를 들어, 인종차별, 동성애 혐오증, 성차별의 경험)은 인생 전반에 걸쳐 발달에 중요한 영향을 미친다. 더욱이 최적의 발달을 위해 거대 사회환경으로부터 필요한 자원을 활용하는 것은 발달적 결과물(영양, 보건, 주택, 교육 등)에 중요한 영향을 미친다. 가령 Andrews와 Ben-Arieh은 최적의 발달을 위해서 거대 사회와의 긍정적인 상호작용과 거대 사회로부터 필요한 물적 자원의 이용 가능성, 이 두 가지가 결정적으로 중요하다고 언급하였다. 이들은 "식량, 안전한 물, 의복, 주택과 같은 물질적 자원은 발달 전반에 필수적이지만 이것만으로는 불충분하며, 안정적이고 양육적인 사회적 관계와 환경이 매우 중요하다."고 지적한다(Andrews and Ben-Arieh 1999:110).

빈곤: 사회환경과 생애과정(Life Course)

빈곤은 개인의 발달에 중요한 영향을 미치는데, 특히 아동과 가임기 여성에게는 더욱 그러하다. 빈곤은 아동과 모의 환경에서 긍정적인 아동 발달에 필요한 자원의 감소를 초래한다. 물론 빈곤은 소득에 의해 결정되며 "과세 전 현금소득을 포함"한다. 빈곤선(poverty threshold)은 빈민 여부를 결정하는 현금소득선이며, 가족의 규모와 구성에 따라 달라진다. 예를 들어, 미국의 경우 2008년에 18세 이하 두 명의 자녀를 둔 4인 가족의 빈곤선은 21,854달러였다(Population Reference Bureau 2008).

미국 보건복지부(Department of Health and Human Service)는 서비스 및 정책의 대상이 되는 빈민을 규정하기 위해서 "빈곤기준선(poverty guidelines)"을 사용한다. 2008년 빈곤기준선은 <표 5.1>과 같다.

이와 더불어 수입 유형과 서비스 프로그램 참여에 대한 "패널연구"나 장기연구(최장 13년)를 통해 미국에서 빈곤을 경험할 가능성을 판단하기 위한 새로운 시도들이 이루어졌다. 연구자들은 여기에서 얻은 자료들을 활용하여 특정 개인이 빈곤을 경험할 가능성이 얼마나 되는지, 빈곤의 정도, 빈곤을 경험하게 될 시기, 백인과 흑인의 빈곤 경험 차이 등을 밝혀냈다.

이러한 장기간의 자료 분석 결과, 빈곤은 대부분의 사람들에게 지속적으로

표 5.1   2008년 미국 보건복지부의 빈곤기준선

가구원	48개 주와 워싱턴 D.C.	알래스카	하와이
1	$10,400	$13,000	$11,960
2	$14,000	$17,500	$16,100
3	$17,600	$22,000	$20,240
4	$21,200	$26,500	$24,380
5	$24,800	$31,000	$28,520
6	$28,400	$35,500	$32,660
7	$32,000	$40,000	$36,800
8	$35,600	$44,500	$40,940
한 명 추가시 가산금액	$3,600	$4,500	$4,140

출처: Federal Register, Vol. 73, No. 15, January 23, 2008, pp. 3971-3972(U.S. Census Bureau, 2008).

유지되는 상태는 아니라는 사실이 드러났다. 많은 사람들에게 "빈곤의 저주는 상당히 짧다." 그러나 빈곤을 가까스로 벗어난 가구들의 경우, 가족 중에서 생계비를 버는 사람이 일자리를 잃거나 이탈하게 되면 다시 빈곤으로 급속히 떨어질 수 있다. 그 결과 시간이 흐르면서 많은 가족들이 빈곤상태로 빠졌다가 벗어나는 상황을 반복하기도 한다. 또한 빈곤의 경험에 있어서 아프리카계 미국인과 백인계 미국인 간에 중요한 차이가 있는 것으로 나타났다. 아프리카계 미국인은 "백인에 비해 더 오랜 기간 동안 빈곤에 빠지거나 노출될 가능성이 높았다"(Rank and Hirschl 1999:202).

미국에서 18세 이하의 아이들은 언제든지 빈곤에 빠질 가능성이 가장 높은 연령집단이다. 그러나 Rank와 Hirschl의 패널 자료 분석은 성인기의 빈곤에 대해 놀라운 결과를 제시하였다. 그들은 "미국에서 20대 중 60%가 그들의 성인기 동안에 적어도 일 년 이상의 빈곤을 경험하게 될 것"이라는 사실을 발견하였다. 다시 말해, 빈곤은 오직 몇몇 사람들만 경험하는 것이 아니라 "다수의 미국인들"이 성인기 동안에 경험하게 될 수 있다는 것이다.

아프리카계 미국인이 75세가 되었을 경우 91%가 빈곤선 아래의 생활을 경험하게 될 가능성이 높은 것으로 나타났다. 백인의 경우는 75세가 되었을 때 52.6%가 빈곤선 아래의 생활을 하게 된다는 결과가 나왔다. 미국 사회 전체의 부(富)를 고려했을 때, 백인 2명 중 1명이 빈곤 경험 가능성이 있다는 사실은 놀라운 수치이며, 흑인 10명 중 9명이 빈곤 경험 가능성이 있다는 사실은 납득하기 어려운 상황이다. 빈곤의 지속기간 역시 백인들과 아프리카계 미국인들 사이에 커다란 차이가 있다. Rank와 Hirschl는 "공식적인 빈곤선의 반에도 못 미치는 상태에서 1년을 지내는 것"을 극심한 빈곤(dire poverty)이라고 정의한다 (1992:208-9). 가령, 4인가족의 빈곤선이 16,000달러라면 그 가족 구성원들이 8,000달러에도 못 미치는 수입으로 적어도 일 년을 생활하게 되는 경우이다. 전체 미국 성인의 3분의 1이 이러한 극심한 빈곤을 경험할 수 있고, 아프리카계 미국 성인의 68%가 극심한 빈곤을 경험할 가능성이 있다(Rank and Hirschl 1999: 11-12).

Rank와 Hirschl는 대부분의 사람들이 성인기와 아동기에 빈곤을 경험할 것이고, 또한 사회복지사들이 직면하는 많은 문제들의 근원이 빈곤이기 때문에 우리는 빈곤을 줄이는 데 매우 세심한 관심을 기울어야 한다고 주장한다. Rank

와 Hirschl는 "빈곤의 피해를 완화시키는 프로그램과 정책은 대다수 미국인들의 중요한 관심사이다."라고 지적하였다. Rank와 Hirschl는 또한 "이제 대다수의 미국 성인에게 있어서 문제는 빈곤을 경험하게 될지의 여부가 아니라 언제 경험할 것인지이다."라고 언급하고 있다(1992:213-14).

빈곤과 인간발달: 미국과 세계의 기아

빈곤은 기본적으로 굶주림과 영양실조를 초래한다. 굶주림과 영양실조는 개인의 발달에 있어서 다양하고 복합적인 영향을 미친다. 적절한 영향섭취는 건강하고 생산적인 삶에 필수적이다. UN의 식량농업기구에 따르면,

> 나이, 성별, 신장, 체중을 고려할 때, 성인이 기초대사율(호흡, 심장박동 등)을 유지하기 위해서는 최소한 하루에 약 1,300칼로리에서 1,700칼로리를 섭취해야 한다. 가벼운 활동을 하게 되면 1,720칼로리에서 1,960칼로리가 필요하며, 보통 수준의 작업을 하기 위해서는 최소한 2,100칼로리가 필요하다(Seipel 1999:417).

만성적인 영양부족은 하루 칼로리 섭취량이 1,900칼로리 미만일 때 발생한다(Seipel 1999:417). 영양실조와 굶주림은 미국뿐만 아니라 전 세계에 만연되어 있다. 미국에서 기아 감축을 위한 조사와 정책옹호활동을 하는 국가기구인 식량조사대책위원회(FRAC)에 따르면, "12세 미만의 미국 아동 중 대략 400만 명이 굶주리고 있고, 약 960만 명 이상이 기아의 위험에 처해있다." 이러한 아이들 중 29%는 "전년도 중 한 달 이상을 기아나 그 위험에 놓여있었던 가정의 아이들이다"(Food Research and Action Council 2000). 1980년대에는 거의 2천만 명에 달하는 미국인들이 기아를 경험하였다(Seipel 1999:419).

기아는 전 세계에 만연해 있으며 그 영향은 치명적이다. 세계보건기구(WHO)는 1998년에 "개발도상국에서 사망한 5세 미만의 아동 1,040만 명 중 거의 절반은 영양실조가 그 원인"이라고 추정하였다. 기아는 또한 많은 질병의 주된 원인이 된다. WHO는 "1996년에 발생한 1,000만 건의 암 발병 중 30~40%는 적절한 식단과 함께 다른 예방적 조치가 취해졌더라면 충분히 예방할 수 있는 것"으로 보았다(Seipel 1999).

이러한 상황은 세계 인구의 약 75%(약 16억 명)가 "1인당 하루 2,100 칼로리 미만을 섭취"하던 1960년대 상황에 비해 상당히 개선된 것이다. 1990년대에 그 비율은 약 10%로 떨어졌다. 그러나 여전히 그 수는 4억 5백만 명으로 놀랄 만한 수치이다(Seipel 1999:416).

Seipel은 "영양실조는 쉽게 해결될 수 있는 단순한 문제가 아니며, 사회적 요인과 생물의학적 요인의 복잡한 상호작용의 결과"라고 강조하였다. **식량부족**(Food insufficiency)은 식량공급이 자국민의 욕구를 충족시킬 만큼 충분하지 못함을 의미하며, 이는 국가의 무능력에서 비롯된다. 약 8억 명의 인구가 여전히 이러한 형태의 식량부족 문제에 직면해 있다. 빈곤이 기아와 영양실조의 주된 원인이 된다는 것은 자명하다. Seipel은 또한 세계의 많은 지역에서 "여성보다 남성을 선호하는 문화로 인한" 성불평등 때문에 여성과 여아들이 남성과 남아보다 더 심한 기아와 영양실조에 시달리고 있다고 주장한다(Seipel 1999:419).

이와 같이 빈곤의 많은 원인들은 상호연관되어 있으며 인간발달에 복합적인 영향을 미친다. 영양실조는 감염에 저항하는 신체면역체계를 무력화시킨다. 영양실조는 발육의 불안정, 부진, 중단을 야기한다. 발육의 불안정은 지적발달의 손상과 학습능력의 감소로 이어진다. 또한 영양실조로 인해 엄마와 아이의 건강에 나타나는 부정적 결과는 주요한 장기적인 문제를 초래한다. 영양이 부족한 임산부는 "유산, 낙태, 사산"의 위험이 높다. 영양실조 및 이와 관련된 비타민, 미네랄의 부족은 아이와 엄마 모두의 건강을 해칠 수 있다. 영양실조로 인해 유아들은 저체중으로 태어나게 된다. 저체중 유아는 사망할 확률이 높으며, 살아남는다 해도 면역체계의 손상으로 인해 감염과 질병에 취약하게 된다(Seipel 1999:420-1).

사회복지사들에게 "기아와 영양실조를 감소시키기 위해 무엇을 할 수 있는가?"는 중요한 문제이다. Seipel은 이에 대해 많은 해법을 제시한다. 거시적·정책적 수준에서의 하나의 해결책은, 식량이 부족한 국가를 원조하여 그 국가 자체적으로 충분한 식량을 생산할 수 있도록 하거나 그 국가가 부족한 식량을 수입할 수 있는 경제적 능력을 갖추도록 보장함으로써 식량 안정성(Food Security) 및 충분성(food sufficiency)을 확보할 수 있도록 하는 것이다. 또 다른 해결책은 가장 궁핍한 가정에 식량공급이 먼저 이루어질 수 있도록 보장하는 것이다. 특히 여성의 교육기회 확대, 여권신장을 위한 여성지원운동 조직, 여성의 가사노동을 줄이기 위한 기술개선, 여성의 정치참여 확대를 포함하는 여성지원 체계를 만드는 것이 무엇보다도 중요하다. 또한 우리 사회복지사들은 국내외적으로 기아에 대한 관심을 확대시키고 모든 사람이 충분한 영양을 섭취할 권리가 있다는 UN 인권선언을 준수하기 위해 사회복지실천기술을 활용할 수 있어야 한다(Seipel 1999:420-4).

전쟁, 난민 그리고 이민: 사회복지와 인간발달에 대한 지구적 영향

Nash와 Wang, Trlin은 "사회복지실천이 점차 지구적 환경에서 이루어지고 있으며, 이는 사회복지사들이 점차 이민자, 난민, 망명자와 함께 일할 기회가 늘어나고 있다는 사실에서 명백하게 나타난다."고 지적하였다(2006:345). 그들은 또한 "사람들이 국경을 넘어 이동하는 것은(자발적이든 강제적이든) 국가적, 경제적, 정치적 안정과 문화적 정체성에 영향을 미치는 국제적인 현상이며, 지구화의 증표"이라고 언급하였다(Nash et al. 2006:345). 그들은 뉴질랜드에 관한 연구에서 이러한 문제를 다루고 있다.

Snyder, May, Zulcic, Gabbard(2005)는 보스니아 난민들의 경험에 대한 논의에서 전쟁, 난민이 되는 것, 새로운 국가를 찾아서 정착하는 것이 아동과 가족의 발달에 미치는 영향에 대해 설명하였다. 예컨대 그들에 의하면, 보스니아 전쟁 중에 "남자들은 전쟁에 참전하거나 재산을 지키기 위해 고향에 남은 반면, 여성들과 아동들은 대부분 그곳을 떠나 난민이 되었다"(Snyder et al. 2005:614-615). 이 경우 난민 아동들은 발달상 많은 어려움에 봉착하게 된다. 그들은 가족이 흩어지고, "학교나 예배당"과 같은 친숙한 지지체계를 상실함으로써 사회화가 붕괴되며, 위협에 취약해지고 실제적인 폭력에 노출된다. 이러한 어려움에 직면함으로써 아동들은 또래들과 신뢰관계를 맺는 데 어려움을 겪거나, 발달지체, 학업성적의 부진, 우울증 및 외상 후 스트레스 장애, 악몽과 플래시백(특히 강간이나 성추행, 신체적 폭력을 경험한 피해 아동의 경우) 그리고 생존자로서의 죄책감에 시달리게 된다(Snyder et al. 2005:615).

난민들은 이와 같이 전쟁 중에 직접적으로 겪는 경험들 외에도, 새롭고 낯선 환경으로 이동하고 재정착하는 과정에서 많은 어려움과 취약성을 경험하게 된다. Snyder와 그 동료들은 "힘든 이동경험, 문화충격, 언어 및 직업의 변화와 관련된 적응문제, 자신과 가족 그리고 지역사회에 대한 의미의 붕괴"와 같은 몇 가지 스트레스 요인에 대해 설명하였다(Lipson 1993 and Worthington 2001 in Synder et al. 2005:616).

전쟁으로 파괴된 고국을 떠나 새롭고 낯선 곳에 정착하는 난민들은 "남겨지거나 죽은 가족 및 친구와의 단절, 집과 지역사회로부터의 이동, 사회적 고립, 자녀들의 죽음"이라는 복합적인 상실의 역사를 경험하게 된다(Synder et al. 2005:616). 이러한 난민들에게 서비스를 제공하고자 하는 사회복지사들 역시 많은 난관들과 문제들에 직면하게 된다. 이 책의 다른 장에서 우리는 개인과 가족, 공동체 그리고 국제사회가 겪는 이러한 난관들에 대해서 보다 자세하게 논의할 것이다.

정체성 발달(Identity Development)

Spencer와 Markstrom-Adams(1990)는 Erikson을 인용하여 **정체성 발달**은 아동기에 시작되어 청소년기에 끝나는 주요한 발달 과업임을 강조하였다. Spencer와 Markstrom-Adams(1990:290)는 피부색, 행동차이, 언어차이, 신체적 특징, 그리고 오래되어 종종 간과하기 쉬운 고정관념 등의 작용으로 인해 정체성 발달이 점차 복잡해진다고 보았다. **고정관념**이란 위에 열거한 특징들을 기반으로 사람들을 일반화하는 것을 말한다. **부정적 고정관념**은 사람들을 부정적으로 일반화한다는 의미에서 낙인과 여러모로 유사하다. 이러한 부정적 고정관념은 주로 지배집단의 구성원들이 소수집단의 사람들을 생각할 때 떠올리는 부정적인 특징들을 의미한다.

정체성 발달의 복잡성을 이해하기 위해서, Spencer와 Markstrom-Adams는 일탈이나 결핍에 근거한 모델이 아니라 "정상적인 발달과정모델에 입각한 새로운 개념틀(conceptual framework)이 필요하다."고 보았다. 즉, 지금까지는 병리지향 모델에 입각하여 인종적, 민족적 집단을 검토해 왔기 때문에 새로운 개념적 패러다임이 요구된다(Spencer and Markstrom-Adams 1990:304). 더욱이 전통적 발달이론들은 외부적 사회요인들과 내부적 인지요인들 간의 상호작용을 종종 무시한다.

이 장에서 우리는 다양한 대안적 개념들, 모델들, 이론들을 탐색할 것인데, 이는 보다 완전하고 포괄적인 정체성 발달의 이상(理想)을 제시하는 데 도움이 될 것이다. 다음은 자기범주화이론(Self-Categorization Theory)에 대해 살펴보기로 한다.

자기범주화이론(Self-Categorization Theory: SCT)

Hopkins(2008)는 개인의 정체성과 집단의 정체성에 있어서, 우리가 누구인지를 정의할 때(그리고 잠재적으로 재정의할 때) 개인의 의지와 환경간의 상호작용이 중요하다고 강조하였는데, 이는 특히 지배사회에서 소수자의 지위에 있는 사람에게는 더더욱 그러하다고 주장하였다. 그는 이러한 예로 "모든 사회과학에서 집합적·사회적 정체성(예를 들어, 민족적, 국가적)의 중요성이 점점 더 주목을 받고 있다."고 지적한다(2008:364). 그러나 그는 권력의 차이로 인해 사람들이 자신의 개인적 혹은 집단적 정체성을 규정함에 있어서 모두가 평등한 위치에 놓여있지 않다."는 점을 강조하였다(2008:365).

Hopkins는 자기범주화이론이야 말로 개인의 정체성이 형성되는 다양한 수준을 인식하는 데 유용한 접근이라고 보았다. 그에 의하면 "이 이론에서 자아(self)는 다양한 관념적 수준에서 정의될 수 있다. 자아는 개인의 고유성 측면에서 정의될 수도 있고, 특정집단 소속의 구성원으로 정의될 수 있다." 또한 이 이론에 따르면, 개인적, 집단적 정체성은 "고정되거나 정해진 것이 아니다"(2008:364). 특히 그는 "정체성은 주어지는 것이 아니며, 정체성 형성에서 개인의 의지와 같은 주체의 역할과 의미를 이해하는 접근이 필요하다고 보았다. 정체성은 자기 마음대로 혹은 일부 특권층이 지배하는 공공 영역에 의해서 형성되는 것이 아니다. 정체성은 일상생활에서 발생하는 여러 복잡한 갈등 상황에서 형성될 수 있으며, 그럼으로써 더 의미있게 된다"(Hopkins 2008:365). 이러한 사실은 다시 한 번 우리에게 개인 및 특정 집단의 구성원으로서 우리의 정체성을 정립하고 유지하고 변화시키기 위하여 대안적 접근에 내재된 복잡성과 모호성을 이해해야 함을 일깨워준다.

Sanders Thompson는 아프리카계 미국인의 정체성 발달의 복잡성을 다루고 있다. 그녀는 Hopkins와 마찬가지로 아프리카계 미국인의 정체성과 그 형성을 이해함에 있어서 다양한 정체성 수준들이 고려되어야 한다고 언급하였다. 그녀는 또한 이를 위해서는 "인종 정체성 형성에 대해 다차원적으로 접근"할 것을 요구한다. 그녀는 *인종집단의 정체성 형성*이란 개인이 자신에게 허용된

몇 가지 사회적 범주 중에 하나를 선택하여 그 선택된 범주에 대하여 가지는 심리적인 애착으로서, 선택된 범주가 인종, 피부색 또는 공통의 역사, 특히 피부색으로 인한 억압과 차별에 관련된 공통의 역사에 기초하는 경우를 말한다고 정의한다. 그러나 집단의 모든 구성원들이 모두 같은 정도로 집단 정체성의 모든 요소들을 동일시하는 것은 아니다(Sanders Thompson 2001:155). 우리는 이 장의 후반부에서 개인의 정체성과 집단의 정체성에 관련된 문제들을 좀 더 자세히 살펴볼 것이다.

다양성 속의 다양성(Diversity within diversity)

전통적 발달모델들은 집단 구성원들 간의 동질성을 전제로 한다. 전통적 발달모델들에서는 특정 집단의 모든 구성원들이 가족형태, 사회경제적 지위, 가치, 심지어는 피부색과 같은 모든 특징들을 공유한다고 가정한다. 그러나 집단 간에 큰 차이가 존재하는 것과 마찬가지로, 같은 집단 구성원들 사이에서도 폭넓은 차이가 존재할 수 있다. 이러한 다양성 속의 다양성을 인식해야만 소수집단 구성원들의 발달을 이해할 수 있다(Spencer and Markstrom-Adams 1990:290-310). 예를 들어 아프리카계 미국인 가족도 한부모가족, 여성가장가족, 확대가족, 다세대가족, 그리고 저소득가족에서 중간소득가족, 고소득가족까지 많은 차이가 존재한다. 마찬가지로 북미 원주민들 간에도 부족에 따라 폭넓은 문화적·언어적 차이가 존재한다. 즉 "인디언, 알래스카 원주민, 알류트족, 에스키모, 메티스족, 혼혈인"들이 모두 북미 원주민에 포함된다(LaFromboise and Low in Spencer and Markstrom-Adams 1990:294). 인디언만 보더라도 200개가 넘는 다양한 언어들이 있다. 마찬가지로 미국에 거주하는 일본계 미국인들도 세대에 따라 큰 차이를 보인다는 사실을 이해할 필요가 있다. 같은 일본계 미국인이라도 "이주민인 'Issei', 미국 출생자들인 'Nisei', 그리고 미국에서 출생한 일본인들의 2세인 'Sansei'는 서로 많은 차이가 있다"(Nagata in Spencer and Markstrom-Adams 1990:294). 또한 아시아계 사람들도 출신 국가나 지역에 따라(특히 중국인, 한국인, 베트남인, 캄보디아인) 큰 차이가 존재한다.(다양성 속의 다양성에 대한 자세한 내용은 2장 참조)

대안적 모델의 필요성(A call for alternative models)

전통적인 관점은 결핍에 주로 초점을 맞추기 때문에 대처와 적응에 대해서는 관심이 없다. 따라서 주류 사회정치적 장벽에 맞서서 생존하고 대처하고 극복하기 위해 사용되는 강점과 능력은 무시된다. 전통적인 관점은 독특한 생태체계나 다층적 환경경험을 생애주기모델(역사적, 사회문화적, 생물학적, 심리학적 요소들을 행동반응 유형에 통합시키는 모델)에 연결시키지 못하는 한계점을 지닌다.(3장과 6장의 생애과정 논의 참조) 젊은 세대들은 특히 인종, 민족성, 피부색의 영향에 대한 지속적이고 적응적인 대처 전략을 필요로 한다. 그러나 기존의 전통적 모델로는 이들의 탄력성과 위험을 보다 폭넓고 심도있게 이해하는데 한계가 있다(Gibbs and Huang 1989; Spencer and Markstrom-Adams 1990:290-310).(9장의 탄력성과 위험에 관한 논의 참조)

Spencer와 Markstrom-Adams는 소수집단 아동들의 발달을 보다 잘 이해하기 위해서는 소수집단 아동의 발달과정(정체성 형성)을 반영하고, 그 아동의 발달환경에서 발생하는 특별한 욕구에 주의를 기울이는 대안적 모델이 필요하다고 주장한다. 그들은 대안적 모델이 다음과 같은 특징을 지녀야 한다고 보았다.

1. 인종이나 민족성, 피부색, 성별, 경제적 지위와 같은 신분적 특성의 중요성을 포함하고 설명해야 한다.
2. 주관적인 스트레스 경험과 이에 대한 가능한 반응들에 대해 검토해야 한다.
3. 발달에 있어서 중간매개과정을 탐색함으로써 지각과 인지에 대한 이해를 높여야 한다.
4. 발달적 맥락을 고려하여 문제해결 패턴 또는 대처 전략을 설명해야 한다.
5. 소수자의 지위, 스트레스, 대처 전략을 실제 행동과 연결시켜야 한다 (1990:304).

성적지향(Sexuality)

인간 정체성 중 가장 중요한 부분을 차지하는 것이 성적지향이다. 전통적 관점에서는 성적지향을 완전한 이성애자인지 아니면 완전한 동성애자인지와 같이 이분법적으로 보는 경향이 있다. 또한 전통적 관점에서는 성적지향을 곧 성행위와 유사한 것으로 본다. 전통적 패러다임에서는 개인의 성적지향과 그 표현 방식이 일생동안 변함없이 유지된다고 가정한다. 성적지향을 연구하는 많은 학자들은 인간의 성적지향에는 전통적 패러다임 이론이 주장하는 것보다 훨씬 더 많은 다양성이 존재한다는 중요한 증거들을 다수 밝혀냈다. 연구자들은 성행위, 성활동 외에도 다른 방식으로 표현되는 아주 다양한 성행동, 성적지향이 존재하며, 사람마다 각각 다른 시기에 성적지향이 다양하게 나타난다는 사실을 발견하였다. 가령 Rothblum은 "양성애자는 어떤 사람들인가? 성적지향이 하나의 연속선상에 존재하는가? 만일 그렇다면 성적감정, 성활동, 자기정체성 중에 어떤 연속선을 말하는가?"에 대해 의문을 제시하였다(1994:631). Rothblum은 "Golden(1987)이 제시한 다차원적 성적지향 모델"에 대해 설명하고 있다(1994:631). Golden이 제시한 모델의 차원들에는 성정체성, 성행위, 공동체 참여가 포함된다. Golden은 어느 시점에서 볼 때 개인의 성정체성, 성행위, 공동체 참여가 서로 일치할 수도 있고 그렇지 않을 수도 있다고 주장한다(Rothblum 1994:631).

Demo와 Allen은 "젠더와 성적지향이 반드시 고정적인 범주대로 연결되는 것이 아니며, 유동적이고 가변적이며 때론 대립될 수도 있다(동성애자의 경우처럼)."고 보았다(1996:416). Klein(in Demo and Allen 1996)은 성적지향의 개념에 다음 7가지 변수들을 포함함으로써 성적지향의 복잡성을 고려하였다.

1. 성적 매력
2. 성적 행위
3. 성적 환상
4. 정서적 선호
5. 사회적 선호
6. 자기 동일시
7. 생활양식(1996:417)

성적지향을 보다 복합적이고 대안적인 방식으로 이해하는 데 있어서, 개인의 성행위에 대한 성정체성의 문제 이외에 고려해야 할 또 다른 요인은 "연구자들이 설정한 정의[1]"이다. 연구자들에 의해 정립된 정의는 개인이 스스로 규정한 성적지향에 비해 변동 가능성이 적으며 협의적이다.

---

[1] 연구자들이 설정한 정의는 타당할 수도 있지만 임의(任意)적인 분류체계를 기반으로 한 것일 수도 있다.

Alfred Kinsey(1948:638)은 성적지향을 하나의 연속체 개념으로 보고, 완전한 동성관계에서부터 완전한 이성관계까지 그 변화를 범주화하였다. Kinsey는 개인들의 실제 경험과 심리적 반응에 기초하여 이성애부터 동성애까지 등급화한 척도를 만들었다. 등급은 다음과 같다.

    0 - 완전한 이성애
    1 - 주로 이성애, 부수적으로 동성애
    2 - 주로 이성애, 다만 뚜렷한 동성애 경험이 있음
    3 - 이성애와 동성애가 동등한 비율임
    4 - 주로 동성애, 다만 뚜렷한 이성애 경험이 있음
    5 - 주로 동성애, 부수적으로 이성애
    6 - 완전한 동성애

성정체성과 성적지향을 다루는 학자들은 트랜스젠더가 직면하는 욕구와 현실에 관하여 점차 많은 관심을 기울이고 있다.

다중지능(Multiple Intelligences)

성적지향과 마찬가지로 **지능**의 개념 또한 개인의 정체성 발달에 중요한 영향을 미칠 뿐만 아니라, 다른 사람이 우리를 규정하는 방식에도 중요한 역할을 한다. 우리는 4장에서 전통적인 지능의 개념에 대해 살펴보았다. 이 장에서는 Gardner가 제시한 지능에 관한 대안적 관점에 대해 살펴볼 것이다. Gardner의 지능이론은 개인 발달의 변화를 이해하는 것뿐만 아니라 사람들이 교육을 받는 학교나 다른 사회화 기관들을 분석하는 데에도 중요한 의미를 지닌다. Gardner는 일원화된 IQ 테스트보다는 "사람들이 그들의 삶에서 중요한 기술들을 어떻게 발전시켜 나가는지와 같은 자연스러운 정보의 원천에 보다 주의를 기울여야 한다."고 주장하고 있다(1993:7).

Gardner의 지능에 관한 대안적 정의

Gardner는 지능을 대안적 관점에서 보고, "문제를 해결하거나 결과물을 만들어 내는 능력으로서, 하나 이상의 문화 또는 공동체에서 그 가치가 인정되는 것”이라고 정의하였다(1993:15). Gardner와 그 동료들은 “인간의 인지적 기능은 ‘지능’이라는 일련의 능력, 재능, 기술들에 의해서 설명될 수 있으며, 모든 평범한 개인들은 각각의 이러한 기술들을 어느 정도 가지고 있고, 다만 개인마다 기술의 정도와 조합의 특성이 다소 다를 뿐이다.”라고 언급하였다(1993:15).

Gardner의 접근은 오직 지배적 “규범”이나 “주류”에만 초점을 둔 것이 아니라, 비주류 계층에 초점을 두고 지능의 개념을 이해하고자 시도했으며 지역이나 문화에 기반을 둔 지식의 개념을 강조했다는 점에서, 대안적 패러다임과 일부 포스트모던 접근에 부합한다. Gardner는 자신의 연구에서 “영재, 특수재능을 지닌 발달지체 아동, 자폐아, 학습장애 아동, 매우 불안정한 인지적 특성을 보이는 사람들, 그러나 일원화된 지능의 관점에서는 설명되기 어려운 특별한 대상들을 고려했다고 밝히고 있다”(1993:8).

Gardner는 그의 연구를 통해 7가지 지능 즉, “다중지능”의 개념을 도출하였다. 그는 7개 이상의 지능이 존재할 수 있으며, 자신이 발견한 7개의 지능은 모두 동등하게 중요하므로 순위를 매길 수 있는 것이 아니라고 언급하였다(1993:8-9). 다음은 7개의 지능에 관한 구체적인 설명이다.

1. 언어적 지능(Linguistic Intelligence): 표현과 의사소통의 한 형태로 언어를 활용하는 능력을 말한다(예, 시인).
2. 논리수학적 지능(Logical-mathematical Intelligence): 과학적, 논리적, 수학적 능력을 의미한다. 현재 대부분의 지능검사는 언어 테스트와 수리능력 테스트를 통하여 언어적, 논리－수학적 지능을 측정한다.
3. 공간적 지능(Spatial Intelligence): 공간 세계에 심성 모형(mental model)을 만들고 그 모형을 이용하여 처리하고 운용하는 능력이다(예, 선원, 엔지니어, 외과의사, 조각가, 화가. Gardner는 이들이 높은 공간적 지능을 갖고 있다고 본다).
4. 음악적 지능(Musical Intelligence): 표현의 한 형태로서 음악을 이해하고 활용하는 능력을 의미한다(예, 가수, 작곡가, 음악가).
5. 신체운동적 지능(Bodily-kinesthetic Intelligence): 신체의 전부 또는 일부를 사용하여 문제를 해결하거나 결과물을 생성하는 능력이다(예, 댄서, 운동선수, 외과의사, 공예가).

6. 대인관계적 지능(Interpersonal Intelligence): 다른 사람들을 이해하는 능력, 즉 다른 사람에게 동기부여 하는 방법, 다른 사람과 함께 일하고 서로 협력하는 방법이 여기에 해당된다(예, 성공한 영업사원, 정치인, 교사, 의사, 종교지도자. 사회복지사도 여기에 포함될 수 있다).

7. 자기성찰 지능(Intrapersonal Intelligence): 자신에 대해 정확하고 현실적인 (진실한) 모델을 형성하고 그 모델을 이용하여 삶을 효과적으로 운용할 수 있는 능력을 말한다(Gardner 1983:8-9).

다중지능과 학교

Gardner를 비롯하여 대안적인 다중지능의 개념을 옹호하는 사람들에 따르면, "학교의 목적은 지능을 개발하고, 각 학생이 지니고 있는 특정 지능수준에 적합한 직업적 능력을 발달시킬 수 있도록 도와주는 것이어야 한다." 학교의 목적을 이와 같이 본다면 이는 획일적 교육관과는 매우 상반된다. **획일적 교육관**이란 "중점적인 교과과정 및 모든 학생이 알아야 할 일련의 내용들, 선택권이 거의 없는 것"으로 특징지워진다. 이에 대한 대안으로 Gardner는 **개인중심학교**(individual-centered school)라는 것을 제안하였다. 개인중심학교는 다원적 교육관을 취하며, "학생들이 각기 다른 인지적 강점과 다른 인지적 유형을 가지고 있다고 보고 인지의 다양성과 개별성을 존중한다"(1993:6).

창의성(Creativity)

대안적 관점의 다중지능은 창의성 개념과 밀접하게 관련되어있다. **창의성**은 문제를 해결함에 있어서 새로운 방법을 사용할 수 있는 능력으로 정의될 수 있다. 그러나 창의성은 단순히 문제해결능력 그 이상을 포함하는 다면적 개념이다. Gundry와 그의 동료들(1994:23-24)은 창의성을 4가지 관점에서 보았다. 창의성의 개념은 상호관련성, 직관성(intuitiveness), 자기발견적 접근(heuristic approach), 다양한 인식방법 등 많은 대안적 패러다임의 특성들을 반영한다. 이러한 다중적 관점은 창의성의 다차원적인 특성을 이해하는 데 도움이 된다. 이러한 이해를 통해 우리는 사회복지사 자신뿐만 아니라 클라이언트의 창의성을 인식하고 향상시킬 수 있는 능력을 키울 수 있다.

창의성에 관한 4가지 이론

1. **속성이론**(The Attribute Theory): "대부분의 창의적인 사람들은 개방성, 독립성, 자율성, 직관성, 자발성과 같은 속성들을 공통적으로 가지고 있다."

2. **개념적 기술이론**(The Conceptual-Skills Theory): 창의적 사고에는 "전체모형이나 사고를 구체화해보고 이를 수정하는 것뿐만 아니라 틀에 박히지 않은 사고를 통해 문제를 해결하는 과정"이 모두 포함된다.

3. **행동이론**(The Behavioral Theory): "문제나 어떤 상황에 대하여 새롭고 유용한 행동반응을 보일 때 그 결과나 성과는 창의적이다 … 창의적 활동은 그 본질상 미리 정해진 단계로 진행되는 것이 아니라 자기발견적(heuristic)인 것이며, 이는 어떤 문제들을 해결하는 데 있어서 전형적인 확실한 방법이 존재할 수 없음을 의미한다. 따라서 문제해결을 위해서는 해결을 위한 새로운 방법을 추구해야 한다."(2장의 자기발견적 사고의 탐구 참조)

4. **과정이론**(The Process Theory): "창의성은 조직적 환경은 물론이고 개인의 재능, 기술, 행동에 의존하는 매우 복잡하고 다면적인 현상이다 … 창의성은 개인과 그의 과업, 그리고 조직적 맥락 간의 상호작용의 결과이다"(Gundry et al. 1994:23-24).

다음 각각의 절에서 제시된 여러 가지 "초점"들은 자료를 체계화하기 위한 목적으로 구분되었다. 이는 편의상 구분일 뿐이지, 우리가 다루는 개인, 집단, 경험들 사이의 상호관계를 무시해도 된다는 의미는 결코 아니다. 우리는 피부색, 성별, 성적지향, 계층, 나이, 장애상태, 종교 등과 관련된 문제들이 다양한 개인들의 발달경험에 수없이 복잡하고 다양한 방식으로 영향을 미치고 서로 상호작용한다는 사실을 간과해서는 안 된다.

초점: 유색인종

도입

이 장을 비롯한 이 책 전체에서는 지배집단에 소속된 학자들뿐만 아니라 다양한 분야와 관점을 지닌 많은 유색인종 학자들의 연구들이 소개되고 있다.

이들은 대개 기존의 전통적 발달모델을 기반으로 한 대안적 관점이나 혹은 완전한 대안적인 발달 관점을 제시한다.

이 학자들이 제시하는 대안적인 모델들은 대체로 발달적 단계, 국면, 기간 혹은 시기 등을 초월하거나 전체적 시각으로 본다는 점에서 전통적인 발달 관점과 뚜렷한 차이를 보인다. 이러한 차이점은 미국 사회에서 유색인종과 백인이 겪는 상이하고 복잡한 경험을 반영한 것이라 볼 수 있다. 이와 더불어 인간 공동체의 일원으로서 모든 사람이 발달과정에서 경험하는 기본적이고 공통적인 발달적 욕구와 단계의 유사성에 대해 이해하는 것도 중요하다. 우리는 인간발달 경험에서 나타나는 동시적이고 불가분한 요소들의 공통점과 차이점에 대해 모두 살펴볼 것이다. 대안적 관점을 구체적으로 살펴보기 전에, 미국에서 유색인종을 보는 기본적인 관점을 먼저 살펴보도록 하겠다.

발달적 관점과 유색인종: 아동과 청소년의 중요성

인간행동과 사회환경에서 특히 유색인종의 발달적 복잡성을 이해하는 데 유용한 많은 개념틀과 모델들이 존재한다(그 중 몇 가지는 3장에서 자세하게 살펴보았다). Gibbs와 Huang(1989) 그리고 Spencer와 Markstrom-Adams(1990)를 비롯한 여러 학자들은 유색인종을 이해하는 데 도움이 되는 많은 개념틀을 제시하였다. 이 책에서는 이러한 여러 개념틀을 유색인종 아동발달의 특수한 맥락에 적용하고자 한다. 여기에서 제시된 많은 개념틀은 청소년뿐만 아니라 성인이 직면하는 발달 문제들에도 적용될 수 있으며, 가족, 집단, 조직, 공동체의 맥락에서도 적용될 수 있다는 사실을 인식하는 것이 중요하다. 먼저 우리는 유색인종의 발달을 이해하는 데 필요한 다양한 관점들과 그 의미에 대해 살펴볼 것이다. 그런 후 우리는 Gibbs과 Huang 그리고 다른 동료들이 유색인종 아동과 소수집단 아동들에 대한 심리학적 개입에서 제시한 "상호작용모델(Interactive Model)"에 대해 살펴볼 것이다. 이 상호작용모델은 아래의 여러 관점들의 핵심 구성요소들을 통합하는 모델의 예라고 볼 수 있다.

발달적 관점(Developmental perspective)

우리는 4장에서 Erikson의 인간발달 모델에 대해 자세하게 살펴보았다(4장의 Erikson 부분 참조). Gibbs와 Huang은 Erikson 모델이 개인의 발달에 있어서 중요한 특성들인 독립성, 역량, 대인관계기술, 자아정체감에 대해 이해하는 데 매우 유용하다고 밝히고 있다.

Erikson이 자아정체감의 발달을 강조한 것은 자아정체감이 전통적 발달접근 및 대안적 발달접근을 막론하고 많은 발달접근의 핵심 관심사이기 때문이다. Erikson이 정체성 형성을 강조한 것은 "우리가 누구인가?"에 대한 인식이 우리의 일생 동안의 발달에 얼마나 중요한지를 일깨워준다. 이는 특히 적대적 환경 속에서 스스로에 대해 긍정적인 인식을 발달시키고자 노력하는 사람들에게 더욱 중요하다. 사회복지사들이 관심을 갖는 다양한 집단의 많은 구성원들이 바로 그러한 적대적 환경 속에 있다는 사실을 잊지 말아야 한다.

Gibbs와 Huang(1989:5)에 따르면, Erikson의 발달 관점은 아동과 아동발달에 있어서 중요한 사람들(부모, 교사, 또래들)과의 관계, 그리고 보다 큰 사회환경(가정, 학교, 지역사회)에의 적응 간의 연관성에 주목했다는 점에서 또 다른 장점을 가진다. Erikson의 접근은 아동, 중요한 타자들, 그리고 사회제도들 간의 상호관련성을 이해하는 데 도움을 준다. 그러나 Erikson의 모델은 개인의 잠재력을 최대한으로 끌어올리는 데 방해가 되는 장애들을 제거하기 위한 사회적·환경적 변화, 사회적·경제적 정의의 달성이라는 사회복지의 핵심 관심사에 대해서는 다루지 않는다.

Gibbs와 Huang(1989:5-6)에 의해 제시된 Erikson 모델의 또 다른 단점은, Erikson모델이 유색인종 아동(그 밖에 여성이나 빈민, 게이, 레즈비언, 양성애자, 장애인 등도 여기에 포함됨)의 발달적 복잡성을 이해하기 위한 포괄적인 접근으로 보기에는 부족하다는 것이다. Erikson의 관점은 고도 산업사회의 핵가족에서 자라는 아동들을 주대상으로 하고 있다. 따라서 다른 심리사회적 요소들에 가치를 두는 비산업사회의 확대가족에서 자라는 아동들에게는 그 적용에 한계가 있다. 특히 최근의 이민자들, 혹은 인디언 보호구역이나 "기타 이와 동질적인 환경"에서 자라는 아동들을 고려할 때 Erikson 관점의 이러한 한계를 인식하는 것이 중요하다.

Erikson 접근은 소수집단 아동들의 자아개념과 자아존중감이 그들이 속한 민족 집단의 구성원으로서 받는 낙인에 의해 큰 영향을 받는다고 가정한 점에서 또 다른 한계점을 지닌다. Gibbs와 Huang은 이에 대해 아동의 정체성 발달에 필수적인 요소인 자아존중감과 자아개념이 아동기 동안의 보다 큰 사회의 영향보다는 가족이나 가까운 친척, 친구들의 영향을 보다 직접적으로 받는다는 많은 증거들을 제시하였다. 그들은 청소년이 가족과 민족 공동체를 넘어 상호작용의 범위를 확장한 후에서야 비로소 사회가 자아존중감과 자아개념에 중요한 역할을 할 수 있다고 보았다. 최근 많은 연구들에서 소수집단의 아동·청소년의 자아존중감과 자아개념이 백인집단의 아동·청소년과 비슷하거나 때로는 더 높다는 결과들이 발표되고 있다(Powell 1985; Rosenberg and Simmon 1971; Taylor 1976, in Gibbs and Huang 1989:5).

생태학적 관점(Ecological perspective)

생태학적 관점은 3장에서 인간행동과 사회환경에 관한 전통적·대안적인 관점들에 대한 접근에 있어서 사회복지사가 활용할 수 있는 하나의 도구로서 사회체계이론과 함께 논의되었다. Gibbs와 Huang(1989:6-7)은 생태학적 관점에 입각해서 아동과 청소년이, 가족 및 학교에서부터 사회경제적 정책을 반영하는 정부에 이르기까지 "상호연결된 체계들"에서 활동주체(active agents)로서의 역할을 한다고 보았다. 이러한 연속체 상에 있는 각각의 크고 작은 체계들은 개인의 각 발달 단계에 위기와 기회를 제공한다.

이 관점은 빈곤, 차별, 이민, 사회적 고립이 소수집단 아동과 청소년의 발달에 미치는 복합적인 영향을 통합적으로 보게 해준다는 점에서 그 가치가 있다. 예컨대, 빈곤이 영양, 주택, 교육, 건강, 여가 등 여러 면에서 아동의 삶에 부정적인 영향을 준다는 인식은 생태학적 관점에 입각한 것이다. 또한 생태학적 모델은 다양한 특성과 상황들이 발달에 누적적으로 영향을 미친다는 점을 수용한다. 그러나 3장에서도 살펴보았듯이, 생태학적 및 사회체계적 관점은 환경과 개인의 상호연관성에 관해서는 많은 관심을 가지는 반면, 환경체계의 사회적·정치적 변혁에 관해서는 간과하는 경향이 있다. 아동들이 가난한 동시에 소수집단에 속할 때 빈곤의 부정적이고 장기적인 영향은 더욱 크게 증가한다. 빈곤, 소수자 지위, 이주자 지위, 언어문제, 실업, 소수자 우대정책에 대한 부정적 태도와 같은 복합적인 스트레스 요인에 의한 부정적인 영향들이 합쳐서, 저소득 소수자 가족들이 자녀들의 발달을 위해 안정적이고 좋은 환경을 제공하고자 하는 노력에 큰 난관으로 작용한다. 그러나 Gibbs와 Huang(1989:7)은 이러한 복합적이고 다루기 힘든 생태학적 스트레스 요인들에도 불구하고 이들 가족들은 "자녀를 사회화함에 있어서 뛰어난 탄력성과 창의성, 역량과 같은 놀라운 강점을 보인다."고 강조한다. 우리는 3장에서 강점 관점에 대해 자세히 논의하였다.

생태학적 관점은 또한 소수집단 아동의 발달 및 사회화에서 가족, 학교, 또래집단의 역할을 이해하는 데 도움을 준다. 가령, 이 관점은 최근에 정착한 이주민 가족에게서 나타날 수 있는 가정에서의 가치 및 규범과, 학교나 지역사회에서의 가치 및 규범 간의 갈등의 패턴과 정도를 이해하는 데 유용하다. 이러한 갈등은 이들에게 매우 부정적으로 작용할 수 있는데, 예를 들어 신체적 건강문제, 행동장애, 학교적응문제, 비행, 우울, 자살로 이어질 수 있다(Gibbs and Huang 1989:6-7).

비교문화 관점(Cross-Cultural Perspective)

Gibbs와 Huang(1989:7-8)은 인류학에서 유래된 비교문화 관점이 모든 인간 사회에 관한 사고를 비교하는 데 유용한 개념틀을 제공한다고 보았다. 이러한 비교적 접근은 거대한 사회체계의 영향을 개인의 행동에 결부시키는 데 도움이 된다. 비교문화 관점은 모든 행동은 의미가 있고, 적응적 기능을 수행하며, 사회의 안정과 조화를 촉진하는 규칙과 규범에 의해 통제된다고 가정한다. 또한 비교문화 관점에서는 규칙과 규범에 반하는 행동은 사회의 조화(harmony)를 해치고, 사회는 주술사나 심령술사, 영적치유사, 정신보건실천가 등과 같은 제도적 메카니즘을 통해 인간의 행동을 통제하고 규제한다고 가정한다. 여기에서 우리는 사회복지사가 지배적인 사회로부터 사회적 통제를 행사하도록 책임을 부여받은 정신보건실천가나 다른 휴먼서비스 실천가들 가운데서 핵심적인 역할을 한다는 것을 인식해야 한다.

정체성 발달에 대한 대안적 접근

D'Augelli는 정체성 발달에 대한 단선적이고 내부지향적인 접근과는 대조적으로 "정체성을 한 개인의 인생 역사의 다양한 맥락에서 경험하는 수많은 사회적 교환으로부터 발생하는 역동적 과정"이라고 보았다(1994:324).

Miller는 "인종적·민족적 정체성은 인종적으로 또는 민족적으로 이질적인 사회에 속한 개인의 심리적 특성을 이루는 기본 요소이다 … 따라서 한 개인을 전체적으로 이해하기 위해서는 그 개인의 인종적·민족적 정체성의 발달과정을 이해하는 것이 중요하다."고 지적하였다(1992:25). 개인의 인종적·민족적 정체성의 발달은 거시환경 내의 집단 상호간의 관계와 사회적 상호작용의 맥락에서 이루어진다. 인종적·민족적 정체성 발달을 충분히 이해하기 위해서는 이를 전체 정체성 발달과정의 중요한 요소로 보아야 한다. 이러한 집단 상호간의 관계에 대한 몇몇 맥락들이 아래에 보다 자세히 소개되었다.

집단 관계에서 고려해야 할 중요한 영역들

경제(Economics) "집단들이 경제적으로 서로 경쟁관계에 있는지, 상호의존적인지, 혹은 일방적으로 의존적인지, 독립적인지 여부는 집단 간의 적대적 내지 협력적 관계에 영향을 미친다. 한 집단이 다른 집단의 경제적 안녕을 통제할 때 여기에서 통제받는 집단은 낙인화되기 쉽다."

인구비율(Population Ratios) "인종 간의 접촉 빈도와 접촉 가능성은 그 사회가 얼마나 자주 다인종 문제에 직면할 것이며, 얼마나 많은 다인종 사람들을 수용해야 할 것인가에 영향을 미친다."

사회적 이미지(Societal Images) "사회에서 한 집단의 지위는 대중적인 이미지를 반영한다. 사회에서 어떤 집단의 긍정적인 이미지에 대한 균형 혹은 불균형은 집단 관계에서 발생하는 하나의 부산물로써, 이러한 이미지는 그 집단이 그 사회에서 가치 있고 중요한 역할에의 접근할 수 있는지에 영향을 미친다."

집합체에 의한 사회화(Socialization by the Collective) "다민족 혹은 다인종 정체성 형성 이론은 개인을 그 집단의 구성원으로 소속시키는 과정에서 나타나는 집단의 집합적 행동에 대해 설명할 필요가 있다. 어떤 집단은 개인을 그 집합체 속에 사회화시키고 집단의 가치와 문화를 전수하는 데에 적극적인 반면, 다른 집단은 이에 대해 소극적이고 무관심하며 심지어 거부적일 수 있는데, 이러한 차이는 개인의 정체성 형성 과정에 큰 영향을 미칠 수 있다."

역사적 유산(Historical Legacies) "개인과 집단은 모두 역사적 공간 속에서 살아간다. 역사적 관계와 현재 관계의 변화는 모두 다인종 정체성을 이해하는 데 중요한 요소가 될 것이다."

집단 간 경계에 관한 규칙(Rules for Intergroup Boundaries) "다민족 혹은 다인종 사람들에 적합한 정체성 발달이론은 사회집단 간 경계의 경직성과 유연성을 지배하는 규칙들, 구조적 변화를 수반하는 원칙들, 그리고 맥락에 따른 자아관에 대해 설명하는 규칙들을 포함할 필요가 있다. 정체성은 고정되어 있는 것이 아니라 사회적 맥락에 따라 변할 수 있다."

출처: Adapted from Miller, R. L.(1992), "The human ecology of multiracial identity."
In Root, Maria P. P.(Ed.). *Racially mixed people in America*. Newbury Park, CA: Sage, 24-30.

상호작용모델(An Interactive Model)

Gibbs와 Huang(1989:1-12)은 위에서 설명한 인간발달 접근들의 강점과 약점을 분석하고, 그 분석 결과를 "상호작용모델"에 적용하였다. 그들은 유색인종 아동의 발달을 고려함에 있어서 인종과 민족성 그리고 그에 따른 사회 계층의 의미를 중요하게 보고, 이를 분석의 토대로 삼았다. 특히 그들은 발달적 관점, 생태학적 관점, 비교문화적 관점을 통합하여, 발달이론의 주변부에 있던 인종과 민족성을 중요한 요소로 부각시켰다.

Gibbs와 Huang(1989:11-12)은 대안적이고 보다 전체론적인 모델로서 "**상호작용모델**"을 제시하였는데, 이 상호작용모델은 아동의 발달경험에 있어서 발달적, 생태학적, 인간발달적, 비교문화적 관점들을 포괄하고 확장한다. 그들은 이 모델이 유색인종 특히 아동과 청소년의 발달에 보다 적합한 통합적인 접근임을 강조하였다. 이 모델은 유색인종 아동이 그 발달과정에서 직면하는 지속적인 현실들을 설명하고자 하는 개념들로 특징화되어 있다. 이러한 개념들은 아동발달이라는 하나의 천을 엮어가는 날실과 씨실과 같은 역할을 하고 있으며, 이렇게 엮어진 천은 인생 전체에 영향을 미칠 수 있다. 이 상호작용모델은 비단계적 특성을 가진 대안적 모델의 한 예가 된다.

민족성(Ethnicity)

Gibbs와 Huang의 대안적 모델에서 민족성은 아동발달에 있어서 매우 중요한 특성이다. **민족성**은 내적인 경험과 환경적 경험을 연결하는 끈과 같다. 민족성은 세계를 인식하고 이에 반응하는 개념틀을 제공한다. 민족성은 개인적, 사회적 정체성 모두를 형성한다. 민족성은 가치, 규범, 적합한 행동에 대한 기대를 설정한다. 민족성은 사회적, 교육적, 직업적 선택과 기회의 범위를 제한한다. 민족성은 발달적 과업의 구조와 맥락을 제시한다. 민족성은 또한 학교, 또래들, 지역사회와 같은 외부 세계가 아동을 이해하고 다루는 방식에 중요한 영향을 미친다(1989:8-12). 민족성을 고려한 대안적 발달 관점은 사회복지사에게 다른 환경에서의 다양한 인간행동의 복잡성과 발달을 이해하는 데 필수적인 유용한 개념들을 제공한다.

Gibbs와 Huang은 **민족성**의 개념을 "세대를 거쳐 전승되는 독특한 사회적·문화적 유산을 공유하는 사람들의 집단에 소속되는 것으로, 민족 집단의 구성원들은 자신들이 다른 사람들과 뚜렷하게 구별된다고 생각한다."고 정의하고 있다(Gibbs and Huang 1989:9). 민족 집단은 "문화적 정체성과 일련의 규정된 가치, 규범, 사회적 행동"을 제시한다. 즉 민족성은 아동의 "자아관, 세계관, 미래관"을 형성하는 개념틀이고, "아동의 주관적 경험에 의미를 부여하며", 대인관계를 구성하고, "행동방식과 활동방식"을 제공한다. 민족성은 아동의 발달이 이루어지는 가족, 언어, 이웃, 교회, 학교, 역할모델의 유형을 결정할 수 있다(Gibbs and Huang 1989:9-10).(1장의 민족성에 대한 논의 참조)

이중문화성(Biculturality)

유색인종 아동과 그 가족들은 그들 자신의 민족 세계에 대한 사회화뿐만 아니라 그들이 상호작용하고 생존해 나가야 하는 지배적인 백인세계에 대한 이중사회화를 필요로 한다. 이러한 이중사회화로 개인은 이중문화화된다. **이중문화 사회화**는 부모가 자녀에게 두 개의 사회문화적 환경에서 기능할 수 있도록 교육하는 과정을 말한다. 이러한 과정은 많은 요인들에 의해 영향을 받는데, 이러한 요인들에는 두 문화가 규범, 가치, 인식, 신념을 공유하는 정도, 두 문화를 연결 짓는 중재자 및 모델의 활용가능성, 개인의 행동에 대한 두 문화의 교정적 피드백의 양과 종류, 유색인종의 문제해결방식이 지배집단의 문제해결방식에 부합되는 정도, 개인이 이중 언어를 구사하는 정도, 신체적 외모가 지배 문화의 구성원들과 유사한 정도 등이 모두 포함된다.

인종과 민족성의 결합은 문화적 차이와 더불어 신체나 언어 등의 가시적인 차이가 더해져 대개 이중발달위기(dual developmental challenges)를 초래한다. 이러한 이중발달위기는 곧 소수집단에 속할 가능성을 높이게 된다. 우리는 이에 대해 3장에서 살펴보았다. 소수집단에 속하는 것은 민족집단이나 인종집단에 속하는 것과는 다르지만 대개는 밀접하게 관련되어 있다. **소수집단**(minority group)이란 "권력에 대한 접근이 불평등하고, 어떤 면에서는 권력을 평등하게 나눌 가치가 없다고 간주되며, 열등한 형질이나 특성을 가진 것으로 낙인화된 집단"을 말한다(Gibbs and Huang 1989:10). 소수집단에 대한 이러한 정의는 "권력과 특권"에 초점을 둔 것이지 구성원의 수에 초점을 둔 것은 아니다. 그러므로 여성은 수적으로는 다수이지만, 권력에 대한 접근이 불평등하다는 점에서 소수집단의 구성원으로 볼 수 있다.

사회적 계층과 카스트(Social Class and Caste)

Gibbs와 Huang이 제시한 상호작용모델은 사회계층을 중요한 발달요인으로 포함시킨다. **사회계층**은 "아동 및 가족의 사회경제적 지위로 인해 발생하는 특별한 지위와 가치"이다(Gibbs and Huang 1989:10). 민족적 지위, 인종적 지위, 소수집단 지위와 같은 사회경제적 지위는 발달환경과 경험을 결정하는 주된 요소이다. 사회경제적 지위는 사회환경, 생활양식, 교육수준, 직업에 있어서 아동의 경험과 기회에 대한 발달적 한계를 규정한다. 어떤 학자들은 카스트나 이와 비슷한 지위에 관련된 개념이 미국에 있는 소수집단 구성원들의 사회적 위치나 지배집단과의 관계를 보다 명확하게 설명한다고 주장하였다. Ogbu(1978:23)는 아프리카계 미국인들이 미국사회에서 카스트와 비슷한 계급구조에 노출되어 있다고 주장하였다. 카스트에서 소수자 입장에 있는 사람들은 대개 "지배 집단에 의해 모든 면에서 본질적으로 열등하다고 간주된다 … 일반적으로 **계급적 소수자들은** 그들의 개인적인 훈련과 능력으로 볼 때 가치있는 역할을 수행하는 것이 허용되지 않는다. 그들은 보다 덜 가치있는 역할을 수행하도록 강요받는데, 이는 곧 그들이 본래부터 낮은 사회적 지위에 적합하다는 것을 증명하는 데 이용된다. 따라서 그들의 정치적 예속은 경제적 예속에 의해 더욱 강화된다"(Ogbu 1978:23).

미국에 있는 많은 유색인종 아동들은 인종과 민족성, 사회적 계층(또는 카스트), 젠더와 같은 특성들의 결합으로 인해 3중 또는 4중의 낙인화를 경험하게 된다. 가령 백인이 아니고 앵글로색슨계도 아니며 중산층도 아닌 여성의 경우가 여기에 해당된다. 인종, 민족성, 계층, 젠더와 같은 특성에서 기인하는 이러한 복잡한 낙인화 또는 부정적인 꼬리표는 극복되어야 할 발달상의 커다란 장벽과 난관이다(Gibbs and Huang 1989:10-11). 이러한 복합적인 낙인은 아동의 발달과정 전체에 중대한 영향을 미칠 수 있다.(2장의 복합적 다양성에 대한 논의 참조)

발달모델과 유색인종

정체성 발달이론, 특히 아프리카계 미국인에 관한 정체성 발달이론은 지난 15년에서 20년 사이에 여러 개념화(conceptualization) 과정을 거쳐왔다. 그러나 이러한 개념화 과정이 일련의 단계적 과정을 거쳐 발달되어 온 것은 아니다. 현재 사용되는 개념화들은 서로 중복적이고 보완적인 특성을 가진다. 이는 정체성이 어떻게 형성되는지를 충분히 이해하기 위한 시도가 얼마나 복합하고 다차원적 특성을 지니고 있는지를 반영한다. 예를 들어, Sanders Thompson은 아프리카계 미국인이 가진 4가지 유형의 정체성에 대해 언급하였다. **신체적 정체성**

은 "자신의 신체적 특징을 받아들이고 편안하게 느끼는 것"을 의미한다. **심리적 정체성**은 "자신의 인종집단에 관심을 갖고 전념하며 이에 대해 자부심을 느끼는 것"을 말한다. **사회정치적 정체성**은 "아프리카계 미국인 공동체가 직면하는 사회적·정치적 문제에 대한 개인의 태도"를 의미한다. 마지막으로 **문화적 정체성**은 "아프리카계 미국인의 문화적 전통에 대한 관심 및 그 전통에 대한 개인의 인식과 지식"에 관한 것이다(2001:159).

　　Sanders Thompson은 또한 아프리카계 미국인의 정체성 발달에 관한 3가지 중요한 개념화 모델을 제시하고 있는데, 흑인성 모델(Nigrescence models), 아프리카 중심주의 모델(Africentric models), 그리고 집단 및 사회 정체성 모델(group or social identity models)이 그것이다(Sanders Thompson 2001). 우리는 앞으로 흑인성 모델과 아프리카 중심주의 모델에 대해 구체적으로 살펴볼 것이다. 집단 및 사회 정체성 모델은 앞에서 소개한 자기범주화이론에서 이미 살펴보았다.

흑인성(Nigrescence)/흑인 정체성 발달모델

　　아프리카계 미국인의 정체성 발달에 관한 Cross의 초기 모델에서는 "아프리카계 미국인들이 그들의 인종적 문화에 동일시하는 정도가 다르다는 것을 강조하였다"(Parks et al. 1996:624). 이와 같이 동일시 정도가 상이한 것은 정체성 발달 단계와 밀접하게 관련되어 있다.

　　몇몇 학자들(Atkinson, Morten and Sue; Sue and Sue in Parks et al. 1996:624-625)은 개인이 정체성의 각 단계에 속하는 데는 사회적 억압이 촉매역할을 한다고 주장하였다. Helms는 "사회적 권력에 있어서 차이를 경험하는 것은 인종적 정체성 발달에 결정적인 역할을 한다."고 지적하였다(in Parks et al. 1996:625). 학자들은 또한 Cross의 모델이 비지배집단 구성원에 대한 지배집단의 억압에 초점을 두었다는 점에서 다른 비지배집단에도 적용될 수 있다고 보았다. 이 모델은 최근에 수정을 거쳐 "단계적인 억압 중심의 발달에서 순차적인 자아정체성의 상태와 인성의 발달로 변화되었다. 따라서 단계(stages)는 상태(statuses)로 대체되었고, 억압은 자아분화와 인성발달로 대체되었다"(Parks et al. 1996:625). Cross의 모델은 다음과 같이 요약될 수 있다.

흑인의 정체성 발달	
자아상태(Ego-Status)	특징(Characterized By)
조우(遭遇)이전단계 (Pre-encounter)	- 백인과 백인성을 이상화(Idealization) - 흑인과 흑인 문화를 폄하
조우단계 (Encounter)	- 백인 문화에 대한 거부 - 흑인 정체성을 찾기 시작 - 혼란과 강한 충격이 이 과도기적 단계의 특징임.
몰입과 표출단계 (Immersion-Emersion)	- 흑인 세계로의 복귀 - 흑인성을 이상화 - 흑인성에 대한 고정관념적 이미지를 포용 - 백인성을 폄하
내면화단계 (Internalization)	- 내면적으로 긍정적인 흑인 정체성을 확립 - 인종차별주의를 초월 - 백인문화의 긍정적 측면을 수용

출처: Adapted from Parks, Carter, and Gushue 1996: Jounal of Counseling and Development, V. 74, 625. Copyright American Counseling Association. Reprinted with permission.

"Cross의 흑인 정체성 발달모델"의 확장

Parham(1989:187-226)은 "Cross의 흑인 정체성 발달모델"을 통합하고 확장하여 아프리카계 미국인 정체성 발달모델을 제시하였다. Parham은 연령에 따라 흑인 정체성발달에 큰 차이가 있을 것으로 보고, Cross의 흑인 정체성 발달의 4단계를 청소년/초기 성년기, 중년기, 노년기로 구분한 3단계로 통합·확장하였다. Parham은 아프리카계 미국인들이 소위 "검둥이에서 흑인(from Negro-to-Black)"으로 변화되는 "전환의 경험(conversion experience)"을 한다고 보고, 이에 입각해서 Cross의 4단계 모델을 제시하였다. Cross의 4단계는 조우이전단계, 조우단계, 몰입－표출단계, 내면화단계이다.

1. 조우이전단계: 이 단계에 속한 개인은 "백인의 준거틀로 세상을 바라보고", 사고나 행위 및 행동에 있어서 자신의 흑인성(Blackness)을 평가절하하고 부정한다. 자신의 준거틀은 "없애고", "백인 친화적이고 흑인 적대적"인 백인적 규범 기준을 받아들인다.

2. 조우단계: 이 단계에서 개인은 피부색 때문에 주택 차별과 같은 중대한 사건이나 상황을 경험하고, 이로 인해 갑작스럽게 이전의 태도와 준거틀에 의

문을 갖게 된다. 자신이 이전에 가졌던 준거틀이 부적절했다는 것을 깨닫게 되고, 그로서 "흑인 정체성을 발달"시키기 시작한다.

3. **몰입-표출단계**: 이 단계에서는 이전의 준거틀을 버리고 새로운 흑인 정체성을 받아들인다. 이 단계의 개인은 흑인문화에 강하게 집착하고 다른 인종집단과의 상호작용을 중단함으로써 '흑인성'에 몰두하게 된다. 또한 아프리카계 미국인을 미화하고 백인을 폄하하는 경향을 띄게 된다.

4. **내면화단계**: 이 단계의 개인은 "자신의 흑인성에 대한 내적 안정감과 자신감"을 획득하게 된다. 이 단계에서는 아프리카계 미국인이 일차적 준거집단이 되지만, 강한 백인 적대적 감정은 다소 줄어든다. "이 단계의 개인은 보다 다원적이고 비인종차별주의적 관점을 갖게 된다"(Parham 1989:189-190; Cross 1971).

정체성 발달과정의 유형

Parham은 Cross의 단계에 생애주기적 개념과 그것이 다음 단계로의 이동에 미치는 영향을 추가함으로써 이론을 확장하였다. 일생동안의 과정인 정체성 발달 이외에도, 개인은 인생을 살아가면서 자신의 인종 정체성 문제를 다루는 데 있어서 세 가지 다른 유형의 경험을 하게 된다(1989:211). 인종 정체성 문제를 설명하는 세 가지 대안적 유형은 다음과 같다.

1. **정체**(Stagnation): 이 대안적 유형은 개인이 "일생동안 한 가지 형태의 인종관련 태도"만 고수하는 것을 의미한다. 즉, 개인은 Cross의 4단계(조우이전단계, 조우단계, 몰입-표출단계, 내면화단계) 중 어느 한 단계에 도달하여 남은 인생동안 계속 그 단계에 머무르게 된다. Parham은 정체가 새로운 경험이나 생각에 대한 저항을 초래하고 변화에 적응하는 것을 매우 어렵게 만들기 때문에 개인의 발달에 걸림돌이 된다고 보았다. 정체가 발달상 걸림돌이 되지 않는 예외적인 상황은 바로 "내면화단계"에 도달한 경우이다.

2. **단계적 진행**(Stagewise Linear Progression:SLP): 이 대안적 유형에서는 개인이 한 단계에서 다른 단계로(조우이전에서 내면화까지) 순차적으로 이동한다고 본다. 이는 흑인 정체성 발달모델에서 가장 흔히 나타나는 발달 유형이다. 이 유형에서는 성장과 발달을 향한 기능적이고 지속적이며 점진적인 움직임을 지향한다. 그러나 이러한 단계적 진행은 다양한 개인들의 정체성 발달의 복잡성을 지나치게 단순화하는 경향이 있다.

3. 재순환(Recycling): 이 대안적 유형에서는 "인생의 초기 단계에서 이미 정체성 발달과정을 거친 후에 다시 인종에 관한 정체성 발달과정을 시작"한다고 본다. 그러나 Parham은 조우이전단계로 완전히 되돌아가는 재순환은 이루어지지 않는다고 보았다. 가장 흔한 유형은 "내면화 단계에서 다른 조우(遭遇)의 경험"으로 이동하는 것이다(Parham 1989:213).

이상의 논의에서 나타나듯이, 흑인성이론(Nigrescence theory), 특히 Corss 모델은 오랫동안 많은 학자들에 의해 수정되고 발전되어 왔다. Worrell, Cross, Vandiver(2001:202)은 이 모델의 수정과정을 <표 5.2>와 같이 제시하고 있다.

표 5.2 Cross의 흑인성 단계와 정체성

모델	단계	정체성
1971 초기 모델	조우이전단계	백인친화주의/흑인적대주의
	조우단계	
	몰입-표출단계	백인적대주의/흑인친화주의
	내면화단계	인본주의자(Humanist)
	내면화전념단계	
1991 수정 모델	조우이전단계	동화(assimilation) 흑인적대주의
	조우단계	
	몰입-표출단계	백인적대주의 강하게 흑인에 몰두
	내면화단계	흑인 민족주의자 이중문화주의자 다문화주의자
2000 확장 모델	조우이전단계	동화 잘못된 교육 자기 혐오
	조우단계	
	몰입-표출단계	백인적대주의 강하게 흑인에 몰두
	내면화단계	흑인 민족주의자 이중문화주의자 인종적 다문화주의자 포괄적인 다문화주의자

출처: Worrell, F.C., Cross, W. E., & Vandiver B. J.(July 2001). Nigrescence stages and identities. *Journal of Multicultural Cunseling and Sevelopment 29*, 2002.

생애과정 동안의 인종 정체성 발달

Parham은 아프리카계 미국인의 정체성 발달에 관한 위의 세 가지 대안적 유형과 Cross의 4단계(조우이전단계, 조우단계, 몰입-표출단계, 내면화단계)가 빠르면 후기 청소년기나 초기 성년기에 시작해서 생애주기의 다양한 단계에서 발생할 수 있다고 제안하였다. Parham은 아프리카계 미국인의 정체성이 생애 초기에 형성되는 경우, 이는 대개 사회의 고정관념에 대한 부모의 태도를 반영한 것이라고 보았다. 그는 가정과 사회환경은 청소년이 정체성 발달을 시작하는 특정 단계에 영향을 미칠 수 있다고 주장하고 있다.

또한 Parham는 개인에 따라 중년기나 노년기에 흑인 정체성 발달에 관한 Cross의 4단계의 일부나 전부를 경험할 수 있다고 보았다(1989:197-209). 이 기간 동안의 인종 정체성 발달과정은 이 단계에서 이루어지는 전통적인 과업으로 인해 더욱 복잡해진다. 예컨대, Parham에 의하면, 중년기는 "책임의 증가와 잠재적 기회의 증가로 인해 인종 정체성을 발달시키기가 가장 어려운 시기이다"(1989:202). 노년기 동안의 전통적 과업은 "사회보장과 은퇴, 양로원, 지역사회자원과 여가시설"과 같은 사회제도들에 대처하는 것 등을 포함한다. Parham은 "노년기 흑인들이 이러한 사회제도들과 상호작용하는 방식은 그들의 인종 정체성에 의해 영향을 받을 것"이라고 강조하였다(1989:207).

Parham의 관점은 억압이 흑인 자아정체성 발달과정에 영향을 주지만, "흑인 자아정체성은 사회억압적인 현상과는 독립된 하나의 실체로 가정한다는 점에서 강점기반 관점이라고 볼 수 있다. 즉, 흑인 정체성은 흑인 문화의 가치와 구조에 바탕을 둔 개인의 생각, 감정, 행동을 통해 실현된다."는 것이다(1989:195). Parham의 관점은 또한 정체성 발달을 내부적(개인적) 그리고 외부적(환경적) 요인들을 모두 포함하는 상호작용 과정으로 보기 때문에, 사회체계 관점을 비롯하여 인간행동과 사회환경에 관한 전반적인 중요한 관점들과 일맥상통한다.

Parham의 관점은 인종 정체성 발달과정의 복잡하고 지속적인 특성을 설명하는 데 유용하다. 그의 관점은 또한 인종 정체성 발달에 있어서 고도의 개별화된 특성을 인식하는 것이 중요하다는 점을 강조한다. 그는 다음과 같이 주장하였다.

집단 내의 다양성을 인식하는 것은 흑인을 이해하는 데 매우 중요한 요소이다. 집단을 비교하려는 경향(흑인 대 백인)이나 집단을 지나치게 일반화하려는 경향(모든 흑인은 다 똑같다)은 개념상 명확하지 못하며, 따라서 이를 피하거나 적어도 조심스럽게 사용해야 한다(1989: 223).

아프리카 중심 모델(Africentric/African-Centerde Models)

Bent-Goodley(2005)는 억압의 역사와 아프리카 중심문화의 강점과 원칙을 모두 이해하는 아프리카 중심 세계관을 기반으로 하여, 아프리카계 미국인의 정체성 발달을 개인, 가족, 지역사회 수준에서 접근하는 개념틀을 제시하였다. 이러한 접근은 "전통적인 아프리카의 철학적 가정을 토대로 인간과 사회문제를 설명하고 해결하려는 아프리카 중심의 사회복지 실천적 정의"에 부합된다(Schiele 1997:804 in Bent-Goodly 2005:199).

Bent-Goodley는 이 관점에서 중요한 8개의 원칙을 단계적 방식으로 제시하면서 "이러한 원칙들은 광의의 아프리카 중심 패러다임을 구성하는 일부분으로서 서로 밀접하게 연관되어 있다."고 강조하였다. 그녀는 더 나아가 이러한 원칙들은 "개인으로 하여금 자신과 다른 사람들 간의 동질성에 대해 이해하고 존중하도록 하며, 개인과 공동체 모두의 안녕과 조화에 대해 보다 높은 책임감을 갖도록 한다."고 보았다(Harvey and Hill 2004:68 in Bent-Goodley 2005:199). 다음은 8개의 원칙들에 대한 설명이다.

1. **성선설**(Fundamental Goodness): 아프리카 중심 패러다임의 중요한 원칙 중 하나는 각각의 개인이 기본적으로 선하다는 것이다.
2. **자기인식**(Self-knowledge): 사회복지실천에서 클라이언트가 있는 곳에서 시작하는 것은 중요한 기본 원칙이다. 그러나 아프리카 중심의 자기인식 원칙은 실천가로 하여금 실천가가 속해있는 곳에서 시작하도록 장려한다.
3. **공동체의식**(Communalism): "사람들 간의 상호의존성에 대한 민감성 및 집단적 관심은 개인의 노력을 초월한 개념"(Harvey 2001:227 in Bent-Goodley 2005:199)으로 이해될 수 있다.
4. **상호관련성**(Interconnectedness): 아프리카계 미국인들의 경험에 있어서 상

호관련성과 집합적 노력의 원칙은 매우 중요하다. 상호관련성은 "사람들이 서로 의지하고, 본질적으로 하나로 간주되는 것"을 의미한다(Graham 1999:258 in Bent-Goodley 2005:199).

5. **영성**(Spirituality): 영성은 아프리카 중심 패러다임에서 빼놓을 수 없는 중요한 요인이다. 영성은 "신성함에 대한 의식"으로 정의될 수 있다.

6. **자립**(Self-reliance): 자립은 아프리카 중심 패러다임의 또 다른 중요한 본질적인 요소이다 … 집합적 경험도 매우 중요하지만, 공동체의 한 구성원으로써 개인은 지역사회와 공동체에 기여할 필요가 있다.

7. **언어와 구전**(Language and Oral Tradition): 언어와 구전 역시 아프리카 중심 패러다임의 중요한 부분이다. 언어는 사람들을 하나로 묶고, 이해의 토대를 발달시킨다 … 구전은 사람들 간의 리듬의 흐름이나 의사소통에서 중요한 역할을 한다.

8. **사고와 실천**(Thought and Practice): 사고와 실천의 원칙은 원래 흑인 페미니스트 전통에서 나온 것이다 … 그러나 이 원칙은 지식과 사회행동의 결합을 강조한다는 점에서 아프리카 중심 관점과 관련이 있다. 문제해결을 위한 구체적인 계획과 변화를 위한 실천행동이 수반되지 않고, 불평등에 대한 지식만을 추구하는 것은 아프리카 중심 패러다임에 부합되지 않는다(Bent-Goodley 2005:198-200).

다차원적 인종정체성 모델(Multidimensional model of racial identity)

다차원적 인종정체성 모델(MMRI)은 아프리카계 미국인을 비롯한 잠재적인 다른 소수집단들(여성, 레즈비언, 게이, 양성애자)이 경험하는 발달적 복잡성과 그것이 그들의 정체성과 행동에 어떠한 영향을 미치는 지를 이해하는 데 유용한 또 하나의 대안적 모델이다. 이 모델에서는 아프리카계 미국인들의 **인종정체성**이란 개인이 자신의 자아개념을 흑인 인종집단의 한 구성원으로 규정하는 것이라고 정의한다(Sellers, Smith, Shelton, Rowley, and Chavous 1998:26-27). 다차원적 인종정체성 모델은 네 가지 기본 가정과 아프리카계 미국인 인종정체성에서 개인이 갖는 인종의 중요성 정도와 의미를 포괄하는 인종정체성의 네 가지 차원을 기반으로 한다.

다차원적 인종정체성 모델의 네 가지 기본 가정은 다음과 같다.

1. 정체성은 개인의 안정적인 특성으로 나타나지만, 환경의 영향을 받는다.
2. 개인은 많은 상이한 정체성들을 가지고 있고 이러한 정체성들은 위계적인 순서에 따라 배열된다.
3. 인종정체성에 관한 개인의 인식은 그의 정체성을 가장 잘 나타낼 수 있는 지표가 된다.
4. 다차원적 인종정체성 모델은 개인의 인종정체성 발달에 관한 것이 아니라, 개인의 인종정체성 상태(status)에 관한 것이다 … 즉, 개인을 발달적 연속상의 특정한 단계에 위치한 것으로 보는 것이 아니라, 개인 생애의 어느 주어진 한 시점에서 가지는 인종정체성의 의미와 본질에 초점을 둔다(Sellers et al. 1998:23).

위의 네 가지 가정을 토대로, 다차원적 인종정체성 모델은 인종정체성에 관한 4가지 차원을 제시하는데, 인종적 특성(salience), 중심성(centrality), 관심(regard), 이데올로기(ideology)가 바로 그것이다. 이 중에서 관심과 이데올로기의 차원은 다시 몇 가지의 하위 범주로 구분된다. 인종적 특성과 중심성의 차원은 개인이 가지는 자아개념의 한 부분으로써 인종의 중요성에 대해 초점을 둔다. 관심의 차원은 개인이 자신의 정체성과 관련된 집단에 관한 것이고, 이데올로기는 정체성과 관련된 이념을 의미한다(Sellers et al. 1998:24).

다차원적 인종정체성 모델의 4가지 차원과 하위 범주는 다음과 같다.

1. **인종적 특성**(salience)이란 개인이 속해있는 인종이 어떤 시점의 특정한 상황에서 자신의 자아개념과 관련되어 있는 정도를 말한다.
2. **중심성**(centrality)이란 개인이 인종과 관련해서 자신을 규범적으로 정의하는 정도를 말한다. 중심성은 상황에 대해 비교적 안정적이라는 점에서 앞에서 제시한 인종적 특성(salience)과 구별된다.
3. **관심**(regard)이란 … 개인이 자신의 인종에 대하여 긍정적으로 느끼는 정도를 말한다(Sellers et al. 1998:25-26).
   a. **사적 관심**(private regard)은 개인이 다른 아프리카계 미국인들에 대해 그리고 자기 자신에 대해 얼마나 긍정적으로 또는 부정적으로 느끼는가를 말한다.
   b. **공적 관심**(public regard)은 개인이 아프리카계 미국인들에 대한 다른

사람들의 시각을 얼마나 긍정적 또는 부정적으로 느끼는가를 말한다
(Sellers et al. 1998:26).

4. 이데올로기란 ··· 아프리카계 미국인들이 살아가야 하는 방식과 사회와
   상호작용하는 방식에 관한 철학을 의미한다(Sellers et al. 1998:27).

   a. 민족주의 이데올로기(Nationalist ideology)는 "흑인만의 특별함"에 초점
      을 둔다. 이 "이데올로기는 아프리카계 미국인들이 자신들의 운명을
      통제함에 있어서 다른 집단의 영향을 최소화해야 함을 강조한다." 이
      이데올로기를 가진 사람은 "아프리카계 미국인 조직에 참여할 가능성
      이 높다"(Sellers et al. 1998:25-26).

   b. "억압된 소수자 이데올로기(Oppressed minority ideology)는 아프리카계
      미국인들이 겪는 억압과 다른 집단들이 겪는 억압 사이의 유사성을
      강조한다." 이 이데올로기를 가진 사람은 아프리카계 미국인들에 대
      한 억압을 냉철하게 인식할 뿐만 아니라, 이러한 억압과 다른 소수
      집단에 대한 억압 간의 관련성에 주목한다. 이러한 사람들은 "억압받
      는 집단들 간의 연맹구축이 사회변화를 위한 가장 적절한 전략이라
      고 생각할 가능성이 높다"(Sellers et al. 1998:27-28).

   c. 동화주의 이데올로기(Assimilationist ideology)는 "아프리카계 미국인들과
      그 외의 다른 미국 사회의 구성원들과의 유사성"에 초점을 둔다. 이
      이데올로기를 가진 사람은 "사회변화를 위한 활동가로서의 역할을 수
      행하기도 하지만, 아프리카계 미국인들이 체제를 변화시키기 위해서
      는 그 체제에 어느 정도 동화될 필요가 있다고 본다"(Sellers et al.
      1998:27).

   d. 인본주의 이데올로기(The humanist ideology)는 모든 인간들이 지닌 유
      사성에 대해 강조한다 ··· 이 이데올로기를 가진 사람들은 모든 인간
      을 같은 인종, 즉 인류로 본다. 인본주의 이데올로기는 대개 (환경, 평
      화, 굶주림과 같은) 인류가 직면한 보다 큰 문제들에 관심을 갖는다.

[그림 5.1]은 인종정체성 모델에 관해 개괄적으로 보여주고 있다.

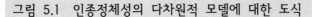

그림 5.1 인종정체성의 다차원적 모델에 대한 도식

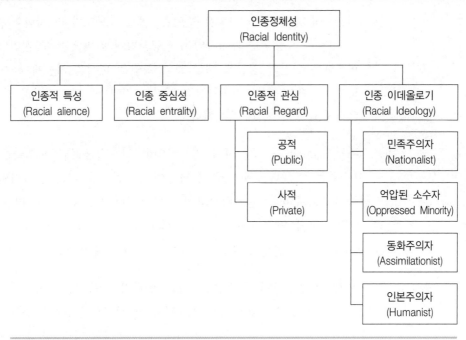

출처: Sellers, et al., Sage Publications

비가시성(非可視性)과 미세공격성(微細攻擊性)(Invisibility and microaggressions)

앞에서 이미 살펴본 바와 같이 그동안 많은 아프리카계 전문가들과 학자들은 아프리카계 미국인들의 복잡한 정체성 발달을 폭넓게 이해하기 위한 학문적 노력을 지속적으로 해왔다. 그 중 Franklin(1999)은 아프리카계 미국인 남성 정체성 발달에 영향을 미치는 위기와 기회를 개념화한 비가시성 증후군(invisibility syndrome)에 대해 연구하였다. Franklin에 의하면 비가시성이란 "많은 대인관계적 상황 속에서 자신의 정체성과 능력이 인종차별로 인해 흔들린다고 느끼는 심리적 경험"을 의미한다(1999). Franklin은 비가시성을 "자신의 재능, 능력, 개성이 편견과 인종차별 때문에 가치 있게 평가받지 못하거나 인정받지 못한다고 느끼는 내적 갈등"이라고 부연설명하고 있다. Franklin은 반드시 이 개념을 이해해야만 아프리카계 남성이 직면하는 일생동안의 발달적 어려움을 이해할 수 있다고 보았다. 또한 그는 이 개념이 아프리카계 여성에게도 적용될 수 있다고 언급하였다. Franklin(1999)은 인종정체성 발달이론과 비가시성 증후군은 서로 중요한 영향을 미치며 상호보완적이라고 밝히고 있다. 그의 주장은 다음과 같다.

비가시성 증후군 패러다임은 … 인종정체성 모델보다 더 광범위하다. 왜냐하면 비가시성 증후군 패러다임은 인종차별에 직면했을 때 개인의 정체성을 형성하는 인간의 경험에 대한 보다 폭넓은 해석을 가능케 하기 때문이다. 또한 이 패러다임은 인종차별적 환경에 직면했을 때, 개인의 자기효능감과 탄력성을 평가하는데 유용하다.

비가시성 증상은 7가지의 역동적이고 상호작용적인 요소들을 포함하는데, 이 요소들은 아프리카계 미국인 남성이 한 번이나 혹은 반복적인 인종차별에 직면하면서 경험하는 정신내적과정을 나타낸다. Franklin은 이러한 요소들을 보다 명확히 하기 위해서 Pierce(1988, 1992 in Franklin 1999)의 미세공격성(microaggression)이라는 개념을 활용하였다. Pierce에 따르면 **미세공격성**이란 다음과 같다.

'미세공격성은 흑인들의 공간, 시간, 에너지, 이동성을 통제'하는 언어적, 비언어적, 때로는 신체적 공격 메커니즘으로서, '자기비하 감정을 일으키고 자신감과 자아상을 저해'한다(1988:31). 또한 이러한 미세공격성이 오랫동안 만연하게 되면 해로운 심리적 효과가 축적된다.

인종적 미세공격성에 대한 보다 구체적인 주제와 사례, 메시지들이 <표 5.3>에 제시되었다

Franklin에 따르면, 이러한 미세공격성에 직면했을 때:

1. 어떤 사람은 적절한 판단과 인식의 부족을 경험하게 된다.
2. 어떤 사람은 이러한 경험이 고통스럽고 상처가 된다고 느낀다.
3. 어떤 사람은 "내가 못 올 곳에 온 것인가?, 내가 여기 있어야 하는가?"와 같은 타당성에 관해 회의를 느낀다.
4. 어떤 사람은 "내가 가치 있는 사람인가?"에 대한 확신이 없어지고, 다른 사람으로부터 그런 느낌을 받기 위해 애쓴다.
5. 어떤 사람은 무시당한다고 느낀다.
6. 어떤 사람은 그 존엄성 자체가 위태로워진다.
7. 어떤 사람은 기본적 정체성이 흔들리거나 완전히 사라진다.

표 5.3   인종 미세공격성의 예

주제	미세공격성	메시지
자기 고향에서 이방인으로 취급 아시아계 미국인과 라틴계 미국인은 외국 태생인 것으로 가정한다.	"어느 나라에서 왔어요?" "어느 나라에서 태어났어요?" 아시아계 미국인에게 그들의 언어를 가르쳐달라고 요청	당신은 미국인이 아니다. 당신은 외국인이다.
지능의 결정요인 피부색에 따라 지능이 결정된다고 본다.	"당신은 당신 인종의 자랑거리에요." "당신은 아주 말을 잘하네요" 아시아 사람에게 수학이나 과학 문제를 도와달라고 요청	유색인종은 일반적으로 백인보다 지능이 낮다. 당신 인종에서 지능이 높은 사람이 있다면 그 사람은 평범하지 않은 사람이다. 모든 아시아인들은 지능이 높고 수학/과학을 잘한다.
피부색 색맹 백인들은 인종에 대해 인식하기를 원하지 않는다.	"당신을 볼 때, 피부색은 안 봐요." "미국은 인종의 용광로(melting pot)에요." "세상에는 오직 하나의 인종, 즉 인류만이 있어요."	유색인종의 인종적·민족적 경험을 부정. 지배 문화에 동화시키기. 인종적·문화적 존재로서의 개인을 부정하기.
범죄성 또는 범죄자 지위에 대한 가정 유색인종은 위험하고, 범죄를 잘 저지르고, 일탈적이다.	흑인이나 라틴계가 다가오거나 지나칠 때 지갑이나 가방을 꼭 쥐거나 확인하는 백인. 가게 안에서 흑인 손님을 예의주시하는 가게 주인. 흑인이 엘리베이터에 있으면 타지 않는 백인.	당신은 범죄자야. 당신은 물건을 훔칠거야. 당신은 가난해. 당신은 여기에 속하지 못해. 당신은 위험해.
개인적으로 인종차별주의를 부인 백인들은 자신들의 인종적 편견을 부인한다.	"난 인종차별주의자가 아니에요. 난 흑인 친구들이 있어요." "내가 여성이기 때문에, 난 당신이 소수인종으로서 겪는 어려움을 알아요."	난 유색인종 친구가 있으니까 인종차별주의자가 아니야. 당신이 겪는 인종적 억압은 내가 겪는 젠더 억압과 차이가 없어. 난 인종차별주의자가 아니야. 난 당신과 같아.
능력주의(meritocracy)의 신화 인생의 성공에 있어서 인종은 별다른 역할을 하지 않는다고 주장	"난 가장 자격 있는 사람이 그 직업을 얻는 거라 생각해요." "열심히 일하기만 하면 모든 사람들이 이 사회에서 성공할 수 있어요."	지배 문화에 동화시키기.
문화적 가치 및 의사소통 양식을 병리화함 지배적/백인 문화의 가치와 의사소통 양식이 이상적이라고 생각	흑인에게 "왜 그리 시끄럽고 소란스러워요? 좀 조용히 해주세요."라고 요청. 아시아계나 라틴계에게 "왜 그리 조용해요? 우리는 당신 생각을 알고 싶어요. 말을 좀 더 하세요." "더 크게 말하세요."라고 요청. 직장이나 학교에서 인종, 문화에 대해 이야기하는 사람을 무시하기.	당신 마음속에 있는 문화적 앙금 떨쳐버리기
이류 시민 백인 손님이 유색인종에 비해 더 나은 대우를 받을 때 발생한다.	유색인종을 서비스 직원으로 오인. 택시가 유색인종을 지나치고 백인 태우기. 가게 계산대에서 유색인종은 무시당하고 그 뒤	유색인종은 백인의 하인이다. 그들은 고위직에 오르지 못한다. 당신은 문제를 일으킬 것 같고 위험

	에 있는 백인을 우대함. "당신네들은 …"	한 지역에만 갈 것 같아. 백인들은 유색인종보다 더 가치 있는 소비자다. 당신은 여기에 속하지 못해. 당신은 열등한 존재이다.
환경적 미세공격성 거시수준의 미세공격성으로서, 이는 체계적·환경적 수준에서 더 두드러진다.	대학 건물의 이름에 모두 백인 이성애자 상류층 남성의 이름을 붙임. 텔레비전 쇼와 영화에는 유색인종이 등장하지 않고 백인이 주로 출연함. 유색인종 지역사회의 공립학교는 초만원임. 유색인종 지역사회에는 술집이 과도하게 많음.	당신은 여기에 속하지 못해. 당신은 이곳에서 성공하지 못할 것이다. 당신이 갈 수 있는 곳은 한정되어 있다. 당신은 이방인이다. 당신이 존재할 곳은 없어. 유색인종은 교육을 중요하게 생각하지 않거나 않아야 한다. 유색인종은 일탈적이다.

출처: Sue et al.(2007). Racial microaggressions in everyday life: Implication for clinical practice, *American Psychologist*, washington D.C.: American Psychological Association.

Franklin과 다른 학자들(Parham 1999; Yeh 1999)은 이러한 감정들이 개인에게 혼란과 소외감을 느끼도록 하지만, 또 한편으로는 성장과 결단력, 탄력성을 증가시킬 수 있는 기회를 제공할 수 있다고 주장하였다. 그러나 그러기 위해서는 문화적 역량을 갖춘 전문가나 공동체 구성원들에 의한 인정과 지지 및 이해가 필요하다. 예컨대 Franklin은 "다른 아프리카계 미국인들과 형제애를 구축하고 지지적인 정체성 애착을 형성하는 것은 비가시성을 극복할 수 있는 좋은 예가 된다."고 지적하였다. 백인이 우세한 환경에서 유색인종이 생존하고 번영하기 위해서는 이중문화 정체성 및 세계관의 발달이 요구되는데, 이는

비가시성에 의해 방해를 받는다 … 왜냐하면 인종차별주의자들이 집단이 지닌 고유한 속성들(예, 피부색, 지능, 언어, 영적 신념)에 대해 거부하고 수용하지 않기 때문이다. 인종차별주의의 무조건적인 거부는 개인의 정체성 발달에 큰 장애로 작용한다. 즉, 소수집단 구성원에게 지배집단에 동화할 것을 요구하는 사회적 압력이 존재하며, 수용(acceptance)이 아니라 관용(tolerance)이 지배집단의 행동규범이 된다.

세 가지 형태의 다른 인종 사회화가 긍정적인 발달 결과에 영향을 미친다. 미국계 흑인남자 청소년은 주양육자의 메시지와 경험으로부터 세 가지 형태의 다른 세계관을 형성할 수 있는데, 여기에는 방어적, 주도적, 적응적 인종 사회화가 포함된다.

1. 방어적 인종 사회화(Protective racial socialization)를 경험한 사람들은 세계를 불신과 인종적 적대감이 만연한 것으로 본다. 이들은 강한 경계심을 가지고 있으며, 이러한 환경을 극복하고 성공하도록 자극받는다.

2. 주도적 인종 사회화(Proactive racial socialization)를 경험하는 사람들은 인종적 적대감보다는 개인적 재능과 문화적 유산에 초점을 둔다. 따라서 주도적 인종 사회화에서는 영적·종교적 대처, 문화적 자부심 강화, 확대가족 보호가 중요한 요소가 된다.

3. 적응적 인종 사회화(Adaptive racial socialization)는 앞에서 언급한 방어적 신념과 주도적 신념이 통합된 형태의 사회화이다(Stevenson 1997 in Franklin 1999).

Parham(1999)은 Franklin의 비가시성 구조에 대해 언급하면서, 비가시성 경험에 대응하는 "가시성"의 긍정적 성과를 위해서는 사회변화에 대한 관점, 영성의 존중, 공동체의 중요성이 강조되어야 한다고 지적하였다. 그는 비가시성을 적극적으로 해결하는 강력한 수단은 사회복지사와 비가시성의 충격을 경험한 사람이 모두 사회옹호 및 변화에 대한 관점을 발달시키는 것이라고 주장하였다. 이어서 Parham은 영적 관점의 중요성에 대해 다음과 같이 언급하고 있다.

> 아프리카계 사람들에게는 여전히 에너지, 생명력과 관련된 역동들이 존재하기 때문에 이러한 영적 영역들을 설명할 수 있는 모델이 필요하다. 아프리카 중심 세계관은 세계를 영적 실제(spiritual reality)로 개념화하는데, 이러한 영적 실제에서는 영성의 발현(manifestation of spiritness)이 곧 인간성의 본질이다. 그러므로 이러한 관점에서는 자신의 인지적, 정서적, 행동적 부분에 깃들어 있는 영성에 의도적으로 초점을 맞추는 것이 치유에 있어서 필수적이라고 본다.

아프리카계 미국인 남성의 성인발달: Levinson의 성인발달 모델의 확장

Herbert(1990)는 성인발달이론에 있어서 유색인종과 그들의 경험들을 반영해야 한다고 주장하였다. 그는 이것이 백인 외의 유색인종의 존재를 인식하기 위해서 필요할 뿐만 아니라, 인종과 인종차별주의와 같은 문제들이 유색인종과 백인 모두의 발달경험에 미치는 영향을 인식하기 위해서도 필요하다고 언급하였다. Herbert는 Levinson의 성인남성 발달연구에 주목하였다. Lavinson의 성인 남성 발달모델은 4장에서 이미 설명한 바 있다. Herbert는 Lavinson의 연구에서 비록 5명의 아프리카계 미국인이 연구 대상자로 포함되었지만 인종발달을 고려하지 않았고, 흑인과 백인집단 간의 차이를 체계적으로 검토하지 않았다고 지적하였다. Herbert는 이러한 문제들이 검토되었다면 우리는 흑인과 백인 모두에 있어서 인종과 인종차별주의의 영향력에 대해 알 수 있었을 것이라고 보았다. Herbert는 "인종정체성은 모든 사람들의 심리사회적 발달에 포함되어야 할 한 부분으로서, 자신, 타인, 환경 그리고 자신과 환경과의 관계를 바라보는 방법을 결정짓는 매우 중요한 요소"라고 강조하였다(1990:435).

Herbert의 연구는 Lavinson의 연구와는 몇몇 중요한 차이점이 있지만 방법론적으로는 유사하다. Herbert는 연구의 표본으로 오직 흑인만을 대상으로 하였고, 아프리카계 미국인 연구자들에 의해 실시되었으며, 면접과 분석에 있어서도 인종을 중요한 요소로 다루었다. Herbert의 연구결과는 Lavinson의 연구결과와 유사한 점이 많지만 중요한 차이점이 존재한다(1990: 435-436).

아프리카계 미국인 남성들의 발달과 인종차별주의

Herbert 연구의 연구 참여자들과 Levinson 연구의 연구 참여자들은 유사한 연령대의 발달 시기를 경험하였다. 다만 Herbert의 연구에서는 인종을 각 개인의 아동기부터 성인기에 이르기까지 매우 중요한 요인으로 다루었다. Herbert에 따르면, "남성들은 성인 정체성을 형성하는 과정에서 의식적·무의식적으로 인종을 자신의 정체성에 통합시켜 인종정체성을 형성한다. 즉, 남성들에게는 인종과 인종차별, 인종적 편견, 인종주의에 맞서는 것"(1990:437)이 전체 발달경험에서 중요한 부분을 차지한다.

Herbert는 남성 연구대상자들의 경험을 통해 개인에서 사회제도에 이르는 사회체계 수준에서 인종, 차별, 그리고 인종주의의 역동을 보여주는 예들을 제시하였다(1990:436). 이러한 경험들에는 "인종 때문에 은행대출이나 승진이 거부되거나, 국가를 위해 지원한 군대에서조차도 인종차별을 겪는 것" 등이 포함된다. Herbert의 연구에서는 또한 Lavinson의 연구 참여자들과는 달리 "남자들 간의 **멘토** 관계 형성이 유의미하지 않게" 나타났다(1990:438). 멘토란 자기보다 어리거나 경험이 적은 후배 동료에게 조언이나 가이드를 제공해 줄 수 있는 선배 혹은 연장자를 의미한다. 멘토는 자신의 경험을 후배동료에게 얘기해주고 도움을 준다.

흑인 남성들이 발달과정 중에 경험하는 여러 가지 장애에도 불구하고, 연구에 참여한 흑인 사업가들은 매우 성공한 것으로 나타났다. 이는 백인 소유의 회사가 다음 세대까지 이어질 확률이 대략 35%로 추정되는데 반해(Backhard and Dyer in Herbert 1990:440), 흑인 소유의 회사들이 다음 세대까지 이어지는 확률은 겨우 4~6% 정도라는 사실을 고려해 볼 때 매우 뛰어난 성과라고 볼 수 있다(Dewart 1998 in Herbert 1990).

Herbert는 흑인들이 Levinson이 제시한 성인발달과 유사한 과정을 거치면서도, 사회적 장애와 억압, 모순들에 직면하기 때문에 더 큰 스트레스를 경험한다고 설명하였다. Herbert는 흑인남성과 백인남성의 발달적 유사성을 비교하는데 있어서 인종이나 인종차별적 요인들을 고려하는 것이 쉽지 않다고 보았는데, 그 이유는 백인남성의 심리사회적 발달에 있어서 인종과 인종차별이 미치는 영향에 대한 정보는 어디에도 없기 때문이다. 따라서 Herbert는 백인과 흑인 남성 모두에 대해 인종과 인종차별이 어떠한 영향을 미치는지를 인식할 필요성에 대해 강조하였다(1990:441).

Herbert는 흑인뿐만 아니라 백인에 대해서도 인종차별, 편견, 인종주의와 같은 이슈들을 포함하는 대안적 발달이론을 적용해야 한다고 주장하였는데, 그는 다음과 같이 강조하고 있다.

성인 심리사회 발달이론들에서 인종차별, 인종편견, 인종주의의 영향과 결과들을 고려해야 할 필요성이 강조되는 것은 비단 흑인들만을 위해서가 아니다. 백인들은 인종주의의 영향에서 수혜자이다 … 백인들은 자신들의 인종적 태도와 행동이 어떻게 형성되었고, 그러한 태도와 행동이 인종과 인종차별에 어떤 영향을 미치는지를 인식하기 위해 자신들의 태도와 행동을 비판적으로 검토해야 한다 … 성인 심리사회적 발달이론의 지속적인 확장과 발전을 위한 의미있는 논의가 되려면, 인종의 역동과 차별, 편견, 그리고 인종차별주의가 흑인과 백인 모두에게 미치는 영향과 결과를 종합적으로 고려해야 한다(1990:441-442).

새로운 발달과업   Herbert는 인종과 인종차별주의라는 요소들을 흑인과 백인 모두의 발달이론에 포함시키기 위해 필요한 두 가지 새로운 발달과업을 제시하였다. 첫 번째 과업은 "개인이 가진 인종차별주의와 편견을 인정하고 이를 극복한 인종정체성을 형성하는 것"이다. 두 번째 과업은 "인종차별, 편견, 인종주의를 없애고자 노력하는 개인의 자아개념을 형성"하는 것이다(1990:442). 이 두 과업들은 생애의 모든 발달 단계에서 다루어져야 한다. 우리는 다음 절에서 백인의 정체성 발달과 인종차별주의가 이에 미치는 영향에 대해 살펴볼 것이다.

Herbert는 연구를 통해 이 사회의 아프리카계 미국인들에게 가장 시급한 일은 "백인 지배적 사회에서 인종차별과 인종주의에 대한 인식, 전환, 폐지"에 관한 논의를 발달이론에 포함시키는 것이라고 밝히고 있다. 또한 Herbert는 아프리카계 미국인들의 발달적 강점이 충분히 다루어지지 못하고 있다고 지적한다. 전통적인 흑인 관련 연구들이 흑인에 관한 "실업, 약물남용, 학업중도 탈락률"과 같은 제한적이고 편협한 주제에만 관심을 둔 것에 비해, Herbert는 "흑인 사업가들의 일생"에 관해 연구함으로써 그들의 강점을 밝히고자 하였다. 그의 연구에 참여한 흑인들은 인종차별과 인종주의의 영향으로부터 살아남았으며, 가능성이 희박한 상황에서도 성공한 놀라운 능력을 증명해보였다(1990:442).

다인종 정체성(Multiracial identities)

미국 사회가 점차 다양화되어 감에 따라 다인종의 경험과 강점, 어려움에 대한 관심이 점차 증가하고 있다. Kich는 "지난 몇 세기동안 혼혈인들이 자신을 이중 또는 다중 인종의 후예로써 긍정적으로 인식하는 것이 허용되지 않았음"을 강조하였다(1992:304). 그러나 Spickard는 "하나 이상의 인종적 혈통을 가진 사람들이 반드시 문제를 경험하는 것은 아니다."라고 주장한다(1990:13). 그럼에도 불구하고, 그들은 개인적으로 다인종으로서의 긍정적인 정체감을 형성하는 것뿐만 아니라 그들이 속해 있는 보다 큰 사회와 문화의 수용을 얻는데 상대적으로 더 큰 어려움에 직면해왔다는 사실을 부인할 수 없다. 그들은 개인적으로나 사회적으로 모두 모호함과 이질감을 경험하게 될 가능성이 높다. Kich는 "혼혈인들이 가장 많이 받는 질문 중에 하나는 '당신은 누구인가?'로, 이러한 질문이 그들의 이질적 경험을 지속적으로 강화시킨다."고 지적하였다(1992:306).

Fong과 그의 동료들은 다인종 사람으로서의 긍정적 정체성을 통해 얻을 수 있는 중요한 이익과 강점을 강조하였다. Fong과 그의 동료들에 의하면, "개인은 스스로 다인종이라는 인식을 가질 때 심리적 이득을 획득할 수 있으며, 자신이 가진 두 인종 혹은 그 이상의 인종을 수용하고 포괄할 때 건강해지고 권력을 가지게 된다."는 것이다(1996:24). 스스로를 다인종으로 인정함으로써 얻어지는 잠재적인 혜택들은 모든 유색인종의 구성원들에게 해당되는 것은 아니다.

개인적 가치와 공동체 가치 간의 상충

Fong과 그의 동료들은 유색인종들의 공동체에서 다인종의 정체성에 관한 문제는 때로 복잡하고 갈등적일 수 있음을 지적하였다. 그들은 다음과 같이 언급하고 있다.

> 예컨대, 어떤 아프리카계 미국인 지도자들은 만일 "이중인종"이나 혼혈인종이 하나의 민족정체성으로 받아들여진다면, 이중 혈통을 가진 개인들은 아프리카계 미국인으로서의 정체성 형성을 단념할 것이고, 그렇게 되면 아프리카계 미국인들의 수는 감소하게 되어 그들의 재능도 더 이상 활용할 수 없게 될 것이라는 점을 염려한다. Mass(1992)는 일본계 미국인 사회에서 "혼혈인들이 주류 문화에 서둘러 동화"하려고 하기 때문에 일본계 미국사회의 존폐가 위협받을 수 있다는 우려를 보고하면서 이러한 주장을 뒷받침하였다 (Fong et al. 1996:24).

이중인종 및 다인종 정체성 발달

공동체 수준에서 이중인종과 다인종 정체성에 관한 복잡성, 모호성, 갈등적인 관심들을 고려할 때, 개인이 긍정적 다인종 정체성을 발달시키기 위해 노력하는 과정과 어려움들을 탐색하는 것은 중요하다. 우리는 먼저 일생동안의 이중인종 정체성 발달과정을 설명하는 모델을 검토할 것이며, 그런 후 이중인종 및 다인종 아이들과 부모들이 경험하는 특별한 문제들에 대해서 살펴볼 것이다.

Aldarondo(2001)는 Kerwin과 Ponterotto(1995)가 제시한 이중인종 정체성 발달모델이 경험적 연구에 기초하였고, 많은 선행연구들을 포함하고 있다는 점에서 유용하다고 제안하였다. 이 모델에 대한 개요는 다음과 같다.

이중인종의 발달모델

1. **학령기 이전**(Preschool Stage): 개인은 인종 및 민족적 차이를 인식하게 된다. 이러한 차이를 인식하는 시기는 이중인종 아이들이 언제 다양한 인종 집단에 노출되는지 여부와, 부모가 인종적·민족적 차이에 관해 이야기하는지의 여부에 따라 달라진다.

2. **학령기**(Entry to School): 이중인종 아동은 학교에서 다른 아이들로부터 자신의 정체성에 관한 질문을 받게 된다. 아동은 자신을 해당 인종 및 민족의 카테고리 안에 포함시키려는 시도를 하게 된다. 이러한 경험은 학교 통합이나 다양성의 수준, 다양한 인종이나 민족 집단들의 역할 모델의 활용가능성과 같은 맥락적 이슈들에 의해 영향을 받는다.

3. **청소년기 이전**(Preadolescence): 이중인종으로서 개인은 신체적 외모, 언어, 문화와 같은 차이에 민감해진다.

4. **청소년기**(Adolescence): 이 시기는 두 개의 집단 중에 하나의 집단을 나머지 집단보다 우위에 두어야 하는 외부 압력 때문에 이중인종 청소년에게는 힘든 시기이다.

5. **대학생/초기 성인기**(College/Young Adulthood): "이 시기 역시 하나의 문화에 대한 정체성 형성이 우선시되지만, 개인은 자신에게 단일한 인종 정체성을 기대하는 타인들의 요구를 점차 거부하게 되고, 대신 자신의 복합적인 혈통을 인정하게 된다."

6. **성인기**(Adulthood): "이 시기에 속한 개인은 인종 정체성을 형성하기 위해 자신의 여러 이질적인 배경들을 하나씩 지속적으로 통합하게 된다." Aldarondo는 완전한 이중인종 정체성으로의 성공적인 통합은 이전 단계들이 얼마나 성공적으로 이행되었는지 여부에 달려있다고 지적한다.

아동의 이중인종 및 이중문화 정체성 발달

Jacobs는 "이중인종 아동의 인종 정체성의 발달과정을 설명하였다"(1992:199-200). Jacobs가 제시한 발달과정의 핵심은 피부색에 대한 아동의 인식이다. Jacobs는 아동의 인종에 따라 자신을 비롯한 다른 사람의 피부색을 다르게 인식할 뿐 아니라, 같은 인종에 속한 아동들도 각기 다른 시기에 다른 방식으로 피부색을 인식한다고 주장하였다. 그는 "청소년기 이전의 이중인종 아동은 모두 자신의 피부색에 대해 세 가지 다른 정체성 발달단계를 경험한다."고 보았다.

아동의 이중문화 정체성 발달단계

1단계: **피부색 불변성 인식 이전**(Pre-color constancy): 이 단계의 아동들은 피부색에 크게 구애받지 않는다. 그들은 아직 사회적으로 규정된 인종의 범주에 소속되지 못하며, 피부색이 불변한다는 개념을 인식하지 못한다.

2단계: **피부색 불변성 인식 이후**(Post-color constancy): 이 단계에서 아동들은 자신을 이중인종으로써 내면화하고, 피부색이 불변한다는 개념을 이해하게 된다. Jacobs는 피부색이 불변한다는 사실을 인식하는 것은 곧 인종적 양가감정의 기반을 형성한다고 보았다. 이 양가감정은 "사회에서의 인종편견의 결과"이며, "인종적 양가감정을 경험하고 극복하는 것은 이중문화 아동들을 포함한 유색인종들에게 필수적인 과업이다."

3단계: **이중인종 정체성**(Biracial identity): 이 단계에서 양가감정은 줄어들거나 사라진다. Jacobs는 이 단계에서 비로소 아동은 인종집단의 구성원이 되는 것은 피부색과 관련이 있기는 하지만 피부색만으로 결정되는 것이 아니라 혈통에 의해 결정된다는 것을 인식하게 된다고 설명한다(Jacobs 1992:203-206).

이중인종 자녀의 양육

부모는 자녀들이 자아개념과 자존감을 발달시킬 때 "자신들의 경험을 이해하는데 유용한 구조와 말들을 제공함으로써 자녀들이 긍정적인 이중인종 또는 다인종 정체성을 발달시킬 수 있도록 도울 수 있다 ··· 부모는 자녀들과 인종이나 인종간의 낙인에 대해 솔직하게 대화를 나눔으로써 자녀들의 미성숙한 인종적 자아개념을 성숙하게 발달시킬 수 있다." "자녀가 지닌 인종적·민족적 유산을 중요하고 가치 있는 것으로 여기게 하기 위해서는, 부모 자신의 인종에 대한 긍정적인 자기 개념화와 인종적·민족적 차이를 진솔하게 이야기하는 모습을 보여줌으로써 정서적 안정과 자신감을 부여하는 것이 중요하다(Kich 1992:308).

강점기반 접근

이중인종 아동의 부모들은 자신의 아이가 긍정적인 이중인종 자아개념을 확립하도록 하기 위해서 다음 몇 가지 중요한 요소들을 이해해야 한다.

1. **자아강점의 강화**: "안정적 애착형성, 개별화 지지, 사회적·육체적 역량 육성, 자기주장촉진" 등 아동 초기부터 가족 내에서 자아를 강화하기 위해 노력한다.

2. **이중인종 라벨링**: 부모가 자녀들에게 스스로 이중인종이라는 라벨을 제시하는 것은 자녀들의 이중인종 정체성 발달에 도움이 된다. 이는 반드시 필요한 것은 아니지만, 자녀가 앞으로 단순히 흑인, 백인, 아시아인, 치카노인 등의 이름을 받아들이는 것이 아니라 더 복잡하고 어려운 외부의 인종적·민족적 낙인에 적응해야 한다는 사실을 고려할 때 도움이 될 수 있다.

3. **양가감정과 인종적 특징**: 부모들은 자녀들의 인종적 양가감정이 인종적 정체성 발달을 위해 필수적인 하나의 과정이라는 점을 인식해야 한다.

4. 부모와 자녀들을 위한 다인종 환경: 다민족 공동체와 사회환경은 긍정적인 이중인종 정체성 발달의 토대가 된다. 이는 흑인아동이나 백인아동 보다는 이중인종 아동에게 훨씬 더 중요하게 작용할 것으로 본다(Jacobs 1992:204-205).

초점: 백인성/백인의 정체성

1장과 2장에서 패러다임의 개념과 백인성에 관한 논의에서 이미 살펴보았듯이, 지배집단은 백인성의 기준으로 가치를 판단하는 경향이 있다. 그러나 전통적인 패러다임에서는 백인성의 개념 자체가 너무나 당연한 것이기 때문에 이를 하나의 인종 구성으로서 고려하지 않는다.

인종 정체성 발달에 대해 많은 연구를 한 Janet Helms는 "미국 사회에서 강력한 인종인 백인들은 비지배 집단과는 매우 다른 인종정체성 발달과정을 경험한다."고 주장하였다(Parks et al. 1996:626). Parks와 그의 동료들은 "예컨대 지배집단의 구성원으로서 백인들은 직장이나 거주지를 바꿈으로써 발생하는 발달적 과정의 변화로부터 비교적 자유롭고, 이런 점 때문에 다른 인종집단 구성원들과 상호작용해야 할 필요성이 줄어든다."고 지적하고 있다(1996:626). Helms는 백인들이 백인종 정체성 발달과정에 자신들이 해당된다고 생각하지도 않을 뿐만 아니라, "백인종 집단으로써 누리는 특권"에 대해서도 부인한다고 언급하였다(1994:305).

사회복지교육에 있어서 백인성과 백인의 특권에 관한 내용이 포함되어야 한다는 인식이 점차 증가하고 있다. 그러나 이에 대한 중요성은 교육학이나 심리학과 같은 다른 학문 분야에서 먼저 인식되었다. 결론적으로, 사회복지영역에서도 백인성과 백인의 특권에 관한 내용을 적용하고 교육에 활용할 수 있어야 한다. 예컨대, Abrams와 Gibson(2007)은 사회복지 다양성에 관한 이전의 교육모델과 다른 학문들의 내용 및 교육적 접근을 적용하면서, 사회복지교육에서 백인의 특권, 백인 정체성 발달, 백인성에 더 많은 관심을 가져야 한다고 주장하였다.

Abrams와 Gibson(2007:148)은 다음과 같이 언급하고 있다.

백인의 특권에 대하여 교육하는 것은 유색인종에 대한 체계적인 억압을 이해하고, 실천가 역할에 대한 자각과 문화적으로 다양한 클라이언트들과 공동체들에 대한 책임을 고양시키는데 필수적이다. 이러한 대안적 모델은 또한 다수의 사회복지학생들(즉 백인 학생들)이 장래에 사회복지현장과 전문적 실천에서 마주치게 될 사람들과의 관계에서 자신의 민족적, 인종적 정체성의 의미를 탐구하는 기회가 된다.

Abrams와 Gibson은 역사적으로 사회복지 전문가를 위한 사회복지실천 교육에서 다양성과 억압에 대해 설명하려는 시도가 지속적으로 이루어져 왔음을 지적하였다. Abrams와 Gibson은 이러한 시도들을 반영하는 세 가지 모델에 대해 설명하고 있다. 첫 번째 모델은 "동화 모델(assimilation model)"로, 이 모델은 현재 대다수의 사람들에 의해 구시대적 발상으로 여겨지고 거부되고 있다. 이 모델은 "민족적·인종적 소수자들을 일탈적으로 보았고, 그 소수자들이 지배 문화인 앵글로색슨의 규범에 동화되도록 강요한다." 둘째는 1980년대에 유행했던 "문화적 감수성 실천모델(cultural sensitive practice model)"로, 이 모델은 민족중심주의의 영향에 힘입어 직원과 기관의 변화를 도모한다. 이 모델에서는 변화의 초점이 클라이언트에서 직원과 기관으로 이동하였다. 세 번째는 "반인종차별주의 모델(anti-racism model)"로 다른 모델들보다 급진적인 성격을 띤다. 이 모델에서는 "권력을 가진 사람들이 체계적으로 민족적·인종적 소수자들을 불리하게 하는 제도적인 인종차별적 관행을 지속시키는 역할을 한다."는 점을 강조한다(Abrams and Gibson 2007:150). 그러나 Abrams와 Gibson은 이 모델들 중 어떠한 모델도 백인 특권과 이것이 인종적 억압, 권력, 자원 접근의 불평등에 미치는 영향에 대해 다루지 않았다고 지적하였다. 이들 모델들은 또한 백인성(whiteness)에 대해서도 검토하지 않았다. Abrams와 Gibson은 다음과 같이 주장한다.

> 백인의 특권을 언급하지 않은 채로 억압과 사회정의를 말하는 것은 백인 특권의 "은폐된 중심" 가정을 암묵적으로 유지하는 것이기 때문에 불균형을 초래한다 … 더욱이 백인성에 관한 내용이 빠져있는 것은 백인 학생들에게 그들의 민족적, 문화적 정체성을 돌아볼 기회를 박탈할 뿐만 아니라 … 인종차별주의가 그들의 삶에 어떤 영향을 미치는지에 관해 면밀히 검토할 기회를 빼앗는 것이다(2007:150).

Abrams와 Gibson은 "사실상 대부분의 백인들은 전형적으로 어떤 인종이나 민족 집단에 속하는 것을 거부하고, 백인성이 어떻게 해서 사회나 개인적 삶에서 중심 또는 주류적 위치를 차지하고 있는지에 대해 설명하지 못한다."고 언급하였다(Abrams and Gibson 2007:151). 따라서 인간행동과 사회환경의 복잡성을 보다 잘 이해하기 위해서는 백인성, 백인의 특권, 백인종 정체성 이론에 관해 관심을 갖는 것이 중요하다.

　Carter와 Jones는 백인 정체성이론들은 개인이 자기가 속한 인종집단의 구성원으로서 가지는 다양한 심리적 표현과 마음가짐을 이해하도록 하고, 개인의 인종적 자아관점이 다른 인종집단의 관점에 어떤 영향을 주는가에 관한 통찰력을 제공해줄 수 있다고 설명하면서 백인 정체성이론의 필요성에 대해 강조하였다(1996:4). Carter와 Jones는 또한 "인종 정체성이론의 관점에서 개인의 인종적 세계관을 이해하는 것은 어떤 사람이 개인적, 제도적, 문화적 인종차별주의를 어떻게 이해하고 이에 동참하는 지를 나타내준다."고 지적하였다.(2장의 인종차별주의에 관한 논의 참조). Carter와 Jones는 다음과 같이 주장한다.

> 미국의 모든 백인들은 자기 자신과 다른 인종적·민족적 집단의 구성원들(예컨대, 미국 원주민과 히스패닉, 아시아인, 아프리카계 미국인)에 대한 암묵적이면서 명시적인 인종적 메시지에 의해 사회화된다. 이러한 메시지를 받아들이면서 사회화된 백인들의 자아와 인성들이 합쳐져 인종차별주의가 발생하는 것이다. 비인종차별주의자로서의 백인 정체성 발달은 자신들의 "백인성"을 받아들이고 자신들이 인종차별주의에 참여하는 방식과 개인적, 제도적, 그리고 문화적 인종차별주의로부터 얻는 혜택을 인식함으로써 시작된다(1996:4).

백인 정체성 발달에서의 자아상태(White Identity Development Ego Statuses)

　Helms는 인종정체성을 "연속적 단계로 발달하는 자아상태"라고 정의한다(in Carter and Jones 1996:4). 총 6개의 자아상태가 존재하는데, 6개 모두가 특정 개인의 자아구조에 동시에 존재할 수 있지만, 어느 하나의 자아가 어느 시점에서 특정 백인의 세계관을 지배하는 경향이 있다. 6가지 자아 상태들은 다음과 같다. **접촉**(Contact)은 인종차별주의가 존재한다는 것에 대한 순진한 부정, 백인의 가치를 정상(normal)으로 받아들이고, 피부색에 상관하지 않음(color-blind)을 주장하는 것으로 특징화된다. **분열**(Disintegration)은 인종차별주의가 존재한다는 사실을 인식함으로써 내적 갈등이 시작된다. 이 상태에 대한 반응은 대개 아프리카계 미국인들에 대한 지나친 동일시나 전폭적인 지원으로 나타난다. **재통합**(Reintegration)은 분열에 대한 반작용으로 백인문화로의 회귀, 아프리카계 미국인들에 대한 폄하, 백인의 우월성에 대한 믿음으로 나타난다. **허위 독립**(Pseudoindependence)은 아프리카계 미국인들에 대한 이성적 수용(intellectual acceptance)으로, 이는 정서적 수용과는 거리가 멀고 아프리카계 미국인들과 개인적으로 친밀한 관계를 맺는 것에 대해 대개 불편함을 느낀다. **몰입-표출**(Immersion-emersion)은 자신의 인종차별주의를 인식하고 이를 제거하고자 하며 비인종차별주의자로서의 백인 정체성을 확립하고자 노력한다. **자율**(Autonomy)은 비인종차별주의자로서의 백인 정체성이 성공적으로 내적 확립되는 것으로, 이로서 다른 문화에 대한 개방성과 관심이 생기고 아프리카계 미국인이나 다른 유색인종과 친밀한 개인적 관계형성이 가능하게 된다(Carter and Jones 1996:5-9; Helms 1994:304; Parks et al. 1996:625).

<표 5.4>는 6가지 자아 상태를 요약한 것이다.

표 5.4   백인종 정체성 자아 상태

자아 상태	특징
접촉 (Contact)	유색인종에 대하여 무지함 백인성에 대한 인식 부족 피부색에 상관하지 않음을 표방 인종차별을 인식하지 못하는 인종차별주의자
분열 (Disintegration)	백인이 유색인종에 비해 더 좋은 대우를 받음을 인식 피부색에 따른 차별대우에 대해 혼란, 죄의식, 수치심을 느낌
재통합 (Reintegration)	백인이 유색인종보다 우월함을 강력히 확인함으로써 혼란을 줄이고자 함 백인의 인종적 이점을 부정 유색인종에 대해 더욱 편견을 가짐
허위 독립 (Pseudo-Independent)	유색인종이 열등하다는 가정에 의문을 가지는 시기 인종차별을 받아들이지 않으려고 애씀 이성적으로는 인종차별을 인식하나 내적/정서적으로는 인정할 수 없음 비관여적 태도 - "오직 나쁜 백인들만이 인종차별주의자이다."
몰입-표출 (Immersion-Emersion)	이성적으로나 정서적으로 모두 인종차별주의를 완전히 받아들이기 시작. 다른 백인들에게 인종차별주의에 대해 이해하는지, 이를 제거하기 위해 어떻게 해야 하는지에 대한 의견을 묻고 답을 찾고자 함 개인적으로 비인종차별주의자로서의 백인 정체성을 정립하고자 노력함
자율	비인종차별 백인정체성이 완성되고 이것이 사고, 감정, 행동에 통합됨

| | (Autonomy) | 인종이라는 개념이 백인 정체성에서 수용됨
인종에 관한 새로운 정보에 개방적이고 인종 간 관계와 상호작용이 훨씬 더 용이해짐
가치의 다양성 존중 |

출처: Carter and Jones 1996; Parks et al. 1996; Helms 1994

Scott과 Robinson(2001:418)은 백인종 정체성 발달모델들을 요약하여 다음의 <표 5.5>와 같이 정리하였다.

표 5.5 백인인종 정체성 모델

저자	요소	설명
Helms (1990)	1단계: 접촉(Contact)	자신의 인종정체성을 알지 못함
	2단계: 분열(Disintegration)	백인 정체성을 처음으로 인정
	3단계: 재통합(Reintegration)	백인을 이상화, 흑인을 폄하함
	4단계: 허위 독립 (Pseudoindependence)	자신의 인종 및 다른 사람들의 인종을 이성적으로 받아들임
	5단계: 몰입/표출 (Immersion/Emersion)	인종차별과 백인성의 의미에 관한 진솔한 평가
	6단계: 자율(Autonomy)	다문화적 정체성의 내면화
Sue and Sue (1990)	1단계: 순응(Conformity)	다른 인종에 대한 인종 중심적, 제한적 지식
	2단계: 불화(Dissonance)	신념체계와의 불일치
	3단계: 저항과 몰입 (Resistance and Immersion)	자신의 인종차별주의에 도전
	4단계: 성찰(Introspection)	백인이라는 점을 수용
	5단계: 통합적 인식 (Integrative Awareness)	인종정체성에 관한 자기만족
Scott (1997)	유형1: 비접촉(Noncontact) 유형	현상유지, 인종차별주의를 부정, 권력과 특권을 추구
	유형2: 폐쇄적(Claustrophobic) 유형	다른 인종들이 자신에게 피해를 준다고 생각 아메리칸 드림에 대한 환상이 깨짐 권력과 특권이 다른 인종에게 돌아간다고 느낌
	유형3: 의식적 정체성(Conscious Identity) 유형	기존의 신념체계와 현실 간의 상충
	유형4: 경험적(Empirical) 유형	인종차별주의와 억압에서 자신의 역할, 억압에서 오는 비현실적인 권력 투쟁에 의문을 제기
	유형5: 최적의(Optimal) 유형	권력과 특권을 향한 자신의 투쟁이 어떻게 인종차별과 억압을 야기하였는지를 이해함

출처: Helms, J.(1996), Sue and Sue(1990), and Scott(1997).

초점: 여성

　　유색인종의 발달경험에 대한 설명과 마찬가지로, 인간발달에 관한 전통적 접근들은 여성에 대해 지나치게 소홀하거나 부정확하게 묘사해왔다. 그러나 점차 다양한 학문분야의 개인과 집단들이 여성발달경험에 대해 관심을 가지기 시작하였다. 자연과학에서 Sandra Harding, Evelyn Fox Keller 등의 연구(Harding 1986; Keller 1985), 정신의학과 정신분석학에서 Nancy Chodorow(1978), 발달 및 심리학의 분야의 Wellesley대 발달서비스 Stone연구센터의 Jean Baker Miller와 그녀의 동료들(Jordan et al. 1991; Miller 1986), 교육학에서 Mary Balenky와 여성 발달 교육 프로젝트의 공동연구자들(1986), 여성발달경험에 대한 이해를 확장한 Carol Gilligan의 연구(1982), 아프리카계 미국인 페미니스트 이론에 관한 Patricia Hill Collins의 연구(1990), 그리고 그 외의 많은 학자들이 여성에 대한 대안적 관점에 유용한 자료들을 제공하였다. 이러한 연구들은 현재까지도 활발히 진행 중이다. 다음 절에서 이러한 노력들을 구체적으로 살펴보도록 하겠다.

여성과 발달: 다른 목소리

　　여성발달에 관한 최근 논의에서 사회복지사들에 의해 가장 빈번히 언급되는 것은 Carol Gilligan의 연구(1982)이다. Carol Gilligan과 다른 연구자들의 연구를 살펴보기에 앞서, 여성발달에 관한 많은 연구들이 서로 관련되어 있으며 통합적임을 이해하는 것이 중요하다. 이러한 협력, 상호연결성, 상호관련성은 일반적으로 대안적 관점의 특징이기도 하다. 또한 이는 여성발달에서의 주제나 패턴이 반복되는 것을 의미하기도 한다. 예컨대 Gilligan은 자신의 연구에 Jean Baker Miller, Nancy Chodorow와 같은 다른 사람들의 연구를 통합하여 Freud, Erikson, Piaget, Kohlberg, Levinson의 전통적 발달 접근보다 훨씬 더 여성발달 문제에 초점을 둔 인간발달에 관한 대안적 관점을 제시하였다.

　　Gilligan은 여성의 관점과 경험, 세계관을 배제하기 보다는 포함시키는 패러다임의 전환이 필요하다고 주장하였다. Gilligan은 여성의 독특한 경험을 포함하고 반영하여 발달에 대한 패러다임을 확장시켰다. 여성이 전체 인구의 52~53%를 차지하고 있는 현실을 고려할때, 여성을 발달 패러다임에 포함시키는 것은 지극히 당연한 것이다. 앞에서 언급했듯이, 여성은 인구수로 봤을 때 결코 소수가 아님에도 불구하고 권력과 자원에 대한 불평등한 접근 때문에 미국이나 대부분의 다른 사회에서 소수자의 지위를 갖고 있다.

여성발달을 보다 깊이 이해하고자 하는 Gilligan의 연구는 "다른 목소리(different voice)"의 발견으로 이어졌다. 여기에서 말하는 다른 목소리는 젠더(gender)에 의한 것이 아니라 주제(theme)에 의한 것이다. Gilligan은 여성들의 도덕적 의사결정 발달을 연구하는 중에 다른 목소리에 관한 주제를 발견하였다. 다른 목소리는 반드시 남성의 목소리나 여성의 목소리만을 말하는 것이 아니라 두 개의 상이한 사고 형태를 반영한다고 Gilligan은 주장한다. 하나의 사고 형태는 개별화와 권리에 초점을 둔 것이고, 또 다른 사고 형태는 유대와 책임에 초점을 둔 것이다. 다시 말해서, 한 형태는 전통적 패러다임의 사고에 부합하는 분리(separateness)와 비인격성(impersonality)의 차원을 반영하고, 다른 형태는 대안적 패러다임 사고의 특징을 갖는 상호관련성과 개인적 경험 및 관계의 가치 차원을 반영한다. Gilligan은 이 두 가지 주제들이 반드시 젠더와 결합되는 것은 아니지만, 남성과 여성의 상이한 발달경험에 영향을 받았다고 지적하였다. 여성발달 분야의 다른 많은 연구자들 역시 관계성(relatedness)과 유대(connectedness)라는 주제를 연구해왔다. 1976년에 출판된 Jean Baker Miller와 그 동료들의 연구에서 "여성의 자아의식은 소속과 관계에 의해 형성되고, 이후 여성들은 그러한 소속과 관계를 지속적으로 유지한다."고 보고하였다(1976:83). Wellesley대 발달서비스의 Stone연구센터 소속의 Miller와 그의 동료들은 이와 같이 여성의 발달경험에서 중요하고 반복되는 주제를 "관계 속 자아 이론(self-in-relation theory)"이라고 명명하였다(Jordan et al. 1991: vi).

Gilligan을 비롯한 많은 학자들은 여성의 발달에서 "정상적인(normal)" 발달이란 남성의 경우와 여러 면에서 매우 다를 수 있다는 증거를 제시함으로써 전통적 패러다임을 초월하고자 하였다. Gilligan은 인간발달에 관한 전통적인 모델과 척도는 대부분 백인 남성만을 연구대상으로 하였기 때문에 여성의 발달 연구에 적용하는 데는 한계가 있다고 지적하였다. Gilligan은 남성과 여성의 발달경험과 패턴의 차이로 인해 전통적 발달모델에서는 여성이 남성에 비해 "덜 정상적으로(less normally)" 발달하는 것처럼 묘사된다고 언급하였다. Gilligan의 대안적 접근은 여성이 덜 정상적으로 발달한다기보다는, "기존의 인간 성장 모델들에서 여성을 제대로 설명하지 못하기 때문이며, 이는 기존의 발달모델들이 인간의 상황을 제대로 이해하지 못하고, 인간의 삶에 있어서 중요한 진실들을 누락시켰기 때문이다."라고 지적하였다(Giligan 1982:2). 즉 전통적 모델 중 어떠한 모델도 여성성(femaleness)를 고려하지 않았기 때문이라는 것이다.

여성과 정체성 형성

Gilligan의 연구는 여성의 정체성 형성과 도덕 발달에 초점을 두었다. 그녀의 연구는 청소년기와 성인기에 중점을 두었지만, 유아기와 아동기의 발달에 관한 가정도 포함한다. Gilligan의 연구는 정체성 형성과 도덕 발달의 개념에 대한 이해를 넓히는 데에 특히 유용하다. 정체성 형성과 도덕 발달은 Erikson과 Kohlberg의 전통적 발달모델의 핵심적인 개념들이다. 앞으로 살펴보겠지만, 남성에서 여성으로의 관점 전환은 정체성 형성과 도덕 발달과 같은 보편적인 발달문제에 있어서의 커다란 변화를 의미한다.

Gilligan은 인간발달에 관한 전통적 모델들이 대개 과학적, 객관적, 가치중립적 과정들로부터 직접적으로 유래된 것임을 상기시킨다. 이러한 전통적 모델들은 여성이나 남성 모두에게 적용될 수 있다고 주장하지만, 그럼에도 불구하고 오직 남성의 경험에만 기초했다는 사실이 밝혀지면서 객관성과 중립성이라는 기본가정이 의문시된다. 우리는 앞에서 패러다임은 인간의 구성물(human constructions)이며, 패러다임을 만들어 낸 사람의 관점을 벗어나지 못한다는 한계에 대해 논의하였다. 이러한 사실은 본질적으로 인간의 삶, 특히 정체성 형성과 도덕 발달을 남성들의 눈으로만 바라본다는 Gilligan의 주장을 그대로 뒷받침한다. 전통적·대안적 관점을 막론하고 인간발달을 연구하는 학자들이 대개 그러하듯이, Gilligan 연구의 일차적 관심사는 정체성 형성이다. 즉 우리가 스스로를 어떻게 바라보는가는 중요한 이슈이며, 이와 같이 우리가 스스로를 바라보는 방식은 곧 우리의 행동에 많은 영향을 미친다.

Gilligan은 정체성 형성을 설명하는 자신의 접근에 Nancy Chodorow(1974, 1978)의 대안적 발달 관점을 통합시켰다. Chodorow는 "보편적으로 유아 양육의 책임이 여성에게 있다는 사실"에 주목함으로써 남성과 여성의 성격 및 역할의 차이를 설명하고자 하였다. Chodorow는 남아와 여아의 유아기 사회환경적 차이가 인성발달의 기본적 차이를 초래한다고 주장하였다. Chodorow는 성격형성이 대부분 세 살까지 완성되는데, 남아나 여아 모두 처음 세 살까지의 보호자가 여성이라는 점을 지적하였다. 이러한 초기 환경은 여성의 정체성이 지속적인 관계의 맥락에서 형성되는데 큰 영향을 미치는데, 그 이유는 "엄마들은 딸들을 자신과 더 비슷하고 관련된 존재로 보는 경향이 있기" 때문이다. 여아 또한 자신을 "엄마와 비슷하게 보고, 그 결과 정체성을 형성하는 과정에서 이러한 애착 경험을 융합시킨다"(Gilligan 1982:7-8). 이러한 환경은 또한 남아에게 엄마를 남성의 반대로 받아들이는 결과를 초래한다. 남아는 "자신의 남성성을 규정함에 있어서 엄마를 자신으로부터 분리한다." 따라서 남아는 정체성 형성과 자기규정에 있어서 관계성, 유대, 공감보다는 개별화와 분리를 더 중요한 가치로 받아들인다(Gilligan 1982:8).

Freud의 전통적 관점에서 여아의 자아가 본질적으로 취약하다고 보는 것과는 대조적으로, Chodorow는 "여아들은 3살까지 자아개념을 형성하는 데 있어서 기본적으로 '공감'을 가지는 데 반해, 남아들은 그렇지 못하다."고 주장하였다. 결과적으로 초기 유아발달과정에서 "여아는 남아보다 외부 대상세계와 덜 분화되고, 지속적으로 유대관계를 형성하며, 내부 대상세계에 대해서도 남아와는 다른 방식으로 집중하게 된다(Gilligan 1982:8).

Chodorow는 이러한 상이한 유아기 경험이 일생동안 남성과 여성 모두의 발달 경험에 중요한 영향을 미친다고 보았다. 애착은 여성의 정체성 형성에 지속적으로 중요하게 작용하며, 분리와 개별화는 남아의 남성성 발달에 중요하게 작용한다. 남성 정체성은 친밀함에 의해 위협받고, 여성 정체성은 분리에 의해 위협받는 경향이 있다. 남성은 관계에서 어려움을 느끼는 반면, 여성은 개별화에 대해 어려움을 느끼게 된다(Gilligan 1982).

남아와 여아의 이러한 상이한 발달경로 자체는 그다지 문제가 되지 않는다. 이러한 경로들이 상이한 가치평가를 받을 때 문제가 된다. 가령 전통적 발달연구들이 "분리 능력"을 "정상(normalcy)"이라고 규정하고, 공감과 유대를 "비정상"으로 규정하게 될 때 이는 편견이 된다. 발달의 차이를 젠더와 관련해서 다르게 가치평가하게 되면, 가족의 절반 정도를 차지하는 여성들은 평가절하되는 결과를 초래한다.

심리학 연구에서 성 차이(sex differences)는 그다지 놀랍거나 새로운 일이 아니다. 그러나 이러한 "차이"가 "보다 낮거나 나쁜 것"으로 규정될 때 문제가 된다. 연구에 있어서 남성을 바탕으로 해석한 기준에 여성이 해당되지 않는 경우, 이를 해석의 기준보다는 여성 자체에 문제가 있는 것으로 결론짓는 것은 바람직하지 않다(Gilligan 1982:14). 개별화와 관계성의 이슈에서 피관찰자의 발달경험과 발달행동에 대한 가치평가는 관찰자가 가지고 있는 주요 관점과 깊이 관련되어 있다. Freud나 Erikson과 같은 남성 중심적 관점에서 보면, 애착에 기초하여 형성된 정체성은 발달상 약점의 근원이 되는 반면, Chodorow의 여성 중심적 관점에서 보면 이는 발달상 강점의 근원이 된다.

여성과 도덕 발달

전통적 관점과 대안적 관점을 막론하고 인간행동을 이해하고자 하는 연구자들의 또 다른 중요 관심사는 도덕 발달이다. 우리는 옳고 그름을 어떻게 규정하는가?, 그리고 우리가 결정한 옳고 그름에 따라 어떻게 판단하고 행동하는가? 도덕 발달에 관한 Gilligan의 견해는 여성의 삶에 대한 고려에서 출발한다. Gilligan의 대안적 모델은 대부분의 전통적 모델들(예, Kohlberg의 모델)과 같이 연령에 따라 발달단계가 분류되는 것이 아니라, 주제 또는 원칙에 따라 분류된다. Gilligan의 모델은 다음의 원칙들 또는 주제들을 포함한다.

1. 도덕 문제는 권리의 상충이 아닌 책임의 갈등으로부터 비롯된다.
2. 도덕 문제는 형식적·추상적 사고가 아닌 맥락적·서술적 사고를 통해 해결되어야 한다.
3. 도덕성에서 돌봄 행동(activity of care)은 중요한 요소이다. 권리와 규칙의 도덕성에서는 공정성이 중요한 요소이듯이, 책임과 관계의 도덕성에서는 돌봄 행동이 중요한 핵심이 된다.

이와 같이 맥락, 관계, 상호관련성을 강조하는 것은 2장에서 이미 살펴본 대안적 패러다임 이론의 다양한 차원들과 많은 공통점을 지닌다.

이와는 대조적으로, Kohlberg의 도덕성은 인간의 권리에 대한 이해에 중점을 두었다. 권리의 도덕성은 관계보다는 개인에 초점을 두고, 유대보다는 분리를 강조한다는 점에서 책임의 도덕성과는 큰 차이를 보인다. Gilligan은 책임과 관계를 강조하는 도덕성 관점이 전적으로 개성이나 자율성을 배제하는 것은 아니라고 보았다. 그녀는 Loevinger가 그랬듯이, 자율성을 관계의 맥락 안에서 보아야 한다고 주장한다. Loevinger는 우리가 도덕성에 관한 전통적인 양자택일의 이분법적 사고에서 벗어나야 하며, 실제 상황에서 실제 사람들의 복잡하고 다면적인 특징을 고려한 사고로 전환해야 한다고 강조하였다(Loevinger in Gilligan 1982: 21).

책임을 강조하는 Gilligan의 도덕성 관점은 특정 해결책이 가지는 한계와 갈등에 주목한다. 이 관점은 단일한 도덕 문제에 대한 단일한 해법을 지향하는 것이 아니라, 문제나 해법들 간의 상호의존적인 네트워크 관계에 초점을 둔다. 다시 말해서, 책임을 강조하는 관점은 대안적 패러다임의 기본적 차원들을 포함하며, 사회복지의 목적과 가치에 부합하는 통합적, 전체적, 맥락적 접근이라고 볼 수 있다.

Gilligan은 도덕 발달에 관한 두 가지 매우 상이한 관점에서 젠더가 갖는 의미를 강조하였다. 여성의 도덕적 판단은 남성의 도덕적 판단과 상이하지만, 성숙(maturity)에 관한 대안적 개념을 제시한다. 여성은 생애주기에서 남성과는 다른 가치관 및 우선순위를 가진다. Gilligan(1982:23)은 "여성발달에서의 미스터리는 인간의 생애주기에서 애착이 지속적으로 중요하게 인식된다는 점"이라고 보았다. 여성발달에 관한 이러한 관점은 사회복지사들에게 매우 중요한 의미를 지닌다.

그러나 Gilligan은 도덕 발달에 있어서 이러한 상이한 주제들이 결코 절대적 의미의 "젠더"에 의한 것은 아니며, 여성과 남성의 발달로 일반화되어서는 안 된다고 경고한다. 실제로 어떤 여성들의 도덕심은 권리 중심적일 수 있고, 어떤 남성들의 도덕심은 책임 중심적일 수 있다. 그러나 여성을 주제로 한 Gilligan의 연구와 남성을 주제로 한 Kohlberg의 연구의 차이를 고려했을 때, 이러한 상이한 도덕적 관점은 무엇이 옳고 그른지를 결정하는 데 있어서 불확실, 혼돈, 두려움의 근원이 될 수 있다. 예를 들어, Gilligan은 권리와 비간섭을 강조하는 도덕성은 무관심을 잠재적으로 정당화한다는 점에서 여성들에게는 불안정한 것으로 보일 수 있다고 주장하였다. 또한 지속적인 맥락적 상대주의를 고려했을 때, 남성의 관점에서 보는 책임의 도덕성은 우유부단하고 산만하게 보일 수 있다(Gillgan 1982:23 and 123ff).

Gilligan의 연구에서 제시된 또 다른 중요한 관점은 **돌봄의 윤리**(ethic of care)에 관한 개념으로, 이는 여성 정체성과 도덕심에 있어서 매우 중요한 의미를 지닌다. 타인과의 관계와 타인에 대한 책임을 강조하는 돌봄의 윤리는 Erikson과 같은 전통적 패러다임 연구자가 논의한 자아통합의 개념과 관련되어 있다. 많은 성인발달이론에서 중심개념인 자아통합은 여성에게는 다른(더 풍부하고 복잡한) 의미를 갖는데, "그 이유는 여성의 자아통합은 돌봄의 윤리와 밀접하게 연관되어 있으며 … 자신을 여성으로 보는 것은 곧 자신을 유대 관계 안에서 보는 것을 의미하고 … 윤리나 책임은 개인의 자아통합과 강점을 강화시키는 토대가 되기 때문이다"(Gilligan 1982:171).

Gilligan은 이러한 "돌봄의 윤리가 공격성, 위계, 불평등과 같은 사회적 관심사에 중요한 영향을 미친다."고 보았다. 그녀는 "여성의 발달은 비폭력적인 삶의 경로를 의미할 뿐만 아니라 상호의존과 돌봄을 통해 실현되는 성숙을 향한 경로"를 의미한다고 언급하였다. 그녀는 "책임에 관한 언어가 위계구조를 평등으로 대체할 수 있는 관계망을 제시하는 것과 마찬가지로, 권리에 대한 언어는 그 관계망 속에 다른 사람뿐만 아니라 자기 자신도 포함해야 할 필요성을 강조한다."고 지적하였다. Gilligan은 "여성의 다른 목소리에는 돌봄의 윤리, 관계와 책임의 연결, 관계실패로부터 오는 공격성의 근원에 대한 진실이 포함되어 있다고 보았다"(1982:172-173). 돌봄, 관계, 책임에 관한 이러한 관점은 인간 고유의 가치와 존엄을 강조하고, 사회적·경제적 정의를 실현하며, 개인과 집단의 잠재력을 극대화하기 위해 사회변화를 도모하는 사회복지의 역사적 사명 및 가치와 많은 공통점을 지닌다.

또한 "돌봄의 윤리"는 통합과 상호관계를 중시하는 대안적 패러다임과도 일치한다. Gilligan은 전통적 모델과 그녀의 대안적 모델을 반영하는 두 개의 다른 목소리를 통합하는 것이 중요하다고 보았다. Gilligan은 두 목소리가 상호 배타적인 것이 아니라고 강조한다. 즉, "정의의 윤리가 모든 사람이 똑같이 대우를 받아야 한다는 평등의 전제로부터 출발했다면, 돌봄의 윤리는 어느 누구도 상처받지 않아야 한다는 비폭력의 전제에 기초한다. 성숙에 관한 이러한 두 관점은 마치 불평등이 불평등한 관계로 맺어진 양자 모두에게 부정적인 영향을 미치는 것과 같이, 지나친 폭력은 관련된 모든 사람들을 파괴한다는 사실을 인정한다는 점에서 의견이 일치한다"(1982:174).

비판

발달경험에 있어서 인종, 계층, 젠더 간의 상호연관성을 연구한 Gilligan과 다른 연구자들을 비판하는 학자들은 Gilligan 연구에서의 남녀간의 경험은 대부분 백인과 상대적으로 부유한 중산층의 경험을 반영한 것이라고 주장한다. 이들은 Gilligan의 연구가 여성들 간에 존재하는 다양한 특성, 경험, 환경적 맥락을 충분히 검토하지 못했다고 비판하였다. 이러한 비판들은 또한 미국과 다른 서구사회에 존재하는 젠더, 계층, 인종에 의해 상호 복잡하게 얽혀있는 억압의 특성을 인식해야 한다고 강조한다.

예컨대 Stack(1986:322)은 "남부 농촌 지역사회에서 흑인 여성과 흑인 남성이 매우 유사한 계급적 경험을 한다는 사실을 발견하였다. 즉 생산, 고용, 물질적·경제적 보상에 대해서 흑인 남녀가 유사한 경험을 하는 것"으로 나타났다. Stack은 대개 유색인 여성과 남성이 인종과 계층의 우선적 영향으로 인해 백인 여성과 흑인 여성보다 더 많은 공통점을 가진다고 주장하였다. Stack은 경제적으로 궁핍한 많은 아프리카계 미국인들의 경우, 자아를 정립하는 방식에 있어서 남녀 간에 많은 공통점을 가지고 있으며, 그러한 환경은 남녀의 권리, 도덕성, 사회적 이해에 관한 공통적 언어를 창출한다고 보았다(Stack 1986:322-323). 그러나 Stack은 Gilligan의 연구가 젠더에 인종과 계층적 요인들을 통합시키지 않았다는 이유로 저평가되어야 한다는 의미는 아니라고 밝히고 있다. 그녀는 앞으로의 연구에서 이러한 노력을 기반으로 인종, 계층과 같은 차원들을 추가해야 한다고 강조한다(1986:324). 이에 Gilligan의 후속 연구에서는 인종, 계층, 성적지향, 젠더를 의도적으로 통합하기 위한 노력을 기울이고 있다.

여성의 정체성 발달모델

여성의 발달과 정체성 형성에 대해 설명하고자 한 Carol Gilligan, Jean Baker Miller 등의 연구 외에도, Helms, Conarton과 Kreger-Silverman 역시 여성발달모델을 제시하였다. 여성의 인종 정체성 발달에 대한 Helms의 모델은 <표 5.6>과 같다. 또한 Conarton과 Kreger-Silverman는 Jung과 Dabrowski(Wastell 1996)를 비롯해서 Carol Gilligan의 영향을 받아 여성 정체성 발달모델을 <표 5.7>과 같이 제시하였다.

표 5.6 우머니스트(womanist)[2] 정체성

조우이전단계(우머니스트 Ⅰ)	전통적 성역할을 수용; 사회적 편견을 부정
조우단계(우미니스트 Ⅱ)	성역할에 대해 의문을 제기하고 혼란스러워함 역할갈등에 대한 임시방편적인 해결책을 탐색
몰입-표출단계(우머니스트 Ⅲ)	대외적으로 페미니스트 입장을 취함 남성을 적대시하고 여성을 이상화함 다른 여성들과 밀접한 관계를 맺음
내면화단계(우머니스트 Ⅳ)	전통적 역할이나 페미니스트 관점 어느 쪽에도 치우지지 않고 내적으로 여성 정체성을 확립하고 통합함

출처: Parks, E. E., Carter, R. T., and Gushue, G. V.(1996, July/August). "At the crossroads: Racial and wamanist identity development in Black and White woman." *Journal of Counseling and Development*, 74, p. 625

표 5.7 Conarton과 Kreger-Silverman의 발달이론

단계	특징
1. 유대	이 단계에서는 엄마와의 상호의존적 관계가 유일하고 매우 중요하다. 이러한 유대관계는 여아들이 보다 빨리 양육 역할을 하도록 촉진한다.
2. 타인에 대한 태도	자아경계가 약한 타인을 돌보고 유대관계를 맺는다. 관계에 있어서 불균형을 인식하는 것이 어려울 수 있다.
3. 문화적 순응	많은 여성들은 서양의 문화적 요구에 순응하고자 "남자인 척" 한다. 이 단계에서 여성들은 그들의 "목소리"를 잃게 된다(Gilligan 1991).
4. 자각과 분리	이 단계에서 여성들은 남성들을 위협하는 방식으로 자기주장을 하기 시작한다(예, 자녀 양육에 있어서 여성의 전통적인 역할을 거부하거나, 타인보다 자신을 앞세운다).
5. 여성성의 발달	욕구에 대한 보다 심도 있는 탐색이 이루어진다. 여기에는 자신에 대한 성찰과 변화에 대한 의지가 포함된다.
6. 임파워먼트	이는 타인을 지배하기 위한 권력을 얻는 것이 아니라 타인으로부터 지배당하지 않기 위한 권력을 갖는 것을 말한다. 여성들은 "협력, 합의, 중재"의 방법을 활용한다(Conarton and Kreger-Silverman 1988:58).
7. 영적 발달	이 단계에서는 이제까지의 어리고 순진한 자아로부터 벗어나 직관적인 자아성찰의 과정으로 들어간다. 권력이 다시 중요해지나 이전 단계와는 달리 내적 원천으로서의 권력에 보다 중점을 둔다.
8. 통합	이 단계에서 여성들의 과업은 사회와 집단에서 인식하지 못한 문제들을 해결하기 위해 "교사와 치료자"가 되는 것이다. 이 단계의 여성은 외부지향성과 내부지향성을 동시에 갖는다. 이는 곧 가족 스스로 가족을 돌볼 수 있게 한다는 의미이다.

출처: Wastell, C.A. (1996). "Feminist developmental theory: Implications for counseling." *Journal of Counseling and Development*, 74, p. 578.

---

2) 역자 주: 우머니스트는 흑인 또는 유색인종의 페미니스트를 의미하는 것으로, 피부 색깔로 여성을 분류하는 것을 거부하여 '흑인 페미니스트'라는 용어 대신 '우머니스트(womanist)'라는 용어를 사용함.

성인여성과 발달경험

여성발달에 관한 전통적 연구와 마찬가지로 중년여성의 경험에 관한 연구는 비교적 드물고, 대개 남성 연구자들에 의해 실시된 중년남성의 경험연구를 중년여성에게 적용시켜왔다. MaQuaide는 중년여성의 경험에 관한 초기 연구들 역시 한계가 있는데, 그 이유는 여성운동, 페미니즘, 다양한 피임방법들의 증가, 여성의 노동시장 진입 등으로 인해 여성들의 경험이 급격하게 변화되었기 때문이라고 지적한다. 또한 MaQuaide는 그동안의 여성 연구가 "강점 중심"이 아닌 "문제 중심"이었다고 주장하였다. MaQuaide는 뉴욕에 사는 백인중년여성에 대한 연구를 통해 "적어도 백인 중산층과 상위층 여성들에게는 중년기가 그다지 고통스러운 시기가 아니라는 사실"을 발견하였다(MaQuaide 1998:21-29). 그러나 MaQuaide는 연구대상자들의 특성이 제한적이기 때문에 일반화하는 것은 문제가 있다는 점을 연구한계로 밝히고 있다. 즉, 인종과 지리적 대표성의 측면에서 이 표본은 한계가 있다. MaQuaide의 연구에서는 또한 "여성들은 친구집단이나 비밀을 털어놓을 수 있는 친구 혹은 긍정적 역할 모델"을 가질 경우 행복감이 증가되는 것으로 나타났다(1998:29). MaQuaide는 중년여성들이 그들을 홀대하는 사회적 분위기에 맞설 수 있는 긍정적이고 강한 자아개념을 발달시키는 것이 중요하다고 제안한다(McQuaide 1998:30).

한편 Hunter와 Sundel(1994)은 중년여성들의 생활 현실에 대해 과거 문헌이나 미디어를 통해 제시된 것보다 훨씬 더 현실적이고 공정한 평가가 이루어져야 한다고 주장하였다. 그들은 이를 위해 "중년기 여성의 고민"과 "중년기 여성의 장점"이라는 두 측면에 초점을 맞추어 중년여성들이 직면하는 현실에 대해 설명하고자 하였다.

중년기 여성의 고민/문제/현실

"여성들에게 중년기는 청소년 자녀, 위기, 자살, 남편과의 결별, 자녀의 독립, 매력의 감소, 우울, 노부모에 대한 책임, 노후 준비에 대한 압박감과 같은 문제들로 인해 인생 중 최악의 시기로 묘사된다. 이와 더불어 더 이상 젊지 않다는 사실을 일깨워주는 여러 신체적 증상들이 나타나기 시작한다."(Hunter and Sundel 1994:114)

▶ 신체적 건강: 대부분의 중년기 여성들은 건강한 편이지만, 여전히 건강상의 위험은 증가한다.

건강을 위협하는 세 가지 요인

▶ 심장병: 미국여성의 사망원인 1위

▶ 암: 폐암, 유방암, 직장암

▶ 뇌졸중(MayoClinic.com 2009)

빈곤

▶ 여성 빈곤율은 독신 가구, 특히 아프리카계 미국인 가구와 히스패닉 가구에서 가장 높다(Spriggs 2006).

▶ 미국 통계청에 따르면, 2007년 여성의 수입은 남성 수입의 77.5% 수준에 달하는 정도이다. 2007년 남성의 중위소득은 44.255달러인데 반해, 여성 중위소득은 34.278달러에 불과하다.

직장 여성과 노부모

▶ 2001년 기준으로 직장여성의 약 7~12%가 노부모나 친척에게 일상생활에 필요한 보호와 경제적 지원 및 건강관리, 주거 등을 지원하는 것으로 나타났다(Moen 2001).

▶ 노부모에 대한 부양은 중년여성들에게 가장 큰 스트레스 요인이 된다.

▶ 부부관계에서 대개 부인이 노환의 남편을 돌보게 될 가능성이 높다. 또한 대부분 여성과 딸들이 가족 중 가장 나이든 사람을 돌보게 된다.

우울증과 비만

▶ 비만인 여성들은 우울증에 걸릴 확률이 2배 높다.

▶ 우울증에 걸린 여성들은 비만이 될 확률이 2배 높다(Simon et al. 2008).

중년기 여성의 강점/현실

중년여성들의 스트레스 요인과 어려움 외에도 중년여성들이 가진 긍정적 가능성에 대해 고려해 볼 필요가 있다.

▶ 중년기에 위기가 일어나지 않을 수 있다. 남성이나 여성들에게 중년기가 반드시 위기의 시기라는 증거는 없다. 대부분의 중년들은 지금까지의 목표에 대해 의문을 갖기 시작하지만 그렇다고 해서 반드시 커다란 위기를 경험하는 것은 아니다. 중년기에 이혼, 신경과민, 자살, 직업상의 큰 변화가 반드시 일어난다고 단정지을 수는 없다.

▶ 자녀의 독립이나 폐경이 중년여성에게 반드시 큰 트라우마로 작용하지는 않는다. 오히려 "많은 여성들이 중년기에 더 큰 자신감과 자기수용을 경험한다."

▶ 50대의 전성기: Mitchell과 Helson(in Hunter and Sundel 1994:119)은 "중년기 혹은 초기 탈부모의 시기는 역할변화와 이전에 자녀들에게 쏟던 에너지를 자유롭게 활용할 수 있게 됨으로써 여성들에게는 인생최고의 황금기"라고 주장하였다. 그들은 50대 여성들의 삶의 질이 다른 어떤 시기보다 높다는 사실을 발견하였다. 그 이유는 다음과 같다.

- 경제적 지위: 많은 여성들과 그 가족들의 소득이 은퇴 전인 50대에 가장 높은 것으로 나타났다.

- 자녀의 독립: "자녀들의 독립은 트라우마라기보다는 보통 예측되었던 일이고, 자녀들의 독립으로 인해 남은 시간과 공간은 반드시 '허무'하게 느껴지지는 않는다." 여성들은 이 시기에 오히려 자신의 발전에 집중할 수 있는 시간과 통제력을 갖게 된다.

- 폐경기: "폐경이 정서장애, 신경쇠약, 그리고 심각한 신체적 증상을 야기한다는 것은 잘못된 편견이다." 폐경기에 대한 부정적 요인들은 과장된 것이며, 폐경기의 긍정적인 요인들을 밝히는 여러 증거들이 나오고 있다: 가령 "50대 여성 중 더 이상 아이를 갖지 못하는 것을 문제로 생각하는 경우는 극히 드물다. 또한 소득과 고용상태 변수를 통제했을 때, 여성의 행복과 만족에 자녀의 유무는 별다른 영향을 미치지 않는다는 연구결과가 나왔다." 어떤 연구자들은 폐경을 병적증후로 보는 전통적 시각에서 탈피하기 위해 폐경에 관한 단어를 '증상'이 아닌 하나의 '신호'로 바꾸어야 한다고 주장하고 있다.

- 성기능: "남성의 성기능은 성인기가 진행됨에 따라 점차 감소하는 경향이 있지만, 여성의 성기능은 대개 60세까지는 감소되지 않는 것으로 나

타났다."

- **배우자나 친구들과 친밀한 유대관계 형성**: 배우자나 친구들과의 관계에서 친밀성과 의사소통이 크게 증가한다(Hunter and Sundel 1994:118-123).

생물학과 환원주의(reductionism)

우리는 4장에서 환원주의의 개념과 전통적 발달이론에 대해 살펴보았다. Hunter와 Sundel(1994:123-124)은 여성발달에 관한 많은 연구들이 생물학적 요인만을 지나치게 강조하고 다른 중요한 요인들을 무시하다는 점에서 환원주의적이라고 주장하였다. 그들은 중년기 여성에 대한 고정 관념은 편견적이고 일차원적인 생물학적 접근에 의한 것으로, 이는 성차별주의의 영향을 받은 것이라 보고 있다. 왜냐하면 여성을 임파워먼트적이고 독립된 존재로 묘사하는 것은 남성지배사회에 그다지 도움이 되지 않기 때문이다. Gergen은 이러한 불균형을 바로잡기 위해서는 "생물학에만 근거하여 여성을 묘사하기보다는 정치, 경제, 도덕, 미학 등 여성의 삶을 다양하게 조명할 수 있는 이론적 개념틀을 마련해야 한다."고 주장하였다(Hunter and Sundel 1994:123-124).

초점: 성적지향(Sexual Orientation)

다음으로 우리는 게이, 레즈비언, 양성애자, 트랜스젠더들이 직면하는 특수한 발달문제와 과업을 이해하기 위한 대안적 모델을 살펴보기로 하겠다. 다양한 관점을 포괄하는 여러 가지 상이한 정체성 발달모델들은 다양한 성적지향과 정체성을 가진 사람들의 발달을 보다 전체적인 관점에서 바라볼 수 있게 한다.

게이, 레즈비언, 양성애자, 트랜스젠더가 인구에서 점차 많은 비중을 차지한다는 사실과 더불어, 성적지향에 관한 논쟁들이 점차 뜨거워지면서 게이나 레즈비언의 발달경험에 대한 이해의 필요성이 증가되고 있다. 이러한 논쟁의 핵심에는 게이와 레즈비언이 모든 개인적·사회적 삶의 영역에서 다른 이성애자들과 똑같은 권리와 보호가 보장되어야 하는가에 관한 문제가 크게 자리잡고 있다. 여기에서 권리란 이성애자와 그 가족들에게는 당연한 것으로 인정되는 권리들 즉, 부모가 될 권리, 가족을 형성하고 법적으로 인정받을 권리(결혼할 권리), 군대나 다른 사회기관에서 근무할 권리, 차별 없이 주거를 보장 받을 권리, 그리고 파트너나 다른 가족 구성원이 건강보험 및 다른 직업 관련 혜택을 받을 권리(동거관계 권리)와 같은 기본적인 권리들을 의미한다.

전체 인구 중에서 게이, 레즈비언, 양성애자의 수를 정확하게 집계하는 것은 사실상 불가능하다. 게이, 레즈비언, 양성애자를 어떻게 정의하는가에 관한 문제는 집계를 어렵게 하는 중요한 이유 중 하나이다(이 장 앞부분에 있는 Kinsey의 성적지향의 연속체 참조). 그러나 미국지역사회조사(American Community Survey)에 따르면, "미국에는 약 880만 명의 게이, 레즈비언, 양성애자가 있는 것으로 추정된다"(Gates 2006:1). Burdge는 "정확한 트랜스젠더의 수는 알려진 바가 없으나, 2003년의 한 보고서에서 스스로를 트랜스젠더로 인정한 사람의 수가 전체 게이, 레즈비언, 양성애자, 트랜스젠더의 2~3%를 차지한다."고 밝히고 있다(Burdge 2007:244).

전통적·지배적 사회세력들은 다양한 성적지향과 정체성을 가진 사람들이 개인적으로나 정책적으로 사회에 포용되는 것에 반대하여 이들에 대한 차별, 억압, 불평등을 끊임없이 주장해온 반면, 역사적으로 이들을 사회에 통합시키고 존중해온 일부 문화들도 있다. 예컨대 Evans-Campbell과 그의 동료들은 미국 인디언원주민들의 부양관습에 관한 연구에서 다음과 같이 언급하고 있다.

원주민 중 LGBTQT—S(레즈비언, 게이, 양성애자, 트랜스젠더, 퀴어, 두 개의 영혼[3])는 원주민사회에서 부양과 관련된 특수한 문화적 역할과 책임을 담당하였다 … 이러한 역할들은 원주민 중 LGBTQ 또는 "두개의 영혼"을 가진 자들의 정체성과 밀접하게 관련되어 있다(Evans-Campbell et al. 2007:78).

저자들은 여기에 덧붙여 다음과 같이 지적하고 있다.

북미의 토착민들은 역사적으로 사회구성원들의 다양한 젠더와 성적 정체성을 인정하고 통합해왔다 … 예외적인 상황도 있지만, 대부분 이들은 토착민 사회의 한 구성원으로 통합되었고, 때로는 사회적으로 존경받는 역할을 담당하기도 하였다(Evans-Campbell et al. 2007:78).

---

3) 역자주: 두 개의 영혼(two-spirits)은 아메리카 토착원주민으로서 남성과 여성의 중간 젠더를 가진 사람을 포괄하는 용어이다.

성적지향과 생물학

지금까지 동성애에 관해 기원과 원인에 대한 관심뿐만 아니라, 동성애가 개인의 통제를 넘어서는 부분인지 아니면 단지 개인의 선호나 선택의 문제인지에 관한 많은 문제들이 제기되어 왔다. 최근의 유력한 자연과학분야의 연구들은 생물학적 요인이 성적지향을 결정한다는 많은 새로운 증거들을 제시하였다. 이 연구들에 의하면 왼손잡이나 갈색 눈을 개인의 선호에 의해 선택할 수 없듯이, 게이나 레즈비언도 선택해서 결정되는 것이 아니라는 것이다. 이런 이유로 인해, 오늘날 성적기호(sexual preference)라는 용어보다는 성적지향(sexual orientation)이라는 용어가 더 많이 사용된다. 기호라는 말에는 개인이 게이나 레즈비언이 되는 것을 선택할 수 있다는 의미가 내포되어 있다. 그러나 개인이 자신의 동성애적 정체성을 스스로에게나 타인에게 솔직하게 인정하지 않을 수 있기 때문에, 성적지향을 명확하게 선택의 문제라고 보기에는 한계가 있다. 여기에는 스스로 동성애자임을 인정하는 것과 인정하지 않는 것에 대한 차이가 존재한다. 게이 또는 레즈비언의 감정과 정체성을 스스로 인정하고 타인에게 알리는 과정을 흔히 커밍아웃(coming out)이라고 한다.

쌍둥이 형제와 입양 형제에 관한 게이 연구에서, 남성의 성적지향에 영향을 미치는 많은 유전적 요인들이 밝혀졌다. 이 연구에서, 일란성 쌍둥이의 경우 52%가 형제 모두 동성애 성향이 있는 것으로 나타났고, 이란성 쌍둥이의 경우는 22%가 형제 모두 동성애 성향이 있는 것으로 나타났다. 생물학적 부모가 다르고 단지 같은 가정에 입양된 형제들의 경우에는 오직 6%만이 두 형제가 모두 동성애 성향을 보였다(Bowers 1992:6). 또 다른 연구에서는 게이 남성과 게이가 아닌 남성의 뇌 시상하부에 큰 차이가 있다는 사실을 밝히고 있는데, 이는 다시 한 번 성적지향과 생물학적 요인의 관계를 강조하는 강력한 근거가 되었다. 다만 이 연구에서는 쌍둥이나 입양형제 연구에서 사회학적 증거를 활용한 경우와는 달리 순수하게 생물학적 증거만을 활용했다는 점이 이전의 연구들과 차이를 보인다(Science 1991:956-957). 이 연구들의 결과만으로 생물학적 요소와 성적지향과의 관계를 확실하게 단정지을 수는 없지만 분명 이 둘 간의 관계를 의심할 만한 중요한 문제를 제기하였다는 데 그 의의가 있다. 이 두 연구 모두 게이만을 연구대상에 포함시켰고 레즈비언은 제외되었기 때문에 레즈비언에 대한 생물학적 성향은 아직까지도 불확실한 상태이다. 이와 같이 게이나 레즈비언의 생물학적 기원에 대해 여전히 많은 부분이 불명확함에도 불구하고, 이들의 발달경험과 환경을 이해하는 데 도움이 되는 여러 이론적 모델들이 제시되었다. 다음은 이 모델들에 대해서 자세히 살펴보도록 하겠다.

레즈비언, 게이, 양성애자, 트랜스젠더의 발달에 관한 관점

D'Augelli는 레즈비언, 게이, 양성애자를 보는 관점들이 그동안 "정신질환자에서 대안적인 삶의 방식, 성적 다양성을 가진 소수자"로 극적으로 변화되었다고 주장하였다(1994:328). D'Augelli는 게이, 레즈비언, 양성애자를 이해하는데 유용한 인간발달모델들을 제시하였다. 이 모델의 단계들은 다음과 같다.

1. 이성애적 정체성으로부터 벗어나기: "이 단계에서는 어떤 사람의 성적지향이 이성애가 아니라는 사실을 개인적·사회적으로 인정할 것인가에 관심을 가진다 … 이성애로부터 벗어난다는 의미는 곧 타인에게 자신이 레즈비언, 게이, 또는 트랜스젠더임을 밝히는 것을 의미한다. '커밍아웃'은 개인이 제일 처음으로 비이성애자임을 밝히는 사람을 시작으로 일생동안 지속되는 과업이며, 그 개인이 비이성애자임이 공공연하게 인정될 때까지 계속된다."

2. 레즈비언-게이-양성애자로서의 개인적 정체성 발달시키기: "이 단계에서 개인은 자신의 생각과 감정, 욕구를 효과적으로 통합할 수 있는 사회정서적 안정감을 발달시켜야 한다 … 초기의 불안정한 상태는 보다 많은 경험을 축적함으로써 점차 나아진다 … 대부분의 경우 비이성애자들은 타인과의 접촉 없이는 자신들의 성적지향을 확인할 수 없다."

3. 레즈비언-게이-양성애자로서의 사회적 정체성 발달시키기: "이 단계에서는 그 사람의 성적지향을 알고 사회적 지지를 보내줄 수 있는 많은 다양한 사람들을 확보하게 된다. 이 역시 일생동안 지속되는 과업으로, 개인의 정체성 발달에도 중요한 영향을 미친다."

4. 레즈비언-게이-양성애자로서의 가족 구성원되기: "자신의 성적지향을 밝힘으로써 부모자식간의 관계는 일시적으로 악화된다 … 대개 부모, 형제

자매, 확대가족의 구성원들은 모두 비슷한 적응방식을 보이지만, 경우에 따라 예외적 반응을 보이기도 한다."

5. 레즈비언-게이-양성애자로서의 친밀성 발달시키기: "우리 사회의 문화적 심상(cultural imagery)에 레즈비언이나 게이 커플들이 포함되지 않기 때문에, 동성커플 관계가 보다 복잡한 심리학적 문제로 대두된다 … 레즈비언, 게이, 양성애자들을 문화적으로 설명할 수 없기 때문에 그들에 대한 모호성과 불확실성은 더욱 증가된다. 따라서 개인, 커플, 공동체에 적용할 수 있는 새로운 규범이 요구된다."

6. 레즈비언-게이-양성애자 공동체 사회에 진입하기: "이 단계의 정체성 발달에는 정치적·사회적 행동에 전념하는 것이 포함된다. 자신의 성적지향을 순전히 개인의 문제로만 여기는 사람에게는 해당되지 않는다 … 레즈비언, 게이, 양성애자로서의 완전하고 의미 있는 정체성을 발달시키게 되면, 자신이 경험한 억압의 역사를 인식하게 된다. 또한 그러한 억압이 어떻게 지속되고 있는지를 깨닫고, 그에 맞서 저항하기 위한 행동에 몰두하게 된다"(1994:324-328).

생애과정이론과 성적지향

3장에서 이미 살펴보았듯이(6장에서도 추가 설명함), 생애과정이론은 최근 들어 인간발달의 복잡성을 이해하는데 중요한 대안적 이론으로 대두되고 있다. 그 이유는 생애과정이론이 전통적인 단계중심적 이론에 비해 보다 맥락적이고 유동적 특성을 지녔기 때문인 것으로 보인다. 즉, 생애과정이론은 인간행동과 사회환경을 전체적으로 이해하는데 필수적인 관점을 제공한다. Hammack(2005)은 생애과정이론이 게이, 레즈비언, 양성애자의 발달과정을 이해하는데도 매우 유용한 접근이라고 보았다. 특히 그는 이 이론에 입각해서 게이, 레즈비언, 양성애자의 발달경험에서 역사적 맥락의 영향을 고려하였는데, 게이, 레즈비언, 양성애자가 다른 출생 코호트에 속함으로써 다른 발달경험을 한다고 지적하였다. Hammack은 "생애과정 관점에 입각한 성적지향 발달모델"을 제시하였는데, 그의 모델에서는 성적지향을 다음과 같이 정의하고 있다:

성적지향은 생물학적 욕구인 성적욕망을 토대로 한 애정적 성향이며, 이는 그 사람의 행동과 정체성의 가존가정을 결정한다. 여기에는 세 가지 중요한 명제들이 내포되어 있다: (1) 개인은 특정 성별에게 정서적으로 더 끌리는 생물학적 성향을 가진다, (2) 이러한 성향은 성적 욕구에 반영된다, (3) 개인의 성욕을 어떤 특정한 문화적 모델에 입각해서 주관적으로 이해하게 될 때 그 사람의 성에 관한 행동과 정체성이 결정된다(2005:276).

또한 Hammack은 생애과정 관점에 입각해서 성적지향(sexual orientation)과 성정체성(sexual identity)의 의미를 구별하였다. 그의 주장은 다음과 같다:

생애과정의 관점에서 볼 때 성적지향과 성정체성은 개념상 명백하게 구별된다. 성적지향의 개념과는 달리 게이나 레즈비언의 성정체성은 오직 동성하고만 섹스를 하는 사람으로 정의된다. 이러한 용어 간의 차이는 특정 문화의 맥락에서 개인을 규정하기 위한 생물학, 심리학, 사회학의 영향에 의한 것이다. 이와 더불어 대인관계적 특성과 중요성 역시 게이, 레즈비언, 양성애자의 정체성 형성에 중요한 영향을 미친다고 볼 수 있다(Hammack 2005:277).

[그림 5.2]는 Hammack의 모델을 시각적으로 나타낸 것이다.

Hammack은 미국 내 게이, 레즈비언, 양성애자 발달에 관한 역사적 맥락의 영향을 설명함에 있어서, "Cohler와 그 동료들에 의해 제시된 성적지향에 관한 최근 연구"를 인용하였다. Cohler와 그의 동료들은 "미국 내 게이와 레즈비언 발달에서 출생 코호트의 중요성"을 설명하였다. 이 연구자들은 역사적으로 "적어도 5개 이상의 집단이 특이한 발달적 경험을 공유했다."고 보았다(2005:275).

1. **전쟁**(제2차 세계대전) **이전**: 이 시기의 게이의 삶은 "절대 밝힐 수 없는 비밀, 은밀한 섹스, 그리고 결혼과 출산의 불가피성으로 특징지어 진다."
2. **전쟁 이후**: 이 시기에는 "전쟁 후 동성애를 경험한 군인들이 도시에 정착하여 그들만의 문화를 형성하였고, 그럼으로써 도시에 게이 공동체가 출현하여 점점 더 많은 게이들이 동성애적 생활양식을 선택하게 되었다."
3. **Stonewell 항쟁 이후**: 이 시기의 사람들은 "게이 시민권운동의 촛불을 지핀 1969년의 Stonewell 항쟁의 영향을 크게 받았으며 … 이는 한 세대의 정치적·사회적 참여를 보여주는 대표적인 예이다."

그림 5.2	성적지향의 발달적 경로 도식

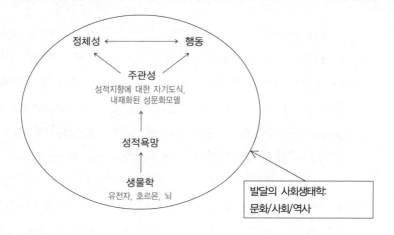

출처: Hammack, P. L.(2005). An Integrative Paradigm. *Human Development* 48(5):267-290.

4. 에이즈: "1980년대 초 에이즈가 발견되면서, 이 세대를 비롯해서 이전 세대의 많은 동성애자들이 사망하게 된다 … 1980년대에 성인이 된 사람들은 모두 에이즈에 관해 많은 교육을 받게 되며, 그럼으로써 게이문화에도 한 파트너와만 성관계를 하는 일부일처제의 개념이 도입된다."

5. 에이즈 발견 이후: "1990년대 중후반에 에이즈에 관한 효과적인 치료법이 개발되면서, 많은 사람들이 에이즈 바이러스(HIV)를 만성적이지만 관리가능한 질병으로 인식하기 시작한다(1980년대와는 달리). 이에 따라 점점 더 많은 사람들이 위험한 섹스에 빠지게 된다." 이와 더불어 대중매체를 포함한 전반적인 사회분위기가 게이, 레즈비언, 양성애자를 점차 수용하고 포용하는 방향으로 전환된다(Hammack 2005:274-275).

인간발달과 성적지향에 관한 생애과정 관점은 인간과 환경 모두에 대한 보다 깊이있는 성찰을 포함함으로써 다양하고 복잡한 발달적 경험들을 이해하는 데 유용한 관점이다.

레즈비어니즘의 다양한 의미(Multiple Meanings of Lesbianism)

Rothblum(1994:630)은 "레즈비언이란 무엇인가?"라는 근본적인 질문에 관심을 가졌다. 그녀는 Burch의 정의를 인용하여 "레즈비언을 남자와 절대 성관계를 갖지 않는 '진정한 레즈비언'(primary lesbians)과, 여성과 성관계를 갖기 전에 자신을 이성애자라고 생각하고 남성과 성관계를 가졌던 '양성애적 레즈비언'(bisexual lesbians)으로 구분하고, 전자와 같이 오로지 동성하고만 성적 경험을 하는 여성은 극소수"라고 언급하였다(Rothblum 1994:630). Rothblum에 의하면, "여성이 레즈비언으로 한 번 커밍아웃하게 되면, 레즈비언 공동체는 그러한 레즈비언 상태가 영원히 지속될 거라고 생각하는데, 실제로 일부 레즈비언들은 부차적으로 남성과 계속 성관계를 갖는다."는 것이다(1994:630). Rothblum은 또한 레즈비언에 대해 "성적지향은 선택적인가 아니면 선천적인가(예컨대 유전이나 호르몬의 영향인가)?"라는 민감한 질문을 던진다. 그녀는 이 질문에 대해 다양한 관점의 대답을 제시하는데, 그 중에 게이와 레즈비언의 차이에 대해 "일반적으로 레즈비언들은 성적지향을 선택의 문제로 보는 반면에(예컨대 레즈비언들은 그것이 급진적 페미니즘에 더 적합하기 때문에 레즈비언이 되었다고 봄), 게이들은 성적지향을 선천적으로 결정되었다고 보는 경향이 높다."고 지적하였다(Rothblum 1994:630).

Rothblum는 "이성애나 레즈비언/양성애를 막론하고 전통적 성행위의 개념은 생식기 중심의 성행위 그 자체에만 초점을 두기 때문에 여성들이 경험할 수 있는 그 외의 비성교적 성행위에 대해서는 무시하는 경향이 있다고 지적한다(1994:633). 그녀의 주장은 다음과 같다.

> 보통 어린 소녀가 동성친구나 동성의 교사를 성적으로 사랑하게 되는 경우가 있는데, 이를 설명할 용어가 존재하지 않는다. 또한 성인이 되어서 서로 애인이 있음에도 불구하고 친구 간에 미묘하게 싹트는 성적인 감정을 설명할 용어도 존재하지 않는다. 그러나 만약 그 친구와 성행위를 한다면 우리는 이러한 상황을 바람피운다라는 용어로 설명할 수 있다 … 레즈비언 사회에서는 헤어진 애인이 친구가 되기도 하고, 친구가 애인이 되기도 한다 … 어떤 레즈비언들은 가족이나 동료들에게 자신의 애인을 친구로 소개하기도 한다 … 이처럼 비성교적 행위를 표현할 용어들의 부족으로 인해, 그러한 경험들은 은폐되거나 명확히 설명되지 못하고 있다(Rothblum 1994:633).

레즈비언 관계란 무엇인가?

Rothblum은 "레즈비언의 관계를 섹스에만 초점을 두고 설명하는 것은 여성의 관계맺는 방식을 무시한 것으로 한계가 있다."고 지적한다(1994:634). Rothblum에 따르면, "여성들은 수세기 동안 다른 여성에 대해 강한 사랑, 애정, 친밀감을 느껴왔으며, 이는 여성들이 서로 남성과 결혼한 상태에도 마찬가지라는 것이다. 독신인 두 미혼 여성이 함께 살면 그들은 비성적(asexual)관계임을 의미하는 '**보스턴 결혼**'(Boston marriage)으로 간주되었다(여기에서 보스턴은 청교도적 가치를 말한다). Lillian Faderman(in Rothblum 1994:335)은 19세기 여성들 간의 열정과 사랑을 다음과 같이 묘사하고 있다:

표 5.8   레즈비언 정체성 형성에 관한 모델

개인의 성정체성	집단 구성원의 정체성
(자각 없음) 1. **자각**(awareness)	
- 다르다는 것을 느끼기 시작함	- 사람들 간에 다른 성적지향이 존재한다는 것을 인식함
자기 진술의 예: "나도 모르게 여성에게 끌리는 것을 느낀다."(개인) "레즈비언이나 게이의 존재를 몰랐다."(집단)	
2. **탐색**	
- 여성들 또는 특정 여성에게 강한 성적 느낌을 가짐	- 게이/레즈비언 집단에서의 한 개인의 지위에 대해 탐색해 봄(태도와 집단 멤버십 모두에 있어서)
자기 진술의 예: "나는 여성과 성적 관계를 갖고 싶다고 느낀다."(개인) "레즈비언/게이를 알게 될수록 두려우면서 흥분된다."(집단)	
3. **심화/몰두**	
- 성적지향에 대해 자기인식, 자기만족, 선택의 구체화를 심화시킴	- 선택에 따른 결과와 억압에 대한 인식으로 준거집단에 관여하고자 함
자기 진술의 예: "나는 확실히 남성보다는 여성에게 성적으로나 정서적으로 더욱 친밀감을 느낀다."(개인) "내가 레즈비언이라는 사실 때문에 부당한 대우를 받은 적이 있다."(집단)	
4. **내면화/통합**	
- 여성에 대한 애정, 성적 선택을 전체 정체성에 내면화하고 통합함	-소수집단의 구성원으로서 정체성을 내면화하고 통합함
자기 진술의 예: "여성과의 관계에서 깊은 만족감을 느낀다."(개인) "내가 어디에 누구와 함께 있는지와 상관없이 내 스스로 레즈비언이라는 사실에 편안함을 느낀다."(집단)	

여성들 간의 애정관계는 남성들의 판타지 소설에만 나오는 성행위의 표현에만 국한된 것이 아님이 분명하다. "레즈비언"은 두 여성이 서로를 향해 강한 애정을 느끼는 관계를 말한다. 그러한 관계에서 성적 접촉은 있을 수도 있고 없을 수도 있다.

McCarn과 Fassinger(1996)는 성정체성 발달 및 인종정체성 발달에 대한 다단계 모델들을 비교하여, 양자 간의 유사점과 차이점을 발견하였다. 그들은 이러한 비판적인 비교검토를 통해 성정체성, 특히 레즈비언의 정체성 발달에 대해 보다 유연하고 비단선적인 모델이 필요하다고 주장하였다. 그들이 제시한 새로운 접근은 유연하고 다양한 관점에서 발달을 본다는 점에서 대안적 패러다임과 일맥상통한다. 그들의 모델은 단일단계모델이 아니라, 개인과 집단 정체성을 모두 고려한 이중모델의 성향을 띈다. 그들이 제시한 모델이 레즈비언의 발달을 보다 완전하게 설명하기 위해서는 앞으로 지속적인 연구가 필요할 것으로 보인다(〈표 5.8〉 참조).

양성애

양성애자에게도 다양한 방식으로 표현되는 하나의 연속체로서의 성정체성에 관한 관점이 적용될 수 있다. 예컨대 양성애적 정체성과 양성애적 행위가 반드시 일치하는 것은 아니다. 아래의 글상자는 양성애에 관한 일반적인 질문들에 대한 답변들이다.

양성애에 관한 일반적인 질문과 답변
"양성애"라는 것은 무엇을 의미하는가? 양성애는 이성, 동성 모두에 대하여 성적으로나 애정적으로 끌리는 것, 또는 그러한 행동을 의미한다. "양성애자"란 어떤 사람들인가? 협의적 의미의 양성애자는 하나 이상의 성별과 애정관계나 성적관계를 맺는 사람을 의미한다(이 때 반드시 동시에 두 개의 성별과 그러한 관계를 맺어야 한다는 의미는 아니다). 그러나 양성애자가 이러한 성적/애정적 감정을 행동으로 옮기는 데는 제약이 따를 수 있기 때문에, 어떤 사람들은 보다 넓은 의미로 양성애는 스스로 생각하기에 잠재적으로 그럴 가능성이 있는 사람으로 규정하기도 한다. 이러한 정의에 입각해서 보면, 남성과 여성 모두에 대해 성적, 애정적 감정을 경험하거나 그러한 환상을 가지고 있는 모든 사람들이 다 양성애자가 될 수 있다. 양성애자는 두 개의 성 중 어느 하나의 성에 더 끌릴 수도 있고, 양성에 똑같이 끌릴 수도 있으며, 섹스를 중요하지 않게 생각할 수도 있다. 남성과 여성에 대한 이끌림의 정도는 시간에 따라 변할 수 있다.

출처: Bisexuality. Available: http://www.biresource.org/

양성애에 관한 잘못된 믿음과 고정관념들

Eloison(1996)는 양성애자에 대해 오해와 고정관념이 많다는 사실을 지적하였다. 이러한 오해와 고정관념은 성적지향에 대한 비이분법적(non-binary) 개념을 이해하지 못한 데에서 기인된 것으로 보인다. 게이와 레즈비언의 성적지향을 이해하는 데 유용한 강점기반 접근의 연구들을 상대적으로 찾아보기 힘들뿐만 아니라, 양성애의 복잡성을 이해하는 데 도움이 될 만한 자료는 거의 전무하다 해도 과언이 아니다. Eloison에 따르면, "대부분의 사람들은 게이나 레즈비언보다 양성애자를 훨씬 더 부정적으로 보고 이해하기 어려워하는 경향이 있다"(1996:131).

고정관념들

▶ 양성애자들은 단지 혼란스러운 상태에 있는 것이다. 그들은 동성애자와 이성애자 중 어느 쪽도 결정하지 못하고 있다.

▶ 양성애자는 성적으로 난잡하고, 항상 남녀 한명씩 파트너가 있어야 한다.

▶ 양성애자는 사실 스스로 레즈비언이나 게이라고 인정하는 것을 두려워한다.

▶ 양성애자는 관계를 오래 지속할 수 없으며, 항상 지금의 파트너에 만족하지 못하고 또 다른 젠더의 파트너를 찾는다.

Eliason(1996:131)는 이러한 양성애자에 관한 전통적인 고정관념이 최근 들어 에이즈가 양성애와 관련되어 있다는 오해로 인해 더욱 악화되었다고 본다.

일각에서는 양성애자들이 이성애자들의 사회에 에이즈를 퍼트렸다고 주장하면서 격한 감정적 반응을 보이고 있다. 질병관리센터의 연구자들은 에이즈에 있어서 중요한 변수는 위험 집단이 아니라 위험한 행동이라는 사실을 발견하였다. 레즈비언, 게이, 양성애자의 공동체에서는 HIV바이러스의 전염과 안전한 섹스기술에 대해 누구보다도 잘 알고 있다. 가장 위험한 경우는 스스로를 이성애자라고 믿고 있는 남성이 정기적으로 남성과 섹스를 하면서 이를 여성 파트너에게 알리지 않고, 안전한 성생활의 습관도 가지고 있지 않은 경우이다.

양성애 연구

한편 위에서 언급한 잘못된 고정관념들을 반박할 수 있는 양성애 관련 연구들도 드물지만 존재한다. 예컨대 Eliason(1994:131)은 다음과 같이 지적하고 있다.

> Weinberg, Williams, Pryor은 양성애를 경험하는 방법들이 매우 다양하게 존재한다는 사실을 발견하였다. 어떤 사람들은 남성보다는 여성에게 더 끌린다(예컨대, 성적매력이 50:50으로 나뉘는 일은 극히 드물다). 일부의 사람들은 동시에 두 가지 성별의 파트너와 사귀는 동시적 양성애자(simultaneous bi-sexuals)이나, 대부분은 한 번에 한 명의 파트너와만 사귀는 순차적 양성애자 (serial bisexuals)이다. 양성애자들이 레즈비언이나 게이에 비해 자신의 정체성에 대해 더 많이 혼란스러워 한다는 주장도 근거가 명확하지 않다. 심지어 이성애자들도 자신의 정체성에 대해 혼란을 경험할 수 있다(양성애자의 70%, 레즈비언과 게이의 65%, 이성애자의 28%가 그들의 삶에서 적어도 한번 이상의 성정체성 혼란을 경험한다는 보고가 있다).

양성애는 많은 사람들이 생각하는 것보다 훨씬 더 흔할 수 있다. Harvard 공중보건대학에서 1994년에 실시한 연구에 의하면, 연구대상자 중 남성 20.8%와 여성 17.8%가 그들의 삶에서 적어도 한번 이상은 동성 간의 성적 유혹이나 행위를 경험한 적 있다고 인정한 바 있다(Harley 1996:www).

트랜스젠더

Burgess는 1990년대 이후부터 자기정체성을 트랜스젠더로 규정한 사람들이 스스로의 "권리와 존중"을 위해 정치적, 사회적으로 단결하기 시작하였고, 그럼으로써 그동안 숨어있던 트랜스젠더들이 점차 사회의 표면으로 드러나게 되었다고 지적하였다. 그 결과 "가족, 학교, 동료집단, 사업장, 기타 기관들과 같은 사회의 중요한 외부 세력들이 트랜스젠더들을 공공연하게 배격하게 되었다(Burgess 2000:36). 따라서 사회복지사들도 트랜스젠더 집단의 구성원들에게 효과적인 서비스를 제공할 필요성이 중요하게 부각되었다. 그러나 Burgess는 우리 대부분이 트랜스젠더에 대해 정확하게 이해하지 못하고 있다고 지적한다 (Burgess 2000:36).

앞 장에서 우리는 언어와 말이 차별과 억압을 받는 집단의 행복과 삶의 질에 큰 영향을 미친다는 사실에 대해 논의하였다. 또한 집단의 구성원들이 적절하다고 생각하는 용어들도 끊임없이 바뀔 수 있다는 사실에 대해서도 언급하였다. 이와 더불어 집단 구성원의 임파워먼트를 위해 집단 구성원들 스스로 규정한 용어들을 수용하고 존중하는 것이 중요하다는 것에 대해서도 살펴보았다. 억압과 차별을 당하는 다른 집단의 경우와 마찬가지로, 트랜스젠더 집단의 구성원들과 함께 사회복지를 실천하는 데 있어서 가장 큰 걸림돌은 이 집단을 설명하고 이해하는 데 필요한 기본적 용어와 개념이 부족하다는 점이다. 다음에 제시된 글상자에서는 트랜스젠더 공동체와 관련된 기본 용어들과 개념들을 설명하고 있다.

트랜스젠더 공동체: 용어와 개념 정의

- **성정체성**(Sexual Identity): 사회적 · 심리적 관점에서 남성 또는 여성으로서의 개인의 자아의식을 말한다.

- **젠더 정체성**(Gender Identity): 선천적으로 가지고 태어나는 남성성 또는 여성성에 관한 개인의 정체성을 의미한다. 트랜스젠더들은 아동기와 청소년기에 이와 같이 자신에게 부여된 젠더에 대해 갈등을 경험한다고 보고되고 있다.

- **젠더 역할**(Gender Role): 문화적으로 남성다움 또는 여성다움으로 규정되는 개인의 특성을 의미한다.

- **트랜스젠더**: 트랜스젠더는 남장 여자(drag kings)와 여장 남자(drag queens), 바이젠더(bigenders), 크로스드레서(cross-dressers), 비수술 트랜스젠더(transgenderist), 성전환자(transsexuals) 등 다양한 젠더적 표현을 망라하는 포괄적인 용어이다. 이들은 자신들만의 공동체를 형성하여 끊임없이 자신의 해부학적 젠더와 싸우면서 남성이나 여성으로서 자신들이 가지고 있는 젠더 정체성을 찾고자 노력한다.

- **젠더 대명사**(Gender Pronouns): 트랜스젠더를 '그'라고 불러야 하나 '그녀'라고 불러야 하나? 이는 트랜스젠더가 아닌 전문가들이나 기타 관련된 사람들이 맨 처음 갖는 전형적인 의문이다. 이에 대한 정답은 그 사람에게 어떤 호칭이 좋은지 직접 물어보는 것이다.

- **MTF와 FTM**: 이 용어들은 각각 "남성에서 여성"으로의(male to female) 전환과 "여성에서 남성"으로의(female to male) 전환이라는 말의 머리글자를 딴 것이다. 이 용어들에는 개인이 전환하기를 원하는 방향이 내포되어 있다.

- **크로스드레싱**(Cross-Dressing): 이성의 옷을 입는 경우에 해당된다(예컨대 남자가 전통적인 여성의 복장이나 헤어스타일, 화장 등을 하는 경우). 크로스드레싱은 일종의 젠더 불복종 행위로 일컬어진다.

- **트랜스베스타이트**(Transvestite): 이성의 복장을 하는 남성 또는 여성을 의미한다. 대부분의 트랜스베스타이트들은 이성애자이고, 일반적으로 기혼남성이며, 성적 또는 심리적 쾌감을 위해 자기 집에서 비밀리에 이성의 옷을 입는다. 트랜스베스타이트와 여성분장자(female impersonators)를 혼동해선 안 된다. 여성분장자는 나이트클럽에서 이성의 옷을 입고 공연하면서 생계를 유지하는 사람을 말한다.

- **남장 여자**(Drag kings)/**여장 남자**(Drag queens): 이들은 이성애자 또는 게이/레즈비언이고, 대개의 경우는 공연을 하는 사람들이다. 공공장소에서 이성의 옷을 입는 게이나 레즈비언이 여기에 해당된다. 이들이 이성의 옷을 입는 것을 영어로 "being in drag"라고 표현하고, 여장을 한 남성들을 "drag queens(여장남자)"이라고 부른다. 즉 공연

을 위해 여성처럼 옷 입은 남성이나 공연을 위해 남성처럼 옷 입은 여성들을 의미한다.

- **성전환자**(Transsexuals): 이들은 그들의 남은 삶을 다른 젠더로 살고자 하는 강한 욕망을 가진 사람들이다. 성전환자들은 대개 그들에게 부여된 사회적 젠더에 대해 불안과 우울 등 가장 심각한 젠더 거부감을 경험한다. 이들 중 많은 수가 호르몬 치료나 성기전환수술을 받는다. 이들은 이성애자, 게이나 레즈비언, 또는 양성애자로 스스로에 대한 성정체감을 형성할 수 있다.

- **중성**(Intersexed) **또는 남녀양성자**(Hermaphrodite Individuals): 이들은 의학적으로 신체나 호르몬에 있어서 남성과 여성의 속성들을 모두 지니고 태어난 사람들을 말한다. 이러한 조건들이 출생 시 발견되면, 대부분의 경우 그 사람의 젠더는 신체적 젠더에 따라 결정된다.

출처: Mallon 2000: 143-145

Cass의 동성애자 정체성 형성 모델

Cass(1984:143)는 "동성애자 스스로가 경험하고 지각하는 동성애적 상황"에 초점을 둔 동성애자 정체성 형성 모델을 제시하였다. 많은 동성애자 정체성 발달 모델들의 공통적 주제는 정체성 발달에서의 변화와 성장의 중요성이다. 이는 Cass의 모델에서도 마찬가지이다. 그러나 Cass의 모델은 강점 관점을 취한다는 점과 사람들이 동성애자 정체성 획득을 부정적으로 바라볼 것이라는 가정을 취하고 있지 않다는 점에서 다른 모델들과 차이가 있다. 또한 Cass의 모델은 게이와 레즈비언 모두의 정체성 형성에 적용될 수 있다는 점에서도 다른 모델들과 구별된다.

Cass는 동성애자의 정체성 발달이 다양한 인지적, 행동적, 정서적 차원에 따라 여섯 단계로 진행된다고 보았다(1984:147). 그러나 모든 동성애자들이 각각의 단계들을 다 경험하는 것은 아니다. 즉, 경우에 따라 긍정적인 정체성 형성 단계로부터 이탈하여 부정적인 경로로 갈 수도 있고, 긍정적인 동성애자 정체성을 자신의 전체 자아상에 성공적으로 수용하고 통합하는 경우도 있다. 정체성 배제(identity foreclosure)란 개인이 동성애자 정체성 형성의 어느 단계에서 더 이상 다음 단계로 진행하지 않기로 결정하는 것을 말한다. 그러나 정체성 배제는 동성애 그 자체를 거부한다는 의미는 아니다. 다만 동성애적 감정을 따르지 않거나 동성애적인 행동을 하지 않기로 결심하는 것을 의미한다. 몇몇 연구자들은 Cass의 모델이 경험적으로 완전하게 검증이 되지 않았다는 점에서 큰 한계를 가지고 있다고 보았다. 그러나 Cass의 모델은 게이 정체성 형성에 관해 가장 널리 사용되는 모델이기 때문에 여기에서 구체적으로 소개하고자 한다. Cass의 동성애자 정체성 형성 단계는 다음과 같다.

1단계: **정체성 혼란**(Identity Confusion). 이 단계에 속한 개인들은 매우 혼란스러워 한다. 즉 자신의 "행위, 감정, 생각들이 동성애로 규정될 수 있음을 인식함에 따라 기존에 자신이 가진 성정체성에 의문을 품게 된다."

2단계: **정체성 비교**(Identity Comparison). 이 단계에 해당되는 개인은 동성애자 정체성의 가능성을 받아들인다. 그들은 자신과 비동성애자인 타인 간에 명백한 차이가 있음을 인식하고 소외감을 느끼게 된다. 정체성 배제가 발생하지 않는다면, 이들은 소외감을 해소하기 위해 다른 동성애자와 만나려는 시도를 하게 된다.

3단계: **정체성 용인**(Identity Tolerance). 이 단계의 특징은 동성애자로서의 자아상을 어느 정도 용인하게 된다. 그러나 이것은 수용(acceptance)을 의미하는 것은 아니다. 동성애자 정체성에 점점 몰두하게 되고, 그 결과 다른 동성애자들과의 동료애를 추구한다. 이 단계에서 이성애자들에게 자신의 정체성을 밝히거나 "커밍아웃"을 하는 경우는 드물다. 이성애자들과 공유하는 공적인 정체성과 동성애자들과 공유하는 사적인 정체성 모두를 동시에 유지하는 경향이 있다.

4단계: **정체성 수용**(Identity Acceptance). "동성애자 하위문화와의 접촉이 점차 늘어남에 따라, 동성애에 대해 보다 긍정적으로 생각하게 되고 동성애자 친구들과의 관계망도 발달하게 된다." 사회에 적응하면서도 동성애자의 생활양식을 유지하려는 노력을 기울인다. 일부 이성애자들, 특히 친구나 친척들에게 선별적으로 커밍아웃을 할 가능성은 있으나, 어떤 상황에서는 이성애자로 보이도록 이성애자인 척 하기도 한다.

5단계: **정체성 자부심**(Identity Pride). 이 단계는 동성애에 대한 자부심, 동성애자 집단에 대한 강한 충성심, 이성애에 대한 평가절하로 특징지워 진다. 또한 이 단계에서는 동성애자에 대한 사회적 낙인에 대해 강한 분노감을 표현한다. 이러한 분노로 인해 동성애자들은 그들의 정당성과 평등을 쟁취하기 위해 동성애자임을 공개하고 이성애자와 대립하기도 한다.

6단계: **정체성 통합**(Identity Synthesis). 비동성애자와의 긍정적 접촉을 통해 세상을 좋은 동성애자들과 나쁜 이성애자들로 단순하게 구분 지을 수 없다는 것을 이해하게 된다. 이와 함께 "사람들은 많은 다양한 특성들을 지니고 있고, 그 중 한 특성이 바로 동성애라는 사실"을 인식하게 된다. 동성애를 더 이상 숨기지 않고 생활하게 되며, 공적인 자아와 사적인 자아를 통합하는 긍정적인 정체성을 발달시킨다(1984:147-153).

초점: 노인

노화이론(Theories of Aging)

우리는 이미 4장에서 노화이론에 대한 전통적인 접근 중 하나인 분리이론(disengagement theory of aging)에 대해 검토하였다. 여기에서는 노화에 대해 보다 대안적인 접근들에 대해 살펴보고자 한다. Schroots는 2차 세계대전 이후로 발전해 온 주요 노화이론들을 요약하여 제시하였다(Schroots 1996:742).

Schroots는 먼저 분리이론(4장 참조)에 대해, 삶의 흥미를 유지하면서 사회에서 은퇴하지 않는 노인들도 많다는 점을 고려할 때, 분리이론은 편향적인 관점이라고 주장한다(1996:744). Baltes와 그의 동료들은 인간의 노화와 그 다양성에 대한 7가지 명제를 제시함으로써 인간의 노화에 대해 보다 전체적이고 균형적인 관점을 취하려는 시도를 하였다.

1. 일반적 노화, 병리적 노화, 최적의 노화(optimal againg)는 뚜렷이 구별되며, 이 중 최적의 노화는 발달촉진적이고 노인친화적인 환경적 조건에서 노화되는 것을 의미한다.
2. 노화 과정은 개인에 따라 많은 차이가 있다(이질성).
3. 노인들도 잠재적인 능력을 많이 보유하고 있다.
4. 노화가 진행됨에 따라 이러한 잠재적 능력 또는 적응성의 범위가 점차 축소된다.
5. 노인들은 개인적·사회적 지식(결정적 지능[4], crystallized intelligence)이 풍

---

4) 역자주- 결정적 지능: 세상의 여러 사실들에 대한 지식과 같이 교육이나 경험을 통해 습득 및 축적되는 특징을 갖는 다양한 정보나 지식, 인지적 기술이나 능력 및 문제 해결 책략의 목록 등을 지칭하는 것으로, 흔히 연령증가에 따라 증가됨

부해지는데, 이는 노화가 진행됨에 따라 감소되는 유동적 지능[5](fluid intelligence)을 충분히 대체할 수 있다.

6. 노화가 진행됨에 따라 장점과 단점들의 균형이 깨지고 점차 단점들이 더 많아지게 된다.

7. 노년기의 자아는 통합성을 이루고 유지하기 위한 하나의 탄력적 체계이다(Schroots 1996:745).

분리이론에 대한 반박으로, Havighurst는 활동이론(activity theory)을 제시하면서 "노인들이 긍정적인 자아를 유지하기 위해서는 노화의 진행으로 잃어버린 역할을 새로운 역할로 대체해야 한다고 주장하였다. 이처럼 활동이론은 노인에 관한 보다 현실적인 관점을 제시한다"(Schroots 1996:744). 이 두 이론들이 모두 노화에 관한 연구와 인식에 큰 영향을 미친 것은 사실이나, 이보다 더 새롭고 대안적인 이론은 바로 **노년초월론**(gerotranscendence)이다. Tornstam에 의해 개발된 이 이론은, 인간은 나이를 먹어감에 따라 "물질적이고 합리적인 관점에서 보다 우주적이고 초월적인 관점으로 인식의 변화를 경험하게 되며, 이로 인해 삶의 만족감은 증대된다."고 주장한다. 노년초월론에서는 "나이와 관련된 세 단계의 존재론적 변화"에 대해 설명한다. 우리는 이미 3장에서 존재론이 진리란 무엇인가에 관한 관점이라는 것을 설명하였다. Tornstam이 제시한 세 단계의 존재론적 변화는 다음과 같다.

1. 우주적 단계(Cosmic level) — 시간, 공간, 대상에 대한 인식의 변화, 과거와 미래 세대에 대한 친화력의 증가, 삶에 대한 인식의 변화, 죽음의 공포가 사라짐, 삶의 불가사의한 차원들을 수용, 우주적 사고와의 교감이 증가함.

2. 자아(Self) — 자신의 숨겨진 측면(선한 면과 악한 면)을 발견, 자기중심성의 감소, 이기주의에서 이타주의로의 자아 초월, 내면의 동심을 재발견, 자아통합.

3. 사회적·개인적 관계(Social and Individual relations) — 피상적 관계에 대한 관심 감소, 혼자만의 시간에 대한 욕구 증가, 자기 자신과 자신의 역할을 구별해서 보게 됨, 물질적인 것에 대한 흥미 감소, 깊이 사고하는 능

---

5) 역자주 유동적 지능: 분명한 목적의식을 띠고 의도적이고 계획된 사고행위로 새로운 문제를 해결하고 필요한 인지적 에너지를 적재적소에 할당하여 생산적이고 긍정적으로 문제를 해결하는 능력

력이 증가됨(Schroots 1996:746-747).

노년초월론은 분리이론과 활동이론 모두에 대해 대안을 제시하는 이론이다. 노년초월론은 두 이론의 요소들을 통합하여, 노화과정에 있어서 중요한 대안적 개념을 제시한다. 이러한 대안적 개념에는 시간, 공간, 대상에 대한 우주적 수준으로의 인식 전환, 지속적인 자기발견, 사회적·개인적 관계의 중요성에 대한 인식 변화가 포함된다.

초점: 장애인

미국의 장애인복지법(ADA: The Americans with Disabilities Act)

미국의 장애인복지법은 매우 중요한 법률로서, 우리 사회복지사가 함께 일하는 개인, 가족, 집단, 조직, 지역사회의 모든 수준에서 다양한 의미를 갖는다. Orlin는 "미국장애인복지법이 국가적 차원에서 장애인에 대한 기회의 균등, 전면적 참여, 독립적 생활, 그리고 경제적 자립을 보장한다."는 점에서 매우 중요한 의미를 지닌다고 설명한다(1995:234). 따라서 이 법의 목적은 사회경제적 정의를 달성하고자 하는 사회복지의 목적에 부합된다고 볼 수 있다.

미국장애인복지법의 적용범위

- ▶ 숙박시설
- ▶ 대중시설
  - 전시관
  - 오락
  - 여가
  - 운동
  - 교육
- ▶ 대중교통을 이용하기 위한 정거장
- ▶ 서비스 및 사회시설
- ▶ 식음료 제공시설(공공장소에서)(Orlin 1995:234)

미국장애인복지법: 장애의 정의

미국장애인복지법에 따르면, 장애는 "개인의 주요 생활 활동에 있어서 하나 혹은 그 이상을 상당히 제한하는 신체적·정신적 손상, 그리고 그러한 손상이 있다는 기록 또는 그러한 손상이 있는 것으로 간주되는 경우"를 의미한다 (Orlin 1995:234-235).

미국장애인복지법이 규정하는 장애의 정의를 보다 정확하게 이해하기 위해서는 법률상 규정하고 있는 "주요 생활 활동", 손상이 있다는 "기록" 또는 "손상이 있는 것으로 간주되는 경우", "합리적 편의제공(reasonable accommodation)", "부당한 부담(undue hardship)"과 같은 용어들의 의미를 잘 파악해야 한다. 미국장애인복지법에서 제시하는 **주요 생활 활동**이란 다음과 같다.

주요 생활 활동	
• 자기 자신에 대한 돌봄	말하기
• 일상적인 과업의 수행	숨쉬기
걷기	배우기
보기	일하기
듣기	

출처: Orlin M. The Americans with Disabilities Act: Implications for social services. Copyright 1995, National Association of Social Workers, Inc., Social Work. Adapted by permission.

손상이 있다는 **기록**이라는 말은 "정신질환이나 암의 병력을 가진 사람들, 혹은 정신지체 및 정신질환으로 잘못 진단받은 적이 있는 사람들을 보호하기 위해 제시된 조항"이다. 손상이 있는 것으로 **간주되는 경우**라는 것은 "다른 사람들의 인식에 따른 차별로부터 보호하기 위해" 규정되었다. 예컨대 심각한 화상을 입은 사람들은 스스로를 장애인이라고 생각하지 않지만, 다른 사람들은 그들을 장애인이라고 간주할 수 있기 때문에 차별을 겪을 수 있다(Orlin 1995: 235). Orlin는 "장애에 대한 공공정책이 인종이나 성차별에 대한 공공정책과 다른 점은 '**합리적인 편의제공**(reasonable accommodation)'이라는 개념"에 있다고 지적하면서, 미국장애인복지법을 다른 인권법과 구분하고 있다(1995:236). 이 개념은 고용주가 "장애인이 직무의 본질적인 기능을 수행할 수 있도록 그 장애인의 특수한 필요에 기초하여 개별적인 편의를 제공해야 하며, 이때 그러한 편의는

'부당한 부담'이 되지 않는 범위 내에서 이루어져야 한다는 것이다. 여기에서 부당한 부담이란 "큰 어려움이나 비용을 요하는 것"로 정의된다(ADA 1990). 부당하게 많은 비용이 들고 대대적인 공사를 요하거나 사업에 지장을 주는 편의제공, 또는 사업이나 조직의 성격이나 운영을 근본적으로 변경해야 하는 편의제공은 부당한 부담에 해당된다. 부당한 부담인지에 대한 평가는 조직이 편의제공을 위해 활용할 수 있는 자원에 따라 달라진다. 가령 소규모 기관과 대규모 학술의료센터는 편의를 제공할 수 있는 자원에 있어서 근본적으로 차이가 있다. 때로는 큰 비용이 들지 않으면서도 합리적이고 간단한 편의제공을 할 수 있다.(조직들이 장애인들을 위해 어떻게 합리적인 편의를 제공하는지에 관한 구체적인 사례는 8장 참조)

가족, 자원봉사자, 사회복지사에 대한 미국장애인복지법의 보호

미국장애인복지법은 또한 장애인들의 가족 및 기타 관련된 사람들을 보호하고 있다. 이는 "장애인과 관련 있는 사람들이 차별받는 것을 방지"하기 위해서이다. 예를 들면,

▶ 에이즈 환자에 대한 자원봉사자들은 그로 인해 고용주로부터 차별을 당하지 않도록 법적으로 보호받는다.
▶ 장애인의 배우자는 몸이 불편한 배우자를 돌봐야 하기 때문에 업무에 충실하지 못할 것이라는 이유로 고용주로부터 취업을 거부당할 수 없다.
▶ 에이즈에 걸린 형제자매가 있다는 이유로 아동이 주간보호센터의 입소가 거부될 수 없다(Orlin 1995:238).

이상과 같이 미국장애인복지법에서 제공하는 보호는 장애인들에게 서비스를 제공하는 사회복지사나 다른 전문직들에게도 매우 중요하다. 이는 전문가들이 장애인에 대한 전문적 서비스를 제공하는 과정에서 차별을 당하지 않도록 보장한다.

사회복지, 발달장애, 그리고 아동

사회복지사가 발달장애나 그러한 위험을 가진 아동 및 그 가족들에 대해

사회복지를 실천하는 데 있어서 점점 더 전문적이고 효과적인 서비스를 제공해야 될 필요성이 연방 정부적 차원에서 강조되고 있다. Malone과 그 동료들 (2000)은 1986년 장애인교육법 개정안에서 발달장애나 그 위험이 있는 아동뿐만 아니라 그 가족을 중심으로 서비스가 제공되어져야 할 필요성에 대해 명시하고 있다고 지적하였다. 다른 관련 연방법은 발달장애에 대한 지원과 권리장전에 관한 내용들을 포함하고 있다. Malone과 그 동료들은 특히 "발달장애에 대한 정의가 기능적 능력과 가족에 대한 민감성에 중점을 둔 조건들을 포함하는 방향으로 변화해 가고 있다."고 지적한다. 연방법은 또한 "발달장애의 가능성이 있는 유아들"도 법적으로 포괄한다. 여기에는 적절한 서비스가 없다면 "세 개 이상의 주요 생활 활동에서 상당한 기능적 제약이 생길 가능성이 있는" 5세 이하의 유아들이 포함된다. 여기에서 말하는 주요 생활 활동이란 다음과 같다.

- ▶ 자기 관리
- ▶ 수용 및 표현 언어
- ▶ 학습
- ▶ 이동능력
- ▶ 자기 지시
- ▶ 자립생활 능력
- ▶ 서비스가 제공되지 않을 때의 경제적 자립

Malone과 그의 동료들은 다음과 같이 지적한다.

아동들이 경험하는 발달문제는 발달의 중요한 영역에 해당되는 인지적, 사회적, 정서적 성장, 언어와 의사소통, 신체에 있어서 전형적인 발달을 하지 못함으로써 발생한다. 이는 타고난 유전적 영향에 의해서 발생할 수 있고, 환경적 영향에 의해서도 발생할 수 있으며, 두 가지 요인 모두가 원인이 될 수도 있다. 또한 이러한 발달장애는 출생 전 태아 상태에서 발생할 수도 있고, 출생 시에 발생할 수도 있으며, 출생 이후에 발생할 수도 있다.

Malone과 그의 동료들은 유전적이거나 선천적 조건뿐만 아니라 환경적 조건에 의해서도 발달지체나 발달장애가 발생할 수 있다고 보았다.

유전적 영향으로 발생하는 경우

▶ 다운증후군

▶ 취약성 X-증후군

▶ 페닐케톤뇨증(PKU)

▶ 태이색스병(Tay-Sachs disease)

환경적 영향으로 발생하는 경우

▶ 뇌염

▶ 수막염

▶ 풍진

▶ 납 중독

▶ 영양실조

▶ 아동학대(Malone et al. 2000)

Shonkoff, Hauser, Kraus, Upshur(1992, Malone et al. 2000)는 서비스의 필요성을 결정할 때 고려해야 할 3가지 행동 범주를 제시하였다.

1. 일상적인 행동에 관한 사회적 기대의 충족(적응행동)
2. 학습(놀이)에 대한 자발적 흥미
3. 대인 관계 발달(자녀-부모 간의 상호작용)

또한 Rubin(1990, in Malone et al. 2000)는 출생 후 발달장애를 초래할 수 있는 네 가지 주요 원인을 다음과 같이 밝히고 있다.

1. 중추신경계 감염
2. 사고
3. 납 중독
4. 심리사회적 취약성

이 네 가지 원인은 개인과 환경 모두를 고려한 다양한 체계수준을 반영한다.

인간행동이론과 사회복지실천

장애인과 사회경제적 정의(Justice)

Kopels는 미국 의회가 미국장애인복지법 통과에 앞서 실시한 연구조사에서, "4,300만 명의 미국인들이 하나 이상의 신체적 또는 정신적 장애를 갖고 있으며, 이들은 고용, 주거, 공공편의시설, 교육, 대중교통, 통신, 여가, 보호시설, 건강 서비스, 선거 및 공공 서비스와 같은 중요한 영역의 접근에 있어서 차별로 인한 심각한 불이익을 경험하고 있었다는 사실을 발견하였다."고 지적하였다 (1995:338). 또한 Kopels는 "통계적으로 볼 때 미국에서 장애인들이 가장 빈곤하고 교육수준이 낮으며 가장 큰 소수자 집단"이라고 밝히고 있다(U.S. House of Representative 1990). 장애인들의 극심한 빈곤은 이들이 접근 가능한 직업이 한정되어 있고, 훈련과 교육에 대한 기회가 제한적이기 때문인 것으로 파악된다. 즉, "장애인들은 전통적으로 열등한 지위에 놓이고, 임금이 낮은 직업에 고용되어왔다. 그들은 보다 높은 임금의 일자리를 위해 필요한 교육과 훈련에 있어서 평등한 기회를 갖지 못한다"(Kopels 1995:338).

미국장애인복지법(ADA)과 사회경제적 정의를 위한 옹호

Orlin는 "미국장애인복지법의 일차적 목적은 장애인이 미국사회의 주류에 전면적으로 참여하는 것이기 때문에, 기관들이 그들의 프로그램에 장애인들이 어느 정도 참여하고 있는지를 파악해야 한다고 주장한다. 1986년에 Louis Harris와 그의 동료들이 실시한 장애인에 대한 전국여론조사에 의하면, 장애와 빈곤, 무직, 저학력, 사회생활과 쇼핑 및 여가 참여의 실패 간에 높은 상관관계가 있는 것으로 나타났다"(1995:238).

Kopels는 사회복지학생들이 그들이 속해 있는 현장실습기관의 물리적·정책적 환경에 대해 문제를 제기할 수 있어야 한다고 강조하였다. 이 책을 읽는 독자 역시 다음의 질문들을 활용할 수 있기를 바란다.

물리적 환경

▶ 기관이 장애인 클라이언트들이 접근할 수 있는 계단, 경사로, 출입구, 식

수대, 화장실, 전화, 기타 편의시설을 갖추고 있는가?

▶ 어떤 환경이 개선되어야 하는가?

▶ 만약 학생 당사자가 현장실습과정 중에 장애인이 되었다고 가정할 경우, 장애인이 된 이후에도 그 기관에서 계속 일할 수 있는가 아니면 어떤 "합리적인 편의제공"이 필요한가?

정책적 환경

▶ 상담과정에서 필요한 경우 기관이 수화통역을 제공하는가?

▶ 시각장애인 클라이언트가 자신의 기록을 읽을 수 있는가?

▶ 클라이언트 기록의 비밀보장에 대해 일관적인 정책을 가지고 있는가? 혹은 에이즈환자 같은 특정 클라이언트의 기록에 불법적인 특수한 식별 기호를 포함하고 있지는 않는가?(1995:343).

초점: 남성

Kimmel과 Messner(1995:xiv-xv)는 "백인들이 자신들을 하나의 인종에 소속되었다고 생각하지 않으며, 자신들의 경험에서 인종을 중요한 요소로 생각하지 않는 것과 같이 … 남성들 역시 일상생활에서 젠더가 아무런 문제가 되지 않는 것처럼 자신들을 무젠더(gengerless)로 여기는 것 같다."고 지적하고 있다. 그럼에도 불구하고 Kimmel과 Messner는 많은 연구자들이 오랫동안 남성성(masculinity)에 대해 연구해왔다고 언급한다. 전통적으로 이러한 연구들은 다음 세 가지 모델에 초점을 두고 있다.

1. 생물학적 모델에서는 남성과 여성의 타고난 생물학적 차이가 남녀 간의 상이한 사회적 행동을 결정한다는 사실에 중점을 둔다.
2. 인류학적 모델에서는 남성이 된다는 것과 관련된 행동과 속성의 다양성을 강조하면서 비교 문화적 차원에서 남성성을 보고 있다.
3. 사회학적 모델에서는 남아와 여아가 그들의 타고난 생물학적 성별에 부여된 "성역할"에 어떻게 순응해 가는지에 관한 사회화 과정에 관심을 가

진다(Kimmel and Messner 1995:xv).

남성, 남성성, 그리고 정체성

Kimmel과 Messner(1995:xix-xx)는 남성성에 관한 전통적 연구모델들이 남성성의 의미를 문화보편적이라고 가정했다는 점, 역사적 현실을 간과했다는 점, 남성 정체성 발달에 있어서 중요한 권력문제를 고려하지 않았다는 점에서 많은 문제가 있다고 지적하였다. 지난 20년 동안 남성성에 관한 연구들은 많은 변화를 겪어왔으며, 이전의 전통적 관점에서 누락되었던 요소들과 현실들이 많이 반영되었다. 최근의 대안적 모델들은 남녀 간의 관계에 대해 깊이 있게 연구한 페미니스트 연구로부터 큰 영향을 받았다. 남성성에 관한 최근의 대안적 접근들에서 가장 주목해야 할 결과는 "권력의 역동이 젠더를 정의하고 설정하는 데 있어서 필수적인 요소"라는 사실이다. 기존의 전통적인 성역할 연구에서는 권력관계의 현실과 남성이 그러한 권력관계에서 지배적인 지위를 차지하고 있다는 사실을 모두 간과하였다. 그러나 대안적 모델에서는 "젠더관계에서 남성성이나 여성성에 관한 정의가 어떻게 결정되는지, 즉 한쪽 젠더의 정의가 어떻게 다른 한쪽 젠더의 정의에 영향을 미치는지에 관심을 가진다"(Kimmel and Messner 1995:xix).

Kimmel과 Messner는 다음과 같이 주장하고 있다.

남성성에 관한 연구는 남성들 간의 차이를 중심으로 남성의 삶을 이해하려는 새로운 국면으로 접어들었다. 이전 연구들에서는 하나의 남성성 형태(백인, 중년, 중산층, 이성애자)를 제시하고 이를 우리 사회의 모든 남성들에게 적용하고자 하였다. 따라서 남성 노동자 계층, 유색인 남성, 게이, 청년과 노인 남성은 전통적인 남성성 정의에서 크게 벗어난 것으로 간주되었다(1995:xix).

백인남성의 정체성 발달

Scott과 Robinson(2001)는 백인남성의 정체성 발달을 보다 잘 이해하기 위해서 "인종, 백인의 우월성, 젠더"를 고려한 "핵심모델(Key Model)"를 제시하였다. 이들은 자신들이 제시한 모델이 많은 전통적인 정체성 발달모델에서 특징적인 단선적 방향의 단계중심적인 모델이 아니라, "순환적이고 여러 방향으로 진행될 수 있는 모델"이라고 강조한다(Scott and Robinson 2001:418). 이 모델에서는 다섯 가지 유형의 발달 역동을 제시하고 있다. 모델에 관한 구체적인 내용은 다음과 같다.

유형1: 비접촉 유형(Noncontact type)

이 단계에서 개인은 다른 사람의 인종이나 자신의 인종에 대해 거의 아는 바가 없다 … 즉 인종이나 인종관계에 대해 무시하고, 부정하며, 최소화하려고 한다. 또한 젠더에 관해서도 극히 전통적인 관점을 가지고 있는데, 이들은 젠더 역할에 대해 매우 엄격하고 고정적이다 … 이 단계의 개인들은 현재 상태를 그대로 유지하기를 원하며, 차별을 시정하기 위한 어떤 법적 조치의 필요성도 느끼지 못한다. 이 단계는 여성과 유색인종에 대한 백인남성의 우월성을 강조하는 자민족중심주의(ethnocentrism)로 특징지워진다.

유형2: 폐쇄적 유형(Claustrophobic type)

이 단계의 백인남성은 아메리칸 드림의 현실을 부정하면서, 유색인종이나 여성들을 "이방인"으로 보고 비난하기 시작한다. "폐쇄적 유형"에 속한 백인남성은 유색인종과 여성들이 자신들 덕분에 분수에 맞지 않는 혜택을 누린다고 느낀다. 이 단계의 백인남성은 여성과 유색인종이 자신들의 특권에 접근하는 것을 차단함으로써 자신들의 권력을 유지하고자 한다. 특권이라는 것은 불가피하게 다른 사람의 희생을 전제로 한다. 이 단계의 백인남성들은 권력과 특권을 얻기 위해 경쟁하는 집단들이 너무 많다고 생각한다. 그들은 21세기에 여성과 유색인종, 이민자들로 구성된 새로운 노동자 집단들이 많아질 것에 대해 "불안"해한다. 그들은 다른 인종의 사람들과 여성들을 여전히 편견과 과잉일반화된 시각으로 바라본다 … 대부분의 백인남성은 유형1과 유형2의 태도를 보일 것으로 여겨진다. 발달상에 있어서 이러한 정체(stagnation)는 진정으로 갈등을 경험해보지 않았기 때문일 수 있다.

유형3: 의식적 정체성 유형(Conscious identity type)

이 단계는 백인남성이 여성과 유색인종에 대해 기존에 가지고 있던 신념체계와 전혀 상반되는 어떤 현실을 경험하게 되는 것으로 특징지워진다. 그러한 경험의 예로는 가령, 어려운 수술이나 까다로운 법정 소송에서 여성이나 유색인종이 백인남성을 대변하기 위해 노력하는 경우를 들 수 있다. 그 결과 그 백인남성은 자신의 주변에 존재하는 남성문화와 그것을 스스로 내면화하는 정도에 대해 재평가하게 된다. 그럼으로써, 그는 현재의 사회경제적 상황에서 자신이 다른 사람들을 바라보고 비난하는 데는 인종차별주의와 성차별주의가 중요한 역할을 했다는 것에 대해 인식하게 된다. 이 단계의 백인남성은 폐쇄적 유형에 계속 머무를 수도 있고, 아니면 여성과 다른 인종에 대해 현실적으로 인식하고 권력과 특권에 대해 재고하는 경험적 유형의 단계로 발전할 수도 있다.

유형4: 경험적 유형(Empirical type)

이 단계의 백인남성은 마침내 인종차별과 성차별이 실재하며(예컨대, 유색인종과 여성들의 주장이 허위가 아니며) 자신의 삶과 밀접하게 관련되어 있다는 사실을 인식하게 된다. 이 단계의 백인남성은 그동안 여성과 유색인종을 비난한 것에 대한 잘못을 깨닫게 되고, 여성과 유색인종은 그에게 직접적으로 영향을 미칠 수 있는 차별적 관행에 아무런 책임이 없음을 알게 된다. "경험적 유형"의 백인남성은 그동안 자신이 아메리칸 드림에 대해 가졌던 환멸이 어떤 근거에서 나왔는지에 대해서 의문을 제시한다. 그는 그동안 자신이 특별한 노력 없이 당연하게 누려왔던 특권들이 억압당한 여성과 유색인종의 희생에 의한 것이라는 사실을 인식하게 된다. 이 단계에서 백인남성은 자신들의 특권이 단지 자신의 피부색 때문이었고, 그로 인해 자신의 삶이 보다 편안하게 유지될 수 있었다는 것을 자각하게 된다 … 또한 이 단계의 백인남성은 권력과 특권을 향한 경쟁이 치열한 사회에서 자신이 그동안 어떤 역할을 해왔는지에 대해 의문을 갖게 된다.

유형5: 최적의 유형(Optimal type)

이 유형에 속한 백인남성은 모든 사람들이 생존을 위해서 공동으로 노력한다는 전체적 관점을 자신의 세계관으로 받아들인다. 이 단계의 백인남성은 인종이나 젠더 등의 어떤 동일한 정체성 집단과 상관없이 모든 사람들이 각기 다른 방식으로 생활하고 상호작용한다는 사실을 인식하는 것이야말로 진정으로 의미 있는 삶을 사는 것이라고 깨닫게 된다. 이 단계의 백인남성은 자신이 잃어버린 자아와 아직 탐구되지 않은 미지의 자아를 자기 자신과 가족, 그 외의 다양한 사람과의 교감을 위해 개방한다. 또한 인종과 젠더 관계, 그리고 그에 따른 역할에 대해 점점 더 많은 것을 알게 된다. 이 단계에서는 모든 사람이 인간으로서 고유한 가치가 있다고 평가된다. 타인을 지배하기 위해 권력을 획득하고자 하는 투쟁은 점차 사라진다. 이 단계의 남성은 억압에 관해 더 많은 것을 알게 되고 억압이 발생하는 구체적인 상황을 제거하고자 노력한다. 생존은 타인을 억압함으로써 보장되는 것이 아니라 자신과 타인이 평화롭고 조화롭게 살아감으로써 보장된다는 것을 깊이 인식하게 된다.

남성성(Masculinities)

최근의 대안적 접근들은 남성성을 다중적인 개념으로 보고, **남성성**이란 "서로 다른 남성들이 각기 다른 유형의 남성성을 구성하는 방식"이라는 새로운 개념으로 접근한다(Kimmel and Messner 1995:xx). Kimmel과 Messner는 **사회구성주의적** 접근을 통해 남성다움(maleness)과 남성성(masculinity)을 보다 완전하게 이해할 수 있다고 보았다. 여기서 말하는 사회구성주의 접근에서는 남성으로서의 한 개인의 정체성은 "그 개인이 소속된 문화에서 규정한 젠더의 역할을 학습하고, 문화에 보다 더 순응적이 되도록 지속적인 수정작업을 거치는 복잡한 상호작용과정을 통해 발달한다."고 본다. 또한 남성성에 대한 경험이 우리 사회의 모든 남성들에게 단일하고 보편적으로 일반화될 수 없다는 입장을 취한다. 즉 남성성에 관한 사회구성주의적 접근은 남성의 삶에 존재하는 다양한 남성성의 구성을 중요시하고 … 남성의 생애과정에서 남성성의 의미가 분명해지는 중요한 발달적 순간이나 제도적 위치를 고려한 **생애과정적** 접근을 취한다(Kimmel and Messner 1995:xx-xxi).

NOMAS: 남성다움(Maleness)의 대안적 유형

남성성과 남성다움에 관한 대안적 관점은 NOMAS(National Organization of

Men Against Sexism; 성차별주의에 반대하는 남성들의 전국적 조직)의 원칙에서 제시되었다. NOMAS는 남성의 삶과 인식을 향상시키기 위해 노력하는 조직으로 다음과 같이 주장한다.

전통적인 남성 역할은 많은 남성들을 자녀들과의 분리, 친밀한 관계의 결여, 감정의 부인, 경쟁력, 공격성, 일과 성공에의 집착과 같은 패턴으로 몰아간다. NOMAS는 남성들이 이러한 전통적인 남성성의 특성들을 거부하고 따르지 않는다면 훨씬 더 행복하고 만족스러운 삶을 살 수 있다고 본다. NOMAS는 남성에 관한 모든 문제, 특히 남성의 삶에서 어려운 이슈들에 관심을 가진다(1996:www)

Nomas의 원칙

NOMAS는 페미니스트를 지지하고, 게이 친화적이며, 인종차별에 반대하고, 남성의 삶의 질을 향상시키고자 하며, 그 밖의 계층, 연령, 종교, 신체능력을 포함한 폭넓은 사회문제에 대한 정의(justice)를 추구한다. 우리는 평등이라는 국가적 이상을 실현하는 것이야 말로 남성이 된다는 의미를 가장 잘 표현하는 것이라고 확신한다. 우리는 남성과 여성에게 동등한 기회가 부여되는 것이 양쪽 모두에게 이익이 될 것이라고 믿는다. 남성들은 남성우월성이 전제되어 있는 전통적인 남성성에 도전함으로써, 보다 행복하고 만족스러운 삶을 살 수 있다. 전통적인 남성성에는 나름대로 자신감을 갖고 강점을 발견하고자 하는 긍정적인 면도 있지만, 그보다는 제한적이고 부정적인 면이 훨씬 더 많다. 우리는 전통적인 남성성에 저항하고자 하는 남성들을 전폭적으로 지지한다. 우리는 남성들을 변화시키기 위한 조직으로서, 특히 남성들이 삶에서 경험하는 여러 가지 어려운 문제들에 주목한다. 우리는 완전평등을 추구하는 여성들의 지속적인 투쟁을 전적으로 지지한다. 우리는 페미니즘이 여성과 남성 모두에게 긍정적인 사회변화와 통찰력에 대한 관심을 불러일으켰다는 점에서 전폭적으로 지지한다. 우리는 여성에게 가해지는 경제적·법적 차별, 성폭력, 가정폭력, 성희롱 등에 반대한다. 여성과 남성은 이와 같이 서로 적대시하게 만드는 불합리한 일들을 척결하기 위해 함께 협력해야 한다. 대부분의 미국 남성들이 가장 불안해하는 것은 동성애에 대한 두려움이다. 이러한 동성애혐오증은 게이, 레즈비언, 양성애자들이 경험하는 많은 불합리의 직접적인 원인이 되며, 또한 이성애자 남성들을 위축시키는 제약으로 작용한다. 우리는 성적지향에 따른 모든 형태의 차별을 중단할 것을 요구하고, 게이 친화적인 사회를 만들고자 한다. 인종차별은 성차별과 마찬가지로 인류를 오랫동안 불평등하고 고립된 집단들로 분열시켰다. 인종차별은 우리 모두에게 영향을 미치며 우리 사회의 불평등과 억압의 주요 원천으로 작용한다. NOMAS는 우리가 소속된 조직, 지역사회, 그리고 우리 자신의 내부에 존재하는 인종차별주의에 대해 성찰하고 이를 타파하기 위해 노력한다. 또한 우리는 오늘날 많은 사람들이 계층, 연령, 종교, 신체적 조건 때문에 억압받는다는 사실을 인정한다. 우리는 그러한 불합리들이 권력의 불공평한 분배와 밀접하게 관련 있다고 믿는다. 우리의 목적은 우리 자신과 타인들을 변화시키는 것뿐만 아니라 불평등을 양산하는 제도를 개선하는 것이다. 이러한 원칙들에 근본적으로 동의한다면 어느 누구라도 NOMAS의 구성원으로 환영하는 바이다.

출처: http://www.nomas.org/principles

남성과 폭력

전통적인 남성성의 개념을 이해하고 변화시키기 위해 가장 주목해야 할 문제는 폭력이다. 우리는 6장에서 가족에서의 폭력에 관해 살펴볼 것이다. 여기에서는 남성이 고심하고 책임지고 해결해야 할 핵심 문제로서의 폭력에 대해 살펴보겠다.

여성에 대한 폭력

Stout는 남성의 통제와 폭력을 하나의 연속체상에서 설명함으로써, 여성에 대한 남성의 통제와 폭력의 정도를 평가할 수 있는 모델을 제시하였다. Stout는 "여성에 대한 폭력행위는 맥락 및 문화와 밀접하게 관련되어 있기 때문에, 사회복지전문가들은 폭력의 희생자, 생존자, 가해자를 다루는 데 있어서 폭력이 발생하는 맥락과 문화에 대해 면밀히 검토해야 한다고 주장하였다"(Stout 1991:307).

Stout(1991:307)는 "여성에 대한 통제는 은밀한 형태의 폭력에서 공공연한 형태의 폭력으로 진행된다."고 보았다. Stout의 폭력에 관한 연속체 모델은 다음과 같다.

1. 언어, 연구에 있어서의 편향성, 차별 대우
2. 길거리에서의 희롱
3. 경제적 차별
4. 성차별적 광고
5. 음란물
6. 성희롱
7. 구타
8. 성학대와 강간
9. 여성만을 대상으로 한 살해(Stout 1991:307)

Rothblum은 다음과 같이 강조한다.

우리 사회에서 섹스와 여성에 대한 폭력은 매우 밀접하게 관련되어 있다 …
대부분의 여성들은 남성으로부터 성폭력을 당하지 않기 위해 의식적 또는 무의식적으로 많은 노력을 한다(예컨대, 전화번호부에 이름을 올리지 않기, 자동응답기에 남성의 목소리를 사용하기, 밤에 혼자 운전하거나 외출하지 않기, 호신술 익히기 등등) … 많은 여성들이 섹스와 폭력에 대한 두려움에 사로잡혀 있기 때문에, 이러한 두려움으로부터 벗어나 자유롭게 생활하기란 현실적으로 매우 어려운 일이다(1994:628-629).

Levy는 미국 사회에서 폭력을 병리학적으로 보는 관점에서 벗어나 규범적인 관점으로 보도록 재개념화해야 한다고 주장하였다. 그녀의 주장은 다음과 같다.

폭력이 대다수 여성들에게 영향을 미치는 주류적 경험이라면, 이에 대처하는 21세기의 사회복지전략은 이 폭행을 특이한 병리현상으로서가 아니라 규범적인 문화 현상으로서 검토해야 할 것이다 … 페미니스트들은 폭력을 병리적으로 보거나 가족체계에서의 실패라고 보는 정신보건전문가들에 대해 이의를 제기하면서, 여성에 대한 폭력 역시 아동의 경우와 마찬가지로 문화적으로 용인되고 묵인된 행동으로 봐야 한다고 주장한다(1995:317-318).

Levy는 계속해서 다음과 같이 덧붙이고 있다.

여성에 대한 폭력을 병리적인 것에 국한해서 보는 시각으로부터 탈피하기 위해서는 사회에서 정상적인 남성성의 의미를 재정의해야 한다. 이를 위해서는 폭력행위를 의학적으로 진단 가능한 패턴 내지는 질병으로 범주화하는 것이 아니라 가해자가 책임을 져야 할 행위로 봐야 한다. 예컨대 남자 청소년들은 대개 여자 친구를 밀치거나 때렸을 때 이를 대수롭지 않게 생각했다가 데이트 성폭행으로 고소당하는 경우 깜짝 놀라게 된다. 그들의 행동이 범죄가 될 수 있다는 사실을 알게 될 때, 그들이 가지고 있는 정상적인 남성성의 개념은 흔들리게 될 것이다.(1995:320)

Levy는 "21세기의 사회복지개입에서는 강간과 폭행을 오직 '환자'의 행위로만 국한해서 보는 것이 아니라, 여성에 대한 증오 범죄로 정의되어야 할 필요성이 있다."고 주장한다. 이와 더불어 Levy는 "여성에 대한 폭력 근절을 목표로 하는 페미니스트 사회복지실천에서는 여성에 대한 폭력을 인권침해의 문제로 봐야한다."고 주장한다(1995:321).

폭력과 가해자

Levy(1995:323)는 폭력에 대한 개입과 예방에 관한 몇 가지 제안을 하였다. 예컨대 Levy는 **폭력예방**을 위해 기존의 이용가능한 모델들을 활용하여 아이들과 청소년들에게 건전한 관계를 형성할 수 있는 기술을 가르치도록 제안하였다. 그녀가 주장하는 기술들은 다음과 같다:

비폭력적 행동 학습에 필요한 기술들
▶ 의사소통
▶ 문제해결방법
▶ 분노조절
▶ 자기주장
▶ 상호 존중
▶ 융통성
▶ 젠더 역할에 대한 고정관념 개선
▶ 공감
▶ 스트레스 관리
▶ 갈등 해결
▶ 성적지향의 차이 인정
▶ 성적지향에 대한 책임과 존중(Levy 1995:323)

또한 사회복지사들은 여성에 대한 폭력을 예방하기 위해 다음과 같이 노력해야 한다.

▶ 지배와 종속관계가 아닌 동반자적 관계를 장려
▶ 남성성과 여성성을 재정의
▶ 권력의 역동에 대해 이해하고 여성에 대한 폭력을 사회적으로 묵인된 권력남용으로 인식
▶ 피해자의 폭력에 대한 반응을 병리적으로 보지 않고, 피해자의 강점을 인식하려고 함
▶ 여성들의 다양한 경험을 존중

▶ 개인의 변화뿐만 아니라 공동체와 사회의 변화를 고려한 해결책 추구
(Levy 1995:325)

성폭행이나 구타 경험을 가진 폭행 가해자에 대한 개입은 다음과 같은 내용을 강조하는 집단심리교육을 통해 이루어져야 한다.

1. 폭력행위에 대한 가해자의 책임과 폭력행위를 통제하기 위한 능력
2. 폭력행위의 심각성, 위험, 결과에 대한 자각
3. 여성을 지배하고 통제하려는 동기나 권리가 사회적으로 묵인된 권력남용이라는 사실과 남성으로서의 무기력함을 여성에게 해소하고자 하는 감정적 산물이라는 것에 대해 인식
4. 분노조절 기술
5. 여성에 대한 공감
6. 의사소통, 자기주장, 문제해결과 같은 대인관계 기술
7. 스트레스 관리 기술
8. 사회적 지지체계의 개발
9. 약물남용에의 대처(Levy 1995:323)

요약

Myers와 그의 동료들(1991)은 유색인종, 여성, 게이, 레즈비언, 양성애자, 노인, 장애인, 백인과 같은 다양한 집단 구성원들의 발달경험을 설명하는 발달모델들 간에는 중요한 공통점이 있다고 지적하였다. 이러한 발달모델들 간의 공통점은 다음과 같다.

a. 억압된 자신들의 정체성에 대한 부인, 평가절하, 인식부족
b. 자신들의 정체성에 대해 의문제기
c. 자신들의 하위문화에 몰입
d. 저평가된 자아의식의 한계점을 인식
e. 억압된 자아를 자신의 전체 정체성으로 통합(1991:54-55)

이 장에서 다룬 다양한 사람들 및 집단들에 관한 발달문제, 대안적 관점들 그리고 복합적인 다양성 간의 상호관계는 다른 장에서도 계속 강조될 것이다. 특히 개인의 발달문제는 다음 장에 소개될 개인 발달의 주요 환경인 가족과 밀접하게 연관이 되어 있다. 여기에서 다양성은 개인의 발달문제와 과업이 수행되는 환경인 집단, 조직, 공동체, 지구적 환경에서 지속적으로 중요한 역할을 할 것이다.

5장 복습

연습문제

1. Cross의 흑인 정체성 발달의 중요한 특징은 무엇인가?
   a. 정체성 발달에 있어서 가족의 중요성
   b. 소위 "검둥이에서 흑인"으로 변화되는 전환의 경험
   c. 도시와 시골에 사는 사람들 간의 정체성 발달 차이
   d. 교육수준 차이의 효과

2. 다음 중 Gilligan의 도덕 발달모델과 관련이 없는 것은?
   a. 도덕 문제는 맥락적이고 서술적인 사고를 통해 해결해야 한다.
   b. 도덕성은 인간권리에 대한 이해에 중점을 둔다.
   c. 도덕 문제는 책임의 상충으로부터 비롯된다.
   d. 도덕성은 돌봄 활동에 중점을 둔다.

3. Kopels에 따르면, 통계적으로 이 그룹에 속한 구성원이 미국에서 가장 빈곤하고 교육수준이 낮으며 가장 큰 소수자 집단이라고 밝히고 있다. 이 그룹에 해당되는 사람들은 누구인가?
   a. 장애인
   b. 히스패닉
   c. 아프리카계 미국인
   d. 미국 원주민

4. Herbert의 아프리카계 미국인 남성의 정체성 발달 연구의 주요 결과에 해당되지 않는 것은?
   a. 아프리카계 미국인도 Levinson의 연구에서 제시된 백인성인 남성들과 유사한 발달과정을 거친다.
   b. 아프리카계 미국인 남성에게는 인종과 인종차별에 맞서 인종 정체성을 확립하는 것이 전체 발달경험에서 중요한 부분을 차지한다.
   c. 멘토 관계가 강점의 중요한 자원이 된다.
   d. 아프리카계 미국인 남성은 사회적으로 만연한 장애, 모순, 불일치로 큰 스트레스를 경험한다.

5. 노화이론 중 하나로, "인간은 나이를 먹어감에 따라 물질적이고 합리적인 관점에서 보다 우주적이고 초월적인 관점으로 인식의 변화를 경험하게 되며, 이로 인해 삶의 만족감이 증대된다."고 주장하는 이론은 무엇인가?
   a. 참여이론   b. 노녀초월론
   c. 활동이론   d. 노년영성이론

6. Cass의 동성애자 정체성 발달모델에서, 개인이 동성애자 정체성의 가능성을 받아들이나 소외감을 느낄 수 있는 단계는 어느 단계인가?
   a. 정체성 비교
   b. 정체성 혼란
   c. 정체성 용인
   d. 정체성 수용

7. 다음 중 자기인식, 상호관련성, 성선설, 영성, 언어와 구전, 자립 등과 같은 원칙들이 포함된 정체성 발달모델은 무엇인가?
   a. 다차원적 인종정체성 모델
   b. Cross의 흑인 정체성 발달모델
   c. 상호작용모델
   d. 아프리카 중심주의 모델

8. 전통적인 남성성의 개념에서 이해하고 변화시키기 위해 가장 주목해야 할 문제는 무엇인가?
   a. 게이남성에 대한 편견 타파
   b. 폭력
   c. 부모양육
   d. 사회화

9. 자신들만의 공동체를 형성하여 끊임없이 자신들의 해부학적 젠더와 싸우면서 남성이나 여성으로서 자신들이 가지고 있는 젠더 정체성을 찾고자 노력하는 사람들을 부르는 용어는?
   a. 젠더역할
   b. 트랜스베스타이트
   c. 트랜스 젠더
   d. 크로스드레서

10. 전쟁난민 클라이언트를 대상으로 하는 사회복지사들이 이들을 위해 다루어야 할 이슈는 무엇인가?
    a. 발달적 지체
    b. 낮은 학업능력
    c. 또래 관계와 신뢰감 형성의 어려움
    d. 위에 해당되는 모든 이슈를 다루어야 함.

답: 1) b 2) b 3) a 4) c 5) b 6) a 7) d 8) b 9) c 10) d

참고문헌

Abrams, L., and Gibson, P. (2007). "Reframing multicultural education: Teaching white privilege in the social work curriculum." *Journal of Social Work Education, 43*(1), 147-160.

Aldarondo, F. (2001). "Racial and ethnic identity model, and their application: Counseling U.S. biracial individuals." *Journal of Mental Health Counseling, 23*(3): 238-255.

Andrews, A., and Ben-Arieh, A. (1999). "Measuring and monitoring children's well-being across the world." *Social Work, 44*(2): 105-115.

Belanky, Mary F., Clinchy, Blythe M., Goldberger, Nancy R., and Tarule, Jill M. (1986). *Women's ways of knowing: The development of self, voice, and mind.* New York. Basic Books, Inc.

Bent-Goodley, T. B. (2005). "An African-Centered approach to domestic violence." *Families in Society, 86*(2), 197.

Burdge, B. J. (2007). "Bending gender, ending gender: Theoretical foundations for social work practice with the transgender community." *Social Work, 52*(3), 243.

Bureau, U. S. C. (2008). The 2008 HHS Poverty Guidelines. Retrieved from http://aspe.hhs.gov/poverty/08Poverty.shtml

Burgess, C. (2000). "Internal and external stress factors associated with the identity development of transgendered youth." *Journal of Gay and Lesbian Social Services, 10*(3/4), 35-47.

Carter, R. T., and Jones, J. M. (1996). "Racism and white racial identity." In Bowser, B. P., and Hunt, R. G. (Eds.). *Impact of racism on White Americans.* (2nd Ed.). Thousand Oaks, CA: Sage.

Cass, Vivienne C. (1984). "Homosexual identity formation: Testing a theoretical model." *Journal of Sex Research, 20*(2): 143-167.

Chodorow, Nancy. (1974). "Family structure and feminine personality." In Michelle Zimbalist Rosaldo and Louise Lamphere. (Eds.). *Women, culture and society.* Stanford: Stanford University Press.

Chodorow, Nancy. (1978). *The reproduction of mothering: Psychoanalysis and the sociology of gender.* Berkeley: University of California Press.

Collins, Patricia Hill. (1990). *Black feminist thought: Knowledge, consciousness, and the politics of empowerment.* Cambridge: Unwin Hyman, Inc.

Cross, W. E. (1971). "The Negro to Black experience: Towards a psychology of Black liberation." *Black World, 20*(9): 13-27.

D'Augelli, A. R. (1994). "Identity development and sexual orientation: Toward a model

인간행동이론과 사회복지실천

of lesbian, gay, and bisexual development." In Trickett, E. J., Watts, R. J., and Birman, D. (Eds.). *Human diversity: Perspectives on people in context.* San Francisco: Jossey-Bass.

Demo, D. H., and Allen, K. R. (1996). "Diversity within lesbian and gay families: Challenges and implications for family theory and research." *Journal of Social and Personal Relationships, 13*(3): 415-434.

Eliason, M. J. (1996). "Working with lesbian, gay, and bisexual people: Reducing negative stereotypes via inservice education." *Journal of Nursing Staff Development, 12*(3): 127-132.

Evans-Campbell, T., Fredriksen-Goldsen, K., Walters, K., and Stately, A. (2007). "Caregiving exeriences among American Indian two-spirit men and women: Contemporary and historical roles." *Journal of Gay and Lesbian Social Services, 18*(3/4), 75-92.

Fong, R., Spickard, P. R., and Ewalt, P. L. (1996). "A multiracial reality: Issues for social work." In Ewalt, P. L., Freeman, E. M., Kirk, S. A., and Poole, D. L. (Eds.). *Multicultural issues in social work.* Washington, DC: NASW.

Food Research and Action Council, (2000). *Hunger in the U.S.* [Web site]. Food Research and Action Council. Available: http://www.frac.org/html/hunger_in_the_us/hunger_index. html [2000, 4/5/00].

Franklin, A. (1999). "Invisibility syndrome and racial identity development in psychotherapy and counseling African American men." *Counseling Psychologist, 27*(6): 761-793.

Gardner, H. (1983). *Frames of mind: The theory of multiple intelligences.* New York: Basic Books.

Gardner, H. (1993). *Multiple intelligences: The theory in practice.* New York: Basic Books.

Gates, G. (2006). *Same-Sex Couples and the Gay, Lesbian, Bisexual Population: New Estimates from the American Community Survey.* Los Angeles: Williams Institute on Sexual Orientation Law and Public Policy, UCLA School of Law.

Gibbs, Jewelle Taylor, and Huang, Larke Nahme, and collaborators. (1989). *Children of color: Psychological interventions with minority youth.* San Francisco: Jossey-Bass Publishers.

Gilligan, Carol. (1982). *In a different voice: Psychological theory and women's development.* Cambridge: Harvard University Press.

Gundry, L. K., Kickul, J. R., and Prather, C. W. (1994). "Building the creative organization." *Organizational Dynamics, 22*(4): 22-37.

Hammack, P. L. (2005). "An integrative paradigm." *Human Development, 48*(5), 267.

Harding, Sandra. (1986). *The science question in feminism.* Ithaca, NY: Cornell University Press.

Helms, J. E. (1994). "The conceptualization of racial identity and other 'racial' constructs." In Trickett, E. J., Watts, R. J., and Birman, D. (Eds.). *Human diversity: Perspectives on people in context.* San Francisco: Jossey-Bass.

Herbert, James I. (1990). "Integrating race and adult psychosocial development." *Journal of Organizational Behavior, 11:* 433-446.

Hopkins, N. (2008). "Identity, practice and dialogue." *Journal of Community and Applied Social Psychology, 18*(4), 363-368.

Hunter, S., and Sundel, M. (1994). "Midlife for women: A new perspective." *Affilia, 9*(2). "Is homosexuality biological?" (1991). *Science: 253,* 956-957.

Jacobs, James. (1992). "Identity development in biracial children." In Root, Maria P. P. (Ed.). *Racially mixed people in America.* Newbury Park, CA: Sage.

Jordan, Judith, Kaplan, Alexandra, Miller, Jean Baker, Stiver, Irene, and Surrey, Janet. (1991). *Women's growth in connection: Writings of the Stone Center.* New York: Guilford Press.

Keller, Evelyn Fox (1985). *Reflections on gender and science.* New Haven: Yale University Press.

Kich, George Kitahara. (1992). "The developmental process of asserting a biracial, bicultural identity." In Root, Maria P. P. (Ed.). *Racially mixed people in America.* Newbury Park, CA: Sage.

Kimmel, M. S., and Messner, M. A. (Eds.). (1995). *Men's lives.* (3rd ed.). Boston: Allyn and Bacon.

Kinsey, Alfred C. (1948/1998) *Sexual behavior in the human male.* Philadelphia: W. B. Saunders; Bloomington: Indiana University Press.

Kopels, S. (Fall 1995). "The Americans with Disabilities Act: A tool to combat poverty." *Journal of Social Work Education, 31*(3): 337-346.

Levy, B. (1995). "Violence against women." In *Feminist practice for the 21st century.* Van Den Bergh, N. (Ed.). Washington, DC: NASW.

Mallon, G. (2000). "Appendix A: A glossary of transgendered definitions." *Journal of Gay and Lesbian Social Services, 10*(3), 143-145.

Malone, M., McKinsey, P., Thyer, B., and Starks, E. (2000). "Social work early intervention for young children with developmental disabilities." *Health and Social Work, 25*(3): 169-180.

MayoClinic.com. (2009) Women's health: Preventing top 10 threats. http://www.mayoclinic.com/health/womens-health/WO00014

McCarn, S. and Fassinger, R. (1996). "Revisioning sexual minority identity formation: A new model of lesbian identity and its implications for counseling and research." *Counseling Psychologist, 24*(3): 508-536.

McQuaide, S. (1998). "Women at midlife." *Social Work, 43*(1): 21-31.

Miller, Jean Baker. (1976). *Toward a new psychology of women.* Boston: Beacon Press.

Miller, Jean Baker. (1986). *Toward a new psychology of women.* (2nd ed.). Boston: Beacon Press.

Miller, R. L. (1992). "The human ecology of multiracial identity." In Root, Maria P. P. (Ed.). *Racially mixed people in America.* Newbury Park, CA: Sage.

Myers, Linda J., Speight, Suzette, Highlen, Pamela, Cox, Chikako, Reynolds, Amy, Adams, Eve, and Hanley, C. Patricia. (1991). "Identity development and worldview: Toward an optimal conceptualization." *Journal of Counseling and Development, 70:* 54-63.

Nash, M., Wong, J., and Trlin, A. (2006). "Civic and social integration." *International Social Work, 49*(3), 345-363.

NOMAS. (1996). Available: http://www.spacestar.com/users/ abtnomas/history.html

Ogbu, John U. (1978). "Caste and education and how they function in the United States." In Minority education and caste: *The American system in cross-cultural perspective.* New York: Academic Press.

Orlin, M. (1995). "The Americans with Disabilities Act: Implications for social services." *Social Work, 40*(2): 233-234. Reprinted with permission.

Parham, T. (1999). "Invisibility syndrome in African descent people: Understanding the cultural manifestations of the struggle for self-affirmation." *Counseling Psychologist, 27*(6): 794-801.

Parham, Thomas A. (1989). "Cycles of psychological nigrescence." *The Counseling Psychologist, 17*(2): 187-226.

Parks, E. E., Carter, R. T., and Gushue, G. V. (1996, July/ August). "At the crossroads: Racial and womanist identity development in Black and White women." *Journal of Counseling and Development, (74):* 624-631.

PRB Reports on America Vol. 2, No. 1, February 2001, by Phyllis Moen, Population Reference Bureau, http://www.prb.org/Publications/ReportsOnAmerica/2001/The CareerQuandary.aspx

Rank, M., and Hirschl, T. (1999). "The likelihood of poverty across the American adult life span." *Social Work, 44*(3): 201-216.

Rothblum, E. D. (1994). "Transforming lesbian sexuality." *Psychology of Women Quarterly, 18.*

Sanders Thompson, V. (2001). "The complexity of African American racial identification." *Journal of Black Studies, 32*(2), 155-165.

Schroots, J. (1996). "Theoretical developments in the psychology of aging." *The Gerontologist, 36*(2).

Scott, D., and Robinson, T. (2001). "White male identity development: The Key Model." *Journal of Counseling and Development, 79*(4), 415.

Seipel, M. (1999). "Social consequences of malnutrition." *Social Work, 44* (5): 416-425.

Sellers, R., Smith, M., Shelton, J., Rowley, S., and Chavous, T. (1998). "Multidimensional model of racial identity: A reconceptualization of African American racial identity." *Personality and Social Psychology Review (Lawrence Erlbaum Associates), 2*(1), 18.

Simon, Gregory E., Evette J. Ludman, Jennifer A. Linde, Belinda H. Operskalski, Laura Ichikawa, Paul Rohde, Emily A. Finch, and Robert W. Jeffery. (2008). "Association between obesity and depression in middle-aged women." *General Hospital Psychiatry* 30(1), 32.39. http://www.pubmedcentral.nih.gov/articlerender.fcgi?artid=2675189

Snyder, C., May, J. D., Zulcic, N., and Gabbard, W. (2005). "Social work with Bosnian Muslim refugee children and families: A review of the literature." *Child Welfare, 84*(5), 607-630.

Spencer, Margaret Beale, and Markstrom-Adams, Carol. (1990). "Identity processes among racial and ethnic minority children in America." *Child Development, 61:* 290-310.

Spickard, P. R. (1992). "The illogic of American racial categories." In Root, Maria P. P. (Ed.). *Racially mixed people in America.* Newbury Park, CA: Sage.

Spriggs, W. (2006). "Poverty in America: The poor are getting poorer." *Crisis 113*(1), 14.19. Retrieved June 1, 2009, from Academic Search Premier database.

Stack, Carol B. (1986). "The culture of gender: Women and men of color." *Signs, 11*(2): 321-24.

Stout, K. D. (1991). "A continuum of male controls and violence against women: A teaching model." *Journal of Social Work Education, 27*(3): 305-319.

Sue, D. W., Capodilupo, C. M., Torino, G. C., Bucceri, J. M., Holder, A. M. B., Nadal, K. L., et al. (2007). "Racial microaggressions in everyday life." *American Psychologist, 62*(4), 271-286.

Wastell, C. A. (1996). "Feminist developmental theory: Implications for counseling." *Journal of Counseling and Development, 74,* 575-581.

Worrell, F., Cross, W., and Vandiver, B. (2001). "Nigrescence theory: Current status and challenges for the future." *Journal of Multicultural Counseling and Development, 29*(3), 201.

Yeh, C. (1999). "Invisibility and self-construct in African American men: Implications for training and practice." *Counseling Psychologist, 27*(6): 810-819.

6장

가족성에 대한 관점

Human
Behavior
and the Social
Environment

가족성

여러분은 이번 장의 제목인 "가족성(家族性, familiness)"이 무엇인지 궁금할 것이다. 왜 "가족"이 아닌 "가족성"인가? 이번 장의 목표는 가족을 보는 시각을 최대한 포괄적이고 다양하게 발전시키는 것에 있다. 이를 위해 우리는 가족이 여러 가지 형태와 크기로 형성되며, 다양한 가족구성원들에 의해 다양한 성취를 이루어간다는 점을 수용해야 한다. 이러한 가족의 다양성을 존중하기 위해서는 "최선인" 또는 "가장 적합한" 보편적 가족구조나 가족기능이 존재한다고 생각해서는 안 되며, 가족의 개념을 복합적이고 다양한 형태와 기능으로 확장시켜야 한다.

가족성이라는 개념은 제한적인 가족의 개념을 확장시킨다. 개인이자 한 가족의 구성원인 우리는 가족성의 개념을 통해 대안적 구조와 기능을 지닌 다양한 가족들의 모습을 인식할 수 있다. 가족성은 가족이 우리의 삶에서 사실상 중심적인 역할을 한다는 것을 강조함과 동시에, 가족과업의 수행과 가족욕구의 충족, 가족구조(형태)의 활용, 가족이 처한 환경적 맥락에 존재하는 커다란 가변성과 차이를 보여준다.

우리의 목표는 두 가지이다. 첫째는 대안적인 가족형태와 구조에 대해 보다 유연하고 유동적이며 다면적인 관점을 발전시키는 것이다. 둘째는 전통적인 가족의 구조와 기능을 보다 충분히 이해하는 것이다. 다소 색다른 용어인 가족성은 우리 삶의 많은 부분을 변화시키는 사회제도로서의 가족과, 사적이고 개별화된 영역으로서의 가족을 상기시켜 준다는 점에서 가장 중요한 함의를 지닌다.

가족성은 자녀의 출산과 양육, 친밀감과 안전 등의 전통적인 가족의 기능과 사회적 책임을 포함하며, 다양한 사람들로 구성된 가족을 정의함에 있어서 매우 다양한 구조와 가치, 맥락들을 인정한다. 가족성은 가족의 구조와 기능 같은 전통적인 관심사뿐만 아니라 문화, 젠더, 성적지향, 연령, 장애, 소득, 영성 등을 고려한다.

이번 장에서는 인간행동과 사회환경을 가족성의 맥락 속에서 이해하기 위하여 앞서 살펴 본 장들과 상호 연관된 관심과 이슈, 관점을 취한다. 이번 장의 내용은 앞으로 살펴볼 장들의 관점 및 내용들과도 연장선상에 있다. 우리는 4장과 5장에서 개인의 행동과 발달에 영향을 미치는 환경인 가족, 집단, 조직,

지역사회와 국제영역에 주목한 바 있다. 이 장에서는 가족성을 개인의 발달에 광범위하고 강력한 영향을 미치는 주된 맥락으로 다룰 것이다. 개별 가족구성원들은 가족의 구조와 기능 모두에 대해 광범위하고 강력한 영향을 미친다. 가족 및 가족의 이슈는 그들이 속해 있는 집단, 조직, 지역사회, 국제영역과의 상호작용을 통해 영향을 주고받는데, 이러한 관점은 3장에서 살펴본 체계적 관점과 일맥상통한다.

가족성이란, 인간행동과 사회환경을 보다 종합적으로 이해하기 위한 우리의 여정에서 일종의 교차지점이다. 이 교차지점에서 마주치는 우리의 개별적 삶과 경험은 다른 사람들과 주변의 체계로부터 영향을 받게 된다. 가족성은 우리가 살아가면서 내리게 될 선택과 경험의 질에 있어서 중요한 의미를 지닌다. 또한 가족성과 관련된 이슈들은 우리의 여정을 발전시킴에 있어 중요한 요소들이다.

그러나 우리가 가족에 대한 대안적 개념을 고려하는 경우, 여러 가지 측면에서 체계들 간의 경계가 모호해질 수 있다. 즉, 어디까지가 가족이고 어디서부터 집단, 조직, 지역사회, 세계가 시작되는 것인가를 판단하기 어려울 수 있다. 예를 들어, 가족을 소집단의 특정한 형태로 볼 수도 있다. 우리는 이러한 혼재를 골칫거리로 여길 것이 아니라, 인간행동과 사회환경의 이해를 위한 여정에 동반되는 모호함의 하나로 받아들여야 한다. 우리는 이러한 모호함을 활용하여 체계들 간의 상호의존성을 인식하고, 더 나아가 가족과 다른 수준의 체계들 간에 존재하는 모호한 상호의존성을 강점으로 발전시킬 것이다.

이번 장에서 가족과 관련된 다양한 모델들을 탐구하다 보면, 이러한 접근의 가정이 개인의 행동과 발달을 이해하기 위한 접근에서의 가정과 유사하다는 것을 알게 될 것이다. 예를 들어, 가족에 대한 많은 관점들은 가족발달이 단계적, 연대기적, 단선적으로 진행된다고 가정한다. 그 예로, 가족발달에 대한 특정 개념은 Erikson의 단계적 개인발달과 매우 유사하다. 이러한 유사성은 가족에 대한 전통적 관점에서 주로 나타나지만, 대안적 접근에서도 어느 정도 찾아볼 수 있다. 그 이유는 개인발달에 대한 대안적 모델과 마찬가지로 가족에 대한 대안적 개념 역시 전통적 모델로부터 출발하여 가족기능과 구조에 대한 시각의 변화, 확장 및 대조를 통해 발전되었기 때문이다. 우리는 가족에 대한 전통적 관점과 대안적 관점을 검토하기에 앞서, 가족의 정의방식과 오늘날의 가족들이 직면한 이슈 및 현실에 대한 사회복지적 함의를 살펴보고자 한다.

사회복지와 가족

사회복지적 함의

Hartman과 Laird는 사회복지사가 가족을 어떻게 정의하는가가 중요하다고 강조한다. 그들은 사회복지사의 가족에 대한 정의가 가족을 위한 실천모델의 성격에 직접적으로 영향을 미친다고 보았다. 또한 이들의 가족에 대한 정의는 지방, 주(州), 국가, 국제적 수준에서의 가족관련 정책에도 영향을 미친다. 예를 들어, 앞 장에서 언급한 것처럼 가족을 정의함에 있어서 게이나 레즈비언 가족 또는 함께 살고 있으나 법적으로는 인정받지 못하는 사람들을 가족으로 포함시키지 않는다면, 이들은 가족구성원들이 일반적으로 누리는 급여와 권리에 대한 자격을 얻지 못하게 된다. 여기에는 건강보험·생명보험제도의 보장범위나 병원의 가족면회제도와 같은 다양한 급여와 권리가 포함된다. 또한 Hartman과 Laird는 사회복지사가 실천현장에서 가족과 관련된 이슈를 다룰 때, 가족에 대한 자신의 개인적 정의와 경험으로부터 영향을 받게 된다고 강조한다.

가족현실의 변화

오늘날, 가족들이 직면한 가장 중요한 현실은 아마도 '변화'일 것이다. 이것이 의미하는 바는 소위 보통의 **핵가족**(nuclear family, 가장으로서의 남편, 주부로서의 아내, 자녀들이 다른 친척들로부터 분리되어 생활하는 가족)에 해당하지 않는 다른 다양한 형태의 가족들이 증가하고 있다는 것이다. 이러한 변화의 분위기를 이끄는 힘에는 페미니스트 운동, 다수의 가장이 필요하도록 압박하는 경제적인 불안, 이민, 이혼율의 증가, 한부모 가정, 재혼, 동거, 동성 간 결혼 등이 포함된다(Walsh 2003).

그 밖에 다른 다양한 변화에 대해서도 관심이 높아지고 있다. Walsh에 의하면, 신생아 4명 중에 1명은 미혼모에게서 태어나며, 십대소녀 4명 중에 1명이 임신을 한다. 출산경험이 있는 전체 십대소녀 중에서 절반가량, 아프리카계 미국인 십대소녀 중에서는 90% 이상이 미혼이다. 이처럼 "아이가 아이를 낳는 것"은 장기적 빈곤이나 양육의 문제 외에도 건강과 심리사회적인 문제들이 발생할 위험이 크다(2003). 그러나 최근 들어 십대의 임신율은 감소하는 추세이다.

사회환경과 인간행동: 사회환경과 가족

사회복지사의 정책수단으로서의 가족

가족(가구)은 정책발전을 위한 분석의 기본단위 중 하나이다. 예를 들어, 미국인구조사국의 자료수집 및 분석의 기본단위는 가족 혹은 가구이다. 인구조사 자료는 빈곤을 정의하거나 다양한 복지 프로그램의 불평등을 측정함으로써, 기본적 영역의 정책을 규정하고 수립하기 위해 활용된다. 가족 혹은 가구는 가족뿐만 아니라, 개인과 지역사회, 전체 국가를 포함하는 여러 체계 수준에서의 삶의 질과 복지에 영향을 미치는 다양한 조건과 경향을 이해하기 위한 연구와 분석의 단위이다.

가족과 빈곤

미국 도시연구소의 미국가족전국조사(National Survey of America's Families: NSAF)는 13개 주(州)의 100,000명을 대표하는 40,000가구 이상을 조사하여 여러 지역의 개인과 가족의 복지와 관련된 자료를 수집하고 분석하였다(Adi-Habib, Safir & Triple n.d.). NSAF에 따르면, 저소득 비노인의 46%는 "지난해에 식생활 문제를 경험한 가족"의 구성원이었다(Zedlewski 2003). 가족의 빈곤은 인종 및 민족과 관련된다. 백인은 다른 집단에 비해 덜 빈곤하며, 흑인과 히스패닉계 가족이 빈곤할 확률은 백인 가족에 비해 3배가량 높다(Staveteig and Wigton 2000).

정보격차: 기술과 가족—인종과 소득의 영향

기술의 분배와 접근에 대한 평가는 경제적·사회적 복지의 측면에서 중요한 요소이다. 개인과 가족의 인터넷 접근 및 이용이 증가하고 있지만, 중요한 것은 이러한 인터넷 이용이 개인의 인구학적 변수의 차이와 가구 혹은 가족의 소득에 따라 상당히 달라진다는 점이다. <표 6.1>은 경제적·사회적 복지에서 기술이 점차 중요해지면서 다양한 인구집단별 기술의 분배와 접근성에 대한 관심이 커지고 있음을 보여준다. 이는 곧 가족과 가구가 기술을 획득하고 사용하는 능력을 평가하는 것에 대한 관심이다.

Kennedy와 Agron(1999)은 "2세기가 넘는 시간 동안 기회의 평등은 미국사회의 근간이었지만, 사회가 항상 이상에 부합할 수만은 없다. 멀리 갈 필요도 없이, 교외의 부유층 고급 주택가와 시내의 노후 빈민가 또는 가난한 시골의 금방이라도 무너질 것 같은 집들 사이의 격차를 떠올려 보라."고 지적하였다. 또한 그들은 "급속히 촉진된 기술력과 인터넷을 통한 방대한 양의 정보가 부자와 빈자들 사이의 깊은 틈을 메울 수 있을 것"이라는 교육자와 지도자들의 낙관주의에 대하여, "만약 정보격차 자체가 빈자들의 기술 접근을 막는다면, 기술은 이러한 격차를 줄일 수 없을 것"이라고 경고하였다(Kennedy and Agron 1999).

「인터넷의 실패: 정보격차의 본질(Falling Through the Net: Defining the Digital Divide)」이라는 미국 정부 보고서에 따르면, "경제적 성공과 자기계발에 있어서 개인용 컴퓨터와 인터넷 같은 정보수단들이 점차 중요해지고" 있다(National Telecommunications and Information Administration 1999). 따라서 이러한 정보수단에 접근할 수 있는 자와 그렇지 못한 자 사이의 괴리를 뜻하는 **정보격차**(digital divide)가 심각하고 복잡한 문제가 된다. 기술에 대한 접근성이 있으며, 그 기술을 사용할 준비가 되어있는가는 사회복지사의 주요 관심사인 사회적·경제적 복지를 결정하는 중요한 요인이다.

정보격차는 개인, 가족, 지역사회, 전 세계의 국가들, 그 중에서도 특히 개발도상국의 빈곤에 영향을 미치는 복잡하고 다층적인 요인이다. 빈곤과 기술 간의 복잡한 상호관계는 빈곤을 감소시키기 위한 다양한 요인들이 어떻게 평가되고, 이해되며, 다루어져야 하는가를 극명하게 보여준다. 정보격차에 가장 큰 영향을 미치는 요인은 소득, 인종과 민족, 지리적 위치, 교육 등으로 이해된다.

정보격차는 주로 컴퓨터나 인터넷 같은 새로운 정보기술의 문제로 나타나지만, 이는 동시에 전화 등의 기본적 기술에 대한 접근성의 문제이기도 하다. 왜냐하면, 가정에서 인터넷에 접근하기 위한 일차적 수단은 전화선이나 모뎀 연결(내지는 표준·고속 DSL이나 케이블TV 회사)이기 때문이다. 오늘날 대부분의 가구는 전화기를 보유하고 있지만, 여전히 전화서비스를 이용하지 못하는 가구가 존재한다. 전화서비스 미가입의 패턴은 불평등한 정보기술 접근성과 높은 빈곤율과 관련된 요인들인 인종과 민족, 교육, 소득, 지리적 위치와 밀접하게 연관된다. 이는 케이블TV에 대한 접근성이나 가입능력의 경우에도 마찬가지이다.

표 6.1 인터넷 이용자에 대한 인구통계

다음은 2008년 12월에 조사한 각 집단의 인터넷 이용률이다. 예를 들어, 성인 여성의 75%는 인터넷을 이용하고 있다.

	인터넷 이용
총 성인	74%
여성	75
남성	73
연령	
18-29	87%
30-49	82
50-64	72
65 이상	41
인종 / 민족	
백인, 비(非)히스패닉	77%
흑인, 비(非)히스패닉	64
히스패닉**	58
지역	
도시	71%
도시근교	74
지방	63
가구소득	
연간 $30,000 미만	57%
$30,000-$49,999	77
$50,000-$74,999	90
$75,000 이상	94
교육수준	
고졸 미만	35%
고졸	67
대학 중퇴	85
대졸 이상	95

출처: Pew Internet & American Life Project, November 19-December 20, 2008 Tracking Survey.
N = 18세 이상의 성인 2,253명, 502건의 휴대전화 면접조사 포함. 오차범위 ± 2%.

2005년 1월 조사 이전에, 인터넷 이용자를 파악하기 위한 문항은 '당신은 인터넷이나 월드와이드웹(www)에 접속하거나, 이메일을 주고받기 위해서 온라인에 접속한 적이 있습니까?'였다. 현재는 '당신은 가끔이라도 인터넷을 이용합니까?'와 '당신은 가끔이라도 이메일을 주고받습니까?'의 두 문항으로 질문한다.
** 이 조사에서의 히스패닉은 영어나 스페인어를 사용하는 응답자 모두를 포함한 수치이다.
최근 업데이트 2009년 1월 6일.

가족과 국제적 이슈: 이민

이번 장은 이민을 가족의 문제로서 고려하고자 한다. 그 이유는, 많은 이민자들이 가족을 통해 입국하기 때문이다. 미국이민변호사협회(American Immigration Lawyers Association: AILA)에 따르면, "합법적 이민자 11명 중에서 8명은 가까운 식구들과 함께 살기 위해서" 입국한다. AILA에 의하면, "가족초청 이민자들은 미국시민의 직계가족(배우자, 미혼자녀, 부모)으로서 입국하거나, 영주권자의 친척과 미국 시민권자의 형제자매를 위한 가족특혜제도를 이용하여 입국"한다. AILA는 "이민법이 가족의 재결합에 기초하고 있음을 쉽게 알 수 있다. 이는 가족의 가치를 지원하고 강화하기 위한 정부정책들 중에서도 가장 가시적인 영역이다. 가족의 결합은 견고한 가족을 만들고, 이는 나아가 견고한 지역사회의 형성으로 이어질 것이다"라고 언급한다. 이민의 두 번째 우선권은 미국 기업과 산업에 필요한 기술을 가진 소수의 사람들에게 주어진다. 이민정책의 세 번째 우선권은 종교 및 정치적 박해로부터 도피하여 탄압받고 있는 사람들에게 적용된다. 이는 신앙과 관습으로 인해 "인종청소, 종교탄압, 고문, 심지어는 죽음"에 직면한 사람들을 보호하기 위한 목적이다.

이민의 종류, 우선순위, 범주

사회복지사는 종종 이민자와 그 가족에게 서비스를 제공하게 된다. 그들에게 효과적인 서비스를 제공하기 위해서는, 실제로 누가 미국으로 이주해올 수 있는가를 알고 있어야 한다. 미국이민법을 집행하는 정부단위는 미국법무부의 이민귀화국(U.S. Department of Justice, Immigration and Naturalization Service)이다. 이민귀화국은 이민의 종류, 이민자 유형별 우선권, 이민신청자격에 대한 다수의 "범주"를 규정하고 확인한다. <표 6.2>는 이민자의 유형과 미국 정부가 적용하는 우선순위를 나타낸다. <표 6.3>은 "특별이민자"에 관한 자세한 내용과 추가설명이 필요한 하위범주를 규정하고 있다.

표 6.2　이민의 유형

가족이민 (Family-Based Immigration) 직계존비속 • 미국시민권자의 배우자 • 미국시민권자의 21세 미만인 미혼자녀 • 미국시민권자의 부모	1순위 • 21세 이상인 미국시민권자의 미혼자녀들 2순위 • 영주권자의 배우자와 자녀들 • 21세 이상인 영주권자의 미혼자녀들 3순위 • 미국시민권자의 기혼자녀들 4순위 • 미국시민권자의 형제자매
취업이민 (Employment-Based Immigration)	1순위 • 우선순위취업자 • 과학, 예술, 교육, 사업, 운동에 비상한 능력을 가진 외국인 • 탁월한 교수 또는 연구원 • 외국계 회사 또는 미국 계열회사나 자회사 근무를 위해 미국으로 이주한 경영자와 중역 2순위 • 고학력 전문가와 특별한 능력의 소유자 3순위 • 숙련공, 전문가, 그 외 근로자 4순위 • 특별취업이민(표 6.3 참고) 5순위 • 고용창출(투자자)

출처: 미국 국토안보국, 미국 이민국(www.uscis.gov. 2009년 5월 21일)

표 6.3   특별이민의 범주

기본설명	추가정보
파나마운하 기업의 고용인	해당 없음
의사	해당 없음
미국에 일정기간 체류한 외국 의과대학 졸업생	해당 없음
미국정부의 공식적인 외국인 장기 고용인	해당 없음
미국에 일정기간 체류한 국제기구의 은퇴 각료 혹은 고용인	해당 없음
군대의 일원	해당 없음
미군에서 적어도 12개월 동안 통역사로 일한 아프가니스탄과 이라크 국민	해당 없음
아메라시안(Amerasian)[1]	• 1950년 12월 31일에서 1982년 10월 22일 사이에 미국 시민권자인 아버지에게서 태어난 대한민국, 베트남, 라오스, 캄보디아, 태국 출생의 외국인
청소년 특별이민	• 21세 미만으로 미혼인 자 • 미국아동법원이 직접 관리하고 있거나, 정부기관이 장기간 보호하고 있는 청소년 • 청소년 혹은 부모의 본국이나 최근 거주지로 돌아가는 것이 청소년 본인에게 최선이 아닌 것으로 판단되어, 관리와 사법절차의 대상인 청소년
미국 시민권자나 영주권자의 폭력과 학대를 당하고 있는 배우자 혹은 자녀의 직접 신청	• 현재 학대를 받고 있는 미국 시민권자나 영주권자의 배우자 혹은 자녀 • 가족관계에 따른 이민범주의 자격에 해당하며, 현재 미국에 거주하고 있을 것 • 미국 시민권자나 영주권자인 가해자와 함께 미국에서 거주하였을 것 • 폭력이나 극심한 가해행위의 대상이었을 것 • 미국 시민권자나 영주권자로부터 폭력이나 극심한 가해행위를 당한 도덕적으로 흠이 없는 배우자, 자녀의 부모, 자녀 • 신변이송이나 추방이 자신이나 자녀에게 심각한 곤란을 가져오는 자 • 가해자인 미국 시민권자나 영주권자와의 결혼이 선의에 의하였을 것
종교관계 종사자	• 미국 내 선의의 비영리, 종교단체의 종파에서 2년간 종사한 외국인 • 아래와 같은 직업, 전문적 업무 또는 기타 업무에 2년간 지속적으로 종사하고 있으며, 미국에 단독으로 입국한 자 • 종파의 성직자 • 직업상 종교적 전문 능력을 가진 자 • 비영리 단체나 제휴기관에서 종교 관련 직업을 가진 자

출처: 미국 법무부(2000).

---

1) 아시아인과 미국인 사이에 태어난 자녀

이민자와 억압/차별

유감스러운 사실이지만, 미국의 이민자들은 이민자라는 그들의 신분 때문에 차별과 억압을 받게 될 수도 있다. 미국에서 이민은 개인과 집단들 사이에 많은 의견대립을 일으켜 온 문제이다. 미국이 이민자들의 국가임에도 불구하고, 많은 미국인들은 이민자를 두려워하고 의심스러워하는 경향이 있다. 이민자들에 대한 편견과 차별은 흔한 일이지만, 이들에 대한 추측의 대부분은 사실에 근거하지 않은 것들이다. 예를 들어, 이민자들이 국가경제와 공공서비스를 고갈시키므로 이민을 줄이거나 막아야 한다는 주장이다. 그러나 사실 "이민자들은 그들이 받는 공공서비스보다 더 많은 세금을 납부하며, 미국에서 태어난 사람들보다도 공공부조를 덜 수급 받는다"(Hernandez and McGoldrick 1999). Hernandez와 McGoldrick (1999)에 따르면, "합법적인 이민가족과 불법체류가족이 한 해 동안 내는 세금은 약 70만 달러이지만, 그들이 받는 서비스는 43만 달러에 불과하다."

또한 사람들은 미국 이민자의 대다수가 불법체류자일 것이라고 믿는다. 그러나 AILA의 보고에 의하면 "불법체류자는 전체 미국인구의 1%를 차지할 뿐이다. 대중들의 오해와는 달리, 대부분의 불법체류자들은 불법으로 캐나다나 멕시코의 국경을 넘어 미국에 들어오는 것이 아니다. 불법체류자 10명 중에 6명은 학생, 여행, 사업 비자를 가지고 합법적으로 미국에 입국하였으나 비자기간이 만료된 후에도 미국에 머물러서 불법체류자가 된 사람들"이다(Hernandez and McGoldrick 1999).

이민이 가족과 아동에 미치는 영향

이민의 절차는 이민자 가족 모두에게 스트레스가 되며, 이민을 결정하게 만든 상황에 따라서는 가족구성원들의 존속 자체를 위협할 수도 있다. Hernandez와 McGoldrick은 다음과 같이 지적하였다.

이민의 이유는 일, 학업, 정치적·경제적 생존, 생활선택권의 증가 등으로 다양하다. 가족들은 탄압과 기근, 미래가 없는 삶에서 벗어나기 위해 이주하기도 한다. 세계적으로 이주가 일반화되었지만 이민자들은 여전히 지속적인

과도기를 거치면서 스트레스를 겪고 있으며, 사회적으로 인정받기도 어렵다 (1999:170).

이민에 동반되는 스트레스는 가족구성원과 그들이 위치한 생애주기지점에 따라 달라진다. 예를 들어, "문화적응의 절차는 가족의 위계와 역할을 뒤바꿈으로써 가족구조를 위협할 수도 있다." 어린아이들은 나이든 가구원들보다 문화적응이 빠르다. 아이들은 가족을 떠나 학교와 지역사회에 편입되면서 자신의 원문화로부터 멀어지게 된다. 또한 아이들은 부모보다 빠르게 새로운 문화에 적응하기 때문에 "새로운 문화를 부모에게 소개하는 일을 떠맡게" 되는데, 이로 인해 부모의 리더십이 위협받게 될 수도 있다(Hernandez and McGoldrick 1999). 미국사회는 복잡한 특징과 억압의 가능성을 지니는 이민가족들로 인해 변화하고 있으며, 사회복지사들은 가족구성원들의 행동에 영향을 미치는 이러한 사회환경적 맥락을 인식하고 이해해야 한다.

Mather는 이민가족의 아동을 "미국에서 태어나지 않았거나, 외국태생의 아버지 또는 어머니와 거주하고 있는 18세 이하의 아동"으로 정의한다. 덧붙여 "외국태생이란, 미국시민이 아닌 사람 혹은 귀화를 통해 미국시민이 된 사람들"이라고 설명한다(Mather 2009:2). <표 6.4>는 이민가족 아동의 커다란 증가를 보여준다.

가장 크게 증가한 이민가족 아동은 단연 멕시코에서 온 아동들이다. [그림 6.1]은 미국의 이민아동 및 그들의 출신지 분포를 나타낸다.

이민가족의 아동은 다른 아동에 비해 빈곤을 경험할 확률이 매우 높다. 이는 [그림 6.2]에 나타난다.

표 6.4   전체 미국아동 중 이민가족아동 점유율의 증대(1990년~2007년)

이민가족의 아동		
연도	아동 수(단위: 천명)	전체 미국아동 중의 비율(%)
1990	8,331	13
2000	13,538	19
2007	16,548	22

출처: PRB analysis of decennial census and American Community Survey in Mather, 2009:2.

그림 6.1   출신국별 이민가족 아동의 수, 2007년 (천명)

이민가족 아동의 5분의 2가량이 멕시코에서 태어났거나, 부모가 멕시코 출신이다.

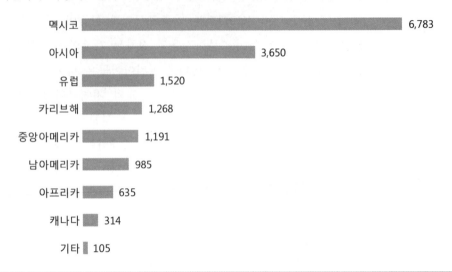

멕시코	6,783
아시아	3,650
유럽	1,520
카리브해	1,268
중앙아메리카	1,191
남아메리카	985
아프리카	635
캐나다	314
기타	105

출처: PRB analysis of the 2007 American Community Survey in Mather, 2009:3

그림 6.2   아동비율, 2007년

이민가족 아동은 다른 아동에 비해 저소득가정이나 빈곤가정에 살고 있을 확률이 크며, 이는 장기적으로 부정적인 결과를 초래한다.

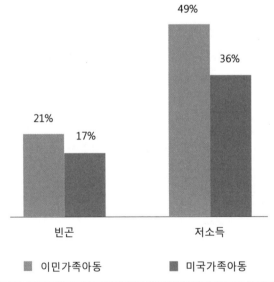

출처: PRB analysis of the 2007 American Community Survey in Mather, 2009:2

가족성을 이해하기 위한 접근

가족성에 대한 전통적 관점과 대안적 관점을 탐구하기에 앞서, 가족의 복잡성을 이해하기 위한 두 가지 접근법을 검토하고자 한다. 첫째, 생애주기이론을 통한 개인의 발달단계와 가족에 작용하는 사회적 환경의 상호작용에 대한 이해와 둘째, 가족을 대상으로 실천하기 위한 가족중심접근법에 대한 탐구가 그것이다. 가족중심사회복지실천은 강점기반사회복지와 마찬가지로, 다양성에 대한 공감과 다양한 차원의 대안적 패러다임 사고를 지닌 새로운 접근법이다.

가족중심실천

가족을 고려하여 가족과 함께 실천하려는 대안적 접근법을 가족중심접근법이라고 부른다. Rounds 등은 "가족중심접근법에서는 전문가가 아닌 가족구성원들이 자신의 가족구성원이 누구인가를 결정한다"는 것에 주목한다. 또한 "가족중심접근법은 가족과 가족전문가의 협력을 강조하는데, 이들 간에는 높은 수준의 신뢰, 상호존중, 참여가 요구된다."고 설명한다(Rounds et al. 1994:9). 가족중심접근법의 실천은 보통 가족보존의 관점과 관련된다.

가족보존

Ronnau와 Sallee는 가족보존(family preservation) 관점의 바탕이 되는 가치들에 대하여 다음과 같이 설명한다(Ronnau and Marlow 1993:540-541).

▶ 소수의 예외를 제외한 모든 연령대의 사람들은 중요한 자원인 가족에게 돌아가거나 의지함으로써 최선의 발전과 삶의 향상을 이룰 수 있다.
▶ 가족구성원들의 가치관과 지역사회 유대를 비롯한 민족적, 문화적, 종교적 배경은 실천과정에서 중요한 자원이다.
▶ "가족"의 정의는 매우 다양하므로, 각 가족을 고유한 체계로 바라보아야 한다.
▶ 지방, 주, 국가적 차원의 정책들은 가족을 강화하고, 가족에게 역량을 부여하며, 가족을 지원하도록 수립되어야 한다.

▶ 가족구성원들은 실천과정에서 중요한 파트너이다.

▶ 가족구성원들은 사회복지제도에 의존하지 않고 자신의 문제를 스스로 해결하기 위해 노력해야 한다.

▶ 모든 가족구성원들의 존엄과 프라이버시권은 존중되어야 한다.

▶ 가족은 개선될 수 있으며, 대부분의 문제가족들은 자신의 가족이 변화되기를 바란다.

지금부터 우리는 전통적·대안적 가족 개념을 이해하기 위한 여정을 통해서 가족에게 발생하는 이러한 변화들의 사회복지실천적 함의를 살펴볼 것이다. 가족은 그 밖에 다른 이유들로도 다양한 사회복지실천적 맥락을 제공한다. 가족은 인간이 잠재능력을 발휘함에 있어서 장해물이 될 수도 있고, 자원이 될 수도 있다.

전통적 모델

가족발달이란 가족이 거치게 되는 일련의 예측가능한 단계로서, 가족행동과 가족발달의 전통적 모델을 구조화하는 가장 전통적이며 일반적인 개념틀이다. Duvall(1971:113-114)은 초기 단계 모델들의 지나친 단순함을 지적하는데, 아래와 같이 단 2단계만으로 구성되는 초기모델도 있다.

1. 가족확대기: 가족이 형성되고 자녀들이 성장하는 시기
2. 가족축소기: 자녀들이 집을 떠나고 부모만 남는 시기.

또한 1931년에 Duvall이 고안한 4단계 모델은 다음과 같이 구성된다.

1. 신혼부부
2. 어린 자녀를 한 명 이상 둔 부부
3. 자립가능한 성인 자녀를 한 명 이상 둔 부부
4. 노인부부.

Duvall은 가족발달단계의 주요소로서 정규교육제도에 초점을 둔 4단계 모델을 제시하기도 하였다.

1. 학령전기 가족

2. 학령기 가족

3. 청소년기 가족

4. 성인 가족(Kirkpatrick et al. in Duvall 1971:114).

그 이후의 가족생애주기에 대한 몇몇 단계중심모델들은 무려 24단계로 구성되기도 하였다(Duvall 1971:114-115).

앞서 언급하였듯이 많은 가족발달모델들은 Erikson의 심리사회발달모델 같은 개인발달에 대한 단계모델 및 연령별 모델과 매우 유사하다. 이러한 유사성은 우연이 아니다. 가족발달에 대한 전통적 접근법은 자녀에 초점을 두고 있거나, **자녀중심적**이다. 많은 전통적 모델들에서는 자녀의 발달단계가 사실상 가족의 발달을 진행시킨다고 본다. 가족은 보통 첫째 자녀의 개인발달단계에 따라 변화하거나 대응하게 된다(Devore and Schlesinger 1991;274). 예를 들어, 자녀의 탄생(개인발달의 첫 번째 단계의 시작)은 가족의 발달단계를 다음 단계로 이동시킨다. 그러나 이처럼 자녀 발달단계에 초점을 두는 가족발달모델들의 전제와 포괄성에는 다음과 같은 의문이 제기될 수 있다. 예컨대 가족과 관련된 모든 개념이 자녀의 출산과 양육을 전제로 한다면, 자녀가 없는 개인이나 부부는 가족(가족성)의 정의로부터 배제되는 것인가? 우리는 이번 장의 뒷부분에서 이러한 이슈에 대해 보다 자세히 살펴볼 것이다.

전통적 정의

전통적 패러다임의 사고와 일치하는 몇 가지 가족모델을 자세히 살펴보기에 앞서, 전통적 가족이 의미하는 바를 정의해두는 것이 도움이 될 것이다. 가족에 대한 전통적 정의는 일반적으로 가족의 구조나 기능에 주목해왔다. 구조적 정의는 결혼, 혈연, 혹은 입양에 기초한 가족구성원 사이의 관계에 중점을 둔다. 기능적 정의는 가족이 그 구성원이나 사회를 위해 수행하는 자녀양육, 성인의 애착욕구 충족, 사회적 가치관의 전달 같은 과업에 중점을 둔다(Hartman and Laird 1983:27-28).

Duvall(1971)의 정의 및 아래의 가족기능목록과 같은 전통적 정의들은 가족의 구조와 기능 모두에 주목하는데, 가족에 대한 Duvall의 정의는 다음과 같다.

가족은 결혼, 출산, 또는 입양으로 연결되어 상호작용하는 사람들의 결속체로서, 가장 중요한 목적은 각 구성원들의 신체적, 정신적, 정서적, 사회적 발달을 촉진하는 공통된 문화를 생성하고 유지하는 것이다(1971:5).

Duvall에 따르면, "현대적" 가족은 다음의 6가지 기능을 통해 이러한 정의를 충족시킨다.

1. 남편과 아내, 부모, 자녀, 세대 간의 애착
2. 생명·신체의 안전 및 개별 가족구성원이 지니는 고유한 개인으로서의 존재와 잠재성의 인정
3. 욕구의 충족과 목적의식
4. 동지애와 유대의 지속
5. 사회적 위치의 선정과 사회화
6. 통제와 분별력(Duvall 1971:5).

Duvall은 이것이 "과거의" 가족 개념과는 대조적인 "현대적" 정의와 기능의 개요라고 설명한다. 그 이유는 "여성들이 직접 키워서 가공한 식재료로 식사를 준비하기 위해 '뜨거운 스토브 앞에서 노예처럼' 일하고", 가족구성원들은 "집에서 만든" 옷을 입고, 가족구성원들이 직접 보건과 의료관리를 제공하며, 부모가 자녀교육을 담당하고, 자녀의 놀이 역시 주간보호서비스 직원이 아닌 부모가 지도하며, 소방관과 경찰관 대신 "벽난로 위의 라이플총"이 가족을 보호해주었던 과거의 가족 개념을 대체하기 때문이다(1971:3-4).

이러한 "현대적" 정의는 가족의 구성과 기능에 대한 커다란 역사적 변화를 암시한다. 그럼에도 불구하고, Duvall의 "과거의" 가족과 "현대적" 가족 개념은 모두 가족에 대한 전통적인 관점을 반영하고 있다. 예를 들어, 이러한 개념들은 표준적인 가족형식과 기능으로서 가족기능 수행에 필요한 자원에 충분히 접근할 수 있는 자녀중심적이고 두 부모인 이성애자 백인 가족을 암시한다. 그들이 정의하는 가족이란, "특권적 차원"이 중시되는 전통적이고 지배적인 패러다임(2장 참고)에서의 "올바름의 기준(norm of rightness)"과 마찬가지이다.

따라서 "과거의" 가족 개념과 마찬가지로 이러한 "현대적" 가족 개념 역시

유연한 구조와 기능의 다양한 가족형태를 포괄하기 위한 대안들로 활용될 수 없다. 이들은 다수의 세대로 구성된 확대가족이나, 많은 아프리카계 미국인 가족처럼 비혈연 관계의 가족구성원을 포함하는 "유사친척"제도 같은 가족구조를 설명할 수 없다. (이번 장의 뒷부분에서 유사친척의 개념에 대해 더 자세히 살펴볼 것이다.) 기능적 정의 또한 가족이 어떠한 기능을 달성해야만 하는가에 대한 사회적 합의가 부족하다는 문제점이 있다. 가족기능의 불확실성에 대한 예로는 성교육, 훈육, 아동·노인·장애인·환자를 보살펴야 하는 책임이 누구에게 있는가에 대한 논란을 들 수 있다(Hartman and Laird 1983:26-28). 이와 같이 가족에 대한 전통적 정의인 구조적·기능적 정의의 한계를 인식함에 따라, 다음으로 우리는 가족과 가족성에 대한 전통적 모델을 고려하고자 한다. 이 모델들은 비교적 협의의 구조적·기능적 관점을 기초로 한다.

Duvall과 Hill: 가족생애모델

Evelyn Duvall과 Reuben Hill(in Kennedy 1978)은 8단계 모델이 발표된 1948년 가족생애전국학회위원회의 공동의장이다. 이 자녀중심적인 모델은 이후로 널리 활용 및 수정되었다. 이 모델은 성인가족생애의 중심활동이 자녀양육이라는 것을 전제로 한다(Kennedy 1978:70).

이 가족생애주기모델은 3가지 기준을 통해 8단계를 구분한다. 이 기준이란 1) 가족규모의 주요 변화 2) 맏이의 발달연령 3) "아버지"의 노동지위 변화이다. 원모델(Kennedy 1978:70)의 8단계는 다음과 같다.

1단계: 가족형성기 [신혼부부, 자녀는 없음]
2단계: 출산기 가족 [유아~3세]
3단계: 학령전기 가족 [3~6세의 자녀, 더 어린 형제자매가 있을 수 있음]
4단계: 학령기 가족 [맏이가 6~12세, 더 어린 형제자매가 있을 수 있음]
5단계: 청소년기 가족 [맏이가 13~19세, 더 어린 형제자매가 있을 수 있음]
6단계: 청년기 가족 [자녀가 20세, 맏이가 집을 떠나기 전까지]
7단계: 진수(進水)기 가족 [맏이부터 막내까지 독립]
8단계: 포스트-부모 가족, 중년기 가족 [자녀들의 독립 이후 아버지의 퇴직까지].

Hill은 1986년 발표한 논문에서 이 모델을 약간 수정하였다. 그러나 40년에 가까운 시간동안 많은 사회구성원들의 가족형태와 기능에 중대한 변화가 일어났음에도 불구하고, 모델 자체는 사실상 변하지 않았다(Hill 1986:21). 두 모델 사이의 가장 실질적인 변화는 마지막 8단계의 가족소득 생산자(가장)가 1986년 모델에서처럼 반드시 아버지일 필요는 없다는 인식 정도일 것이다.

가족발달과업

Duvall과 Hill의 모델로 대표되는 가족생애주기 접근법은 발달과업의 개념으로부터도 큰 영향을 받았다. 개인발달모델에서 논의하였듯이, 발달과업이란 개인이 다양한 발달단계를 거치면서 참여해야하는 활동과 노력들을 설명하기 위해 Erikson 등이 사용했던 핵심요소이다. 또한 이 개념은 가족의 발달과정에 따라 가족들이 직면하게 되는 활동과 노력을 설명하기 위해 가족발달론자들이 사용하는 주요 구성요소이기도 하다. 일찍이 1950년에 Eleanor Godfrey는 가족발달과업을 "가족이 하나의 개체로서 계속 성장하기 위해 성취해야만 하는 (1) 생물학적 충족, (2) 문화적 요구, (3) 개인적 포부와 가치"라고 정의하였다(in Duvall 1988:131). Duvall은 기본적인 가족과업을 다음과 같이 설명한다.

1. 신체적 돌봄의 제공
2. 자원의 배분
3. 구성원들의 역할설정
4. 구성원들의 사회화
5. 상호작용패턴의 설정
6. 구성원의 결합과 독립
7. 제도를 통한 사회와의 관계형성
8. 사기유지 및 동기부여(Duvall 1988:131).

가족발달론자들에 따르면 모든 가족은 가족생활주기의 각 단계에서 이러한 기본과업을 다루게 되며, 각 가족은 자신들의 고유한 방식으로 과업을 성취한다. 만약 그렇지 못할 경우, 사회는 필요한 과업을 달성시키기 위한 사회적 제제로서 대리인의 형태(사회복지사를 포함)로 가족에 개입한다(Duvall 1988:131).

전통적 가족생활주기모델의 변화

1980년 Carter와 McGoldrick은 생활주기관점에서의 가족발달에 대한 또 다른 전통적 모델을 제시하였다. 이 모델은 가족치료사의 개입을 활용하는 방안이다. Carter와 McGoldrick은 「가족생활주기, *The Family Life Cycle*」에서 그들의 첫 모델을 발표한 뒤, 이를 보완하여 1989년 「가족생활주기의 변화, *The Changing Family Life Cycle*」를, 1999년 「가족생활주기의 확장, *The Expanded Family Life Cycle*」을 발표하였다. 제목에서 나타나듯이, 저자들은 대안적 패러다임 사고에 해당하는 보다 충분한 가족이슈들을 인식하고 있다.

Carter와 McGoldrick의 최근 모델은 전통적인 가족생활주기 단계(표 6.5)에 초점을 맞추며, 자녀중심적인 전통적 가족단계모델(부부, 아동기 가족, 청소년기 가족, 진수기 가족, 포스트-부모 가족)을 유지하고 있다. 이러한 측면에서 이 모델은 상당히 전통적일 뿐 아니라, 앞서 설명한 모델들과도 공통점을 갖는다(Duvall과 Hill의 모델 참고).

그러나 Carter와 McGoldrick의 관점은 가족성에까지 확장되어 있으며, 가족형태의 다양성을 강조한다. 이들은 서문에서 다음과 같이 말한다.

> 우리는 21세기의 다문화주의를 환영하며, 다양성을 찬양한다. 이러한 다양성에는 문화적 다양성뿐만 아니라, 가족형태의 다양성까지도 포괄된다. 생활에 필요한 돌봄과 생산의 방식은 여러 가지이기 때문에, 이상적인 가족형태란 존재하지 않는다(Carter and McGoldrick 1999:xv).

또한 Carter와 McGoldrick은 가족에 대한 차별과 억압의 영향까지도 충분히 고려하였다. "가족생활주기 패턴의 커다란 차이는 모든 종류의 인종차별, 성차별, 동성애혐오, 계급차별, 노인차별, 문화적 편견과 같이 억압적인 사회세력에서 비롯된다"(1999:xv). 이러한 인식은 유색인종, 게이, 레즈비언, 독신자 가족에 대한 관심의 증가를 반영하는 것이다.

Carter와 McGoldrick은 1989년의 가족생활주기에 관한 논의에서, 최근 가족들에게 일어난 많은 변화들로 인하여 점차 많은 가족(미국의 중산층 가족까지도)들이 전통적 모델에 부합하지 않게 되었음을 인식하였다. 출산율의 감소, 기대수명의 증가, 여성들의 역할 변화, 이혼율과 재혼율의 증가 등은 가족생활주기에 변화를 가져왔다(1989:10-11). 이 외에도 Carter와 McGoldrick은 "이전에는 활동적 시기인 성인기 전체를 아동양육이 차지하였지만, 지금은 노년기 이전의 성인기 중 절반에 못 미치는 시간만을 차지한다. 가족의 의미가 확연하게 달라졌기 때문에, 아동양육활동은 더 이상 주가 되지 못한다."(1989:11)고 주장한다. 이러한 인식은 그들의 1999년 모델에서도 이어진다. 가족이 외동자녀를 중심으로 맞추어져 있던 가족생활로부터 벗어난다는 변화를 인식하는 것은 이것이 사실상 모든 전통적 가족모델의 중심특성이었다는 측면에서 특히 중요하다.

표 6.5 가족생활주기의 단계

가족생활주기 단계	정서적 이행과정: 핵심원칙	발달의 진행을 위해 필요한 가족지위의 이차적 변화
1. 독립: 미혼 성인	자신에 대한 정서적·재정적 책임을 받아들이기	a. 원가족으로부터 분리 b. 친밀한 동료관계의 발달 c. 자아확립: 직업과 재정적 독립
2. 결혼을 통한 가족구성: 신혼부부	새로운 체계에 충실하기	a. 부부체계의 형성 b. 배우자를 포함하여 확대된 가족과 친구들과의 관계를 재편성
3. 어린 자녀를 둔 가족	체계에 새로운 구성원을 받아들이기	a. 자녀를 위한 부부체계의 조정 b. 자녀의 양육, 가계의 재정, 집안일에 참여 c. 부모와 조부모의 역할을 포함하여 확대된 가족관계를 재편성
4. 청소년 자녀를 둔 가족	자녀들의 독립과 조부모의 노쇠함을 포함한 가족경계의 유연성 증가	a. 청소년 자녀가 독립하거나 합류하는 것을 허용하는 부모 자녀 관계의 변화 b. 중년기의 부부생활과 직업경력에 대한 재집중 c. 노인세대에 대한 공동 돌봄의 시작
5. 자녀들의 독립과 계속적 이행	가족체계로의 다양한 출입을 받아들이기	a. 두 부분이 된 가족체계를 재검토 b. 성장한 자녀와 그 부모 사이에 성인 간 관계의 발달 c. 인척과 손자녀를 포함하는 관계의 재편성 d. 가족(조부모)의 장애와 죽음에 직면
6. 만년(晩年)의 가족	세대 간의 역할 변화를 받아들이기	a. 심리사회적 위축에 직면하여 개인과 부부로서의 기능과 관심 유지: 새로운 가족 역할 및 사회적 역할을 탐구 b. 중간세대에게 보다 중요한 역할을 부여 c. 가족체계 안에 연장자의 지혜와 경험을 유지하기, 과잉역할이 아닌 노인세대에 대한 지지 d. 배우자, 형제자매, 동료, 자신의 죽음에 대한 준비. 인생의 회고 및 통합.

출처: Betty Carter and Monica McGoldrick, The Expanded Family Life Cycle. Copyright ⓒ 1999 by Allyn and Bacon. Reprinted by permission.

이혼, 재혼, 재혼가족

Carter와 McGoldrick은 이혼율과 재혼율의 급격한 증가에 특히 주목하였다. 미국에서 이혼과 재혼은 매우 흔하기 때문에, "많은 수의 가족이 이혼을 경험함에 따라 이혼은 점차 일반적인 사건으로 여겨지게 될 것이다"(1989:21).

미국사회에서 발생하는 이혼과 재혼의 규모를 고려하여, 이혼으로 생겨난 가족의 형태를 전통적 가족형태로서 다루고자 한다. 그러나 이러한 변화는 이혼과 재혼을 경험하는 가족구성원들에게 대단히 대안적인 가족형태로 나타나는 것이라는 점이 중요하다. 이혼과 재혼의 증가를 인식하여, Carter와 McGoldrick

표 6.6 이혼가족의 추가적 가족생활주기단계

단계	정서적 이행과정의 전제조건적 태도	발달과업
이혼		
이혼의 결정	결혼생활의 갈등으로 인하여 관계를 지속할 수 없다는 사실에 서로 동의	결혼실패에 대한 자신의 책임 부분을 인정
가족의 해체를 계획	가족체계의 모든 부분에 대해 실행가능한 합의를 이끌어내기	a. 양육권, 방문권, 금전적 문제에 대한 협조 b. 이혼에 따른 확대가족 다루기
별거	a. 자녀에 대해 협조적인 공동재정지원과 공동양육관계를 자발적으로 지속 b. 배우자에 대한 애착 해결	a. 온전한 가족을 상실함에 대한 애도 b. 부부관계와 부모자녀관계 및 금전관계의 재구성, 별거에 적응 c. 확대가족과의 관계 재편성, 배우자의 가족들과 연락 지속
이혼	정서적 이혼을 위한 노력: 마음의 상처, 분노, 죄책감 등을 극복	a. 온전한 가족을 상실함에 대한 애도: 재결합에 대한 헛된 기대 버리기 b. 결혼에 대한 희망, 꿈, 기대를 거두기 c. 확대가족들과 연락 지속
이혼 후 가족		
한부모(양육권가구 혹은 주(主)거주 가구)	금전적 책임 및 자녀양육과 관련하여 전배우자와 연락, 전배우자 또는 그 가족과 자녀 사이의 연락을 자발적으로 유지	a. 전배우자 및 그 가족들의 방문권을 유연하게 조정 b. 자신의 재정자원을 재건 c. 자신의 사회연결망을 재건
한부모(비양육권가구)	자녀양육과 관련하여 전배우자와 연락하며, 양육권을 가진 전배우자와 자녀 간의 관계를 지지	a. 자녀와 효과적인 부모관계를 지속할 수 있는 방법을 탐색 b. 전배우자와 자녀에 대한 금전적 책임을 유지 c. 자신의 사회연결망을 재건

출처: Carter, B., and McGoldrick, M., The Expanded Family Lifecycle. Copyright © 1999 by Allyn and Bacon. Reprinted/adapted by permission.

단계	전제조건적 태도	발달과업
표 6.7	재혼가족의 형성: 발달 개요	
1. 새로운 관계의 시작	이혼에 따른 상실의 회복 (충분한 "정서적 이혼")	복잡성과 애매성을 다룰 준비와 함께 결혼 및 가족 형성을 재결정
2. 새로운 결혼생활과 가족에 대한 개념 확립 및 계획 수립	재혼과 의붓가족에 대한 두려움, 새로운 배우자와 자녀를 받아들이기 복잡성과 애매성에 적응하기 위해서는 시간과 인내심이 필요하다는 것을 인정 a. 다양한 새로운 역할 b. 경계: 공간, 시간, 멤버십, 권한 c. 정서적 이슈: 죄책감, 소속감의 충돌, 상호관계에 대한 욕구, 치유되지 않은 과거의 상처	a. 의사상호성을 방지하기 위하여 새로운 관계에 솔직해지기 b. 전배우자들과의 금전적 협조와 공동양육관계를 유지하기 위한 계획을 수립 c. 아이들이 두개의 가족체계 안에서 두려움, 소속감의 충돌, 멤버십을 다루도록 돕기 위한 계획을 수립 d. 새로운 배우자 및 자녀들의 확대가족관계 재편성 e. 자녀들이 전배우자의 확대가족과 연락을 유지하기 위한 계획을 수립
3. 재혼과 가족의 재구성	전배우자에 대한 애착과 "온전한" 가족에 대한 이상을 최종적으로 해결, 유연한 경계를 가지는 차별적 가족모델의 수용	a. 새로운 배우자-의붓부모를 포함하는 가족경계의 재구조화 b. 체계들의 혼재를 허용하는 하위체계에서 관계 및 재정적 합의를 재편성 c. 친(양육권이 없는)부모, 조부모, 다른 가족들과 모든 자녀들 간에 관계의 길을 열어주기 d. 의붓가족의 통합을 강화하기 위하여 추억과 가족력을 공유

* Ransom 등(1979)의 발달도식을 변형함.

출처: Carter, B., and McGoldrick, M., The Expanded Family Lifecycle. Copyright ⓒ 1999 by Allyn and Bacon. Reprinted/adapted by permission.

(1999)은 이혼과정에 있는 가족 및 재혼가족에게 발생되는 과정을 다루기 위한 모델을 제안하였다. 이 모델들은 <표 6.6>과 <표 6.7>에 제시되었다.

　　오늘날의 이혼은 많은 가족구성원들의 생활과 관련되기 때문에, 이혼의 역동과 영향을 이해하기 위한 노력들이 활발히 이루어지고 있다. 예를 들어, 이혼에 관한 전통적 연구의 대부분은 이혼가족의 구성원, 특히 아동에게 발생되는 어려움과 문제점을 강조해 왔다. 그러나 최근 연구들에서는 이혼에 대한 가족구성원들의 반응범위가 넓을 수 있다는 점을 강조한다. 이러한 폭 넓은 범위에는 가족구성원에게 발생될 수 있는 심각한 문제의 가능성뿐만 아니라, 오히려 이혼과 재혼으로 인해 나타날 수 있는 긍정적인 결과의 가능성이 포함된다. 그 예로 이혼은 심각한 갈등이나 생명을 위협하는 학대로부터 벗어나기 위한 선택이 될 수 있으며, 재혼은 많은 사람들에게 만족스럽고 조화로운 새로운 관계를 형성하는 기회를 제공하기도 한다. 싱글로 남는 것을 선택하는 경우라 할지라도 이혼은 많은 사람들에게 개인적 성장과 발전의 기회를 제공한다(Hetherington, Law and O'Connor 1993:208-209).

이혼율의 상승에 따라 재혼율과 재혼가족을 이룬 사람의 수도 크게 증가하였다. 재혼가족에 대한 광의의 정의는 "부모 중의 한 사람과만 친자관계인 자녀가 있는 가구"이다. 1987년에는 전체 성인의 35%가 "의붓부모, 재혼한 부모, 또는 의붓자식 등의 재혼상황"에 놓여있는 것으로 추정되었다. 또한 19세 미만 인구의 20%가 의붓자녀이거나 이복형제였다. 이는 1987년 미국 전체 인구의 33%가 재혼상황에 있음을 의미한다(Visher and Visher 1993:235). 2010년에는 "재혼가족이 미국에서 가장 일반적인 가족형태가 될 것"으로 예상된다(Carter and McGoldrick 1999:417).

많은 사람들이 재혼상황에서 살고 있지만, 여전히 재혼에 대한 여러 가지 부정적 고정관념들이 존재한다. 의붓자녀라는 용어는 여전히 열악한 대우나 열등한 신분을 나타내는 것으로 사용된다. 예를 들어, 동화 속 이야기는 종종 "못된 계모"나 "학대받는 의붓자녀"라는 고정관념을 지속시킨다(Visher and Visher 1993:244).

Visher와 Visher는 재혼을 통한 재혼가족으로의 전환이 비록 힘들더라도 만족감을 주는 과정임을 강조한다. 그러나 그들은 재혼과 재혼가족에 대한 연구가 최근에 들어서야 "결손"이나 문제중심적 접근에서 벗어나고 있다고 언급한다. 그들은 성공적인 재혼가족이 지니는 몇 가지 특성을 다음과 같이 설명한다.

1. 실현가능한 기대: 즉각적인 애정과 적응은 불가능하며, 정서적 유대를 이루기 위해서는 시간이 필요하다는 것을 인식한다. 구성원들이 새로운 관계를 받아들이는데 걸리는 시간에는 개인차가 있는데, 예를 들어 어린 자녀들은 자신의 정체성에 대해 고민하고 가족으로부터 독립하려 하는 청소년 자녀들에 비해 보다 쉽게 의붓부모와 친밀한 관계를 발전시킬 수 있을 것이다.

2. 상실에 대한 애도: 이혼으로 잃어버린 관계와 그로 인한 슬픔을 받아들

인다. 재혼가족의 부모는 생활의 변화에 대처하지 못하는 자녀들에게 나타날 수 있는 상실의 슬픔을 인정한다.

3. 강력한 부부관계: 부부는 협력적으로 자녀들에게 안정된 분위기를 제공한다. 부부간의 관계는 자녀들이 성인으로 성장함에 있어서 본보기가 된다.

4. 만족스러운 재혼관계의 형성: 의붓부모는 부모의 역할에 필요한 시간을 충분히 갖는다. 부부는 함께 협력하며, 처음에는 원부모가 보다 적극적인 부모역할을 맡으면서 의붓부모가 부모역할을 발전시킬 수 있도록 뒷받침한다(의붓부모와 의붓자녀가 친밀한 관계를 형성하지 않을 수도 있지만, 그럼에도 그 관계는 관용과 존중의 관계가 된다).

5. 만족스러운 가족규칙의 수립: 각 구성원들마다 가족규칙이 다를 수 있지만, 그 방식에 옳거나 그른 것이란 없다. 구성원들은 세탁이나 생일축하, 명절음식장만 같은 일에 대하여 적절한 절차를 마련하기 위해 유연하고 절충적으로 접근한다.

6. 분리된 가족들 간의 협력: 자녀의 가족들 간에 충분한 합의가 이루어진다. 부모들은 자녀를 위한 "부모연합"을 만든다(Visher and Visher in Walsh 2003:164-169).

Carter와 McGoldrick은 이혼과 재혼, 의붓가족 형성에 따른 가족의 변화 외에도, 가족생활주기에 영향을 줄 수 있는 몇 가지 "변수"를 확인하였다. 이러한 변수들은 빈곤이나 문화적 차이에 따라 나타나는 규범적 미국 중산층과의 차이점들이다(1989:20-25). 그들은 가족생활주기의 중요한 변수들이 성적지향 등의 차이로부터 도출될 수 있다는 것도 확인하였다(1989:60-61). 그러나 이 변수들은 가족에 대한 전통적 관점의 맥락에서 인식된 것이라는 점이 중요하다. 즉, 이러한 차이들은 "규범적" 또는 전통적 모델에서의 변수일 뿐이다.

조부모의 부모역할

조부모는 손자녀를 자주 돌보거나, 법원의 명령이나 결정에 의해 공식적으로, 손자녀들의 하루 일과 중 일정 부분을 규칙적으로 함께 생활함으로써 비공식적으로 부모의 역할을 대신한다(Jendrek 1996:206). 조부모의 부모역할은 친인척 보호의 한 유형이다(이번 장 뒷부분의 친인척 보호에 대한 논의를 참고하라).

부모역할

법률적 관점에서의 부모역할은 친권과 양육권을 모두 포함한다.

▸ 친권은 "자녀의 양육과 관련된 결정을 내릴 수 있는 부모의 권리 또는 권한"이다(Schulman and Pitt in Jendrek 1994:207). 예) 의료, 교육, 훈육
▸ 양육권은 "자녀에 대한 물리적 보호 즉, 자녀와 함께 생활할 수 있는 권리"이다(Schulman and Pitt in Jendrek 1994:207).

미국퇴직자협회(American Association of Retired Persons: AARP)는 최근의 인구조사자료(2000)를 활용하여 다음과 같이 지적하였다.

▸ 18세 미만인 미국아동의 6.3%(4천5백만 명)는 조부모가 가구주인 가정에서 자라고 있다. 이러한 아이들 중 3분의 1 가량은 부모가 없다.
▸ 조손가정의 아동 수는 1990년보다 30% 증가하였고, 1970년보다는 105% 증가하였다.
▸ 손자녀를 양육하는 조부모의 대다수는 55세~64세 사이이며, 20~25% 가량이 65세 이상이다.
▸ 민족별 분포는 다음과 같다:

민족	조부모	손자녀
백인	51%	44%
흑인	38%	36%
히스패닉	13%	18%

▸ 조손가정의 조부모들은 다른 조부모들보다 빈곤할 가능성이 높다.
▸ 위탁보호를 받는 아동보다 조손가정의 아동이 8배 많다.

출처: Baker n.d.

친권 및 양육권과 전통적 부모역할들의 결합은 "**부모로서의 조부모**(grandparents-as-parent)" 역할을 세 가지 범주로 유형화할 수 있다.

1. **친권/양육권을 가진 조부모**(Custodial grandparents): "손자녀와 입양, 완전 양육권, 임시 양육권, 또는 후견인 등의 법적 관계를 지닌다. 이러한 조부모는 우리 사회에서의 전형적인 부모기능을 담당하며, 그들은 손자녀의 친권자/양육

권자가 된다." 조부모는 보통 손자녀들의 핵가족에 재정적 문제, 정서 또는 정신 건강, 약물남용 등의 심각한 문제가 있는 경우 손자녀들의 양육을 맡는다 (Jendrek 1994:207).

　　2. 주간보호를 맡는 조부모(Day-care grandparents): 이러한 조부모는 "임시적인 보모가 아니라, 오랜 기간 동안 손자녀의 주간보호를 맡는다. 주간보호를 맡는 조부모는 손자녀에 대한 물리적 보호의 책임은 있지만, 법적인 책임은 없다"(Jendrek 1994:207).

　　3. 함께 사는 조부모(Living-with grandparents): 이러한 조부모는 "양육권을 가진 조부모와 주간보호를 맡는 조부모의 중간쯤 되는 역할을 맡는다. 함께 사는 조부모들은 친권을 가지지는 않지만, 손자녀에 대한 물리적 양육을(전부는 아니더라도 일부) 제공한다." 함께 사는 조부모에는 두 가지 범주가 있다.

▶ 손자녀의 부모 중 한 명 이상과 함께 사는 조부모
▶ 부모가 없는 가구의 조부모(Jendrek 1994:207-208).

　　Laird의 지적에 따르면(in Walsh 1993:286), "'소수자들'에 대한 연구는 대부분 다수(보통은 백인, 중산층, 남성)에 대한 시각으로부터 출발하여 이들을 비교하고 '차이'를 탐색하며, 용인된 규범에서 벗어난 관심집단을 측정하여 이들이 어떻게 다르고, 특이하며, 일탈적인가를 묘사한다." 우리는 이 장의 나머지 부분에서 가족에 대한 전통적 모델과 그 변형이자 대안인 가족성 간의 차이점을 탐색하고, 이러한 대안적 관점을 통해 가족성에 대한 대안적 개념을 제시할 것이다. 때로는 가족에 대한 전통적 정의와 개념에서 이러한 대안적 요소를 설명할만한 마땅한 용어가 존재하지 않아서 결국 대안적 관점이 한정되어 버리는 경우도 있다.

대안과 가능성

　　앞서 살펴보았듯이, 가족성을 이해하기 위한 많은 대안적 접근들은 전통적 모델과 관점을 확장시키거나 수정한 것이다. 그러나 전통적 접근과는 현저히 대조적인 관점을 지니는 대안적 접근도 존재한다. 가족성에 대한 대안적 접근은 가족성을 이해하는데 유용하며, 사회환경 속에서 일어나는 인간행동을 보다 일반적으로 이해하는데 중요한 개념들을 제공한다.

우리가 탐구할 대안적 접근들은 전통적 접근에 비해서 가족과 가족성의 측면에서 유연하고 다원적인 경향이 있다. 대안적 접근들은 환경의 변화가 가족의 구조와 기능을 변화시킨다는 점을 수용한다. 더불어 모든 가족들이 똑같이 생각하고 행동하거나 그래야만 한다는 것, 같은 가족이라면 어떠한 경우에라도 같은 방식으로 생각하고 행동하거나 그래야만 한다는 것을 가정하지 않는다. 이러한 접근들은 가족구조와 기능에 영향을 미치는 환경적·사회적 영향력을 더욱 강조하는 경향이 있다. 또한 이 모델들은 가족과 관련된 체계들(개인, 집단, 조직, 지역사회) 간의 상호의존성을 강조한다.

대안적 정의

우리는 보통 가족에 대한 정의로서, 앞서 살펴보았던 두 부모, 자녀중심, 핵가족, 백인 이성애자, 단계적 발달의 전통적인 가족 이미지를 떠올린다. 이러한 관점이 많은 가족들을 설명할 수는 있지만, 언급한 바와 같이 이 정의에 부합하는 가족의 수는 급격히 감소하고 있으며 이 정의로 설명할 수 없는 가족들도 매우 많다.

다양한 오늘날의 가족유형을 표현하기 위해서는 보다 유연하고 다원적인 가족의 정의 방식이 필요한데, 이러한 방식은 가족유형의 다양성 인식과 같은 대안적 패러다임 사고의 차원을 반영한다.

만약 가족유형에 대한 정의가 복합적이고 다양하지 않다면, 실제로 기능하고 있는 매우 많은 수의 가족들을 설명할 수 없을 것이다. Scanzoni와 Marsiglio (1991)는 Stack(1974)의 조사를 예로 들었는데, 이 조사결과 도시의 흑인지역사회에서는 전통적 정의의 가족에 부합되는 가족을 찾아보기 어려웠고, 결국 가족을 '아동에게 가정을 제공하고 생존을 보장하기 위하여 가장 작은 규모로 조직되어 일상적인 상호작용을 하는 친척과 비(非)친척(예: 친구)의 지속적인 관계망'으로 재정의할 수밖에 없었다. Seligman은 전국설문조사에서 "가족"의 정의에 대한 질문에 75%의 응답자들이 "서로 사랑하고 보살피는 사람들의 집단"이라고 응답한 결과에 근거하여 기본적이면서도 유연한 대안적 가족의 정의를 제시하였다(in Scanzoni and Marsiglio 1991:117). 법원 역시 게이의 권리를 지지하는 판결을 통해 가족을 구성하는 관계의 질을 강조하여 가족을 정의하였다. 이 판례에서 판사는 "가족이란 결국 헌신, 배려, 자기희생으로 명시되는 관계들의 총체로서 정의된다."고 판단하였다(Stacey in Walsh 1993:17). D'Antonio가 정의한 가족에 대한 또 다른 유연한 정의는 "오랜 시간 동안 함께 생활하는 두 명 이상의 사람으로 구성되어, 일(임금노동, 가사노동), 성관계, 자녀의 돌봄과 양육, 지적·영적·오락적 활동 중에서 하나 이상을 공유하는 사람들의 단위"이다(in Scanzoni and Marsiglio 1991:117).

통합적 접근을 향하여

Hartman과 Laird는 가족에 대한 유연한 정의를 언급함과 동시에, 우리들 대부분이 실제로 복수의 가족에 속해 있다고 주장하였다. 그들은 가족을 정의함에 있어서 가족에 대한 전통적 개념과 대안적 관점을 통합하며, 가족에는 두 가지 범주가 있음을 주장한다. 하나는 생물학적 근거에 따른 가족이며, 다른 하나는 관계에 근거하는 가족이다. 그들은 첫 번째 유형을 **원가족**(family of origin)으로 정의하는데, 그 의미는 다음과 같다.

> 원가족이란, 직계(여러 세대의)와 방계(친척)의 혈연관계에 의하며, 살아있거나 사망한, 지리적으로 가깝거나 먼, 알거나 알지 못하는, 만날 수 있거나 만날 수 없는, 그러나 심리적으로는 항상 연결되어 있는 가족을 의미한다. 원가족에는 혈연관계는 아니지만 가족의 일부로 여겨지고 기능하는 입양된 구성원이나 유사친척 또한 포함된다.

그들의 두 번째 가족유형은 **친밀한 환경**(intimate environment)**으로서의 가족**이다. 이 유형은 다음과 같다.

> 친밀한 환경으로서의 가족이란, 함께 살기를 선택한 사람들의 집단이다. 이러한 가족집단은 생활공간을 공유하기로 약속하고, 친밀한 정서적 유대를 발전시키며, 다양한 가족역할과 기능을 공유하는 두 명 이상의 사람들로 구성된다(Hartman and Laird 1983:29-30).

두 번째 가족유형의 예로는 "자녀를 키우고 있는 중년 부부, 노인주택지구

아파트에서 함께 생활하는 미망인과 독신녀 자매, 혈연관계에 상관없이 책임의 범위 내에서 집단이나 공동체 가족을 구성하고 있는 성인과 아이들"이 포함된다. Hartman과 Laird는 가족이 되기 위해서는 두 명 이상의 사람들이 친밀함에 대한 정서적 욕구, 생활공간, 구성원들의 생물학적·사회적·심리적 욕구에 부응하기 위해 요구되는 역할과 과업을 나누는 환경을 조성함으로써 "가족이 되기로 결정"해야 한다고 주장한다. 그들은 가족의 정의를 법률이 인정하는 의미로만 제한하지 않는다(1983:30-31).

가족구조와 다양성

가족구조의 유형은 Hartman과 Laird가 언급한 두 가지 유형의 가족관계 외에도 매우 다양하다. 인종과 민족에 따른 가족구조를 조사한 미국가족전국조사(NSAF)에 따르면, 대부분의 백인 아동(71%)과 아시아계 미국인 아동(77%)은 두 부모 가정에서 생활하며, "히스패닉 아동은 절반보다 약간 많은 수가, 아메리카 인디언 아동은 절반가량이 두 부모 가정에서 생활한다. 이와는 대조적으로, 아프리카계 미국인 아동은 단지 1/3 정도만이 두 부모 가정에서 생활하고 있다"(Staveteig and Wigton 2000). [그림 6.2]는 인종과 민족성에 따른 가족구조의 차이에 대한 세부사항과 정의를 나타낸다. 인종과 민족성에 따른 가족구조의 차이와 가족결합구조의 다양성은 "다양성 속의 다양성"을 명백히 보여주는 또 다른 예이다(다양성의 다양성 및 복합적 다양성에 대한 2장의 논의 참고).

가족성을 보다 종합적으로 이해하기 위해서는 이처럼 복합적이고 유연한 가족 개념을 유념해야 한다. 가족성의 개념에 대한 다음의 대안적 설명은 몇 가지 "초점(Focus)"에 따라 정리된다. 이것은 5장의 개인발달에 대한 대안적 관점에서 사용된 방식과 유사하다. 따라서 5장에서와 마찬가지로 다차원적인 요인과 상호작용요인들에 대한 잘못된 구분과 지나친 단순화에 주의하여야 한다.

생애과정이론과 가족성

독자적 증거기반이론인 생애과정이론은 가족의 발달 및 가족과 개인발달 간의 상호작용을 충실하게 이해하기 위한 중요한 접근이다. 개인은 가족의 발달과 행복에 중요한 영향을 미치는 보다 넓은 환경적 맥락에 따라 가족을 이룬다. 우리는 가족에 초점을 두는 접근법인 생애과정이론을 살펴볼 것이다. 이론의 개념틀을 조직하기 위해서는 '시간, 사회구조, 과정과 변화, 가족의 다양성'이라는 네 가지 맥락을 중요한 개념으로서 고려하여야 한다.

Demo와 Allen(1996:426)은 생애과정이론이 생활의 일부분인 가족의 복잡성과 가변성에 크게 주목하고 있다는 측면에서 그 유용성을 논한다. Demo와 Allen에 따르면, "이 개념틀은 개인의 삶을 형성하며 가족 내에 고유하고 중첩되는 경로를 설정하는 다양한 궤적과 사회적 맥락(예: 가족, 고용, 지역사회)에 초점을 둔다." 그들은 "사회연령과 발달연령을 조사하여 다른 발달시점에 있지만 유사한 역사적 단면을 경험하고 있는 코호트를 찾아냄으로써, 개인의 일대기와 역사 간의 상호작용을 이해할 수 있다."고 강조한다(Demo and Allen 1996:426-27). 생애과정(life courge)이론은 맥락적·절차적·역동적인 접근법이다. 생애과정이론은 가족발달의 시간적 맥락에서 개인발달의 궤적과 경로를 추적하여, 시간에 따른 개인생활과 가족의 변화를 검토한다. 생애과정이론은 개인의 일대기 혹은 인생이야기와 사회사적 시간 사이의 상호연관성에 관심을 둔다(Bengston and Allen 1993:469-499). 생애과정이론의 선구자 중 한명인 Glen Elder는 이론의 또 다른 주요 개념으로 '인간행위주체(human agency)'를 정의하였다. Elder의 '인간행위주체'의 원칙이란, '역사적·사회적 상황의 기회나 제약하에서의 선택과 행동을 통해 스스로의 생애과정을 구성해가는 사람들'을 의미한다.

시간적 맥락

시간적 맥락은 가족생활에 영향을 미치는 다양한 시간대를 묘사하는 것이다. 생애과정이론은 커다란 사회적 맥락 속에서 발달하는 개인과 가족의 생애를 전체적으로 고려함으로써, **사회적 요인에 의한**(sociogenic) 시간단계를 설명한다. 가족발달에 대한 시간단계의 다른 의미로 개체발생적 시간과 개체발생적 사건을 언급하기도 한다. **개체발생적**(ontogenetic)이라는 용어는 성장하고, 변화하며, 출생에서 죽음에 이르기까지 나이를 먹는 개인의 발달수준을 설명하고, 불완전하게나마 역연령(曆年齡)을 간단히 구분하는 것이다. 우리가 잘 알고 있듯이 Piaget, Kohlberg, Erikson, Valliant 같은 심리학자들은 개인의 개체발생적 발달수준과 다른 가족구성원들의 개체발생적 수준으로 기능하는 가족 내 개인의 행동을 설명하고자, 연령기(age period)나 연령대(age level), 또는 연령단계(age stage)

를 사용하였다. **개체발생적 시간**과 **개체발생적 사건**의 개념에 따르면, 가족 내 개인의 행동은 자신의 개체발생적 발달수준과 다른 가족구성원들의 개체발생적 수준의 작용으로 이루어지는 것이다(Bengston and Allen 1993:470-472; 480-481).

생애과정이론에서 중요한 또 다른 시간적 개념은 세대이다. **세대**(generation)란, 출산과 계승으로 이루어진 생물학적 가족 내에서 혈통으로 분류된 개인의 지위를 나타낸다. 관련개념인 **세대적 시간**과 **세대적 사건** 역시, 동반자적 역할과 기대라는 세대적 배치로 기능하는 가족 내 개인의 행동을 설명하는 것이다. 세대적 시간은 가족시간이라고도 한다. **세대적 시간** 혹은 **가족시간**(family time)은 가족 내 생물학적 지위(조부모, 부모, 자녀)뿐만 아니라, 그 지위와 관련된 역할, 기대, 정체성을 통해 구분된다(Bengston and Allen 1993:471; 481).

생애과정이론을 이해하는데 도움이 되는 또 다른 시간적 맥락은 역사적 시간과 역사적 사건이다. Elder는 "실증연구 결과, '개인의 생애과정은 그들이 일생을 통해 겪게 되는 역사적 시간과 장소 속에 내재되어 있으며, 이를 통해 형성된다'는 역사적 시간과 장소의 원칙이 확인되었다."고 주장한다(Elder 1998:3). **역사적 시간**과 **역사적 사건**의 개념은 개인과 가족, 가족 단위의 행동이 세속적이거나 시대적인 사건, 특히 지정학적 사건이나 경제적 사건 등의 작용이라는 것을 의미한다. 이러한 시간적 맥락은 일반적으로 분수령이 되는 지정학적 또는 경제적 사건, 시기, 시대(세계대전, 경제공황, 베트남전 시대 등)이다(Bengston and Allen 1993:481-482). 그럼에도 불구하고 몇몇 대안적 이론가들은 '"실제의" 역사적 영향은 개인과 가족에게 분수령이 되는 사건의 영향이라는 측면에서 이해된다'고 주장한다. 다시 말해, 가장 중요하게 고려해야 할 사항은 이러한 사건들이 특정 지역과 특정 개인의 일상생활에 미치는 결과라는 것이다.

사회구조적 맥락

사회구조적 맥락은 가족의 사회생태를 몇 가지 차원의 측면에서 이해하기 위한 방법이다. 사회구조적 맥락은 가족의 **사회구조적 입지**(social structural loca-tion)와 보다 넓은 사회구조 속에서 가족의 위치에 대한 개념을 포함한다. 사회 속에서 가족의 입지는 가족이 경험하는 사건과 시간에 따른 가족구성원들의 성장과 상호작용에 영향을 미친다. 또한 사회구조적 맥락은 가족과 가족구성원들이 다양한 수준에서 형성되어 상호작용하는 사건에 대해서 부여하는 의미의 사회적 구성(social construction of meaning)을 포함한다. 개인의 일생, 세대 간, 역사적 사건들은 가족의 사회구조적 입지에 적합한 의미로 해석되며, 가족의 상호작용을 통해 발전된다(Bengston and Allen 1993:482-483).

의미의 사회적 구성의 예로는 결혼과 출산, 조부모 되기, 은퇴에 대한 적령기 같은 규범을 들 수 있다. 사건에 부여된 의미 또한 가족의 **문화적 맥락**에 의해 영향을 받는다. 문화적 가치관이 반영된 의미의 공유는 가족에게 영향을 미치는 일생, 세대 간, 역사적 사건들을 발생시키며, 동시에 이 사건들을 해석한다. 문화적 가치관은 가족의 의미를 변화시키는데, 이러한 의미는 문화적 맥락에 따라 상당히 다를 수 있다(Bengston and Allen 1993:483).

유지와 변화

생애과정이론가들은 가족들이 보통 항상성과 적응성 또는 유지와 변화의 변증법으로 언급되는 안정과 변화로부터 크게 영향을 받는다고 본다. 가족과 가족구성원들은 시간에 따른 개인발달적, 세대적, 역사적 사건에 대응하는데, 사건에 대한 그들의 대응은 변화(적응성)와 유지(항상성), 혹은 혁신과 전파를 반영한다. **가족에 대한 통시적(通時的) 분석**(diachronic analysis)이란, 현상요소에 대한 역동성에 초점을 두고 시간의 흐름에 따른 과정들을 분석하는 과정이다. 여기에는 가족구조는 물론이며 가족과정에 대한 분석도 포함된다. 유지와 변화의 동시적 수반이라는 개념은 한 가지 요소만으로는 특정 시점에서의 발달을 이해하거나 설명할 수 없다는 것을 의미한다. 연령, 시기, 코호트 안에서의 상호작용현상은 시간에 따라 가족과 가족구성원들의 행동에 영향을 미친다. 생애과정이론가들은 역동적이고 비선형적인 변화의 개념과 그 영향을 강조한다. 예를 들어, 사회적 맥락과 결합된 개인적, 세대적, 역사적인 변화는 가족구성원, 가족, 지역사회 또는 사회적 맥락과 상호적으로 영향을 주고받는다(Bengston and Allen 1993:483-484).

가족 간 이질성과 다양성

생애과정이론가들은 가족 간의 이질성을 강조하며, 개인 발달적, 세대적, 역사적 사건에 대한 가족의 대응과 의미부여의 방식이 상당히 다양하다고 말한다. 또한 이들은 가족의 이질성과 다양성이 시간에 따라 증가하고 있다고 주장하는데, 예를 들어 친인척 관계망(family kinship network)은 출생과 결혼을 통해 구성원을 추가하고 변화시키면서 점차 다양해지고 있다. 생애과정이론은 젠더, 인종 및 민족성, 사회경제적 지위 같은 사회구조적 입지의 차이로 인해서도 가족구조에 상당한 변화가 나타나고 있음을 인식한다(Bengston and Allen 1993:484).

유색인종

Harrison 등은 가족성에 대한 대안적 접근을 발전시키기 위한 출발점으로 생태학적 개념틀을 활용한다. 이러한 접근은 개인과 사회환경 간의 상호작용을 강조한다. Harrison 등은 유색인종가족이 사회체계나 제도 같은 거시적 환경과의 상호작용과정에서 직면하게 되는 생태학적인 어려움에 주목한다(1990:347). 학자들은 유색인종가족에 대하여 강점기반접근을 활용할 것을 강조하는데 (Attneave in McGoldrick, Pearce and Giordano 1982:81-82; Boyd-Franklin in Walsh 2003: 268-269), 유색인종가족을 이해하기 위한 강점기반관점은 3장에서 언급한 사회복지에 대한 강점기반 관점의 원칙과 같은 것이다. 유색인종가족에 대한 강점기반 관점에서 중요한 것은 적응전략의 개념이다.

적응전략

유색인종가족은 가족 및 가족구성원들의 행복과 발전을 위해 환경적 장벽을 극복하기 위한 다양한 적응전략을 발전시킨다(Ho 1987). Harrison 등은 **적응전략**(adaptive strategy)을 "지역사회, 가족, 집단 구성원들의 생존과 행복을 고취시키는 관찰 가능한 사회적 행동의 문화적 패턴"이라고 설명한다(1990:350). 적응전략은 지역사회, 개인, 가족체계 간의 상호의존을 인식하는데, 상호의존이란 다양한 체계들이 한 곳에 모여 상호작용하는 교차점으로서의 가족을 의미한다.

유색인종가족과 그 자녀를 연구하고 이해하기 위한 강점기반의 적응전략적 접근방법은 전통적인 결핍 또는 병리적 접근에 대한 대안을 제시한다. 우리가 관심을 가지는 특정 집단은 아프리카계 미국인, 아메리카 인디언 및 알래스카 원주민, 아시아 및 태평양 미국인, 라틴계 미국인 등이다(Harrison et al. 1990:348).

적응전략적 접근은 유색인종가족의 지위, 적응전략, 사회화 목표, 자녀성취 간의 상호관련성을 강조한다(Harrison et al. 1990:348). 이러한 접근방법은 유색인종가족과 그 가족구성원들이 적응전략을 필요로 하도록 상호작용하는 다양한 맥락과 환경적 이슈들을 설명할 수 있다. 이러한 접근방법을 통해 다루어지는 이슈로는 인종차별과 탄압, 가족의 확장, 가족 내의 역할유동성, 이중문화, 영성, 선조적 세계관 등이 있다. 각 집단의 전략은 저마다의 특성을 지니지만, 전략 자체는 모든 집단들에게서 매우 유사한 것으로 간주된다(Boyd-Franklin in Walsh 2003; Harrison et al. 1990:350; Ho 1987).

인종차별과 탄압에 대한 대응

유색인종가족은 그들의 지위 및 상황과 상호작용하는 사회적 환경에 효과적으로 대응하기 위해서 적응전략을 구상해야 하는데, 그 근본은 소수민족으로서의 지위이다. 소수민족의 지위는 집단의 크기에 의해 결정되는 것이 아니라, 사회의 다수집단이나 지배집단에 대한 종속적 지위에 의해 결정된다. Harrison 등은 "다수와 소수의 관계를 결정짓는 변수는 집단 간 세력의 차이"임을 상기시킨다(Yetman in Harrison et al. 1990:348).

세력의 차이라는 변수 외에도, 민족중심주의 및 인간의 욕구 충족과 결합된 자원경쟁은 민족계층화체계를 형성한다(Harrison et al. 1990:348). Logan(1990: 18)에 따르면, **민족중심주의**(ethnocentrism)란, "자신의 문화를 세계에서 가장 중요한 생활양식이자, 다른 모든 중요한 경험과 행동을 평가하는 맥락"으로 보는 개인의 태도이다. 민족중심주의의 개념은 전통적 패러다임과 대안적 패러다임에 대한 일반적 논의에서 이미 언급한 바 있다.

또 다른 주요개념은 민족계층화이다. **민족계층화**(ethnic stratification)란, "사회적 지위를 할당하고, 이에 따라 차별적 보상을 부여하는 판단기준으로 활용되는 비교적 고정적인 멤버십(예: 인종, 종교, 국적)의 체계 및 방식"이다(Noel in Harrison et al. 1990:348). 다시 말해, 민족계층화는 다수 혹은 소수집단의 지위에 기초하는 차별대우의 체계이다.

카스트(caste) 혹은 유사카스트 제도는 민족계층화의 구체적 유형이다. 이 개념은 5장의 개인발달적 맥락에서 이미 살펴본 바 있다. 사회계급에 관한 논의에서 시사하듯, 카스트와 계급은 종종 사회적 신분과 비교된다. 카스트와 계급은 개인이나 집단의 사회적 지위를 나타낸다는 점에서 유사하다. 그러나 사회계급은 다양한 상황에 따라 바뀔 수 있는 지위나 신분을 의미한다는 점에서 카스트와 차이가 있다. 예를 들어, 가족의 교육 및 소득수준의 향상이나 다른 지역으로의 이사는 하위계층에서 중산층으로의 이동을 가져올 수 있다. 그러나 카스트 신분은 그러한 이동이 거의 불가능하다. 5장에서 논의하였던 미국의 유사카스트 지위는 매우 귀속적인 것이다. 귀속적 지위는 영구적인 것이며, 피부색 또는 Ogbu가 언급한 노예제도·정복·식민지화 등의 역사적 상황처럼 개인이 통제할 수 없는 특성이나 상황에 바탕을 둔다.

Ogbu에 따르면, 미국의 유사카스트 집단들은 많은 측면에서 서로 다르지만, 착취 가능한 자원으로 취급된다는 점에서 공통점을 지닌다. 이러한 특정 집단들의 상황은 다음과 같다.

a. 아프리카인들의 노예화, 노예해방 후의 차별, 인종에 근거한 열등한 신분취급
b. 아메리카 인디언과 유럽계 미국인 사이의 군사적 영토 분쟁, 인디언들을 인디언 보호구역으로 강제 퇴거 및 이주시킴
c. 최근 인도차이나로부터 이주한 아시아계 미국인들은 앞서 이주한 중국, 필리핀, 일본 이민자들이 견뎌야 했던 것(이들은 2차 세계대전 당시 감금당한 바 있음)과 같은 경시(輕視)와 착취에 시달림
d. 정복과 이주를 통해 편입된 히스패닉(in Harrison et al. 1990:348).

이렇듯 사회의 각 집단들이 겪는 경험은 매우 다양하지만, 이러한 경험들의 결과로 각 집단의 구성원들이 직면하게 되는 상황은 대체로 유사하다. 그 상황이란 바로 인종차별과 탄압이다. 유색인종가족에게 효과적인 적응전략은 전통적·지배적 패러다임의 사회적 서열 속에 만연된 인종차별과 탄압의 현실을 인식하는 것이다(Boyd-Franklin in Walsh 2003; Harrison et al. 1990:347-348). 예를 들어, Harrison 등은 "역사적으로 소수민족아동은 이론으로 인정받기 위한 연구의 관심대상이 되지 못하였으며, 소수민족아동에 관한 자료는 대부분 이들의 결손을 설명하기 위한 비교연구로부터 나온 것"임을 강조한다(1990:348). 이러한 결과는 2장에서 탐구한 전통적 패러다임에서의 다양한 비유럽 사람들에 대한 불가시성 혹은 "이상(병적 측면)"의 중요한 예이다. Boyd-Franklin은 아프리카계

미국인 가족의 삶에서 인종차별과 탄압의 중요성을 강조한다. 아프리카계 미국인 부모들은 "정상적인 가족발달" 과정에서 자녀들에게 인종주의, 차별, 아프리카계 미국인에 대한 사회의 부정적 메시지를 인식하고 다루는 복잡한 방법을 가르쳐야 한다. 아프리카계 미국인 부모들은 자녀가 사회의 부정적 메시지를 내면화하지 않는 동시에 자신을 자랑스러워하고, 인종주의와 차별에 맞서 성공할 수 있다는 믿음을 가질 수 있도록 도와야 한다(in Walsh 2003:262).

소수민족의 가족들이 직면하는 어려움은 오랜 탄압과 차별의 역사에서 기인한다. 실제로 이러한 상황은 소수민족가족들의 사회적·경제적 행복에 있어서 빈곤, 높은 실업률, 열악한 주택 혹은 무주택, 건강악화라는 결과로 나타난다. 소수민족가족과 그 구성원들이 자신의 잠재능력을 최대한 발휘함에 있어 장애가 되는 이러한 모든 문제들은 사회복지사들의 관심대상이다. 그러나 이러한 장해물에도 불구하고 소수민족가족들은 "교육적 성취, 지역사회에서의 경제적 성장, 정치권력, 적절한 주택, 문화적·종교적 전통의 유지"라는 목표를 추구한다(Harrison et al. 1990:349). 이 목표를 추구하기 위한 강점과 지지의 중요한 원천은 바로 확대가족이다.

확대가족과 확장가족 혹은 "유사"가족관계망

확대가족의 특성과 구성은 소수민족집단에 따라 상이하지만, 이러한 가족유형은 모든 소수민족집단의 적응전략과 강점이다. 확대가족의 개념은 가족성의 다양한 차원과 관련된다. 우리가 사용하는 **확대가족**(extended family)이라는 용어는 핵가족에 조부모, 고모(이모/숙모), 삼촌, 혈연이나 결혼을 통한 다른 친척들을 포함하는 가족을 의미하는 확대가족의 전통적 정의 그 이상의 것이다. 유색인종가족의 확대가족은 부모와 자녀뿐만 아니라, 혈연이나 결혼을 통한 친척, 게다가 다른 가족구성원들이 가족으로 인정하며 스스로도 가족이라 여기는 비혈연이나 비혼 관계인 사람들까지도 포함하는 실로 "광범위한 친척관계망"이다. 이러한 관계망은 "지지와 격려, 재화·금전·서비스의 측면에서 '호혜'를 제공함으로써" 가족구성원들의 존속을 돕는다(Boyd-Franklin in Walsh 2003:268-269).

아프리카계 미국인 가족의 관계망에는 "아동양육에 참여할 수 있는 증조부모, 조부모, 고모(이모/숙모), 삼촌, 사촌, 형과 누나 같은 나이 많은 친척과 대부(代父), 베이비시터, 이웃, 친구, 교회가족구성원, 목사와 사모 등의 '비혈연 친척'이 포함"된다(Boyd-Franklin 1993:368). 확장된 가족성을 지니는 아프리카계 미국인들은 유사친척을 통해 가족을 지역사회 관계로까지 확장시킨다. **유사친척**(fictive kinship)이란, "공통된 혈통, 역사, 사회적 곤경을 겪는 비친척 관계의 흑인들 사이에서 생겨난 부양과 상호원조의 관계"이다(Martin and Martin 1985:5). Andrew Billingsley(1968)는 이러한 확대가족의 형태를 **확장가족**(augmented family)이라 하였는데, 최근 Billingsley(1992)는 이러한 방식을 "**적절함의 관계**(relationships of appropriation)"라고도 언급하였다.

미국 원주민들의 확대가족은 "어머니와 아버지의 결합으로부터 확대가족으로, 더 나아가 결국 지역사회와 부족으로까지 확대되는 집단적·협력적인 사회적 관계망"으로 이루어진다(Harrison et al. 1990:351). 전통적인 미국 원주민 가족은 여러 명의 어른이 아동을 공동으로 양육한다. 이러한 전통적 확대가족들은 "삼촌과 고모가 조카와 사촌에 대한 훈육을 특정 부분 책임지기 때문에, 친부모들은 자녀와 훨씬 더 느슨하며 즐거움 지향적인 유대를 형성한다"(Attneave in McGoldrick, Pearce and Giordano 1982:72-73).

"전통적인 아시아·태평양계 미국인 가족은 응집적인 가부장제의 명확한 수직적 구조 속에서 정의되어 일방적으로 조직되는 매우 상호의존적인 역할을 가진다. 규정된 역할과 관계는 복종과 상호의존을 강조하며 … 효의 미덕을 크게 중시한다."는 특징이 있다(Harrison et al. 1990:351). 효(孝)는 부모와 조상에 대한 강한 존경심과 의무감이다.

라틴계의 확대가족은 "부모와 가족에 대한 강한 동일시와 충성, 결속"을 강조하며, "가족구성원들끼리의 잦은 접촉과 호혜"를 수반한다. 라틴계 확대가족은 "쌍무적으로 조직되며, 비친척 구성원(예: 친구)을 포함한다."는 점에서 아프리카계 미국인 가족과도 유사하다(Harrison et al. 1990:351-352).

이러한 모든 유형의 확대가족은 가장 가까운 가족이나 핵가족이 제공하는 강점과 지지 외에도 다양한 강점과 지지의 원천을 제공한다. 따라서 확대가족에 역점을 두고 집단 내의 커다란 다양성(다양성 속의 다양성)을 인식하는 것이 중요하다. 이러한 다양성은 확대가족구성원과 만날 수 있는 가족들의 세대 수와 관련된다. 예를 들어, 취업을 위해 인디언 보호구역에서 도시로 이사한 미국 원주민들은 그들의 확대가족 연결망에 접근하기 어려워질 것이며, 많은 1세대 이민자 혹은 최근의 아시아계·라틴계 이민자들은 모국의 확대가족들로부터 분리되었을 것이다.

친인척 보호

친인척 보호(kinship care)는 앞서 설명한 확대가족 연결망의 적응전략과 밀접한 관련이 있다. Scannapieco와 Jackson이 설명하는 친인척 보호의 역사에 따르면, 친인척 보호의 개념은 "아프리카계 미국인 지역사회의 확대친척 연결망의 중요성을 기록한" 많은 아프리카계 학자들의 연구(Billingsley 1992; Stack 1974)로부터 도출되었다. 앞서 언급하였듯이 '친척(kin)'에는 혈연과 결혼을 통한 친척 및 서로 의지하는 가까운 비가족이 포함된다(1996:191). Billingsley는 "혈연이나 결혼을 통하지 않은 결합을 설명하기 위하여 "확장가족"(1968)과 "적절함의 관계"(1992:31)를 언급하였다. 사람들은 그저 서로를 가족으로 대하며 함께 살기를 결정함으로써 가족의 일부가 되거나, 가족을 형성하기도 한다." 친인척 보호의 역사는 아프리카인과 아프리카계 미국인의 확대친척의 역사와 관련된다. "미국 노예시대에 서아프리카의 기본가족은 지역사회 전체를 포함하는 확대가족이었다. 아이들은 집단공동체에 속하였으며, 집단공동체가 아이들을 책임졌다"(Scannapieco and Jackson 1996:191). Yusane에 따르면, 서아프리카에서 "'친인척 관계는 사회조직의 근간'이었으며, '확대가족체계는 상호의존적인 기능들에 기반'하고 있었다. 이는 또한 재난으로부터 보호하는 역할도 하였으며, 아프리카에서 아이들은 미래에 대한 투자로 평가되었다"(in Scannapieco and Jackson, 1996:191).

또한 Scannapieco와 Jackson은 "아프리카인들은 아이들을 통해 불멸을 이룬다고 생각하였으며, '사생아'란 존재하지 않았다. 공동체는 모든 아이들에게 관심을 가졌으며, 부모가 늙으면 아이들은 당연히 부모를 보살폈다(아프리카인들은 가족과 지역사회 노인들에 대한 존경을 전통으로 이어오고 있다)."고 설명한다(1996:191).

친인척 보호의 정의　　1990년대 후반, 아프리카계 미국인 가족들의 행복과 존속에 심각한 위기가 찾아왔다. 약물과 알코올의 남용, 청소년 임신, 범죄와 폭력 등의 다양한 이유로 가정외보호(out-of-home care)를 받는 아프리카계 미국인 아동들이 크게 증가하였다(Edelman 1987; Scannapieco and Jackson 1996).

이에 아프리카계 미국인 지역사회는 비공식적·공식적인 "친인척 보호"라는 적응적 대응을 통한 탄력적 태도를 취하고 있다. 친인척 보호의 책임을 맡게 되는 확대가족구성원은 보통 조부모들이다(이 장 앞부분에서 다룬 조부모의 부모역할에 대한 논의를 참고하라). 친인척 보호는 "부모로부터 분리된 아이들에게 친척, 부족 또는 문중(門衆), 대부, 양부모, 또는 아이와 친인척 유대를 맺은 성인들이 제공하는 전일제의 양육과 보호"로 정의된다(Child Welfare League of America in Wilhelmus 1998:118). 이러한 적응적 대응은 아프리카계 미국인들의 확대가족의 역사 및 아이들의 행복을 위한 지역사회의 책임과도 합치된다(Scannapieco and Jackson 1996:190-192). 친인척 보호는 두 가지 방식으로 이루어진다.

1. 사적 친인척 보호(private kinship care): 가족구성원이 친권 및 양육권을 가진다. 친척 돌보미는 육아에 대한 급료는 받지 않지만, 다른 지원은 받을 수도 있다. 사적 친인척 보호의 방식에는 다양한 유형이 있다.
   - [친인척]이 돌보미이지만, 부모가 친권을 유지하며 아이와 관련된 모든 결정을 내린다.
   - [친인척]이 필요에 따라 공공주택과 학군 결정 등의 임시적인 친권을 가진다. 친인척 친권자가 아이를 보살피기 위한 결정을 내리지만, 중요한 결정에는 여전히 부모가 관여한다.
   - [친인척]이 아이를 입양하여 친부모의 권리는 소멸된다. 이는 조부모와 부모 사이의 관계를 끊을 수도 있기 때문에, 이러한 선택을 하는 조부모는 거의 없다.
2. 친인척 위탁 보호(foster kinship care): 친인척이 위탁부모가 되지만, 정부가 친권을 가진다.

오늘날의 아프리카계 미국인 아이들은 전통적인 위탁 보호보다는 친인척 보호를 더 많이 받고 있다. 사회복지사들은 아프리카계 미국인 가족과 지역사회의 이 중요한 레질리언스 유형을 인식하고 지원해야만 한다(3장을 참고하라). 이 분야에서의 효과적인 실천을 위해서는 아이, 친부모, 친인척 돌보미로 이루어진 '친인척 트라이어드(kinship triad)'와 함께 실천하는 법을 배워야 한다. 사회복지사는 친인척 돌보미들이 자신을 전통적 의미의 위탁부모로 여기지 않는다는 사실을 명심해야 한다. 친인척 돌보미는 아동복지시스템이 아닌 가족의 요구에 따르며, 그들의 결정은 아프리카계 미국인 가족을 보존한다(Scannapieco and Jackson 1996:193-194).

사회적 역할의 유연성/역할 유동성

이 개념을 소수민족가족에게 적용하면, "가족의 사회적 역할이 그 정의, 책임, 수행에 있어서 유연한 것을 의미한다. 역할 유연성의 예로, 동생을 보살피

이 모습은 "사회적 역할의 유연성"과 "역할 유동성"에 대한 논의를 어떻게 보여주는가?

는 손위 형제들의 부모역할, 성인들 간의 가장 역할 분담, 대안적 가족방식 등이 있다"(Harrison et al. 1990:352). Freeman(in Logan et al. 1990:57ff)은 **역할 유동성**(fluidity of roles)으로서의 유연성을 언급하면서, 이것이 전통적으로 적대적인 환경에서 살아남기 위해 가족역할의 잦은 전환이 필요했던 아프리카계 미국인 가족들의 중요한 강점이었다고 설명하였다.

Pinderhughes는 아프리카계 미국인 가족들의 생존과 강점의 원천인 역할 유연성이 남성과 여성에게 명확한 역할을 기대하는 "백인 중산층 핵가족 모델과는 다르기 때문에" 결손으로 여겨져 왔음을 지적하였다(in McGoldrick, Pearce and Giordano 1982:112-113). Hines와 Boyd-Franklin은 역할 유연성이 아프

리카계 미국인 부부의 평등의식을 증대시켰다고 말한다. 많은 아프리카계 미국인 여성들은 여성운동이 강조하는 남녀평등을 이미 오래전부터 누려왔다. 이러한 역할 유연성의 역사 때문에, 백인 남성들에 비해 흑인 남성들은 일하는 배우자를 훨씬 덜 위협적으로 받아들인다(in McGoldrick, Pearce and Giordano 1982: 89-90).

이중문화

우리는 5장에서 개인발달과 관련한 이중문화의 개념을 간략하게 살펴보았다. 이 개념은 가족이라는 맥락에서 더욱 중요하다. **이중문화**(Biculturalism)란, "두 가지 세계에서 기능하는 역량"을 의미한다(Pinderhughes in McGoldrick, Pearce, and Giordano 1982:114). 그러나 Harrison 등은 미국 사회의 다수집단이 유색인종의 원문화를 평가절하하기 때문에 이중문화의 과정이 복잡성을 띠게 되는 것이라고 강조한다. 유색인종과 그 가족은 자신을 지배적 문화와 일치시키기 위해서 수용

적인 입장 혹은 행동과 신념을 변화시키는 입장을 취하면서, 동시에 원문화를 유지하되 일부는 포기하는 복잡한 과정을 겪게 된다. 그 결과, 이들은 "하나 이상의 문화적 상황에서 최적으로 기능하며, 자신의 행동양식을 상황에 따라 적절하고 적응적으로 전환하는 방법"을 깨닫게 된다(Laosa 1977 in Harrison et al. 1990:352). Freeman은 아프리카계 미국인 가족에게 필요한 이중문화의 실질적인 필요조건으로 "이중적 시각(dual perspective)"을 언급하였다. 그녀는 아프리카계 미국인 부모들이 자녀들을 사회화시키기 위해서 "그들의 인종과 문화적 배경을 경멸적 태도로 바라보는 사회에서 자녀들이 잘 적응하고 기능하도록 하면서, 동시에 긍정적인 인종 정체성을 유지하며 사회적 기대와 충돌할 수도 있는 인종집단의 기대에 부응하도록" 해야 하는 이중의 책임에 주목하였다(in Logan et al. 1990:61).

이중문화향유자가 되는 과정에서 가장 중요한 것은 사회화이다. 우리는 지금까지 다양한 맥락에서 사회화의 개념에 대해 논의해왔다. 우리는 사회체계이론의 핵심개념으로 사회화를 논하였으며, 많은 개인발달모델들을 통하여 사회화의 중요성을 검토하였다. **사회화**(Socialization)란, "개인이 자신이 살아가는 사회 속에서 독특하면서도 능동적으로 기능하는 구성원이 되어가는 과정"을 지칭한다(Harrison et al. 1990:354). 이렇듯 사회화는 개인발달의 핵심이자 현재진행형인 과정이며, 많은 사회화는 가족의 맥락에서 이루어진다.

가족의 민족성과 구성원들의 사회화는 복잡하게 연관된다. 민족성은 사회화의 일반적 측면인 "집단 구성원들이 공유하는 가치관, 사회적 관습, 인식, 행동역할, 언어사용, 사회적 상호작용의 규칙"에서 중요한 요소이다(Harrison et al. 1990:354).

Harrison 등은 이중문화향유자가 되는 과정에서 사회화의 중요성을 강조하는 것 외에도, 소수민족집단 사회화의 중요한 목표로서 "상호의존을 위한 사회화"의 개념을 제시한다. 소수민족의 아이들은 가족적 맥락에서의 협동, 의무, 나눔, 호혜라는 협조적 인생관을 신념과 행동의 중심요소로 발달시키도록 사회화된다(1990:355). 이러한 상호의존과 협동의 중시는 경쟁과 독립을 우선시하는 전통적 혹은 지배적 패러다임과는 극명한 대조를 이루는 것이다.

이중문화의 또 다른 강점인 인지적 유연성은 이중언어(bilingualism) 관련 연구에서 가장 뚜렷하게 드러난다. 이중언어 아동들의 뛰어난 인지적 유연성은

"단어의 다중적인 의미와 대상의 선택적 성향을 감지"하고, "언어를 단순한 내용이나 인상이 아닌 사유의 대상으로 대하는" 강화된 능력으로 발현된다(Harrison et al. 1990:356).

소수민족가족이 생존을 위해 자녀들을 이중문화향유자로 사회화시키는 실질적 필요성과 이중문화의 이점을 고려해 볼 때, 이중문화성과 백인은 어떠한가? James Leigh는 소수민족집단의 구성원뿐만 아니라 미국의 모든 사람들이 이중문화향유자가 되어야 한다고 주장한다. 이를 위한 중요한 발걸음은 이중언어의 수용이다. Leigh는 흑인영어, 스페인어, 미국 원주민의 언어를 "외국어"로 인식해서는 안 된다고 주장한다. 이 언어들은 미국사회의 다양한 다문화 현실을 반영한다. Leigh는 다양한 언어와 함께 다양한 "역사들" 또한 우리가 살고 있는 복잡한 사회의 이해 속으로 편입시켜야 한다고 주장한다. 우리는 콜럼버스와 유럽이주민의 관점과 더불어 원주민들의 관점으로도 미국의 역사를 이야기해야만 한다(1989:17-19).

사회복지사들에게 이중문화성은 선택이 아닌 필수사항이다. 다원적 문화의 사회에 살고 있는 사회복지사들에게 다른 사람의 문화를 이해하는 것은 필수적인 기술이다. 이중문화성은 대인관계 수준에서의 공감과 매우 유사한 문화적 수준에서의 공감이다. 문화적 수준에서의 공감과 대인관계 수준에서의 공감은 모든 분야의 사회복지사들의 적절한 실천을 위한 필수기술이며, 각각 분리된 것이 아닌 하나의 필수기술 속의 두 가지 요소로 보아야 한다.

영성과 선조(先祖)적 세계관

1장에서 배운 바와 같이 우리가 자신과 타인, 우리를 둘러싼 세상을 바라보는 방식에 매우 큰 영향을 미치는 세계관은 가족에게도 강력한 영향을 미친다. 앞서 살펴본 내용에 따르면, 지배적 세계관 혹은 지배적 패러다임은 '모든 개인은 다른 모든 개인들과 분리되며, 자신의 행복에 대한 책임은 오로지 자신에게 있다'는 개인주의와 개별성을 강조하는 특성이 있다. 이러한 유럽중심의 개인주의적 세계관은 많은 소수민족집단들의 선조적 세계관과 대조된다. 많은 소수민족집단들은 자신과 가족, 집안, 지역사회, 전체 민족집단과 같은 다른 환경체계의 상호연관성을 중시하는 세계관을 가지고 있다(English 1991:20-24; Harrison et al. 1990:353; Martin and Martin 1985).

선조적 세계관(ancestral worldviews)은 소수민족집단의 신앙과 가치관을 전승하기 위한 제도에 전반적으로 반영되어 있다. 이들의 종교적·영적 제도는 가족과 사람들의 철학적 관점 혹은 세계관을 유지하고 전승한다. 많은 아프리카계 미국인들은 개인주의보다 집단주의를 강조하는 아프리카 철학에 뿌리를 둔 세계관을 가지고 있다. 많은 미국 원주민들의 세계관은 생명의 상호연관성을 인식하고 있으며, 지배적인 단일 종교가 없는 미국 원주민 문화의 특성에도 불구하고 종교적 측면을 중시한다. 아시아·태평양계 미국인 가족들은 조화를 핵심가치로 여기는 신념체계를 강조하는 한편, 라틴계 신앙의 중심교리는 가족주의적인 신념체계를 강화한다(Harrison et al. 1990:354). 이러한 세계관은 클라이언트들의 삶을 이해하기 위한 사회복지의 주요 관심사인 '사회체계원칙과 생태학적 사고, 영성과 종교의 역할 강조' 등과 매우 유사하다.

교회는 보통 유색인종가족에게 중요하고 지지적인 역할을 담당한다. 교회는 많은 가족들에게 공동체의식과 상호연관의식을 제공한다. 아프리카계 미국인 가족들은 교회와 매우 밀접하며, 교인들은 서로를 "교회가족"이라 지칭하기도 한다. 교회가족은 어린 가족구성원들에게 역할모델로서 중요한 지지를 제공하며, 아동양육에 도움을 줄 수도 있다. 적대적인 환경에서 생존하고자 노력하는 가족들에게 "교회는 대안적인 친구관계망, 성가대, 방과후 활동과 여름방학 활동, 아이돌보기, 남성과 여성의 역할모델을 제공한다." 이러한 역할모델에는 "목사와 사모, 집사, 연장자, 운영위원회"가 포함된다(Boyd-Franklin, 1993:369). 사회복지사들은 "교회식구"라는 아프리카계 미국인 가족들의 강점과 지지의 원천을 인식해야 한다. Boyd-Franklin(1993:369-370)은 사회복지사들이 "아프리카계 미국인 지역사회 내에서 커다란 힘과 영향력을 지니며, 가족들에게 폭넓은 지원을 제공할 수 있는 목사들과 친숙해질 필요"가 있다고 강조한다.

교회에 다니지 않는 아프리카계 미국인이더라도, 영성(spirituality)은 중요한 역할을 할 수 있다. 이때의 영성은 "종교적 성향"과는 전혀 다르다. 이는 모든 아프리카계 미국인이 가지고 있는 아프리카 중심적 세계관으로, 현실을 영적인 동시에 물질적인 것이라 여기는 것이다(Myers 1985:34-35). 이러한 영성은 "특히 죽음과 임종, 질병, 상실, 사별을 겪는 아프리카계 미국인 가족들에게 도움이 되는 강점과 생존의 기제"이다(Boyd-Franklin 1993:370).

이슬람: 가족과 영성

9.11 테러와 뒤이은 이라크-아프가니스탄의 전쟁으로 말미암아, 무슬림 및 아랍인 클라이언트에 대한 정보를 정확히 파악해야 할 필요성이 대두되었다. 이는 이슬람 근본주의를 고수하는 이슬람들로 인해 9.11 테러 이후로 모든 무슬림과 아랍 혈통인 사람들을 테러리스트 혹은 테러지지자로 여기는 경향이 높아졌기 때문이다. 그러나 대다수의 무슬림은 테러리스트가 아니다.

미국과 전 세계에서 무슬림 인구는 급격히 증가하고 있다. 북아메리카에는 600만에서 800만 명가량의 무슬림이 살고 있다(Rehman and Dziegielewski 2003:32). 또한 전쟁과 관련하여 미국 정부에 도움을 준 이라크와 아프가니스탄 시민들에게는 앞서 언급하였던 "특별 이민자 신분"이 인정되기도 한다. 그러나 우리는 사회복지사로서 뿐만 아니라 일반적으로도 무슬림의 문화나 종교에 대해 거의 무지한 상태이다. 무슬림 문화와 지역사회에 대한 내용은 10장에서 보다 면밀히 살펴볼 것이며, 여기에서는 이슬람 영성이 가족에 미치는 영향에 대하여 다룬다.

'이슬람'이란, AD 610년 메카에서 선지자 마호메트에게 계시된 교리에 기초하는 종교를 의미한다. 이슬람교를 고수하는 사람들을 무슬림이라 부른다. 이슬람교의 첫 번째 토대는 이슬람의 성경인 코란이다. 이것은 '선지자 마호메트가 하늘로부터 계시 받은 인류에 대한 지도로서, 영원하고 그 자체로 존재하는 신의 말씀'이다. 두 번째로 유효한 종교적 권한은 선지자 마호메트와 초기 무슬림들의 전통언행인 하디스(Hadith)이다(Al-Krenawi and Graham 2000:82).

코란에 언급된 가치관은 다음과 같다(Hall and Livingston 2006:144).

▶ 환대와 베풂의 관용
▶ 연장자와 부모에 대한 존경
▶ 남아선호사상
▶ 여성의 예속성
▶ 겸손
▶ 철저한 독실함
▶ 모든 인간의 평등함
▶ 건강과 힘(Hall and Livingston 2006:144).

이러한 기본 가치관은 무슬림 가족의 구조 및 행동에 중요한 영향을 미친다.

아랍인 가족들은 이슬람교식 영성에 높은 가치를 부여한다. 전통적인 가족 구조는 가부장적 방식이다. 이슬람교를 따르는 아랍인 이민자들은 역할, 의무, 신분에까지 이르는 위계적인 권위 조직에 순응한다. 가족이 정체성의 기초이기 때문에, 가족의 행복이 곧 개인의 행복으로 대체된다. 행동과 영적규율의 기준 또한 가족이다(Hall and Livingston 2006:143).

그 밖에도 "이슬람교를 영적인 전통으로 삼는 아랍인 가족들은 가장을 존경하며, 강력한 연대의식과 충성심을 보인다"(Hall and Livingston 2006:144).

그러나 중요한 것은 이슬람교가 강조하는 가치관과 행동의 정도에 따라 무슬림·아랍인 가족들의 유형이 상당히 다양하다는 것이다. 따라서 "사회복지사들은 모든 무슬림을 대표하는 신념과 가치관의 특정 형태가 존재하지 않음에 유의하여야" 한다(Hodge 2005:164).

앞서 언급한 바와 같이,

무슬림 사회의 기본 단위는 가족이다. 그러나 "가족"은 친척 또는 전체 이슬람 공동체까지를 포함하는 것으로 넓게 개념화되기도 한다. 가족이란, 가장 명확하게는 남편과 아내이며, 부부는 영적·사회적 가치관을 재생산할 책임을 진다. 따라서 핵가족이나 확대가족을 비롯한 모든 가족들은 움마(ummah)[공동체]의 영적·사회적 건강에 있어서 필수적 요소이다(Hodge, 2005:165).

무슬림 공동체와 문화에 대한 보다 자세한 내용은 10장에서 살펴볼 것이다. Al-Krenawi와 Graham에 따르면, 사회복지사들은 무슬림 가족을 대할 때 다음의 사항을 준수해야 한다:

1. 위계적이고 유연하지 못한 무슬림 가족의 방식을 이해해야 한다.
2. 여성의 바깥행동을 제한하는 무슬림 사회의 젠더구조를 이해해야 한다.
3. 클라이언트가 이성(異性)인 전문가를 꺼려할 수 있음을 받아들여야 한다.
4. 이슬람교와 이슬람식 전통과 관습에 대하여 기본적인 지식을 갖추어야 한다.

다인종의 현실과 가족성

5장에서 살펴보았듯, 미국 사회가 보다 다양해짐에 따라 다양성 간의 경계는 점차 흐릿해지고 있다. 혼혈인과 다인종 인구집단의 증가가 한 예이다. 다인종의 정체성과 그 계승에 대한 문제는 입양과 위탁보호 및 다인종 아동양육의 분야에서 특별한 함의를 지닌다(다인종 아동양육에 대한 5장의 논의를 참고하라).

다인종 입양과 위탁보호

동일인종 입양　　　Fong 등은 혼혈인의 증가를 언급하며, "사회복지사들이 '인종 초월적' 입양에 대한 논의를 재구성해야 할 것"이라 말한다(1996:22). 인종 초월적 입양(Transracial adoption)이란 "다른 인종 간", "다른 민족 간", 또는 "민족을 초월한" 입양을 의미한다(Hollingsworth 1998:104). 1970년대 이후로 사회복지는 아이들이 동일한 혈통의 부모에게 입양되어야 한다는 입장을 취해왔다. 처음으로 이 정책을 강력히 지지한 것은 전미흑인사회복지사협회[NABSW]였다. 1974년 NABSW는 "인종차별적인 사회에서 흑인 아동이 생존하는데 필수적인 통찰력과 반응의 정서적·감성적인 세부 요소들을 전달해 줄 수 있는 것은 흑인가족뿐"이라는 공식 입장을 내놓았다(Smith in Fong et al. 1996:22). "미국 인디언, 멕시코계 미국인, 아시아계 미국인 아동들의 경우에도 이와 유사하다" (Fong et al. 1996:22). 1978년 제정된 인디언아동복지법(Indian Child Welfare Act)은 미국 인디언 아동의 복지와 관련하여 가족관계 뿐 아니라, 문화적 관계 및 공동체적 관계의 보존의 중요성을 강조하였다. 이 법은 "인디언 종족법원에게 미국 인디언 아동의 양육권 소송 절차에 대한 배타적 사법권을 부여한다"(Hollingsworth 1998:105).

다민족·다인종 입양 및 위탁보호와 관련한 정책과 실천은 미해결 분야로 남아있다. 1994년 다민족배치법(Multiethnic Placement Act)이 제정된 이후로, 아동복지에 관심을 갖는 사람들과 사회복지사들은 일시적이거나(위탁보호) 영구적으로(입양) 가정외배치가 필요한 유색인종 아동들에게 과연 무엇이 최선인가라는 본질적인 문제로 고심하고 있다. Hollingsworth는 아동복지와 인종 초월적 입양에 관심을 갖는 조직들 간의 논쟁으로부터 아래와 같은 다섯 가지 주제를 도출하였다.

1. 민족적 유산은 중요하다.
2. 가능하다면 친척, 특히 친부모가 아이를 양육하는 것이 더 바람직하다.
3. 단지 경제적인 이유만으로 친부모로부터 아이를 빼앗는 것은 용인될 수 없다.
4. 가능한 아이와 같은 인종의 양부모에게 입양되도록 노력해야 하며, 체계적 장해물이 개입되어서는 안 된다.
5. 다만, 영구적인 가정 및 가족이 없는 아이의 경우에는 대안적 수단으로 다른 인종의 부모에게 입양되는 것이 더 나을 수도 있다(Hollingsworth 1998:113).

다민족 입양의 문제는 복잡하기 때문에, 다양한 시각에서 검토되어야 한다. Hollingsworth는 "아동복지체계에서 과도하게 부각된 유색인종 아동의 문제를 인종 초월적 입양을 통해 해결하려는 시도는 지나친 단순화에 불과한 것으로, 이러한 방법으로는 우리 사회에서 가장 취약한 아이들을 제대로 보호할 수 없다"고 주장한다. 그녀는 "이러한 상황을 불러오는 환경을 이해하고 이를 제거하는 것이 보다 책임감 있는 접근방법"이라고 말한다. 가정외배치의 원인이 되는 가장 중요한 환경 중의 하나는 빈곤이다.

가족의 빈곤, 다양성, 가정외배치   앞서 살펴보았듯 빈곤은 개인과 가족의 행복을 가로막는 다른 많은 조건들과 밀접하게 관련된다. 게다가 유색인종 가족들(특히 아프리카계 미국인, 히스패닉, 미국 원주민 가족)은 백인가족에 비해 빈곤을 경험할 가능성이 훨씬 크다. Hollingsworth는 많은 수의 유색인종아동들이 가정외배치를 받는 이유 중의 하나로 "가난"을 꼽는다. 그녀는 "1993년 전체 아프리카계 미국인 아동의 46%, 전체 라틴계 아동의 41% 이상이 가난하였지만, 백인아동은 14%만이 가난하였다."고 언급한다(Children's Defense Fund in Hollingsworth 1998). 또한 부모와 함께 사는 아동의 12%가 가난한 것에 비하여, 모자가정의 아동은 56%가 가난하였고, 모자가정 중에서도 백인아동보다 흑인아동이 가난한 비율이 더 높았다(Hollingsworth 1998:111).

빈곤은 "가정외배치를 초래하는 상황들"과 밀접한 관련이 있다. 그 예로, 전국아동학대 실태조사(National Incidence Study of Child Abuse and Neglect)에 따르면,

연간소득이 $15,000 이하인 가정의 아동은 소득이 $30,000을 넘는 가정의 아동보다 학대를 경험할 확률이 22배 높다. 또한 성적학대를 당할 확률은 18배, 교육에서 방임될 확률은 56배, 심각한 부상을 당할 확률은 22배 높다. 한부모 가정의 아동들은 신체적 방임으로 인해 건강을 해칠 위험이 87% 높고, 학대와 방임으로 심각한 부상과 피해를 입을 위험이 80% 높았다(Hollings-worth 1998:113-14).

다인종 입양과 위탁보호   Fong 등(1996:22)은 혼혈인이 많아진 오늘날, 모두가 단일 인종임을 상정하는 정책은 적절치 못하다고 주장한다. 1994년의 다민족배치법은 이러한 복잡한 문제를 다루고자 실시된 정책이다.

1994년에 제정된 다민족배치법(P.L. 103-382)은 인종과 민족성을 입양의 결정요소로 활용해 온 전통적 실천에 대한 도전이다. 이 법은 인종, 피부색 또는 출생국에만 근거하여 입양을 결정하는 차별을 금한다. 이 법은 정부기관이 아동의 문화적·민족적·인종적 배경과 예비 위탁부모·양부모가 아동의 욕구를 충족시킬만한 능력이 있는가를 고려하도록 한다. 또한 이 법은 정부기관이 아동들의 인종적·민족적 다양성을 반영하는 예비 위탁부모·양부모를 적극적으로 모집할 것을 규정한다(Smith in Fong et al. 1996:23).

혼혈아동에게 최선의 가족을 구성해 주는 것은 매우 복잡하고도 정서적인 문제이다(5장의 개인적 가치관과 공동체적 가치관의 경합을 참고하라). Fong 등은 단일 인종인 아동을 같은 인종의 부모가 입양하는 문제에 대해서는 어느 한 쪽을 두둔하지 않는다. 그러나 그들은 "멕시코인과 중국인의 혼혈아동은 아마 멕시코인 가족에게 만큼이나 중국인 가족에게도 소속감을 느낄 것"이라 주장한다(1996:23). 그들은 한편 "아프리카계 미국인 혈통의 아이는 흑인가족이 양육해야만 한다. 아이가 흑인으로서 긍정적인 정체성을 가지도록 보살필 수 있는 것은 흑인가족뿐이기 때문"이라는 주장도 정당화될 수 있다고 이야기한다(Fong et al. 1996:23). 그러나 Fong 등은 이러한 입장이 아프리카계 미국인 학자들과 사회복지 전문가들에게 일반적으로 받아들여지는 것은 아니라고도 덧붙인다. 그들은 아프리카계 미국인 심리학자인 Prentice Baptiste의 입장을 언급한다.

혼혈아동들은 생물학적으로 흑인도 백인도 아니며, 두 인종 모두에 해당된다. 그러나 흑인차별의 전통과 흑인차별법(Jim Crow law)은 외형에 상관없이 그들을 모두 흑인으로 규정한다. 혼혈아동의 부모는 아이들이 그 존재로서, 또한 문화적으로 양쪽 인종 모두에 속한다고 가르침으로써 이러한 차별에 맞서야만 한다. 긍정적인 양인종 모델은 아동의 성장 초기에 분명하게 드러나야 한다(in Fong et al. 1996:23).

Fong 등은 이것이 "입양 및 위탁보호 분야의 정책입안자와 실천가가 지속적으로 숙고하고 논의해야 할 문제"라고 강조한다(1996:23).

여성

가족과 가족성에 대한 페미니스트 관점

Ferree(1990)는 여성과 가족성의 상호관계를 고려하고 이해하기 위하여, 단일 관점이나 모델보다는 가족과 관련된 페미니스트 문제와 관점들을 종합한 **젠더 모델**(gender model)을 제시한다. 젠더 모델은 여성과 가족성을 탐구하기에 적당한 접근방법이다. 가족은 전통적으로 여성에 대해 매우 차별적·제한적·억압적·착취적인 역할과 기대를 만들어내고 강요해 왔으나, 여성은 모든 전통적 가족 개념에서(그리고 대부분의 대안적 가족 개념에서도) 실질적으로 중요한 사람들이다.

Demo와 Allen은 "페미니스트들은 '젠더역할(gender role)'의 개념으로 가족구성원들의 정체성과 행동을 설명하여 다른 모든 가족유형들을 대신할 수 있는 하나의 가족유형을 받아들이는 가족의 정의가 모두 성차별주의와 동성애차별주의에 근거하고 있는 것임을 폭로하였다."고 상기시킨다(1996:427). 그들은 다음과 같이 주장한다.

젠더를 역할로 규정하는 것은 젠더의 구조적 특징을 무시하는 것이며, 어떠한 집단이 차별적으로 기회를 부여받고 억압받는가에 대한 지배적 방식들과 젠더 간의 상호연관성을 간과하는 것이다. 역할은 젠더를 보다 편협하고 정치를 배제시킨 대인관계의 영역으로 축소시킨다. 사회학자들이 계급불평등이나 인종불평등을 "계급역할"이나 "인종역할"로 표현하지 않는 이유는, 그러한 표현들에 개인적 경험이나 대인간 상호작용에 있어서의 사회계층적 권력관계가 숨겨져 있기 때문이다(Demo and Allen 1996: 427).

Ferree는 "페미니스트 관점은 가족을 '정체성의 근원이자, 분리와 연대가 끊임없이 생성되고 경합하는 젠더와 세대 간 투쟁의 장, 보살핌과 갈등의 도가니'로 재정의 하는 것"이라고 말한다(Demo and Allen 1996:427; Ferree in Demo and Allen 1996:428).

우리가 여기에서 살펴볼 대안들은 전통적 가족방식에서 흔히 나타나는 복잡하고 억압적인 힘을 인식하려는 노력을 반영하는데, 이는 전통적 접근에 대한 대안으로 가족성을 고려하여 인간행동과 사회환경을 이해하고자 하는 시도와도 일치한다. 이 대안들의 또 다른 핵심은 모든 가족구성원들, 특히 여성구성원들이 자신의 잠재능력을 온전히 발휘할 수 있도록 모든 가족구성원들에게 권한을 부여하는 측면에서 가족성을 재고하고 검토한다는 점이다. 이는 물론 모든 사람들이 자신의 잠재능력을 충분히 발휘하도록 돕는 사회복지사들의 관심과 책임에 있어서도 중요한 함의를 지닌다.

가족 영역에 대한 Ferree의 종합적 페미니스트 이론은 페미니스트 차원뿐만 아니라 대안적 패러다임 사고의 몇 가지 차원도 함께 반영하고 있다. 종합적 페미니스트 이론은 전통적 패러다임 사고의 차원들을 비판적으로 검토하고, 분리·상호연관·다양성·억압·특권·남성성·가부장제의 문제를 다룬다.

Ferree는 여성과 가족성에 대한 페미니스트들의 보편적 전제들을 설명한다. 그녀는 "가족 안에서의 남성우위는 남성권력체계의 일부분"이라고 말한다. 여성에게 피해를 주는 이러한 가부장적 가족방식은 "자연스러운 것도, 불가피한 것도 아니다"(1990:866). 가족에 대한 페미니스트 분석은 정치제도나 경제제도와 같은 사회제도들로부터 분리된 가족의 개념에 이의를 제기한다. 이는 곧 가족을 공적세계 및 바깥세상과 단절된 개인의 안식처, 즉 "분리된 영역"으로 보는 개념에 대한 이의제기이다. 다른 한편으로, 페미니스트 분석은 공적세계의 폭력성과 불평등이 가족의 영역에도 침투될 수 있음을 상기시킨다. 페미니스트 관점은 가족 내에 젠더와 관련된 매우 상이하고 갈등적인 이해관계가 존재한다고 주장한다. 가족을 바라보는 전통적 시각에 대한 페미니스트들의 비평은 "(a)가족을 경제·정치적 권력체계와 온전하게 통합된 것으로 정의하고, (b)각 구성원들 간 이해관계의 분기와 갈등을 인식하기 위한 새로운 접근방법"이다(1990:867). 우리는 이러한 관점을 염두에 두면서, 가족성의 이해와 가족의 맥락에서 여성들에게 중요한 이슈와 개념들을 살펴볼 것이다. 이러한 이슈와 개념에는 가정폭력, 젠더역할 혹은 성역할, 가정노동, 맞벌이가족 등이 포함된다.

여성, 가족, 그리고 폭력

가족에 대한 페미니스트 분석은 특히 가족의 맥락에서 발생하는 광범위한 폭력을 기록하고 입증하는데 있어서 중요하다. 많은 분석들은 전통적 가족의 특징인 여성에 대한 폭력과 불평등 사이의 연관성을 서술해 왔다. Miller(1986)는 가족 내의 여성폭력이 여성뿐만이 아니라 모든 가족구성원들에게 영향을 미친다고 언급한다.

Miller가 여성 대상의 폭력 규모 및 유형에 관하여 제시한 정보는 충격적이다. 현재 이용 가능한 정보에 따르면, "미국여성 4명 중에 1명은 강간을 당하며, 18세 이하 소녀들의 1/3이 심각한 성적학대를 경험하고 있다. 또한 미국 가족의 1/3에서 1/2 가량에서 여성에 대한 폭력이 발생한다"(Miller 1986:xxiii).

Miller는 여성에 대한 불평등과 폭력 혹은 위협상황에 대한 연구를 통해, 이러한 상황에서 생존해야 하는 여성들의 강점과 관련된 중요한 정보를 얻을 수 있다고 말한다. 그녀는 여성폭력의 생존자와 가정폭력을 감소시키기 위한 활동에 직접 관여하고 있는 여성들의 노력에 크게 힘입어 가정폭력에 대한 관심과 관련 지식의 성장이 이루어졌다는 것을 강조한다. 폭력 및 폭력의 위협 속에서 살고 있는 여성들의 강점은 "가족 내에서 성장촉진적인 상호작용을 형성"하기 위한 끊임없는 노력에서 가장 잘 나타난다. Miller는 "여성들은 생명을 파괴하는 힘과 폭력적 환경 속에서 생명을 부여하고 강화시키는 관계를 형성하고자 집단적으로 투쟁하고 있다."고 보았다(Miller 1986:xxiii). 가족을 더 잘 이해하기 위해서는 불평등하고 폭력적인 환경 속에서 안전, 평화, 보호를 추구하는 복잡하고도 모순적인 가족의 맥락을 인식해야만 한다.(폭력에 대한 5장의 추가 논의를 참고하라.)

여성과 소녀를 대상으로 하는 폭력인 여성생식기를 훼손 혹은 절단하는 문화적 관행은 세계적으로 가장 심각한 인권문제 중의 하나이다. 아래의 글은 여성과 소녀를 대상으로 하는 이러한 형태의 폭력과 관련된 용어의 발전을 요약한다.

여성과 강제이주

Ross-Sheriff(2006)는 특히 전쟁과 분쟁 상황에서의 이주, 난민지위, 이민과 관련된 복잡한 과정에 있어서 중요한 여성의 역할에 주목한다.

여성과 그 부양아동은 난민의 80% 이상을 차지한다. 여성들은 전쟁의 혼란과 괴로움에 시달림과 동시에 엄마로서, 자매로서, 아내로서, 미망인으로서, 임금노동자로서, 가족돌보미로서의 다양한 역할을 수행해야만 한다. 난민여성들은 불균형적인 고통의 분담을 감내한다. 그들은 안전이 위협받고 성폭력의 위험이 높은 장소에서 아이들을 부양해야만 한다.

망명 중인 아프간 여성에 대한 연구에서, 그녀는 3가지 분류에 따른 "망명과 이주"의 4단계를 다음과 같이 기록하였다.

1. 망명을 위해 고향을 떠나기 전의 마지막 날들[그녀는 이를 '뿌리 뽑힘(uprooting) 이전'이라 언급함]
2. 고향에서 망명국에 이르기까지의 탈출기간
3. 망명국[이 사례에서는 파키스탄]에서 보내는 시간
4. 아프가니스탄으로의 본국송환 이후(Ross-Sheriff 1006:208-209).

그녀의 연구에 따른 망명의 4단계 및 발달에 영향을 미치는 3가지 분류는 아래와 같다.

1. 경험과 정신적 외상을 주는 사건들
2. 사회적 행위자로서 여성의 역할
3. 대처와 지원

<표 6.8>부터 <표 6.11>은 그녀의 연구에서 여성이 직면한 도전과 이슈들의 실례를 보여준다(Ross-Sheriff 2006:209-216).

표 6.8	뿌리 뽑힘 이전 시기 Pre-Uprooting Period

탈출로 몰아넣는 경험과 정신적 외상을 주는 사건들
  다른 민족 집단으로부터의 지속적 박해에 대한 두려움
  자유의 결여와 이동의 제약
  폭격, 공습, 총격
  남편, 아들, 남자형제, 아버지의 체포에 대한 두려움
  정부와 적대세력의 괴롭힘 또는 박해
  인근의 폭탄 폭발
  거주지 앞 로켓탄의 발사
  출산을 위한 병원방문에 대한 우려

사회적 행위자로서 여성의 역할
  가족의사결정권자 그리고/또는 가족의사결정에 압력과 영향력 행사
  가족구성원들의 보호자
  가족구성원들의 일상생활 활동의 조력자
  재택교육의 제공자
  가족재산의 보호, 은닉, 확보

적극적 대처와 지원
  경계
  정보공유
  보다 안전한 지역의 친척집으로 이사
  위험지역에 살던 친척 혹은 집을 잃은 친척들에게 자신의 집을 거처로 제공
  음식 나눠주기
  자녀들 통제하기
  웃어른 섬기기
  기다림과 기도하기

출처: Ross-Sheriff, F. Afghan women in exile and repatriation: passive victims or social actors? Affillia 21(2) 14

표 6.9 　아프가니스탄으로부터의 탈출　Flight from Afghanistan

정신적 외상을 주는 경험과 사건
　체포와 엄한 처벌에 대한 두려움
　노상강도에 대한 두려움
　국경 순찰대와의 조우 (괴롭힘, 압박, 입국거부, 구금)
　국경 순찰대를 피해 낯설고 위험한 길을 무릅쓰기
　남성가족구성원들을 고문했던 경찰과의 조우
　산악지형과 험한 비포장 길을 걸어야 하는 힘든 상황
　날이 저문 뒤 힘겨운 수단을 통한 탈출시도 (예: 도보, 당나귀/말, 버스 또는 트럭)

사회적 행위자로서 여성의 역할
　자녀들을 보호하기
　남성구성원들을 숨겨주기
　저지될 경우의 대체경로에 대한 정보를 다양한 출처를 통해 획득하기
　고통을 딛고 나아가며 가족구성원들이 포기하지 않도록 격려하기
　(예: 남성, 어린이, 노인 가족구성원들에 대한 동기부여)

적극적 대처와 지원
　밤중에 이동하고 낮에는 안전한 장소로 추천된 호텔에서 휴식하기
　낮 동안 은신처를 제공해 줄 지인들과 함께 머물기
　다른 이동방법과 대체경로를 활용하기
　안전한 통행허가를 위해 매수하기
　다양한 이동수단
　여행 내내 가족과 함께 지내기

출처: Ross-Sheriff, F. Afghan women in exile and repatriation: passive victims or social actors? Affillia 21(2) 14.

표 6.10 　망명 중　During Exile

정신적 외상을 주는 경험과 사건
　피신처의 부재 혹은 열악한 피신처
　기본적인 생활비로 쓸 자금의 부족 (예: 집세, 연료, 전기, 음식)
　열악하고 비참한 생활조건
　경찰의 수색과 강탈
　남성가족구성원의 기소와 수감에 대한 두려움
　중노동과 열악한 근로조건
　궂은 날씨

사회적 행위자로서 여성의 역할
　먼저 와있거나 지원을 요청하는 가족구성원, 이웃, 같은 민족들과 연락 취하기
　가정 꾸리기 및 모든 가족구성원(확대가족구성원 포함)이 거처를 구할 때까지 보살피기
　남편, 아들, 남자형제들에게 동기부여 해주기
　제한된 자원으로 가족욕구를 채우고 가족을 관리하기

일자리, 의료서비스, 약, 학교 등을 찾는데 도움을 줄 NGO나 종교단체에 대한 조사
가족구성원, 이웃, 같은 신자를 도와 무엇이든 나누어주기 (예: 정보, 음식, 약)
분노, 슬픔, 무력함 같은 감정을 다스리기

적극적 대처와 지원
열심히 일하기
여행에서 살아난 것에 대한 안도와 전쟁이 끝날 때까지 살아가기 위한 결의
부족한 자원을 감수하기
생존을 위한 아동노동
생존에 가장 효과적인 수단을 찾기 위한 관계망
지원받기
가족, 민족 공동체, 현지 예배당 사람들 상호간에 지원과 연대 제공하기
신앙을 지키며 알라에 의지하기

출처: Ross-Sheriff, F. Afghan women in exile and repatriation: passive victims or social actors? Affillia 21(2) 14.

표 6.11	본국송환 이전 및 도중 Prior to and During Repatriation

귀환을 결정하고 미래에 대한 염원을 가지도록 하는 생각들
전쟁종결로 인한 흥분된 기분
고향으로 돌아갈 수 있다는 기쁨과 동시에 고향 상황에 대해 두려운 기분

사회적 행위자로서 여성의 역할
정보의 수집과 공유
초기 재정착기간을 견뎌내기 위하여 지원을 주고받기
가족 안에서 의사결정하기
자녀의 학교교육을 지원하기
노인 가족구성원들을 부양하기

적극적 대처와 지원
출발준비를 위한 상호지원 제공하기
가족과 공동체 내 상호연대 제공하기
스스로 열심히 일하며 가족구성원들의 용기를 북돋아주기
일상을 회복할 수 있다는 희망과 염원 유지하기

출처: Ross-Sheriff, F. Afghan women in exile and repatriation: passive victims or social actors? Affillia 21(2) 14.

젠더역할 혹은 성역할?

가족 내 성역할에 대한 전통적 개념은 가족에 대한 전통적 개념과 가족구
성원의 "적절한" 역할, 특히 남성과 여성의 역할에 대한 개념과 함께 대두되었
다. 가족에 대한 전통적 개념은 주로 "1950년대의 도시근교 중산층 백인 가족"
에 대한 사회과학자들의 관찰에 근거한다. 앞서 살펴본 바와 같이, 가족의 이상

(理想) 또는 표준으로 부상한 것은 핵가족 구조였다. 이러한 핵가족 구조에서 남성은 중요한/대표로서의/가장으로서의 역할을, 여성은 사회정서적인/지원적인/주부로서의 역할을 맡았다(Walsh 2003:10).

그러나 우리는 점차 이러한 가족모델이 가족과 그 구성원들에게 커다란 문제를 발생시킨다는 것을 깨닫게 되었다. 아내와 어머니들은 자녀뿐만 아니라 남편과 아버지들의 행복까지 책임져야 하는 과중한 부담을 졌지만, 사회는 그들의 기여를 과소평가하여 금전적 대가를 부여하지 않았다. 반면 아버지와 남편들은 가구주임에도 불구하고, 생계비를 책임져야 하는 역할 때문에 가정의 중심에 서지 못하였다. 이는 아내와 어머니들에게 가족에 대한 더욱 커다란 책임을 부여했다. 남성중심의 지배적 관점으로부터 발생된 기능들은 "가족 내 여성들에게 역기능을 지니는 것으로 드러났다. 여성이 자신의 욕구와 정체성을 희생하여 가정과 남편, 자녀, 웃어른의 행복을 지켜야만 하는 책임의 불균형은 여성들의 신체적·정신적 건강에 해로운 것으로 입증되었다(Walsh 1993:20; 2000:14-16).

성역할을 평등하고 상호보완적인 것이라 보는 전통적인 관점은 그것에 내재하는 실제적인 권력의 차이를 드러내지 않는다. 이러한 권력차이 인식에 대한 실패는 가족구조 속에서 지속적으로 여성들을 억압하는 성역할에 대한 전통적 개념(예를 들어, 강한 남성과 약한 여성)을 만들어냈다. 권력의 남용 및 불평등과 아내구타·부부강간·근친성폭력을 낳는 갈등을 밝혀내기 위해서는 전통적인 가족 개념 속의 권력불평등을 분석해야만 한다(Walsh 1993:380). 편협하고 경직적이며 불평등한 성역할의 정의는 많은 여성들의 건강을 위협하며 때로는 치명적일 수도 있는 가족 내 성적·신체적 폭행의 원인이 된다.

우리는 지금까지 인간행동과 사회환경의 복잡성을 보다 완벽하게 이해하는 데 중요한 권력과 불평등과 관련된 많은 핵심 내용들을 언급하였다. 젠더 모델은 권력의 이해를 위한 필수적 기본 개념인 지배, 범주화, 계층화의 문제에 초점을 두고 있다는 점에서 유용하다.

Ferree는 '성역할'에 대한 전통적 개념을 통해 가족구성원들의 지위, 행동, 특성을 설명할 때 발생되는 문제점을 다음과 같이 요약한다.

전통적인 성역할은 권력의 차원 및 변화와 관련된 갈등의 진행과정을 모호하게 만든다. 그러한 이유로, 가족관계에 대한 페미니스트적 접근은 근본적으로 다른 이론적 맥락인 '젠더'에 따르고 있다(1990:868).

Ferree는 인간행동에 대한 성역할적 해석과 젠더적 해석 간의 근본적 차이에 대하여 다음과 같이 언급한다: "성역할 모델이 구조, 행동, 태도에 대한 어떠한 포장을 상정하는 것이라면, 젠더 모델은 그러한 포장의 구조를 분석하는 것이다"(1990:868).

가정노동

가족성을 이해하기 위한 젠더 모델의 또 다른 중요한 요소는 노동에 관한 문제이다. 젠더는 가족 및 가정에서의 노동(유급/무급노동 모두 포함)의 분배결정과 복잡하게 관련된다. 젠더 모델은 노동과 가족을 연계하여 인식할 것을 촉구하며, 역사적 시각 속에 노동의 장소 및 특성과 젠더를 이해하기 위한 노력을 도입할 것을 요구한다.

가정노동이라는 용어는 노동을 가족의 맥락에서 고려할 때 유용한 개념이다. **가정노동**(family work)은 "가정과 가족구성원들을 유지하기 위해 가족이 수행해야 하는 집안일과 육아일"을 의미한다(Piotrkowski and Hughes 1993:191). 전통적 가족관에서는 남성을 가족의 유일한 유급노동자이자, 다른 피부양 가족구성원들(여성과 아이들)을 위한 "부양자"로 여긴다. 이에 반해 여성은 가정노동의 책임을 맡게 된다. 그러나 젠더 모델에 따르면, 이러한 형태는 오늘날뿐만 아니라 역사적으로 보았을 때도 오류를 지닌다(Ferree 1990:871).

젠더적 관점은 "남성부양자 신화"의 역사적 오류를 지적하며, "여성은 가정 안과 밖의 유급고용을 통하여 항상 가정경제에 중요하게 기여해 왔다."고 인식한다. "남성부양자 신화에도 불구하고, 여성의 경제적 기여는 상당했다. 단독부양자 역할로서 남성들의 사회적 연합은 '전통'이 아닌 새로운 것이다." "자수성가한 사람(self-made man)"이라는 단어는 19세기에 들어와서야 출현하였다. Ferree는 이들의 자수성가는 스스로 이뤄낸 것이 아니라, "어머니와 부인의 명확한 처방과 보조 역할에 힘입은 젠더적 과정의 결과"인 것이라고 주장한다(1990:871-873). 외벌이가 아닌 맞벌이로 생계를 유지해야 하는 현재의 경제적 상황에서, 단독(남성) 부양자와 남성을 돈벌이 이외의 책임에서 벗어나도록 해주는 지원체계(여성과 아이들)로 묘사되는 이상적인 가정의 방식은 여성들에게 중요한 함의를 갖는다.

맞벌이 가족

여성의 취업대열 합류는 곧 여성의 "이중부담(second shift: 직장업무에서 집안일로의 두 번째 근무교대)"을 가져온다. 점점 더 많은 여성들이 가장의 책임을 나누어 전일제 취업대열에 합류하고 있지만, 남편들은 이에 걸맞은 가정노동의 분담을 하지 않고 있다. 연구 결과에 의하면, 맞벌이 가구의 일하는 여성들은 집안일과 육아의 책임을 80%까지 떠맡고 있다(Walsh 2003:16). 남편이 분담하는 가정노동의 양은 민족집단에 따라 차이가 있다. 자료에 따르면, 흑인남성이 백인남성에 비해 가정노동을 많이 한다. 이는 흑인가족이 백인가족에 비해 역할 유연성이 크다는 것을 보여준다(Piotrkowski and Hughes 1993:192).

Ferree는 "남성들이 정의한 직장생활을 하는 여성들은 "아내"가 필요하다. 왜냐하면, 일자리와 직장구조는 전일제의 지원체계를 당연한 것으로 요구하기 때문이다"라고 주장한다. 직장생활에 집중하느라 가정생활에 투자할 시간과 에너지가 남지 않는 "남편"이 두 명인 맞벌이 가족은 사실상 아내를 고용할 필요가 있다. 이러한 필요에 대응하는 방법은 적어도 두 가지 이상이다. 첫 번째 대응방법은 인종 및 계층과 연관되는데, 그 이유는 고용된 "아내"가 주로 "유색인종 여성 혹은 신규이민자 여성"이기 때문이다(1990:873). 보다 가능성이 큰 두 번째 대응방법은 앞서 살펴보았듯이 아내가 가족들의 행복을 위한 기존의 다른 책임들에 임금노동자로서의 역할을 하나 더 추가하는 것인데, 이는 여성들을 소진시킨다. 남편을 잃은 일부 모자가정의 여성들은 집안일로 인한 시간적 압박이 실제로 감소하는 것으로 나타났다(1990:874-875).

드물지만 또 다른 대응방법은 어머니와 아버지가 모두 밖에서 일하는 경우 무급노동에 대한 자녀들의 역할이다. 연구자들에 따르면, 어머니가 밖에서 일하는 경우에 자녀들이 아버지보다 집안일을 많이 하게 될 수도 있다. 가정 내 자녀들 간의 분업 또한 젠더별 특성을 반영하는데, "아들보다 딸이 집안일을 하게될 확률이 크며, 아들과 딸 모두 집안일을 하더라도 그 중에서 딸이 더 많은 일을 한다"(Ferree 1990:874-875).

젠더적 관점에 따르면, 맞벌이로 벌어들인 가구소득을 사용함에 있어서도 역시 젠더별 특징이 반영된다. 가구소득이 모두 가족욕구와 개인욕구에 기초하여 공평하게 분배되어 사용되리라 가정하는 것은 안이한 생각이다. 예컨대 여성의 소득은 자녀양육비로 쓰이며, 남성의 '보너스'는 남성 자신의 것으로 여겨지곤 한다. 특히 남편을 떠난 매 맞는 아내들에 관한 연구에 따르면, 가구소득이 상당히 높은 가구에서도 빈곤선 아래의 생활을 하는 가구원들이 존재하는 이유는 자신의 소득을 아내 및 자녀들과 나누고 싶지 않아하는 남편들 때문이다. 그러나 공식적 자료수집에서는 이러한 가구 내의 젠더 불평등이 거의 드러나지 않는다.

사회정책은 '가구소득이 빈곤선 이상인 가구에는 빈곤선 아래의 가구원들이 없으며, 모든 가족구성원들은 똑같이 잘 산다', '남성 또는 여성의 소득 증가에서 비롯된 전체 가구소득의 증가는 모든 가구원들에게 동일한 효과를 가진다'는 타당하지 않은 가정을 지속적으로 상정하고 있다(Ferree 1990:878).

젠더적 관점은 "가족-노동" 체계에 미시적·거시적 변환이 모두 필요함을 시사한다. 이 관점은 사회복지사인 우리가 인간행동과 사회환경, 실천, 연구, 정책의 영역에서 여성과 가족의 함의를 인식하도록 해준다. 그러한 변환에는 다음과 같은 것들이 포함되어야 한다.

교통체계, 주거 디자인, 표준적 근무일정, 채용과 승진구조, 정부의 합리적 보육정책과 일자리창출 정책, 유연한 고용기회, 여성에게 평등한 기회를 주는 정책의 시행 등의 변화가 요구된다. 왜냐하면 남성의 직업과 경력경로는 젠더적인 것이며, 젠더적인 가족지원 구조를 기반으로 하기 때문이다. 여성들의 필연적인 변화는 곧 남성들도 변화되어야 함을 의미하는데, 변화에 대한 남성들의 반응은 이러한 측면에서 이해되어야 한다(Ferree 1990:874).

이 사진 속의 여성은 어떻게 "이중부담"을 경험하고 있을까? "맞벌이가족"에 대한 Ferree의 논의에서처럼 이 여성에게는 "아내"가 필요할까?

소결

가족을 고려하는 대안적 접근을 보다 깊이 이해하기 위한 젠더적 관점은 사회복지사인 우리들에게 특히 두 가지 측면에서 유용하다. 젠더적 관점은 가족체계가 개인의 삶과 발달의 맥락을 형성하는 다른 환경체계와 복잡하게 상호 연관되어 있음을 시사한다. 또한 사회구성으로서의 가족이 모두 이롭지도, 모두 해롭지도 않다는 것을 의미한다. 가족은 가족구성원들의 행복을 지원할 수도 있지만, 상당한 장해물이 될 수도 있는 가능성을 지닌 복잡한 무대이다.

Ferree가 언급하였듯이 "가족과 가정은 특정한 역사적 맥락 속에서 다양한 형태와 의의로 확고히 자리하고 있다. 인종과 계층은 가족형태의 다양성의 바탕이 되는 중요한 구조적 특성이다." Ferree는 또한 "젠더 모델은 연대냐 억압이냐 하는 가족에 대한 이분법적 시각을 내세우기보다는, 가족관계가 이타적이거나 혹은 이기적이거나 혹은 불가분의 혼합 상태일 수도 있고, 가족이 다양한 타인들과의 관계에 있어서 여성들에게 지원적이면서 동시에 억압적일 수 있으며, 가족권력의 차원이 하나가 아닌 여럿이라는 것을 암시한다."고 주장한다 (1990:879).

성적지향

레즈비언/게이 관점에서의 가족성

가족에 대한 전통적 접근은 가족을 이루는 기초로서 핵가족, 두 부모, 백인, 자녀 중심의 가족형태뿐만 아니라, 이성애자인 부부 및 동반자 관계를 가정한다. 그러나 Slater와 Mencher(1991)를 비롯한 여러 학자들은 이러한 가정이 중요한 인구집단을 도외시하고 있으며, 게이 및 레즈비언 가족들의 가족형태와 기능을 거부하는 것이라고 지적한다. 게이 및 레즈비언 가족은 다른 많은 가족유형들과 마찬가지로, 대부분 일탈적이고 역기능적이거나 존재조차 하지 않는 것으로 여겨져 왔다. 우리의 포괄적 탐구에서 대안적 패러다임의 개념과 일치하는 가족성이라는 개념은 게이 및 레즈비언 가족들의 가족문제를 이해할 필요성을 인식하고 있다.

Slater와 Mencher는 전통적 접근이 가족생애주기 모델, 가족생활에서 예상되는 스트레스, 다양한 가족생애주기 단계에서 제시되는 스트레스 요인과 과업에 대한 가족의 협상으로서 성공적인 것이라 사회적으로 승인된 의식의 영역에서 게이 및 레즈비언 가족을 도외시하였다고 언급한다(1991:373-375).

Laird는 이러한 문제를 개선하기 위해서는 가족성을 이해하려는 노력에 게이 및 레즈비언 가족들을 포함시켜야 한다고 주장한다. 그녀는 더 나아가 레즈비언 및 게이 가족들이 "다른 가족들, 젠더관계, 부모역할, 사회적 갈등에 대한 적응, 특히 강점과 레질리언스에 관련하여 중요한 시사점을 줄 수 있다."고 주장한다(1993:284). 게이 및 레즈비언 가족과 이성애자 가족은 여러 가지 측면에서 같기도 하고 다르기도 하다.

게이 및 레즈비언 가족을 이성애자 가족처럼 보다 완벽하게 이해하기 위해서는 세대 간 관계의 관점으로 그들을 바라봐야만 한다. "동반자, 자녀, 다른 가족구성원들은 각각 자신의 원가족 특유의 역사와 문화 및 사회문화적 맥락의 영향을 받는다"(Laird 1993:285). 이성애자 가족과 마찬가지로 게이 및 레즈비언 가족들 역시 획일적인 집단이 아니며, 광범위한 다양성을 지닌다. Laird가 지적하였듯이 게이 및 레즈비언들은 인종, 계층, 성별, 나이, 종교, 정치적 성향, 그 밖의 모든 개인적 특성의 측면에서 다양하다. 그 결과, 게이 및 레즈비언 가족들 역시 다양한 개인차를 반영하게 된다(Laird 1993:286). 그러나 일반적인 동성애자 해방운동은 다양성과 포괄성이 부족하다는 면에서 비판 받아 왔다. 예를 들어, Carrier는 미국 동성애자 해방운동이 주로 백인과 중산층의 운동이라고 평가한다(in Laird 1993: 291).

Slater와 Mencher(1991)는 가족을 전통적인 이성애자 가족 모델로 한정할 경우에 레즈비언 가족에게(덜 직접적이기는 하지만 게이가족에게도) 나타나는 문제점들을 언급한다. 전통적 모델은 청소년을 시작으로 하여 곧 부부가 되고, 자녀를 낳아 성장시켜 청소년으로 세상에 내보내는 다세대적 생애주기과정을 제시한다. 이 모델은 젊은 레즈비언에게는 적용될 수 없다. 이성애자들로 구성된 원가족에서 자란 레즈비언은 어떻게 자신의 가족을 꾸려나가야 하는가를 배우지 못한다. 또한 전통적 모델은 가족들이 생애주기를 진행해 나가는데 도움을 주는 사회적 지지체계를 당연한 것으로 여기지만, 레즈비언들에게는 이러한 흐름을 인식하고 지원해 줄 수 있는 사회적으로 용인된 체계가 존재하지 않는다. 왜냐하면, 우리가 유사한 역학관계로 운용된다고 가정한 게이 남성들의 경우에도 게이의 가족성이나 부모되기에 대한 연구가 거의 없기 때문이다.

또한 전통적 가족모델은 자녀 중심적이다(전통적 모델에 대한 이전 논의를 보라). Slater와 Mencher는 자녀를 키우고 있거나 자녀를 원하는 레즈비언들일지라도, 그녀들의 생활은 전통적 모델에서의 가족생활만큼 자녀 중심적이지 않다고 설명한다. 이는 자녀가 없는 전통적 모델의 이성애자 부부 역시 마찬가지이다. 자녀가 없는 부부와 레즈비언 및 게이 커플들은 "별개의 긴장, 전환, 달성 단계를 통해 가족을 구성하고 유지한다"(1991:376).

레즈비언 가족들은 이성애자 가족의 보편적인 긴장과 양식을 상당 부분 공유한다. 이것은 매우 커다란 부분일 수도 있는데, 왜냐하면 레즈비언들이 접할 수 있는 가족성에 대한 유일한 역할모델이 이성애자 가족이기 때문이다. 그러나 레즈비언들이 직면하게 되는 가족문제와 경험, 현실은 이성애자 가족과는 크게 다르다. Slater와 Mencher는 레즈비언들이 직면하는 많은 문제들이 전통적 모델에서처럼 단계적이지는 않지만, 맥락적이며 반복적인 주제들로 구성된다고 강조한다. 이러한 맥락적 문제들 중에서 중요한 것은 이들이 레즈비언 가족의 정당성을 거부하는 적대적인 환경 속에서 가족을 이루고 유지해야 하는 현실이다. 레즈비언 가족들은 끊임없이 가족의 존속과 관련된 문제들에 직면하게 된다. 사회는 레즈비언 가족을 가족구성원이 아닌 "상관없는 개인들"로 묘사한다. 레즈비언 커플은 보통 "룸메이트"나 "함께 사는 친구들"로 여겨진다(1991:376). 우리는 게이 남성과 그 가족에게도 이와 유사한 문제들이 발생될 것이라 가정한다.

레즈비언(혹은 게이) 가족은 이성애자 가족과는 다르게 사회로부터 인정받지 못하기 때문에, 레즈비언 커플은 스스로 그들의 가족성을 증명하고 확인해야만 한다. 그러나 레즈비언(혹은 게이) 가족이 그들의 가족성을 공적으로 승인받기 위해 스스로를 사회에 노출하는 것은 사실상 구성원들의 직장, 원가족, 주거, 안전 혹은 자녀 양육권에 위험요소가 될 수 있다(Slater and Mencher 1990:376-377).

전통적 가족발달이론: 게이 및 레즈비언 가족에 대한 함의

우리는 3장을 통해 인간행동과 사회환경을 설명하는 많은 전통적 이론들을 탐구하였다. 이러한 이론에는 구조기능이론, 정신분석이론, 사회학습이론, 사회교환이론, 인간발달이론 등이 있다. Demo와 Allen(1996)은 이 이론들이 특히 게이 및 레즈비언 가족에 미치는 영향을 검토하였다. 그들은 특정 이론을 기각하거나, 거대이론을 주장하려는 것이 아니다. 그들의 의도는 다음과 같다.

1. 인간과 가족의 발달에 관한 많은 이론들이 이성애에 기반하고 있음을 입증하고자 한다.
2. 증가하는 가족의 다양성을 설명하기 위해서는 다양한 이론이 필요하다는 것을 주장하고자 한다(Demo and Allen 1996:423).

Demo와 Allen은 "객관성과 중립성이라는 실증주의 가정에 뿌리를 둔 전통적 가족이론만으로는 불충분하며, 주류적 접근 외에도 사회적 현실구성을 받아들이고 필연적 차이와 불안정한 개념을 인식하는 이론이 필요하다."고 주장한다(1996:423).

다양한 접근의 필요성

전통적 가족이론은 명확한 단계, 단계의 단선적 진행, 역할의 명료성, 가족경계의 명확성을 강조하는 경향이 있다. 전통적 가족이론은 이러한 영역에서의 모호함을 내재적인 문제로 인식하고 이를 거부함으로써 "포스트모던한 가족 기능에 긍정적인 새로운 관계방식"을 만들어낼 수 있는 게이 및 레즈비언 가족들을 도외시해 왔다(Demo and Allen 1996:426). Demo와 Allen은 "새로운 통찰력을 구체화하고, 이전에는 관심 받지 못했거나 배제되었던 것들을 포함하여 가족에 대한 지식을 재구성하기 위한" 다양한 시각의 필요성을 주장하는데, "그들의 견해에 따르면 실증주의와 후기실증주의, 전통적 접근법과 대안적 접근법 모두에 대한 통찰력과 함의를 활용하는 것이 중요하다"(1996:428).

게이 및 레즈비언 가족의 정의

게이 및 레즈비언 가족은 이성애 가족과 많은 공통점을 가짐에도 불구하고, 가족에 대한 전통적 개념과의 차이로 인하여 쉽사리 정의하기 어렵다. Laird(1993:294)는 게이 및 레즈비언 가족은 혈연관계 및 사랑과 선택으로 맺어지기 때문에, 이들을 **선택에 의한 가족**(families of choice)으로 보아야 한다고 주장한다. 게이 및 레즈비언 가족은 "연인, 친구, 친자녀·입양자녀, 혈족, 의붓자녀, 심지어는 헤어진 옛 애인, 반드시 한 가구를 이뤄야 하는 것은 아닌 가족들로도 구성된다. 실제로 레즈비언 공동체에서 가족, 친인척, 지역사회의 경계는 상당히 분산되어 있다."레즈비언 혹은 게이 가족에 대한 기본정의는 "동일한 성적지향을 공유하는 두 명 이상의 사람들(예: 커플)의 친밀하고 지속적인 상호작용, 또는 자녀를 양육하는 한 명 이상의 레즈비언이나 게이들의 지속적인 관계이다. 많은 레즈비언과 게이들은 동시에 두 개의 세계(그들의 원가족인 이성애 가족과 그들이 이룬 레즈비언 및 게이 가족) 속에서 살아간다. 이것은 '게이·이성애의 혼합' 혹은 '이중지향(dual-orientation)의 가족'이라 할 수 있는 확장된 가족환경을 형성한다"(Demo and Allen 1996:416). 이러한 모든 변화들을 고려해 볼 때, 우리는 "'미국' 가족의 경우와 마찬가지로 '게이 가족'에 대한 획일적·규범적 정의 역시 존재하지 않는다는 것"을 인식해야만 한다. 그 밖에 Laird는 "사회적 담론을 통해 창조·재창조되며 사회적 권력관계 속에서 형성되는 가족의 정의는 정치적이며 이데올로기적"이라고도 주장한다(Laird in Walsh 2003:178). 그러나 이처럼 게이 및 레즈비언 가족에 대하여 명확히 규정된 정의가 없다는 것은 오히려 이성애 가족 연구와는 다른 장점을 가질 수 있으며, 사회복지사들의 가족실천에 있어서 유익할 수도 있다.

레즈비언 및 게이 가족은 비교적 가변적인 경계와 다양한 멤버십, 비위계적인 의사결정방식, 혁신적인 분업, 혈연관계뿐 아니라 우정에도 상대적 가중치를 두는 것을 특징으로 한다. 사회복지사는 레즈비언 및 게이 가족들을 통해 가족구조와 기능에 대한 지배적 개념에 도전할 수 있으며, 정신보건전문가는 가족과 친인척에 대한 현재의 정의가 지니는 한계를 진단할 수 있다.

논쟁: 게이 및 레즈비언의 결혼

필자가 이 글을 쓰는 동안에도, 게이와 레즈비언들이 이성애자 부부 및 가족과 동일한 혜택과 책임이 부여되는 결혼 혹은 합법적 동성결혼을 통해 가족을 이룰 권리에 대한 정치적·사회적 논쟁이 치열하게 벌어지고 있다. 이러한 논쟁 자체는 국가적인 수준이지만, 지금까지 이루어진 성과의 측면에서 본 논쟁의 맥락은 주로 주(州)정부 수준이다. 또한 입양 혹은 위탁부모가 될 권리와 관련된 문제인 결혼의 권리 즉, 법적으로 승인된 동성결혼의 권리는 현재 진행

중인 담론의 일부이기도 하다.

이 글을 쓰고 있는 현 시점에서 예를 들자면, 최근 New Hampshire와 Maine에서 동성결혼에 대한 법률이 승인되었다(2009년 9월 14일 시행). 그 밖에 Vermont(2009년 9월 1일 시행), Massachusetts, Iowa, Connecticut 역시 동성결혼이 합법이다. 현재 New Hampshire와 New Jersey는 "주정부 수준에서 동성커플들에게 결혼할 권리를 부여하여" 합법적 동성결혼을 인정하고 있다(CNN 2009). 그러나 이에 대한 논쟁은 여전히 진행 중에 있으며, 상황이 역전되기도 한다. 예를 들어, 2008년 5월 California주 대법원은 '동성커플의 결혼할 권리를 부정하여 그들을 차별하는 것'은 위법이라고 판결하였고, "그 이후 18,000쌍의 게이 및 레즈비언 커플들이 California에서 결혼식을 올렸다." 그러나 2008년 11월 California의 유권자들은 "게이의 결혼을 금하도록 주(州)헌법을 개정하는 8번 개정안(proposition 8: 동성결혼 합법화 반대)에 찬성하였다"(CNN 2009). 단, 8번 개정안이 통과되기 전에 결혼한 18,000쌍의 커플들은 혼인상태를 유지하도록 허용되었다.

게이 및 레즈비언 가족의 입양과 위탁보호 또한 중요한 논쟁거리이다. 예를 들어, 미국소아과학회(American Academy of Pediatricians)는 게이와 레즈비언들의 입양을 지지한다(Laird in Walsh 2003:182). 그러나 어떤 주(州)는 게이와 레즈비언이 입양이나 위탁보호를 하는 것이 위법이 되는 법안을 통과시키고 있다. 현재 Florida에서는 게이와 레즈비언의 입양이 위법이다. Arkansas의 유권자들은 2008년 11월의 선거에서 결혼한 부부에게만 입양과 위탁보호를 허용하는 법안에 찬성하였다. 이는 동성애자와 이성애자에게 모두 적용되었고, 그 결과 양부모와 위탁부모가 부족할 경우에 입양 혹은 위탁보호가 가능한 사람의 수가 크게 감소하였다. 현재 아칸소미국시민자유연합(Arkansas American Civil Liberties Union)은 이 법안에 대해 이의를 제기하고 있다.

유감스럽게도 게이와 레즈비언의 결혼, 입양, 위탁보호제공의 분야에서 의사결정을 주도할 만한 실증연구는 거의 없다. 그 결과, 논쟁은 주로 적절한 "가족관"으로 언급되는 정서적이며 가치판단적인 갈등에 집중된다. Langbein과 Yost(2009:292)는 게이결혼을 둘러싼 문제들을 다루고자, "과연 동성결혼이 특히 '전통적 가족관'과 관련된 사회적 성과에 부정적인 영향을 미치는가"의 측면을 연구하고 있다. 이들은 "동성결혼이 결혼, 이혼, 낙태율, 미혼모 출생자녀의 비율, 여성가구주 가구의 아동비율에 부정적 영향을 미친다는 미국가족연구위원회

(Family Research Council)의 주장"을 구체적으로 검토하였다. 그들은 연구를 수행함에 있어서 "(1) 그 해에 게이의 결혼(혹은 결혼에 준하는 것)이 법적으로 허용되었는가 (2) 주(州)가 동성 간 동반자 관계에 대해 어느 정도의 권리를 인정하였는가 (3) 그 해의 주(州)법률이 게이의 결혼을 명확히 금하고 있는가"를 고려하였다(2009: 293). 그들은 "결혼, 이혼, 낙태, 사생아 출산율, 여성가구주 가구의 아동비율이라는 5가지 성과변수에 각각의 법률체계가 미치는 영향을 분석하기 위하여 1990년, 2000년, 2004년의 주(州)자료를 이용"하였다(Langbein and Yost 2009:293).

이 연구에 따르면, "게이의 결혼을 허용함에 따른 역효과는 통계적으로 유의미하지 않았다"(Langbein and Yost 2009:292). 구체적인 연구결과는 다음과 같다.

게이의 결혼을 허용하는 것이 가족관 변수들에 미치는 부정적인 영향은 유의미하지 않다. 반면, 게이의 결혼을 허용하는 법률이 지니는 긍정적 외부효과는 게이의 결혼을 금하는 법률의 긍정적 외부효과와 유사하거나 보다 더

이 커플과 이들의 가족은 어떠한 다양성과 "다양성 속의 다양성"을 가지고 있을까?

큰 것으로 나타났다. 이러한 결과는 게이의 결혼을 허용하는 법률과 이를 반영하는 개인들의 선택으로 인한 부정적 외부효과는 유의미하지 않으며, 오히려 긍정적인 효과를 가져올 수도 있음을 시사한다. 이는 결과적으로 게이의 결혼을 허용하는 법률이 "가족관"에 부정적 결과를 가져온다는 주장은 타당하지 않다는 것을 의미한다(Langbein and Yost 2009:293).

이와 더불어, 그들은 동성결혼을 금하는 정부(지방, 주, 국가)는 의도치 않은 부정적인 경제적 결과를 얻을 수 있다고 주장한다. 예를 들어, "게이결혼의 금지는 보험시장과 금융시장에서의 시장실패를 유발한다. 그 이유는 대부분의 경우 배우자 연금은 동거상대에게는 양도되지 않기 때문이다. 이들은 보험에 가입해야 하는 인구 중에서 큰 비중을 차지함에도, 불공평한 대우를

받으며 제대로 된 보험가입을 하지 못하고 있다. 보험풀의 확대는 모두의 비용을 낮출 수 있다"(Langbein and Yost 2009:307).

가치의 갈등 및 다양한 개인적 신념체계에 기초하는 논쟁에서 벗어나기 위해서는 이처럼 보다 실증적인 연구들이 필요하다.

레즈비언 및 게이 가족: 다양성 속의 다양성

학자들은 레즈비언 및 게이 가족의 다양성에 관심을 가진다. 그 이유는 아래와 같다.

1. 레즈비언 및 게이 가족들은 획일적 집단으로 정형화되어 있었다. 그러나 그들의 이질성은 다양성 속의 다양성을 드러내준다.
2. 그들의 다양성은 '모든 가족들이 얼마나 다양한지'를 설명하며, 이에 대한 우리의 이해를 정교화 시킨다.
3. 레즈비언과 게이 가족을 통해 가족이론을 평가하고 수정하며 구성해가는 작업은 진지한 도전이자 흥미진진한 일이다(Demo and Allen 1996:415-416).

그러나 이러한 "다양한 소수자들"의 구성에 대한 연구는 거의 없다. 게이 및 레즈비언과 그 가족, 또는 레즈비언이나 게이인 부모가 양육하는 자녀들에 관한 대부분의 연구가 이용하는 표본은 "잘 교육받은 중산층 백인남성"이나 "결혼 경험이 있는 중산층이나 상위중산층 백인 레즈비언"이 압도적이다. 이러한 경향은 "레즈비언 및 게이 가족들의 다양성 속에 존재하는 다양한 영역을 모호하게 만들고, 레즈비언 및 게이 가족들의 문제점과 강점에 대한 분석의 범위를 제한한다"(Demo and Allen 1996:420).

레즈비언 및 게이 가족들 간의 차이점   Demo와 Allen(1996:416)은 게이 및 레즈비언 가족들이 획일적인 전체가 아니라 매우 다양하다는 것을 분명히 보여주기 위하여 레즈비언 및 게이 가족들 간에 차이가 나타나는 영역들을 서술한다. 이들은 구성, 구조, 가족과정, 사회계층, 가족 간의 다양성, 게이 및 레즈비언 가족의 젠더 등의 영역에서 가족들 간의 차이를 설명한다. 특히 거의 연구되지 않았던 양성애자 가족을 주목할 필요가 있다. 왜냐하면 이들은 이러한 영역들에서 보다 큰 가변성을 나타낼 것으로 판단되기 때문이다. 이성애자 가족에서와 마찬가지로 게이 및 레즈비언 가족들의 다양성에 주목하는 것 또한 중요하다. 게이 및 레즈비언 가족과 이성애자 가족은 상당한 공통점을 지닌다. Demo와 Allen(1996:416-417)이 제시한 게이 및 레즈비언 가족들 간의 다양한 차이점은 다음과 같다.

▶ "레즈비언 및 게이 가족들의 구성과 구조는 가구를 이끄는 성인의 수, 젠더, 성적지향, 커플관계의 기간, 가구규모, 자녀유무 및 자녀의 수, 형제자매 구조에 따라 다르다."

▶ 가족들 간의 가족과정은 "관여, 지지, 돌봄과 배려, 의사소통, 갈등, 긴장, 스트레스의 특성과 정도" 등의 측면에서의 구성원들 간 상호작용의 본질에 따라 다르다.

▶ 가족은 "젠더, 성적지향, 세대, 나이, 인종, 민족성" 등의 다양성과 사회계층의 측면에서 다르다.

▶ 가족 간의 다양성에서 성적지향의 종류와 정도를 고려하지 않는다면, "시간 및 생애주기단계의 흐름에 따른 성적지향의 변화가 가족관계에 어떠한 영향을 미치며, 가족구조를 얼마나 다양하게 발달시키는가를 이해하기 위한 과업이 한층 더 복잡해질 것이다."

가족역할

레즈비언 가족 내의 역할협상 문제는 스트레스의 원인이 되지만, 레즈비언 가족구성원들의 창조성과 강점을 나타내기도 한다. 이성애자 가족의 구성원들은 태어나면서부터 적절한 가족역할을 수행하도록 사회화된다. 이러한 역할들은 대부분 그들의 젠더에 따라 정해진다. 레즈비언 및 게이 커플에 대한 일반적 통념과는 달리, 대부분의 레즈비언 및 게이 커플들은 전통적인 이성애자 가족의 가족역할 형태를 단순하게 받아들이지는 않는다. 레즈비언들의 가족역할은 보다 큰 역할 유연성을 보이며, 젠더를 기초로 전통적 역할을 규정하기보다는 개인의 선호, 능력, 욕구에 따라 과업과 책임을 구분하는 경향이 있다. 이러한 유연성은 상황이 바뀌고 시간이 흐름에 따라 반복적인 협상을 필요로 하기 때문에 전통적 이성애자 가족의 경우보다 복잡하다. 그러나 이러한 지속적 협상과 평가는 융통성 없고 제한적인 전통적 역할로부터 레즈비언들을 해방시켜줄 수도 있다(Slater and Mencher 1991; Laird 1993).

레즈비언 및 게이 커플과 관계

열악한 사회환경에서 되풀이되는 스트레스 요인들에 직면한 레즈비언 가족들은 가족성의 욕구를 충족시키기 위한 획기적인 대응방안을 만들어냈다. 이러한 대응은 커플관계와 레즈비언 공동체로부터 출현하였다. 이 느슨한 공동체 연결망은 레즈비언 가족에 대한 지지와 정당성을 제공할 뿐만 아니라, 많은 측면에서 레즈비언 가족을 확장시킨다.

사회적 지지를 얻지 못하는 레즈비언 커플들은, 이성애자 커플들이 느끼는 것과는 다른 특별한 친밀감을 형성한다. 이성애자 가족치료 문헌에서는 이러한 강력한 유대감을 "퓨전(fusion)"이라 하는데, 보통 부정적이거나 병적인 어감을 갖는다. 이 강력한 유대감은 가끔 레즈비언 커플들이 분리된 개인으로서의 정체성을 유지하는데 어려움을 겪는 이유가 되기도 하지만, 그보다는 보통 사회가 레즈비언 커플의 정체성을 인정하지 않을 때 높은 수준의 친밀감으로 서로를 연결하고 돌보는 기능으로 나타난다(Laird 1993; Slater and Mencher 1991:379).

레즈비언 커플들이 지나치게 친밀한 관계를 형성할 것이라는 고정관념에 반하여, 게이 남성들은 흔히 지속적인 커플관계를 형성하지 못하는 것으로 정형화된다. Laird가 지적하였듯 "게이 커플들은 게이 남성을 성적으로 문란하고 대담하며, 술집을 전전하는 것으로 묘사하고, 커플 자체를 이례적인 것으로 보는 이미지 때문에 사회적 오명(汚名)을 얻고 있다"(1993:312). 많은 연구자들은 이러한 고정관념을 넘어서서 게이 커플들의 관계와 성적행동을 보다 자세히 살피고자 하였는데, 그 결과는 각양각색이었다. 어떤 연구에서는 "개방성" 혹은 커플 외의 관계가 커플의 지속성을 높이는 것으로 나타난 반면, 어떤 연구에서는 폐쇄적인 커플들이 보다 "행복"한 것으로 나타났다. 다른 연구에서는 "3년 이상을 함께 한 개방적 커플과 폐쇄적 커플 사이에는 친밀함, 만족감, 안도감, 충실함의 차이"가 없는 것으로 나타나기도 하였다(Laird 1993:312). 중요한 것은 커플들이 커플 이외의 성적관계를 어떻게 받아들이는가이다. "어떤 커플들은 커플 외의 성적 만남이나 불륜을 최악의 배신으로 느끼지만, 어떤 커플들은 이를 커플관계에 별로 관련이 없거나 악영향을 미치지 않는 것으로 생각한다"(Laird 1993:313).

Blumstein과 Schwartz가 수행한 이성애자와 동성애자들의 성적행동에 대한 대규모 연구의 결과, 관계의 유형을 불문하고 남성이 여성보다 외도를 하는 경향이 더 높은 것으로 나타났다(in Laird 1993:313). 이는 일부일처제(외부에 성적 파트너가 없는 관계)가 "성적지향보다는 젠더의 사회화와 더 관련이 있음"을 시사한다. 게이 관계에 있어서, "게이 커플의 외도는 게이 남성들의 전반적인 행복이나 관계의 충실함에 영향을 미치지 않는 것"으로 보인다. Laird는 게이 남성과 마찬가지로 이성애자 남성도 레즈비언 또는 이성애자 여성에 비하여 외도를 할 가능성이 높으며, 오히려 "게이 남성들은 에이즈로 인하여 커플관계에서 성적으로 배타적이며 안정적인 추세를 보인다."(1993:313)고 설명한다.

가족과 공동체

앞서 언급하였듯이 레즈비언 공동체는 레즈비언의 가족성에 대한 사회의 전반적인 반감과 사회적 지지의 결핍에 대하여 혁신적이며 긍정적으로 대응해 왔다. 레즈비언 공동체는 보통 "레즈비언 가족에게 긍정적인 공적·사회적 정체성의 유일한 원천"이다(Slater and Mencher 1990:380). 레즈비언 및 게이 공동체는 구성원들로 하여금 레즈비언 및 게이 가족과 개인들에게 무엇이 정상이고 일반적인 것인가를 알게 하고, 서로와 가족 간에 의사소통이 이루어지게 한다. 공동체는 구성원들이 가족발달과업에 도전하여 이를 달성하는 공통경험을 이루게 한다. 레즈비언 및 게이 공동체는 레즈비언과 게이 가족들의 경험과 욕구에 대한 독특한 가족의례의 원천이기도 하다. 예를 들어, 공동체는 반지나 기념일 카드의 교환 같은 이성애 문화에서 차용한 수행의례의 맥락을 제공한다. 레즈비언 공동체는 레즈비언과 그 가족이 직면하는 환경을 반영하여 고유의 확인의례를 만들기도 한다. "커밍아웃"과 레즈비언 서약식 같은 의례가 그 예이다.

게이 및 레즈비언 공동체는 이성애자 공동체만큼이나 다양하다. Laird는 "하나의 공동체에 대한 경험만으로 모든 게이나 레즈비언 공동체의 '문화' 혹은 '규범'을 이해할 수는 없다."고 경고한다. 또한 같은 공동체의 구성원들이라고 할지라도, 이들은 그 공동체에 상이하게 관련되어 있으며 공동체에 대한 관점도 각기 다르다(1993:293).

레즈비언 및 게이 부모를 둔 아이들

최근 레즈비언 및 게이 부모를 둔 아이들에 대한 연구에 관심이 집중되고 있다. 그 이유는 다음과 같은 요인들로 설명될 수 있다.

1. 게이와 레즈비언들이 부모가 될 때 직면하는 문제와 어려움을 고려하기 위함
2. 이러한 가족과 그 자녀들이 억압에 대처하는 방법에 대한 사회과학자들의 관심
3. 이러한 비전통적 가족형태가 심리사회적 발달에 미치는 영향에 대한 관심
4. 양육권 분쟁의 상황에서 법률제도(편견과 근거 없는 믿음에 입각한)에 대한 정확한 정보를 제공하고, 게이 및 레즈비언 부모와 그 자녀들의 권리를 고려하기 위함(Laird in Walsh 2003:199).

이 연구들의 결과는 게이 및 레즈비언 부모를 둔 아이들이 사회적 차별, 조롱, 심지어 소외와 같은 특수한 어려움에 직면하고 있다는 것을 시사한다. 특히 청소년 자녀들은 자신의 정체성을 발달시킴에 있어서 또래압력과 괴롭힘에 취약하다. 그러나 이러한 어려움에도 불구하고, "레즈비언과 게이의 부모를 가진 아이들의 또래관계와 사회적 관계는 다른 아이들과 크게 다르지 않다"(Laird 1993:313-315).

게이 및 레즈비언 부모를 둔 아이들과 관련하여 가장 흔히 제기되는 의문은 '그 아이들은 이성애자 부모를 둔 아이들에 비해 게이나 레즈비언이 될 가능성이 높은가'일 것이다. "많은 연구자들(Bozett 1981; 1987; 1989; Golombok et al. 1983; Hoeffer 1981; Huggins 1989; Kirkpatrick et al. 1981; Miller 1979; Paul 1986; Rees 1979)은 게이나 레즈비언 부모를 둔 아이들의 성적지향 및 선호가 이성애자 부모를 둔 아이들과 다르지 않다고 판단한다." Laird에 따르면, 이는 "대부분의 동성애자들이 이성애자 가족 안에서 자라났다는 사실과도 일맥상통한다"(Laird in in Walsh 2003:201).

게이 및 레즈비언 부모를 둔 아이들은 그들이 겪는 편견과 차별에도 불구하고 올바르게 성장하고 발달한다. 연구에 따르면, 게이 및 레즈비언 부모를 둔 아이들이 오히려 유리할 수도 있다. 이 아이들은 다른 아이들보다 융통성이 있

고 관용적인 경향이 있다. 우리는 전통적인 가부장적 가족구조가 아닌 레즈비언 부모 밑에서 자라난 아이들이 지닌 이러한 장점에 대해 생각해볼 수 있을 것이다.

장애와 가족

사회복지사들은 장애인과 그 가족들에게 서비스를 제공함에 있어서 자신의 가치관, 윤리에 따르는 것뿐만 아니라 법률을 준수해야만 한다. 장애인과 그 가족들에게 효과적인 서비스를 제공하기 위해서는 이들에게 영향을 미치는 사회 환경적인 문제와 이들이 직면한 문제의 범위를 빈틈없이 이해해야 한다. 이러한 문제에는 문화, 소득과 빈곤, 서비스 접근성 등이 있으며, 이 요인들은 많은 장애아동 가족과 밀접하게 연관된다.

Harry(2002)는 장애아동 가족을 대상으로 활용되는 유용한 접근방법의 역사적 개요를 아래와 같이 설명하였다.

1970년대 이전까지 부모 특히 어머니에 대한 접근방법은 정신분석적 접근에 주안점을 두고 있었다. 이 접근은 대부분의 어머니를 수용점에 도달하기까지 특정한 반응단계들을 통과해야하는 심각한 정신적 위기에 빠진 피해자나 환자로 보는 방법이다.

Harry(2002)는 이러한 접근이 자녀의 장애를 받아들이려고 애쓰는 부모들을 돕고자 한다는 측면에서는 일부 타당성을 가질 수 있다고 본다. 그러나 그녀는 이 접근이 몇 가지 방법에만 국한되어 있음을 지적한다. 이 접근은 "정신분석적 모델이 제안하는 종류의 서비스에 접근 가능한 백인 중산층 가족에게만 거의 모든 초점을 맞추고" 있었다. 이 접근은 "장애아동 가족에 대한 병리학적 관점"을 촉진하였으며, 부모가 장애인 자녀에 대처하는 방법들 간의 문화적인 차이를 완전히 무시하였다. 1986년 장애인교육법개정안(Education of the Handicapped Amendments)인 미공법(美公法) 99호~457호의 통과는 장애아동의 부모들이 서비스 공급자의 조력자 또는 협력자가 되어야 함을 강조한다. 5장 등에서 언급되다시피, 기본적인 접근법은 가족중심실천이다(Harry 2002). 이 접근은 사회복지사가 가족들에게 문화적으로 적합한 실천을 하는 것이 중요하다고 강조한다.

Harry(2002)는 매우 민족중심적이었던 초기의 장애운동과 현재의 접근법을 비교한다. 장애운동 지도자들은 주로 장애인을 별개의 욕구 및 문제를 지닌 소수집단이나 소수문화로 보는 인식과 투쟁했다. Harry는 장애에 다문화라는 초점을 추가하는 것이 장애운동 그 자체를 인식시키기 위한 노력을 약화시킬 것이라고 본다.

Bailey 등은 "장애아동이나 장애가구원이 있는 가족의 부모들은 서비스를 접하고 이에 접근하는 데 어려움을 겪는다."고 지적한다. 부모들의 어려움은 다음과 같다.

1. 자녀의 장애에 대한 학습
2. 자녀의 교육욕구와 치료욕구의 인식
3. 부모와 자녀를 지원해 줄 수 있는 서비스의 범위 확인
4. 서비스에 대한 접근.

추가적인 상호작용 요인들은 다음과 같다.

1. 자녀의 특성(예: 장애의 심각성, 특수한 서비스나 용품의 필요성, 장애의 특성)
2. 가족의 특성(예: 부모의 교육수준, 서비스에 대한 지식, 지지 노력)
3. 지역사회의 특성(예: 자원의 가용성, 전문가들의 태도, 기관 간 협력)(Bailey et al. 1999).

Bailey 등(1999)은 미공법 99호~457호의 서비스 제도를 이용하는 라틴계를 연구하였다. 그들은 라틴계가 다른 비지배적 민족집단의 부모들과 마찬가지로 자녀를 위한 서비스에 접근하고 이를 이용하는데 특수한 어려움을 겪고 있음에 주목하였다. 이러한 어려움들은 아래와 같다.

▶ 언어적 장벽에서 기인하는 어려움
▶ 적절한 도움을 요청하는 행위에 익숙하지 못한 문화적 기대
▶ 가치관, 목표, 행동의 문화적 차이 및 민족적 차이를 이해하지 못하거나 인식하지 못하는 전문가.

1986년 미공법 99호~457호의 통과로 가족중심실천이 요구됨에 따라, 연구

자와 실천가들은 장애아동 가족 간의 문화적 차이에 관심을 가지게 되었다. 예를 들어, 1993년 Weisner는 장애아동을 돌보는 유럽계 미국인 가족과 동아프리카인 가족 간의 차이를 연구하였는데, 그 결과는 아래와 같다.

유럽계 미국인 부모는 자녀들을 평등하게 대하기가 어렵다는 점을 크게 우려하였고, 장애가 없는 형제자매가 자신들이 지게 되는 '과도한' 책임을 불편하게 느끼지 않을까를 걱정하였다. 이와 대조적으로 동아프리카인 부모들은 그러한 문제들을 걱정하지 않았다. 그들의 가족제도에서는 형제자매 간의 평등이 중요한 가치가 아니며, 어리거나 부족한 형제자매를 돌보는 책임을 전통으로 여기기 때문이다(Weisner in Harry 2002).

미국의 다양한 가족들에 관한 추가연구를 통하여, 장애아동 가족을 이해하고 함께 일하는데 중요한 4가지 주제가 도출되었다.

1. 사회집단들이 저마다 구성하는 장애는 전문가와는 다르다는 점
2. 아동기 발달에 대한 기대의 차이 및 장애의 의미와 원인에 대한 이해의 차이
3. 부모의 대응방식에 있어서 문화의 역할
4. 부모의 특수교육과정 참여에 영향을 미치는 선행요인들(Harry 2002).

Harry는 개별 가족과 일하는 전문가들이 장애에 대한 생각을 구성하는 문화양식의 과잉일반화로부터 나타날 수 있는 유형화의 오차에 주의해야 한다고 주장한다. 예를 들어,

특정 집단들의 전통적 문화양식에서는 장애의 속성을 다음과 같이 묘사해왔다. 아시아인들은 장애를 영적인 응징 또는 보상으로 보았고, 아메리카 인디언들은 불구의 몸 안에 있는 총체적 영성을 강조하여 간질병 등을 개인 내부의 영적 현상의 반영이라 믿었다(Fadiman 1997 in Harry 2002).

그러나 가족들이 이러한 의미를 받아들이는 정도는 매우 다르다. Harry는 서비스 공급자가 대상가족에게 장애에 대한 자신의 관점을 받아들이게 하기보다는 가족들의 장애에 대한 관점을 이해해야 한다고 말한다. 예를 들어, Atkin(1991:37)은 "장애인에 대한 서비스 공급은 보통 이용자보다는 공급자의 입장을 대변한다."고 지적하며, "장애를 병으로 간주하는 것이 아니라, 장애에

대한 흑인들의 인식을 고려한" 연구와 서비스 공급 정책을 요구한다(in Harry 2002:44).

　Harry(2002)는 전문가들이 상이한 문화의 가족들에게 효과적으로 서비스를 공급하는데 있어서 직면하게 되는 다음과 같은 6가지 어려움을 언급한다.

1. 장애를 정의내리고 이해함에 있어서의 문화적 차이
2. 장애와 관련된 스트레스 반응과 대처방식에 대한 가족들의 문화적 차이
3. 참여와 지지에 대한 기대 및 부모의 대응방식에 있어서의 문화적 차이
4. 정보와 서비스 접근에 있어서 문화집단 간의 차이
5. 특수교육과정에서 가족의 역할을 부정적으로 보는 전문가의 인식과 태도
6. 프로그램과 문화적 적합성 사이의 불일치.

　Malone 등(2000)은 사회복지사가 장애아동과 그 가족에게 제공할 수 있는 서비스 유형의 목록을 제시하였다.

1. 생활환경과 부모-자녀 간의 상호작용양식을 사정하기 위한 가정방문 활동, 아동 및 가족에 대한 특별지도
2. 가족적 맥락에서 아동의 심리사회적 발달에 대한 사정
3. 가족의 기본적 욕구 및 가족기능의 문제점 사정 및 관련 서비스의 제공
4. 아동방임과 학대 혐의를 조사
5. 개인 및 가족에 대한 상담
6. 부모지지모임, 아동과 부모의 적절한 사회적 기능 개발활동 등의 가족 서비스 계획 및 시행
7. 가족이 이용 가능한 지원을 확인, 동원, 중개
8. 가족이 필요한 사회적 제도에 접근할 수 있도록 지원("경계설정"작업)
9. 가정, 학교, 지역사회 간의 연결을 촉진
10. 지역사회의 자원이나 지원 및 위험요소들에 대한 평가
11. 지역사회 자원에 대한 가족의 접근 및 권리의 옹호
12. 가족과 전문가들에게 정보와 교육을 제공
13. 전환계획의 지원
14. 사정 및 평가팀의 가족 연락책 혹은 교섭가 역할
15. 가족문제에 대해 다른 전문가들과 협의

사회복지사들은 이러한 영역에서 문화적으로 적절한 서비스를 전달하는 것 외에도, 빈곤이 장애아동 가족에게 미치는 영향을 이해해야 한다. 최근의 연구에 따르면, 빈곤과 아동의 장애위험 사이에는 중요한 연관성이 발견된다(Fujiura and Yamaki 2000; Kaye, LaPlante, Carlson and Wenger 1996; Seelman and Sweeney 1995 in Park et al. 2002). 더구나 "미국의 3세에서 21세 사이의 장애아동 중에서 28%가 빈곤한 가정에서 살고 있는 반면, 같은 연령대의 비장애아동은 16%만이 빈곤하다"(Fujiura and Yamaki 2000 in Park et al. 2002).

Park 등(2002)은 다음과 같이 말한다.

발달장애 가구원이 있는 가구는 소득수준이 상당히 낮으며, 자산조사에 의한 소득지원에 크게 의존하고 있다. 이는 빈곤한 장애아동가구가 빈곤한 비장애아동가구나 부유한 장애아동가구보다 빈곤의 영향을 보다 심각하게 받을 것이라는 것을 의미한다(Fujiura and Yamaki 1997).

요약

이번 장에서는 가족에 대한 현재의 중대한 영향들을 탐구하고, 가족에 대한 사회복지적 함의를 고찰하였다. 또한 가족에 대한 전통적 관점의 정의, 역사적 관점, 가족발달과업, 가족생애주기의 개념을 살펴보고, 가족에 대한 전통적 관점에 나타난 몇 가지 변화들을 검토하였다. 이혼과 재혼으로 고심하는 개인과 가족들이 많기 때문에, 이혼, 재혼, 의붓가족들은 전통적으로 연구되어 왔다. 그러나 이러한 인식에도 불구하고 이혼, 재혼, 의붓가족을 형성하는 어려움에 처한 개인들은 십중팔구 이러한 가족을 대안적인 것으로 여긴다.

이번 장에서 우리는 가족에 대한 대안적 관점을 탐구하였다. 가족 혹은 가족성에 대한 대안적 정의를 살펴보고, 전통적 측면과 대안적 측면의 통합을 시도하는 가족성에 대한 다면적 정의를 검토하였다. 그리고 유색인종가족과 관련한 많은 이슈 또한 살펴보았다. 이러한 접근에는 인종차별주의와 억압에 대처하기 위한 유색인종들의 적응전략에 대한 연구가 포함되는데, 적응전략 중에서도 가족의 확장, 사회적 역할 유연성, 이중문화, 영성과 선조적 세계관 등을 살펴보았다. 그 밖에 이주와 이민이 가족에 미치는 영향에 대해서도 알아보았다.

이번 장은 가족 내 여성과 관련한 이슈와 관심사에 대하여 설명하였다. 여기에는 가족과 가족성에 대한 페미니스트 관점이 포함된다. 우리는 페미니스트 관점 안에서 젠더역할과 성역할, 가정노동의 개념, 가정폭력, 맞벌이 가족에 관한 이슈들을 살펴보았다.

이번 장에서는 게이 및 레즈비언 가족의 관점으로부터 가족성의 이슈들을 탐구하였다. 우리는 게이 및 레즈비언 가족에 대한 정의를 내리기 위해 고심하였다. 가족역할, 게이 및 레즈비언 커플과 관계, 가족성을 고려한 게이 및 레즈비언 공동체의 위치에 대해 검토하였으며, 게이 및 레즈비언 부모를 둔 아이들의 실태에 대한 몇 가지 연구결과 또한 살펴보았다.

마지막으로 우리는 장애인 가족에 대한 이해와 적절한 실천의 중요성을 살펴보았다. 다음 장에서는 소집단에 대한 전통적 개념과 대안적 개념에 초점을 둘 것이며, 소집단의 구조와 역동을 이해하기 위한 다양한 접근방법들의 사회복지적 함의를 고려할 것이다.

연습문제

1. Duvall과 Hill의 가족발달모델의 주요 가정은 무엇인가?
   a. 가족발달에 대한 강점기반 접근
   b. 가족생활의 중심활동은 양육이다.
   c. 가족의 유형은 매우 다양하다.
   d. 혈연관계가 없어도 가족이 될 수 있다.

2. 다음 중 혈연관계뿐만 아니라, 입양자녀나 가족의 일부로 여겨지며 기능하는 사람들까지 포함하는 가족형태를 의미하는 것은 무엇인가?
   a. 확대가족
   b. 친밀한 환경으로서의 가족
   c. 핵가족
   d. 확장가족

3. 시간, 사회구조, 유지와 변화, 가족 다양성이라는 네 가지 맥락에서 가족발달을 고려하는 이론(모델)은 무엇인가?
   a. 가족생애모델   b. 가족사회화이론
   c. 생애과정이론   d. 사회구조모델

4. 다음 중 가족중심접근법에 해당하지 않는 것은?
   a. 누가 나의 가족인가를 결정하는 것은 전문가가 아닌 가족구성원 스스로이다.
   b. 개입을 결정함에 있어서 중요한 것은 가족규범이다.
   c. 가족과 전문가의 협력을 위해서는 신뢰, 상호존중, 참여가 강조된다.
   d. 가족중심접근법은 보통 가족보존의 관점과 관련된다.

5. 사회복지사들이 아프리카계 미국인 가족을 대상으로 실천함에 있어서 도움을 주는 구성체로서, 친부모, 아동, 친인척 돌보미로 이루어진 이것은 무엇인가?
   a. 친인척 트라이어드   b. 유사가족
   c. 확장가족   d. 교회가족

6. 다음 중 레즈비언 가족에 대한 옳은 설명은?
   a. 이성애 관계에 기반한 전통적 가족역할을 수용한다.
   b. 개인의 선호와 능력에 따라 과업과 책임을 구분하는 역할유동성을 가진다.
   c. 남은 가족생애 동안 과업의 책임을 맡게 될 사람을 협상을 통해 결정하는 역할유동성을 가진다.
   d. 답 없음.

7. Hartman과 Laird에 따르면, 가족의 정의 방식은 사회복지사에게 중요하다. 그렇다면, 가족복지를 실천함에 있어서 가족의 정의는 어떠한 영향을 미치는가?
   a. 가족의 정의 방식은 가족을 위한 실천모델의 성격에 영향을 미친다.
   b. 가족에 대한 정의는 지방, 주(州), 국가, 국제적 수준에서의 가족관련 정책에 영향을 미친다.
   c. 사회복지사 자신의 가족에 대한 정의와 가족관련 경험은 가족실천의 문제를 다루는 방식에 커다란 영향을 미친다.
   d. a~c 모두가 가족복지실천에 영향을 미칠 수 있다.

8. 다음 중 무슬림 가족을 대상으로 하는 실천에 있어서 사회복지사에게 도움이 되지 않는 것은?
   a. 사회복지사는 위계적이고 유연하지 못한 무슬림 가족의 방식을 이해해야 한다.
   b. 사회복지사는 무슬림 사회의 젠더구조를 이해해야 한다.
   c. 무슬림 사회의 기본단위는 모스크(Mosque:회교 사원)이다.
   d. 클라이언트가 이성인 전문가를 꺼려할 수 있음을 이해해야 한다.

9. 소수민족가족이 오랜 억압과 차별의 역사를 견딜 수 있었던 강점 및 지지의 원천은 무엇인가?
   a. 핵가족 내의 가족관계
   b. 확대가족
   c. 교육제도
   d. 시민권법

10. 이혼가족은 이혼을 경험함에 따라 가족생활주기가 추가된다. 다음 중 이혼의 결정과 관련 있는 발달 이슈는 무엇인가?
    a. 양육권 문제에 대한 협조
    b. 결혼 실패에 대한 자신의 책임 부분을 인정
    c. 재결합에 대한 헛된 기대 버리기
    d. 온전한 가족을 잃음에 대한 애도

답: 1) b 2) d 3) c 4) b 5) a 6) b 7) d 8) c 9) b 10) b

참고문헌

Adi-Habib, N., Safir, A., and Triplett, T. *NSAF Survey Methods and Data Reliability: Report No. 1.*

Ainslie, Julie and Feltey, Kathryn. (1991). "Definitions and dynamics of motherhood and family in lesbian communities." In *Wider Families.* Binghamton, NY: Haworth Press.

Al-Krenawi, A., and Graham, J. (2000). "Islamic theology and prayer." *International Social Work, 43*(3), 289.

American Immigration Lawyers Association. (1999). *American is immigration.* [Web site]. American Immigration Lawyers Association. Available: http://www.aila.org/aboutimmigration.html [2000, 3/20/00].

Bailey, D., Skinner, D., Rodriquez, P., Gut, D., and Correa, V. (1999). "Awareness, use, and satisfaction with services for Latino parents of young children with disabilities." *Exceptional Children, 65*(3): 367-381.

Baker, B. (n. d.). *How many children are living in grandparent-headed households.* AARP.

Bengston, V. L., and Allen, K. R. (1993). "The life course perspective applied to families over time." In P. G. Boss, Doherty, W. J., LaRossa, R., Schuman, W. R., and Steinmetz, S.K. (Eds.). *Sourcebook of family theories and methods: A contextual approach.* New York: Plenum Press.

Billingsley, A. (1992). *Climbing Jacob's ladder: The enduring legacy of African-American families.* New York: Simon and Schuster.

Billingsley, Andrew. (1968). *Black families in white America.* Englewood Cliffs, NJ: Prentice Hall.

Boyd-Franklin, Nancy. (1993). "Race, class and poverty." In *Normal family processes,* Walsh, Froma. (Ed.). New York: Guilford

Carter, B., and McGoldrick, M. (1999). Eds. *The Expanded Family Life Cycle.* (3rd ed.). Boston: Allyn and Bacon.

Carter, Betty, and McGoldrick, Monica. (1989). *The changing family life cycle: A framework for family therapy* (2nd ed.). Boston: Allyn and Bacon.

Carter, Elizabeth, and McGoldrick, Monica. (1980). *The family life cycle: A framework for family therapy.* New York: Gardner Press.

CNN (Producer). (2009, May 27, 2009) "Lawmakers approve same-sex marriage in N.H., Maine." Podcast retrieved from http://www.cnn.com/2009/POLITICS/05/06/maine.same. sex.marriage/.

Demo, D. H., and Allen, K. R. (1996). "Diversity within lesbian and gay families:

Challenges and implications for family theory and research." *Journal of Social and Personal Relationships,* 13 (3): 415-434.

Devore, Wynetta, and Schlesinger, Elfriede G. (1991). *Ethnic-sensitive social work practice* (3rd ed.). New York: Macmillan Publishing Company.

Duvall, Evelyn M. (1971). *Family development* (4th ed.). Philadelphia: J. B. Lippincott Company.

Duvall, Evelyn M. (1988). "Family development's first forty years." *Family Relations, 37:* 127-134.

Edelman, Marian Wright. (1987). *Families in Peril.* Cambridge, MA: Harvard University Press.

Elder, G. H. (1998). "The life course as developmental theory." *Child Development, 69*(1).

English, Richard. (1991). "Diversity of worldviews among African American families." In Everett, Joyce, Chipungu, Sandra, and Leashore, Bogart, eds. *Child welfare: An Africentric perspective.* New Brunswick, NJ: Rutgers University Press.

Feliciano, C. (2005). "U.S. Immigrant More Educated Than Nonimmigrants," retrieved September 27, 2009, from http://www.prb.org/CPIPR/NewReleases/Feliciano2005.aspx

Ferree, Myra M. (1990). "Beyond separate spheres: Feminism and family research." *Journal of Marriage and the Family, 52:* 866-884.

Fong, R., Spickard, P. R., and Ewalt, P. L. (1996). "A multiracial reality: Issues for social work." In Ewalt, P. L., Freeman, E. M., Kirk, S. A., and Poole, D. L. *Multicultural issues in social work.* Washington, DC: NASW.

Gebeke, D. (1996). *Grandparenting and stepgrandparenting: When grandparents become parents to their grandchildren.* [Web site]. North Dakota State University Extension Service. Available: http://www.ext.nodak.edu/extpubs/yf/famsci/fs561w.htm [2000, 3/20/00].

Hall, R., and Livingston, J. (2006). "Mental health practice with Arab families: The implications of spirituality vis-a-vis Islam." *American Journal of Family Therapy, 34*(2), 139-150.

Harrison, Algea, Wilson, Melvin, Pine, Charles, Chan, Samuel, and Buriel, Raymond. (1990). "Family ecologies of ethnic minority children." *Child Development, 61:* 347-362.

Harry, B. (2002). "Trends and issues in serving culturally diverse families of children with disabilities." *The Journal of Special Education, 36*(3): 131-138.

Hartman, Ann, and Laird, Joan. (1983). *Family-centered social work practice.* New York: Free Press.

Hernandez, M., and McGoldrick, M. (1999). "Migration and the life cycle." In B. Carter and M. McGoldrick. (Eds.). *The expanded family life cycle: Individual, family, and social perspectives* (3rd ed., p. 541). Boston: Allyn and Bacon.

Hetherington, E. Mavis, Law, Tracy, and O'Connor, Thomas. (1993) "Divorce, changes, and new chances." *In Normal family processes.* Walsh, Froma. (Ed.). New York: Guilford.

Hill, Reuben. (1986). "Life cycle stages for types of single parent families: Of family development theory." *Family Relations,* 35: 19-29.

Hines, Paulette Moore, and Boyd-Franklin, Nancy. (1982). "Black families." *In Ethnicity and family therapy.* McGoldrick, Monica, Pearce, John, and Giordano, Joseph. (Eds.). New York: Guilford.

Ho, Man Kueng. (Ed.). (1987). *Family therapy with ethnic minorities.* Newbury Park, CA: Sage Publications.

Hodge, D. (2005). "Social work and the house of Islam: Orienting practitioners to the beliefs and values of Muslims in the United States." *Social Work, 50*(2), 162-173.

Hollingsworth, L. (1998). "Promoting same-race adoption for children of color." *Social Work, 43*(2): 104-116.

Jendrek, M. P. (1994). "Grandparents who parent their grandchildren: Circumstances and decisions." *The Gerontologist, 34*(2): 206-216.

Kennedy, Carroll E. (1978): *Human development: The adult years and aging.* New York: Macmillan Publishing Co., Inc.

Kennedy, M., and Agron, L. (1999). "Bridging the digital divide." *American School and University, 72*(2), 16-18.

Laird, Joan. (1993). "Lesbian and gay families." *In Normal family processes.* Walsh, Froma. (Ed.). New York: Guilford.

Langbein, L., and Yost, M. A. (2009). "Same-sex marriage and negative externalities." *Social Science Quarterly (Blackwell Publishing Limited), 90*(2), 292-308.

Leigh, James. (1989). "Black Americans: Emerging identity issues and social policy." *The Annual Ellen Winston Lecture.* Raleigh: North Carolina State University.

Logan, Sadye. (1990). "Black families: Race, ethnicity, culture, social class, and gender issues." In *Social work practice with black families: A culturally specific perspective.* Logan, Sadye, Freeman, Edith, and McRoy, Ruth. (Eds.). New York: Longman.

Logan, Sadye, Freeman, Edith, and McRoy, Ruth. (Eds.).(1990). *Social work practice with Black families: A culturally specific perspective.* New York: Longman.

Malone, M., McKinsey, P., Thyer, B., and Straka, E. (2000). "Social work early intervention for young children with developmental disabilities." *Health and Social Work, 25*(3): 169-180.

Martin, Joanne, and Martin, Elmer P. (1985). *The helping tradition in the black family and community.* Silver Spring, MD: NASW.

Mather, M. (2009). *Children in Immigrant Families Chart New Path.* Washington, DC.

McGoldrick, Monica, Pearce, John, and Giordano, Joseph. (Eds.). (1982). *Ethnicity and family therapy.* New York: Guilford Press.

Miller, Jean Baker. (1986). *Toward a new psychology of women.* (2nd ed.) Boston: Beacon.

Myers, Linda. (1985). "Transpersonal psychology: The role of the Afrocentric paradigm," *The Journal of Black Psychology.* 12(1): 31-42.

National Telecommunications and Information Administration. (1999). *Falling through the Net: Defining the digital divide.* [Web site]. U.S. Department of Commerce. Available: http:// www.ntia.doc.gov [2000, 4/8/00].

Park, J., Turnbull, A., and Turnbull III, H. (2002). "Impacts of poverty on quality of life in families of children with disabilities." *Exceptional Children, 68*(2): 151-170.

Pinderhughes, Elaine. (1982). "Afro-American families and the victim system." In McGoldrick, M., Pearce, J., and Giordano, J. (Eds.). (1982). *Ethnicity and family therapy.* New York: Guilford Press.

Piotrkowski, Chaya, and Hughes, Diane. (1993). "Dual-earner families in context." *In Normal family processes.* Walsh, Froma, ed. New York: Guilford.

Population Reference Bureau. (2008). *World Population Highlights.* Washington, DC.

Rehman, T., and Dziegielewski, S. (2003). "Women who choose Islam." *International Journal of Mental Health, 32*(3), 31-49.

Ronnau, J. P. and Marlow, C. R. (November 1993). "Family preservation, poverty and the value of diversity." *Families in Society: The Journal of Contemporary Human Services.* 74: 538-544.

Ross-Sheriff, F. (2006). "Afghan women in exile and repatriation: Passive victims or social actors?" *Affilia: Journal of Women and Social Work, 21*(2), 206-219.

Rothenberg, D. (1997, 8/1/97). *Grandparents as parents: A primer for schools.* [Web site]. ERIC Clearinghouse on Elementary and Early Childhood Education. Available: wysiwyg://770/http://www.kidsource...ource/content2/grandparents.3.html[2000, 3/20/00].

Rounds, K. A., Weil, M., and Bishop, K. K. (January 1994). "Practice with culturally diverse families of young children with disabilities." *Families in Society: The Journal of Contemporary Human Services.* 75(1): 3-14.

Scannapieco, M., and Jackson, S. (1996). "Kinship care: The African American response to family preservation." *Social Work, 41*(2): 190-196.

Scanzoni, John, and Marsiglio, William. (1991). "Wider families as primary relationships." *Wider families.* Binghamton, NY: The Haworth Press.

Slater, Suzanne, and Mencher, Julie. (1991). "The lesbian family life cycle: A contextual approach." *American Journal of Orthopsychiatry, 61*(3): 372-382.

Stack, C. (1974). *Allowrkin: Strategies for survival in a Black community.* New York: Harper and Row.

Staveteig, S., and Wigton, A. (2000). *Racial and ethnic disparities: Key findings from the national survey of america's families.* [Web site]. Urban Institute. Available: http://newfederalism.urban.org/html/series_b/b5/b5.html[2000, 4/8/00].

Visher, Emily, and Visher, John. (1993). "Remarriage families and stepparenting." In *Normal family processes.* Walsh, Froma. (ed.). New York: Guilford.

Walsh, Froma. (2003). *Normal family processes.* (3rd ed.) New York: Guilford.

Wilhelmus, M. (1998). "Mediation in kinship care: Another step in the provision of culturally relevant child welfare services." *Social Work, 43*(2): 117-126.

Zedlewski, S. (2003). "1999 Snapshots of America's families II: Economic Well-Being." Available: www.urban.org

7장

집단에 대한 관점

Human
Behavior
and
the Social
Environment

사회복지사들은 소집단에 대해 잘 알고 있어야 한다. 사회복지실천은 많은 경우 소집단의 맥락에서 이루어지며, 개인, 가족, 조직, 지역사회를 주 대상으로 하는 사회복지실천의 경우에도 일상적인 실천은 소집단의 맥락에서 이루어지게 된다. 개인과 가족의 욕구를 다루기 위해 팀을 이루어 작업을 해야 하는 경우도 많은데, 예를 들면 의료사회복지사가 개인과 가족에게 적절한 서비스를 제공하기 위하여 정신과 의사, 간호사, 영양사, 재활치료사 등이 포함된 다학제적 의료진과 팀을 이루는 경우이다. 이러한 팀은 바로 소집단이며, 따라서 사회복지사들은 집단역학에 대한 이해를 갖추어야 한다. 사회복지행정과 관리에 있어서도 대부분의 일상 업무는 실무집단이나 위원회와 같은 소집단을 통해서 수행된다. 실천현장이 지역사회 수준인 사회복지사도 분명 태스크포스팀(task forces)과 소비자집단에 관여하게 될 것이다.

일반주의 실천을 하는 사회복지사의 경우에는 앞서 살펴본 다양한 수준의 소집단 활동에 복합적으로 개입하게 된다. 예를 들어 공공서비스 부문에서 일하는 사회복지사들은 다학제팀, 직장집단, 클라이언트 지지집단, 지역사회 태스크포스를 비롯한 다양한 소집단에 관여하게 될 것이다. 사회복지사들은 이처럼 다양한 소집단에 관여하게 되기 때문에, 효과적인 집단의 구성원과 촉진자 혹은 지도자가 되기 위해서 소집단에 대한 충분한 지식을 갖추고 있어야 한다.

정의

집단의 기본 정의는 "어떤 목적을 달성하고자 교류하는 사람들이 대면(對面)하는 작은 모임"이다(Brown 1991:3). 달리 정의하면, 집단이란 "각자가 자신을 집단의 구성원으로 인식하며, 집단에 속한 다른 구성원들을 알고, 공통된 목표를 달성하기 위해 서로가 긍정적으로 의존하여 대면적인 상호작용을 하는 두 명 이상의 사람들"이다(Johnson and Johnson 1991:14). 두 정의 모두 집단 내 목적의 공유와 상호작용에 관심을 두는데, 이는 공통된 목적과 상호간의 교류가 거의 없는 사람들의 무리나 단순합과는 명백한 차이가 있음을 보여준다. 예를 들어, 우연히 엘리베이터에 함께 탄 사람들은 집단이라고 할 수 없다. 이러한 정의는 사회복지의 주요목적 및 가치관뿐만 아니라 우리 자신, 타인, 사회복지에 대해 이 책에서 가정하고 있는 바와도 일맥상통한다.

역사적 배경

소집단은 인간행동에 영향을 주며 인간행동을 이해하기 위한 중요한 맥락으로서 교육학, 심리학, 사회학, 사회복지학에 뿌리를 둔 다학문적인 역사를 지닌다. 근대사 속에서 개인 및 집단생활 가운데 집단의 역할에 관한 여러 의문들이 제기되기는 했지만, 개인 및 집단행동에 대한 집단의 영향력을 이해하기 위한 노력은 주로 20세기 들어 나타났다.

집단이론과 실천의 역사

20세기에 들어서 학자들은 민주주의, 리더십, 의사결정, 노동, 여가, 교육, 문제해결 등 다양한 분야에서 집단의 역할에 관심을 가졌다. 특히 사회복지사들은 소집단에 많은 관심을 가졌는데, 그 영역은 사회개혁부터 교육, 여가, 치료, 시민권 분야에 걸친 집단의 역할이다.

집단이 개인 및 집단생활에 미치는 영향력에 대해 연구하여 문제해결에 활용하기 시작한 것은 20세기 초반의 인보관 운동이다. 이후 사회복지사들의 관심은 정신질환 등의 문제를 다루기 위한 치료집단 쪽으로 옮겨갔으며, 최근 사회복지의 관심은 자조집단과 지지집단의 영역으로 확장되었다. 자조집단과 지지집단에서 다루는 주제는 매우 다양해서, 성평등 의식고양과 시민권 운동 같은 정치의식의 증진에서부터 중독, 신체적·성적 학대 등의 어려움을 겪는 사람들이 서로의 경험을 나누며 도움을 주고받는 것에까지 이른다(Brown 1991; Johnson and Johnson 1991; Worchel, Wood, and Simpson 1992).

집단의 역사

역사 속에서 소집단은 연구의 단위로써 그리고 인간행동이 일어나는 중요한 환경으로 인식되어 왔으며, 역사적 요인은 특정 소집단의 발달에 영향을 미쳐왔다. 우리가 다루거나 속해있는 모든 소집단은 구성원들의 과거 경험으로부터 지대한 영향을 받는다. 구성원들은 진공상태로 집단에 들어오는 것이 아니라, 좋은 경험이든 나쁜 경험이든 과거의 경험을 간직한 채 집단에 참여하게 된다. 즉 집단 구성원들은 과거에 만난 다른 사람들과의 경험을 토대로 집단내의 다른 구성원들을 바라보기 때문에, 두 명이 동시에 같은 집단에 참여하더라도 과거에 어떤 개인적·집단적 경험을 했는가에 따라 새로운 집단에 대해 전혀 다른 견해와 기대를 갖게 될 수도 있다. 예를 들어, 집단에 새로 참여하게 된 Andrea는 집단 내의 다른 구성원들을 새로운 친구로 보고 이들을 통해 자신의 문제를 해결하며 새로운 아이디어를 얻을 수 있으리라 생각하는 반면, Mitchell은 이들을 이상한 사람들로 보거나 심지어는 적으로 받아들여 자신에게 해결하기 힘든 더 많은 문제를 가져다 줄 것이라고 생각할 수도 있다. 과거 경험의 차이로 인한 이러한 다양한 견해들은 집단성(groupness)의 발생을 저해하게 된다. 이처럼 서로 다른 경험을 한 사람들이 집단 안에서 자신들의 차이점을 공유하도록 하는 것이 사회복지사의 역할이다. 이는 곧 Andrea의 희망에 대해서는 확신을 주고 Mitchell의 불안과 공포는 감소시켜, 두 사람이 서로의 경험을 통해 도움을 얻고 자신의 잠재력을 발휘할 수 있도록 하는 것이다. 이를 위해서는 우선 두 사람이 집단으로 갖고 들어온 과거의 경험을 인식해야만 한다. 그렇다면 과연 소집단의 실체는 무엇인가?

소집단을 설명하는 구체적인 접근방법과 개념들을 탐구하기에 앞서, 이 책에서 살펴본 다른 수준에서의 인간행동을 설명하는 모델이나 개념과, 집단에서의 인간행동을 이해하는데 활용되는 모델과의 유사성을 살펴보는 것이 도움이 될 것이다. 예를 들어, 소집단의 발달을 설명하는 모델들은 개인 및 가족발달모델과 많은 공통점을 지니는데, 그 중에서도 가장 유사한 부분은 단계기반모델이라는 점이다. 특정 집단의 발달을 설명하는 접근방법들은 대부분 발달단계를 기본틀로 한다. 소집단의 구조나 기능을 설명하는 개념들은 조직이나 지역사회 수준에서의 인간행동에도 적용가능하다. 예를 들어 리더십, 역할, 규범, 사회화 같은 개념들은 소집단뿐만 아니라 조직 및 지역사회를 설명할 때도 활용된다.

전통적 관점과 대안적 관점

우리는 전통적 관점과 대안적 관점에서 논의하는 소집단의 구조와 역동에 대한 기본적인 차원과 개념들을 검토할 것이다. 이러한 기본 차원과 개념을 살펴보면서, 전통적 패러다임 사고와 대안적 패러다임 사고에서 각각 중시하는 개념 간의 차이점을 알아보도록 하자.

과정과 성과의 차원

집단을 연구하는 한 가지 방법은 집단이 성과를 중시하는지 아니면 과정을 중시하는지를 고려하는 것이다. 집단 내 어떤 학생들은 결과나 성과를 강조하지만, 다른 학생들은 집단생활에서 발생하는 내부과정에 관심을 집중하기도 한다. 성과의 차원은 '과업(task)'이나 '수단(instrument)'으로, 과정의 차원은 '유지(maintenance)'나 '표현(expression)'으로 언급되기도 한다(Anderson and Carter 1990; Napier and Gershenfeld 1985; Worchel, Wood, and Simpson 1992). 이 용어들은 집단이 동시에 두 가지 차원을 모두 다루고 있음을 보여준다. **과업 수준**(task level)에서는 집단의 구체적 목표를 달성하는 것에 관심을 둔다. 예를 들어, AIDS 환자와 HIV 보균자들에게 서비스를 지원하려는 태스크포스팀의 목표는 보조금 신청을 완료하는 것이다. **과정 차원**(process dimension)에서는 집단 구성원들의 사회정서적 욕구에 관심을 둔다. 태스크포스팀의 구성원들은 과업을 효과적으로 수행하기 위하여 서로 관계를 맺고, AIDS와 HIV에 대한 자신들의 생각을 다루는 절차를 발전시킨다.

목표와 목적

대부분의 학자와 실천가들은 집단이 성과 요소와 과정 요소 모두를 갖추고 있어야 함에는 동의하지만, 두 가지 요소 중 어느 것이 더 중요한가에 대해서는 의견 차가 있다. 집단이 과업이나 과정에 집중하는 정도는 집단의 목표나 목적에 따라 달라진다. **집단목표**(group goal)란 '집단이 지향하는 바'라고 간단히 정의할 수 있다(Napier and Gershenfeld 1985:181-225).

전통적 관점에서 설명하는 과업 중심 집단을 이해하기 위해 앞서 살펴본 집단을 좀 더 살펴본다면, 이 집단은 구성원들끼리 "잘 어울리는 것"에 관심을 갖기보다는 보조금 신청이라는 집단목표 달성을 우선시할 것이다. 반면 대안적 관점에서는 집단이 항상 정해진 목표나 목적을 추구하는 것만은 아니라고 본다. 만약 집단 구성원들이 AIDS/HIV라는 민감한 이슈에 대하여 의견이 다르거나 자신의 생각을 표현하기를 불편해 한다면, 그 집단은 주어진 목표를 달성해낼 수 없을 것이기 때문이다. 집단 구성원들이 서로 친밀하지 못해서 과업의 달성을 위해 힘을 모으지 못하거나, 집단의 목표를 불편하게 느껴 집단목표를 추구하기 위해 자신의 에너지를 쏟아내지 못한다면 그 집단은 과업을 달성할 수 없다. 이러한 측면들은 집단이 가지고 있는 과정이나 사회정서적인 차원인데, 이는 성과나 과업의 차원과 분리될 수 없는 것이다.

어떤 집단의 목표는 과업이나 성과보다는 과정과 사회정서적인 측면을 지향하기도 한다: 예를 들어, 성평등 의식 고양집단은 성차별적이지 않은 행동방식을 발전시키기 위한 구성원들의 관심사를 다루기 위해 구성된다. 이러한 집단의 주된 관심사는 구성원들의 사고, 관계, 행동을 변화시키는 것으로, 과정에 초점을 둔다. 그러나 이 집단에서도 구체적인 과업을 수행해야 하는 것은 마찬가지이다. 언제, 어디서, 얼마나 자주 모임을 가질 것인가와 같은 집단의 운영과 관련된 과업들에 대한 결정이 그 예이다. 그러나 이 집단은 관계나 사회정서적 차원에 집중하기 때문에, 과업의 차원에 대한 관심은 2차적 관심이다.

집단이 과정 중심적이든 과업 중심적이든 간에, 집단의 목표와 목적은 외부적으로나 내부적으로 결정된다. AIDS/HIV 서비스를 위한 보조금을 신청하려는 집단의 경우를 다시 한 번 살펴보자. 이 집단의 목표가 AIDS/HIV 서비스 분야를 발전시키기 위한 이사회 임원들의 결정에 따라 내부적으로 정해져, 이사회의 방침에 따라 직원들이 태스크포스팀을 구성했을 수도 있다. 또는 HIV 보균자나 AIDS 환자 본인이나 그 가족들이 지역사회로부터 외부적인 관심을 불러일으켜낸 결과로 만들어졌을 수도 있다. 혹은 태스크포스팀의 구성원들이 이러한 서비스의 필요성과 자금의 확보방법에 관하여 논의한 결과에 따라 결정되었을 수도 있다. 성평등 의식고양 집단의 목표도 내부적으로 결정될 수도 있고 외부적으로 결정될 수도 있다. 즉, 여직원들이 남성 동료들의 성차별이나 성희롱에 대하여 이의를 제기한 결과 상급자가 이 집단을 만들었을 수도, 성평등적인 방식으로 여성을 대하는 것에 어려움을 느낀 남성 구성원들 스스로가 집단을 구성했을 수도 있다.

집단의 운영방식은 집단의 목표나 목적이 외부로부터 받은 영향으로 만들어졌는지 내부의 힘으로 만들어졌는지에 따라 크게 달라진다. 그러나 사회복지사들은 집단목표가 어떻게 결정되었든 촉진자 혹은 집단 구성원으로서의 역할을 하게 될 가능성이 크다.

멤버십

구성원들이 집단에 참여하게 되는 방식도 집단의 목표가 외부로부터 결정되느냐 내부로부터 결정되느냐에 따라 달라진다. AIDS/HIV 태스크포스팀과 성평등 의식고양 집단의 예를 살펴보면, 집단의 목표가 수립되는 방식에 따라 멤버십의 자발성 여부가 결정됨을 알 수 있다. 이사회의 지시에 따라 태스크포스팀에 배정되었거나 동료들의 이의제기로 성평등 의식고양 집단에 참여하게 된 사람들이 느끼는 소속감과, 스스로의 선택으로 집단의 구성원이 된 사람들이 느끼는 소속감에는 차이가 있을 것이다.

멤버십(membership)은 개인과 집단 간 관계의 질을 나타낸다. 집단의 구성원들은 참여의 자발성 여부와 관계없이 자신이 집단의 구성원임을 알고 있는데, 멤버십의 수준은 집단 구성원이 된 이유와 멤버십에 대한 느낌에 따라서 다르게 나타난다. 멤버십은 구성원들이 집단에 전념하는 정도에도 영향을 미친다.

멤버십은 수준에 따라 구분할 수 있다. **공식적 멤버십(formal) 또는 심리적으로 전념하는 멤버십(full psychological)**을 가진 사람은 집단과 집단목표에 자신을 많이 투자한다: 이러한 구성원들은 집단의 목표와 다른 구성원들을 위해 자신을 헌신하며, 다른 구성원들 또한 이들을 정식 구성원으로 받아들인다. 집단에 자발적으로 참여하거나 집단의 목표를 수립할 때 함께 참여한 경우에 이러한 멤버십을 경험할 가능성이 높다.

우리는 우리가 속해있는 모든 집단에서 이런 정도의 멤버십을 가질 수는 없기 때문에 어떤 집단에서는 주변부적인 멤버십을 갖기도 한다. **주변부 구성원** (marginal member)은 집단에 자신을 완전히 투자하고자 하지 않으며, 집단의 구성원으로 남기 위해 최소한의 역할만 한다. 이들도 집단에 기여하는 바가 있지만, 그 기여도는 심리적으로 전념하는 구성원에 비해 매우 낮은 수준이다. 주변부 구성원이 되는 이유는 여러 가지이다. 집단에 비자발적으로 참여하게 되었거나, 집단의 목표를 설정하는 과정에서 배제되었다고 느꼈을 수도 있다. 예를 들어 집단목표가 외부적으로 결정된 경우, 우리는 그 목표를 자신의 것으로 받아들이기 어렵기 때문에 주변부 구성원이 되기 쉽다. 정식 구성원이 될 만큼 투자할 시간은 없지만, 집단의 목표를 지지하고 이를 위해 헌신하려는 경우에도 주변부 구성원이 될 수 있다. 다시 말해, 주변부적인 멤버십이 집단이나 집단 구성원들에게 부정적인 것만은 아니다. 주변부 구성원들도 집단을 위해 가치 있는 일을 할 수 있다.

또 다른 중요한 멤버십은 집단에 참여하기를 희망하는 사람들의 멤버십이다. **참여희망자**(aspiring member)는, 공식적으로는 집단의 구성원이 아니지만 구성원이 되기를 희망하는 사람이다. 참여희망자는 집단의 목표에 강한 동질감을 갖지만, 여러 가지 이유로 공식 구성원이 되지 못할 수도 있다. 집단이 이들을 수용할 만한 여력이 없을 수도 있고, 이들이 멤버십 기준에 맞지 않아서 집단에 참여하지 못할 수도 있다(Napier and Gershenfeld 1985:74-111).

집단의 촉진자이자 구성원인 사회복지사들은 이처럼 다양한 수준의 멤버십에 대해 알고 있어야만 한다. 집단의 새로운 구성원이 되고자 하는 참여희망자는 집단목표를 달성하기 위해 에너지를 줄 수 있는 잠재자원이다. 사회복지사들은 참여희망자들이 진입장벽으로 인해 집단에서 배제되지 않도록 관심을 기울여야 한다. 만약 참여희망자가 장애 때문에 집단의 모임에 참여하기 어려워 공식적 멤버십을 획득하지 못한다면, 사회복지사는 이들이 정식 멤버가 될 수 있도록 지원해야 한다. 또는 참여희망자가 자신의 젠더, 성적지향, 소득 때문에 집단의 구성원이 되는데 어려움을 느낀다면, 사회복지사들은 이러한 장벽을 없애기 위해 노력해야 한다.

리더십, 팔로워십, 의사결정

Bass(in Gastil 1994:954-955)는 **리더십**(leadership)에 대한 일반적 정의로, "리더십은 상황과 구성원들의 인식이나 기대를 (재)구성하기 위해 두 명 이상의 집단 구성원들 사이에서 이루어지는 상호작용이다. 리더십은 한 구성원이 다른 구성원들의 동기와 역량을 변화시킬 때 나타난다. 집단 내 구성원들 모두가 리더십을 발휘할 수 있다."고 설명한다. Gastil은 리더십을 "집단의 목표를 달성하기 위한 건설적인 행동"만으로 한정하여 정의한다(1994:955). 리더십에 대한 전통적 접근법을 제시한 Lewin은 리더십을 다음과 같이 3가지 유형으로 설명한다:

1. **민주적 리더십**(democratic leadership)은 집단의 의사결정, 구성원들의 적극적인 참여, 솔직한 칭찬과 비판, 동료관계에 초점을 둔다(민주적 리더십에 대한 보다 자세한 내용은 뒤에서 다룰 것이다).
2. **독재적 리더십**(autocratic leadership)의 특성은 리더의 행동이 지배적이고 위계적이라는 점이다.
3. **자유방임적 리더십**(laissez-faire leadership)은 간섭과 지시가 없는 리드 방식이 특징이다.

리더십에 대한 전통적인 개념에서는 리더십을 타고난 특성들의 집합 또는 상황과 환경의 산물이거나, 지위에 의해 만들어지는 것으로 보는 경향이 있다. **특성**(trait)**이론**은 리더십을 타고나는 것으로 보아, 리더의 특성을 가지고 있는 사람만이 리더십을 발휘할 수 있으며 리더는 나머지 구성원들을 이끌거나 영향력을 미치는 능력을 타고난 존재라고 설명한다. **상황적 리더십**(situational leadership)**이론**은 특수한 상황적 필요성에 의해 리더가 출현한다고 설명한다. 특정한 문제를 해결하기 위한 전문성을 가지고 있는 사람이 있다면, 상황적 필요성이 그 사람을 리더로 만들어 낸다는 것이다. **지위적 리더십**(positional leadership) **이론**은 리더가 보유한 지위로부터 리더십이 만들어진다고 본다. 의장이나 회장이라는 지위에 있는 사람은 집단을 리드하는 역할을 맡게 되며, 이러한 지위나 직위 자체가 리더십에 필요한 권위와 영향력을 발생시킨다는 것이다. 이러한 특성적, 상황적, 지위적 리더십의 개념은 불완전하거나 이분법적인 관점에 해당한다. 우리는 리더의 특성을 가지고 있을 수도 있지만 아닐 수도 있다; 우리는 특정한 상황에서 필요한 전문성을 가지고 있을 수도 있지만 아닐 수도 있다; 또 우리는 리더의 지위에 오를 수도 있지만 그러지 못할 수도 있다. 그러므로 이러한 전통적 개념들은 불완전할 뿐만 아니라, 중요한 사안을 고려하지 못하고 있다. 이 개념들에서는 리더와 팔로워들이 상호배타적인 역할을 수행한다고 본다(Napier and Gershenfeld 1985:227-296). 8장에서는 리더십의 전통적 유형과 대안적 유형을 조직의 맥락에서 살펴보게 될 것이다.

기능적 리더십

리더십에 대한 대안적 관점에서는 리더와 팔로워들이 서로 별개이거나 이분법적이지 않다고 본다. 리더십의 기능적 정의에 따르면, 리더십은 집단이 목표를 성취하는데 도움이 되는 행동이다. 이러한 정의에는 집단 구성원 누구라도 리더가 될 수 있음을 내포한다. 리더십은 집단이 목표를 달성하기 위해 필요한 일을 하는 것으로, 이 일이 과정에 관련되는지 성과에 관련되는지는 상관이 없다. 이 정의를 보면 집단을 이끄는 리더들이 때로는 특정 상황에서 필요한 특성이나 기질을 가지고 있음을 인정한다. 예를 들어, 어떤 사람은 구성원들이 신속히 갈등을 해결하도록 이끌 수 있는 기질을 갖고 있다. 또한 기능적 정의에서는 의장이나 회장 같은 리더의 지위에 있는 사람이 회의를 소집하거나 연기하는 등의 공적인 활동을 보다 신속하게 수행할 것이라고 본다. 기능적 관점은 환경이나 상황적으로 필요한 특정 전문성을 가진 구성원이 집단을 이끌게 된다고도 본다. 예컨대, 집단이 재정적 위기에 놓인 상황에서 회계 능력이 있는 구성원이 위기 극복을 이끄는 것이다. 기능적 리더십은 집단 내 리더십이 유동적이라고 보는 대안적 개념이다. 기능적 정의에서는 리더와 팔로워를 구분하기 어려운데, 그 이유는 모든 사람이 리더가 될 수 있는 잠재력을 가진다고 보기 때문이다. 기능적 리더십에서는 집단에 고정된 리더를 두기보다는 구성원들이 돌아가면서 리더를 하는 것이 효과적일 수 있다고 본다. 돌아가면서 리더를 하면 집단구조의 위계적 성향을 감소시키기도 한다. 익명의 알코올 중독자 모임(A.A)은 기능적이고 위계적이지 않은 리더십을 강조하는 집단의 예이다.

그러나 집단 구성원들 모두가 리더로서의 잠재력을 실현시킬 수 있는 것은 아니다. 구성원들이 서로의 잠재력을 인식하지 못하고, 서로의 잠재력을 발휘하도록 돕지 못한다면, 이들의 잠재력은 실현되지 않을 것이다. 리더십에 대한 이러한 대안적 개념은 전통적 개념과는 달리 리더가 리더의 자질을 그저 타고나거나 지위나 상황에 의해 만들어지는 것이 아니라, 사실상 팔로워들에 의해 만들어지는 것이라고 본다. 집단의 다른 구성원들이 리더의 리더십 있는 행동을 받아들임으로써 리더는 집단을 이끌 수 있게 된다(Napier and Gershenfeld 1985: 227-296).

어떤 연구자들은 특히 어떤 특성이나 "위인"과 같은 전통적인 리더십 개념이 소외를 발생시킨다고 설명한다. Gemmill과 Oaklye(1992:120)는 리더의 필요성 또는 서열상 리더를 가장 높다고 보는 것이 집단의 나머지 구성원들을 "단순화"시키는 것이라 주장한다. 리더십을 특별한 사람들만이 가질 수 있는 자질로 정의하는 것은 다른 구성원들이 "비판적 사고, 비전, 영감, 정서"를 발달시킬 가능성을 포기하는 것과 같다. 물론 리더에 대한 전통적 정의에서처럼 의사결정과 권력을 리더에게 넘긴다면, 기능적·순번제적·비위계적 리더십에서 발생할 수 있는 불확실성과 모호성은 크게 줄어들 것이며, 팔로워들은 위험한 의사결정으로부터 벗어날 수 있다. 그러나 우리 자신을 리더에게 맡기는 것은 우리에게 직접적인 영향을 미치는 문제를 다룰 때 동등하게 참여할 수 있는 기회를 포기하는 것이기도 하다(Gemmill and Oaklye 1992:117-123).

이러한 리더십의 개념은 대안적 패러다임 사고의 차원과 일치한다. 위계적 서열을 평등으로 대체하며, 권력(power)을 "지배하기 위한 힘"이 아닌 "사람들을 리더의 목표나 바람에 따라 행동하도록 유도하기보다는 자기 스스로의 관심사에 따라 행동하도록 만들 수 있는 능력"으로 재정의함으로써 페미니스트적인 관점을 포함한다(Gemmill and Oaklye 1992: 124). 이러한 개념에서는 리더십을 비인격적이고 경쟁적인 행동에서 협력적이고 지지적인 행동이자, "솔선수범하며, 임무를 완수하고, 집단에 새로운 아이디어와 상상력을 불어넣으며, 다른 영역에서 특별한 기술을 드러내는 것"으로 재정의하였다(Bunch and Fisher 1976 in Gemmill and Oakely 1992:124-125).

민주적 집단

리더십에 대한 또 다른 "새로운" 대안적 관점은 민주주의 내지 민주적 의사결정이다. 이러한 재개념화는 사회복지의 주요 관심사와도 양립가능하다. 민주적 집단은 협력, 타협, 관계, 합의라는 **통합적 민주주의**(unitary democracy)의 요소들을 강조한다(Gastil 1992:282).

Gastil(1992)은 소집단 민주주의와 의사결정과정이 반드시 민주적 집단에서 이루어져야 한다고 규정하였다. Gastil에 따르면, **민주적 집단**(democratic groups)은 권력을 구성원들에게 균등하게 분배한다. 민주적 집단의 구성원들은 민주적

과정에 전적으로 헌신하며, 서로의 개성을 존중하면서도 집단 구성원으로서의 상호 책임을 인식하는 관계를 갖는다. 민주적 집단은 모든 구성원들에게 동등한 발언 및 참여의 기회를 보장하는데, 이는 타인의 의견을 경청하는 것이 필요함을 전제한다. 경청은 발언의 기회를 보장하는 것보다 중요할 수도 있다. 그러나 이 중 한 요소가 없다면, 다른 요소도 무의미해진다. 즉, 민주적 의사결정과정을 위해서는 구성원들의 발언권을 보장하고, 집단 내 반대 의견에 경청해야 한다(Gastil 1992).

민주적 리더십/팔로워십

민주적 리더십(democratic leadership)이란, "자기결정, 포용, 동등한 참여, 협의와 같은 민주주의의 기본원칙과 과정을 통해 사람들에게 영향을 미치는 행위"이다(Gastil 1994:956). Gastil은 리더십을 "지위가 아닌 행동"으로 명시하였다(1994:957). 민주적 집단은 데모스(demos)라고도 한다.

민주적 리더십 행동의 세 가지 주요 기능:

1. 책임 분담
   - 집단의 모든 구성원들이 집단 활동과 목적의 결정에 최대한 참여하고 몰입하도록 유도한다.
   - 책임을 집중시키기보다는 분산시킨다(Krech et al. in Gastill 1994:958).
2. 임파워먼트
   - 집단의 구성원들이 담화, 사고, 조직화에 능숙해지도록 격려한다.
   - 민주적 리더는 "위인"으로서의 행동을 피한다.
   - 민주적 리더는 구성원들을 진심으로 보살피고 염려하지만 가부장적이지는 않다.
   - 민주적 리더는 구성원 중에서 자신의 후임자를 찾는다.
3. 협의 조성
   - 건설적인 참여, 촉진, 건전한 관계의 유지, 긍정적인 분위기를 만든다.
   - 다른 사람들의 견해를 경청하고 존중한다.

촉진   Gastil(1994:961)은 촉진과 참여를 구분한다. **촉진**(facilitation)이란 집단의 협의와 관련된 초커뮤니케이션(metacommunication), 즉 말이 아닌 시선·몸짓·태도 등의 의사소통 형태를 의미한다. 촉진에는 다음의 내용이 포함된다:

1. 협의에 집중하고 순조롭게 진행되도록 한다.
2. 자유로운 토의와 폭넓은 참여를 장려한다. 장황한 말은 줄이고, 주변부와 소수의 목소리를 끌어낸다(지역사회를 예로 들면, 공개토론에서 고립되고 소외되어온 집단을 지원하는 것).
3. 구성원들이 "민주적으로 채택된 규범과 법칙을 준수하도록" 장려한다.
4. 건강한 감정 상태와 구성원들 간의 긍정적인 관계, "친화성"을 유지한다 (Gastil 1994).

리더십의 분배   Gastil에 따르면, 민주적 리더십은 집단의 구성원들에게 널리 분배되어야 한다. 리더십이 분배된 집단은 "리더가 부재한" 집단이 아닌, "리더십이 풍부한" 집단이 된다. "리더십이 풍부한" 집단이나 리더십이 확장된 집단은 다음과 같은 특징을 갖는다:

▶ 이상적인 민주적 집단은 한사람의 개인이 이끌어가는 것이 아니라 여러 명이 리더의 역할을 수행하고 언젠가는 모든 집단 구성원이 리더의 역할을 수행한다.
▶ 대부분의 경우 모든 구성원이 돌아가면서 리더의 역할을 하는 것이 가능하다. 이는 각 구성원들이 다양한 리더의 기능을 수행할 수 있게 한다.

구성원의 책임   모든 구성원들에게 민주적 리더십 행동을 분배하기 위해서 구성원들은 다음과 같은 책임을 져야한다:

1. 집단의 안녕을 위해 책임감을 가져야 한다.
2. 자신의 행동과 결정에 책임져야 한다.
3. 자율성(독립성) 유지에 대한 책임은 최종적으로 자신이 진다.
4. 자신이 리더의 역할을 할 수 있는 방법을 알아야 한다.
5. 기꺼이 리더와 함께 일해야 한다(Gastil 1994:963-963).

민주적 리더십이 적절하지 않은 경우

민주적 리더십이라는 대안적 접근이 모든 집단에 적절한 것은 아니다. 다음과 같은 경우에는 적절하지 않다.

▶ 문제가 정확히 규명되어 있고, 해결 방법이 기술적으로 명백한 경우(예: 부러진 뼈를 치료하는 것)
▶ 집단의 결정을 해석하기 위해서는 "행정"이나 "심의"가 필요하지만, 운영위원회나 심의위원회에서 민주적 집단에 대해 책임을 지고 있는 경우
▶ 집단이 문제에 무관심할 때
▶ 문제가 집단의 해결범위를 벗어날 때(Gastil 1994:964-965).

사람들이 민주적 리더십을 거부하는 이유

▶ 민주적 구조가 그들의 비민주적 권위를 위협하기 때문이다. 민주주의로 전환하기 위해서는 지위, 권력, 비용의 대가가 필요하다.
▶ 권위를 가치 있게 보는 사람들은 "지시적인 강력한 권위가 타당하고 효율적"이라고 믿는다.
▶ "대다수의 사람들은 의식적으로든 무의식적으로든 영웅이 나타나서 문제를 해결하고 혼란을 막아주기를 바란다."
▶ 어떤 사람들은 리더십의 개념 자체를 거부하고 리더가 필요하지 않다고 (무정부주의) 믿는다(Gastil 1994:970).

민주적 의사결정 과정은 전통적 관점에서 리더가 위계적 구조에 의해 자신의 지위에 따른 힘과 권위를 가지고 독재적으로 결정을 내린다고 보는 것과는 다르다. 또한 민주적 리더십은 전통적인 관점에서 강조하는 민주주의의 다수결의 원칙과도 차이가 있다. 민주적 리더십에서는 모든 구성원의 의견을 존중하는 결정을 내리기 위해 합의와 적극적 참여를 강조한다. 집단의 결정과 모든 구성원들의 의견이 일치되지 않더라도, 집단의 의견에 따라 행동하도록 구성원들을 설득할 수 있다. 이러한 의사결정 과정은 전통적 권위에 의한 결정이나 단순한 다수결의 결정보다 시간이 오래 걸린다. 그러나 과정과 결과 모두 참여자의 책임감에 영향을 주며, 소수의 리더가 아닌 모든 구성원이 기지를 발휘할 수 있

게 된다(Gastil 1992).

대안적 모델에서의 리더십, 팔로워십, 의사결정은 모든 구성원들에게 도전이 된다. 왜냐하면 이 모델은 구성원들 모두에게 높은 수준의 자기 인식을 요구하기 때문이다. 예를 들어, 구성원들은 모임의 시간적 제약을 인식하고, 발언하거나 경청하는 시간을 조절해야 한다. 구성원들은 이러한 과정을 통해서 공동체의 이익에 관심을 갖게 된다. 이러한 협력, 공동체성, 높은 참여의 과정은 배우기도 어렵고 실천하기도 쉽지 않다. 경쟁적·개인적·위계적인 구조와 과정의 집단적 의사결정에 익숙해져 있는 경우라면 특히 그럴 것이다.

지배적 관점의 경쟁적·개인적·위계적 리더십과 의사결정의 측면에서 보면 대안적 관점의 협력적·공동체적·참여적 리더십과 의사결정이 이상해 보일 수도 있지만, 여러 북미 인디언 부족들은 이러한 대안적 접근 방법을 오랜 역사 속에서 활용해 왔다. Attneave는 인디언 부족의 의사결정 방식을 다음과 같이 설명한다:

> 인디언 부족들은 "민주주의"의 다수결 투표 방식에 대해 조바심을 가지지 않았다. 만약 상당수의 부족원이 반대하면 합의에 도달할 때까지 논의를 계속했다. 특별한 일이 있는 경우를 제외하고는 모든 사람이 참여했다. 모두의 의견을 들어보고 결론에 도달하기까지 몇 시간이고, 며칠이고 논의를 지속하였다(Attneave in McGoldrick, Pearce, and Giordano 1982:66-67).

Attneave(1982:67)는 오래전에 활용되던 대안적 방법들의 영향을 오늘날에도 찾아볼 수 있으며, 부족의 의사결정에서는 "부족모임이 몇 시간 지속되면, 일부는 합의를 이루려하고 다른 사람들은 다수결에 의한 표결로 몰아가면서 긴장감이 높아질 수 있다."고 언급한다. 이러한 어려움들은 대안적 접근법과 전통적 접근이 접목될 때 나타난다.

역할과 규범

역할과 규범은 집단 내의 인간행동을 이해하기 위해 필요한 또 다른 기본 개념이다. **역할**(roles)이란 특정 위치에 있는 사람에게 적절한 것으로 기대하는 행동이다. 의장이나 서기와 같이 공식적으로 부여되는 역할도 있고, 갈등조정자(집단 내에서 조율하는 역할)나 요약자(논의에서 중요한 요소들을 짚어주는 능력을 가진 사람)와 같이 개인의 능력이나 관심사로 정해지는 비공식적인 역할도 있다.

집단 구성원인 우리는 집단의 요구와 필요에 따라 다양한 역할을 수행한다. 때로는 다양한 역할들이 서로 모순되기도 한다. 우리는 이런 상황 속에서 역할갈등을 경험한다. **역할갈등**(role conflict)은 "경합되는 역할들 사이에서 차이를 경험하는 것이다"(Brown 1991:75). 예를 들어, 여러분이 만약 관리자에게 촉진자로서의 역할을 요구받아서 기능적, 민주적, 합의를 중시하는 리더십 스타일을 활용해 보려하지만 집단의 목표를 성취하기까지 남은 시간이 별로 없다면, 여러분은 역할갈등을 경험하게 될 것이다. 이 경우 대안적 관점에서 바라보는 리더의 역할을 수행하여 합의를 이루기를 기대하는 것과 전통적 관점의 리더 역할을 수행하여 다수결 또는 독단적 결정으로 시간을 절약하려는 요구 사이에서 갈등이 발생한다.

이러한 역할갈등은 쉽게 해결되지 않는다. 대부분의 경우 갈등을 해결하기 위해서는 이상적으로 선호하는 것과 실행 가능한 것 사이에서 절충이 필요하다. 예를 들어, 완전한 합의를 이루기까지 시간이 부족한 경우라면, 가능한 범위 내에서 모든 사람이 논의에 참여하도록 격려하여 의사를 결정하는 방법을 활용할 수 있다. 주어진 시간 제약하에서 다른 구성원들이 의사결정과정에 가능한 많이 참여할 수 있는 방법을 고려해서 독단적이 되지 않도록 할 수도 있다.

규범(norms)은 "집단이 구성원들의 적절한 행동이라고 여기는 공통된 신념이다." 즉 규범은 구성원들이 상호작용할 때 행동의 지침이 되는 것이다(Johnson and Johnson 1991:16-17). 구성원들은 규범을 통해 자신에게 기대되는 것과 다른 사람에게 기대할 수 있는 것이 무엇인지를 알 수 있게 된다. 전통적 관점과 대안적 관점 모두에서 규범이란 집단을 이해하는 중요한 요소라고 인식한다. 집단의 역할과 규범은 불평등한 권력과 다양성을 제한하기도 하고, 집단이 권력을 평등하게 공유하고 다양성을 추구하며 존중하도록 유도하기도 한다. 집단의 규범은 시간이 흐르면서 발생하는데, 새로운 구성원들은 이 규범을 반드시 익혀야 한다. 집단의 규범을 습득하는 과정은 사회화되는 과정이다. 앞서 개인의 발달을 다루면서 사회화 과정에 대해 논의한 바와 같이, 가족이 자녀들에게 가족과 사회의 가치와 역할을 전수하는 과정에서도 사회화가 이루어진다.

집단 순응과 일탈

리더와 구성원으로서의 규범이나 역할에서 중요하게 고려해야할 두 가지 요소는 순응과 일탈이다. **순응**(conformity)은 "개인이 집단의 기대에 맞게 행동하는 것"이고(Sabini 1995:A3), **일탈**(deviance)은 "규범이나 행동 규칙"을 위반하는 것이다(Curran and Renzetti 1996:10). 다음으로는 개인신용점수, 집단사고, 팀사고 등의 연관개념을 통해 순응과 일탈의 개념을 살펴볼 것이다.

개인신용점수

Hollander는 개인신용점수(idiosyncrasy credit)를 "개인이 집단의 규범을 벗어나는 행동을 해도 제재 받지 않을 가능성" 또는 "개인이 집단의 구성원으로서 얻은 긍정적인 인상"이라고 정의한다. 개인신용점수 즉, 다른 집단 구성원들에게 부정적인 느낌을 주지 않으면서 집단의 규범을 어기는 능력은 다양한 경로로 얻을 수 있다. 외부의 자원을 획득하여 신용점수를 얻을 수도 있고(구성원이 외부 자원을 확보하여 집단의 목적을 달성하도록 한 경우), 집단 내에서 높은 지위를 확보함으로써 가능할 수도 있고(의장과 같은 지위), 능력을 드러냄으로써 가능할 수도 있으며(교섭 능력으로 집단 내의 갈등을 잠재움), 규범을 잘 따랐기 때문에 가능하거나(항상 집단의 규범을 잘 준수해 왔으므로 다른 구성원들은 그 구성원이 과거에도 규칙을 잘 준수했던 것을 기억하고 때로는 규범을 어겨도 다시 규범을 잘 따를 것이라고 생각해서 용서함), 또는 그러한 행동을 하는 동기가 집단을 위해서라고 믿기 때문일 수도 있다(다른 구성원들은 그 구성원이 규범을 어긴 것이 집단에게 유익할 것이라고 믿는다. 왜냐하면 그 구성원은 과거에도 집단의 이익을 위한 일을 했기 때문이다). Hollander는 집단 구성원들이 개인신용점수를 허용해주는 범위에는 한계가 있다고 언급한다. Hollander에 따르면, "높은 지위를 가진 구성원들은 어느 정도 다르게 행동하여도 다른 구성원들에게 용인된다"(in Estrada et al. 1995: 58-59).

집단사고

개인신용점수는 집단 구성원들이 규범이나 규칙을 위반하는 것을 허용하는 예이다. 집단을 연구하는 학자들에 의하면, 구성원들은 집단의 힘 때문에 집단의 결정에 따르게 되며 심지어 집단의 결정이 최선이 아닌 경우에도 그 결정에 따르게 된다. Neck과 Manz는 "집단에 대한 순응과 응집력을 지나치게 강조하면 효과적 사고가 저해된다."고 주장한다(1994:933). Janus(1982)는 이러한 현상을 집단사고라고 정의했다. **집단사고**(group think)란 "집단에 깊이 관여하고 밀착된 결과 나타나는 사고의 방식으로서 대안 탐색, 현실 검증, 도덕적 판단이나 현실적으로 자신의 동기를 평가하기보다 집단의 압력으로 만장일치를 이루려하는 것이다"(Janus 1982:9).

Neck과 Manz는 "집단은 구성원들이 집단사회체계를 형성하여 규범에 순응하도록 강력한 압력을 가한다."고 한다. 이러한 압력은 순응의 특성에 따라 긍정적인 측면도 있고 부정적인 측면도 있다(1994:944). 집단사고는 집단의 결정에 순응하도록 압력을 가하여 나타나는 부정적인 결과를 의미하는 용어이다. 몇몇 학자들은 집단사고를 방지하는 방법과 더불어 집단사고로 이어지는 조건에 대해서도 연구하고 있다.

Neck과 Manz는(1994:933) 집단 내에서 의사를 결정하는 과정상의 잘못으로 집단사고가 발생할 수 있다고 지적한다.

또한 Neck과 Moordead는(1995: 550) **폐쇄적인 리더 유형**(closed leader style)에서 집단사고가 발생하는 경향이 있다고 한다. 폐쇄적 리더의 유형은 다음과 같다:

1. 구성원들의 참여를 권장하지 않는다.
2. 회의 초반에 자신의 의견을 피력한다.
3. 구성원들이 각자 다른 의견을 갖는 것을 권장하지 않는다.
4. 현명한 결정이 중요함을 강조하지 않는다.

집단사고의 징후
1. 집단의 신념에 반하는 주장을 하는 구성원에게 직접적으로 압력을 가함
2. 구성원의 관심이나 생각이 집단적 합의에서 벗어나는가에 대해 자기검열을 함
3. 실패할리 없다고 착각함
4. 만장일치가 가능하다고 착각함
5. 집단 외부의 부정적인 정보를 스스로 걸러내기 시작함
6. 합리화하기 위해 집단적으로 노력함
7. 약하고 무능한 리더는 적이라는 고정관념이 형성됨
8. 집단의 도덕성을 의심하지 않음(Neck and Manz 1994:932-933).

의사결정의 결함
1. 대안에 대한 조사가 불충분함
2. 목표에 대한 조사가 불충분함
3. 결정사항의 위험성을 조사하지 않음
4. 초기에 기각된 대안을 재검토하지 않음
5. 정보 탐색에 소홀함
6. 손쉽게 얻을 수 있는 정보의 선택편향이 발생함
7. 만일의 사태에 대비한 계획을 세우지 않음

집단사고의 방지와 팀사고   의사결정과정이 집단사고로 이어지는 징후가 감지되는 경우, 이는 집단 내부의 노력으로 방지할 수 있다. Neck과 Manz (1994:940)는 집단사고를 방지하기 위한 대안으로 아래와 같은 **팀사고**(teamthink)를 제안하였다:

1. 다양한 견해를 권장한다.
2. 다양한 관심사와 아이디어를 수용한다.
3. 한계와 위기를 인식한다.
4. 구성원들의 독특성을 인정한다.
5. 문제점을 함께 논의한다.

집단사고를 방지하기 위해서는 "**체계적 의사결정과정**(methodical decision-making procedures)"을 활용할 수도 있다. 체계적 의사결정과정은 "집단을 잘 구조화하고 체계적인 의사결정과정을 고수하도록 하는 것이다 … [그리고 집단사고를 감소시키기 위해] 집단의 의사결정 과정에서 건설적인 비판을 장려하고 마음을 열고 논의하며, 의견이 일치되어야 한다는 압력을 가하지 않는 것이다"(Neck과 Moordead 1995:549). Miranda는 집단 내의 **갈등**(conflict)을 적절히 활용하면 집단사고를 막을 수 있으며, "생산적인 갈등의 경우 그 갈등을 잘 활용한다면 집단은 통찰력과 만족할 만한 결과를 얻을 수 있다. 또한 집단의 분위기가 발전되며 응집력이 강화되고, 집단 결정의 질이 향상될 수 있다."고 주장한다 (1994:124).

집단사고를 방지하기 위한 방법
1. 집단 구성원에게 평가자의 역할을 부여함
2. 리더는 공정하게 집단의 목표와 방향을 설정함
3. 동일한 문제에 대하여 여러 가지 정책 대안을 수립하고 평가단을 구성함
4. 주기적으로 집단과 외부를 구분하고 차이를 해결하기 위해 노력함
5. 신뢰할 만한 외부인과의 함께 논의하고 숙고하며, 이를 통해 발견한 사실을 다시 보고함(보안유지 규칙이 있는 경우는 외부인과 논의 과정을 생략함)
6. 회의에 외부 전문가를 참여시킴
7. 회의에서 '건설적인 비판자(devil's advocacy)'의 역할을 하는 구성원을 둠
8. 집단의 구성원들이 상호교류 하는 시간을 가짐
9. 합의에 도달한 후에도 "제2안"을 보류해두고 필요하다면 다시 고찰함

개인적 차원과 집단적 차원

전통적 관점에서 학자들은 집단을 구성하는 개인에게 관심을 갖기도 하고, 어떤 학자들은 개인과는 별개로 집단 자체에 초점을 두기도 하였다(Johnson and Johnson 1991:15; Worchel, Wood, and Simpson 1992:2). 그러나 대안적인 관점에서는 집단을 구성하는 개인과 집단을 하나의 전체로서 인식하는 것이 중요하다고 본다.

집단에 대한 관점의 차원이 개인 중심인가 집단 전체인가에 따라 집단의 과정과 성과, 목표와 목적, 멤버십의 수준이 전혀 다르게 나타날 수 있다. 집단 내에서 벌어지는 많은 일들은 집단의 구성원을 위한 최선과, 전체 집단을 위한 최선 사이에서 조화를 이루어내는 것이다. 모든 집단은 구성원 개인의 욕구와 전체로서의 집단의 욕구를 균형적으로 충족시키기 위해 노력해야 한다.

집단에서 촉진자 역할을 하는 사회복지사는 개별 구성원의 목표와 집단의 목적이 조화되도록 하여, 서로가 서로를 보완해서 다른 한 쪽의 목표가 제한되지 않도록 해야 한다. 지금까지 우리가 살펴본 집단의 개념과 차원은 개인과 집단이 자신들의 목표를 달성하기 위한 노력을 반영하는 것이다. 집단 구성원인 개인이 집단에 참여하는 정도나 하나의 유기체로 운영되는 정도는 집단의 목표가 내부에서 만들어졌는지 외부에서 만들어졌는지, 구성원이 자발적인지 비자발적인지에 따라 달라진다. 집단이 형성되기 위해서는 구성원간의 유대감, 즉 응집력이 있어야 한다. 집단 형성은 집단 구성원들의 뒷받침 없이는 이루어질 수 없는 복잡하고 어려운 과업이기 때문이다.

앞서 멤버십에서 살펴본 바와 같이 개인들이 집단에 참여하거나 몰입하는 정도는 저마다 다르다. 개인들은 집단 내에서 자신의 목표를 성취하기 위해 집단에 참여한다. 비자발적인 구성원에게 목표란 그들이 집단에 들어와서 나갈 때까지 버티게 하는 요인이며, 심리적으로 전념하는 자발적 구성원에게 목표란 집단 목적을 성취하기 위해 필요하다면 무엇이든 하게 하는 것이다. 자발적 구성원들의 개인적 목표는 사실상 집단의 목적과 동일하다. 이는 자신이 집단의 목적 형성에서 중요한 역할을 했고 집단의 목표에 자신의 목표가 반영되었다고 느낄 때 더욱 그러하다. 과정, 참여, 협력, 합의에 의한 의사결정, 공통적 혹은 기능적 리더십에 가치를 두는 대안적 관점에서는 개인과 집단의 관심 및 욕구를 보다 잘 통합할 수 있다.

아젠다

개인과 집단의 목표 간에 균형을 유지하기 위해서는 구성원들이 다른 구성원에게 자신이 집단에 참여한 이유, 관심사, 목표를 알려야만 한다. 이 과정은 집단의 아젠다 설정으로 설명되기도 한다. 개인이 집단 내에서 자신의 아젠다를 설명한다면, 구성원들은 자신들의 아젠다와 집단의 목적을, **드러난 아젠다**(surface agendas)로 잘 통합할 수 있다. 개인의 아젠다가 표면화되지 않으면 **숨겨진 아젠다**(hidden agendas)가 된다. 여러분은 아마도 자신이 참여하고 있는 집단에서 한 구성원이 다른 구성원에 대해서 그가 숨겨진 아젠다를 갖고 있다고 말하는 것을 들은 적이 있을 것이다(보통의 경우 모임이 끝난 후에 이런 이야기가 나올 것이다). 이것이 의미하는 바는 그 구성원이 집단의 다른 구성원들과 공유하지도 않고 드러내놓고 얘기한 적이 없는 개인적인 목표를 집단을 통해 성취하고자 한다는 것이다. 숨겨진 아젠다는 집단에 해가 되지 않을 수도 있지만, 때로는 집단을 혼란스럽게 만들고 목표를 향해 나아가는 과정에서 문제를 일으키기도 한다. 만약 구성원이 집단을 통해 성취하고 싶지만 드러내지는 않은, 그렇다고 집단의 목표와 대립되지는 않은 목표를 갖고 있다면 그것이 반드시 문제가 되지는 않는다. 일례로 앞에서 언급했던 남성 집단에서, 만약 한 구성원이 집단 내에서 자기 능력을 향상시키는 이유가 자신의 아들에게 집단에서 배운 것을 알려줘서 그 아들이 여성을 차별하는 행동을 하지 않게 하려는 개인적이고 숨겨진 목표를 가지고 있다면, 이 숨겨진 의도가 구성원의 성차별적 행동을 감소시키려는 집단 전체의 목표를 방해하지는 않을 것이다.

개인과 집단의 목표가 조화를 이루어야만 하며 상충되는 경우 문제가 발생되는 것처럼, 집단 구성원의 역할은 집단의 이익과 욕구를 증진시킬 수도 있고 자신의 이익과 욕구만을 추구하여 집단 내에서 갈등을 빚게 될 수도 있다. Napier와 Gershenfeld(1985:238-244)는 집단 내 리더십 행동에 대한 논의에서 개인과 집단의 역할에 대해 언급하였다. 그들은 어떤 구성원이라도 집단과업을 수행하는 역할을 통해 리더십을 행사할 수 있지만, 집단에서 과업 중심의 역할을 하는지 유지(과정) 중심의 역할을 하는지에 따라 리더십에 차이가 나타난다고 말한다. 또한 집단의 목표를 넘어서서 개인의 이익만을 추구한다면, 집단 기능에 문제가 발생할 수 있다고 설명한다.

성과 중심적 역할

Napier와 Gershenfeld는 집단이 성과를 내는데 도움이 되는 성과 중심적 역할에 대하여 다음과 같이 설명하였다. 먼저 **선도자**(initiator)는 집단의 과업이나 목적을 제안한다. **정보 혹은 의견 탐구자**(information or opinion seeker)는 집단의 관심사와 관련된 적절한 정보를 찾고 사실을 확인한다. **정보 혹은 의견 추구자**(information or opinion giver)는 집단 관심사에 관한 정보를 제공한다. **명료자 내지 설명자**(clarifier or elaborator)는 불명확한 의견과 제안을 해석하고 대안을 제시한다. **요약자**(summarizer)는 아이디어를 모으고 제안된 내용을 정리해 집단에서 논의한 후, 집단에서 받아들이거나 거부할 수 있도록 결론을 제공하는 역할을 한다. **여론 검토자**(sensus tester)는 집단을 정기적으로 점검하여 동의의 정도 및 합의 도달의 가능성을 검토한다. 이러한 역할들이 모든 집단에서 나타나는 것은 아니다(1985:238-244).

과정 중심적 역할

Napier와 Gershenfeld는 집단이 발전되도록 돕는 유지, 과정, 사회 정서적 역할에 대해서도 설명하고 있다(1985). **격려자**(encourager)는 다른 이들을 온화하고 친근하며 민감하게 대해서, 그들이 집단에 기여할 수 있는 기회를 제공한다. **감정표현자**(experssor of group feeling)는 자신의 감정이나 집단의 분위기를 피드백 한다. **갈등조정자**(harmonizer)는 집단 구성원이 자신들의 차이를 드러내 긴장과 의견차를 줄일 수 있도록 노력한다. **타협자**(comproniser)는 의견차가 있을 때 중재를 시도한다. **인도자**(gatekeeper)는 집단의 문제를 해결하는 과정에 모든 구성원이 참여하도록 하는 의사소통 채널 역할을 한다. **기준설정자**(standard setter)는 집단이 기준을 따르도록 제안하고 기준에 반하는 활동을 점검한다. 이러한 여러 역할을 집단의 서로 다른 구성원이 수행하지는 않을 수도 있음을 알아두자(Napier and Gershenfeld 1985:239-244, 279-280). 기능적 리더십에서는 각 시기에 집단과 구성원의 욕구에 따라, 이러한 역할을 맡게 되는 구성원들이 다르다고 본다. 과업 중심적 역할에서와 마찬가지로, 이러한 역할들이 모든 집단에서 나타나는 것은 아니다

개인 중심적 역할

개인 중심적 역할은 자신의 욕구 충족을 위한 일련의 행동으로, 때로는 집단의 안녕에 반하기도 한다. 개인 중심적 역할을 하는 구성원들은 오로지 자신의 욕구와 이익을 추구하는데 집중한다. Napier와 Gershenfeld(1985:241-242)는 집단의 목표 달성에 해가 되는 개인적 행동들을 제시한다. **공격자**(aggressor)는 다른 사람들의 지위와 성과를 공격하거나 무시하고 때로는 빈정대기도 한다. **방해자**(blocker)는 다른 제안들은 효과가 없으며 오직 자신의 지위만이 주목받아야 한다고 주장한다. **자기 고백자**(self-confessor)는 다른 구성원들을 자신의 개인적인 감정을 쏟아낼 대상으로 이용하고 동정을 구한다. **인정추구자**(recognition seeker)는 집단이 직면한 문제 상황에서 자신의 개인적인 답이 모범답안이라고 주장한다. **지배자**(dominator)는 자신의 우월적 지위를 이용해서 다른 사람을 방해하고 기만하거나, 자신의 주장을 피력해서 집단을 장악하려 한다. **냉소적 휴머니스트**(cynic-humorist)는 이중적인 의미의 유머를 활용해서 집단이 무의미하다는 것을 상기시킨다. **특별 관심 탄원자**(special interest pleader)는 자신이 집단 외부에 있는 자신과 비슷한 사람들 전체를 대표한다며, 자신이 원하는 대로 집단을 이끄려고 한다.

지금까지 살펴본 개인 중심적인 몇 가지 행동들은 집단의 고유한 속성에 해를 미치지 않을 수도 있다. 특히 직면, 갈등, 개인문제 논의, 개인의 과거 경험과 현재 집단의 어려움을 비교하는 것, 유머는 집단에 도움이 된다. 그러나 구성원이 집단의 이익을 훼손하고 자신의 이익을 위해 집단의 권력을 남용하는

경우라면, 이는 집단에 해가 된다.

단계이론 및 단계모델

Johnson and Johnson(1991:19)은 집단이 거치는 단계에 대한 개념을 설명하는 여러 관점들을 크게 두 가지 유형으로 나누었다. "연속적 단계이론(Sequential-stage theories)은 집단의 발달이 '전형적인' 순서에 따른다고 보는 것이고, 순환적 단계이론(recurring-phase theories)은 집단의 상호작용이 반복적으로 발생한다고 보는 것이다"(Johnson and Johnson 1991:19). 집단을 연구할 때 연속적 단계이론은 규정되고 경직적인 접근법을, 대안적 관점인 순환적 단계이론은 보다 새롭고 유동적인 접근법을 취한다.

Hare(1994:441)는 집단에 예측 가능한 단계와 시기가 있다고 보는 것에 반대되는 의견을 제시한다. "비록 단계가 있다 하더라도, 구성원들이 과업을 다룰 준비를 갖추기 전까지는 초기 단계를 여러 번 다시 반복할 필요가 있을 수도 있다"(Hare 1994:441).

연속적 단계이론

집단 발달에 대한 전통적 개념은 인간발달을 설명하는 전통적 개념과 매우 유사하다. 특히 집단이 비교적 고정된 단계의 정해진 순서에 따라 목적과 목표를 추구하고 발전해 간다고 보는 측면에서 유사하다. 연속적 단계이론에 기반을 둔 모델들은 매우 다양하다.

집단에 대한 연속적 단계모델로 잘 알려진 것은 Tuckman과 Jensen의 모델이다(1977 in Johnson and Johnson 1991:395; Napier and Gershenfeld 1985:467). 그들은 집단 발달에 대한 여러 문헌을 검토하여 자신들의 모델을 만들어냈다. 이 모델은 형성기, 격동기, 규범기, 수행기, 휴지기의 5단계로 구분된다.

1. **형성기**는 집단 구성원들이 새로운 상황에 약간 어색하고 불편해하는 단계이다.
2. **격동기**는 집단 구성원들이 집단의 요구에 의문을 제기하고 저항을 보이는 단계로서, 충돌과 저항의 시기이다.

3. **규범기**는 충돌을 해결하여 집단으로서 함께 일하고 집단의 목적을 성취하기 위한 방법을 확립해가는 단계이다. 질서가 정립된다.

4. **수행기**는 집단과 구성원들이 집단의 목적을 달성하기 위해 필요한 과업을 활발히 수행하는 단계이다.

5. **휴지기**는 집단의 마지막 단계이다. 이 시기는 과업을 완수하고 집단 구성원들이 함께한 일을 끝낼 준비가 되었을 때 나타난다.

또 다른 연속적 단계모델에서는 집단의 발달과정을 7단계로 설명한다(Johnson and Johnson 1991:395).

1. 절차를 규정하여 구성함
2. 절차 확정, 서로를 알아감
3. 상호관계 인식, 신뢰를 쌓음
4. 저항하고, 구분 지음
5. 목적, 절차, 다른 구성원들에 대해 헌신하고 주인의식을 가짐
6. 성숙하고 생산적으로 기능함
7. 종결

Brown(1991:69-74)은 사회복지학자들을 포함하여 여러 연구자들의 소집단에 대한 연구 결과를 종합하였다(Garland, Jones and Kolodny 1973; Hartford 1971; Sarri and Galinsky 1985 in Brown 1991). 그의 모델 역시 앞에서 설명한 Tuckman과 Jensen의 모델과 어느 정도 일치한다. Brown이 정리한 내용은 다음과 같다:

1. **초기단계**: 이 단계는 집단 이전의 단계라고도 한다. 이 단계에서는 집단에 대한 발상이 나타나고, 이러한 생각을 다른 사람들과 공유하여 집단을 만들기로 결정하게 되는 과정이다.

2. **형성**: 이 시기는 사람들이 집단 참여에 확신을 갖지 못하는 것도 포함하며, 사람들이 집단과 관련된 과거의 경험—긍정적이건 부정적이건—을 가지고 새로운 집단에 참여하게 됨을 인식한다.

3. **권력과 지배**: 사람들이 자신의 개인적 이익과 가치관을 유지하기 위해 노력하는 동시에, 집단의 목적과 욕구에 복종하도록 요구받으면서 의견 차이와 갈등이 발생하는 시기이다. 다양한 과업을 수행하고 집단이 유지되도록 하거나

사회정서적 역할을 수행하는 구성원들에 의해 비공식적인 구조가 형성되기 시작한다.

4. **친밀성**: 이 단계는 집단의 사회정서적 분위기가 구성원들의 개성과 경험의 차이를 포용할 수 있을 때 나타난다. 규범과 수용적인 행동 패턴이 정착되기 시작한다. 또한 구성원들이 리더십을 드러내어 집단 구성원들의 목표 달성을 돕는 역할을 하면서 비공식적인 위계가 발생한다.

5. **성숙**: 문제해결을 위한 갈등을 다루는 능력이 부족하거나 과업을 달성하기까지 시간이 부족한 집단은 이 단계까지 도달할 수 없다. 이 단계에 이른 집단은 사회정서와 과업활동 간에 균형을 경험한다. 그들은 집단이 해야 할 일을 수행하기 위해 집단의 과업과 과정 모두에 효과적으로 주의를 기울일 수 있다. 이 단계에서도 종종 갈등이 발생하지만 권력과 지배 단계에서처럼 집단 유지에 역효과를 미치지는 않는다. 이 단계에서는 높은 수준의 응집력이 나타나며, 집단 구성원 상호간에 결속력도 느끼게 된다.

6. **분리**: 이 단계는 종결 또는 종료 단계이다. 모든 집단이 이 단계에 도달하는 것은 아니며 모든 집단 구성원들이 동시에 종결에 대한 느낌을 경험하는 것도 아니다. 분리는 특정 목적을 위해 만났거나 목적이 달성되면 해산하기로 기간이 정해져 있는 집단에서 더 분명하게 관찰된다. 반면, 기간의 제한이 없는 집단에서 분리가 진행되고 있다면 집단에 들고 나는 구성원들의 유동성이 커진다. 기간이 정해지지 않은 집단에서 다른 구성원이 집단에 새로 참여하게 되면 몇몇 구성원은 분리를 경험하게 될 수도 있다. 종결 중인 집단과 구성원은 양가 감정을 느끼는 것이 특징이다.

순환적 단계이론

집단에 대한 대안적 개념도 집단이 단계적으로 발달하는 경향이 있다고 보는 경우가 많다. 그러나 대안적 관점에서는 단계나 시기가 전체적인 틀 안에서 순환하는 원의 형태로 움직인다는 점을 강조한다. 대안적 관점은 전통적 개념에 비해 단선적이지 않으며 다차원적이다. 대안적 관점에서는 집단의 발달단계가 순환적이라고 본다.

순환적 단계의 관점은 집단 내의 변화와 전환이 필요하다고 생각하면서도, 때로는 집단이 발달과정 중에 이전의 단계로 되돌아가거나 과거의 이슈를 다시 다루어야 함을 받아들인다. 앞으로 나아가기 위해서 때로는 뒤로 되돌아가야 할 때도 있다. 예를 들어, 집단의 발달과정에서는 주기적으로 갈등이 발생한다. 외부환경의 변화로 인해 집단이 변하거나 집단의 목적과 멤버십이 변할 수도 있다. 결국 이러한 외부적 변화는 집단 내부의 근본적인 문제를 발생시키고, 갈등을 야기하거나, 종결이나 분리라는 마지막 단계로 넘어가게 하기도 한다.

집단은 외부적 변화와 내부적 변화로 인해 이전 단계로 되돌아가거나, 그 다음 단계로가 아닌 새로운 단계로 건너뛸 수도 있다. 그러므로 집단이 갖는 불확실성으로 인해, 전통적·단선적·고정적 단계이론의 신뢰성에 의문을 제기해 보아야 한다. 즉, 대안적 관점인 순환적 단계이론이 보다 적절한 것일 수 있다.

사회체계적 관점/생태학적 관점

사회체계적 관점과 생태학적 관점에서는 집단에 대한 또 다른 대안을 제시한다. 3장에서 논의한 바와 같이 사회체계적 관점과 생태학적 관점은 인간행동에서 사회나 환경적 영향이 얼마나 중요한지를 설명하는 준거틀이다. 체계적 준거틀은 인간행동뿐 아니라 더 복잡한 집단의 행동을 설명할 때도 유용하게 활용된다. 체계적 준거틀에서는 집단의 역동과 환경, 집단 자체, 집단 구성원들 간의 상호작용도 설명하고 있다.

소집단도 하나의 사회체계로 볼 수 있다(Anderson and Carter 1990; Brown 1991). 그러므로 집단도 하나의 개체로써, 환경 속에서 다른 개체들이나 체계와 상호작용하고 서로 영향을 주고받는다고 강조해온 사회체계적 관점의 견해를 활용할 수 있다. 또한 중심체계나 관심의 대상이 되는 체계의 내부를 조사하여, 하위체계들 간의 상호관련성과 상호영향력을 살펴볼 수도 있다. 우리는 소집단에 대한 사회체계적·생태학적 관점을 검토함으로써, 인간행동과 사회환경을 보다 포괄적으로 이해할 수 있게 될 것이다.

예를 들어, 구성원들은 집단에 참여하기 전에 환경과의 상호작용을 통해 얻은 개인적 경험들의 영향에 따라 집단 속에서의 인식과 행동이 달라지는데, 이는 사회체계적 준거틀로 설명할 수 있다. 구성원들이 외부에서 경험한 인종차별과 성차별은 집단 속에서의 행동에도 영향을 미칠 것이다. 체계적 관점으로 살펴보면, 환경이나 상위체계에서 발생한 사건이 집단의 행동에 미치는 영향력도 설명할 수 있다. 만약 기관의 재정이 삭감된다면, HIV 보균자와 AIDS 환자에게 서비스를 제공하기 위한 기금의 확보를 담당하는 태스크포스팀의 직원이 해고될 수도 있다. 이로 인해 목표가 줄어든 해당 소집단은 집단 내의 과업과 책임을 재조정하는 혼돈스러운 과정을 경험하기도 하고, 구성원의 교체로 어려움을 겪고, 과업을 진행할 인적자원이 부족해서 종결되기도 한다. 이 모든 결과는 집단 외부의 환경이 변화될 때 집단 내부에서 발생할 수 있는 일들이다. 이처럼 환경적 변화는 소집단의 하위체계나 부분에 중대한 영향을 미친다. 구성원들은 집단을 떠날 뿐 아니라, 실직을 하기도 한다. 구성원들이 떠난 뒤 남아 있는 구성원들은 업무가 추가되어 스트레스를 받기도 한다.

소집단을 이해하는데 도움이 되는 또 다른 체계적 개념으로, 홀론 holon (Anderson and Carter 1990)을 생각해 볼 수 있다. 홀론은 전체이면서 동시에 부분이라는 체계적 특성을 의미한다. 예컨대, AIDS/HIV 태스크포스팀과 성평등의식 고양집단 등은 독립체이면서 동시에 다른 체계-기관, 지역사회, 종사자들-의 일부분이기도 하다. 에너지와 연계 energy and linkage(Anderson and Carter 1990)도 소집단을 이해하는데 유용한 개념이다. 에너지는 "행동하는 능력"으로 정의되며(Anderson and Carter 1990), 집단이 문제를 해결하고 발달하는 움직임과 행동을 설명하는데 적합하다. 연계 또는 다른 체계와 에너지를 교환하고 전환시키는 능력은 소집단이 어떻게 작용하는지를 설명하는데 유용하다. 소집단의 하위체계인 개개인은 서로 연결되어 이슈를 규정하고 자원을 얻고 바라는 결과를 이루려고 시도하는 중에 에너지를 교환한다. 이와 동시에 소집단은 에너지를 교환하기 위해 더 큰 환경 체계와 연결되어 있다. 예컨대 AIDS/HIV 태스크포스팀은 자금 확보라는 목표를 위해 다른 외부체계와 연결되어 있었다. 성평등의식 고양집단의 목적도 여성차별적이지 않고 여성착취적이지 않은 방법으로 더 큰 환경에서 여성들과 관계를 맺고, 보다 효과적으로 여성들과 연결되도록 하는 것이었다.

Anderson과 Carter(1990)는 조직도 사회체계의 주요 특징을 갖추고 있다고 설명한다. 조직(organization)은 각 부분이 전체로써 함께 일하도록 하는 체계의 역량이다. 리더십, 팔로워십, 멤버십, 역할과 규범의 특성들은 목적을 달성하기 위하여 구조화된 소집단이나 구조자체의 노력을 분명하게 드러내준다.

소집단에 대한 전통적 관점과 대안적 관점을 함께 고려하면, 집단의 구성원이 되거나 집단을 리드하거나 촉진하려 할 때 많은 정보를 얻을 수 있다. 집단적 환경 속에서의 인간행동을 이해하기 위해서는 이러한 관점과 더불어 다양성과 억압의 이슈를 고려하는 것이 필요하다.

다양성, 억압과 집단

집단: 억압과 사회적 정의, 경제적 정의

사회적 환경 속에서의 집단의 행동을 이해하기 위해서는 다양성의 이슈를 신중하게 고려해야 한다. 우리가 성공적인 멤버십을 갖거나, 집단을 성공적으로 촉진시키기 위해서는 구성원들 간의 차이를 알고 존중해야 한다. 집단은 억압을 효과적으로 다룰 수도 있다.

Garvin(in Sundel, Glasser, Sarri, and Vinter 1985:461ff)은 억압받는 사람들에게 권한을 부여하는데 유용한 집단의 구성방식을 제시하고 있다. 집단은 게이와 레즈비언, 노인, 장애인, 정신장애인, 빈곤층 같은 다양한 집단의 욕구를 적절하게 다룰 수 있다. 집단 사회복지의 역사는 사회개혁과 인보관 운동(앞의 역사적 배경을 참고하라)으로부터 시작되었다. 이러한 역사를 보면 사회복지가 집단의 맥락을 통해 억압받는 사람들의 욕구를 다룰 수 있음을 보여준다.

Garvin은 억압받는 사람들을 대상으로 실천할 때 활용 가능한 집단의 여러 유형을 설명한다. 이 유형들은 사회복지사가 업무에서 활용하는 다양한 종류의 집단이다. 이 중에서 몇 가지 유형은 앞서서도 언급한 바 있다:

1. **의식고양 집단**: 억압받은 상황에 대한 자신의 경험과 감정을 공유하도록 돕는 집단으로써 기한이 정해져 있다. 이 집단은 구성원들이 임파워먼트 되도록 돕는다.

2. **치료집단**: 역기능적 행동, 사고, 감정을 수정하기 위한 집단이다. 예를 들어, 게이를 위한 치료집단에서는 타인의 괴롭힘과 차별로 인해 생긴 우울한 감정과 낮은 자존감을 다루도록 돕는다. 집단 촉진자는 게이와 레즈비언의 성적 성향에 긍정적인 관점을 가져야 한다. 즉, 사회복지사들은 동성애 혐오(동성애에 대한 두려움)에 대한 자기인식과 자신의 성향을 다시 한 번 돌아보아야 한다.

3. **사회행동 집단**: 억압의 감소를 위해 직접 사회환경을 변화시키려는 집단

이다. 이 집단에서는 구성원들이 다른 사람들과 함께 일하는데 도움이 되는 기술을 가르치고, 자존감을 높이도록 돕기도 한다.

4. **관계망과 지지집단**: 이 집단에서는 구성원들이 사회적 고립감을 덜 느끼도록 지지하고, 비슷한 환경에 있는 사람들을 연결해 서로 돕고 지지하게 해줌으로써 구성원들이 자신의 강점을 인식하도록 지원한다.

5. **기술집단**: 기술집단은 구성원을 임파워먼트시키는 것이 목적이다. 이 집단에서 배우고 실행하는 임파워먼트 기술에는 집단의 리더십, 사회변화, 의사소통, 네트워킹 등이 포함될 것이다(Garvin in Sundel, Glasser, Sarri, and Vinter 1985:466-467).

집단과 유색인종

Davids(1985)는 우리가 집단의 구성원이 되거나 촉진자로서의 역할을 할 때 유색인과 백인 모두를 고려해야 한다고 말한다. Davids(1985:325)에 따르면, 피부색의 문제는 모든 집단의 맥락과 관점에 영향을 미친다. 그는 인종과 문화가 사회에 큰 영향을 미치고 있기 때문에 "자신이 참여하는 집단에서 지향하는 바가 인종과 문화를 초월한다고 믿는 실천가들은 소수자들과는 일하지 않으려 할 것"이라고 주장한다.

Davids는 집단역동에 인종과 피부색이 미치는 중요한 영향을 다음과 같이 설명한다.

1. **집단 구성**: 집단은 인종적으로 동질해야 하는가, 이질적이어야 하는가? 이 질문에 답하려면 집단의 목적을 신중하게 고민해 보아야 한다. 전통적으로는 민족적 정체감을 강화하기 위해 비슷한 인종의 사람들로 집단을 구성하였다. 다른 인종이나 다른 민족적 배경을 가진 사람들이 참여하는 집단의 경우는 인종적 편견을 감소시키기 위해 구성된 집단이 대부분이었다. Davids는 인종과는 관련 없는 목적을 갖고 있는 집단을 대상으로 인종적 요소를 포함시키는 연구를 실시하였다. 조사 결과, 아프리카계 미국인은 집단 구성의 반은 백인이고 반은 백인이 아닌 경우를 선호하였고, 백인은 아프리카계 미국인이 전체 구성원의 20% 이하인 경우를 선호하였다. 이러한 결과를 보면, 아프리카계 미국인은 소집단 내에서 자신들이 소수자가 아닌 상황을 선호하는 반면, 백인은 자신들

이 다수자가 아닐 때 위협을 느낀다는 것을 보여준다. Davids(1985:328-332)는 소수자인 유색인과 다수자인 백인 모두 자신들이 소수자가 되는 상황에 처하기를 원치 않기 때문에, 사회복지사가 집단을 구성할 때 인종적 균형을 맞춰야 한다고 제언한다.

또한 인종적으로 균형을 맞추면 집단을 구성할 때 형식주의를 방지할 수 있다. **형식주의**(tokenism)는 실제로는 아무 역할도 할 수 없는 외견상의 대표권이나 정보접근권, 의사결정권을 갖도록 하는 관행을 의미한다. 예를 들어, 수익성 높은 컨벤션 센터를 설립하는 프로젝트에서, 저소득층 주민의 퇴거를 결정하는 태스크포스팀에 저소득층 거주자 한 명을 참여시키는 경우를 생각해 보자. 이 태스크포스팀에 저소득층 거주자 한 명을 제외한 다른 구성원들은 모두 해당 프로젝트의 경제성에만 관심을 가진 부유한 사업가나 부동산 개발업자이다. 외형상으로는 이 태스크포스팀에 이웃의 대표를 참여시켰지만, 그 사람은 다른 구성원들의 이해관계에 반박할 수 없을 것이다. 저소득층 지역주민은 형식적인 구색 맞추기의 역할을 하게 되는 것이다(David 1985:328-332).

2. **문화와 의사소통**: 문화에 따른 의사소통의 방식은 어떤 집단에서나 큰 영향을 미친다. Davids는 동양 문화가 겸손과 자제를 높은 가치로 보는 것과 아프리카계 미국인이 개인적 의견이 어떠한지를 알기 위해 대결하는 것에 높은 가치를 두는 것을 대비해서 보여준다. Davids에 따르면, 이러한 차이 때문에 소집단에 다른 문화권의 사람들이 섞이지 않도록 해야 하는 것은 아니지만, 집단과정에서 이러한 차이를 고려해야 한다고 말한다(1985:332).

3. **신뢰**: 백인과 유색인이 섞여있는 집단을 다룰 때에는 구성원들 간, 구성원과 촉진자 간의 신뢰에 특별한 주의를 기울여야 한다. 외부 환경에서 한 경험을 집단 내로 가지고 들어온 유색인들은 외부 사회에서 백인으로부터 차별받은 것에 대한 감정 때문에 백인을 신뢰하지 못하여, 백인들에 대한 자신의 감정을 표현할 때 망설이게 된다. 또한 유색인들은 백인들이 당연히 유색인을 잘 모른다고 생각한다. 이는 유색인과 관련된 문제를 이해하거나 해결하는 데 가치를 두지 않는 사회적 차별정책 때문이다. 반면에 백인들은 유색인 전문가들이 제공하는 중요한 무언가를 기꺼이 수용하거나 신뢰하려 하지 않는다(Davids 1985: 332-334).

4. **지위와 역할**: 백인과 유색인이 섞여있는 경우에는 집단 내의 역할과 지

위에 관한 이슈에도 주의를 기울여야 한다. 사회의 다수자와 소수자의 패턴에 따라 집단 내의 지위와 역할이 결정되는 경향이 있다. 특히 유색인들이 사회적 장애물과 장벽을 극복해서 백인과 동등한 지위와 역할을 하게 되었음에도, 백인 구성원들이 이러한 지위의 변화를 지각하지 못할 때 문제가 발생한다(David 1985:334).

집단의 다양성과 창의성

다양성이 존재하는 집단, 특히 인종이 섞여있는 집단에서 발생하는 다툼과 문제에 대한 관심이 증가하고 있다. 그러나 McLeod와 동료 학자들은 다양성을 문제라고 보기보다 '다양성의 가치'를 상기시키는데, "'다양성의 가치'는 인종의 다양성을 잘 다룬다면 확실한 결과를 얻을 수 있으며, 조직의 성과에 긍정적인 영향을 준다는 가설에 근거하고 있다"(1996:249). 예를 들어, 학자들은 기업에서 "민족의 다양성은 조직의 창의성과 유연성을 증가시킨다 … 기업은 다양한 배경의 민족 구성원이 가진 통찰력과 민감성을 활용하여 더 넓은 시장으로 진출할 수 있다."고 한다(McLeod et al. 1996:249).

다양성이 소집단의 긍정적 요소라고 보는 주된 논거는 "이질적인 집단 구성원들이 가진 다양한 관점과 경험을 통해 높은 수준의 아이디어를 창출할 수 있다. 게다가 다양한 관점들로 자극을 얻은 집단 구성원들은 더 좋은 아이디어를 생각해낼 수 있다"는 점이다(McLeod et al. 1996:250). 다시 말해, 관점과 사고 과정에서의 다양성은 집단 내의 문제를 해결하는 창의성을 증가시킨다. McLeod와 동료 학자들은 Kanter의 말을 인용하여 이러한 현상을 **만화경 사고**(kaleidoscope thinking)라고 하였다. "만화경 사고는 꼬여있는 현실을 새로운 패턴으로 바꾸고 조각들을 재배치하여 새로운 현실을 창조하는 것이다 … 다양한 관점의 사람들과 관계를 맺는 것은 만화경 사고를 위해 꼭 필요한 조건이다"(1996:250).

구성원들의 다양성으로부터 발생되는 갈등 또한 자산이 될 수 있다. 예를 들어 Nemeth는 "소수의 반대의견은 이슈를 다각적 관점에서 고려하도록 하며, 의사결정과 실천을 개선하기 위한 이론을 검토하게 해준다."고 하였다(in McLeod et al. 1996:250).

그러나 '다양성의 가치'라는 가설을 경험적으로 검증한 연구는 상대적으로 적으며, 어떤 연구는 오히려 동질적인 집단이 장점이 더 많음을 보여준다. 예를 들어 Watson, Kumar, Michaelsen의 연구는 "집단 발달의 초기에는 민족적으로 동질적인 집단이 이질적인 집단에 비해 과업을 더 잘 수행한다."는 점을 발견하였다(in McLeod et al. 1996:249). McLeod와 동료 학자들은 다양한 민족의 미드웨스트 대학생과 대학원생을 대상으로 대규모 연구를 수행하였다. [주: 여러분의 패러다임 분석, 비평, 비판적 사고 기술을 활용하여 이 연구의 한계가 무엇인지 생각해보라.] 이들의 가설은 "다양한 민족으로 구성된 집단이 백인만으로 구성된 집단에 비해 더 좋은 아이디어를 생산할 것이다."였다. "사전분석에서는 네 민족이 섞인 집단에서 나온 아이디어가 세 민족이 섞인 집단이나 백인으로만 구성된 집단에서 나온 아이디어보다 좋았다 … 이질적 집단에서 생산한 아이디어가 동질적 집단에서 생산한 아이디어보다 더 실행가능하고 효과적인 것으로 판단되었다." 그러나 "대인관계의 매력도의 경우에는 동질적 집단이 이질적 집단보다 근소한 차이이지만 유의미하게 높았다"(1996:252-258).

McLeod와 동료 학자들은 연구의 결과가 가설을 지지한다고 결론지었다. "다양한 문화적 지식이 요구되는 과업을 수행할 때에는 이질적 구성원의 집단이 동질적 집단에 비해 이점을 가질 것이다. 그러나 … 이질적 집단의 구성원들은 동질적 집단의 구성원보다 집단에 부정적인 정서반응을 가진다는 점도 발견되었다"(1996:257).

따라서 이들은 집단 구성원의 다양성이 복잡하며, 점점 다양해지는 업무 환경에서 유익한 성과를 거두기 위해서는 집단에 다양한 구성원의 수가 늘어나 다양성이 양적으로 증가하는 것과 구성원 사이의 상호작용의 질이 다양해질 수 있으므로 이를 이해하고, "다양성을 잘 관리하는 것"도 중요하다고 언급하였다(McLeod et. al. 1996:260-261).

연구자들은 다양성이 소집단의 업무에 미치는 복잡한 영향을 파악하기 위해 지속적으로 노력하고 있다. 이에 따라 집단의 결과와 성과의 차원, 혹은 과정과 사회정서의 차원에서 다양한 사람들의 상호작용도 보다 잘 이해하게 되었다. 예를 들어, Knouse와 Dansby(1999)는 과업집단의 다양성과 효과성의 영향에 대하여 연구했다. 그들의 연구는 선행연구들과 유사한 측면을 지니지만, 소집단의 다양성에 몇 가지 이슈를 추가하였다. 다른 연구자들과 마찬가지로 그들은(Kanter 1977; McLeod et al. 1996) 이질적 구성원이 30%가 넘어서는 집단에서는 집단의 효과성이 감소하고 갈등이 증가하는 경향이 나타난다는 것을 밝혀냈다. 그러나 그들은 집단의 효과성이나 생산성이 Davids(1985)가 제안했던 지위나 권력의 차이와 같은 보다 복잡한 요소와 관련된다고 보았다. 그들은 "소수자나 여성이 권력을 갖고 있는 집단은 소수자나 여성의 지위가 낮은 집단에 비해 갈등이 적은 경향이 있다."고 언급한다(Tolbert et al. in Knouse and Dansby 1999). 이들은 집단의 다양성을 물리적 비율로만 살펴볼 것이 아니라 지위, 권력, 능력의 차이, 심리적 차이 등을 종합적으로 측정할 수 있는 정교한 도구를 개발해야 한다고 제안하였다. 집단에서 함께 보낸 시간 역시 중요한 요소이다. Harrison과 Price와 Bell(1998, in Knouse and Dansby 1999)은 "집단의 구성원으로 함께 일한 시간이 증가하면 표면적 수준에 미치는 다양성의 효과가 줄어든다. 구성원들이 함께 하는 시간이 늘어나면 교류를 나눌 기회가 많아져 서로를 더 잘 이해하게 되며, 더 많은 상호관계를 형성하게 된다."고 언급하였다.

Oetzel(2001)은 최근 연구에서 독립적이거나 상호의존적인 자아이미지(개인 작업을 옳다고 생각하고 편안하게 느끼느냐, 집단 작업을 옳다고 생각하고 편하게 느끼느냐의 정도는 문화적 배경과 관련되어 있다)와 의사소통과정(참여, 협력, 존경)이 소집단의 다양성을 이해하는데 중요한 요소임을 발견하였다. Oetzel에 따르면, 집단 구성원의 자아이미지는 집단 구성 보다 집단의 의사소통과정으로 더 잘 설명할 수 있다. 또한 상호의존적인 관점은 소집단의 참여와 협동과 긍정적 관계에 있으며, 서로 존중하고 함께 참여하는 집단의 구성원들은 집단성과를 위해 더 노력하고 만족감도 더 많이 느낀다.

집단과 다양성을 연구하는 학자들은 계속해서 흥미롭고 서로 상반되는 결과를 보고하고 있다. Thomas와 동료 학자들은 이질적 집단과 동질적 집단을 대상으로 창의성과 집단 흥미성에 대한 조사를 실시하였다. 그들은 집단에 어떤 이야기를 제시하고 창의적으로 이야기의 결론을 만들도록 했는데 그 결과는, 흥미로우면서도 혼란스러웠다(Thomas 1999). 예를 들어 "소수민족 위주로 구성된 집단은 좀 더 긍정적으로 결론지어지는 이야기를 만들었고, 부정적으로 결론지은 팀은 적었다(1999:145)." 그러나 "소수민족 위주로 구성된 집단과 백인이 주로 속한 집단 사이에서 창의성의 차이는 유의미하지 않았다"(1999:145). 이러한 결과는 앞서 McLeod와 동료 학자들이 집단의 구성원이 다양할수록 여러 가지 문화적 지식이 요구되는 과업을 수행함에 있어서 창의적이라고 한 결론과 상반되는 것이다. 이를 보면, 집단과 다양성에 영향을 주는 요소들이 여러 가지임을 인식할 수 있다. 예를 들어, 이들 두 연구에서 요구한 과업은 상당히 다르다. Thomas가 연구에서 발견해낸 흥미로운 점은 "소수민족 위주로 구성된 집단은 백인 위주인 집단에 비해 더 즐거운 시간을 보냈다."는 것이다(1999:152). Thomas는 더 나아가 "창의성의 측면에서는 유리하지도 불리하지도 않았다. 이는 집단에서 경험하는 즐거움이 과업의 수행으로 얻어지는 것은 아님을 보여준다."고 지적하였다(1999:152).

Thomas는 "이 연구에서 밝혀진 결과는 이론적·실천적으로 매우 중요하다. 집단의 민족적 구성은 개인의 인종이나 민족과는 무관한 영향력을 가지며, 집단 구성원 개개인의 합보다 더 클 수 있다. 아시아인, 아시아계 외의 소수민족, 백인들은 모두 소수인이 많은 집단에서 더 큰 즐거움을 경험하였다. 다른 모든 조건이 같다면, 개인이 느끼는 즐거움은 소수인이 많은 집단에서 더 크다."고 결론지었다(1999:152).

집단 다양성의 실천적 함의

Davis와 동료 학자들은 "인종은 감정적인 실천 영역이어서, 리더가 그 이슈를 발견하지 못하거나 해결하지 못할 수도 있다. 리더들은 인종 간의 대립을 피하고 싶어하거나, 염려하거나, 처리방법을 확신하지 못할 수도 있다."라고 강조한다(1996:77). Davis와 동료 학자들은 인종문제를 초월하는 "인종차별적이지 않은" 접근은 공통된 목적을 위해서 모인 사람들이 민족적 차이를 중요시하지 않을 때 가능하다고 보았다(1996:78). "그러나 집단 내에 다른 민족들이 섞여있는 경우, 리더는 항상 인종이라는 이슈를 고려해야만 한다. 비록 인종이 문제가 되지는 않더라도 고려해야 한다."고 지적한다(Davis et al. 1996:77). 인종문제는 인종과 관련된 역사, 인종차별에 대한 개인의 관점, 사회에서의 이슈로 인해 집단 내의 긴장을 유발하는 주요인이 될 수 있다. 그러므로 인종이 섞여있는 집단의 리더와 구성원들은 이러한 긴장을 이해하고 다룰 준비를 해야 한다.

Davis와 동료학자들은(1996:83) 유색인과 백인이 섞여있는 집단에서 인종적 긴장상태를 유발하는 세 가지 원인을 다음과 같이 제시하였다:

1. 집단의 구성원들
2. 집단 자체의 특성
3. 집단의 환경

Davis와 동료학자들은(1996:83-84) 이러한 인종적 긴장을 다루기 위해서 리더가 "3중"의 시각을 가져야 한다고 제안한다. 리더에게 필요한 3중적 시각은 다음과 같다:

1. 집단 구성원들의 개인적 이슈에 대한 고려
   - 각 구성원들이 권력, 권위, 지위, 대인관계의 경계, 문화적 경험과 가족적 경험을 어떻게 보는가에 대한 일반적 지식을 가져야 한다. 그렇지만 이러한 일반적 지식을 과잉일반화하지 않도록 주의해야 한다.
   - 집단의 인종 구성과 각 인종별 사람들의 수에 민감해야 한다: 숫자가 다르면 하위집단이 생기거나, 한 집단의 지배가 나타날 수 있다; 숫자가 같다고 해서 사회에서 다수를 차지하는 구성원들(예: 백인)과 균형을 이루는 것은 아니다.
2. 집단 자체와 관련된 이슈에 대한 고려
   - 구성원들이 인종에 따라 다른 기대와 목적을 갖는 경우, 집단의 목적과 목표를 고려해야 한다.
   - 차이를 인정하고 존중하며 구성원을 평등하게 대하고 인종과 관련된 이슈를 허심탄회하게 논의할 수 있는 규범은 구성원들이 조심스러워지거나 의심하지 않도록 해준다.
3. 환경과 관련된 이슈에 대한 고려
   - 사회의 분위기
   - 구성원의 이웃과 관련된 사건
   - 집단을 후원하는 기관이 있다면, 그 기관의 인종관련 민감성이 어떠한지에 대한 평판
   - 구성원이 의미를 부여하는 타자들이 집단을 바라보는 관점

Davis와 동료 학자들(1996:85)에 의하면, 인종이 섞여있는 집단에서 인종적 이슈와 관련된 문제는 다음과 같은 세 가지 수준에서 발생할 수 있다.

1. 구성원과 리더 사이: 만약 리더가 특정 인종만 대표한다면, 그 외의 사람들은 소외감을 느낄 것이다; 리더가 둔감할 수 있다; 구성원들은 인종 때문에 리더의 능력을 의심할 수 있다; 유색인인 리더는 백인과 다른 인종이 자신의 권

한에 도전하고 있다고 느낄 수 있다.

2. 구성원 사이: 언어적/신체적 공격을 유발하는 인종차별적 행동과 발언; 우위를 차지하기 위해 인종별 하위집단을 구성함; 민감한 주제에 대한 논의를 피하는 구성원; 자신의 인종 때문에 소외되거나 공격받을 것이라고 느껴 집단에 참여하지 않는 구성원

3. 구성원과 환경 사이: 지역사회와 사회에서의 제도적인 인종차별; 익숙하지 않은 장소에서 진행되는 모임에 참여하는 것을 주저함; 후원기관의 무관심.

집단과 젠더

사회에서 인종이나 피부색과 관련된 상호작용 및 처우가 소집단의 역동에 영향을 미치는 것과 마찬가지로 젠더와 관련된 이슈도 집단행동에 강력한 영향을 미친다. 사회복지사는 젠더가 집단역동에 미치는 영향을 이해해야 한다. Rosabeth Moss Kanter는 소집단과 조직에서 여성과 남성의 상호작용을 집중적으로 연구하였다.

Kanter는 "한 집단에 여성과 남성이 함께 있으면 긴장감이 높아지고 여성이 불리해지는" 증거를 발견했다(1977:372). 또한 사회에서 여성과 남성 간 지위와 권력의 차이가 성별이 섞여있는 소규모의 집단에서도 동일한 패턴으로 나타나는 경향이 있다고 주장하였다. "일반적으로 미국사회는 남성이 여성에 비해 더 높은 지위와 권력을 가지고 있다 … 남성과 여성이 표면적으로는 동등하더라도 남성은 외부적 지위로 인해 집단 내에서 유리한 쪽에 위치한다. 외부에서 남성과 여성의 지위가 서로 다르다면, 성별이 섞인 집단 내에서도 남성과 여성은 실제로 동등할 수 없다"(1977:373).

Kanter는 젠더의 차이가 과업집단의 리더십에 미치는 영향에 대해서도 설명하였다. Kanter(1997:374)에 따르면, "비록 여성이 공식적인 권한을 가지고 있더라도 부하직원이 이를 받아들이지 않으면 여성은 그 권한을 행사하지 못할 것이다." Kanter는 한 여성의 경우를 예로 들었는데, "그녀는 집단에서 공식적인 리더십을 갖고 있었지만 남성들은 이를 받아들이지 않았으며, 그들의 의견을 그녀의 남성 수퍼바이저에게 비공식적으로 전달하였다."

Kanter는 성별이 섞여있는 과업집단에서 여성들이 직면하는 차별과 불평등을 줄이기 위해 여러 가지 전략을 제안하였다. 그녀는 이 문제를 다루는 가장

중요한 방법으로 "가시적인 리더의 지위에 여성을 보다 많이 배치하여 조직 내 권력구조의 성비를 바꾸는 것"을 제안한다(1977:381).

그녀는 Davis가 관찰한 집단의 구성요소와 비슷하면서도 더 중요한 것을 제안하였는데, 그 내용은 다음과 같다:

> 과업집단과 훈련집단의 프로그램을 설계할 때 반드시 남성과 여성의 상대적 비율을 고려해야 한다. 가능하다면 모든 과업집단에 '최소비율'의 여성을 포함시켜야 한다. 이는 두세 명 이상으로, 집단의 문화를 변화시키고 고정관념을 감소시킬 만큼 충분하고 서로 경쟁 없이 지지할 수 있을 정도의 숫자이다. 예를 들어, 판매 조직에 여성이 거의 없다면 그들을 흩어놓지 말고 함께 모여서 일하게 해야 한다(1977:383).

우리가 형성하고 촉진하고 참여하는 집단을 효과적으로 만들기 위해서는 집단의 다양성과 관련된 이슈들을 주의 깊게 살펴보아야만 한다.

페미니즘 관점과 집단사회복지의 관계   Lewis는 집단사회복지와 페미니즘의 원칙 간에 공통점이 많다고 언급한다(1992:273):

1. 피해자에게 내재된 세세한 내용에 대한 공통의식
2. 부정적이고 불리하게 정의된 현실을 체계적으로 해체
3. 기존의 구조와 패턴의 결과를 확인하고 명명하는 과정
4. 새로운 현실을 재구성하고, 새로운 언어, 행동, 경험, 영감을 실천하고 실험해보는 집단의 내부 과정에 대한 신뢰
5. 아무리 작더라도 바라는 변화를 일으키는 통합된 집단의 힘에 대한 신념
6. 사회에서 협력자 및 "사상가와 실천가"를 발견해 연결하는 경험을 통한 공동체 의식

집단과 장애인

3장에서 언급한 바와 같이 미국의 장애 인구는 4천 3백만 명이다. 장애 인구의 수와 장애인 집단의 특별한 욕구를 고려해볼 때, 실제로 사회복지사는 장애인과 다양한 소집단 단위로 일할 가능성이 크다. 따라서 사회복지사들은 장애인의 욕구, 감정, 강점에 민감해야 한다. Brown(1995)은 집단사회복지에 있어서 장애인의 특별한 권리를 제시하였다. 사회복지사들은 이 "권리장전"에 따라

집단 대상의 실천영역에 장애인을 포함시키고 존중해야만 한다. 아래 표의 첫 번째와 두 번째 부분은 ADA(미국장애인차별금지법 Americans with Disabilities Act)의 기준을 반영하고 있다. "윤리와 편의에 관한 세 번째 절은 실천의 기준과 편의제공의 과정에서 '돌봄의 의무'에 기초한다"(Brown 1995:73).

Patterson과 동료 학자들은(1995:79) 장애인이 집단에서 자신들의 권리를 충분히 행사하도록 돕기 위하여 다음의 내용을 제안한다.

집단에서의 장애인에 대한 예우

1. 장애인의 장애를 인정하는 것이 바람직하다. 그러나 그 장애인과 친밀한 관계가 아니라면 사적인 질문을 해서는 안 된다.
2. 제3자(수행인, 친척, 통역사)가 있더라도 장애인에게 직접 이야기를 건넨다.
3. 보통의 단어를 사용하는 것이 바람직하다. 예를 들면, 시각장애인에게 '보세요, 보인다', 휠체어를 타는 사람에게 '달리기, 걷기'라는 단어를 쓴다.
4. 장애인을 지원해 주는 것은 바람직하지만, 장애인이 이러한 지원을 받아들일 것인지를 확인하는 것이 먼저이다. 집단의 리더가 어떤 형태의 도움을 어떻게 제공해야 하는지 확신할 수 없다면, 장애인 당사자의 의사를 확인해야 한다.

Patterson과 동료학자들은 시각장애, 지체장애, 청각장애, 언어장애를 가진 구성원들이 포함된 집단의 리더들에게 필요한 제안들을 제시하였다.

집단에서 장애인의 권리	
공공편의시설과 전기통신장비	• 모든 공공편의시설에 접근하고 사용할 권리 • 모든 전기통신장비에 접근하고 사용할 권리 • 모든 대중교통수단에 접근하고 사용할 권리
참여와 편의	• 집단에 참여하고자 할 때 장애로 인해 차별받지 않을 권리 • 장애로 인해 차별받지 않을 권리 • 집단에 참여할 때 그들 자신의 장점으로 평가받을 권리 • 공정하게 테스트 받을 권리 • 부당한 부담을 주지 않는 정도의 편의를 요구하고 제공받을 권리 • 꼭 필요하지 않은 역할을 수행하지 못한다는 이유로 멤버십을 박탈당하지 않을 권리 • 장애인으로 제한, 차별, 구분받지 않을 권리

	• 특정 기준에 부합하지 않는다면 다른 사람의 건강이나 안전에 직접적으로 위협이 된다고 차별당하지 않을 권리
	• 장애인차별금지법(ADA)이나 장애인 권리 보호를 위한 법률 조항을 집행하는 조사와 소송 절차 혹은 공판에서의 기소, 증언, 원조, 참여 때문에 보복을 받지 않을 권리
	• 장애인과 연대한다는 이유로 차별받지 않을 권리
	• 3재(수행인, 친척, 통역사)를 통한 계약에서 차별받지 않을 권리
윤리와 편의	• 초기에 어떤 편의가 필요한지에 대해 촉진자와 논의할 책임과 권리
	• 차별받지 않고 집단 구성원과 리더에게 장애 상태에 대해 밝힐 권리
	• 집단 내에서 장애의 가치를 인정하고, 각자의 능력에 따라 업무를 분담하며, 자원 활용의 극대화를 위한 편의시설의 가치를 인정하는 규범의 제정을 기대할 권리
	• 장애로 인한 무시가 무엇인가보다는 어떤 변화가 이루어질 수 있는지에 대하여 피드백을 받을 권리
	• 집단 내 권력과 의사소통의 분배 방식을 협상할 때 장애 때문에 희생되지 않을 권리

리더가 접할 수 있는 4가지 보편적 장애에 대한 특별한 제안	
시각장애	• 지원이 필요하다고 판단되면, 그 사람의 팔에 손을 대서 여러분이 거기에 있다는 것을 알게 하라.
	• 그 사람이 여러분의 팔을 잡고 여러분이 움직이는 대로 따라가게 하라.
	• 그 사람을 앉게 할 때에는 손이나 팔로 의자의 팔걸이나 등받이를 만지게 하라.
	• 구두로 신호를 보내고 방향지시(예: 오른쪽, 왼쪽, 세 발자국 아래 등)를 하라.
	• 초기에 시각장애인이 누구의 목소리인지를 식별할 때까지 말로 자신을 설명하라.
지체장애	• 휠체어를 타는 사람과 대화할 때는 대화의 길이와 상관없이 앉아서 눈높이를 맞추고 대화하라.
	• 휠체어는 그 사람 신체의 일부이므로 휠체어에 기대거나 매달리는 것은 피해야 한다.
	• 수동 휠체어를 사용하는 구성원의 경우, 거리가 멀거나 카펫 때문에 휠체어 바퀴가 잘 굴러가지 않을 때 적당한 지원을 제공해야 한다.
청각장애	• 청각장애인에게는 말하는 사람의 입을 볼 수 있게 해야 한다.
	• 과장하지 않고 분명하게, 보통의 속도와 어조로 말하라.
	• 통역사가 있더라도, 통역사가 아닌 청각장애인을 직접 쳐다보고 이야기해야 한다. (예: "존, 집단에 참여하는 것을 기다렸습니다" vs "존에게 그가 여기에 오기를 기다렸다고 말해 주세요")
	• 통역자의 윤리에는 비밀보장이 포함된다.
언어장애	• 눈을 맞추고 기다려라.
	• 구성원의 말을 끊거나 중간에 끼어들지 말라.
	• 만약 그 말을 이해하지 못했다면, 설명을 부탁하라.

효과적인 집단

효과적인 집단은 1) 목표를 달성하며, 2) 구성원 간에 좋은 관계를 유지하고, 3) 환경 변화에 따라 적응하고 유지하는 집단을 일컫는다. Johnson and Johnson은 효과적인 집단의 모델을 제시하고 있는데, 이는 9가지 차원을 포함한다.

1. 구성원들이 집단의 목표를 명확하게 이해한다. 집단 목표는 구성원의 욕구와 관련되어 있으며, 구성원 간의 긍정적인 상호 연계성을 강조하고, 목표의 수행을 위해 구성원들의 헌신을 촉구한다.
2. 구성원들은 자신의 생각과 감정에 대해 정확하고 분명하게 의사소통한다.
3. 리더십과 참여가 집단 내 모든 구성원에게 분배된다.
4. 상황에 맞는 적합한 의사결정과정이 유연하게 활용된다.
5. 갈등을 장려하고 건설적으로 다룬다 … 논쟁(반대되는 의견 및 판단들 사이에서의 갈등)을 통해 집단의 과업에 참여하도록 하고, 창의적인 의사결정을 통해 집단의 결정을 수행하도록 촉진한다. 소수자의 의견을 받아들이고 활용한다.
6. 집단 내에서 권력과 영향력을 적절히 균등하게 나눈다. 권력은 권위로서가 아니라 전문성, 능력, 그리고 정보접근력에 기반을 둔다.
7. 강한 응집력이 필요하다 … 응집력은 구성원들이 상호 연결되고 집단의 한 부분으로 남기를 바라는 것, 집단 구성원이 되는 것을 만족스럽게 생각하는 것에 기반한다.
8. 문제―해결의 타당성이 높다.
9. 구성원 간의 대인관계 효과가 크다. 대인관계 효과는 한 사람의 행동과 의도가 얼마나 잘 일치하는가를 보여주는 척도가 된다(1991:21-24).

요약

이번 장에서 고려한 모든 관점, 개념, 차원들은 집단을 이해하는데 도움이 된다. 우리는 학생으로서, 교사로서, 사회복지사로서, 그리고 예비 사회복지 실천가로서 소집단 차원에서 많은 일을 수행하고 있으며, 수행해갈 것이다. 우리는 집단을 만들고 집단을 촉진하고 또 매일 대부분의 시간을 소집단의 구성원으로서 노력하면서 보낼 것이다.

이번 장에서는 과정과 과업이 불가분의 개념이라는 맥락에서 집단을 살펴보았으며, 집단의 목적 수립, 성취와 관련된 많은 이슈를 검토하였다. 멤버십, 리더십, 팔로워십, 의사결정의 상호의존성과 상호관련성을 고려하였다. 집단 구성원이 수행하는 다양한 역할과 규범, 그리고 구성원이 이를 수행하고 따르는 것이 얼마나 중요한지와 전체로서의 집단의 중요성을 다루었다. 또한 집단 발달에 대한 여러 단계기반 모델을 살펴보았고, 단계가 집단 발달의 한 부분이긴 하지만 단선적으로 발달이 이루어지거나 고정된 순서에 따르지 않는다는 것도 검토하였다. 사회체계적/생태학적 개념틀로 집단의 여러 측면을 살펴보았으며, 사회복지사가 집단을 이해하기 위해 활용해온 일반적인 접근의 한계도 살펴보았다. 집단에서 혹은 집단과 함께 일할 때에는 다양성과 억압의 문제를 고려할 필요가 있다. 그리고 우리가 관계 맺고 있는 모든 집단에서 유색인종, 장애인, 젠더와 관련된 이슈에 유의해야 한다.

집단사회복지를 효과적으로 실천하기 위해서는 집단의 다양성, 복합성, 상호의존성, 상호연계성의 차원에 주목해야만 한다. 이를 통해 하나의 관점보다 더 완벽하고 종합적으로 집단을 이해할 수 있다. 이러한 다각적 관점은 인간행동과 사회환경을 이해하기 위해 "양자택일 either/or"의 접근보다 "둘 모두 both/and"를 연결하고 포함하는 것으로서, 이 책의 세계관과도 일치한다.

이 책을 읽으면서 얻게 되는 집단에 대한 지식은 인간행동과 사회환경을 이해하기 위해 나아가는 여정에서 배우게 되는 인간, 가족과 상호연계 되어있고 상호의존 되어있다. 이번 장에서 수집한 정보는 다음에 이어지는 조직과 지역사회와 관련된 장에서 살펴볼 내용과도 연결될 것이다.

7장 복습

연습문제

1. 사회복지 초기 활용된 소집단은 무엇인가?
   a. 우호방문
   b. 학교에서의 소집단
   c. 인보관
   d. 정신질환자를 위한 치료집단

2. 해당 지위에 적절한 행동으로 기대하는 것은 무엇인가?
   a. 규범
   b. 역할
   c. 목적
   d. 순환 단계

3. 리더십이 팔로워에 의해 만들어진다고 보는 개념은 어떤 종류의 리더십을 말하는가?
   a. 상황적 리더십
   b. 기능적 리더십
   c. 민주적 리더십
   d. 단일한 리더십

4. 각 구성원이 동등하게 말하고 참여할 기회를 갖고 운영되는 집단은 무엇인가?
   a. 민주적 리더십 집단
   b. 기능적 집단
   c. 의식고양집단
   d. 자유방임집단

5. 집단에 대한 Brown의 설명에 의하면, 집단의 발달단계 중 구성원들이 집단의 일을 하기 위해 집단 과업과 과정에 참여하고 높은 수준의 응집력을 보이는 단계는 무엇인가?
   a. 친밀감
   b. 규범화
   c. 형성기
   d. 성숙기

6. 그냥 모여있는 사람들의 집합과 집단이 다른 점은 무엇인가?
   a. 목적과 목표
   b. 리더와 팔로워
   c. 공유된 목적과 공통의 관심
   d. 아젠다와 역할

7. 집단사고의 발달이 아닌 것은 무엇인가?
   a. 폐쇄적인 리더십 유형
   b. 잘못된 의사결정 과정
   c. 방법론적인 의사결정 과정
   d. 집단의 압력으로 인해 현실검증, 도덕적 판단이 흐려짐

8. 집단이 유지되는 중에 발생하는 집단 내부적인 과정을 설명하는 것은 무엇인가?
   a. 유지/표현 차원
   b. 집단의 규범
   c. 집단 내의 역할
   d. 과업/도구적 차원

9. 유색인과 백인종이 섞여있는 집단의 인종적 긴장감을 높이는 요소가 아닌 것은?
   a. 집단의 개별 구성원
   b. 집단 그 자체
   c. 집단의 환경
   d. 집단의 역할

10. 집단의 기대에 부응하는 행동을 하는 것은 무엇인가?
    a. 집단사고
    b. 타협적 행동
    c. 규범
    d. 순응

답: 1) c 2) b 3) b 4) a 5) d 6) c 7) c 8) a 9) d 10) d

참고문헌

Anderson, Ralph, and Carter, Irl. (1990). *Human behavior in the social environment: A social systems approach* (4th ed.). New York: Aldine de Gruyter.

Attneave, Carolyn. (1982). "American Indians and Alaska Native families: Emigrants in their own homeland." In McGoldrick, Monica, Pearce, John, and Giordano, Joseph. (Eds.). *Ethnicity and family therapy.* New York: Guilford.

Brown, Beverly M. (1995). "The process of inclusion and accommodation: A bill of rights for people with disabilities in group work." *The Journal for Specialists in Group Work, 20*(2): 71-75.

Brown, Leonard N. (1991). *Groups for growth and change.* New York: Longman.

Curran, D. J., and Renzetti, C. (1996). *Social Problems: Society in Crisis.* (4th ed.). Boston: Allyn and Bacon

Davis, L. E., Galinsky, M. J., and Schopler, J. H. (1996). "RAP: A framework for leadership of multiracial groups." In *Multicultural issues in social work.* Ewalt, P. L., Freeman, E., M., Kirk, S. A., and Poole, D. L. (Eds.). Washington, DC: NASW Press.

Davis, Larry. (1985). "Group work practice with ethnic minorities of color." In Sundal, Martin et al. (Eds.). *Individual change through small groups.* (2nd ed.). New York: The Free Press.

Davis, Larry, E. Galinsky, Maeda J., and Schopler, Janice H. (1995). "RAP: A framework for leadership in multiracial groups," Social Work, 40(2):155-167, appearing in Ewalt, P., et al. (1996). *Multicultural Issues in Social Work.* Washington, DC: NASW Press. Reprinted with permission.

Estrada, M., Brown, J., and Lee, F. (1995). "Who gets the credit? Perceptions of idiosyncrasy credit in work groups." S*mall Group Research, 26*(1): 56-76.

Garvin, Charles. (1985). "Work with disadvantaged and oppressed groups." In Sundel, Martin et al. (Eds.), *Individual change through small groups.* (2nd ed.). New York: The Free Press.

Gastil, John. (1992). "A definition of small group democracy." *Small Group Research, 23*(3): 278-301.

———. (1994). "A definition and illustration of democratic leadership." *Human Relations, 47*(8): 953-975.

Gemmill, Gary, and Oakley, Judith. (1992). "Leadership: An alienating social myth?" *Human Relations, 45*(2): 113-139.

Hare, A. P. (1994). "Types of roles in small groups: A bit of history and a current perspective." *Small Group Research, 25*(3): 433-448.

Janus, I. L. (1982). *Groupthink.* (2nd ed.). Boston: Houghton Mifflin.

Johnson, David, and Johnson, Frank. (1991). *Joining together: Group theory and group skills* (4th ed.). Englewood Cliffs, NJ: Prentice Hall.

Kanter, Rosabeth Moss. (1977). "Women in organizations: Sex roles, group dynamics and change strategies." In Alice Sargeant, *Beyond sex roles*. St. Paul: West.

Knouse, S. and Dansley, M. (1999). "Percentages of workgroup diversity and work–group effectiveness." *The Journal of Psychology*, 133(5): 486-494.

Lewis, E. (1992). "Regaining promise: Feminist perspectives for social group work practice." *Social Work with Groups, 13*(4): 271-284.

McGoldrick, M., Pearce, J., and Giordano, J. (Eds.). (1982). *Ethnicity and family therapy*. New York: Gilford Press.

McLeod, P. L., Lobel, S. A., and Cox, T. H. (1996). "Ethnic diversity and creativity in small groups." *Small Group Research*. vl 27(2): 248-264.

Miranda, S. M. (1994). "Avoidance of groupthink: Meeting management using group support systems." *Small Group Research, 25*(1): 105-136.

Napier, Rodney, and Gershenfeld, Matti K. (1985). *Groups, theory and experience* (3rd ed.). Boston: Houghton Mifflin Company.

Neck, C. P., and Manz, C. C. (1994). "From groupthink to teamthink: Toward the creation of constructive thought patterns in self–managing work teams." *Human Relations, 47*(8): 929-952.

Neck, C. P., and Moorhead, G. (1995). "Groupthink remodeled: The importance of leadership, time pressure, and methodical decision–making procedures." *Human Relations, 48*(5): 537-557.

Oetzel, J. (2001). "Self–construals, communication processes, and group outcomes in homogeneous and heterogeneous groups." *Small Group Research*, 32(1): 19-54.

Patterson, J. B., McKenzie, and Jenkins, J. (1995). "Creating accessible groups for individuals with disabilities." *The Journal for Specialists in Group Work, 20*(2): 76-82.

Sabini, J. (1995). *Social psychology*. (2nd Ed.). New York: W. W. Norton.

Sundell, Martin; Glasser, Paul; Sarri, Rosemary; and Vinter, Robert, Eds. (1985). *Individual change through small groups* (2nd Ed.). New York: The Free Press.

Thomas, D. (1999). Cultural diversity and work group effectiveness: An experimental study. *Journal of Cross–Cultural Psychology, 30*(2), 242.

Worchel, Stephen; Wood, Wendy; and Simpson, Jeffry A. (Eds.). (1992). *Group process and productivity*. Newbury Park, CA: SAGE Publications.

8장

조직에 대한 관점

Human
and the Social
Environment

우리 일상생활의 많은 부분들이 조직과 관련되어 있다. 조직은 여러 형태의 인간행동이 발생하는 환경을 형성한다. 우리 삶의 대부분은 사실상 조직과 밀접하게 연관되어 있고 조직에 의해 영향을 받는다. 인간이 태어나면서부터 죽을 때까지 얼마나 많은 조직과 관련되어 있는지 알기 위해 몇 가지 예들을 생각해보자. 우리 대부분은 병원이나 공공보건소, 출산 프로그램과 같은 조직의 도움으로 혹은 이들 조직에서 태어난다. 또한 주간보호, 유치원, 초중등 교육기관, 고등 교육기관, 직업/기술학교와 같은 조직의 환경에 의해 사회화되고 교육받는다. 우리는 조직화된 스포츠, 소년/소녀 클럽, 스카우트, 보건/훈련 클럽, 남학생/여학생 클럽 등의 조직 환경을 통해 여가활동을 한다. 우리는 교회, 유대교회당, 절, 회교사원과 같은 공식적인 종교 조직에서의 의식을 통해 우리 삶 속에 일어나는 중요한 사건들을 기원하고 축복한다. 우리는 휴먼서비스 기관, 회사, 보건 및 정신건강 관련 기관들과 같은 조직 환경에서 일하게 된다. 기본적인 생활 욕구는 식품점, 옷가게, 약국, 백화점, 푸드뱅크, 주택공사, 은행, 음식점과 같은 조직을 통해 충족된다. 우리는 노인센터, 재가보호 및 가사보조서비스, 양로원과 같은 조직 환경에서 노후를 보내게 될 것이다. 우리는 또한 병원이나 호스피스와 같은 조직 환경에서 죽음을 맞이할 가능성이 높다. 앞에서 제시한 예들은 우리 생활 전반에 영향을 미치는 조직들의 일부만 보여준 것이다. 그러나 이를 통해 우리는 인간의 개인적이고 집합적인 삶에 있어서 조직이 얼마나 광범위한 영향을 미치는지에 대해 가늠해 볼 수 있다(Etzioni:1964).

위에 제시된 조직 환경의 예들을 살펴보면, 인간의 욕구를 충족시키기 위한 많은 조직들이 곧 사회복지사의 일터가 될 수 있다는 것을 알 수 있다. 사회복지사는 그 자신의 욕구를 비롯하여 다른 개인, 가족, 집단, 지역사회의 욕구를 충족시키기 위해 조직 환경을 이용하거나, 조직 환경 안에서 일한다. 여기에서 사회복지사들은 조직이 인간의 욕구를 충족시키는 데 어떤 도움을 줄 수 있는지에 대해 관심을 가진다. 또한 조직이 어떻게 개인의 욕구 충족과 잠재력 발휘를 저해하는지에 대해서도 주목한다. 즉, 사회복지사는 다양한 사람들이 삶의 여러 문제들을 경험하는 과정에서 조직이 어떤 역할을 하는지에 대해 이해해야 한다. 또한 다양한 사람들이 자신들의 삶에 직접적이고 포괄적인 영향을 미치는 조직을 어떻게 구성하는지에 대해서도 알아야 한다.

조직은 조직을 구성하고 운영하는 사람들의 패러다임과 세계관에 영향을 미치기도 하고 영향을 받기도 한다. 조직은 우리의 일상생활에 매우 큰 영향을 미치기 때문에 모든 사람이 조직의 구성과 운영에 관여하는 것은 매우 중요하다. 그리고 이러한 방식으로 조직이 구성될 때에 비로소 조직은 다양한 개인들의 욕구를 반영하게 된다.

조직에 대해 본격적으로 논하기 전에, 7장에서 논의한 소집단에 관한 많은 지식들이 조직을 이해하는 데 도움이 될 수 있다는 사실을 인지할 필요가 있다. 조직에 의해 수행되는 많은 활동들은 다양한 소집단에 의해 일어난다. 만일 당신이 속한 조직에 대해 생각해보면, 조직과 관련된 많은 활동들이 여러 소집단 단위로 이루어지고 있다는 것을 깨닫게 될 것이다. 예를 들어 당신은 조직 내의 위원회나 작업그룹의 구성원일 수 있으며, 조직 내의 비공식 집단, 가령 정기적으로 점심을 같이 먹는 소집단의 구성원일 수도 있다. 이와 같이 많은 조직의 활동들이 소집단 단위로 수행되기 때문에 사실상 조직을 소집단들의 집합이라고 해도 과언이 아니다. 따라서 조직을 보다 잘 이해하기 위해서는 소집단에 대한 지식을 활용하는 것이 중요하다.

이 장에서 우리는 공식(formal)조직에 관한 다양한 관점들을 검토할 것이다. 또한 조직문화의 개념에 대해서 살펴볼 것이며, 역사적으로 어떻게 우리 사회와 세계가 조직의 구조와 과정에 의존하게 되었는지에 대해서도 알아볼 것이다. 우리 자신을 비롯하여 많은 사람들이 매일같이 몸담고 있는 현재의 조직 특성을 이해하기 위해 조직의 전통적인 개념을 살펴보는 것도 중요하다. 이와 더불어 조직이 인간의 욕구를 충족시키고 사회복지의 주된 관심을 실천하기 위해서 어떻게 변화하고 구조화될 수 있는지에 대한 대안적인 개념들에 대해서도 살펴볼 것이다. 우리는 조직이 인간의 욕구에 대해 보다 적절하게 반응할 수 있도록 이 장에서 얻은 조직에 관한 지식을 활용할 수 있기를 희망한다. 궁극적으로 이 장을 통해 사회복지사들이 관심을 갖는 모든 대상자들의 관점과 목소리가 반영된 조직이 구성되거나 기존의 조직이 재편하는 데 일조하는 것이 우리가 추구하는 바이다.

조직에 관한 역사적 관점

우리는 다양한 목적을 지닌 여러 종류와 크기의 조직들로 구성된 사회가 현대적 현상이라고 생각할 수 있다. 그러나 조직은 오래 전부터 다양한 인간행동과 상호작용이 발생하는 기본 환경이었다. 조직의 수와 다양성이 20세기에 와서 크게 증가된 것은 사실이다. 그러나 조직과 조직에 관한 연구는 아주 오래 전부터 존재해 왔다. Etzioni는 파라오가 피라미드 건설을 위해 조직을 활용했음을 언급하였다. 수천 년 전 중국의 황제들은 관개시설을 건설하기 위해 조직을 이용하였다. 초대 로마교황은 세계의 종교를 관리할 목적으로 세계교회조직을 만들었다(Etzioni 1964:1). Iannello(1992:3)는 고대 그리스의 철학자들이 특정 목표를 달성하기 위한 수단으로 조직에 관한 연구에 관심을 가졌다고 언급하였다.

Shafritz와 Ott(1987:1)는 인류가 사냥을 하고 전쟁을 벌이고 가족을 구성하기 시작한 이래로 조직을 형성해왔다고 주장한다. 그러나 보다 정교하고 집중화된 조직 연구, 특히 거대 조직 관리에 관한 연구는 대부분 20세기에 와서 이루어졌다. 20세기에 이루어진 많은 조직 관련 연구들은 대개 기업이나 영리 추구 조직에 집중되는 경향이 있었으나, 비영리나 공공서비스 조직에 대한 연구들도 전반적으로 증가하였다. 많은 조직 연구자들은 20세기 산업사회의 성장(그리고 보다 최근에는 후기산업사업의 등장)이 거의 모든 인간 생활 영역에서의 공식조직의 수·규모·유형의 증가를 초래했다는 데 일치된 의견을 보인다. 이처럼 공식조직들이 급증함에 따라 이러한 공식조직을 이해하고자 하는 노력 및 관심 또한 증가하게 되었다.

패러다임과 마찬가지로, 조직의 정의, 조직의 역할, 조직의 활동 과정에 관한 우리의 신념은 외부의 영향 없이 형성되기는 어렵다. 조직에 관한 이러한 신념들은 조직과 관련된 사람들, 시대, 그리고 문화에 의해 크게 영향을 받아왔다. Shafritz와 Ott(1987:2)는 "공장 시스템의 출현, 제2차 세계대전, 1960년대의 히피/반체제/자기개발의 시대와 1970년대의 컴퓨터/정보 사회가 조직이론의 발전에 큰 영향을 미쳤다."고 주장하였다. 우리는 이와 더불어 최근 발생한 중요한 사건들, 즉 동유럽의 재편, 2011년 뉴욕에서 발생한 9.11테러, 뉴올리언스와 멕시코만 연안에서 발생한 허리케인 카트리나의 피해, 이라크전쟁과 아프가니스탄전쟁, 그리고 우리 모두가 하나의 세계 및 사회의 시민이라는 인식의 확대가 조직이론의 발달에 영향을 미쳤다고 본다. 지구 환경에 대한 관심, 여성운동이나 기타 인권운동들은 우리 삶에 미치는 조직의 영향력을 반영한 것이다. 이러한 맥락에서 우리는 이 장에서 조직에 대한 전통적, 대안적 관점을 탐색하기 위해서 21세기뿐만 아니라 20세기의 전반에 걸쳐 발생한 수많은 역사적 영향들을 검토할 것이다. 그 출발점으로 다음에서 조직의 기본개념과 정의에 대해 먼저 살펴보고자 한다.

기본개념/정의

조직에 관한 전통적 관점과 대안적 관점을 살펴보기에 앞서, 이들 관점의 차이를 이해하기 위해 먼저 조직에 대한 일반적인 정의를 살펴보도록 하자. Etzioni(1964:3)는 Talcott Parson의 정의를 인용하여 **조직**이란 "특정 목표를 달성하기 위해 의도적으로 구성된 사회단위(또는 사람들의 모임)"라고 보았다. 조직에 대한 또 다른 일반적인 정의는 "조직은 목표 달성을 위해 특수하고 상호의존적인 활동에 참여하는 사람들의 집합"이라는 것이다(Gortner, Mahler, Nicholson 1987:2). Iannello(1992:8)는 조직을 "두 명 이상이 관여하는 지속적이고 의도적이며 목표지향적인 활동의 체계"라고 정의하였다. 이러한 세 가지 기본 정의들은 약간의 차이를 보이고 있지만 중요한 공통점을 지니고 있다. 즉, 조직이란 목표 달성을 위해 모인 사람들의 협력적 집합체라는 것이다.

그러나 이러한 공통점에도 불구하고 조직에 대한 다양한 관점의 차이가 존재할 수 있다. 조직에 관여하는 사람들의 특성, 사람들이 서로 연계되는 방식, 목표의 성격, 목표 달성을 위해 다양한 조직 구성원들이 수행하는 역할 등으로 인해 조직에 대한 관점은 다양해질 수 있다.

조직의 **목표**(goal)는 단순히 조직이 바라고 의도하는 목적이나 성취하고자 하는 결과(Neugeboren 1985:27), 혹은 "조직이 실현하고자 하는 일"(Etzioni 1964:6)로 정의될 수 있다. 조직마다 목표의 성격이 매우 다양할 수 있으며 심지어 같은 조직 내에서도 시간에 따라 목표가 달라질 수 있다. 다양한 휴먼서비스 조직들은 그 지역사회에 속한 사람들의 삶의 질을 향상시키기 위한 기본적인 목표를 공통적으로 갖고 있다. 그러나 휴먼서비스 조직들 간에는 삶의 질을 어떻게 향상시키느냐에 관한 구체적인 목표에서 차이가 존재할 수 있다.

Neugeboren(1985:5-17)은 휴먼서비스 조직이 추구하는 세 가지 목표를 다음과 같이 제시한다. 먼저, **사회보호**(Social care)는 사람들의 삶의 질을 향상시키고 그들의 잠재력을 극대화할 수 있도록 환경을 변화시키는 것을 의미한다. 다음으로, **사회통제**(Social control)는 일탈행위를 하거나 다른 사람들의 잠재력 발휘와 삶의 질 향상에 방해가 되는 사람들의 행동을 통제하고자 한다. 마지막으로, **사회복귀**(Rehabilitation)는 개인의 삶의 질을 향상시키고 잠재력을 극대화시키기 위해 개인을 변화시키는 것을 말한다. 그러나, 조직은 이 중 어느 하나의 목표만을 추구하지 않고 복합적인 목표를 가진다. 가령 주정부의 사회복지서비스 부서(department of social or human services)와 같은 조직에서는 사회보호(아동들에게 양질의 환경을 보장하기 위한 주간보호사업, 푸드스탬프와 같은 구체적인 서비스의 제공), 사회통제(아동학대 혐의가 입증된 부모에 대한 법적 조치), 사회복귀(아동학대 부모의 양육태도 교정을 위한 부모교육)의 목표를 모두 포함하고 있다.

목표전환(goal displacement)은 본래 공식적으로 표명된 목표와는 반대되는 목표를 추구하는 조직의 특성을 의미한다. 목표전환의 대표적인 예로는 청소년 그룹홈을 들 수 있는데, 이는 원래 문제 청소년들의 사회복귀를 목적으로 시작되었으나, 실제로는 청소년들을 수용하기 위한 사회통제의 수단이 되고 있다. 조직은 또한 **목표승계**(goal succession)의 특징을 가지고 있다. 목표승계는 원래의 목표가 달성되었거나 혹은 달성이 불가능한 것으로 판단되었을 때 다른 목표로 대체하는 것을 말한다. 소아마비구제모금운동(March of Dimes)의 원래 목표는 소아마비 치료에 필요한 자원을 확보하는 것이었으나, 사실상 소아마비의 위험이 사라짐(소아마비구제모금운동의 큰 공로로 인해)에 따라 이 조직에서는 선천성 장애를 포함하는 새로운 목표를 채택하였다. 목표승계가 목표전환과 다른 점은 목표전환이 목표의 역기능적 변화라면, 목표승계는 기능적인 변화라는 것이다 (Etzioni 1964:10ff).

복합적 목표를 가진 조직들은 다양한 목표에 사용될 자원이나 에너지의 분배에 있어서 갈등을 경험할 수 있다. 이러한 갈등은 특히 조직의 공식적인 목표가 실질적인 목표와 대립되는 상황에서 발생하는 목표전환에서 명백하게 나타난다. 위에서 언급한 청소년 그룹홈의 경우, 어떤 직원들은 그룹홈에서 청소년들을 사회복귀시켜서 가족과 지역사회로 돌려보내기를 원하는 반면, 다른 직원들은 문제 청소년들을 지역사회로부터 격리 및 감금시켜야 한다는 목적을 고수한다면 이 조직 내에서 중요한 갈등이 발생하게 될 가능성이 매우 높다.

조직의 유형

사회복지사가 대부분 몸담고 있거나 알아야 할 조직 혹은 조직부문(organizational sectors)에는 세 가지 유형이 있다. 첫 번째 유형은 **민간영리조직**(시장부문조직)이다. 이 유형에는 경제적 이윤추구를 주된 목표로 조직된 기업과 회사들이 포함된다. 두 번째 유형은 **정부조직**이다. 정부조직은 **공공부문**(public sector)으로, 지방정부, 주정부, 중앙정부, 국제정부조직(예를 들어 UN, EU) 등이 모두 포함된다. 공중보건, 교육, 휴먼서비스 조직은 가장 보편적인 공공부문조직이라 할 수 있다. 세 번째 조직 유형은 **민간비영리조직**(비정부 조직, NGO)이다. 비정부조직은 **자발적 혹은 시민적 부문**(voluntary or civil sector)으로 분류된다. 여기에는 시민들의 기금, 자선모금조직(예를 들어, United Way), 민간모금조직(예를 들어, Ford나 Kellogg재단)들에 의해 자금조달이 이루어지고 있는 다양한 시민적 휴먼서비스(예를 들어, Urban League, 라이온스 클럽, 여성유권자동맹)들이 해당된다. 역사적으로 사회복지사들은 공공부문이나 자발적, 비영리적 민간 부문의 조직들과 관련이 깊었다. 그러나 점차적으로 사회복지사들은 개인의 복지와 빈곤 및 억압의 감소를 위해 시장 부문의 조직들과 협조적 파트너십을 형성하고 일하는 경우가 증가하고 있다(Rifkin 1998).

조직의 개념과 유형에 대한 상이한 관점은 곧 조직이란 무엇이고, 조직은 어떠해야 하며, 어떤 방향으로 나아가야 하는가에 대한 상이한 생각으로 이어진다. 이러한 차이는 이 책의 주목적인 조직이 얼마나 사회복지의 주된 관심에 긍정적으로 반응하는지와 깊이 연관되어 있다. 우리는 이 장에서 이 책 전반에 걸쳐 다루고 있는 인간행동의 각 수준에 영향을 미치는 조직에 대한 전통적 관점과 대안적인 관점에 대해 검토할 것이다.

먼저 우리는 조직의 구성과 운영방식에 영향을 미치는 전통적 모델과 접근방법을 몇 가지 소개할 것이다. 조직에 관한 전통적 관점들은 저절로 생겨난 것이 아니라 20세기의 거대한 역사적 맥락에서 발생하였다. 우리가 패러다임에 대해 일반적으로 알고 있는 바와 같이 다양한 전통적 패러다임은 조직의 목적과 역할에 대한 이전의 생각들을 반영한 것이거나 그 연장선상에서 출현한 것이다.

전통적 패러다임

조직에 대한 전통적 관점은 크게 몇 가지 유형으로 분류된다. 각각의 유형은 하나의 이론적 논의를 포함한다. 여기에는 고전적 접근법(과학적 관리론이나 기계이론, 관료제), 인간관계론, 체계이론, 상황적합이론(Contingency theory)이 해당된다. 각각의 이론에는 조직의 성격을 이해하는 데 유용한 많은 기본개념들이 포함되어 있다. 이러한 이론과 개념들을 통해 우리는 우리 자신이 소속되어 있는 조직 환경과 조직의 서비스 대상자인 클라이언트에 대해 보다 잘 이해할 수 있게 된다. 조직은 우리 사회복지사의 활동환경이자, 서비스 대상자에게는 그들에게 필요한 기본적인 자원의 제공 여부를 결정하는 중요한 역할을 하기 때문에, 사회복지사와 클라이언트 모두의 삶의 질에 영향을 미친다. 이를 통해 우리는 다시 한 번 우리 사회복지사의 삶과 우리와 함께 작업하는 클라이언트의 삶이 서로 밀접하게 연결되어 있다는 사실을 알 수 있다.

과학적 관리론 또는 고전이론

과학적 관리론은 전통적 패러다임의 실증적, 과학적, 객관적, 양적인 차원에 입각하여 조직을 정의·구조화·관리하는 개념적 준거틀이다. 그 이름에서도 알 수 있듯이 과학적 가정을 토대로 조직을 이해하고자 한다. 과학적 관리론은 20세기 초반에 Frederick Taylor에 의해 제시되었다(그는 1895년 초기에 American Society of Mechanical Engineers에서 이에 관한 논문을 발표함). 이 이론은 현대 조직 생활의 구조와 과정을 규명하는 데 매우 큰 영향을 미쳤다. 이는 20세기 전반에 걸쳐 과학적 접근이 인간행동의 이해에 미친 강력한 영향력을 고려할 때 당연한 결과일 것이다(Pugh, Hickson, and Hinings 1985).

Taylor의 과학적 관리론은 산업에서 효율성의 극대화를 지향한다. 효율성은 조직과 관련된 중요한 기본개념이고, 사실상 모든 조직이론의 주된 관심사라 해도 과언이 아니다. **효율성**(efficiency)은 최소투입 대비 최대산출로 정의될 수 있다. 다시 말해 가능한 최소의 자원을 가지고 최대의 효과를 내는 것을 의미한다. 효율성과 관련된 조직의 또 다른 기본개념은 효과성이다. **효과성** (effectiveness)은 조직의 목적이나 목표가 달성되는 정도를 말한다. 앞에서 언급한 바와 같이 조직의 기본적인 관심사는 조직의 목표를 달성하는 데 있다(Pugh, Hickson, and Hinings 1985).

Taylor는 조직의 목표를 달성하는 데 있어서 최대의 효율성과 효과성을 이루기 위해서는 4가지 기본원칙을 지켜야 한다고 보았다. 즉, 이 4가지 기본원칙을 충실히 지키는 것이 조직 관리를 위한 '가장 최선의 방법'이다. 첫 번째 원칙은 "**과학적 업무**(science of work)"로, 이는 각 구성원의 역할과 업무를 과학적으로 규정하는 것을 의미한다. 이를 위해 먼저 각 업무별로 전형적으로 제시된 역할들에 대해 파악하고 분석하며, 그 업무를 보다 잘 수행하는 데 필요한 것이 무엇인지를 객관적이고 과학적으로 연구할 것을 강조한다. 이를 통해 얻어진 새로운 지식은 각 업무를 수행하는 데 필요한 과업들을 규정하고 표준화하도록 공식적인 법, 규칙, 또는 공식 등으로 기록되고 도표화되며 축약된다. 이와 같이 업무 과업을 연구하고 기록하며 체계화하는 과정을 "시간동작연구(time-motion study)"라고 부른다. 시간동작연구는 작업자의 업무와 기계에 의해 수행되는 업무가 완벽하게 매치되도록 한다. 이는 필수적인 과업이 원만하고 효율적으로 수행되도록 작업자와 기계를 하나로 통합시키기 위한 의도에서 고안되었다. Taylor의 모델에서는 이 원칙이 공장 작업장의 생산에 관해서만 적용되었지만, 시간이 지남에 따라 많은 다른 조직 환경으로 확대 적용되었다. 가령, 휴먼서비스 기관에서 클라이언트 수를 늘리기 위한 목적으로 서비스 절차의 불필요한 과정들을 줄이고자 노력하는 것은 이 원칙이 공장 외의 조직 환경에 적용된 실례라고 볼 수 있다. 그 밖에도 업무분석, 표준작업량 분석, 시간연구는 모두 사회복지기관에서 효율적인 기관운영을 위해 과업과 과정을 과학적으로 분석하려는 노력의 일환이라고 볼 수 있다(Grusky and Miller 1981).

두 번째 원칙은 **과학적 인력 선발과 훈련**이다. 특정 업무에 대한 각 직원들의 적성을 객관적으로 파악하고 그 업무가 효율적으로 수행될 수 있도록 직원들을 계획적이고 신중하게 훈련하는 과정은, 직원 스스로가 자신에게 적합한 업무를 결정하고 그에 맞는 훈련을 받는 전통적인 방식과는 상당히 차이가 있다. 이와 같이 직원을 과학적으로 선발하고 훈련하는 과정은 과학적 업무를 달성하기 위한 수단이 된다. 이러한 과학적 인력 선발과 훈련은 공장시스템을 넘어 많은 조직에 널리 적용되었다. 사회복지교육 및 실천에서 개개의 사회복지사들이 그들이 수행할 전문적인 업무에 적합하도록 이루어지는 교육 및 선발과정은 좋은 예가 될 수 있다. 사회복지교육협의회(CSWE)에서 제시한 사회복지사 교육에 대한 특정 요건들, 자격 요건, 사회복지기관에서의 보수교육, 주정부에서 이루어지는 사회복지사 자격증 갱신을 위한 보수교육 등은 과학적 관리론의 이 원칙이 사회복지교육과 실천에 적용된 사례이다. 만약에 당신이 사회복지사가 되기 위해서 사회복지교육 프로그램이나 학교에 입학하기 위한 지원 및 선발과정을 경험한 적이 있다면 이는 과학적 관리론의 이 원칙에 입각해서 이루어진 것이라고 이해해도 무방할 것이다(Grusky and Miller 1981).

Taylor의 세 번째 원칙은 위에서 설명한 첫 번째와 두 번째의 원칙, 즉 과학적으로 업무가 규정되고, 그러한 업무를 수행할 직원을 과학적으로 선발하고 훈련하기 위해서는 무엇보다도 **관리자와 근로자 간의 긴밀한 협조**가 요구된다는 것이다. 이 원칙은 직원들이 과학적 원칙에 따라 그들의 업무를 잘 수행하고 있는지를 관리자가 면밀히 모니터링 해야 하는 책임과 관련 있다. 이 원칙은 또한 직원들이 특정 업무를 표준화된 규칙에 의해 수행한 것에 대해 적절한 보상이 이루어져야 함을 필요로 한다. 대부분 이러한 보상은 경제적 혜택의 형태, 특히 급여의 인상으로 이루어진다. 그러나 Taylor는 직원들에 대한 보다 나은 처우 및 직원들의 발언권 보장 등과 같은 다른 방식으로도 보상이 제공될 수 있다고 보았다. 흔히들 과학적 관리론(테일러리즘)에서의 보상 개념에 대해 잘못 알고 있는 경우가 많다. 즉, 테일러리즘에서는 마치 경제적 보상만이 직원들에 대한 유일한 동기부여라고 주장할 것으로 생각하지만 이는 사실이 아니다. 보다 정확하게 말하면 경제적 보상이 동기부여에 있어서 일차적으로 고려될 수 있으나, 앞에서 Taylor가 주장한 바와 같이 직원들에 대한 보다 나은 처우 등도 보상이 될 수 있다는 것을 고려한다. 과학적 관리론에서 중요한 것은 보상의 형태가 아니라, 직원들이 과학적 규정에 따라 정해진 업무를 잘 수행할 경우, 그에 대한 대가가 주어져야 한다는 것이다. 기관에서 관리자나 슈퍼바이저에 의해 이루어지는 사회복지사에 대한 지도감독, 평가기준과 평가결과에 입각하여 급여가 인상되는 것은 이 원칙이 사회복지현장에서 어떻게 적용되는지를 보여준다(Grusky and Miller 1981).

과학적 관리론의 네 번째 원칙은 **전체 생산 과정에서 관리자의 역할을 확대하는 것**에 초점을 둔다. 테일러리즘에서는 이전에 직원들의 권한이라고 생각했던 많은 책임들을 관리자에게 돌린다. 앞에서 설명한 세 가지 원칙에서도 나타나듯이, 관리자는 직원이 수행하는 업무를 연구·규정·표준화·감독하는 책임을 가진다. 관리자는 사실상 직원들이 어떤 업무를 수행하고 그 업무가 어떻게 수행되었는지에 대해 계획하고 의사결정하며 판단하는 임무를 부여받는다. 이러한 변화는 작업장에서 노동과 관리의 분리로 이어졌다. 여러 방식으로 조직 내에서 새로운 층의 관리자가 생겨나게 되었다. 이 원칙에 입각한 관리자들은 이전에 직원들이 맡았던 책임을 떠맡게 된 동시에 직원들의 자유도 일부 가져갔다. 이와 같은 노동의 새로운 분배는 오늘날 사회복지현장에서도 쉽게 찾아볼 수 있다. 특히 대규모 사회복지기관에서 주요 업무에 대한 규정과 절차 및 사회복지사가 이를 어떻게 수행해야 하는지에 관한 관리자의 지침이 바로 이러한 경우에 해당된다. 관리자에 의한 지도감독, 평가, 보상으로 급여 인상을 하는 것은 모두 관리자와 작업자 사이의 새로운 직무 구분의 예를 보여준다(Grusky and Miller 1981; Shafritz and Ott 1987; Pugh, Hickson, Hining 1985).

과학적 관리론의 특징

과학적 관리론에 따른 조직 운영에는 몇 가지 특징이 있다. 이러한 특징들은 다음과 같다.
▶ 직업의 높은 전문성, 과학적 자격심사 및 훈련
▶ 명료한 업무 구분
▶ 뚜렷한 위계체제
▶ 직원들은 주로 경제적 보상에 의해 동기가 부여된다고 가정함.

관료제

조직에 관한 또 다른 고전적 모델은 Max Weber의 관료제이다. Weber(1864-1920)는 Taylor의 과학적 관리론이 등장한 때와 거의 비슷한 시기에 관료제의 특성과 구조에 대해 정립하였다. 관료제는 하나 이상의 형태로 존재하고 여러 방식으로 정의될 수 있으며 때로는 조직 생활의 단점으로 상징화되지만, 오늘날에는 거의 조직과 동의어로 이해된다. 관료제는 여러 측면에서 우리가 앞에서 살펴본 과학적 관리론과 유사성을 지닌다. 관료제는 전통적이고 지배적인 패러다임의 두 가지 차원에 높은 가치를 두는데, 전통적 패러다임의 실증적, 과학적, 객관적, 양적 차원의 여러 요소들과 합리성 및 비인격성(impersonality)이 그것이다(Pugh, Hickson, and Hinings 1985; Shafritz and Ott 1987).

Weber는 **관료제의 특징**에 대해 다음과 같이 제시하였다. 첫 번째는 안정적이고 공식적으로 명시된 권위구조이다. 관료제에서의 권위는 규칙이나 행정규제에 의해 명시된다. 두 번째는 뚜렷한 서열이나 위계가 존재한다는 것이다. 위계는 관료 조직 내에서 누가 누구에게 보고할 의무가 있는지를 명백하게 보여준다. 이는 낮은 기관이 보다 높은 기관에게 보고할 의무가 있는 지도감독의 등급체제를 규정한다. 세 번째, 조직의 관리는 오랫동안 보관되어온 처리과정, 규정, 정책에 관한 수많은 기록을 기반으로 이루어진다. 이러한 기록은 조직의 관리에 관한 표준성과 안정성을 제공한다. 그러나 많은 사람들은 활동과 처리과정에 관한 기록을 지나치게 강조할 경우 업무를 효율적으로 처리하려는 직원들의 능력을 제한하는 결과를 초래한다고 생각한다. 이와 같이 문서작업을 지나치게 강조하는 것을 빗대어 "**관료적 형식주의**(red tape)"라고도 한다. 네 번째, 관리 기능을 수행하는 사람들, 즉 조직을 운영하는 사람들은 그들의 업무에 적합한 전문적인 훈련과 지식을 가진다. 다섯 번째, 조직에서의 책임이 직원들의 일상에서 가장 우선시 된다. 다시 말해, 직원의 공식적 의무가 무엇보다도 중요하다. 여섯 번째, 관료제에서의 관리는 전문적 교육을 받은 관리자에 의해 수립된 안정적이고 포괄적인 규칙 체계에 의해 이루어진다. 일곱 번째, 관료제에 있어서 고용은 개인이 전문적으로 훈련받고 수행해야 할 의무로서의 "직업"이나 경력으로 여겨진다. 여덟 번째, 관료조직의 관리자는 생산수단의 소유자와 분리되어야 한다. 이것은 개인적인 이해가 조직의 이익을 위한 의사결정에 개입되는 것을 막고, 합리적인 의사결정을 보장하기 위해서이다. 이를 위해 관리자는 업무에 대한 시간제 급여가 아닌 고정 급여를 받는다. 아홉 번째, 조직의 자원은 관리자가 전적으로 조직의 필요에 따라 할당과 재분배할 수 있도록 외부적 통제로부터 자유로워야 한다. 여기에는 물적 자원뿐만 아니라 인적 자원도 해당된다. 다시 말해, 관리자는 직원들을 고용하고 해고하며 조직 내의 한 지위에서 다른 지위로 이동시킬 수 있는 권위를 가지고 있어야 한다(Pugh, Hickson, and Hinings 1985; Shafritz and Ott 1987).

Weber의 관료제는 하나의 "이념형(ideal type)"으로 개념화되었다. 이는 곧 이상적 관료구조가 조직이 지향해야 할 길임을 의미한다. 이러한 이상적 관료구조가 모든 조직에서 반드시 완벽한 방식으로 존재한다는 의미는 아니다. 그러나 관료제에서는 조직이 이상적 구조에 더 근접할수록 조직의 목표가 더 효과적이고 효율적으로 달성될 수 있음을 가정한다. 우리는 경험적으로나 연구를 통해서 하나의 조직이 관료제의 모든 특성을 다 포함할 수 없다는 것을 알고 있다. 또한 많은 관료 조직에 대한 비난에서도 나타나듯이, 관료제의 이상적인 특성들을 통합하는 것이 반드시 조직의 목표달성을 보장하고, 효율성을 극대화하는 것도 아니다(Grusky and Miller 1981; Pugh, Hickson, and Hinings 1985; Shafritz and Ott 1987).

우리는 조직이라는 맥락에서 보다 포괄적인 인간행동과 사회환경에 대해 이해하기 위해서 관료제뿐만 아니라 다른 많은 것들을 고려해야 한다. 이러한 특성들은 대안적 패러다임에 입각한 것이다. 여기에는 조직에 대한 비합리적인 요소들, 조직의 내부생활과 외부환경의 연결에 대한 고려, 그리고 조직 경험에 대한 인간적 요인들에 대한 고려가 포함된다. 이러한 고려사항들은 합리성과 효율성이 중심개념인 과학적 관리론 및 관료제와는 매우 다른 관점에 의한 것이다.

이러한 다른 방식의 접근법은 인간관계론, 의사결정론, 체계모델을 포함한다. 이러한 모델들은 우리가 지금까지 살펴본 고전적 접근과 뚜렷하게 차이가 있지만, 그럼에도 불구하고 여기에서는 전통적인 패러다임으로 분류된다. 왜냐

관료제의 특성
1. 안정적이고 공식적인 권위 구조
2. 뚜렷한 위계(서열)
3. 기록의 보관
4. 전문화된 훈련과 지식
5. 공식적인 의무가 최우선시 됨.
6. 안정적이고 포괄적인 규칙 체계
7. 경력 고용
8. 조직의 오너와 관리자의 구분
9. 관리자가 자원을 자유롭게 할당하고 재분배할 수 있음.

하면 이 모델들은 대안적 패러다임의 차원보다는 전통적이고 지배적인 패러다임의 가정에 더 부합되기 때문이다. 이러한 점에서 이 모델들은 조직에 대한 보다 새로운 대안적 관점으로 가는 연속선상의 중간적 관점으로 보는 것이 최선일 것이다.

인간관계론

조직행동에 대한 인간관계론은 고전이론인 과학적 관리론과 관료제이론의 합리성, 기계적인 정확성, 계획성, 형식성에 대한 반작용으로 나타났다. 그러나 인간관계론에서 효율성, 효과성, 목표중심성과 같은 전통적인 관점을 전적으로 무시하는 것은 아니다. 또한 과학적 관리론을 전면 부정하는 것도 아니다. 다만, 고전적 관리론과 관료제가 현대 조직생활의 복잡성을 이해하는 데는 불충분하다는 것이 인간관계론의 입장이다(Etzioni 1964).

호손연구(The Hawthorne Studies)

인간관계론은 고전적인 과학적 접근방법에서 유래하였다. Elton Mayo(1880-1949)는 많은 사람들로부터 인간관계론의 창시자로 여겨진다. 인간관계론은 조직의 효율성과 생산성 향상에 필요한 요소들을 더 많이 알고자 관심의 폭을 확장하는 과정에서 예상치 않게 등장하였다. 호손연구로 알려진 일련의 연구들을 수행하는 과정에서 Elton Mayo와 그의 동료들은 인간관계론의 기본적인 개념들을 발견하게 되었다. 호손연구들 중 2개의 연구에서 인간관계론으로 발전될 수 있는 중요한 개념들이 도출되었다. 첫 번째 연구는 작업장의 조명이 직원들의 생산성에 미치는 효과에 관한 것이다. 이 연구에서는 최적의 조명이 직원들의 생산성을 향상시킬 것이라는 가설을 세웠다. 그러나 실제로는 이러한 가설과는 반대로 조명의 강도와 상관없이 직원들의 생산성이 증대되는 것으로 나타났다. 실험결과, 조명 자체보다는 직원들에게 주어진 이러한 관심을 직원들이 조직의 배려로 받아들이는 것이 생산성에 결정적인 요인으로 작용한다는 사실을 발견하게 되었다. 이것이 바로 **호손효과**이다. 다시 말해 직원들은 경제적 보상 외에 다른 것에 의해서도 동기부여가 된다는 것이다. 그들은 개인적인 관심이나 조직운영에 참여할 수 있도록 배려하는 것과 같은 비공식적인 요인들에 의해서도 동기가 부여되었다(Etzioni 1964; Pugh, Hickson, and Hinings 1985).

호손연구의 두 번째 실험에서도 놀라운 사실이 발견되었다. 이는 일명 뱅크선 실험연구(Bank Wiring Room Study)라고 불리는데, 전화교환기 배선 연결을 하는 작업장에서의 관찰과 조작을 토대로 한 연구이다. 이 연구에서는 개인적인 관심과 같은 비공식적인 요인들이 작업 생산성에 영향을 미칠 뿐만 아니라, 직원들이 관리자에 의해 제시된 지침과는 별도로 생산성에 영향을 미치는 비공식적 체계를 발달시킨다는 것을 발견하였다. 이러한 **비공식적인 집단구조**는 생산을 적절한 수준으로 조절하기 위한 규범과 기대를 설정하는 데 영향을 미쳤다. 즉, 한편으로 과잉생산이 이루어질 경우 직원들의 해고를 초래할 가능성을 고려하여 이를 견제하는가 하면, 다른 한편으로는 생산량이 너무 낮을 경우 관리자와 오너들이 이익을 얻지 못하게 될 것이라는 점에서 생산을 공정하게 유지하려는 태도를 취했던 것이다.

인간관계론의 많은 기본개념들은 앞에서 제시된 두 연구들을 비롯하여 이후에 수행된 많은 다른 연구들로부터 도출되었다. 첫 번째, 직원들의 생산성과 만족도에 있어서 경제적 보상뿐만 아니라 직원 개인의 관심 및 긍정적 상호작용이 중요한 영향을 미치는 것으로 나타났으며, 이는 그동안 드러나지 않았던 조직의 비공식적, 비합리적, 정서적, 비계획적인 상호작용의 중요성을 부각시켰다. 두 번째, 효율성과 생산성에 있어서 비공식적인 사회집단의 역할이 중요하다는 사실이 알려지게 되었다. 이러한 비공식적인 집단들은 또한 과학적 관리론의 지지자들이 중요시하지 않았던 숨겨진 내부 규범, 리더십 구조, 의사소통 방식, 참여 수준에 따라 기능한다는 사실이 밝혀지게 되었다(Etzioni 1964; Gorter, Mahler, and Nicholson 1987; Grusky and Miller 1981; Pugh, Hickson, and Hinging 1985).

이와 같이 인간관계론 등장의 배경이 된 조직의 초기 연구들은 또한 우리의 일상생활에서 소집단의 역할과 행동에 관심을 가지도록 하는 데 중요한 역할을 하였다. 우리가 이미 7장에서 살펴본 소집단 규범, 리더십, 의사결정, 역할, 의사소통, 목표와 같은 집단에 관한 기본개념들은 조직생활을 이해하기 위한 노력으로 이어진다. 이는 곧 인간행동과 사회환경을 서로 관련된 과정과 맥락들 간의 상호연계적이고 중복되는 연결망으로 보고자하는 이 책의 주된 관점과 부합한다.

여기에서는 단지 과학적 관리론과 인간관계론이 서로 어떻게 다른지에 대해 설명하고 있으나, 우리는 인간관계론이 조직생활에 관한 전통적이고 지배적인 관점에 대해서는 어떤 근본적인 이의도 제기하지 않는다는 것을 알아야 한다. 이들 두 이론 모두 조직의 최대 목표로서 효율성과 생산성의 극대화를 추구한다. 이 두 이론은 조직생활에 있어서 권력과 통제의 위계구조를(공식적이든 비공식적이든) 당연한 것으로 본다. 이 두 이론 모두 조직 내의 다양한 집단들의 이해 갈등을 중요하게 보지 않는다. 또한 이러한 전통적 접근에서는 조직 내 위계구조의 상위에 위치한 오너와 관리자의 이익이 곧 위계구조의 하위에 위치한 일선 직원들의 이익과 동일하다고 가정한다. 요컨대, 이 두 이론 모두 조직생활에 관한 근본적으로 새롭고 대안적인 모델을 제시하지는 못했다.

X이론과 Y이론

연구자들이 계속해서 조직의 효율성, 생산성, 목표달성을 극대화하는 방법을 추구함에 따라 행동과학자들이 조직연구에 관심을 가지기 시작하였다. 사회심리학자인 Douglas McGregor(1906-1064)는 관리자가 인간행동에 대해 가지는 기본가정이 관리실천에 미치는 영향에 관심을 가졌다. 그는 특히 무엇이 관리자가 원하는 방향으로 직원들의 동기를 고취시키는가에 관한 관리자의 기본가정에 주목하였다. 그는 연구를 통해 인간 동기에 관한 두 가지 가정을 설정했다. 하나는 X이론으로, 관리자의 역할은 직원들의 활동을 지시하고 통제하는 것이라고 보는 관리자의 입장을 반영한 것이다. 두 번째 가정은 Y이론으로, 관리자의 역할은 조직 구성원들이 그들 자신의 이익과 조직의 이익을 위해서 스스로 성장하고 발달하고 학습하도록 그들의 본래적인 재능을 발휘할 수 있는 지지적인 관계를 세우는 것이라고 보는 관리자의 입장을 반영하였다. McGregor가 주장한 X이론의 가정은 다음과 같다.

1. 보통 사람들은 태생적으로 일을 좋아하지 않으며 가능한 피하고자 할 것이다.
2. 일을 좋아하지 않는 인간의 이러한 특성 때문에, 조직의 목표를 달성하기 위해서는 사람들이 일을 하도록 강압, 통제, 지시, 처벌의 위험을 느끼도록 해야 한다.
3. 보통 사람들은 지시받는 것을 더 선호하고, 책임을 회피하려 하며, 큰 야

망이 있다기보다는 전반적으로 안주하려는 성향을 지닌다(Pugh, Hickson and Hingins 1985: 167).

McGregor의 Y이론은 인간의 동기에 대해 매우 다른 관점을 상정한다. Y이론의 가정은 다음과 같다.

1. 직장에서의 신체적, 정신적 활동 소모는 우리가 놀거나 휴식을 취하는 것과 같이 지극히 자연스러운 일이다. 평범한 사람은 선천적으로 일을 싫어하지 않는다.
2. 인간은 그들이 전념해야 할 목표에 관하여 스스로 감독하고 통제할 수 있다.
3. 목표에 전념하는 데 필요한 가장 중요한 보상은 인간의 자아실현욕구의 충족이다. 이러한 자아실현의 욕구는 조직의 목표가 달성되는 데 직접적인 영향을 미친다.
4. 보통 사람들은 필요한 상황에서 책임을 수용하고 책임지기를 원한다.
5. 더 많은 사람들이 조직의 문제해결을 위해 창조적으로 기여할 수 있다.
6. 지금까지는 보통 사람들의 잠재력이 충분히 발휘되지 못하고 있다(Pugh, Hickson, and Hinings 1985:167-168).

X이론은 과학적 관리론과 전통적인 패러다임 이론들의 가정들과 일치한다. 반면 Y이론의 가정은 보다 사회복지의 주된 관심과 일맥상통한다. 또한 Y이론은 X이론보다 우리가 이 책에서 제시한 대안적 패러다임의 차원과 철학적으로 더 많은 공통분모를 지닌다.

체계이론

조직행동에 관한 체계론적 관점은 우리가 이 책의 3장에서 논의한 일반사회체계이론과 많은 공통점을 지닌다. 사회체계적 관점에 관해 이미 앞에서도 논의한 바와 같이, 조직에 관한 체계적 접근은 전통적 패러다임과 대안적 패러다임의 중간적 입장을 취한다. 가령 조직에 관한 체계적 관점은 전통적인 패러다임 이론에서 조직 체계를 분석하고자 사용했던 과학적·양적 도구에 매우 의존한다. 그러나 이와 동시에 체계적 접근은 대안적 패러다임에 부합하는 조직과 그 환경에 대한 통합적이고 전체론적인 관점을 제시한다(특히 조직에 관한 개방체계이론과 다음에 소개할 상황적합이론이 이에 해당됨).

조직에 관한 체계적 접근은 조직에 관한 과학적, 경험적, 양적 연구를 강조하는 고전적인 과학적 관리이론과, 비계획적인 사건과 비공식적인 구조의 현실을 인식하고자 하는 인간관계론을 통합하고자 하는 시도이다. 조직 체계 이론가들은 폐쇄적인 체계 관점과 개방적인 체계 관점을 구별하였다. **폐쇄적 체계** 관점에서는 조직을 조직 외부의 환경에 의해 전혀 영향을 받지 않는 그 자체로서 하나의 완전한 단위로 본다. 합리적인 기획과 의사결정이 특징인 Weber의 기계적 관료제가 폐쇄적 체계 접근의 대표적인 예이다. **개방적 체계** 관점에서는 조직을 그 조직이 속한 환경으로부터 많은 영향을 받는 단위로 본다(Katz and Kahn in Shafritz and Ott 1987:252-254).

체계이론에서는 조직을 조직의 내부와 외부 환경 모두에 영향을 미치는 복잡하고 상호연관된 요소들의 역동적인 상호작용과정으로 본다. 체계로서의 조직은 그것이 속한 환경의 변화에 따라 변화하고 적응해야한다. Katz와 Kahn(Shafritz and Ott 1987:254-259)은 조직에 적용되는 개방적 체계의 특징을 9가지로 서술하였다.

1. **에너지 유입**(Importation of energy): 조직은 외부 환경으로부터 물질적 또는 인적 자원의 형태로 에너지를 공급받아야 한다. 조직은 자급자족하지 못한다.
2. **처리**(Through-put): 조직은 유입된 에너지를 사용하여 생산물을 만들고 사람을 훈련시키고 서비스를 제공한다.
3. **산출**(Out-put): 조직은 생산물을 외부 환경으로 내보낸다.
4. **순환과정으로서의 체계**(Systems as cycles of events): 산출로 이어지는 에너지의 교환과정은 순환적이다. 조직은 원료(에너지)를 유입하고, 그 에너지를 사용하여 제품이나 서비스를 생산하고(처리), 생산된 제품이나 서비스를 추가적인 원료 구매를 위한 화폐로 교환하기 위해 외부환경으로 돌려보냄으로써(산출) 순환을 반복하게 된다.
5. **부적 엔트로피**(Negative Entropy): 이는 조직이 엔트로피(체계가 에너지를 잃거나 쇠퇴해가는 경향)에 대항하고 에너지 보유를 증가시키는 데 필요한 과정을 의미한다(Anderson과 Carter(1990)는 이를 시너지라는 말을 사용하여 설명하였다. 시너지는 체계 각 부분들 간의 상호작용을 증가시킴으로써 추가적인 에너지를 획득하도록 에너지를 활용하는 것이다). 특히 영리 조직에서 이는 이윤을 창출하는 과정이다.

6. **정보투입, 부정적 환류, 코딩 과정**: 조직이 문제해결을 위해 필요한 정보를 받아들이는 메커니즘을 발달시키는 일련의 과정이다. 조직은 불필요하고 관련 없는 정보를 걸러내기 위해 정보를 부호적으로 처리하여 투입하는 선별적 과정을 발달시킨다.

7. **안정 상태와 역동적 항상성**(The Steady State and Dynamic Homeostasis): 조직이 에너지와 정보를 유입하고 그것을 처리하고 필요한 자원을 위해 다시 내보내는 데 있어서 필요한 역동적 균형상태(movable balance)을 말한다. 이러한 역동적 균형은 정태적인 상태가 아닌 지속적으로 변화하는 상태를 나타낸다.

8. **분화**(Differentiation): 조직이 더 복잡하고 전문적으로 기능화된 방향으로 발달하고자 하는 경향을 의미한다(이는 우리가 앞에서 논의한 관료제에서 추구하는 업무분리개념과 일치한다).

9. **동등종결**(Equifinality): 다양한 과정이나 경로를 통해 목표에 도달하려는 체계의 가능성을 의미한다.

위에서 살펴본 조직에 관련된 개방체계개념은 우리가 이 책의 앞부분에서 논의한 보다 일반적인 사회체계개념과 많은 부분에서 공통적이라는 것을 알 수 있다. 이는 체계이론이 자연과학, 사회과학, 행동과학에 광범위한 영향을 끼쳤음을 의미한다.

상황적합이론(Contingency Theory)

조직에 관한 체계적 관점에 대한 설명을 마치기 전에 조직체계이론의 가까운 친척쯤 되는 상황적합이론에 대해 간단하게 살펴보도록 하자. **상황적합이론**은 어떠한 조직 행동의 효과성(가령 의사결정)도 그 행동이 취해진 당시 조직의 모든 다른 요소와 조건의 맥락에 의해 결정된다고 본다. 따라서 상황적합이론에서는 모든 것이 상황적일 뿐이지 절대적이거나 보편적인 것은 없다는 입장을 취한다. 상황적합이론의 학자들은 조직은 항상 상대적 불확실성 속에서 활동한다고 주장한다. 즉, 조직은 주어진 시점에서 불완전한 정보에 기초해 의사결정을 한다는 것이다. 조직의 정보가 불완전하기 때문에, 조직은 가지고 있는 정보만으로 최선의 결정을 내려야 한다.

체계이론과 상황적합이론의 연구자들은 모두 조직의 의사결정에 영향을 미치는 과정과 변수들에 주된 관심을 가졌다. 체계이론과 상황적합이론 모두에서 중요한 요소는 바로 의사결정이다. Shafritz와 Ott(1987:234-238)는 불완전한 환경에서 가능한 최선의 결정을 내리기 위해서는 필요한 모든 정보를 수집하고 처리하기 위한 양적방법의 활용이 중요하다고 보았는데 이것이 바로 체계이론과 상황적합이론의 중심 개념이라고 주장하였다. 불완전한 정보와 불확실성의 가정에 기초를 둔 그러한 의사결정과정을 "만족화(satisficing)"라고 부른다(March and Simon 1958 in Gortner, Mahler, and Nicholson 1987:258).

조직수명주기이론(Organization Life Cycle Theories)

개인, 가족, 집단에서 흔히 발생하는 조직에 관한 또 다른 전통적인 관점은 바로 수명주기이론이다. 많은 연구자들과 이론가들은 일차적으로 비즈니스 분야에 입각해서 조직의 수명주기나 단계에 관한 이론들을 제시해왔다. Howard와 Hine(1997)은 이러한 이론들이 서로 조금씩 차이점을 보이지만, 공통점 역시 존재한다고 밝히고 있다. 즉, 조직수명에 관한 이론들은 공통적으로 조직이 자율성에 대한 투쟁으로 시작하여 점차 확장과 안정으로 이어지는 과정을 거친다는 것이다.

Hanks(1990 in Dodge and Robbins 1992)는 이를 보다 자세하게 4가지 조직수명주기의 단계로 설명하고 있다.

1. 시작 또는 사업화 단계
2. 성장 또는 확장 단계
3. 영역 보호 또는 확장 단계
4. 안정 단계

조직수명주기이론에 관한 제3의 관점(Miller and Friesen 1980 in Jawahar and McLaughlin 2001)에서는 연속적으로 발생하는 다음의 단계들을 제시한다.

1. 탄생
2. 성장
3. 성숙
4. 재탄생

위에서 제시된 이론들은 많은 부분에서 서로 유사하지만, Miller와 Friesen의 관점에서는 조직이 안정화 단계로 가는 것 뿐만 아니라 성숙과 안정의 단계에 도달한 이후 스스로 재활성되는 잠재력을 가지고 있다고 보았다. 이러한 접근은 마지막 단계에서 재탄생 및 재활성화를 제시함으로써 단선적 인과관계를 벗어나고 있다는 점에서 다른 전통적 접근보다 조금 더 대안적이라고 볼 수 있다.

전통적 관점의 강점, 약점 및 비판

조직에 관한 대안적 패러다임을 살펴보기에 앞서 전통적·지배적인 관점에서는 조직 환경에서의 인간행동을 어떻게 보는지에 대해 검토해볼 필요가 있다. 지금까지 우리가 살펴본 조직에 관한 전통적인 관점은 사회복지실천을 비롯하여 인간의 일상생활에서 활용될 수 있는 인간행동에 관한 많은 지식들을 제공하였다. 그러나 이와 동시에 전통적 관점에서 설명하지 못한 부분들도 많이 존재한다.

과학적 관리론과 관료제이론과 같은 고전적이고 전통적인 관점[1]은 조직의 공식구조에 관해 많은 것을 설명한다. 조직의 비합리적이고 사회적인 요소에 관심을 가진 인간관계론은 조직에 관한 비공식적인 측면을 자세히 보여준다. 체계이론과 상황적합이론은 조직에 영향을 미치는 보다 큰 사회환경에 대한 인식과 더불어 조직에 관한 공식적인 측면과 비공식적인 측면에 관한 인식을 모두 제시하였다.

그러나 Hasenfeld(in Patti 2009:65)는 조직이론에 적용된 체계 및 생태학적 관점의 한계를 지적하였다. 그는 조직에 관한 생태학적 관점의 연구들이 "휴먼서비스 기관들이 속해있는 사회적, 정치적, 경제적 환경"에서의 변화와 거시적 수준에서의 체계 이슈와 변화를 다룰 만한 전략을 충분히 검토하지 못했다고 지적하였다. 또한 생태학적 조직이론은 "조직이 환경을 구성하는 데 있어서 수행하는 개별적 혹은 집합적인 역할"을 무시했다고 주장하였다.

---

1) 이는 또한 조직에서의 기계적 효율성을 달성하기 위해 합리적 목표의 설정과 의사결정에 관심을 두는 특성으로 인해 합리적 혹은 기계론적 관점이라고 부르기도 한다.

다시 말해 Hasenfeld는 생태학적 이론에서는 조직이 존재하고 기능하는 거대 환경에 지속적으로 영향을 미치는 "상위체계(suprasystem)"에 그다지 주의를 기울이지 않았다고 주장하였다. 그는 이 이론이 개별조직이 보다 잘 기능하고 목표를 효율적으로 달성하기 위해 거대 환경을 변화시키는 능력에 대해 충분히 설명하지 못했다고 지적하였다. 다시 말해 조직의 생태학적 혹은 체계적 관점은 개별체계와 보다 큰 거시환경(상위체계)의 요소들 간에 이루어지는 상호의존과 상호작용에 대해 충분히 설명하지 못했다. 초점체계나 상위체계와 같은 보다 일반적인 체계관점에 관련된 용어는 3장을 참조하기 바란다.

전통적 관점들은 조직생활에 있어서 중요한 몇 가지 측면에 대해서는 전혀 다루지 않았다. 가령, 인간관계론을 비롯한 과학적 관리론과 관료제와 같은 고전적 관점은 모두 조직에서 효율적이고 효과적으로 목표를 달성하기 위해서 위계구조가 필수적인 전제조건이라고 가정한다. 체계적 접근에서도 역시 어느 정도의 위계를 가정하는데, 여기에서는 환경적 조건에 따라 이러한 위계가 다소 변화할 수 있다고 본다. 반면 어떤 대안적 관점들은 조직에서 위계구조가 필수적이라는데 의문을 제시한다(Iannello 1992).

전통적인 관점(고전적 이론, 인간관계론, 체계이론)의 위계구조는 권력이 조직의 구성원들 사이에서 불평등하게 분배되어야 한다는 가정을 전제로 한다. 여기에서 권력은 조직의 목표 달성을 위한 활동에 영향을 미치는 능력으로 정의된다. 관료제의 공식적이고 합리적인 구조에 의해서든, 인간관계론의 비공식적인 네트워크에 의해서든, 체계이론의 환경적 조건에 따른 유연하고 변화 가능한 방식에 의해서든 간에, 이들 모든 전통적 접근들은 구성원들 사이에 본래적으로 권력의 차이가 존재함을 인정한다.

더욱이 이들 전통적 관점들은 불평등하고 불공평한 권력분배가 조직 구성원에게는 기본적으로 더 기능적이라고 본다. 과학적 관리론에서는 관리자와 오너가 그들의 높은 지위에 비례한 더 많은 정도의 물질적인 혜택을 받는다 할지라고, 낮은 지위의 직원들 역시 그들의 기본적인 경제적 욕구가 충족됨으로써 권력의 차이에서 혜택을 받는다고 본다. 인간관계론에서는 공식적으로 인정된 권력뿐만 아니라 비공식적인 사회 네트워크에서 그 구성원들 간에 존재하는 권력의 차이까지도 반영한다. 공식적 권력불평등과 비공식적 권력불평등은 각기 다르지만 전반적으로는 기능적으로 목적 달성에 기여한다. 여기에는 조직의 공식적인 목표뿐만 아니라 비공식적 목표도 포함된다.

체계적 접근에서는 권력차이를 전체체계의 목적과 하위체계의 목적 달성을 위해 필수적이고 상호이익적인 것으로 본다. 체계적 접근은 환경의 변화에 따라 권력(권위) 분배가 주기적으로 재배열되어야 할 필요가 있다는 점을 강조한다. 흥미로운 것은 전통적인 패러다임에서는 권력이라는 용어를 거의 사용하지 않는다는 점이다. 권력(power)이라는 말보다는 조직의 목적을 달성하고 유지하기 위해 조직 내의 개인과 자원들에 대한 권위(authority)라는 표현을 즐겨 쓴다. 반면 몇몇 대안적 관점들은 조직에서의 권력과 권력의 불평등 문제에 대해 명백하게 다루고 조직 내의 권력 분배 방법을 명확히 함으로써, 조직 내의 권력이 정당하게 재분배될 수 있는 방법을 추구한다. 또한 대안적 관점은 조직 구성원 간의 권력차이를 기능적이라기보다는 역기능적인 것으로 본다.

대안적 관점과 전통적인 관점에 있어서 또 다른 차이점은 갈등에 관한 것이다. 과학적 관리론에서는 합리적이고 공식적인 조직을 근본적으로 비갈등적인 것으로 본다. 인간관계론에서는 그것이 최적으로 실행된다면 비공식적인 구조는 마치 하나의 "커다란 행복한 가족"처럼 갈등의 요소를 줄여주는 역할을 한다고 본다. 반면 체계적 접근에서는 조직의 갈등을 인정한다. 그러나 효과적인 조직 체계는 어떤 상황에서든 긍정적이고 상호호혜적인 균형 상태로 돌아가기 위해 갈등을 해결하려는 "자동복구(self righting)" 능력이 있다고 주장한다. 즉 체계적 접근은 갈등의 존재를 인정하지만, 이것이 정상적인 것이 아닌 예외적인 것으로 본다.[2] 대부분의 체계적 접근에서는 협력과 조화의 가정을 중요시한다(Barnard and Simon in Abrahamsson 1977:151).

대안적 접근에서는 구성원들 간의 차이와 갈등이 발생할 수 있음을 인정하고 조직 강화를 위한 지속적인 방안으로서 갈등해결 과정의 메커니즘을 만드는 것이 필요하다는 점을 강조한다(Abrahamsson 1977; Iannello 1992).

---

[2] Buckley는 대부분의 다른 체계이론가들과 달리 갈등(그의 용어로는 긴장 tension)을 정상적인 체계행동의 일부로 보았다.

대안적 접근

대안적 관점을 살펴보는 데 있어서 전통적 관점을 고려하는 것은 중요하다. 조직에 대한 보다 보편적이고 포괄적인 관점을 위해서는 이러한 정보의 확장이 필수적이다. 우리는 대안적 관점이 전통적인 관점에 대해 비판적이지만, 그 시작점은 전통적 관점이었다는 점을 상기해야 한다. 이는 인간행동과 사회환경을 이해하는 데 있어서 역사적 관점의 중요성과 연속체의 개념을 인식하는 것이 중요하다는 사실을 일깨워준다. 조직에 대한 대안적 관점을 탐색하는 데 있어서 우리의 목적은 전통적 관점에서 불명확한 부분을 분명히 하고 지식의 공백을 채우는 것이다. 특히 사회복지의 주된 관심에 부합하는 관점을 발견하는 것이 중요하다. 대안적 관점은 많은 전통적인 관점들과 달리 아직 "개발중(in process)"인 관점들이 많다. 대안적 관점들은 이제 막 대두되기 시작했기 때문에 비교적 그 사례가 적다. 또한 대안적 관점에 의한 조직생활이 아직 충분히 연구되거나 실험되지 않았기 때문에 아직까지 추정되는 부분이 많으므로 상대적으로 덜 완성되었다고 볼 수 있다. 우리는 대안적 관점을 탐색하는 과정에서 조직을 보다 전체적인 관점에서 보기 위해 조직의 문화에 대해 먼저 살펴보도록 하겠다.

조직문화/분위기

하나의 조직이 전통적 패러다임의 사고방식을 따르는지 아니면 대안적 패러다임의 사고방식을 따르는지와 별개로, 그 조직은 그 세계의 지배적인 관점을 반영하고 지지하는 조직문화를 가진다. 이 책의 앞부분에서 우리는 문화를 사람들의 집단이 공유하는 관습, 가치 그리고 인공물(artifacts)의 축적으로 정의하였다.

Schein(1992:7-15)은 조직은 문화와 많은 공통점을 지닌다고 주장하였다. 그는 특히 조직구성원들이 경험을 공유한다는 점에서 조직은 곧 문화라고 강조한다. 이러한 공유된 경험들은 신념, 가치, 의식의 전체적 패턴으로 통합되어 **조직문화의 "핵심"**이 되고 안정감을 제공하는 데 도움이 된다. 조직의 구성원들은 이러한 패턴들을 충실히 따르지만 일상생활에서 그것들을 의식하지는 않는다.

이와 같이 그 조직의 문화는 보이지 않으며, 당연하게 여겨지기 때문에 외부인들이 그 조직을 충분히 이해하는 데는 한계가 따른다. 또한 이는 새로운 조직 구성원이 조직에 처음 들어올 때 경험하게 되는 혼란과 불편의 원인이 되기도 한다. 당연하게 여겨지는 조직의 문화는 또한 조직에 오랫동안 있었던 구성원들이 새로 들어온 사람이나 외부인에게 조직을 정확하게 설명하는 데에도 어려움을 겪게 한다.

Schein(Ausin & Claassen 2008:341)은 조직의 문화에는 (1) 기본 가정들, (2) 가치와 신념들, (3) 문화적 인공물, 이렇게 세 가지 수준이 있다고 보았다. Austin과 Claassen(2008:342)은 Schein의 조직문화의 세 가지 수준을 [그림 8.1]과 같이 정리하였다.

Schein(1992:11-12)은 모든 조직에서 전 구성원들 의한 문화적 통합이 원만하게 이루어지는 것은 아니라고 강조한다. 조직에서 통합의 결여는 곧 애매모호함과 갈등으로 이어질 수 있다. 문화적 통합의 결여는 조직의 구성원이 바뀔 때, 또는 조직의 구성원이 외부로부터 다른 경험을 가지고 올 때 발생할 수 있다. 결과적으로 그러한 조직들은 구성원들의 공유된 경험이나 공유되지 않은 경험을 모두 하나의 통합된 전체로 만들려는 시도를 끊임없이 하게 된다. 리더와 같은 조직 구성원들은 문화를 창조하고 변화시키는 과정에서 다른 구성원들보다 더 큰 역할을 하게 된다.

이러한 조직문화에 대한 관점은 사회복지와 휴먼서비스 조직에서의 안정과

그림 8.1   조직문화의 세 가지 수준

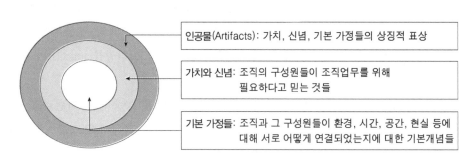

출처: Austin, M. J., & Claassen, J.(2008). Impact of Organizational Change on Organizational Culture: Implications for Introducing Evidence-Based Practice. *Journal of Evidence-Based Social Work*, 5(12), 321-359.

변화를 이해하는 데 도움이 된다. 전통적, 대안적 관점과 결합된 이러한 문화의 개념은 조직 내 문제들, 조직과 클라이언트 간의 문제들을 이해하는 데 유용하다. 가령 어떤 조직의 문화가 가부장적, 백인 중심적, 양적, 경쟁적, 특권적인 관점으로 특징지워졌다면 이러한 조직이 과연 여성주의적, 다문화적, 질적, 협력적인 관점을 가진 소비자나 새 구성원에 대해 효과적으로 반응할 수 있겠는가에 대해 생각해볼 수 있다. 조직문화의 개념은 역사적으로 여성이나 유색인종, 장애인들이 전통적인 패러다임에 입각한 신체 건강한 백인 남자들에 의해 구성된 조직에 들어올 때 직면하는 어려움(더욱이 그들은 공식적인 리더십 지위에 있는 구성원들보다는 낮은 지위의 구성원으로 들어옴)을 이해하는 데 도움이 된다. 또한 이는 사회복지조직의 문화가 보다 더 큰 지역사회와 클라이언트의 문화를 반영하고 존중하는 것이 얼마나 중요한지를 이해하도록 한다.

이와 같이 조직문화는 조직에 보이지 않게 큰 영향을 미치는데, 이는 조직 분위기의 개념과 일맥상통한다. 이 두 개념들은 서로 밀접하게 관련되어 있다. 이 두 개념은 모두 조직의 "느낌(feel)"에 관한 것이다. 조직문화는 조직에 대한 근본적인 신념과 가치를 기본요소로 포함한다. 반면에 **조직 분위기**는 어떻게 조직 구성원들이 조직문화를 가시적이고 관찰가능한 방법으로 소통할 것인가를 반영한다. 예를 들어, 어떻게 구성원들이 다른 구성원들에게 조직의 정책, 실천, 절차에 대해 설명하고 전달할 것인가에 관한 것이다(Schneider et al. 1996:7-9). 소비자나 다른 조직 그리고 조직이 속한 더 큰 지역사회와 소통하는 문화의 본질을 결정하기 위해서는 조직의 분위기를 평가하는 것이 중요하다. 이러한 맥락에서 Schneider와 그 동료 연구자들은 4가지의 **핵심적인 분위기 차원**을 다음과 같이 정립하였다.

1. **대인 관계적 측면**: 상호공유와 신뢰가 있는가, 아니면 갈등과 불신이 있는가? 관계가 협력적인가 경쟁적인가? 조직이 새로운 구성원의 적응을 돕는가 아니면 방관하는가? 구성원들 개인의 복지가 주변사람들과 상위 관리자에게 중요하게 받아들여진다고 느끼는가?

2. **위계적 측면**: 작업과 작업장에 관련된 결정이 오직 상위 관리자에 의해서만 이루어지는가 아니면 결정의 영향을 받는 모든 사람들이 참여하는가? 조직의 업무가 팀 단위로 이루어지는가 아니면 철저히 개인적, 경쟁

적으로 이루어지는가? 관리자가 하위 구성원들과 차별되는 특권(주차나 식사 등에 있어서)을 누리고 있는가?

3. **업무적 측면**: 작업이 도전적인가 아니면 지루한가? 작업을 수행하는 사람에 따라 업무가 유연한가 아니면 모든 사람들이 같은 방식으로 작업하도록 엄격하게 규정되었는가? 조직이 구성원들에게 필요한 자원(도구, 물품, 정보)을 제공하는가?

4. **지지와 보상의 측면**: 작업의 목표와 보상 기준이 알려져 있고 공유되는가? 소비자에게 따뜻하고 친밀감을 주는 것이 중시되는가 아니면 업무를 신속하게 처리하는 게 중시되는가? 작업이 양적으로 많이 진행되었을 때 보상을 받는가 아니면 질적으로 올바르게 진행되었을 때 보상을 받는가? 해고의 기준은 무엇인가? 훈련의 목표와 기준은 무엇인가? 성과의 어떤 측면이 평가되고 보상받는가?(1996:10-11)

과두제의 철칙(The Iron Law of Oligarchy)

조직행동에 대한 전통적 접근의 대안은 사실상 Taylor의 과학적 관리론과 조직의 합리성이 전성기를 누리던 때에 등장하였다. 또한 Weber의 관료제가 소개되었던 같은 시기에 대안적 관점이 제시되었다. 이 대안적 관점은 조직문화와 분위기에 관한 최근 개념보다 앞서 등장했다. 그러나 이 절에서 소개하는 Michels의 조직유형과 특징을 이해하는 데 있어서 조직문화와 분위기를 상기하는 것이 도움이 될 것이다. Robert Michels은 1911년에 독일에서 처음으로 "과두제의 철칙(the iron law of oligarchy)"에 관한 저서를 출간하였다. 과학적 관리론과 관료제이론은 대략적으로 1900년대 초반부터 1930년대에 이르기까지 지배적 우위를 차지하였다. 그러나 Michels은 그의 저서에서 그 당시의 조직욕구에 대한 응답으로 Taylor와 Weber가 제시한 조직의 유형에 대해서 단호하게 반대하며 비판적인 입장을 취하였다.

Michels은 조직이 전체의 특정한 욕구를 합리적으로 충족시키려고 노력하기보다는 오히려 조직을 통제하는 소수 엘리트들만의 욕구를 위해 움직이고 있다고 주장하였다. 그는 공식적인 조직에서는 민주주의(대다수의 조직 구성원들의 참여와 의사결정)가 불가능하며 필연적으로 **과두제**(소수에 의한 지배나 통제)가 될 수밖에 없다고 주장하였다.

조직의 규모가 커짐에 따라 조직 본래의 목표는 항상 소수 지배집단의 이익을 위한 목표로 대체되어 버린다. 조직이 성장하고 관료화됨에 따라 관리자나 리더와 같은 "지배계층"을 고용하게 된다. 그들이 가진 리더십 지위에 수반되는 특권과 영향력을 유지하고자 하는 이기심은 조직 위계 구조의 상위와 하위 간의 격차를 더 벌리는 결과를 초래하게 된다. 리더들은 더 이상 하위 구성원들의 이익을 대변하지 않는다(Iannello 1992; Michels in Grusky and Miller 1981; Pughm Hickson, and Hinings 1985).

Michels의 이론은 원래의 민주적인 목표로부터 멀어져 보수정치 관료제로 변화된 혁명적 민주정당에 관한 자신의 연구에 기초하고 있다. 그는 어떤 조직도 그 원래 목표와 상관없이 과두제의 발달이 일어난다고 보았는데, 왜냐하면 과두제는 조직이 성장하는 크기, 규모 또는 전문화와 위계의 수반과 관련 있기 때문이다. 그는 관료제와 민주주의가 본래적으로 서로 대립된다고 강조하였다(Michels in Grusky and Miller 1981; Pugh, Hickson, and Hinings 1985).

Michels은 조직의 지배계층이 자신의 사리사욕을 조직 구성원들의 민주적인 목표보다 우선시하게 되면서, 조직의 내부단결을 더욱 강조한다고 주장하였다. 긴장과 갈등을 회피하고 억제하려는 욕구는 곧 구성원들의 생각과 관점의 조화를 강조하는 방향으로 이어졌다. 그는 또한 지배 엘리트들이 조직의 현 상태를 유지시키고자 조직의 외부와 내부의 차이를 은폐할 필요성을 강조하면서 조직을 둘러싼 환경으로부터의 위험과 적대감을 과장한다고 주장하였다(Pugh, Hickson, and Hinings 1985:207-210).

Mickels은 큰 조직의 목표가 민주주의적 이상에 부합하도록 유지되는 것은 어려운 일(사실상 그는 그것을 불가능한 것으로 봄)이라는 비관적 관점을 견지하였다. 이러한 생각이 전적으로 타당한지에 대해서는 어느 정도 논쟁의 여지가 있다. 그러나 그의 대안적 관점에서는 조직에 대한 전통적인 모델이 이상적이지 않으며, 사회복지사들이 인지해야 할 윤리와 가치에 있어서 중대한 문제와 위험을 수반할 수 있음을 지적하고 있다.

조직전체 구성원(혹은 조직 서비스의 소비자들)들의 욕구가 아닌 소수의 선택된 권력특권층만을 위해 일하는 것은 확실히 사회복지사들의 주요관심은 아니다. 이러한 성향은 참여의 극대화, 자기결정, 자원에 대한 권리, 사회경제적 정의, 다양성의 존중에 대한 관심과 대립된다. 사회복지사와 조직 구성원(리더이건 하위 구성원들이건)으로서 우리는 조직의 과두제에 대한 성향을 인식하고 이를 견제할 필요가 있다.

비판적 관점

Michels의 과두제 철칙은 많은 조직 이론가들로부터 비판을 받아왔으나 이 것이 전적으로 거부되었던 것은 아니었다. 이에 Kathleen Iannello(1992)는 이를 부분적으로 수용하는 현대적인 대안적 접근을 제시하였다. 그녀는 Michels의 과두제가 사실상 전통적 조직에서의 위계적 특성을 바탕으로 발달되었음을 지 적하였다(Iannello 1992:3-25). 전통적 관점에 대해 우리가 논의한 바를 상기해보 면, 위계는 현대 조직구조의 필수적인 구성요소로 간주된다. 특히 이는 대부분 현대조직에서 공통적으로 나타나는 관료제하에서는 더욱 그러하다.

Iannello의 비판적 관점에서는 위계에 대한 대안이 가능하다고 주장한다. 그러나 대안을 이끌어내기 위해서 우리는 먼저 위계가 거대 사회의 가치와 규 범, 이데올로기 전반에 깊이 뿌리박혀 있다는 사실을 인식해야 한다.

비판적 관점은 조직구조의 상호관련성과 이를 둘러싼 환경의 가치, 규범, 이데올로기를 강조한다는 점에서 우리가 앞에서 살펴본 전통적 개방체계이론의 확장이라고 볼 수 있다. Iannello(1992:7-10)는 비판적 관점이 조직의 성격에 "중 요하고 포괄적인" 영향을 미치는 환경으로 전체 사회를 인식한다는 점에서 전 통적 개방체계이론을 넘어선다고 주장한다. 이러한 관점은 조직에 직접적으로 영향을 주는 체계들, 즉 초점(focal)조직에 가까이 있는 다른 경쟁 조직들만 환 경으로 국한해서 보는 개방체계의 개념과는 상반된다.

비판적 관점은 또 다른 측면에서 개방체계를 비롯하여 다른 많은 전통적 관점들을 초월한다. 비판적 관점은 조직에 대한 대안적 모델을 발달시키기 위 해 역사적 관점을 포함한다(Iannello 1992:10). 즉 비판적 관점에서는 역사적으로 조직이 구조화된 "이유"를 질문함으로써 많은 것을 이해할 수 있다고 보았다. 이 질문에 근거하여 조직수준의 패러다임 분석을 할 수 있다. 가령, 우리는 누 가 그 조직을 설립했는가, 그들이 세상을 보는 관점은 무엇인가, 그들의 가치는 무엇인가, 그들이 차이의 중요성을 인식하는가, 그들이 조직의 목표를 인간 존엄성을 보호하고 회복시키며 구성원들의 잠재력을 최대한 발휘할 수 있도록 돕는 것으로 보는가, 조직 내 권력 분배는 어떻게 이루어졌는가 등을 질문할 수 있다.

비판적 관점에서는 조직 내 위계의 필요성과 본질에 대해 의문을 제기한다. 비판적 관점은 위계의 의미에 대해서 다른 시각을 제시하며, 위계에 의해 발생할 수 있는 여러 문제들에 대해 주목한다. 이러한 비판적 관점은 위계에 대한 대안적 분석을 통해 전통적 패러다임과 대안적 패러다임과 관련된 많은 이슈들을 제시하는데, 특히 권력, 지배 그리고 특권과 같은 이슈들에 대해 설명하고자 한다. 비판적 관점에서는 **위계**를 "권력과 특권, 권위의 분배가 체계적이면서도 불공평하게 이루어지는 것"으로 정의한다(Iannello 1992:15).

위계에 대한 이러한 비판은 의사결정 과정에의 접근과 참여가 제한되는 하위 수준의 구성원들에 대한 소외의 개념을 포함한다. 또한 위계의 상위에 위치한 사람들이 그들의 권력적 지위를 유지하고자 하위수준의 구성원들에게 사회적 통제를 행사하는 것에 대해서도 문제를 제기한다.

비판적 관점은 사회적 가치와 역사적 영향력을 고려하여, 편협하고 폐쇄체계적인 전통적 조직 관점을 검토함으로써 대안적 패러다임의 관점을 반영하고자 한다. 이러한 비판적 관점은 여성주의적 관점을 포함하고, 위계와 같은 조직 구조에서 가부장적이며 남성우월적인 사회가치의 영향력에 문제를 제기한다.

비판적 역사적 관점은 전통적 패러다임이 설명하는 조직의 과거 및 현재의 구조에 더하여 보다 해석적이고 인간적이며 경험적인 견해들을 포함한다. 이는 조직 내의 권력 관계가 오직 핵심관리자나 의사결정자의 경험에 의해서만이 아니라 모든 조직 구성원들의 경험에 기반을 두어야 할 필요성을 제시한다(Iannello 1992:3-13). 이러한 측면에서 비판적 관점은 조직에 대해 보다 여성적 관점을 포함한다고 볼 수 있다. 여성들은 조직의 위계에서 사무보조나 관리보조 등과 같은 낮은 지위에 있기 때문에 역사적 관점에서 더 조명을 받게 된다.

합의조직(Consensus Organizations)

Iannello는 합의조직이라고 하는 비위계적 조직모델을 개발하였다. 이 조직은 일차적으로 합의된 의사결정과정을 통해 운영된다. 합의조직에서의 의사결정은 전통적인 조직의 위계구조에서 관리자나 리더에 의해 중앙집권적이고 배타적으로 이루어지던 의사결정과는 대조적으로, 보다 참여적인 방식으로 이루어진다. **합의적 의사결정과정**에서는 하나의 이슈에 대해 조직 구성원 전체가 참여한 가운데 폭넓은 논의가 이루어진다. 이러한 토의가 일어난 후에는 한명이나 그 이상의 구성원들이 전반적인 입장을 요약정리하고 이에 대한 반대의견이 없다면 이것이 곧 합의된 정책이 된다(Iannello 1992; Mansbridge in Iannello 1992:27).

Iannello는 합의조직을 협력적 혹은 집합적 조직으로도 명명될 수 있다고 보았다. 그녀는 **합의조직**에 대해 "어떠한 법적 근거와 상관없이 오너와 직원을 포함한 조직의 모든 구성원들에게 궁극적으로 통제에 대한 권한이 주어지는 조직"이라고 정의하였다(Iannello 1992; Rothschild and Whitt in Iannello 1992:27). 합의조직은 직원들을 사회와 재연결시키기 위한 목적으로 그들의 일에 의미와 가치를 부여함으로써 인도적인 직장을 추구한다. 이때 조직은 모든 구성원들이 이를 가장 중요한 목표로 여기고 이에 최대한 전념할 수 있도록 하는 데 초점을 둔다. 그러기 위해서는 무엇보다도 위계를 최소화하는 것이 필요하다.

합의조직 모델의 예로는 이스라엘의 키부츠와 미국의 많은 원주민 부족조직들을 들 수 있다. 그러나 여기에 속한 모든 조직들이 합의조직 모델을 따른다고 과도하게 일반화할 수는 없다. 다른 키부츠와 오늘날 미국의 몇몇 원주민부족 정부조직들은 각기 다른 정도의 합의 원칙들을 적용하고 있다. 키부츠는 가장 이상적으로 합의조직의 원칙과 가정에 의해 운영된다. 여기에는 조직 생활의 모든 면에서 공통적이고 평등주의적인 의사결정과정이 포함되어 있다. 이러한 원칙은 전체 조직 구성원의 주간 회의(weekly meetings)와 위원회의 복잡한 시스템을 통해 실행된다. 이를 통해 대면적 의사결정 과정이 가능해진다. 조직 내의 리더십지위는 구성원들에 의해 선출되고 위계와 상관없이 서로 돌아가면서 맡게 된다. 리더십지위를 맡은 구성원에게는 어떠한 개인적 보상도 주어지지 않는다. 조직 내에서의 보상은 개인적 목표보다는 공통의 목표 달성과 관련되어 있다(Iannello 1992:32).

7장의 소집단에 관한 논의에서 합의를 기반으로 한 의사결정에 대해 살펴본 바와 같이, Attneave는 미국의 많은 원주민 부족조직에서 이루어지는 합의의 중심적인 역할에 대해 강조하였다. 7장에서는 소집단의 의사결정에서 합의가 선호된다는 점에 초점을 맞춘 반면, Attneave는 그 집단이 "부족이든지 사람들의 무리이든지 아니면 가족이나 어떤 일관성 있는 사람들의 모임"이든지 간에 모든 유형의 집단에서 합의적 의사결정방식이 적용될 수 있다는 점을 강조한다. Attneave는 "역사적으로 원주민 부족들은 '민주주의'에서 선호되는 다수결 투표를 성급한 결정방식이라고 보았다."고 언급하였다(Attneave 1982:66-67).

합의조직과 관료조직의 비교

합의조직과 관료조직이 기본적인 이슈들과 조직의 일반적인 관심에 있어서 어떤 차이를 보이는지에 대해 살펴볼 필요가 있다. Rothschild와 Whitt는 많은 합의조직들을 연구하였으며, Iannello는 합의조직과 위계적 관료조직을 몇 가지 차원에서 비교하였다. 이를 간단하게 살펴보면 다음과 같다.

1. **권위**: 관료조직에서는 권위가 조직 내에서의 지위나 계급에 따라 개인에게 부여되는 반면, 합의조직에서는 집단 전체에 주어진다.
2. **규칙**: 합의조직에서의 규칙은 최소화되고 상황에 따른 "실질적 윤리(substantive ethics)"를 기반으로 이루어진다. 전통적 관료조직에서의 규칙은 고정적이고, 규칙에의 무조건적 순응을 강조한다.
3. **사회통제**: 합의조직에서의 사회통제는 또래집단의 압력과 같은 것이다. 여기에서 사회통제는 거의 문제가 되지 않는데 이는 집단의 동질성 때문이다. 반면 관료제에서의 사회통제는 조직에서의 공식적·비공식적인 인가에 따라 상관에 의한 부하직원의 감독과 위계를 통해 이루어진다.
4. **사회적 관계**: 합의조직에서의 사회적 관계는 공동체의 이상(community ideal)이라고 볼 수 있다.. "관계는 전체적이고 인간적이며 그 자체로서 가치가 있다." 전통적 모델에서는 비인간성이 강조되는데 이는 전문성과 관련이 있다. "관계는 역할중심적이고 분리적이며 도구적이다."
5. **채용과 승진**: 합의조직에서의 채용은 친분관계의 네트워크, "지식과 기술의 비공식적인 평가", 그리고 조직 가치와의 적합성을 기반으로 이루어진다. 일반적으로 승진의 개념은 합의조직에서 별로 의미가 없다. 왜냐하면 위계에 따른 지위와 그에 수반되는 보상이 존재하지 않기 때문이다. 관료적 모델에서의 채용은 공식적인 자격조건과 전문화된 훈련을 기반으로 이루어진다. 관료적 모델에서의 승진은 개인의 경력관리에 매

우 중요하며, 이는 정해진 규칙과 경로에 입각한 공식적인 실적평가를 기반으로 이루어진다.

6. **인센티브 구조**: 합의조직에서는 "규범적이고 연대적인 인센티브가 우선시되며, 물질적 인센티브는 부차적이다." 반면 관료조직에서는 "물질적 인센티브가 최우선시 된다."

7. **사회계층화**: 합의조직에서는 평등주의를 추구한다. 어떤 유형의 계층도 매우 신중하게 형성되고 공동체에 의해 평가된다. 그러나 관료조직에서는 위계에 의해 정당화된 위신, 특혜, 불평등에 따라 "차등적 보상"이 이루어진다.

8. **차별**: 합의구조에서는 노동의 분배가 최소화되는데, 특히 지식노동과 육체노동의 분배에 관해서 그러하다. 전문지식에 대한 신비감이 사라지고, 업무와 기능은 일반화된다. 반면 관료제에서는 "지식노동과 육체노동, 관리업무와 수행업무의 이분화"로 노동의 분배가 극대화된다. 기술적인 전문지식은 높게 평가되고 직업의 전문화가 극대화된다(Iannello 1992:28-29).

합의조직의 한계점

비위계적 조직이 성공적으로 운영되는 과정에서 방해가 되는 많은 요인들이 존재하는데, 그중 몇 가지를 아래에서 살펴보겠다.

1. **시간**: 합의적 의사결정과정은 한명의 관리자에 의해 간단하게 결정이 이루어지는 관료적 의사결정에 비해 비교적 많은 시간이 걸린다. 합의는 조직의 모든 구성원들이 결정에 동의해야 하는데, 구성원들이 절대 동의하지 않고 시간을 지연시키는 경우가 발생할 수 있다. 그러나 실제로는 관료제에서도 수많은 규칙들과 규정들의 상충으로 시간이 많이 소비된다는 사실이 입증되고 있다. 관료조직과 합의조직 모두 문제의 특성에 따라서 의사결정을 신속하게 할 수도 있고 천천히 할 수도 있다는 사실을 인식하는 것이 중요하다.

2. **감정의 강도**: 합의조직에서 보다 강한 감정적 교류가 일어난다. 합의조직에서는 대면적 의사소통과 구성원 모두의 욕구들에 대한 고려가 중요하다. 따라서 조직 내에서 갈등이 발생할 경우 보다 더 큰 개인의 희생

이 요구될 수 있으며, 개인은 그의 행동에 대해 더 많은 책임을 져야 한다. 관료조직에서는 비인격성과 형식성이 갈등을 오히려 덜 개인적인 것으로 만들고, 따라서 이에 대한 처리도 보다 용이하다. 그러나 관료적 절차에서는 사람들을 소외시킴으로서 개인적으로 불만을 가지게 될 수 있다. 감정적 강도의 정도는 두 조직 유형의 구성원들에게 모두 긍정적인 측면과 부정적인 측면을 가진다.

3. **비민주적 관행과 가치**: 위계사회의 구성원으로 있는 우리들 대부분은 합의적 형태의 조직에 참여하는 것이 익숙하지 않다. 우리가 교육이나 다른 환경을 통해 조직생활에서 제일 처음 경험하는 것은 관료주의이기 때문이다.

4. **환경적 제약**: 환경적 제약들(외부로부터의 경제적, 정치적, 사회적 압력)은 합의조직에 더욱 강하게 작용하는데, 이는 종종 합의조직들이 사회의 주류에 반대하는 문제를 중심으로 형성되기 때문이다. 그러나 합의조직은 때때로 다른 조직에서는 불가능한 서비스를 제공하고 참여의 장을 제시한다는 점에서 유용할 수 있다. 가령 대안적 건강보호나 유기농 재배식품을 공급하는 식품조합 등이 이러한 합의조직의 좋은 예가 될 수 있다.

5. **개인적 차이**: 관료제에서는 개별 구성원들의 태도와 기술, 성격의 차이를 활용할 수 있는 데 반해, 합의조직에서는 그러한 개인의 차이가 문제가 될 수 있다. 합의조직에서는 이러한 다양성이 갈등을 불러일으킬 소지가 있기 때문이다. 개인의 차이가 장점으로 작용될 수도 있지만, 이는 관료조직과 합의조직 모두에서 단점이 될 수 있다. 어떤 사람들은 관료제가 동일성을 추구한다고 주장한다. 즉, 관료제에서는 창조성이 억제되고 어느 누구라도 정해진 패턴에서 벗어날 경우 전혀 보상을 받지 못하게 된다는 것이다. 만약 보상이 있다면 그것은 일차적으로 조직의 상위계층을 위한 것이다. 반면 어떤 사람들은 관료조직, 특히 정부 관료조직과 같은 곳에서는 다른 어떤 기관들보다도 다양한 구성원들을 포함한다고 지적한다. 그러므로 주로 비슷한 사람들로 구성된 합의조직에서 합의가 더 쉽게 이루어질 것이라는 예측이 가능하다(Rothschild and Whitt, Iannello in Iannello 1992:29-31).

대안적 관점에서는 유사점과 차이점의 공존이 가능하다고 본다. 예를 들어, 민족성, 성별, 성적지향이 다양하더라도 공유된 철학과 가치가 유사하다면 이는 동질적인 것으로 볼 수 있다. 위에 제시된 한계점들은 잠재된 성장과 힘의 원천으로서 작용될 수 있다는 점에서 이를 한계로만 볼 것인지에 대해서는 논란의 여지가 있다.

수정합의조직(Modified Consensus Organizations)

Iannello는 합의조직의 기본가정과 원칙, 위계적/관료적 조직과의 비교, 두 모델의 한계점, 세 가지 유형의 합의조직에 관한 연구를 기반으로 하여 "수정합의조직" 모델을 개발하였다. 이 모델은 사회복지의 핵심 관심에 부합되는 많은 요소들을 포함한다. 수정합의조직은 전통적 모델에 대한 대안적 구조와 과정으로 특징 지워진다. 이는 의사결정과정, 비위계적 구조와 과정, 임파워먼트 그리고 목표의 명확성의 측면에서 전통적 모델과 차이를 보인다.

수정합의조직은 의사결정과정에서 전 구성원들의 폭넓은 참여를 보장한다. 그러나 다른 한편으로는 조직의 효율성을 위해 신속한 의사결정이 이루어질 필요성에 대해서도 인식한다. 따라서 수정합의조직에서는 중요한 결정과 일상적인 결정을 구분 짓는다. 중요한 결정은 전체 정책과 관련된 것이며 조직의 근본적인 방향을 바꿀 가능성을 가진 것들에 해당된다. 이러한 중요한 결정은 전체 구성원들에 의해 이루어진다. 반면 위계조직에서는 오직 최고지위만이 중요한 정책적 결정을 내릴 수 있다. 수정합의조직에서 일상적인 결정은 조직의 그날 그날 운영에 필요한 사소한 결정들을 말한다. 일상적인 결정에 대한 책임은 조직 구성원들의 특성에 따라 조직 내에서 수평적으로 위임된다.

수정합의조직과 전통적 조직의 두 번째 차이점은 과정(process)에 대한 관심에 있다. 과정에는 합의와 리더십 발현 그리고 임파워먼트가 포함된다. 과정에서 중요한 것은 신뢰(trust)이다. 근본적인 신뢰는 조직이 당면한 중요한 결정에 대해 모든 조직 구성원들의 참여와 동의를 바탕으로 합의가 이루어졌을 때 형성된다. 이와 같이 중요한 결정에 대한 합의로 신뢰가 형성되면, 이는 다른 일상적인 결정을 위임해도 된다는 신뢰로 이어지게 된다. 구성원들 상호간에 신뢰가 형성되지 않는다면 전통적인 위계조직의 특징인 소수에 의한 조직 지배는 피할 수 없게 된다.

리더십은 전통적 조직과 대안적 조직 모두에게 중요하다. 그러나 리더의 성격과 리더십 발달과정은 전통적 조직과 수정합의조직에서 큰 차이를 보인다. 수정합의조직은 리더십의 원천을 구성원의 다양한 능력과 전문지식에서 찾는 다. 특별한 기술을 가진 구성원들은 그 기술을 배우고자 하는 다른 구성원들에 게 지속적인 교육과 훈련을 제공한다. 이러한 과정에서 중요한 것은 조직 내에 서 구성원들이 리더십의 다양한 지위를 교대로 수행하는 것이다. 이는 모든 구 성원들이 넓은 의미에서 리더십을 가질 가능성이 있음을 가정한다. 이러한 관 점은 오직 위계의 최고지위에서만이 가능한 전문적인 지식으로 특성화된 전통 적인 리더십 개념과는 매우 다르다(리더십에 관한 자세한 논의는 7장을 참조).

수정합의조직은 또한 권력(power)의 최소화와 임파워먼트(empowerment)의 최대화를 추구한다. Iannello(1992:44-45)는 권력은 "다른 사람을 통제하는 개념" 이고, 임파워먼트는 "스스로를 통제하는 개념"과 관련있다고 보았다. 따라서 임 파워먼트를 기반으로 한 조직의 구성원들은 스스로를 모니터링한다. 반면 권력 을 기반으로 한 조직은 관리감독기능이 반드시 필요하다. 이러한 관점은 우리 가 앞 장에서 언급한 바와 같이, 권력이란 "타인을 통제"하기 위한 것이 아니라 자신의 목표달성과 잠재력 발휘를 위한 것이라는 입장과 일맥상통한다.

Iannello는 권력이란 "기본적으로 승자와 패자가 있는 관계적인 개념"이라 고 주장하였다(1992:120). 그녀는 여성들로 구성된 조직을 연구한 결과, 수정합의 구조와 운영을 지향하는 대부분의 조직에서는 중요한 문제를 투표방식으로 결 정하는 것에 대해 반대하는 경향이 높다는 것을 경험적으로 확인하였다. 왜냐 하면, 투표를 한다는 것은 그 투표가 만장일치가 아닌 한에서는 항상 어떤 구성 원이 "진다"는 개념이 포함되어 있기 때문이다. "임파워먼트 개념에 기초한 합 의적 의사결정과정은 모든 구성원들이 최종결정에 동의하는 과정을 거치기 때 문에 결국 모든 사람들이 '이기는' 합의를 한다."고 볼 수 있다(Iannello 1992:120).

조직의 리더십

7장에서 우리는 몇몇 리더십의 종류와 유형에 대해 소집단의 차원에서 살 펴보았다. 효과적인 업무를 위해 집단과 조직에서 필요한 리더십의 종류와 유 형에는 많은 유사점이 있지만 차이점 역시 존재한다. 가령, 조직과 집단의 맥락에서 리더십이란 "공통의 목표를 달성하기 위해 한 개인이 다른 구성원들에게 영향을 미치는 과정"으로 정의될 수 있다(Packard in Patti 2009:144). 그러나 조직 맥락에서의 리더십, 특히 크고 복잡한 조직일 경우는 소집단의 리더십과는 확연히 다른 점이 있다.

우리는 7장에서 특성기반리더십(trait-based leadership)이론에 대해서 간략하게 살펴보았다. 이 이론이 비록 20세기 초반에 소개된 이후로 그 영향력을 많이 상실했지만, Packard는 효과적인 리더십과 관련된 특성들을 이해하기 위한 노력으로 최근 새롭게 주목받고 있다고 주장한다. 최근 연구에서 제시하는 효과적인 조직 리더십에 관련된 특성들은 다음과 같다.

> ▶ 높은 에너지 수준과 스트레스 저항력
> ▶ 자신감(자존감과 자기효능감 포함)
> ▶ 통제의 방향이 내부로 향함(나를 통제하는 것은 외부의 힘이 아닌 내 자신이라는 인식)
> ▶ 안정적인 감정과 성숙함
> ▶ 성실성(in Patti 2009:156)

Packard는 "이러한 특성들은 단지 특정한 리더십 상황에서만 중요한 의미를 지닌다."고 지적한다(in Patti 2009:146). 다시 말해 효과적인 리더십 특성들은 상황에 따라 달라질 수 있다는 것이다.

일부 연구자들은 또한 리더십 기술과 능력에도 관심을 가진다. 리더십 능력은 "어떤 사람이 어떠한 업무를 수행하는 데 있어서 발휘되는 지식, 기술, 특성, 자질의 통합적 조합"으로 정의된다. 리더십의 효과성과 관련된 능력은 다음과 같다.

> ▶ 성격(성실하고 정직한 성격)
> ▶ 전문지식과 기술
> ▶ 문제해결과 분석능력
> ▶ 창의성
> ▶ 자기계발
> ▶ 결과중심적
> ▶ 도전적인 목표 설정

- ▶ 결과에 대한 책임 감수
- ▶ 효과적인 의사소통
- ▶ 타인을 격려하고 동기부여하는 능력
- ▶ 신뢰와 효과적인 대인관계
- ▶ 타인의 발전에 주목
- ▶ 협력과 조직 변화의 기술
- ▶ 변화를 주도하는 능력
- ▶ 외부의 이해당사자들과 원만한 관계를 맺는 능력(Packard in Patti 2009:146-147)

리더십 유형

우리는 7장에서 소집단에 적용되는 전통적 리더십 유형인 독재형, 자유방임형, 민주형에 대해 살펴보았다. 여기에서는 조직에 적용되는 리더십에 관해 새롭고 대안적인 유형을 중심으로 살펴보도록 하겠다. 리더십 유형에 관한 연구는 그 자체의 불명확한 특성 때문에 많은 비판을 받아왔다. 그러나 Yukl(Patti 2009:147)는 "결국 효과적인 리더십이란 상황에 적절하게 행동하고, 목표달성에 높은 관심을 가지면서도 관계를 중시하는 리더십"이라고 언급하였다. <표 8.1>에 과업중심적, 관계중심적 그리고 보다 새로운 행동적 영역인 "변화중심적" 리더십에 대한 구체적인 행동들이 제시되었다.

카리스마 리더십은 과거의 전통적 패러다임에서는 "영웅"적 개념으로 이해되었는데, 최근에 제시된 대안적 카리스마 리더십은 이와는 달리 <표 8.1>에 제시된 바와 같이 "강한 카리스마"로 인식되지는 않는다. "카리스마가 있는 지도자는 능력과 자신감을 표현하고, 목표를 분명히 하며, 높은 기대를 가진 강한 역할모델이다." 그러나 연구자들은 또한 "카리스마 리더십이 위험하다고 경고하는데, 이는 권력이 자칫 잘못 남용될 수 있고 추종자들이 지도자에게 부적절하게 의존할 수 있기 때문이다"(Parkard in Patti 2009:151).

카리스마 리더십과 자주 결합되는 두 가지 부가적인 리더십은 거래적(transactional) 리더십과 변형적(transformational) 리더십 유형이다. 거래적 리더십은 다른 유형보다 더 전통적이며, 지도자와 추종자들이 "서로의 욕구 충족을 위해 협력하는" 교환의 과정이 포함된다. 변형적 리더십은 보다 대안적인 유형으

표 8.1　과업중심적, 관계중심적 그리고 변화중심적 리더십 행동들

과업중심적 리더십
- 효율성 향상을 목적으로 작업 활동을 조직
- 단기 사업을 계획
- 집단이나 개인에게 업무 할당
- 업무에 대한 예상결과를 명확히 함
- 업무 수행에 있어서 구체적인 목표와 기준을 설정
- 규칙, 정책, 표준운영 절차를 명시
- 작업 활동을 지시하고 조정함.
- 운영과 수행과정을 모니터링함
- 작업에 방해가 될 수 있는 문제는 즉각적으로 해결함

관계중심적 리더십
- 어려운 과업을 수행하는 사람을 지지하고 격려
- 개인이나 집단이 어려운 과업을 수행할 수 있다는 자신감을 부여
- 관계형성을 목적으로 구성원들과 교류
- 기여와 업적에 대한 인정
- 적절한 코칭과 멘토링 제시
- 중요한 결정을 위해 구성원들과 상의
- 과업수행에 있어서 최선의 선택을 할 수 있도록 지지
- 구성원들에게 영향을 미치는 중요한 정보를 공유
- 갈등을 건설적인 방법으로 해결
- 팀의 동질성 확립을 위해 상징, 의식, 의례, 이야기를 활용
- 팀이나 조직을 위해 능력 있는 새로운 구성원들을 모집함

변화중심적 리더십
- 위기와 기회를 감지하기 위해 외부 환경을 모니터링함
- 즉각적인 변화의 필요성을 파악
- 개선을 위한 아이디어를 얻기 위해 경쟁자들과 외부자들을 파악
- 조직의 새로운 가능성을 구상
- 문제나 기회를 다른 관점으로 보도록 구성원들을 격려
- 핵심기능과 관련된 혁신적인 새로운 전략을 개발
- 창의성과 기업가 정신을 격려하고 촉진함
- 팀이나 조직에서 집단 학습을 격려하고 촉진함
- 목표 달성을 위한 새로운 접근을 시도
- 새로운 비전이나 전략에 부합하는 변화를 추구
- 변화를 실행하기 위한 노력을 격려하고 촉진함
- 변화수행 과정을 알리고 이를 격려
- 변화를 지지하기 위해 외부인에게 영향력을 행사하고 그들의 합의를 이끌어냄

출처: Yukl(2006), 표 3-1, p.66.

로 그 영향이 점차 증가되고 있다. 변형적 유형은 집단 구성원들에게 (1) 과업 결과의 중요성을 인식시키고, (2) 조직이나 팀을 위해 개인의 이익을 초월하도록 격려하며, (3) 가장 중요한 조직의 목적을 위해 먼저 행동하도록 동기부여한다(Yukl cited by Parker in Patti 2009:151). 연구자들은 "변형적 리더십이 개인의 권력, 조종, 협박, 처벌에 초점을 둔 허위변형 리더십(pseudotransformational)과 혼동될 수 있음"을 경고하였다(Avolio and Bass cited by Parker in Patti 2009:152).

새롭고 보다 대안적인 리더십 유형으로는 모범적(exemplary) 리더십, 예지적(visionary) 리더십, 서번트(servant) 리더십이 있다. Kouzes와 Posner(Parker in Patti 2009:153)에 의하면 모범적 리더십은 <표 8.2>에서 제시된 바와 같이 "5가지 실천"과 "10가지 책임"을 포함한다.

예지적 리더십은 조직의 비전을 개발하고 명확히 전달하는 능력을 포함한다. 여기에서 "비전은 '현실적이면서 신뢰할 만하며, 조직의 전도유망한 미래'에 대한 청사진을 제시하는 것이다"(Nanus and Dobbs cited by Parker in Patti 2009:153). Parker는 "조직의 업무 강령은 그 조직의 존재 이유(목적)와 주요 과업(프로그램과 활동)을 나타내는 반면, 조직의 비전은 그 조직이 어느 방향으로 나가야 하는지에 관한 이상적 미래를 제시한다."고 보았다(in Patti 2009:153).

서번트 리더십은 철학적, 윤리적, 도덕적 원칙에 그 뿌리를 둔 대안적 유형으로서, "리더는 우선적으로 팀구성원들을 존중하고 섬겨야 한다는 비정통적인 사고"를 반영한다. 이 모델은 특히 사회복지조직에 매우 적합한 것으로 보인다.

표 8.2 모범적 리더십의 실천과 책임

실 천	책 임
모델 제시	개인의 가치를 명확히 함 가치에 맞는 행동을 시범적으로 제시
공통의 비전 확립	미래에 대한 구체적 계획 전 구성원들을 포괄하는 공통의 비전 수립
도전	개혁·변화·성장의 기회 추구 새로운 시도와 위험 감수
구성원들의 활동에 대한 격려	신뢰와 공동목표를 위한 협력 촉진 권력과 재량을 공유
정서적 격려	각 개인의 우수성 인정 공동체 정신에 입각해 성공을 함께 축하함

출처: Parker in Patti, 2009:153.

서번트 리더십의 10가지 특징으로는 "경청, 공감, 아픈 영혼과 감정적 상처의 치유, 보편적 의식과 자각, 권위보다는 설득의 사용, 폭넓은 개념적 사고와 관점, 과거에 대한 학습을 통해 미래의 결과를 예측, 스튜어드십(stewardship: 조직을 사회의 공공이익을 위해 맡기는 것), 개인의 성장을 위한 노력, 공동체 형성"이 있다. 흥미롭게도 이 유형은 가장 전통적 조직으로 간주되었던 AT&T의 Robert Greenleaf에 의해 개발되었다(Parker in Patti 2009:153-154).

조직에 대한 페미니스트 접근

합의조직에 관한 논의에서 이미 언급한 바와 같이, 페미니스트 이론은 조직행동에 대한 중요한 대안적 관점을 제시한다. 이러한 페미니스트적 관점은 조직생활 전반에 점점 더 많은 영향을 미치고 있다. 가령, 여성의 발달을 돌봄의 윤리와 관계의 중요성에 기반을 두고 살펴본 Gilligan의 이론(5장에서 설명)은 조직생활과 기업에 많이 적용되고 있다. Liedtka는 "Gilligan의 여성적 사고를 대표하는 관계망은 남성적 사고를 대표하는 위계와 대치되어 왔다."고 언급하였다(1996). 또한 Burton은 "전통적인 이익중심적 조직 관리에서는 개인의 법률 우위적, 계약적, 남성적 측면에 초점을 둔다."고 지적하였다(1996). 관계와 돌봄을 기반으로 한 대안적 조직들은 관료제와 거리가 멀다. 관료제의 규칙들은 시간이 지남에 따라 수단에서 목적으로 변질된다. 이러한 경우 구성원이나 고객, 클라이언트에 대한 돌봄은 조직의 영속을 위해서 경시된다(Liedtka 1996).

Gilligan이론의 핵심개념은 **이해관계자이론**(stakeholder theory)과 같은 새로운 관리이론과 학습조직(learning organizations)의 개념과 관련 있다. "돌봄의 윤리와 마찬가지로 이해관계자이론은 상호의존에 대한 인식이 전제가 된다." 이해관계자 이론가들은 "하나의 기업은 그 기업과 상호작용하고 그 기업에 의미 및 정

이해관계자이론과 페미니스트 관점
이해관계자이론에서는 보다 협력적이고 돌봄적인 관계 유형을 촉진한다. 회사는 관계를 맺고 있는 모든 이해관계자들이 만족할 수 있는 의사결정을 추구해야 한다. 이해관계자이론에서는 회사가 내린 결정이 다른 사람들에게 어떤 영향을 미치는지에 대해 끊임없이 검토하도록 한다. 이는 마치 페미니스트 이론에서 관계를 통해 개인의 결정이 다른 사람에게 미치는 영향을 파악하도록 하는 것과 같다

출처: Burton and Dunn 1996.

의를 부여하는 종업원, 소비자, 공급자, 공동체, 회사, 기타 집단들과의 관계망으로 구성된다."고 주장하였다(Liedtka 1996).

Burton는 "이해관계자이론과 같은 새로운 접근이야말로 전통적 관리이론에 대응하는 페미니스트이론"이라고 보았다(1996).

조직 관리에 대한 또 다른 대안적 접근인 학습조직 개념 역시 페미니스트이론의 요소들, 특히 돌봄의 윤리를 반영한 것이다. 학습조직은 또한 페미니스트 관점을 포함한 많은 대안적 패러다임의 사고에서 중요하게 여기는 관계와 상호관련성에 높은 가치를 둔다. 학습조직은 "각 구성원들을 서로 연결시키고, 더 큰 지역사회로의 연결을 추구하는 공동체의 목적과 밀접하게 연관되어 있다. 학습조직은 구성원들 간의 개방적인 대화를 촉진하는데, 이는 무엇보다도 서로에 대한 평가보다는 이해를 위한 노력이다. 이는 돌봄을 기반으로 한 조직의 특성이라고 볼 수 있다"(Burton and Dunn 1996).

돌봄을 기반으로 하는 조직들은 고객 서비스의 일차적 제공자인 종업원과 일선 작업자들의 중요성에 대해 인식한다. 즉, "종업원들은 궁극적으로 회사의 성공과 실패를 결정하는 고객들을 직접적으로 대하는 사람들이다. 상위 관리자들을 포함한 조직의 나머지 사람들은 이들 일선 작업자들을 통제하고 관리감독하기 위해 존재한다기보다는 지지하고 격려하기 위해 존재한다"(Liedtka 1996). 돌봄을 추구하는 이러한 조직들은 고객의 욕구에 귀를 기울이고, 고객의 욕구 충족을 위한 노력을 아끼지 않는다. Liedtka는 "그러한 조직들은 끊임없이 경청하고 조사하고 시도하며 이 조직들은 노동자들의 다양성에 가치를 두고, 기업의 공급자와 지역사회와의 원만한 파트너십을 유지하는 협력적 기업"이라고 강조하였다(Liedtka 1996). 이러한 관점은 사회복지조직을 구성하고 운영하는 데 고려해야 할 중요한 접근이다.

여성과 직업 단계(Career phases)

O'Neil과 Bilimoria(2005)는 남성들과 구별되는 여성들의 직업과 삶의 과정에서 드러나는 순환적인 패턴과 단계를 연구하였다. 직업과 삶을 유지하는 과정에서 남성과 여성의 차이점은 주로 3가지 요인들로부터 발생한다.

1. 가족 책임감이 직업에 미치는 영향에 있어서 여성과 남성은 차이가 있다.

2. 여성발달심리학에서는 여성의 관계에 대한 강조가 여성 직업발달에 뚜렷하게 영향을 미친다고 본다(이에 대한 자세한 논의는 4장과 5장을 참조).

3. 여성은 조직 내에서 높은 지위를 가질 기회가 상대적으로 적고, 형식적이고 중요하지 않는 지위를 차지할 가능성이 높은데, 이는 여성의 직업발달에 큰 제약으로 작용한다(O'Neil and Bilimoria 2005:169).

이러한 맥락적 정보를 바탕으로 O'Neil과 Bilimoria는 여성의 일반적인 직업발달단계를 다음과 같이 제시하였다.

1단계: 이상적 성취(Idealistic Achievement) — 초기 직업단계(24세에서 35세)인 첫 번째 단계의 원동력은 이상적 성취이다. 이상적 성취단계에 있는 대부분의 여성들은 직업만족, 성취, 성공 그리고 다른 사람에게 긍정적인 영향을 미치고자 하는 욕망으로 직업을 선택한다. 이 단계의 여성들은 스스로를 자신의 직업에 국한해서 바라보며, 직업적 성공을 위한 전략적인 방법을 모색하는데 주도적이다. 그들은 자신들의 미래가 무한한 가능성으로 열려 있다고 보고 자신들의 직업을 이상실현의 기회로 본다.

2단계: 실용적인 인내(Pragmatic Endurance) — 두 번째 단계는 중간 직업단계(36세에서 45세까지)로 그 원동력은 실용적 인내이다. 이 단계에서 여성들은 그들의 직업에 대해서 실용적인 태도를 취하며, 일을 끝내는 데 필요한 최소한의 업무만 하는 생산적 방식으로 작업한다. 이러한 업무 패턴은 기존의 업무뿐만 아니라 새로운 업무에 대해서도 적용된다. 그들은 고도의 관계적 맥락을 형성하여 여러 가지 개인적·직업적 책임들을 관리한다. 이 단계에 속한 많은 여성들은 10년에서 20년의 직장생활로 중간관리직에 위치하게 되지만, 직장에 대한 불만족과 박탈감을 느끼게 된다. 조직과 관리자의 부정적인 영향, 차별과 성희롱 등이 합쳐져 많은 중간 경력의 여성들에게 암울한 환경으로 작용한다. 이 단계의 여성들은 그들의 직업적 상황이 더 이상 그들에게 만족감과 성취감을 주지 않기 때문에 그들의 모든 에너지와 재능을 직업에서 다른 삶의 영역으로 전환한다.

3단계: 재창조적 기여(Reinventive Contribution) — 후기 직업단계(46세에서 60세까지)인 이 단계에서의 원동력은 재창조적 기여이다. 이 단계의 여성들은 그들이 속한 조직, 가족, 지역사회에 기여하는 데 초점을 둔다. 그들은 주변 다른 사람들의 도움으로 자신의 직업이 안정적인 경로를 밟고 있다고 생각한다. 이 여성들에게 있어서 성공은 타인으로부터 인정과 존중을 받고 통합적인 삶을 사는 것이다. 재창조적 기여 단계에 있는 여성들은 그들이 일을 통해 보다 의미있는 기여를 할 수 있는 기회가 보장되는 직장에서 일하기를 선호한다 (O'Neil and Bilimora 2005:182-184).

조직 내의 여성을 연구하는 연구자들은 "조직이 재능있고 전문적인 여성들을 많이 확보하고자 한다면, 여성의 일과 관계의 우선순위에 대해 이해하고 지지해야 한다."고 강력하게 주장한다. 그러나 연구자들은 많은 조직들이 그러한 지지의 중요성에 대해서는 동의하지만, 실질적으로 행동에 옮기지는 못하고 있다는 점을 지적하였다. 이러한 사실은 여성이 고위 관리직을 차지하는 경우가 극히 드물다는 사실을 통해서도 알 수 있다(O'Neil and Bilimora 2005:185).

다음에서 우리는 네트워크 조직과 조직의 사회변화이론들(비판이론과 임파워먼트이론)에 대해서 살펴볼 것이다. 이 이론들 역시 우리가 앞에서 "페미니스트 이론과 조직"에 대해 논의할 때 언급했던 페미니스트 이론의 기본 원리들을 공유한다.

네트워크 조직(Network organizations)

또 다른 새로운 조직이론은 네트워크 조직이론이다. 이는 특히 휴먼서비스 조직에서 두드러진다. 휴먼서비스 조직에서 서비스 민영화나 서비스 관리의 중요성이 증가함에 따라, 이들 조직에서 내적·외적 네트워크를 유지하는 데 많은 노력을 기울여야 할 필요성 역시 증가하게 된다. 네트워크 조직은 다른 조직과 네트워크 교환, 협력, 연합 관계를 형성한다. 더욱이 "인터넷과 같은 정보 기술에서의 혁신은 관료적인 전통적 모델로부터 네트워크 조직으로의 전환을 촉진하였다"(Hasenfeld in Patti 2009:61). 예를 들어 페이스북이나 유튜브, 마이 스페이스와 같은 소셜 네트워크 사이트를 통해 형성된 네트워크 조직을 생각할 수 있다. Hasenfeld는 "위계구조보다는 내·외부적 네트워크이 비용절감적일 뿐만 아니라 전반적인 질도 높다는 점에서 네트워크 조직이 더 유용하다."고 강조하였다. 그러나 그는 "이와 같이 휴먼서비스 조직에서 네트워크이 중요한 역할을 함에도 불구하고 실질적으로는 그다지 주목받지 못하고 있다."고 지적하였다(in Patti 2009:61).

사회변화이론들과 조직

비판이론은 조직 안에서 그리고 조직을 통해 사회변화를 추구하는 대안적 접근이다. Alvesson와 Deetz는 비판이론에 대해 조직을 이해하고 변화시키는 접근이라고 소개하였다. 그들은 "조직 연구에서 비판이론의 핵심적 목표는 지배로부터 자유로운 사회나 직장을 만드는 것이며, 그러한 사회나 직장에서는 모든 구성원들이 욕구충족과 인간발달 촉진을 위한 조직의 목표에 기여할 수 있는 기회가 동등하다"고 보았다(Hasenfeld in Patti 2009:71).

Alvesson과 Deetz는 조직에 관한 비판이론이 다음 4가지 주요가정을 담고 있다고 보았다.

1. 조직이 항상 자연스러운 과정을 통해 형성되는 것은 아니다.
2. 관리자가 반드시 이득을 보는 것은 아니다.
3. 기술의 합리성에 대한 강조는 조직목표의 공동결정과 이해에 장애가 된다.
4. 조직의 문화는 지배집단의 헤게모니를 촉진한다(Hasenfeld in Patti 2009:71-72).

조직이론에서 또 다른 중요한 대안적 접근은 페미니스트 이론을 기반으로 한 임파워먼트이론이다. 임파워먼트 접근의 기본 전제들은 다음과 같다.

1. 조직의 의사결정에 클라이언트가 참여할 수 있는 구조를 만든다.
2. 모든 프로그램의 수혜자들(클라이언트, 직원, 이사)은 동등한 파트너이다.
3. 문화적, 인종적, 젠더적 장벽을 줄인다.
4. 관리자들이 임파워먼트의 이데올로기에 전념하도록 한다.
5. 팀 활용을 촉진한다.
6. 프로그램의 평가와 개선과정에 모든 지지계층을 포함시킨다.
7. 모든 프로그램 수혜자들의 정치적 영향력을 증가시키기 위해 권력을 동원한다(Hardina, Middleton, Montana, and Simpson cited by Hasenfeld in Patti 2009:73-74).

조직이론으로서의 임파워먼트 접근은 실행과 유지가 모두 어렵다는 이유로 매우 제한적인 경험적 증거를 가지고 있다(이 장의 합의조직과 조직에 대한 페미니스트 접근 부분에서도 언급됨)(Hasenfeld in Patti 2009:73-74).

카오스/복잡계이론과 조직

3장에서 우리는 사회체계적 사고를 확장하는 대안적 이론으로서 카오스와 복잡계이론을 살펴보았다. 조직 이론가들은 이 두 이론적 관점을 조직행동에 적용하기 시작하였고, 이 관점들은 점차 조직의 전통적 관점의 대안으로 주목받기 시작하였다. 카오스이론과 복잡계이론이 기존의 전통적 접근과 다른 가장 중요한 차이점은 전통적 관료주의 접근이 안정과 표준화를 추구하는 데 반해, 이 대안적 이론들은 변화와 유동성의 긍정적 측면을 인식하는 데 초점을 둔다는 것이다. Evans는 "전통적 체계 이론가들이 균형이나 안정을 조직의 바람직한 상태"로 규정한 데 반해, 카오스 이론가들은 "느슨한 경계의 불안정성은 기존의 환경적 요구에 반응하기 위한 상호작용의 구조와 패턴을 확립하는 데 필수적"이라고 지적하였다. 새로운 대안적 패러다임에 입각한 관리자들은 "기관의 생산능력, 자기재생력, 자기조직화를 지지하는 조직 과정과 체계를 발달시키는 데에 중점을 둔다"(1996). Wheatly는 이와 같이 체계적 사고를 확장한 새로운 이론들에 부합하는 조직을 "살아있는 체계(living systems)"라고 설명하였다.

이러한 새로운 조직이론들은 사회복지사로 하여금 조직에서의 다양성에 대한 욕구와 유용성에 주목하게 한다. Evans은 "조직에서의 다양성은 하나의 훌륭한 창조적 자원"이라고 강조하였다. 그는 "전통적 조직문화에서는 구성원들 간의 차이를 없애거나 제거하려고 했지만, 사실상 공공부문의 관리자는 차이를 없애기보다는 여성과 남성의 고유성을 인정하고 그에 맞게 탄력적으로 업무를 할당함으로써 다양한 작업집단을 인정하려는 노력을 기울여야 한다."고 주장하였다(Evans 1996).

조직의 다른 새로운 패러다임에서는 조직생활의 다양한 자원과 복잡성을

살아있는 체계로서의 조직

살아있는 체계로서 조직은 다른 생명체와 마찬가지로 창조적인 자기조직능력을 모두 가지고 있다. 조직 내의 모든 구성원들은 변화하고 성장하며 적응할 수 있는 능력이 있다. 그들은 외부의 도움이나 관여를 필요로 하지 않는다. 사람들은 스스로 작업에 적합한 구조를 만들 수 있고, 필요시 새롭게 수정할 수 있다. 우리 모두는 창조적이고 효과적인 방법으로 변화를 실행할 능력을 가지고 있다

출처: Wheatly and Kellner-Rogers 1996.

이해하려는 시도를 한다. Zhu는 조직 내의 복잡성과 상호관련성을 동양철학적 관점에서 설명하였다. Zhu는 복잡한 "체계들은 차별적이면서도 상호관련된 다양한 차원들을 가지고 있다."고 지적하였다. 이러한 "동양적 체계관점"에서는 "조직이 거대 사회환경과 역동적으로(복잡한 세계 내에서의 여러 관계, 인간과 세계와의 관계, 인간들 간의 관계)으로 관계를 맺고 있다."고 본다(Zhu 1999).

이러한 새로운 접근들은 또한 조직 관리에 있어서 영적인 접근(spiritual approach)을 포함한다. 새로운 대안적 이론들은 "조직의 구조적, 기능적 측면에서 조직생활의 영적 측면으로 관심을 전환하였다." Overman은 이러한 조직의 관리자들은 "문제보다는 에너지에, 결과보다는 과정에, 원인보다는 우연의 일치에, 결정주의보다는 구성주의에, 그리고 인식과 의식의 새로운 상태에 초점을 둔다."고 주장하였다(Overman 1996).

관리에 대한 대안적 접근은 관계의 중요성과 사회적 네트워크 그리고 소집단의 중요성에 대해 강조한다. 그 중 하나가 바로 "네트워크 조직인데, 이는 개인이나 소집단들이 목적달성을 위해 필요한 자원을 획득하고자 개인적·직업적 관계의 네트워크를 활용하는 것을 의미한다"(Hendry 1999). 네트워크 조직에 관한 자세한 사항은 이미 앞에서 제시한 바 있다.

Z이론

우리는 조직에 관한 전통적 접근에서 X이론과 Y이론에 대해 설명하였다. 이 이론들은 관리자가 인식하는 인간에 관한 일련의 가정들을 바탕으로 이루어졌다. Douglas McGregor가 제시한 X이론은 인간이 기본적으로 게으르고 무책임하다는 가정을 기반으로 한다. X이론은 사람들이 기본적으로 일과 책임을 회피하려고 하기 때문에 관리자의 주된 책임은 끊임없이 직원들이 제대로 일하고 책임을 수행하고 있는지에 대해 감독하는 것이라고 보았다. 반면에 Y이론에서는 "사람들은 근본적으로 열심히 일하고 책임감이 있기 때문에 단지 이를 지지하고 격려해주면 된다."고 본다(Ouchi 1981:58-59).

William Ouchi(1981)는 조직 관리에 대한 대안적 이론으로 Z이론을 개발하였다. X이론이나 Y이론과 마찬가지로 Z이론 역시 인간에 관한 가정을 전제로 한 조직관리이론이다. 그러나 Z이론은 인간에 대한 전통적인 서양적 관점을 기반으로 하지 않고, 일본문화와 일본조직들의 관점을 반영한다. 물론 모든 일본 회사들이 Z이론에 기반을 두고 조직을 관리한다고 말할 수는 없지만, Ouchi는 그래도 상당히 많은 일본 회사들이 Z이론을 조직관리에 반영하고 있다는 사실을 지적하였다. Ouchi는 일본 회사와 미국 회사를 비교하는 과정에서, 이 두 국가의 기업들이 근본적으로 다른 가정을 토대로 한다는 사실을 발견하였다. 그는 다음과 같이 이들 두 국가의 조직들을 비교하였다.

일본 조직	미국 조직
종신고용	단기고용
평가와 승진이 느림	평가와 승진이 빠름
비전문적인 직업 경로	전문적인 직업경로
묵시적인 통제 기제	명시적인 통제 기제
집단적 의사결정	개인적 의사결정
집단적 책임	개인적 책임
전체적 관심	부분적 관심

출처: Z이론: *How American Business Can Meet the Japanese Challege*, by William G. Ouchi. Copyright© 1981. Perseus Books Publishers의 허가에 의해 재출판

직업의 안정과 집단적 의사결정 그리고 결정에 대한 집단적 책임을 강조하는 Z이론은 앞에서 언급한 합의조직이나 수정합의모델과 상당히 유사하다. 합의 및 수정합의모델과 달리 Z이론은 미국의 주요 회사나 다국적 기업들을 포함한 많은 영리 조직에 적용되어 왔다.

Ouchi는 참여적 혹은 합의적 의사결정과정이 일본 조직의 가장 두드러진 특징이라고 보았다. 합의적 접근은 또한 미국과 유럽에서도 널리 연구되고 시도되어 왔다.

집단이나 팀 접근은 Z이론 조직에서 합의적 의사결정을 수행하는 데 가장 핵심적 기제이다. 팀 접근은 **품질서클**(quality circle)또는 **품질관리서클**(quality control circle)이라고도 불리는데, 이는 책임에 대해 상당한 정도의 자율성을 가지고 운영되는 협력적 작업집단을 의미한다. 많은 팀들이 대개 형식적이고 공식적으로 형성되는 데 반해, 여기에서 말하는 팀은 대부분 어떤 문제나 이슈를 처리하기 위해 조직의 구성원들에 의해 형성된다. Ouchi는 품질관리서클의 기능에 대해 다음과 같이 설명하고 있다.

품질관리서클에서는 생산이나 업무조정에서 발생하는 문제를 팀원들이 함께 찾아내고 해결하며 공동의 책임을 진다. 즉, 이 품질관리서클에서는 조직에서 발생하는 모든 사소한 일들에 주목하고 이에 대해 문제를 제기한다 (1981:223).

팀 접근은 미국과 일본 모두 Z이론 유형의 조직에서 중심적인 역할을 한다. 미국에서 Z이론 조직의 합의적 의사결정과정은 보통 큰 조직 내의 소집단 수준에서 실행된다. Ouchi는 전형적인 참여적 의사결정구조와 과정이 서양에서 어떻게 적용되었는지에 대해 설명하고 있다.

전형적으로 8명에서 10명을 넘지 않는 사람들로 구성된 소집단은 모두 탁자에 둘러 앉아 문제를 의논하고 대안적인 해결책을 제시한다. 그 결과, 어떤 하나의 대안에 최종적으로 합의하는데, 집단의 각 구성원들이 서로 다음의 세 가지를 말할 수 있을 때 비로소 합의에 성공했다고 본다.

1. 나는 당신이 내 의견을 이해하고 있다고 믿는다.
2. 나는 내 자신이 당신의 의견을 잘 이해하고 있다고 믿는다.
3. 이 결정을 좋아하든 안하든 나는 그것을 지지할 것이다. 왜냐하면 이는 개방적이고 공평한 방법으로 결정된 것이기 때문이다(Ouchi 1981:36-37).

우리는 앞에서 조직문화에 대해 논의할 때, 조직문화가 통합적이고 동일한 경우에 모호성과 갈등이 적다고 언급한 바 있다. 이와 더불어 조직 구성원들의 외부문화 경험이 서로 유사하고 이것이 조직문화와 잘 융합된다면 조직 갈등은 훨씬 적어질 것이다. 일본문화에 있어서 집단적 의사결정과 집단적 책임에 관한 가치는 장기고용, 신뢰 그리고 밀접한 대인관계를 기반으로 한 일본의 조직문화와 매우 잘 융합된다.

일본과 미국, 두 나라에서 Z이론의 중요한 한계점은 문화의 다양성을 다루는 데 어려움이 있다는 사실이다. 이 이론은 동질적인 내적 조직문화를 지향한다. 이는 곧 다양한 외적 문화에서 온 사람들은 그 조직의 문화에 적응해야 한다는 사실을 의미한다. 앞에서 언급한 합의 및 수정합의조직 역시 조직 구성원들 간의 높은 동일성에 의존하고 이를 전제로 하는데, 특히 조직의 목표, 철학, 가치에 있어서 더욱 그러하다. 합의 및 수정합의조직 그리고 Z이론 조직이 아무리 대안적 관점과 사회복지의 주된 관심사에 적합한 많은 가치들을 반영한다고 하더라고, 이들이 다양성보다는 동일성에 의존하는 것은 큰 한계점으로 작용한다.

총괄품질관리(Total Quality Management: TQM)

총괄품질관리(TQM)는 "고객만족을 통해 장기적 성공을 도모하는 관리접근법이다. 총괄품질관리는 과정, 생산, 서비스, 그리고 그들의 작업문화를 향상시키는 데 있어서 조직의 모든 구성원들의 참여를 기반으로 한다"(Bennett et al. in Colon 1995:105). 총괄품질관리의 원칙은 다음과 같다.

1. 고객중심의 조직서비스
2. 품질향상에 조직의 모든 구성원들이 참여
3. 팀워크의 강조
4. 품질개선을 위해 조직의 모든 구성원들이 노력
5. 실수를 경험과 기회로 활용
6. 직원들 수준에서 문제가 해결되도록 격려
7. 모든 직원들이 품질향상을 위한 책임을 지니며 이를 위해 노력하도록 격려(Ginsberg 1995:20)

학습조직(Learning Organizations)

학습조직의 개념은 총괄품질관리에서 제시한 변화적응의 개념보다 진일보한 개념이라고 볼 수 있다. Hodgetts와 그의 동료들에 따르면 **학습조직**은 "단지 변화에 적응하는 것뿐만 아니라 변화를 인식하고 변화를 주도하는 것"을 말한다(1994:12). 학습조직의 특징은 다음과 같다.

1. 자신에 대해 알고자 하는 강한 욕망
2. 새로운 지식과 기술을 개발하고 이를 전달하기 위한 노력
3. 외부환경에 대한 개방성
4. 공통의 비전과 체계적 사고를 강조하고 이에 가치를 둠

5. 문제에 대한 단기적 접근보다는 장기적이면서 요인들 간의 상호관계성에 초점을 둔 접근 중시(Hodgetts et al. 1994:12-13)

학습문화

Barrett(1995:40)는 학습환경을 지지하고 육성하기 위한 조직문화의 역량에 대해 다음과 제시하였다.

1. **긍정적 역량**(Affirmative Competence): 조직은 현재와 과거의 강점, 성공, 잠재력에 대해 선택적으로 집중함으로서 긍정적으로 인식되는 인간의 능력을 끌어낸다.
2. **확장적 역량**(Expansive Competence): 조직은 습관과 관행에 도전하고, 구성원들이 한계상황에서도 끊임없이 시도할 수 있도록 격려하며, 그들이 새로운 방향으로 뻗어나가 도전할 수 있도록 폭넓은 가능성을 제공한다. 동시에 열정적으로 일할 수 있도록 일깨워주는 일련의 가치와 아이디어들을 환기시킨다.
3. **생성적 역량**(Generative Competence): 조직은 구성원들이 그들 자신의 행동 결과를 스스로 탐색하고, 그들이 의미 있는 기여를 했는지를 인식하며 진보를 경험하도록 통합적 체계를 구축한다.
4. **협력적 역량**(Collaborative Competence): 조직은 구성원들이 지속적으로 대화에 참여하고 다양한 관점을 교환할 수 있도록 하는 토론의 장을 마련한다.

위에 제시된 역량들은 일반적으로 대안적 패러다임의 사고, 특히 조직생활에 대한 대안적 사고에 매우 적합하다. 이러한 역량들은 강점기반 관점과 협력적 접근에 초점을 둔다. 또한 이러한 역량들은 다양한 관점들을 포괄하며, 현재의 문제에 대해 보다 창의적인 해결책을 추구하고자 하는 조직 담론에 초점을 둔다는 점에서 포스트모더니즘이나 해체주의적 사조를 반영한다고 볼 수 있다.

지구적 이슈들

오늘날 조직과 직업생활에서의 큰 변화를 고려할 때, 우리는 일상생활에서 지구화의 문제들에 대해 인식하고 반응하기 시작해야 한다. 우리는 단지 한 나라의 거주민이라는 사실을 넘어서 지구의 시민들이다. 사회복지사와 조직 관리자가 추구할 수 있는 조직에 관한 지구적 관점으로는 세계적(world-class) 조직을 들 수 있다.

세계적 조직(World-Class Organizations)

빠르게 변화하고 점차 국제적이고 세계적인 특성을 지니는 조직의 환경을 연구하는 많은 학자들은 세계적 조직에 주목한다. Hodgetts와 그의 동료들은 **세계적 조직**을 "적어도 몇 개의 전략적으로 중요한 분야에 있어서는 세계 최고이거나 다른 경쟁사들보다는 우위에 있는 조직"으로 정의하고 있다(1994:14). 따라서 Hodgetts와 그의 동료들은 "크기나 유형에 상관없이 어떠한 조직도 세계적인 조직이 될 수 있다."고 보았다. 세계적 조직은 총괄품질관리조직과 학습조직의 특성들을 포함한다(앞에서 살펴본 총괄품질관리조직과 학습조직을 참조). 그러나 Hodgetts와 그의 동료들(1994:14-18)은 세계적 조직이 총괄품질관리조직 및 학습조직과 구별되는 몇 가지 특징을 가지고 있다고 보았다. 세계적 조직의 특징은 다음과 같다.

▶ 고객중심에 초점을 두는 것은 총괄품질관리(TQM)와 유사하지만, 추가적으로 다음의 내용을 더 포함한다.
- 고객 서비스에 대한 비전을 공유
- 고객 서비스 업무와 해결에 대한 주인의식을 공유
- 고객 서비스 위주의 조직 구조, 과정, 업무
- 고객 서비스 향상을 위한 아이디어 구상의 팀 역량 강화
- 고객의 욕구 변화를 모니터링하고 예측하기 위한 정보체계
- 고객의 요구사항을 즉각적으로 실천할 수 있는 관리체계
- 고객에게 훌륭한 서비스를 제공한 직원들을 위한 보상체계

▶ 세계적 규모로의 지속적인 발전
- 지구적 특성을 이해하기 위한 학습 강조
- 지구적 네트워크, 파트너십, 동맹, 정보 공유를 활용

▶ 유동적이고 유연한 조직
- 환경의 변화에 대해서 신속하고 명확하며 현명하게 반응
- 외부와의 파트너십과 임시적 동맹의 가능성 개방
- 유동적이고 탄력적이며 다양한 기술을 가진 노동인력을 개발

▶ 창의적인 인적자원관리
- 의사결정과 문제 해결에 있어서 직원들의 창의성을 효과적으로 촉진
- 지속적인 훈련(재미있게 학습하기)
- 효과적인 보상체계: 성공에 대한 긍정적 인식, 그러한 인식의 공유, 직원 개개인의 욕구 인식, 즉각적 보상, 그러한 보상에 대한 조직구성원들의 이해

▶ 평등적인 분위기
- 직원, 소비자, 오너, 공급자, 지역사회를 포함한 기타 모든 사람들에 대한 높은 존중과 가치 인정
- 비전과 정보의 공유
- 직원들의 전반적인 의견
- 개방적인 의사소통
- 기업윤리와 지역사회 주민의식
- 친환경 체계
- 멘토링, 코칭 또는 동료 체계
- 직원들의 참여
- 지역사회, 건강성 및 가족 프로그램에 대한 후원

▶ 기술적인 지원
- 컴퓨터 응용설계(CAD)와 제조업
- 전기통신망
- 데이터베이스 체계
- 상호조직적 의사소통체계
- 멀티미디어 체계
- 지속적인 기술훈련(Hodgetts et al. 1994:14-18)

다양성 경영(Managing Diversity)

조직 내의 다양성을 연구하는 R. Roosevelt Thomas, Jr.는 미국 기업에서의 다양성의 실제를 조사하기 위해 대규모 연구와 상담을 실시하였다. 이 연구와 경험을 토대로 그는 "다양성 경영(MD)"이라는 조직관리 접근법을 개발하였다. 그는 다양성 경영에 대해 "조직의 목표달성을 위해 모든 구성원들이 잠재력을 최대한 발휘할 수 있는 환경을 만들기 위한 사고방식"이라고 정의하였다(Tomas 1991:19). 다양성 관리의 지지자들은 개인의 다양성이 조직의 약점보다는 강점이 될 수 있다고 주장한다. 또한 이들은 다양성 경영이 현재의 노동력과 작업장 현실에 필수적이라고 강조한다.

Thomas(1991)는 다양성 경영이 직원들의 차이를 어느 정도 보장하기 위한 법적 규제인 차별철폐조치(affirmative action)를 뛰어넘는 것이라고 주장하였다. 그는 차별철폐조치가 매우 중요하고 앞으로도 계속 필요하지만, 이는 단지 소수계층과 여성들이 조직에 들어갈 수 있도록 하는 데만 도움을 준다고 지적하였다. 즉, 그들이 조직에 들어가서 그들의 잠재력을 충분히 발휘할 수 있는지에 대해서는 확신할 수 없다는 것이다. 다양성 경영의 목적은 "다양한 개인들의 재능들을 인정하고 수용하며 역량을 강화하는 것"이다(Thomas 1990:17). 다양성 경영은 차별철폐조치보다 진보된 접근법이다.

보다 최근에 Thomas(1996)는 조직 관점으로부터 "다양성의 재정의(redefining diversity)"라는 내용을 다양성 경영에 관한 그의 저서에 포함시켰다. 그는 다양성에 대한 정의에는 차이점뿐만 아니라 유사점 또한 포함되어야 한다고 강조하였다. Thomas에 의하면 "어떤 사항들의 혼합으로 일컬어지는 다양성은 차이점과 유사점으로 특징 지워진다." 그는 "다양성 혼합(diversity mixture)"을 이해하는 것이 중요하며, 여기에는 사람들뿐만 아니라 조직의 모든 다른 양상들 역시 포함된다고 강조하였다. 여기서 말하는 다양한 양상들에는 생산라인(혹은 서비스), 기능, 마케팅 전략, 운영 철학이 포함될 수 있다.

Thomas는 "다양성에 관한 오늘날의 관점은 단지 다양성 경영에 관심을 표현하는 것을 넘어서 '차이점과 유사점 그리고 그와 관련된 긴장 속에서 양질의 의사결정을 하는 것'으로 그 개념의 범위가 확장되어야 한다."고 주장하였다. 그는 또한 다양성을 추구하는 조직의 리더들은 긴장과 복잡성을 보다 편안하게 받아들이고 전략적으로 생각할 수 있어야 하며, "사명, 비전, 전략의 차원에서 다양성의 문제를 고려해야 한다고 보았다"(2006, cited by Packard in Patti 2009:160).

다양성에 관한 이러한 개념의 확장은 우리의 사고와 행동의 폭을 넓혀줌으로써 조직 환경에서의 인간행동을 고려하는 데 유용하게 적용될 수 있다. 또한 이러한 개념은 다양성의 혼합이라는 맥락 안에서 차이점뿐만 아니라 유사점을 고려하도록 하며, 차이점에 대해서도 사람뿐만 아니라 조직의 모든 활동들을 포함하도록 한다. 이러한 활동에는 우리가 고객에게 제공하는 서비스, 그러한 서비스에 대한 마케팅 그리고 조직의 운영을 계획하고 수행하며 평가하는데 활용되는 기본철학들이 포함되어 있다.

다원적 직장의 증가(Pluralistic workplace)

Hudson 연구소는 "21세기에 미국 노동인구의 민족적 다양성은 지속될 것"이라고 예측하였다.

노동인구에 대한 예측
- ▶ 일하거나 일자리를 찾는 사람들은 2002년과 2012년 사이에 17.4만 명으로 증가되어 2012년에는 총 162.3만 명에 달할 것으로 추정된다.
- ▶ 추정 노동인구의 증가는 1946년에서 1964년 사이에 태어난 베이비붐 세대의 고령화에 의해 영향을 받을 것이다.
- ▶ 55세 이상 집단의 증가율은 4.1%로 추정되는데, 이는 전체 노동인구 증가율의 거의 4배에 달한다.
- ▶ 2012년에는 젊은 세대가 노동인구의 15%를 차지할 것으로 예측된다.
- ▶ 25세와 54세 사이의 경제활동인구가 전체 노동인구의 66%를 차지할 것이다.
- ▶ 55세 이상 집단에서 노동인구는 14.3%에서 19.1%로 증가될 것이다.
- ▶ 히스패닉계 노동인구는 젊은 세대의 상대적으로 빠른 인구증가와 높은 출산율, 이민의 증가로 인해 23.4만 명에 이를 것으로 예측된다.
- ▶ 백인계 노동인구는 여전히 노동인구의 66%를 차지할 것이다.

다원적 경영의 원칙(Principles of pluralistic management)

Nixon과 Spearmon은 Crable, Kunisawa, Copeland, Thomas의 저서를 인용하여, 다원적 경영의 원칙에 대해 설명하였다. 그들은 **다원적 경영**을 "다양한 문화집단들의 가치, 이익, 기여가 조직의 사명, 문화, 정책, 절차에 통합되고, 이들이 모두 권력을 공유할 수 있는 조직을 만들기 위한 리더십"이라고 정의하였다(1991:156-157). 다원적 경영의 원칙은 다음과 같다.

▶ 노동인구의 다원화는 도덕적 필요성에 의한 것뿐만 아니라 전략적으로도 필요하다.

▶ 최고경영관리자는 조직에서 근본적인 구조적·체계적 변화가 발생하기 전에 직장 노동 인구의 다원화를 구축하는 데 노력해야 한다.

▶ 진정한 다원적 직장이란 스타일, 관점, 세계관이라는 맥락에서 문화적 차이를 수용하는 규칙으로의 변화를 의미한다.

▶ 다양성에 대한 현대적 정의는 인종, 민족, 성별, 나이, 신체적 조건, 그리고 유사한 가치, 경험, 기호에 의한 개인들의 집단을 포괄한다.

▶ 개인이나 집단수준에서의 문화적 인식과 평가는 조직이 다원적 직장으로 변화되기 위해 필요조건이지 충분조건은 아니다. 근본적인 변화는 조직의 문화, 정책, 행정에서 이루어져야 한다.

▶ 관리자는 자신의 문화적 유산과 다른 사람들의 문화적 유산 모두에 가치를 두어야 한다.

▶ 관리자는 다양성의 가치를 이해하고, 직장 내에 존재하는 다양성으로부터 얻을 수 있는 강점을 충분히 활용한다.

▶ 관리자는 직장의 주류적 고정관념으로부터 문화적으로 차이가 있는 구성원들의 진정한 관계 형성을 방해하는 장벽을 극복하기 위해 노력한다.

▶ 직업개발과 팀 구축, 멘토링, 참여적 리더십을 통한 직원들의 임파워먼트는 다원적 작업장의 주춧돌이 된다.

▶ 다원적 경영은 단지 고용기회균등(EEO) 정책이나 절차로 한정되는 것이 아니라, 조직 전반의 정책과 실행에 있어서 다양성의 문제를 포함한다.

▶ 다원적 경영 기술은 조직관리 능력의 필수적인 요소이다.

▶다원적 경영의 궁극적인 목적은 조직 구성원들 모두의 인적자원 잠재력을 최대한 활용할 수 있도록 조직을 발달시키는 것이다.

Nixon과 Spearmon은 "이러한 원칙들이 사회복지전문직의 두 가지 핵심 가치인 인간의 존엄성 및 고유성에 대한 존중, 그리고 자기결정권에 대한 존중에 부합된다."고 주장하였다(1991:157).

다원주의로 향한 조직의 진행단계유형

Nixon과 Spearmon(1991:157-158)은 다원적 직장으로 가는 조직의 진행 단계를 평가하기 위한 4단계 조직유형을 제시하였다.

1단계: 형식적인 고용기회균등 조직(Token EEO organization)

이러한 조직은 위계구조의 최하층에 유색인종과 여성을 고용하고, 조직의 정책, 관행, 미션에 크게 방해가 되지 않는 범위에서 형식적으로 그들을 관리한다.

2단계: 차별철폐조치 조직(Affirmative Action Organization)

이러한 조직은 여성과 유색인종을 적극적으로 모집하고 그들의 전문적인 발달을 지지하며, 비인종차별적이고 비성차별적인 행동을 촉진시킨다. 그러나 여전히 여성과 유색인종이 기업위계구조의 상위로 올라가기 위해서는 지배적인 백인남성들에 의해 수립된 정책, 관행, 규범에 순응해야 한다.

3단계: 자기혁신 조직(Self-renewing Organization)

이러한 조직은 성차별주의와 인종차별주의로부터 적극적으로 벗어나기 위해 노력한다. 모든 구성원들의 안녕을 보장하도록 조직의 사명, 문화, 가치, 운영, 경영 스타일을 재검토한다. 복합적 문화관점을 포괄하기 위해서 조직을 재정비한다.

4단계: 다원적 조직(Pluralistic Organization)

이러한 조직은 조직의 사명, 운영, 서비스 전달 과정에서 다양한 문화적, 사회적 집단의 의견과 이해를 반영한다. 특히, 조직 내에서 모든 형태의 차별을 제거하기 위해 노력한다. 상위직급부터 하위직급까지 모든 수준의 노동인구에 다양성이 반영된다. 이러한 다양성은 또한 정책입안과 통치구조에 반영된다. 이러한 조직은 그 조직이 속한 보다 큰 공동체에 민감하게 반응하며, 그 공동체의 한 구성원으로서 사회적 책임을 진다.

과학기술, 조직 그리고 사회정책

다른 영역에서와 같이 과학기술은 조직과 조직 생활의 특성에 중대한 영향을 미친다. 기술은 어떤 면에서 조직 생활과 공동체 생활 간의 경계를 모호하게 하는 것처럼 보일 수 있다. 그러나 기술은 공동체 생활에 영향을 미치고 공동체 내에 소속된 조직의 목표를 달성하는 데 필요한 대안적 방법을 제공해준다. 예를 들어, 인터넷은 자원봉사조직이나 시민단체에게 지역사회에 그들의 목표를 알리고 이를 성취할 수 있도록 매우 직접적인 메커니즘을 제공할 수 있다.

미국 정치과정에서 제기되는 공통적인 우려는 투표율 감소와 선거운동비용의 증가이다. 이는 곧 중산층·저소득층 시민들이 정치에 참여하기를 꺼린다는 의미이다. 이러한 사실은 사회복지사들에게 특히 중요한 의미를 지니는데, 그 이유는 시민들의 정치 참여는 사회복지정책에 영향을 미치는 중요한 수단이 되기 때문이다. 이러한 상황에서 기술은 시민들의 정치 참여를 증가시키고 선거운동비용의 절감을 가능하게 한다. Westen은 "1996년 AT&T 여론조사에서 전체 미국민의 3분에 2가 인터넷을 이용하여 선거 후보자에 대한 정보를 검색했으며, 거의 반 이상의 투표자가 기표소를 찾는 대신 컴퓨터를 이용하여 투표하기를 희망한다."고 지적하였다(Westen 1998).

그러나 Westen은 "기술이 민주주의의 미래와 건전성을 좌우할 수는 없으며, 민주주의는 결국 사람들의 정신에 의해 이루어진다. 다만, 기술이 유권자들에게 보다 나은 결정을 할 수 있는 능력을 부여해 준다고 주장한다"(Westen 1998). 2008년 대통령 선거운동, 특히 상원의원 선거운동에서 현 대통령인 Barak Obama는 선거운동을 조직화하고 자금을 조달하고 홍보하는 과정에서 전례 없는 대규모의 인터넷망(이메일, 문자, 페이스북, 유튜브)을 활용하였다. 많은 사람들은 젊은 층의 투표율 증가는 선거운동에서 인터넷을 통한 의사소통과 네트워크 형성에 대한 많은 투자가 큰 몫을 하였다고 본다.

요약

이 장에서 우리는 조직에 대한 기본 정의와 역사적 관점들, 그리고 전통적 관점과 대안적 관점들에 대해 살펴보았다. 전통적 관점에 대해서는 과학적 관리론, 관료제, 인간관계론, X이론, Y이론을 검토하였다. Y이론과 체계이론, 상황적합이론은 전통적 패러다임과 대안적 패러다임의 특징을 모두 지닌 중간 수준의 관점으로 논의되었다.

우리는 조직문화의 준거틀 내에서 대안적 조직 접근에 대해 다루었다. 구체적으로 조직문화를 배경으로 한 Michel의 "과두제의 철칙", Iannello의 비판적 관점, 합의조직과 수정합의조직 접근에 대해 살펴보았다. 네트워크 조직과 조직에 대한 사회변화이론들, 그리고 조직 리더십 이론들 역시 전통적 조직 관점에 대한 대안으로 언급되었다. 그 밖에도 Z이론, 팀 또는 품질관리서클, 다양성 경영 관점에 대해 살펴보았다.

결과적으로 우리는 어떤 단일 이론도 대안적 패러다임이나 사회복지의 핵심 관심에 전적으로 부합되지는 않는다는 입장을 확인하면서 이 장을 마무리하고자 한다. 향후 대안적 관점과 전통적 관점의 장점을 수용하고 각각의 한계를 뛰어넘을 수 있는 새로운 대안적 접근들을 지속적으로 추구하는 것이 우리의 도전과제이다.

8장 복습

연습문제

1. 조직의 관리자가 업무에 대해 정확하게 이해하고, 규정하며, 표준화하고, 관리감독할 책임을 가지고 있는 조직접근방법은 무엇인가?
   a. 관료제
   b. 목적중심 관리
   c. 과학적 관리
   d. 체계적 관리

2. 다음 중 Y이론에 해당되는 것은 무엇인가?
   a. 보통 사람들은 적절한 상황에서 책임을 수용하며 때에 따라서는 책임을 추구하기도 한다.
   b. 조직의 결정에 대해 개인적으로 좋고 싫든 간에 개방적이고 공평한 방법으로 결정된 사항이기 때문에 지지할 것이다.
   c. 보통 사람들은 태생적으로 일하기를 싫어하고 가능하면 회피하려고 한다.
   d. 모두 해당 없음.

3. "조직은 주어진 시점에서 불완전한 정보에 기초해 의사결정을 하게 되며, 그러한 불완전한 정보를 가지고 가능한 한 최선의 결정을 내려야 한다."
   이를 가장 잘 설명한 이론은 무엇인가?
   a. 인간관계론
   b. 결정이론
   c. 상황적합이론
   d. Y이론

4. 조직에 중요하고 포괄적인 영향을 미치는 전체사회 환경의 개념을 강조한 관점은 무엇인가?
   a. 비판적 관점
   b. 개방체계관점
   c. 조직문화
   d. 전통적 패러다임 관점

5. 조직의 구성원들이 어떻게 다른 구성원들에게 조직의 정책, 실천, 절차에 대해 설명하고 전달할 것인가에 관한 것은 무엇인가?
   a. 호손효과
   b. 조직문화
   c. 조직 분위기
   d. 조직의 의사소통규범

6. 다음 중 고객중심의 서비스, 평등적 분위기, 기술적 지원, 탄력적이고 유연한 조직으로 특징화되는 조직의 유형은 무엇인가?
   a. 다양성 경영
   b. 지적 조직
   c. 다원 조직
   d. 세계적 조직

7. 조직의 분석과 변화에 대한 이 접근방법은 다음의 특징들을 포함한다.
   "관리자의 이득이 보편적이지 않다. 조직의 형성을 자연스러운 과정으로 인식할 필요는 없다. 조직의 문화는 지배집단의 헤게모니를 촉진한다."
   이에 해당되는 것은 무엇인가?
   a. 임파워먼트 접근
   b. 비판적 접근
   c. 사회변화접근
   d. 다양성 접근

8. "이 단계의 여성들은 그들이 속한 조직과 가족, 지역사회에 기여하는데 초점을 둔다. 그들은 주변 다른 사람들의 도움으로 자신의 직업이 안정적인 경로를 밟고 있다고 생각한다. 이 여성들에게 있어서 성공은 인정과 존중을 받고 통합적인 삶을 사는 것이다." 이에 해당되는 것은 무엇인가?
   a. 실용적 인내
   b. 생성적 실현
   c. 재창조적 기여
   d. 이상적 성취

9. 다음의 특징들을 포함하는 리더십의 유형은 무엇인가?
   "경청, 공감, 권위보다는 설득의 사용, 폭넓은 개념적 사고와 시각, 개인의 성장을 위한 노력, 공동체 형성"
   a. 서번트 리더십
   b. 예지적 리더십
   c. 카리스마 리더십
   d. 교환적 리더십

10. 조직의 중요한 결정은 조직 구성원 전체의 합의에 의해 이루어지고, 일상적인 결정은 조직 내의 구성들에게 수평적으로 위임되는 조직 구조를 무엇이라 하는가?
    a. 합의조직
    b. 수정합의조직
    c. 관료조직
    d. X이론 조직

답: 1) c 2) a 3) c 4) a 5) c 6) d 7) b 8) c 9) a 10) b

참고문헌

Abrahamsson, Bengt. (1977). *Bureaucracy or participation: The logic of organization.* Beverly Hills: SAGE Publications.

Anderson, Ralph, and Carter, Irl. (1990). *Human behavior in the social environment: A social systems approach* (4th ed.). New York: Aldine de Gruyter.

Attneave, Carolyn. (1982). "American Indians and Alaska Native families: Emigrants in their own homeland," in McGoldrick, Monica, Pearce, John, and Giordano, Joseph. (Eds.). *Ethnicity and family therapy.* New York: Guilford.

Austin, M. J., & Claasen, J. (2008). Impact of organizational change on organizational culture: Implications for introducing evidence-based practice. *Journal of Evidence-Based Social Work, 5*(1/2), 321-359.

Barrett, F. (1995). "Creating appreciative learning cultures." *Organizational Dynamics, 24*(2): 36-49.

Burton, B., and Dunn, C. (1996). "Feminist ethics as moral grounding for stakeholder theory." *Business Ethics Quarterly, 6:* 133-147.

Colon, E. (1995). "Creating an Intelligent Organization." In Ginsberg, L. and Keys, P. (Eds.). *New management in the human services.* (2nd ed.). Washington, DC: NASW.

Dodge, R. and Robbins, J. (1992). "An Empirical Investigation of the Organizational Life Cycle." *Journal of Small Business Management, 30*(1): 27-37.

Etzioni, Amitai. (1964). *Modern organizations.* Englewood Cliffs, NJ: Prentice Hall.

Evans, K. G. (1996). "Chaos as opportunity: grounding a positive vision of management and society in the new physics." *Public Administration Review, 56:* 491-494.

Ginsberg, L. (1995). "Concepts of new management." In Ginsberg, L. and Keys, P. (Eds.). *New management in the human services.* (2nd ed.). Washington, DC: NASW.

Gortner, Harold F.; Mahler, Julianne; and Nicholson, Jeanne. (1987). *Organization theory: A public perspective.* Chicago: The Dorsey Press.

Grusky, Oscar and Miller, George (Eds.). (1981). *The sociology of organizations: Basic studies* (2nd ed.). New York: The Free Press.

Hendry, J. (1999). "Cultural theory and contemporary management." *Human Relations, 52*(5): 557-577.

Hodgetts, R. M., Luthans, F. and Lee, S. M. (1994). "New paradigm organizations: From Total Quality to Learning to World Class." *Organizational Dynamics, 22*(3): 5-19.

Howard, D. and Hine, D. (1997). "The population of organisations life cycle (POLC): Implications for small business assistance programs." *International Small Business Journal, 15*(3): 30-41.

Iannello, Kathleen P. (1992). *Decisions without hierarchy: Feminist interventions in organization theory and practice.* New York: Routledge.

Jawahar, I, and McLaughlin, G. (2001). "Toward a descriptive stakeholder theory: An organizational life cycle approach." *Academy of Management. The Academy of Management Review, 26*(3): 397-414.

Liedtka, J. (1996). "Feminist morality and competitive reality: a role for an ethic of care?" *Business Ethics Quarterly, 6:* 179-200.

Neugeboren, Bernard. (1985). *Organizational policy and practice in the human services.* New York: Longman.

Nixon, R., and Spearmon, M. (1991). "Building a pluralistic workplace." In Edwards, R. and Yankey, J. (Eds.). *Skills for effective human services management.* Washington, DC: NASW Press. Reprinted by permission.

O'Neil, D. A., and Bilimoria, D. (2005). "Women's career development phases: Idealism, endurance, and reinvention." *Career Development International, 10*(3), 168.

Ouchi, William G. (1981). *Theory Z.* New York: Avon Books.

Overman, E. S. (1996). "The new science of administration: chaos and quantum theory." *Public Administration Review, 56:* 487-491.

Patti, R. (Ed.). (2009). *The Handbook of Human Services Management* (2nd ed.). Los Angeles: Sage.

Pugh, D. S.; Hickson, D. J.; and Hinings, C. R. (Eds.). (1985) *Writers on organizations.* Beverly Hills: SAGE Publications.

Rifkin, J. (1998). "A civil education for the twenty-first century: preparing students for a three-sector society." *National Civic Review, 87:* 177-181.

Schein, Edgar. (1992). *Organizational culture and leadership.* (2nd ed.). San Francisco: Jossey-Bass.

Schneider, B., Brief, A. P., and Guzzo, R. A. (1996). "Creating a climate and culture for sustainable organizational change." *Organizational Dynamics, 24*(4): 7-19.

Shafritz, Jay M., and Ott, J. Steven. (1987). *Classics of organization theory* (2nd ed.). Chicago: The Dorsey Press.

Taylor, Frederick W. (1981). "Scientific management." In Grusky, Oscar, and Miller, George A., eds. *The sociology of organizations: Basic studies* (2nd ed.). New York: The Free Press.

Thomas, R. Roosevelt, Jr. (1990). "From affirmative action to affirming diversity." *Harvard Business Review,* March.April 1990: 107-117.

Thomas, R. Roosevelt, Jr. (1991) "The concept of managing diversity." *The Bureaucrat: The Journal for Public Managers.* Winter 1991.1992: 19-22.

Thomas, R. (1996). "Redefining diversity." *HR Focus, 73*(4): 6-7.

Westen, T. (1998). "Can technology save democracy?" *National Civic Review, 87:* 47-56.

Wheatley, M., and Kellner-Rogers, M. (1996). "Breathing life into organizations." *Public Management, 78:* 10-14.

Zhu, Z. (1999). "The practice of multimodal approaches, the challenge of cross-cultural communication, and the search for responses." *Human Relations, 52*(5): 579-607.

인간행동이론과 사회복지실천

9장

공동체에 대한 관점

Human

Behavior

and
the Social

Environment

이번 장에서 다루게 될 공동체에 대한 관점들은 어찌 보면 인간행동과 사회환경을 이해하는데 있어서 가장 중요하다고도 볼 수 있다. 이처럼 우리가 공동체를 주목하는 이유는 개인, 가족, 집단, 조직, 지구적 수준에서 발생하는 인간행동의 중요성을 간과하려는 것이 아니라, 이러한 모든 수준에서의 인간행동을 공동체라는 하나의 장에서 아우름으로써 각 수준의 중요성들을 보다 부각시키려는 의도이다.

물론, 앞선 장들에서 우리는 공동체에 대한 논의를 계속해 왔다. 개인은 자신이 속해 있는 공동체와 많은 영향을 주고받으며, 가족, 집단, 조직 또한 공동체라는 환경 속에서 그 역할을 수행하는 동시에 잠재력을 발휘하고 목표를 성취하고자 한다. 복잡다기한 국제문제에서 공동체 여전히 중요한 요소이며, 모든 수준의 인간행동이 공동체와 복잡하게 얽혀있다. 마찬가지로 사회복지영역의 주된 관심사들 또한 공동체와 연관되어 있으며, 사회복지사들은 공동체의 특징을 규명하고자 노력한다. 그럼에도 전통적 패러다임과 대안적 패러다임은 공동체에 대한 상이한 관점을 제시한다. 각 패러다임에서 제시하는 개념들은 공동체를 설명하는 요소들이 된다. Kuhn(1970) 또한 자연과학에서의 패러다임 전환을 논의하면서(1장 참고) 공동체에 대해 설명하였다. 이 책의 전반부에서 언급하였던 사회복지사와 클라이언트의 관계에 대한 전제 역시 공동체를 정의함에 있어서도 반드시 고려해야만 하는 관계이다.

이처럼 사회복지를 논함에 있어서 공동체를 제외할 수는 없다. 우리는 항상 공동체의 맥락 속에서 사회복지를 실천하게 된다. 클라이언트인 개인, 가족, 집단, 조직은 공동체를 이루는 기본 구성요소이며, 전 세계 모든 국가들은 이러한 공동체들을 기본으로 하여 구성된다. 공동체를 구축하고 개선하고자 하는 작업들은 곧 이러한 다양한 수준에서의 인간의 욕구와 필요를 충족시키기 위한 것이다.

하지만, 사회복지 실천을 위한 핵심적 요소라 할 수 있는 공동체는 포괄적이고도 정의내리기에 다소 까다로운 개념이다. 또한 많은 연구들에서 논의되고 있는 "공동체의 상실(loss of community)"이나 "공동체의 탐색(search for community)"이라는 개념을 보면, 공동체를 바라보는 관점에 커다란 변화가 나타나고 있음을 알 수 있다. 이 개념들은 인간행동과 사회환경을 보다 전체론적 관점에서 이해하려는 이 책의 목적과도 일맥상통한다.

공동체는 개인과 사회환경이 하나가 되는 곳이다. 공동체에 대한 포괄적 관점은 우리 사회복지사들이 실천현장에서 접하게 되는 다음과 같은 의문점을 해결하는데 도움이 된다. "사회복지사는 개인 및 사회의 변화에 자신의 자원과 관심을 쏟는데 최선을 다해야 하는가?" 이에 대한 답은 당연히 "그렇다!"이다. 사회복지사는 개인 및 사회의 변화 모두에 관심을 기울여야 하며, 내부적으로는 우리 자신, 외부적으로는 우리를 둘러싼 세상에 초점을 두어야 한다. 개인과 사회는 밀접하게 연결되어 있기 때문에 우리는 이 두 가지를 동시에 고려해야만 한다. 즉, 세상을 변화시키기 위해서는 우리 스스로를 변화시켜야 하며, 세상이 변하면 우리 또한 변한다(Bricker-Jenkins and Hooyman 1986). 공동체는 개인을 사회적 세계 및 집합적 세계와 연결시켜주는 인간행동의 수준이다.

이 장에서 전통적 관점과 대안적 관점에 따른 공동체의 개념을 살펴보다보면, 우리는 특정 사람들의 세계관이 공동체의 유형과 특징에 중요한 영향을 미친다는 사실을 인식할 수 있을 것이다. 이러한 맥락에서 이 장은 모든 구성원들이 함께 참여하고, 서로를 통해 배우며, 삶의 영역에서 중요한 기능을 하는 공동체의 개념에 대해 탐구하는 것을 목적으로 한다. 궁극적으로, 우리는 공동체를 통해 개인과 집합적 인간 사이의 공통점과 차이점을 살펴볼 수 있을 것이다.

공동체에 대한 역사적 관점

과거 사람들의 공동체에 대한 생각은 그 당시의 지배적 세계관으로부터 영향을 받았으며, 이는 오늘날도 다름 아니다. 현재에 살고 있는 우리들은 공동체를 인식하는 사유과정에서 이 시대의 지배적 패러다임으로부터 영향을 받는다.

서양에서는 르네상스로 인해 개인을 보는 관점이 크게 변화하면서, 공동체 속에 위치하는 개인을 보는 관점 또한 크게 변화하였다. 이러한 역사적 배경은 개인과 사회가 밀접하고도 불가분하게 서로 연관되어 있다는 사실을 상기시킨다. 서양에서 나타난 이러한 급진적인 변화는 지리적으로 멀리 떨어져 있는 지역에까지 영향을 미쳤고, 르네상스의 새로운 패러다임(1장 참조)이 오늘날의 세계를 정의하는 지배적 패러다임이 되었다. 이 변화에서 중심이 되는 것은 사회나 집단보다 개인이 우선되어야 한다는 믿음이다.

인류학자인 David Maybury-Lewis(1992:66ff)는 집단 중심에서 개인 중심으로의 이러한 인식의 전환이 개인과 공동체 모두에게 긍정적이든 혹은, 부정적이든 중요한 의미를 지닌다고 보았다.

르네상스의 개인중심주의적 관점과 더불어, 19세기 현대과학의 출현 또한 인류 공동체가 속하는 지구적 환경에 커다란 영향을 미쳤다. 과학철학은 '자연은 인간에게 이바지 하고 정복되기 위해 존재한다'는 전제 아래 등장하였다. 종교 역시 인간이 자연을 개발할 권리를 가진다는 믿음에 정당성을 부여하였다. 중세 기독교의 가르침에 따르면 "인간은 세상을 지배하기 위해 하나님의 모습을 본떠 창조되었다." 인간을 자연의 우위에 두는 이러한 세계관은 인간이 자연뿐만 아니라 영적 세계와도 밀접하게 연결되어 상호작용한다고 보는 다른 많은 부족들의 세계관과는 확연히 대조된다(Maybury-Lewis 1992:73).

개인, 가족, 공동체, 거대 사회와의 상호의존성에 기반을 둔 세계관은 개인주의나 몰개성에 기반을 둔 공동체 관점과는 확연히 다르다. 상호의존성에 기반을 둔 세계관은 우리가 다른 사람들과 어떻게 함께 살아가야 하는지에 대한 물음에 대한 답을 제시해준다. 즉, "오랜 세월에 걸쳐 복잡하게 얽혀 단단히 결속된 연계망에 의한 공동체의식"이 어떻게 만들어지는가를 일깨워준다(Utne 1992:2).

이러한 대안적 관점은 지배적 관점 못지않게 오랜 역사를 지님에도 불구하고, 실제로 지배적 관점에서는 이를 무시해 왔다. 그럼에도 대안적 관점은 지금까지도 여전히 논의되고 있으며, 우리는 이를 통해 많은 것들을 배울 수 있다. 대안적 패러다임의 대부분은 지배적 패러다임에서 고려되지 않는 내용인 공동체란 무엇이며, 무엇이어야 하는가에 대한 것들이다. 미국을 비롯한 세계 곳곳의 원주민들에게 이어져 내려온 공동체를 바라보는 시각과 신념 속에서 이러한 대안적 관점의 사례들을 찾아볼 수 있다. 우리가 공동체에 대한 "새로운" 관점으로 살펴보고자 하는 대안적 관점들은 사실 현재의 지배적 관점보다 훨씬 "오

공동체로부터 개인에 이르는 중요한 가치
인간에 대한 예찬은 개인의 존엄성과 권리를 강조하고, 전통사회에서 친족과 공동체가 수행하던 개인에 대한 통제를 중단시켰다. 결국 인간에 대한 예찬은 사회를 원자로 분리시키는 역할을 했으며, 이로써 인간은 에너지와 창의성을 발휘하여 엄청난 기술의 발전과 부의 축적을 가능하게 하였다.

출처: Maybury-Lewis 1992:68.

래된" 사유들로부터 유래한 것이다. 이는 공동체를 보다 전체론적으로 이해하기 위한 방식으로서, "직선"의 끝에서 종료되는 단선적 개념이 아니라 인간행동과 사회환경에 대한 새로운 사유를 시작하도록 만드는 순환적 과정을 의미한다.

공동체의 정의

공동체는 복잡하고 다면적인 인간행동이 이루어지는 차원으로 매우 포괄적인 개념이기 때문에 정의내리기 또한 복잡하고 어렵다. 특히, 공동체는 개인, 가족, 집단, 조직 수준에서의 인간행동을 통합하여 정의되어야 한다. 이를 위해 이 장은 공동체의 서로 다른 다양한 측면들에 초점을 두어 다양한 방식으로 공동체를 정의할 것이다. 공동체에 대한 정의는 전통적 패러다임 혹은 대안적 패러다임과 일치하는 정도에 따라서 상이하게 내려지기도 한다.

공동체에 대한 전통적 관점과 대안적 관점들을 살펴보다보면 공동체의 기본요소들을 접하게 될 것이다. 이러한 기본요소들에는 **사람들의 집합체로서의 공동체**(community as a collective of people)라는 개념이 포함되는데, 이는 개인, 집단, 가족, 조직, 공통된 이익, 공통된 이익을 공식적·비공식적 방법으로 성취하기 위한 체계적·규칙적 상호작용, 구성원들이 같은 집합체에 속해 있다고 느끼는 상호인식 등이다.

Anderson과 Carter(1990:95-96)에 따르면, 공동체는 관점주의적인 개념(perspectivistic notion)이다. 이는 공동체를 "특정한 정의를 가진" 개념이 아닌 다양한 "관점에 따른" 개념이라 보는 것으로, 사람들은 저마다의 관점에 따라 공동체에 대한 정의를 달리 내리게 된다. 이러한 광의의 개념은 전통적 관점과 대안적 관점을 모두 포함하는 것이며, 개인, 가족, 집단, 조직들을 하나의 공동체로 묶을 수도, 별개의 것들로 분리시킬 수도 있다. 이로써 우리는 지금까지 살펴본 여러 수준에서의 인간행동에 대한 다양한 관점들을 공동체로 통합하여 생각할 수 있게 된다. 예를 들어 공동체 내 개인들의 주요역할을 논의하는 경우, 이를 공동체에 속한 모든 구성원들이 맡은 주요역할들에 대한 논의로 확장하는 것이다. 이 때 공동체의 구성원에는 여성과 남성, 유색인종과 백인, 장애인과 비장애인, 가난한 사람과 부유한 사람, 노인과 젊은이, 게이와 레즈비언, 성전환자, 양성애자와 이성애자 등이 모두 포함된다. 또 다른 예로 공동체의 맥락에서 가족들이 수행하는 주요역할을 논의하는 경우를 생각해본다면, 전통적인 핵가족 및 확대 가족뿐만 아니라 게이나 레즈비언 가족, 확장가족과 친척가족을 포함하는 다양한 대안적 가족형태를 공동체의 중요한 요소로 고려할 수 있을 것이다.

공동체에 대한 전통적 관점

장소적 공동체

공동체에 대한 가장 전통적인 관점은 공동체를 지리적 위치 즉, 대부분의 일상생활이 이루어지는 장소와 결부시키는 것이다. 예를 들어 고향이나 동네 등이 여기에 해당한다. Reiss는 공동체에 대한 위치 중심적 관점의 전형적인 예를 들면서, "공동체는 거주와 생계를 위한 제한된 공간을 공유함으로써 생성되며, 공간의 공유로 인해 발생되는 공통적 욕구를 충족시키기 위해 사회적 행위의 특징적 유형을 확립한다."고 주장한다(1959:118).

공동체를 지역이나 공간으로 보는 전통적 관점은 소규모의 농촌뿐 아니라 대규모의 도시에도 적용되었다. Dwight Sanderson에 따르면 농촌공동체란, 마을회관을 보유하며 공통의 의무와 책임의식을 가지는 사람들의 장소적 공동체를 말한다(Warren and Lyon 1988:258-260). Sanderson은 농촌공동체의 경계를 설정하기 위해 Galpin의 방식을 활용하였다. 즉, 마을회관에서부터 가장 멀리 떨어진 마을주민의 일터까지의 거리를 지도에 표시해 보면 농촌공동체의 경계를 확인할 수 있다(Sanderson in Warren and Lyon 1988:259).

Weber는 **도시**(city)를 경제활동이 이루어지는 특정 공간인 시장 또는 거래 구역으로 정의하였다. 이러한 Weber의 정의에 따르면, 도시는 현지 주민이 지역 내 시장에서 일상생활에 기본적으로 필요한 대부분의 상품을 경제적으로 충족할 수 있는 곳이다. 그는 도시를 도시 거주자와 주변 농촌지역 거주자가 상품을 사고파는 장소라고 보았다. 이러한 상품들은 대부분 도시 주변 지역에서 생산되거나 다른 방법으로 확보되어 판매를 목적으로 도시에 들어온다(Weber in Warren and Lyon 1988:15-17). 이처럼 도시와 농촌공동체를 욕구 충족을 위한 다양한 활동과 기능을 수행하는 지리적 장소로 보는 장소적 공동체의 개념은 공동체의 인식방법 중에서도 가장 전통적인 것에 해당한다.

기능적 공동체

Warren은 장소적 공동체의 기능적 특성을 보다 상세히 기술함으로써 장소적 공동체의 관점을 확장시켰다. 그에 따르면 **공동체**는 "지역에 필요한 주된 사회적 기능을 수행하는 사회적 단위 및 체계들이 결합된 것이다. 다시 말해, 우리는 사회적 활동들의 조직체인 공동체를 통해 일상생활을 영위하는데 필요한 수많은 활동 영역에 접근할 수 있게 된다"(1978:9).

Warren은 이러한 공동체의 활동 및 기능을 다음과 같은 5가지 유형으로 설명한다.

1. 지역 내의 산업, 기업, 전문직, 종교단체, 학교, 정부기관에 필요한 재화와 서비스의 생산-분배-소비에 참여함
2. 가족, 학교, 종교단체 등을 통해 구성원에게 지식, 사회적 가치, 행동양식을 사회화시키고 전수함
3. 구성원이 공동체 규범에 따라 행동할 수 있도록 법률, 법원, 경찰, 가족, 학교, 종교단체, 사회단체 등을 통해 사회적 통제를 가함
4. 종교단체, 가족과 친족, 친구, 회사, 정부 프로그램, 사회단체 등을 통해 다른 구성원들과 함께 하는 사회적 활동에 참여함
5. 환자나 경제적으로 어려운 사람을 돕기 위해 노동력을 교환함으로써 도움이 필요한 구성원들을 상호 지원하며, 가족 및 친척의 일차집단, 이웃집단, 친구집단, 종교집단. 사회서비스 기관, 보험회사 등을 통하여 곤란한 상황에 처한 구성원들에게 원조를 제공함(Warren 1978:10-11).

연결고리로서의 공동체

공동체는 흔히 가족이나 친구와 같은 일차적 관계와 공식적 조직(직장, 학교, 종교)과 같이 특수한 유대를 갖는 이차적 관계가 합쳐지는 "중간지대(middle ground)"로 여겨진다. 이러한 개념은 공동체가 개인과 사회가 만나는 장소라는 것을 의미한다.

Warren(1978:9)은 공동체가 사람들, 지역 공동체의 단체들, 더 큰 사회의 단체 및 조직들 사이를 잇는 연결고리의 역할을 한다고 강조한다. 특히 이러한 접근방법과 우리의 일상적인 욕구들이 충족되는 장소적 공동체의 개념이 결합되는 경우, 공동체는 사회의 축소판이 된다. 공동체는 사회를 이루는 모든 구조 및 기관, 지역 또는 그보다 작은 범위 속에서 찾아볼 수 있다(Rubin in Warren and Lyon 1983:54-61). 앞으로 살펴보게 될 공동체에 대한 대안적 관점에서는 연결고리로서의 공동체의 개념이 과연 공동체를 이해하기 위한 현실적이고 필수적인 방법인가에 관한 중요한 의문들이 제기될 것이다.

관계방식으로서의 공동체

공동체에 관한 또 다른 전통적 관점에서는 구체적이고 도구적인 성격을 갖는 장소적 공동체 혹은 기능적 공동체의 개념에서 벗어나, 사람들 간에 관계를 맺는 방식에 초점을 둔 상호작용적이고 정서적인 공동체 개념으로의 전환을 시도한다. 이는 공동체의 정서적·감정적 측면을 강조한 것으로, 이러한 관점은 공동체의 개념을 크게 확장시켜 보다 포괄적이고 대안적인 공동체에 대한 관점들이 제시될 수 있다.

이처럼 구성원들 간의 관계방식에 초점을 두는 공동체 관점은 공동체의 구성원들이 갖는 공감대나 멤버십, 타인이 자신을 실제 구성원으로 받아주는지에 대한 느낌을 강조한다. 또한 이 관점은 공유감(sharedness), 즉 구성원들 서로가 공동체의 일원으로서 느끼는 유대감을 강조한다. 관계방식으로서의 공동체 관점은 구성원들이 느끼는 "우리성(we-ness)" 내지는 "공동체 의식(sense of community)"과 관련된다고 할 수 있다.

Ferdinand Tönnies(in Warren and Lyon 1988:7-17)는 집단 구성원들이 맺는 관계의 방식을 두 가지로 구분하였다. 이 고전적인 구분 방식은 다양한 공동체의 서로 다른 맥락에 따라서 사람들이 관계를 맺는 방식도 달라질 수 있다는 것을 설명할 때 매우 유용하게 활용된다. Tönnies는 사람들이 서로 간에 관계를 맺는 방식에 초점을 두고, 소규모의 시골과 대규모의 도시 지역 사람들 간의 관계방식을 비교함으로써 관계의 본질을 파악하고자 하였다. 즉, Tőnnies는 공동체의 개념에 장소와 관계를 동시에 포함시켰으며, 지역사회 사람들 간의 관계방식이 시간의 흐름에 따라 변화될 수 있다고 보아 공동체에 대한 관점에 시간적 의미를 포함시켰다.

Tőnnies가 정립한 관계 맺기 방식의 두 가지 기본개념은 게마인샤프트와 게젤샤프트이다. **게마인샤프트 관계**(gemeinschaft relationships)는 공통된 문화, 전통, 생활방식, 그리고 공통된 전통에서 비롯된 상호책임성에 기초하는 관계 방식이다. 게마인샤프트 관계는 소규모의 시골 지역에서 관계를 형성하는 방식으로, 이러한 소규모 지역사회에서는 사람들끼리 서로 잘 알고 지내며 과거의 여러 경험들을 공유할 뿐만 아니라 미래에도 이러한 관계가 안정적으로 유지될 것이라 기대한다. Tőnnies는 게마인샤프트 관계가 인간의 본연의지에 기초하고 있다고 보았다. **본연의지**(natural will)란, 집단의 구성원들이 서로에 대해 개인적·집단적 책임감을 가지고 상부상조하는 관계의 본질을 의미한다.

반면 **게젤샤프트 관계**(Gesellschaft relationships)는 계약과 교환에 기반하여 관계를 맺는 방식이다. 구성원들은 교환관계 속에서 상품, 화폐, 서비스 등을 지불한다. Tőnnies는 이러한 관계의 방식이 합리의지에 기초한다고 보았는데, **합리의지**(rational will)란 공통된 문화나 전통, 시간의 흐름에 따라 맺어지는 비공식적인 관계가 아니라 개인적인 것을 배제하여 맺어지는 공식적인 관계방식을 의미한다. 게젤샤프트 관계는 사람이라면 누구나 살아가기 위해 다른 사람들부터 무언가를 얻어야 하기 때문에, 이렇게 자신이 필요한 것들을 상품이나 서비스, 화폐로 서로 교환하게 된다는 합리적 현실로부터 나타난다. 게젤샤프트 관계는 대도시 지역에서 쉽게 찾아볼 수 있는데, 대도시의 사람들은 서로를 잘 알지 못하는 사람들 또는 자신의 필요를 충족시키기 위해 상호작용했던 사람들과 과거의 경험을 공유하지 않는다(Tőnnies in Warren and Lyon 1988:7-17).

Tőnnies는 게마인샤프트 관계와 게젤샤프트 관계가 동시에 존재할 수 있으며, 실제로도 그래왔다고 보았다. 인간의 다양한 욕구 중 어떤 것은 본연의지에 기초한 상호책임감을 통해 충족되고 어떤 것은 합리의지에 기초한 계약을 통해 충족되는데, 이중에서 어느 것이 더 우세한 관계방식인지는 해당 지역이 전통적인 시골인지(게마인샤프트) 아니면 개인적인 것이 배제된 도시인지(게젤샤프트)에 따라 정해지는 경향이 있다. Tőnnies는 자본주의로 인해 전통적인 농촌사회

가 산업화된 도시사회로 변화함에 따라, 공동체의 삶에서 지배적이었던 게마인 샤프트 관계가 게젤샤프트 관계로 대체되는 역사적 변화가 이루어졌다고 보았다(Tönnies:7-17 and Warren:2-3 in Warren and Lyon 1988).

사회체계로서의 공동체

사회체계로서의 공동체 개념은 관계방식으로서의 공동체 개념과 마찬가지로 다른 전통적 관점에 비해 공동체를 종합적이고 전체적으로 볼 수 있는 대안적 관점을 제시한다.

사회체계로서의 공동체 관점의 장점은 앞서 살펴본 인간행동의 다양한 수준에 대한 체계적 관점에서의 장점들과 유사하다. 우리는 공동체에 대한 체계적 관점을 통해 공동체를 이루는 다양한 요소나 하위체계, 즉 공동체를 구성하는 개인, 가족, 집단, 조직들을 인식할 수 있으며, 더 큰 환경 속의 다른 체계나 하위체계가 공동체에 미치는 영향(예: 주정부와 중앙정부가 지역 공동체에 미치는 영향)을 파악할 수 있다. 또한 체계적 관점에서는 공동체 체계 내의 요소들 간, 그리고 공동체와 환경이 서로 영향을 주고받는다고 본다. 체계적 관점에 따르면 공동체는 주변의 환경과 영향을 주고받는데, 이러한 상호영향에 의하여 공동체의 삶은 지속적으로 변화하게 된다. 아래 예시를 통해 이러한 과정을 살펴보도록 하자.

1964년 미국 시민권법(Civil Right Act)이 제정되기 전에는 공동체의 다양한 하부체계(지역 레스토랑, 호텔, 휴게소, 버스회사)가 아프리카계 미국인에게 서비스의 제공을 거부하거나 부당한 서비스를 제공하는 일이 다반사였다. 이러한 차별은 공동체 내 많은 사람들의 일상생활에 직접적으로 영향을 미쳤다. 아프리카계 미국인들은 차별에 맞서고자 자신의 지역 공동체 내에서 스스로의 세력을 키우고, 다른 많은 공동체들과의 조직화를 통해 공동체 서비스에 대한 평등한 접근권을 요구하기 시작하였다. 변화를 요구하는 사람들이 점점 많아지자, 주정부와 연방정부 차원에서도 이들의 집합적인 영향력을 인식하게 되었다.

그럼에도 불구하고, 많은 주(主)정부들은 평등한 권리를 요구하는 시민들의 요청에 침묵으로 일관하는 대응방법을 취하였고, 대부분의 주는 아무런 조치도 취하지 않고 차별적 관행을 유지하였다. 이에 시민권 운동(civil rights movement)

은 그저 개별 공동체에 속한 개인들의 행동에 그치지 않고, 아프리카계 미국인에게 평등한 서비스를 제공하지 않는 주정부들의 태도에 항의하는 전국적 운동으로 확산되었다. 전국으로 확산된 시민권 운동은 연방정부가 주정부 수준에서 유지되고 있는 차별에 개입하여 이를 중단시킬 것을 요구하였다.

긴 시간 동안 많은 갈등을 겪은 후, 연방정부는 시민권법을 제정하여 시행하였다. 이렇게 국가적 차원에서 제정된 시민권법은 공공시설 이용과 서비스를 제공하는 과정에서 유색인종을 차별하는 것을 불법으로 규정함으로써 주와 지방에 직접적으로 영향을 미쳤다. 이 법률의 시행은 시민 개개인에게도 영향을 미쳤는데, 시민권법의 효력이 적용되는 곳에서 유색인을 차별하는 사람은 자신의 위법사항에 대하여 대가를 치르게 되었고, 차별 받았던 사람들은 자신들의 노력이 연방법에 의한 평등권의 보호라는 결과로 나타났음을 알게 되었다.

공동체에 대한 대안적 관점

공동체에 대한 대안적 이론들을 살펴보는 과정은 2장에서의 대안적 패러다임, 즉 해석적·직관적·질적·주관적 접근, 페미니즘 관점, 다양성 중심 관점, 개인적·통합적 관점, 공동체에서의 억압과 차별에 대한 관점 등과 궤(軌)를 같이한다. 공동체에 대한 대안적 관점의 많은 부분은 전통적 관점의 요소들로부터 출발하거나, 때로는 전통적 관점을 다른 방식으로 인식함으로써 도출되기도 한다. 다음의 대안적 관점을 살펴보는 과정에서, 전세계 도처의 원주민들이 오래전부터 계승하고 있는 공동체에 대한 관점들을 되짚어보도록 하자.

공동체에 대한 대안적 접근

1990년대부터 2000년대 초반에 이르기까지, 개인 및 가족의 일상과 사회 전반에서 공동체가 수행하는 역할들에 관한 흥미로운 연구들이 많이 이루어졌다. 이에 따라 사회복지사들은 공동체와 그 구성원들이 스스로의 자원을 활용하여 개인과 집단의 행복을 찾을 수 있도록 지원할 때 공동체에 대한 새로운 시각들을 활용할 수 있게 되었다. 또한 이러한 새로운 시각들을 통해 공동체의 상호 관련된 요소들을 이해함에 있어서 보다 전체적이고 종합적으로 접근하는 것이 가능해졌다. 이러한 새로운 접근방법은 인간행동과 사회환경 뿐만 아니라, 사회복지교육과 실천의 근간이 되는 사회복지의 모든 역량과 전문적 실천행동에 커다란 영향을 미쳤다(1장의 〈표 1.1〉 참고). 이 새로운 대안적 접근방법은 공동체에 대한 이론과 사회복지의 가치 및 윤리에 부합되게 공동체를 긍정적으로 변화시키려는 정책과 실천을 통합시켰고, 이를 통해 개인, 가족, 집단, 조직, 공동체, 지구적 수준에서의 복지가 서로 강력한 연관성을 가지게 되었다. 이렇듯 공동체를 이해하고 개입함에 있어 흥미로운 방향성을 제시하는 새로운 개념과 접근에는 다음과 같은 것들이 있다.

- ▶ 공동체 구축
- ▶ 공동체 개선
- ▶ 공동체의 자산과 강점
- ▶ 사회자본
- ▶ 시민윤리와 시민사회

사회환경과 인간행동 그리고 공동체: 빈곤감소

이러한 개념과 접근들을 관통하는 가장 중요한 주제 중의 하나가 바로 사회복지사의 주된 관심사인 빈곤의 감소이다. 앞선 장에서도 살펴보았듯이 유아사망, 약물남용, 폭력, 인종차별과 성차별, 아동학대와 방임, 기아, 노숙인, 10대의 임신 같은 많은 문제들의 핵심 원인이 빈곤이라는 측면에서 빈곤감소의 문제는 사회복지사에게 매우 중요하다. 빈곤감소는 개인, 가족, 집단, 조직, 공동체, 사회의 모든 수준에 걸쳐 다루어지는 주제이기도 하다.

공동체에 대한 대안적 접근들은 빈곤과 관련된 문제를 중요하게 다룬다는 점에서 물질적·사회적 자원의 부족 때문에 발생되는 인간의 욕구를 최우선적으로 다루었던 과거의 사회복지를 떠올리게 한다. 그러나 이러한 대안적 관점은 최근에서야 비로소 사회복지 전문직의 강점기반이론 및 자산을 기반하는 이론에 통합되었다. 앞으로는 이러한 대안적 관점들을 살펴보기로 한다.

공동체 구축/공동체 개선

빈곤감소를 위한 공동체 수준에서의 새로운 대안으로 알려지고 있는 "**공동체 구축**(community building)은 국가의 빈곤퇴치전략을 진단하고 저소득 가정을 위한 공동체를 세우는 것을 그 목적으로 한다"(Walsh 1997). 공동체 구축은 **공동체 개선**(community renewal)이라고도 일컬어진다. Walsh에 따르면, 공동체 구축은 빈곤을 분석함에 있어서 단순히 직업과 소득만을 고려하는 것이 아니라, "가족의 기회 자체를 박탈할 수도 있는 저학력, 불(不)건강, 가족문제, 인종차별, 범죄, 실업 등의 복잡하게 얽혀있는 문제들까지 함께 고려한다는 점에서 빈곤에 대해 보다 포괄적인 이론과 실천을 가능케 하는 접근방법이다. 또한 공동체 구축은 개인과 공동체의 빈곤을 고착시키는 경제적·사회적·정치적 주변화 문제를 다루기 위하여 다양한 수준에서의 빈곤감소를 위해 노력한다(1997).

사회복지사 Ewalt는 "빈곤한 공동체의 개선을 위해서는 지역의 사회적·문화적 측면뿐만 아니라 물리적·경제적 상황을 함께 고려하는 다면적인 접근이 필요하다"고 강조한다(1998b). 이러한 전략에서 개인과 가족, 이웃들은 하나로 연결되며 이 상호관련성은 개인 수준의 성과를 결정하는데 영향을 미친다(Connell et al. in Naparastek 1998:12). 이처럼 다층적이고 변화무쌍한 거대사회가 개인의 발달에 영향을 미친다고 보는 시각은 5장에서 논의한 생애과정이론과도 상당부분 일치한다.

공동체 구축이나 개선에서 가장 중요한 것은 "개인, 이웃, 기업을 개선하려는 노력은 공동체의식을 재건하려는 노력과 불가분의 관계에 있거나 적어도 매우 밀접한 관계에 있다"는 점이다(Louv 1997).

강점/자산

대안적 패러다임인 공동체 구축은 빈곤감소에 대해 결손적 접근이 아닌 자산에 접근을 취한다. 예컨대 1960년대 전통적 접근이 빈곤감소에 대해 "빈곤과의 전쟁"이라는 파괴적 개념을 사용한 것과는 달리, 빈곤에 대하여 공동체에서는 "구축"이라는 건설적인 개념을 사용한다. Walsh가 지적하였듯이, "전쟁은 파괴에 관한 것이고, 구축은 창조에 관한 것이다"(1997). 따라서 공동체 구축에서는 빈곤한 공동체가 가진 기존의 자산을 발전을 위한 토대로 활용한다. 이 접근법은 "범죄, 실업, 학업실패와 같은 결손에만 초점을 두는 것이 아니라, 학교와 교회를 비롯해 10대 청소년들을 직원으로 고용하는 상점, 맞벌이 부부의 아이를 돌봐주는 전업주부에 이르기까지 빈곤한 공동체 속에서 강점으로 존재하는 기관, 단체, 개인들에 우선적으로 초점을 둔다"(Walsh 1997).

사람중심전략과 공간중심전략

공동체 구축의 개념은 공동체에 대해 포괄적이고 전체론적으로 접근함으로써 Walsh가 언급한 "사람(people)"전략과 "공간(place)"전략 간의 오랜 분리를 재결합시키고자 시도한다. 빈곤감소에 대한 전통적 접근에서는 사람전략과 공간전략을 구분하는 경향이 있었다. 여기서 "사람전략이란 가난한 사람들의 교육, 가족 부양, 보건에 대한 욕구에 초점을 둔 인적서비스를 말하고, 공간전략이란 개인의 발달보다는 주거 및 상업시설 확충, 일자리 창출 같은 지역 환경의 개선에 초점을 두는 공동체 발달 분야"를 말한다(Walsh 1997).

Naparastek은 사람중심전략과 공간중심전략이 통합될 때 두 전략이 상호보완될 수 있다고 지적한다. "공동체 구축 접근은 전체적인 그림을 보고 사람중심전략과 공간중심전략의 상호연관성을 인식하며, 양 전략이 상호보완적으로 통합되도록 만드는 해결책을 제시한다"(1998:11). 이러한 접근은 공동체에 기반한 사회복지실천의 효과를 증진시킬 수 있다. Naparastek에 따르면, "공동체 구축을 통하여 사람중심전략과 공간중심전략을 연계시키는 것은 사회서비스 전달체계 및 질의 향상, 공동체 조직의 강화, 경제발전의 촉진, 주민들의 삶의 질 향상, 물리적 환경의 개선이라는 측면에서 사회복지영역에서 중요한 의미를 지닌다"(1998:11).

공동체 구축과 물리적 환경

공간중심적인 공동체 구축에서 중요한 것은 가정과 이웃의 물리적 환경을 어떻게 설계하는가이다. 공동체 구축은 "공동체 의식"이 생겨날 수 있도록 가정과 이웃의 물리적 환경을 설계하고자 한다. 이는 공동체 개선을 위한 건축학이라고도 불리는데, 이러한 설계의 예는 다음과 같다.

▶ 차고를 집 뒤로 옮기거나 옆으로 숨기기
▶ 현관을 집의 정면에 만들어 이웃과의 상호작용과 공동체 의식을 증진시키기
▶ 집과 사무실을 인접한 곳에 위치시켜 걸어서 출근할 수 있게 하기
▶ 자가용보다는 대중교통을 이용하게 하기(Louv 1996).

Louv는 "19세기 후반에서 20세기 초반에 지어진 학교건물들은 장중함과 위엄을 갖추도록 설계되었다. 여느 시골의 평범한 학교를 바라보고 있으면 마치 누군가 우리에게 '힘을 내라! 당당해라! 제군들이 이 공동체에서 매우 중요한 존재라는 것을 명심하라!'라고 말하는 것처럼 느낄 수 있다. 이렇듯 학교는 공동체 의식을 증진시킬 수 있게 설계되어야 하지만, 오늘날의 학교 설계는 그렇지 못한 경우가 많다."고 주장한다. 또 하나의 혁신적 설계는 "단독주택의 뒷마당에 별채를 만드는 것이다. 조부모는 별채에 거주하며 손자녀를 돌보거나 가사일을 도울 수 있고, 자녀들과 24시간 주거를 공유하지 않기 때문에 불필요한 마찰을 피할 수도 있다. 이러한 별채는 성인 자녀가 이혼이나 실직한 경우에도 활용될 수 있다"(1996).

종합적 공동체 계획

종합적 공동체 계획(comprehensive community initiatives, CCIs)은 공동체를 구축하고 개선하기 위한 전체적이고 통합적인 접근이다. Ewalt는 Kubisch, Weiss, Schoor, Connel가 정의한 종합적 공동체 계획의 개념을 인용하여 다음과 같이 정의하였다.

종합적 공동체 계획(CCI)의 개념
종합적 공동체 계획은 여러 구성요소들 간의 시너지 효과를 창출하는 것이다. 여기에는 아동보육, 청소년 발달, 가족지원과 같은 인적서비스 및 지원의 확대와 증진, 정신보건을 포함한 보건, 경제발전, 주택 건설과 재건축, 공동체 계획의 수립과 조직화, 성인교육, 직업훈련, 학교개혁, 안전한 환경과 여가 프로그램 같은 삶의 질을 향상시키기 위한 활동 등이 포함된다.

출처: Ewalt 1998b:3.

Naparastek과 Dooley에 따르면, 이와 같은 새로운 종합적 공동체 계획을 효과적으로 활용하기 위해서는 공동체 구축과 사회복지실천을 연계함에 있어서 공간중심전략과 인간중심전략의 역량을 지닌 사회복지실천가의 역할이 중요하다. 즉, 사회복지실천가들은 공동체 이론과 공동체 조직에 능통하고, 물리적·경제적 발달과정을 이해하며, 사회복지와 풀뿌리 참여의 가치를 잘 알고 있어야 한다.

공동체 구축의 원칙

여러 민간복지재단(Ford, Casey, Rockefeller)이 1993년에 설립한 전국지역사회구축네트워크(National Community Building Network) 등은 공동체 구축을 위한 8가지 원칙을 제안하였다.

1. 공동체 발달 전략과 인적서비스 전략을 통합한다.

전통적인 빈곤퇴치운동에서는 "공동체 발달" 프로젝트와 가족 및 인적자본을 지원하는 프로젝트를 분리시켰다. 그러나 두 접근이 하나로 통합될 때에야 비로소 각각의 접근이 성공할 수 있다.

2. 협력을 통한 파트너십을 구축한다.

공동체 구축은 지역주민, 공동체에 기반을 둔 조직, 기업, 학교, 종교단체, 보건 및 사회서비스 기관들이 서로를 존중하고 신뢰하며 협력하는 분위기에서 함께 노력할 것을 요한다.

3. 공동체의 강점을 활용한다.

과거에는 도시생활을 개선하고자 할 때 공동체의 약점을 지나치게 부각시켰다. 그러나 공동체 구축은 공동체의 역량과 자산을 활용한다.

4. 지역의 현재 상황을 파악하는 것부터 시작한다.

공동체 구축에 어떤 정해진 방법이 있는 것이 아니다. 최선의 해답은 각 지역의 현재 상황을 잘 파악하고 이를 활용하는 것이다.

5. 공동체에 대한 참여를 촉진한다.

지나치게 전문화된 도시개발계획은 사람들의 관심을 얻지 못한다. 새로운 계획과 정책의 수립과정에는 공동체의 주민들이 직접 참여하는 것이 바람직하다.

6. 인종차별을 제거한다.

인종차별은 자원과 기회의 공정한 분배를 저해하므로 모든 인종집단이 평등해지도록 노력해야 한다.

7. 문화적 강점의 가치를 인정한다.

공동체 구축에 있어서 다양한 문화적 전통과 민족의 가치 및 역사의식을 고취시켜야 한다.

8. 가족과 아이들을 지원한다.

강력한 가족은 강력한 공동체의 초석이 된다. 따라서 가족이 자립할 수 있도록 지원하는 것이 중요하다.

이 8가지 원칙은 공동체의 발전과 활성화에 대한 새로운 관점을 이해하는 기준이 된다.

공동체에 대한 경제적 관점: 자본과 자산

공동체 개선에 대한 논의에서 알 수 있듯이 개인, 가족, 공동체 수준에서 빈곤을 감소시키기 위해서는 자산에 대한 올바른 평가와 적절한 활용에 따른 자산형성이 중요하다. "자산형성은 빈곤감소를 위한 새로운 사고방식으로서, 문제가 아닌 자원을 강조한다는 점에서 강점 관점의 사회복지실천 및 정책과도 상당부분 일치한다"(Page-Adams and Sherraden 1997:432). 자산은 인적자산, 물적자산, 재정자산 등의 형태를 지니며, 다음에 다루게 될 인적자본, 경제적 자본, 사회자본의 개념과도 밀접하게 연관된다. 자산에 기반한 실천 및 정책으로의 전환은 프로그램이 아닌 사람에게 투자하는 정책으로의 변화를 의미하며, 이는 곧 사회복지 패러다임의 전환을 가져올 것이다(Beverly 1997:23ff).

"Sherraden(1988, 1990, 1991)은 가정과 공동체가 소득(복지국가에서 가장 중요시하는)만이 아닌 저축과 자산형성에 의해서도 발전한다고 주장하였다. 이 때의 '자산(asset)'은 부동산과 금융자산을 포함하는 부(富)의 개념으로 국한된다"(Page-Adams and Sherraden 1997:432). "Sherraden은 빈곤층의 교육, 주택구입, 소규모 창업 등을 목표로 하는 저축 프로그램인 개인발달지원계좌(Individual Development Accounts: IDAs)의 도입을 제안하였다"(Page-Adams and Sherraden 1997:423-24). Yadama와 Sherraden의 자산형성프로그램에 대한 평가에 따르면, "자산형성은 보다 긍정적인 태도와 행동을 불러오며, 긍정적인 태도와 행동은 더 큰 자산을 형성하도록 만든다"(in Ewalt 1998a:68).

그 밖에도 Sherraden은 개인이 교육이나 훈련을 받고자 하는 경우, ITAs

(Individual Training Accounts)와 같은 자산발달계좌를 활용하여 스스로 교육 및 훈련을 선택하여 자신의 인적자본을 개발할 수 있을 것이라 보았다. Beverly와 Sherraden의 연구에 따르면, 성인경험교육위원회(Council on Adult and Experiential Education) 및 ITAs를 도입한 고용주들은 다음과 같은 사실을 경험적으로 확인할 수 있었다. "직원들은 누구나 받을 수 있는 교육비보다 ITAs 교육비를 훨씬 더 효율적으로 활용한다. 왜냐하면 직원들은 그 교육비를 '자신의 것'이라 여기기 때문에, 그 돈을 어떻게 투자할 것인지를 신중하게 선택하여 훈련에 몰두한다"(1997:24).

자본의 유형: 금융자본, 인적자본, 사회자본, 문화자본

사람중심전략과 공간중심전략을 통합한 공동체 구축의 원칙은 개인, 가족, 공동체 수준에서의 빈곤을 종합적으로 다루기 때문에, 이에 필요한 여러 가지 자본의 형태에 관심을 둔다. 다양한 자본의 유형 중에서도 사회복지사와 가장 크게 관련된 세 가지는 금융자본(경제적 자본), 인적자본, 사회자본이다. 문화자본은 최근에 추가된 자본의 유형이다.

금융자본

금융자본(financial capital)은 투자하거나 "더 큰 부를 축적하기 위해 사용"(Webster's 1995)할 수 있는 돈이나 재산을 말한다. 즉, 금융자본은 더 많은 자원을 창출하기 위해 사용할 수 있는 자원이다. 사회복지는 오랫동안 빈곤감소를 위해 힘써왔음에도 불구하고, 사회복지정책과 프로그램에 금융자본, 자본 및 자산형성의 개념을 통합하는 작업에는 지지부진했다. 빈곤한 사람들이 겪게 되는 많은 어려움들은 금융자본의 부족에서 비롯된다. 이들은 금융자본을 축적하는데 필요한 자원에 접근할 수 없기 때문이다. 사회복지사들은 자본 및 자산의 개념을 사회복지정책과 프로그램에 통합시키기 위해 노력하고 있다. 미국을 비롯한 전 세계의 사회복지에서 사회개발에 대한 관심이 증대되고 있다는 사실은 개인과 집단의 복지에서 경제적 자산이 차지하는 중요성이 인식되고 있음을 의미한다. Midgley는 "사회개발은 사회복지의 증진과 사회 및 경제발달의 통합을 그 특징으로 한다. 사회개발은 특히 경제성장 과정에서 소외되거나 배제되었던 사람들과 관련 있다."고 지적한다(Midgley in Beverly and Sherraden 1997:3).

인적자본

인적자본(human capital)은 "개인의 기술, 지식, 경험, 창의성, 의욕, 건강 등"을 말한다. "다른 유형의 자본들과 마찬가지로 미래에 발생될 보상(시장 및 비시장 영역에서의 취업기회, 소득, 생산성 등)과 연관된다"(Beverly and Sherraden 1997:1-2). Beverly와 Sherraden에 따르면 인적자본은 금융자본과는 달라서 사용해도 고갈되지 않는데, "개인과 그의 지식, 기술, 기타 특성들은 분리될 수 없는 것들이기 때문이다"(Beverly and Sherraden 1997:2).

빈곤감소를 위한 대안적 관점에 관심을 갖는 우리 사회복지사들은 "광범위한 사회개발전략"이자 강점과 자산을 강조하는 개념인 인적자본을 중요하게 다루어야 한다(Beverly and Sherraden 1997:3). Beverly와 Sherraden은 "전통적으로 사회복지사들은 사회의 복지를 증진시키고자 노력해왔고, 소외된 사람들에게 관심을 기울여왔다. 이를 위한 적절한 방법이 바로 인적자본에 대한 투자를 촉진하는 것이다. 인적자본에 대한 투자는 경제발전과 사회복지의 증진을 통합할 수 있다"고 주장한다(1997:25-26).

많은 실증연구에 따르면, 인적자본은 취업기회의 확대, 급여의 상승, 혜택의 증가(건강보험, 퇴직연금 등)로 이어진다. 또한 인적자본이 증가하면 저축이 늘어나고, 건강이 증진되며, 정보 및 사회적 자원에 대한 접근권이 증대되는 등 다른 자산까지도 축적되는 효과가 있다. 공동체 구성원의 인적자본이 증가하면 공동체 역시 그 혜택을 볼 수 있다. Beverly와 Sherraden에 따르면, 교육수준이 높은 구성원일수록 자원봉사나 기부, 공동체의 정치활동에 참여할 가능성이 높아지며, 교육수준이 높은 구성원이 있는 공동체는 경제적 성공을 달성하기에도 용이하다. 끝으로, Beverly와 Sherraden은 인적자본을 증가시키는 세대 간의 혜택에 대해 언급한다. 어머니의 인적자본 수준의 증가는 자녀의 건강에 긍정적인 영향을 미치며, 부모의 교육수준이 높을수록 자녀들의 교육수준도 높아진다(Beverly and Sherraden 1997:3-10).

이러한 긍정적인 결과들은 인적자본이론이 사회복지정책과 실천의 준거틀로서 바람직한 이론이라는 것을 보여준다. Beverly와 Sherraden에 따르면, "사회복지사들은 인적자본의 형성을 핵심과제로 삼아야 한다. 사회복지실천이란 그저 당면한 문제를 해결하는 것이 아니라, 미래의 복지를 위한 지식, 기술, 경험, 자격증, 지위, 건강, 신체적 능력, 정신적 능력, 동기부여 등의 인적자본을 구축하는 것이다"(1997:16). 또한 Beverly와 Sherraden은 사회복지사가 정책과 실천의 영역 모두에서 클라이언트의 인적자본을 구축시킬 수 있는 분야를 구체적으로 제시한다. 예를 들어, 영유아 및 미취학 아동의 기본적인 영양섭취와 건강관리를 지원하면 빈곤한 학생들의 학습장애를 방지할 수 있다. 그리고 대학교육, 직업훈련(컴퓨터, IT 교육), 평생교육에 대한 재정지원의 확충 또한 중요하다(Beverly and Sherraden 1997:17-23).

사회자본

사회자본은 공동체에 대한 대안적 이론 중에서도 가장 흥미로운 개념이다. 사회자본의 의미, 중요성, 쓰임새를 잘 이해한다면 사회복지의 원칙과 가치를 공동체 구축과 개선에 연결지을 수 있을 것이다. 또한 우리는 사회자본이라는 개념을 통해 개인, 가족, 집단, 조직, 공동체, 사회 수준에서 행해지는 인간행동들의 상호보완성과 상호관련성을 파악할 수 있다.

"지난 40여 년 동안 **사회자본**(social capital)이라는 용어는 전통적 자본(돈이나 돈으로 살 수 있는 것)도, 인적자본(기술이나 노하우)도 아닌 자본을 지칭하는 것으로 사용되었다. 즉, 사회자본은 가벼운 관계이든 친밀한 관계이든 간에 모든 인간관계 안에 축적된 자원을 의미한다"(Briggs 1997). 우리는 "중요한 일들을 성취하고 일상적 문제들을 해결하기 위해 인간관계의 체계 속에서 항상 사회자본을 활용하고 있다"(Briggs 1997). "간단히 정의하자면, 사회자본은 시민적 참여의 규범과 네트워크로 이루어지는 것이다"(Wallis et al. 1998). 사회자본이란, "사회적 신뢰(낯선 사람이 자신을 공정하게 대해 줄 것이라고 기대하는 정도)를 비롯한 비공식적이고 연합적인 네트워크의 총합"(Lappé and DuBois 1997)을 의미한다.

사회자본은 금융자본 및 인적자본과 밀접한 관계에 있다. "사회자본이 없다면 사업은 번창할 수 없을 것이며, 경제 또한 발전할 수 없을 것이다. 사회자본은 다른 유형의 자본들을 대체하는 것이 아니라, 다른 자본들이 잘 기능할 수 있도록 돕는다. 사회자본은 상거래를 비롯한 삶의 모든 영역에서 윤활유 역할을 한다"(Briggs 1997).

사회자본이라는 개념은 빈곤과 공동체의 발달을 이해하는데 도움이 되며,

빈곤을 감소시키고 강력한 가족과 공동체를 구축하기 위한 임파워먼트 접근에서도 중요한 역할을 한다(Wallis et al. 1998). Wallis와 그 동료들에 따르면, "공동체의 역량강화와 관련된 프로그램이 공공부문과 비영리부문 모두에서 공동체가 개인들에게 제공할 수 있는 자원을 강화시켜준다는 인식이 커지고 있다. 이러한 관점에서 보면, 공동체의 발달과 개인의 발달은 서로 얽혀 있는 것이다. 즉, 사회자본은 공동체와 개인의 발달을 이어주는 것이자, 이 둘 사이에서 만들어지는 것 모두를 의미한다"(1998).

사회과학에 사회자본의 개념을 도입한 초기 학자들 중의 한 명인 Robert Putnam은 경제적 자본과 사회자본의 연관성을 강조한다. 그는 이탈리아의 경제적 성공에 비공식적인 관계가 미친 영향을 연구하였는데, 그 결과는 다음과 같다.

"시민적 참여의 규범과 네트워크는 경제적 번영에 기여하며, 이 경제적 번영은 다시 시민적 참여의 규범과 네트워크를 강화시킨다. 이러한 규범들 중에서 가장 중요한 것은 호혜, 즉 자신들도 필요한 경우 남의 도움을 받을 수 있을 것이라는 기대를 가지고 서로를 도우려는 의향이다"(Wallis et al. 1998).

Warner는 초기의 사회자본 개념에서는 개인과 가족이 강조되었지만, 점차 공동체를 강조하는 방향으로 발전했다고 주장한다. Warner에 따르면, "사회자본에 대한 초기 연구들에서는 사회자본의 축적이 개인의 교육과 경제적 성공에 어떠한 영향을 미치는가를 밝히기 위해 개인과 가족 수준에 초점을 두었다." 그러나 이후 Putnam은 공동체 수준에서의 사회자본의 특성, 공동체 속의 집단 또는 집단 간 네트워크에서 발생하는 "공적 자본"의 특성에 대해 연구하였다. 공적 사회자본 또는 공동체적 사회자본은 공동체 안의 "상호작용, 정보 공유 네트워크, 리더십 발달을 위해 구성된 공간을 통해" 만들어진다(1999:375).

Briggs에 의하면, 오늘날 사회자본의 개념은 가족, 이웃, 도시, 사회체계, 문화체계의 수준들을 연결시킬 때 활용된다.

사회자본에 대해 연구하고 이를 활용하는 많은 학자 및 실천가들은 사회자본의 개념 자체는 가치중립적이지만, 사회자본을 어떻게 활용하는가에 따라 그 영향력은 긍정적이 될 수도 있고 부정적이 될 수도 있다는 점을 강조한다. "사회자본의 활용 결과를 판단하기 전의 상태, 즉 자원이나 수단으로서의 사회자본은 가치중립적인 것이다. 많은 사람들은 돈에 대한 갈망을 채우기 위해 사회 자본을 갈망한다. 다시 말해, 사람들은 사회자본 자체보다는 그 사회자본을 가지고 할 수 있는 무언가를 갈망하는 것이다"(Briggs 1997).

Wallis는 예를 들어, "사회자본이 촉진시키는 활동은 유익할 수도 있지만 바람직하지 않을 수도 있다. 작은 규모의 사회집단에 유익한 영향을 주었던 사회자본이라고 해서 커다란 사회집단이나 사회 전체에 반드시 유익한 것은 아니라고" 지적한다(1998). Briggs는 "나에게 이익을 주는 사회자본이 이웃에게는 이익을 주지 않을 수도 있다. 즉, 사람들은 사회자본을 이용하여 나에게는 이롭지만 사회 전체로 보면 유익하지 않은 행동을 할 수 있다"는 것을 강조한다. Briggs에 따르면, "폭력배나 마피아 조직은 사회자본을 이용해 돈벌이를 한다. 납세자를 기만하는 기업들 간의 담합 또한 서류나 장부를 검토하는 것이 아니라 사회자본을 통해 이루어진다. 사회 곳곳에서 무분별하게 만연하고 있는 학연에 따른 학벌주의는 이로부터 배제된 사람들에게 해로운 영향을 미친다"(1997). 사회자본의 활용목적이 긍정적일 수도 부정적일 수도 있는 것처럼, 사회자본은 개인과 공동체 간에 균등하게 분배되지 않을 수 있다. 즉, "모든 집단이 사회자본에 평등하게 접근할 수 있는 것은 아니다. 사회자본은 이를 사용하려는 집단이나 개인의 사회적 지위에 따라 불평등하게 분배된다"(Schulman and Anderson 1999).

사회자본은 우리가 "살아갈 수 있게" 한다.

사람들은 타이어 펑크부터 이혼에 이르는 삶의 일상적인 문제들을 해결해 "그럭저럭 살아가기 위하여" 사회자본을 활용해 사회적 지원을 받는다. 우리가 친구에게 고민을 털어놓거나 친구로서 고민을 들어주는 것이 바로 사회자본의 작용이다. 우리는 고민이 있는 친구를 직접 도울 수도 있고, 그저 서로의 고민을 상담해 줄 수도 있다. 가난한 미혼모는 친척, 친구, 지인 네트워크 즉, 사회자본의 도움을 받아 부양의 책임을 덜어낼 수 있다. 이런 종류의 지원은 종종 같은 인종, 계층, 그 밖의 관계를 가진 사람들을 통해 이루어진다. 모든 사람들은 이처럼 많은 지원연대(예: 친척) 속에서 태어난다.

출처: Briggs 1997.

사회자본은 우리가 "앞서 갈 수 있게" 한다.

사회자본은 우리 삶의 상황을 개선하거나 '기회집합'을 변화시키기 위한 사회적 지렛대로 사용된다. 취업이나 보조금과 관련된 상황에서 "연줄이 있는" 친구에게 추천을 부탁하는 것이나 빈민가 출신의 아이들이 연줄을 통해 장학금을 받아 학업을 계속해 나가는 것 또한 사회자본의 작용이다.

출처: Briggs 1997.

Warner는 여러 체계에 걸쳐 나타나는 사회자본의 다양한 수준과 연계성, 사회자본의 불평등한 분배 현상을 설명하면서 사회자본의 유형을 다음과 같이 세 가지로 구분하였다.

1. 수평적 사회자본: 구성원들의 수평적 연대가 강한 공동체, 구성원들이 폭넓게 참여할 수 있는 공동체, 구성원들이 참여함으로써 보다 평등 지향적이고 민주적인 구조를 만들 수 있는 공동체에서 나타난다.

2. 위계적 사회자본: 주로 후견–피후견(patron-client) 관계나 범죄 집단에서 나타나는데, 특정 집단의 이해관계에 따라 정부구조와 사회구조를 왜곡시키거나 발전을 가로막을 수도 있다.

3. 사회자본의 결여: 경제자본이 사회적 네트워크를 대체하는 부유한 폐쇄적 공동체나 불안정, 두려움, 소외를 겪는 가난하고 고립된 공동체에서 나타난다(1999:374-5).

사회자본이 사회복지정책과 실천에서 유용한 개념으로 활용되기 위해서는 다음의 두 가지 의문이 해결되어야 한다. 첫째, 사회자본을 인위적으로 만들 수 있는가? 둘째, 사회자본이 불평등하게 분배된다는 점을 감안할 때, 정부와 같은 외부기관이 사회자본의 형성을 촉진할 수 있는가? Warner는 정부가 빈민가의 공공기관을 소홀히 관리하고 농촌지역의 학교들을 통폐합함으로써 공동체 안에서 사회자본이 발달할 기회와 자원을 축소시켰고, 이는 곧 사회자본 구축에 필요한 개인, 가족, 지역 공동체의 관계망이 상실되는 결과로 이어졌다는 점을 지적한다(1999:379-80). 따라서 가난한 도시와 농촌 공동체의 사회자본 발달을 위해서는 정부가 적극적으로 나서야 한다.

Warner는 "개인적 수준의 사회자본은 가족, 직장, 학교를 통해 형성된다. 놀이, 일, 학교라는 상호작용의 장(場)이 자연스럽게 만들어지지 않는 공동체에서는 이러한 상호작용의 장을 의도적으로 만들어내 사회자본의 발달을 촉진하고 공동체의 문제해결능력을 향상시킬 수 있다"고 주장한다. Warner는 공동체의 효과성 및 민주주의를 증진시키기 위한 시민들의 대화와 활동이 이루어지는 "공공의 장"을 인위적으로 만들 수 있다고 보았다. 이러한 공간은 "우발적으로 만들어지거나(길거리), 자발적으로 만들어질 수도 있고(모임이나 단체), 반(半)공적인 성격을 가질 수도 있지만(도시계획국의 공청회), 민주적 담론의 형성에 필수적인 최소한의 의사소통을 가능케 할 수 있을 정도의 참여가 보장되어야" 한다. 이러한 메커니즘을 통해 "시민들은 공동체의 소비자인 동시에 생산자가 될 수 있다"(Warner 1999:376-379).

사회자본의 형성을 촉진하기 위해서는 정부와 공동체가 관계를 맺는 방식에 대한 패러다임이 전환되어야 한다. 즉, "지방정부의 역할이 통제자, 규제자, 공급자로부터 촉매자, 회의소집자, 촉진자로 새롭게 전환되어야 한다. 정부 프로그램이 공동체 수준의 사회자본을 가장 효과적으로 증진시키기 위해서는 프로그램의 설계 시 참여자들을 단순한 의뢰인이 아닌 파트너로 참여시켜 촉진적이고 참여적인 구조로 발전되어야 한다." Warner는 헤드스타트(Head Start) 프로그램과 전통적 위계구조의 학교를 비교하여 정부의 전통적 역할과 대안적 역할의 차이를 설명한다. 헤드스타트 프로그램에서는 학부모들이 정책위원회를 구성하여 학교의 의사결정에 참여할 수 있는 반면, 전통적 위계구조의 학교에서는 대부분의 의사결정을 학부모가 아닌 전문가가 내린다(Warner 1999:384-9).

Warner는 사회복지사를 비롯한 전문가들이 자신의 역할, 정책, 프로그램을 근본적으로 변화시킬 필요가 있다고 주장한다. 예를 들어, 육아기술이나 직업훈련과 같은 개인적인 사회자본의 발달에만 초점을 두는 프로그램은 "참여자들을 보다 큰 공동체나 공동체 외부의 자원에 연결시켜 줄 가능성이 낮다."는 것이다. 이러한 "사회서비스와 공동체 발달 프로그램은 공동체가 지닌 장점과 자산보다는 결핍에 주목한다. 고도로 전문화된 서비스에서는 의뢰인을 문제를 가진 존재로, 전문가는 전문지식을 가진 존재로 가정한다." 전통적인 사회서비스 기관과 학교들이 참여적 파트너십을 통해 관리되기 위해서는 패러다임의 전환이 수반되어야 한다. Warner에 따르면, "전문화된 위계적 정부구조에 참여적 관리를 도입하는 것은 조직의 중대한 혁신을 의미하는 것이다"(Warner 1999:384-9).

사회자본은 "사람들(또는 조직들) 사이에서 오랫동안 반복된 교환을 통해 형성"되는데, 이러한 측면에서 사회자본의 형성과정은 사회체계이론(3장 참고)의 시너지 개념과 유사하다. 사회자본은 사람들 간에 조언, 부탁, 정보 등을 주고받거나, 사람들과의"관계 체계 속에서 진입과 이탈을 반복하면서 형성된다. 이러한 사회자본은 매우 친밀한 관계에서부터 일상적인 관계까지 모두 포괄한다 (Briggs 1997). 사회자본은 불신으로 파괴되기도 하지만, 미사용시에도 소멸된다는 점에서 엔트로피 체계(3장 참고)의 과정과도 유사하다(Briggs 1997).

가교적 자본 대 국지적 사회자본

가교적 자본(bridging capital)은 사회자본의 형성과정을 이해하고 사회자본을 활용하여 긍정적인 성과를 얻는데 있어서 중요한 개념이다. 가난하고 "권리가 박탈된 공동체일지라도 상당량의 사회자본을 보유하고 있는 경우가 있다. 문제는 **가교적 자본**이 결여된 경우, 즉 공동체 전체적으로 사람들과 기관들 간에 연결이 잘 이루어지지 않는 경우이다"(Wallis et al. 1998). Wallis에 따르면, "Putnam은 사회자본을 다음과 같이 두 가지로 구분한다. **국지적 사회자본**(localized social capital)은 '공동체 속에서 살아가는 가족 및 사람들이 일상적으로 참여하는 비공식적인 사회적 상호작용을 통해 축적되는 것'이며, 가교적 자본은 '공동체와 조직을 다른 공동체와 조직들에 연결시키는 것'이다. 또한 가교적 자본은 사회자본을 금융자본, 물적자본(공공건물, 회사, 학교, 유형재화, 장비 등) 및 인적자본과 연결하고, 보다 큰 사회적 목표를 달성하기 위해 이 자원들을 동원하는 역할을 한다"(Wallis et al. 1998).

Wallis에 따르면, "어떤 공동체가 비공식적인 사회적 상호작용이 풍부함에도 불구하고 경제적 기회를 제공하는 역량이 부족한 이유를 설명하기 위해서는 국지적 사회자본과 가교적 자본을 구분하는 것이 중요하다. 예를 들어, 도시의 빈민가나 농촌에 사는 사람들이 일상적인 상호작용에 많이 참여하더라도, 사회적으로는 그들이 속해있는 큰 도시나 지역으로부터 소외된 상태일 수도 있다"(1998).

시민사회, 시민문화와 시민윤리

사회자본이라는 개념은 보통 시민사회와 관련되어 있다. Bradley는 "**시민사회**(civil society)란 가장 기본적인 인간성의 영역, 즉 책임, 신뢰, 우애, 연대, 사랑과 같은 가치에 의해 지배되는 개인적이고 일상적인 영역이라고 설명한다"(Wallis et al. 1998). 또한 "국지적 자본과 가교적 자본의 공통요소는 시민참여의 규범(또는 시민윤리)"이다(Wallis et al. 1998).

사회자본은 시민사회에 기여함에 동시에 시민사회로부터 영향을 받는다. 사회자본의 창출과 활용에 있어서 상호작용하는 시민사회, 시민문화, 시민윤리를 "중첩구조(nest structure)"라고도 부른다. 이러한 중첩구조가 생겨나는 방식은 다음과 같다. "개인적인 친밀감과 신뢰관계로부터 시민윤리가 발생되고, 시민윤리는 시민들의 소집단을 공통된 목표 아래 한데 묶는다. 이러한 사적 관계망은 시민문화의 기본적 구성요소가 되어, 문제해결을 위한 협력적 분위기를 형성한다"(Wallis at al. 1998).

우리는 중첩구조의 개념을 통해 "가족, 이웃, 그리고 공동체가 사회조직의 기본이 된다는 것을 알 수 있다. 사회적 상호작용, 사회자본, 시민 인프라와 시민문화는 건강한 시민사회를 만드는데 결정적인 요소이다. 이 요소들은 사회조직의 각 수준을 이루며, 사회조직의 여러 수준들을 하나로 연결한다"(Wallis at al. 1998).

사회자본과 다양성

사회자본은 공동체 속의 다양성, 차별, 억압 등의 문제를 이해하고 다룰 때에도 유용한 개념이다. 예컨대, "사회자본은 인종, 계층, 민족성으로부터 어떠한 영향을 받느냐에 따라 다르게 형성되고 표현된다. 이러한 사회자본을 효과적으로 이해하고 활용하기 위해서는 공동체의 구축에 다양한 인구집단이 포함된다는 사실을 인정하고 이들의 다양한 문화적 맥락을 폭 넓게 이해해야만 한다"(Wallis at al. 1998).

권리를 박탈당한 가난한 유색인 집단이 속해 있는 공동체에서의 효과적인 공동체 구축 및 개선을 위해서는 "공동체를 구축함에 있어서 인종차별의 영향을 검토"하고자 노력해야 한다(Wallis at al. 1998). 인종차별은 특히 "일부 집단이 인종적 편견을 만들고, 이것이 부정적 사회자본을 형성한다는 점에서 사회자본에 대한 논의와 밀접히 관련된다"(Wallis at al. 1998). 개인 및 제도적 인종차별은 사회자본을 형성하고 이를 긍정적으로 활용하는데 필수적인 개인, 가족, 집단, 조직, 공동체 간의 효율적 관계 구축에 커다란 장애물로 작용한다.

문화자본

문화자본 및 그와 관련된 개념인 문화적 부는 사회적·인종적 불평등을 보다 잘 이해할 수 있게 해준다. 1장에서는 문화를 "사람들이 공유하는 관습, 가치, 인공물의 축적"이라고 정의하였다. Yosso에 따르면, Franklin(2002)은 "문화자본이란 '전체 집단의 발전을 위한' 자원으로 기능하는 '집단의식과 집합적 정체성'"으로 정의하였다(2005:81). 이 개념을 처음 소개한 Bourdieu(in Yosso 2005: 76)는 문화자본이란 "사회 특권층에 의해 계승되고 보존되는 문화적 지식·기술·능력의 축적"이라고 보았다. 그는 또한 이러한 "문화자본이 공공교육기관인 학교에 의해 전승된다."고 지적하였다. 그러나 Yosso는 특권 집단만 문화자본을 계승하고 보존하는 것이 아니라, 유색인 공동체의 구성원들도 널리 사용할 수 있다고 주장한다. Yosso는 특권 집단만이 문화자본을 보유하고 공식교육을 통해 계승하고 활용할 수 있다고 보는 전통적인 설명은 유색인 공동체에 대한 결핍관점을 강화시킨다고 주장한다. 예컨대, Yosso는 "Bourdieu의 문화자본 이론은 어떤 공동체는 문화적으로 풍요로운 반면 다른 공동체는 문화적으로 빈곤하다고 주장하는 데 사용되어져 왔다. Bourdieu는 백인 중산층 문화를 표준으로 정하고, 따라서 다른 모든 형태의 '문화'를 이 '표준'과 비교해서 평가한다. 그러나 유색인 공동체도 많은 문화자본("문화적 부")을 소유하고 있고, 그것은 다양한 형태로 나타난다."고 주장한다(Yosso 2005:76). 그녀는 유색인 공동체가 가지고 있는 풍요롭고 다양한 형태의 문화자본에 대해 다음과 같이 설명하고 있다.

1. **열망자본**(Aspirational capital): 이는 눈앞에 닥친 현실적인 장벽 앞에서도 미래의 꿈과 희망을 유지할 수 있는 능력을 말한다. 이러한 형태의 문화자본은 현재 상황을 넘어 새로운 가능성을 꿈꾸는 사람들에게 나타난다.

2. **언어자본**(Linguistic capital): 이는 하나 이상의 언어 환경에서 의사소통함
으로써 얻어진 지적, 사회적 기술을 말한다 … 예컨대, 학교에서 유색인
종 학생들이 다양한 언어와 의사소통 기술을 가지는 경우가 이에 해당
된다. 이 학생들은 또한 구전 역사, 우화, 이야기, 속담을 통해 전해 내
려오는 내용을 듣고 이를 재진술하는데 적극적이다. 이외에도 언어자본
에는 시각 예술, 음악, 시를 통한 의사소통 능력이 모두 포함된다.

3. **가족자본**(Familial capital): 이는 가족 내에서 전달되는 공동체의 역사의식,
기억, 문화적 직관 등을 포함한 문화적 지식을 말한다 … 이 형태의 문
화자본은 공동체의 안녕을 위해 많은 힘을 기울이도록 하며, 가족의 개
념을 보다 큰 친족의 개념으로 확장시키는데 기여한다.

4. **운용자본**(Navigational capital): 이는 사회제도들을 잘 이용하는 능력을 말
한다. 역사적으로 사회제도들을 잘 이용하는 능력은 유색인종과는 거리
가 멀었다 … 따라서 운용자본은 개인이 제도적 제약 하에 있다는 것을
인정한다. 그러나 한편으로 운용자본은 학교, 직장, 의료, 사법 체계 등
의 공간에서 공동체를 잘 활용할 수 있는 사회연결망과 관련 있다.

5. **저항자본**(Resistant capital): 불평등에 도전하는 저항행동에서 발생하는 지
식과 기술을 말한다 … 이러한 형태의 문화자본은 유색인 공동체가 복
종에 저항했던 유산에 그 뿌리를 둔다 … 다양한 차원의 공동체 문화유
산을 보존하고 전승하는 것 또한 저항자본의 지식 기반이 된다. 예를
들어, 일본인 공동체는 포로수용소에서 조차도 다양한 형태의 문화적
부를 유지하고 생성함으로써 인종차별에 저항하였다(Yosso 2005:78-81).

비판적 인종이론(Critical Race Theory)

"비판적 인종이론이란 법과 사회에 내재되어 있는 인종차별에 관심을 가진
유색인 법학자들에 의해 만들어진 법적 저항 담론이다"(Lynn 2004:155). 비판적
인종이론은 1980년대 후반 법체계 내의 인종 불평등과 관련해서 등장한 이후,
유색인을 결핍의 관점에서 보는 미국 교육시스템을 비판하는데 적용되어 왔다.
이 이론은 사회복지학에서도 별로 주목받지 못하였다(Abrahams and Moio 2009:
252).

Yosso는 교육 및 교사의 자세와 관련된 비판적 인종이론의 5가지 원칙을 제시하였다. 이 원칙들은 사회복지에서도 유용하게 적용될 수 있다.

1. **인종차별과 다른 형태의 차별과의 상호교차성**: 비판적 인종이론에서는 인종차별이 모든 형태의 차별에서 중심적이고 고질적이며 영구적이라고 보고, 이것이 미국사회가 기능하는 방식이라고 전제한다.
2. **지배적 이데올로기에 대한 도전**: 비판적 인종이론은 백인의 특권에 대해 이의를 제기한다 … 또한 비판적 인종이론에서는 연구의 "가치중립성", 연구자의 "객관성"이라는 개념에 문제를 제기한다.
3. **사회정의에 헌신**: 비판적 인종이론은 사회정의를 위해 노력하고, 인종·젠더·계층적 억압에 대하여 해방적이고 개혁적인 방법을 제시한다.
4. **경험적 지식의 중요성**: 비판적 인종이론은 유색 인종의 경험적 지식이 타당하고 적절하며 중요하다는 사실을 인정한다 … 비판적 인종이론은 스토리텔링, 가족사, 전기, 시나리오, 우화, 증언, 연대기, 설화 등의 방법을 통해 유색 인종의 살아있는 경험을 이끌어낸다.
5. **초(超)학문적 관점**: 비판적 인종이론은 학문적 경계를 넘어서 과거 및 현재의 맥락 속에서 인종과 인종차별을 분석하며, 민족학, 여성학, 사회학, 역사, 법학, 심리학, 영화, 연극 등의 다양한 학문을 포괄한다(Yosso 2005: 74-75).

Abrams와 Moio는 "비판적 인종이론에서는 다양한 억압의 상호교차성을 인정하기 때문에, 인종에 중점두면 다른 형태의 억압도 함께 조명을 받을 수 있다."고 보았다. 그러나 그들은 이에 대해 억압문제를 다루는데 있어서 "다차원적 준거틀"이 중요하다고 인정하면서 인종문제에만 집중하게 되는 것은 딜레마이며, 이는 비판적 인종이론가들이 풀어야 할 양가감정이며 이슈라고 언급하였다(2009:251-252). 다음 절에서 다루게 될 사회복지와 사회복지교육에서의 "차별적 취약성"과 "억압의 동질성"도 이러한 딜레마와 관련되어 있다.

차별적 취약성과 억압의 동질성 이론

사회복지에서 "문화적 역량(Cultural Competence)"이 갖는 의미와 중요성에 대해서는 이미 1장에서 다루었다. 여기서는 현재 사회복지교육 및 실천에서 이루어지고 있는 "문화적 역량" 접근이 효과적이고 적절한지에 관해 의문을 제기하는 두 가지 이론에 대해 검토하고자 한다. 다음의 논의는 사회복지 공동체 내의 억압과 사회 부조리를 효과적으로 설명하기 위한 접근법들이 얼마나 복잡하고 다면적인지를 보여준다.

Scheile(2007:83-84)는 사회복지교육협회(CSWE)의 교육 프로그램 인증기준에서 억압받는 개인 및 집단에게 나타나는 "다양한 형태의 억압 빈도, 강도, 파급성에 대해" 전혀 구분하지 않는다는 점을 지적하면서, 결국 사회복지는 소위 "억압의 동질성" 패러다임을 채택한 것이라고 주장하였다. 미국에서 사회복지 교육 프로그램으로 인증 받으려면 사회복지교육협회의 인증기준을 충족해야 한다. 즉, 사회복지교육협회의 인증을 받은 사회복지교육 프로그램은 학교 및 실천현장의 커리큘럼에서 모든 범주의 다양한 사람들과 집단들을 포함하도록 되어 있다. 이러한 범주에는 연령, 계층, 피부색, 문화, 장애, 민족, 젠더, 젠더정체성, 이민자, 정치이데올로기, 인종, 종교, 성적지향 등이 포함된다(CSWE 2008:5).

Schiele에 의하면 억압의 동질성 패러다임에서는 "모든 종류의 억압은 그 심각도, 빈도, 비하 정도에 있어서 동질적이라고 가정한다." 그는 이 패러다임이 "유색인종에 관련된 사회복지교육 역량을 약화시켰다."고 주장한다(2007:84).

Schiele는 "차별적 취약성"이라는 또 다른 억압 모델을 제시하였다. 차별적 취약성 모델은 "사회복지교육에서 다루는 다양한 형태의 억압들 간의 우선순위를 결정하는 모델"이다(2007:84). 차별적 취약성의 개념은 공중보건학에서 유래하였는데, 여기에서 차별적 취약성이란 '위험에 처한' 사람들마다 스트레스가 되는 생활사건을 받아들이는 수준이 다름"을 의미한다. Scheile는 "만약 억압을 하나의 스트레스 사건이라고 본다면, 이로 인해 발생하는 위험성들은 개인마다 차이가 있을 수 있다."고 주장한다. 즉, 억압받는 사람들이 서로 유사한 특성을 지녔다 하더라도 어떤 집단이 다른 집단보다 더 큰 위험을 경험할 수 있다는 것이다(Schiele 2007:93).

Young은 억압의 5가지 속성을 다음과 같이 제시하였다. 이러한 속성들은 억압의 차별성 개념을 보다 잘 이해하는데 도움이 될 것이다.

1. 착취(Exploitation): 이는 한 사회집단이 자신의 이익을 위해 다른 집단의 노동의 결과를 빼앗는 지속적인 과정이다.

2. 주변화(Marginalization): 이 속성은 '주변인(marginals)'의 개념을 이해함으로써 보다 명확해질 수 있다. "주변인이란 좋은 일자리를 찾고 유지하는데 필요한 훈련과 기술이 결여된 사람, 또는 이러한 훈련과 기술을 획득할 기회가 차단된 사람"을 일컫는다. 예컨대, 무직의 빈민, 심각한 장애인, 또는 심각한 낙인에 찍힌 사람들이 여기 해당된다.

3. 권력박탈(Powerlessness): 이는 고등교육을 받지 못한 사람이 비전문가라는 이유로 감내해야 하는 추가적인 어려움이라고 정의할 수 있다. 이들은 "직장에서 권력이 없고, 대체적으로 전문가보다 낮은 지위에서 전문가의 감독을 받게 된다."

4. 문화적 제국주의(Cultural imperialism): 이는 개인에 대한 가치·경험·해석을 결정하는 데 있어서 일부 집단이 더 많은 권력을 가지는 것으로서 … 개인의 가치·경험·해석이 불평등하게 이루어질 수 있음을 의미한다 … 문화적 제국주의는 "지배집단의 경험과 문화를 보편적으로 적용하고 이것을 규범화한다." 이때 "지배집단과 매우 다른 문화와 경험을 가진 집단은 그 사회에서 주변화된다."

5. 폭력(Violence): "폭력은 신체적 학대 및 가해를 가하는 것을 말한다." 증오범죄, 강간, 가정폭력 등은 폭력에 보다 취약한 억압 집단에서 많이 발생한다. 또한 "괴롭힘, 협박, 조롱과 같이 비교적 낮은 수위의 공격 형태"도 폭력에 포함된다(Schiele 2007:93-94).

Schiele는 차별적 취약성 모델의 한계를 지적한다. 그에 따르면, 이 모델의 "가장 명백한 한계"는 "억압들 간에 경쟁을 붙여 지배집단의 통제를 정당화한다는 것"이다. 이러한 경쟁은 억압받는 집단 내뿐만 아니라 집단 간의 갈등을 야기할 수 있으며, 그로 인해 "타인에 의한 억압 자체를 부정"하게 만드는 결과를 초래한다. 또한 다른 억압들 보다 "약한" 형태의 억압에 대해서는 관심을 덜 가지게 된다.

Schiele는 "억압의 5가지 속성"이야 말로 "모든 형태의 억압이 동일하게 중요하다는 인식"과 "억압 유형 간에 우선순위를 두는 것" 사이에서 균형을 조절해준다고 지적한다. 또한 "5가지 속성 중 어느 하나의 속성이라도 나타나면 그 집단은 억압받는다고 간주해도 무방하다."고 본다. 반면 "모든 속성들이 모든 집단들에 적용될 수 있는 것은 아니다."라는 사실을 인식할 필요도 있다. 이에 대한 예외적 상황으로, 미국의 인종차별의 역사상 "아프리카계와 라틴계 미국인들은 … 이러한 5가지의 억압의 속성을 모두 경험한 전례를 가지고 있다" (Young 1990 in Schiele 2007:95). 따라서 Schiele는 "사회복지교육에서 유색 인종, 특히 아프리카계와 스페인계 미국인들에게 더 많은 관심을 가질 필요가 있다."(Schiele 2007:95)고 강조한다.

"억압의 동질성"이나 "차별적 취약성"에 대한 이슈는 사회복지에서 여전히 논쟁 중이며 미해결된 상태로 있다. 그럼에도 우리는 모든 억압과 "억압의 속성"에 대해 끊임없이 비판적 사고로 접근해야 할 필요가 있다.

비장소적 공동체(Nonplace community)

비장소적 공동체 개념은 공동체를 특정 장소 및 지리적 위치와 결부시키지 않으며, 장소가 공동체의 존재에 필수적이라고도 보지 않는다. 비장소적 공동체는 "정신적 공동체(community of the mind)", "이해 공동체(community of interests)", "동일시 공동체(identificational community)"라고도 불린다(Anderson and Carter 1990; Longres 1990). 우리 대부분은 공동체를 장소와 연결해서 생각하도록(예컨대 "고향") 사회화되었기 때문에, 장소가 없는 공동체에 대해서 언뜻 납득하기가 어려울 것이다. 더욱이 대개 전통적 패러다임에 의해 사회화되었기 때문에, 비장소적 공동체 관점을 이해하기는 쉽지 않다. 즉, 과학적 사고방식에 입각해서 객관적으로 보고, 느끼고, 관찰할 수 없는 실체를 사실로 받아들이기는 어렵다.

그러나 비장소적 공동체 개념은 앞에서 언급한 전통적 공동체 관점의 많은 특성들이 반드시 장소를 기반으로 하지 않았다는 것을 인식하면 보다 쉽게 이해할 수 있다. 특히 공동체의 관계, 기능, 하부체계들 간의 네트워크에 대해 언급할 때는 장소의 개념을 고려하지 않았다. 다만 전통적 관점에서는 그러한 공동체의 관계, 기능, 네트워크가 어느 정도는 장소와 관련되어 있다는 것을 전제한다. 반면, 비장소적 공동체 개념에서는 이러한 관계, 기능, 네트워크가 특정한 장소와 연관될 필요는 없다고 본다. 소셜 네트워크 공동체는 이 절의 뒷부분에서 특수한 형태의 비장소적 공동체로서 다시 논의될 것이다.

"동일시 공동체" 개념은 비장소적 공동체의 핵심적 특징이 다른 구성원들과의 동일시 내지 공통성이라는 점을 이해하는데 도움이 된다. 아프리카계 미국인 공동체를 비롯하여 게이 및 레즈비언 공동체, 천주교 공동체, 암 생존자 공동체 등의 다양한 공동체가 동일시 공동체에 해당된다. 비장소적 공동체의 개념은 우리가 동시에 여러 공동체의 구성원이 될 수 있다고 본다. **동일시 공동체**에는 "민족/문화/종교 집단, 환자집단, 친구집단, 동료집단과 같은 집단이 포함된다. 이러한 공동체의 멤버십은 때로 장소적 공동체와 중복되기도 하지만, 이 때 멤버십은 장소에 의해서가 아니라 이해관계나 동일시에 의해 결정된다"(Longres 1991; Germain 1991 in Fellin 1993:60).

전문직 그룹 또한 비장소적 공동체로서 "이해 공동체(예컨대, 시회복지공동체)"로 볼 수 있다. 전문직으로서의 사회복지사들은 서로 공통의 이해관계를 갖게 되며, 이러한 사회복지사 공동체에서는 구성원들이 서로 동일시한다. 이장의 서두에서 언급했던 공동체의 기본요소들을 상기해 보면, 사회복지사 공동체가 이러한 기본요소들을 어떤 방식으로 반영하는지에 대해 비교·평가해 볼 수 있다. 분명 사회복지사는 이해관계를 공유한 사람들의 집합체이다. 사회복지사들의 공통된 이해관계는 사회복지사 전문직 윤리강령에도 명시되어 있다. 사회복지사로서 우리는 다른 사회복지사들, 가령 같은 기관의 동료, 같이 사회복지를 공부했던 동문, 그 밖에 지속적으로 공조하는 다른 기관의 사회복지사들과 정기적으로 비공식적인 상호작용을 한다. 또한 공통의 이해관계를 실행하기 위해 공식적인 조직도 만드는데, 대표적인 예가 사회복지사협의회(NASW)이다. 사회복지사협의회에서는 사회복지사들이 공통의 이해관계를 공유할 수 있도록 정기적으로 전국 규모의 학회 및 회의를 주관한다. 사회복지교육협회(CSWE)에서는 전국의 사회복지교육 공동체 구성원들이 모이는 연례회의를 개최해서 관심사를 공유하도록 한다. 이러한 모임은 전문직의 관심을 공유하기 위한 기회를 제공하고, 공동체 구성원으로 하여금 다른 구성원들과 인간관계를 유지하도록 한다. 이는 우리가 보다 큰 사회복지 공동체의 구성원이라는 느낌을 강화시켜 준다. 사회복지사협의회(NASW)의 목적은 사회복지사의 전문적 관심을 고취시키는 것이다. 사회복지사인 우리 자신은 사회복지공동체에 속한 다른 구성원들과 끊임없이 상호 동일시하게 된다. 이러한 과정을 통해 공동체 의식이 고양된다.

비장소적 공동체 관점은 구성원들이 다른 구성원들과 분리되거나, 지리적으로 이동해야 할 경우에도 안정감을 줌으로써 공동체 의식을 지속할 수 있다.

캄보디아 난민은 새로운 장소에서 다른 캄보디아인들과 만남으로써 자신의 공동체를 "유지"할 수 있었다. 심지어 새로운 장소에서 다른 캄보디아인을 만날 수 없을지라도, 캄보디아 공동체 구성원으로서의 정체성은 변하지 않으며, 이를 통해 공동체에 대한 소속감을 지속시킬 수 있다.

이런 점에서 비장소적 공동체는 역사적 관점을 반영한다고 볼 수 있다. 우리가 현재 가지고 있는 소속감과 공동체 의식은 과거 공동체의 경험으로부터 형성된 것이다. 이러한 과거의 경험은 현재의 공동체의 성격을 결정하는 중요한 열쇠가 된다. 조상이나 이미 고인이 된 친구들에 대한 이야기는 다른 사람들과 연결되어 있다는 일종의 공동체 의식을 형성하고, 이러한 공동체 의식은 바로 공동체의 핵심이 된다.

공동체, 과학기술 그리고 사회경제적 정의

비장소적 공동체를 이해하기 위해 고려해야 할 또 다른 중요한 요소는 과학기술이다. 공동체가 장소를 기반으로 하는 경우와 아닌 경우 모두 공동체 의식을 유지하기 위해서는 다른 구성원들과의 의사소통이 필수적이다. 오늘날의 통신 기술은 우리가 거의 즉각적으로 공동체의 다른 구성원과 소통하도록 해준다. 또한 현대적 대중교통시설(항공, 고속도로, 고속전철 등)은 비장소적 공동체 구성원들 간의 대면접촉을 가능하게 해준다.

이러한 확장된 공동체의 관점이 모든 공동체 구성원들에게 평등하게 적용될 수 있는 것은 아니다. 비장소적 공동체를 유지하기 위해 필요한 많은 과학기술은 비용이 많이 든다. 우리 대부분은 매달 휴대폰 요금, 항공료, 자동차 유지비를 걱정한다. 또한 실제로 많은 사람들이 전화기가 없고, 항공료나 자동차 유지비를 감당할 수 없다. 장애인들에게는 비장소적 공동체를 형성하는 것이 생존에 필수적이지만, 값비싼 과학기술이나 운송수단 없이는 비장소적 공동체 형성 자체가 불가능하다. 그럼에도 불구하고 장소적 공동체에 참여할 수 있는 신체적 활동능력을 갖고 있지 못한 사람들에게는 비장소적 관계 및 네트워크, 자원이 공동체 의식과 소속감을 형성하는 데 중요한 방법이 된다.

가상 공동체(Virtual community)

인터넷을 이용한 가상 공동체는 비교적 최근에 등장한 비장소적 공동체 개

그림 9.1   가상 공동체의 유형

넘이다.

Porter는 가상 공동체를 공통의 관심을 위해 상호작용하는 개인 및 사업 파트너의 집합체로 정의하였는데, 이러한 가상 공동체는 과학기술의 도움으로 상호작용하며, 어떤 규칙이나 프로토콜에 따라 유지된다(Porter 2004). 그녀는 <그림 9.1>와 같이 가상 공동체의 유형을 분류하였다.

Parrish는 가상 공동체가 다음과 같은 점에서 전통적 개념의 공동체와 유사하다고 보았다.

▸ 개인적 친밀감, 도덕적 책임, 사회적 결속력
▸ 공통의 목표·관심·이해
▸ 자신과 공통의 목표·관심·이해를 가진 다른 사람들의 존재를 인식하고, 그러한 사람들과의 공동체 조직을 통해 공통의 목표·관심·이해가 가장 잘 달성될 수 있다는 인식(2002:262-263).

Parrish는 또한 전통적 공동체 개념으로는 설명될 수 없는 가상 공동체의 다른 특성들에 대해 설명하였다.

1. 지리적(데카르트 주의) 공간을 초월.
2. 선택의 강조
3. 정체성의 유동성
4. 의사소통에 의한 평가.
5. 평등(Parrish 2002:273)

Parrish는 여러 학자들의 견해를 바탕으로 가상 공동체를 다음과 같이 정의하였다.

가상 공동체는 … 개인을 사회적·공간적 제약으로부터 해방시켜줌으로써 평등을 추구하는 새로운 형태의 공동체이다. 따라서 가상 공동체는 구성원들 간의 상호작용을 통해 유대감(결속력)을 촉진시키는 공동체라고 볼 수 있다 (Parrish 2002:279).

가상 공동체는 페이스북, 마이스페이스, 트위터 같은 소셜 네트워크의 확산과도 관련 있다. 아래의 표는 현재 인기 있는 세 가지 네트워크 사이트의 월간 방문자 수를 비교한 것이다.

사이트 및 순위	월간 방문자수
1. Facebook.com	1,191,373,339
2. MySpace.com	810,153,536
3. Twitter.com	54,218,731

출처: Compete.com, 2009

가상 공동체는 점점 더 많은 사람에게 의미 있는 "공동체 의식"을 경험하게 해준다. 따라서 사회복지사는 가상 공동체의 개념과 그 중요성에 대해 인식할 필요가 있다. 또한 가상 공동체의 장단점에 대해 파악하는 것 역시 중요하다. 사회복지사는 사회경제적 정의라는 사회복지의 핵심 관심사와 관련해서 과학기술의 발전과 그것이 주는 의미에 대해 지속적으로 평가해야 한다.

비장소적 공동체 개념을 통해 우리는 공동체의 많은 질적 요소들을 이해할 수 있다. 공동체는 반드시 장소를 기반으로 형성될 필요가 없다. 물론 공동체가 장소를 기반으로 형성되기도 하고, 장소의 영향을 받기도 한다. 그러나 공동체에 대한 다차원적·질적 관점에서는 공동체와 장소를 항상 결부시키지 않는다. 비장소적 공동체 관점에서는 어떤 개인에게 특별한 의미를 부여하는 개별화된 공동체의 형성이 가능하다고 본다. 이러한 관점은 주관적이고 해석적이지만, 공동체의 개념에 있어서 매우 중요한 사고방식이다.

소셜 네트워크 공동체

앞에서 논의한 사회자본의 개념은 대안적인 소셜 네트워크 공동체 개념을 반영한 것이다. 소셜 네트워크 공동체는 비장소적 공동체 관점에 해당된다.소셜 네트워크 개념은 공동체에 관한 전통적 패러다임과 대안적 패러다임 중간에 위치한다. 어떤 학자들은 이를 공동체로 분류하지 않지만, 오늘날 많은 사람들이 소셜 네트워크 공동체에 중요한 의미를 부여한다. Netting, Kettner, McMurty (1993:103-104)는 Balgopal의 정의를 인용하여 소셜 네트워크 공동체 자원의 중요성에 대해 논의하였다.

> 친족, 친구, 이웃, 동료와 같은 소셜 네트워크는 중요한 지지적 환경자원이 될 수 있다 … 소셜 네트워크는 정서적 자원을 제공하는 동시에, 인간관계에서 인정받고 이해받고자 하는 욕구를 충족시켜준다. 또한 소셜 네트워크는 금전, 감정, 주거, 육아와 같은 자원을 교환하기 위한 상호협조 체계로서 작용한다.

이러한 관점은 소셜 네트워크가 공동체로서의 중요한 요소들을 많이 포함하고 있음을 나타낸다.

다른 연구자들은 공동체를 이해하기 위한 수단으로 소셜 네트워크를 활용하였다. 네트워크 분석으로 알려진 이러한 접근방법은 대인관계에 초점을 두고 공동체를 설명하는 방법이다. Wellman과 Leighton은 이 대안적 분석 방법을 활용하여, 대도시의 게젤샤프트 공동체가 구성원들의 결속을 강조하는 게마인샤프트 관계방식에 타격을 주는지에 관한 연구를 실시했다(Warren and Lyon 1988: 57-72). Wellman과 Leighton은 특히 비인간적인 대도시 환경에서 개인의 일차적 인간관계가 존재하는지, 존재한다면 어떻게 존재하는지에 관심을 가졌다. 분석 결과, Wellman과 Leighton은 도시 거주자들에게도 개인적 관계가 중요한 의미를 지니며, 이러한 관계는 가까운 이웃이나 공동체의 지리적 경계를 넘어 원거리의 친척 및 친구들까지고 포함하는 것으로 나타났다. 비록 장소를 기반으로 한 일차적 관계는 아니지만, 현대의 통신기술이나 교통체계를 활용해 일차적 관계를 유지한다는 사실이 밝혀졌다. 네트워크 분석 접근을 통해, 우리는 공동체에 대한 보다 효과적인 대안적 관점에는 장소적 공동체와 비장소적 공동체가 모두 포함된다는 사실을 알 수 있다. 이 때 장소적 공동체는 이웃이나 지리적 위치를 기반으로 한 공동체로써 중요한 의미를 지니며, 비장소적 공동체는 오늘날 도시중심사회의 유동적 환경특성 때문에 충족되기 어려운 일차적 상호지원과 동일시를 충족시키는 역할을 하는 것으로 보인다.

공동체의 질적 측면

McKnight(1987:54-58)는 이상적인 공동체란 공동체의 모든 구성원을 포함할 뿐만 아니라, 조직이나 시설에서는 경험할 수 없는 질적 경험을 제공하는 것이라고 보았다. 그는 공동체가 목표지향적인 조직이나 시설과는 많은 점에서 차이가 있다고 주장하였다(8장의 조직목표에 대한 논의 참조). McKnight는 공동체와 공식조직 간의 가장 큰 차이점으로, 조직은 사람들을 '통제'함으로써 운영되는 반면, 공동체는 '합의'를 기반으로 움직인다고 설명하였다.

McKnight의 공동체 개념은 그동안 공동체로부터 배제되어 왔던 사람들, 즉 전통적 개념의 폐쇄시설에 수용된 사람들이나 현대적 개념의 벽없는 시설에 수용된 소외된 사람들을 모두 포함함으로써 포괄적이라고 볼 수 있다.

그가 제시한 공동체의 개념은 다음의 내용을 포함한다.

1. **역량**(Capacity): 각 구성원들이 가진 역량의 합이 곧 집단의 힘이라는 사실을 인식한다. 공동체는 각 구성원의 역량(강점)과 약점을 토대로 형성된다.

2. **집합적 노력**(Collective effort): 공동체의 핵심은 구성원들이 함께 무언가를 위해 노력한다는 것이다. 공동체는 다양한 능력을 가진 사람들의 공동책임을 그 특징으로 한다. 따라서 공동체의 집합적 노력은 각 개인의 결함조차 그 개인의 고유성으로 인정하고 지지할 수 있다.

3. **비공식성**(Informality): 공동체의 가치는 금전, 광고, 선전에 의해서 거래될 수 없다. 공동체에서는 가식이 없는 진실한 관계 및 돌봄을 지향한다.

4. **이야기**(Stories): 대학에서는 공부가 앎의 수단이 되고, 기업 및 공공기관에서는 보고가 앎의 수단이 되지만, 공동체에서는 이야기가 앎의 중요한 수단이 된다. 공동체에서 이야기는 구성원들로 하여금 공통의 역사와 개인의 경험을 돌아보게 함으로써 보다 진실한 미래를 준비하도록 한다.

5. **축하**(Celebration): 공동체에서는 끊임없이 축하행사, 파티, 이벤트가 개최된다. 일과 놀이의 경계가 불분명하며, 일상생활에서의 모습과 공동체에서의 모습에 차이가 없다. 공동체에서는 웃음소리와 노랫소리가 끊이질

않는다. 그러나 조직이나 회사 및 공공기관에 있어서는 적막감만이 감돈다.

6. 비극(Tragedy): 공동체에 속해있음을 가장 확실하게 알 수 있는 지표는 구성원들의 비극, 죽음, 고통을 함께 나누는 것이다(1987:57-58).

"공동체에 속한다는 것은 우리 자신의 불완전성에 대한 일종의 의식이자 애도이며 축하이다. 공동체를 이해한다는 것은 추상적인 이해를 말하는 것이 아니라, 우리 각자가 구성원 모두에 대해 이해하는 것을 의미한다. 우리는 공동체 안에서만이 진정한 돌봄을 추구할 수 있다"(McKnight 1987:58; McKnight 1992:90).

아프리카계 미국인 공동체의 특징

Barbara Solomon(1976:57)은 아프리카계 미국인 공동체를 정의하는데 있어서, 전통적인 장소적 공동체 및 양적 접근이 적절한지에 대해 의문을 제기하였다. 그녀는 아프리카계 미국인 공동체를 정의하기 위해서는 공동체의 질적 측면이 강조되어야 한다고 주장하였다.

공동체를 정의함에 있어, 지리적 위치에 입각해 사람들 간의 물리적 접근성만을 고려하는 것은 한계가 있다. 같은 지역에 있는 사람들이라도 개인적 친밀성이 공동체 형성을 결정짓는 중요한 요소가 된다. 그럼에도 불구하고 많은 사회과학자들은 소득수준, 범죄율, 입원율 등과 같은 양적 수치로 공동체를 개념화함으로써 공동체의 질적 측면들을 무시해왔다. 공동체의 질적 측면 중 하나인 개인적 친밀성은 우정이나 결혼과 같은 관계를 통해서 또는 자신감, 신의, 신뢰와 같은 감정을 통해서 표현된다(1976:57).

McKnight와 Solomon의 공동체 개념은 질적 측면들을 고려했다는 점에서 대안적 패러다임과 많은 공통점을 지닌다. 즉, 그들이 제시한 공동체 개념은 개인의 강점과 약점을 모두 고려하고, 집합적 노력과 책임을 강조하며, 앎의 수단으로서 이야기의 중요성에 대해 인식하고, 축하와 비극을 동시에 고려하며, 개인적 친밀성·관계·자신감·신의·신뢰의 중요성을 인정한다는 점에서 공동체의 질적 차원에 대한 가치를 높이 평가하였다. McKnight의 공동체 개념은 현대 휴먼서비스 조직에 대한 비판에서 시작되었고, Solomon의 공동체 개념은 기존 사회과학에서 규정한 공동체 개념(사회복지사들의 개념을 포함해서)에 대한 비판에서 출발하였다. 그럼에도 불구하고 이들이 제시한 공동체 개념은 사회복지의 핵심 관심사 및 목적에 부합하는 내용들을 많이 포함하고 있다.

계획 공동체 (INTENTIONAL COMMUNITY)

코뮌(Communes)

McKnight와 Solomon의 공동체 개념에서는 공동체와 가족 및 소집단 간의 경계가 불분명하다고 본다. 이는 계획적으로 만들어진 공동체, 특히 코뮌의 경우에 그러하다. 코뮌은 전통적 가족 개념에 대한 대안적 접근으로 연구되었다. 또한 코뮌은 새로운 형태의 공동체를 형성하기 위한 의도적인 노력의 일환으로 연구되기 시작하였다. 이 장에서 코뮌을 가족으로 볼 것인가, 공동체로 볼 것인가의 문제는 중요하지 않다. 다만, 이를 통해 우리는 인간행동의 다양한 수준들 간의 경계가 모호하고, 관찰자나 참여자가 어떻게 볼 것인가에 따라 달라질 수 있다는 것을 이해할 수 있다. 이는 또한 우리에게 인간행동의 다양한 수준들이 상호배타적이지 않으며, 직선 보다는 나선형의 연속체 상에 놓여있다는 것을 인식시켜 준다. 예컨대, 오늘날 가족형태가 변하고, 핵가족에서 가상친족(fictive kin)으로 가족의 개념이 확대되면서(6장의 가족 참조), 코뮌은 전통적인 가족형태와 유사하면서도 공동체와 유사한 특성을 보인다. 따라서 본 교재에서는 코뮌을 대안적 형태의 공동체로 소개하지만, 어떤 면에서는 대안적 형태의 가족으로도 볼 수 있다는 사실을 인식할 필요가 있다.

코뮌을 가족으로 보든, 공동체로 보든 코뮌은 전통적인 공동체 생활의 대안으로써 대두되었다. Aidala와 Zablocki(1991:89)는 코뮌을 다음과 같이 정의한다.

> 혈연이나 혼인관계가 아닌 5명 이상의 성인 집단으로(자녀의 존재유무와는 무관함), 어떤 이념적 목표를 위해 집단적 가정(collective household)이 필요하다는 생각 하에 자발적으로 함께 생활하는 사람들.

Marguerite Bouvard(1975 in Warren 1977:561)는 계획 공동체 연맹(Federation of Intentional Communities)의 개념정의를 참고로 코뮌을 다음과 같이 정의하고 있다.

코뮌은 혈연관계로 맺어진 가족에 비해 자유롭다 … 코뮌은 최소 세 가족 이상으로 이루어지며, 공통의 경제적·정신적·문화적 제도를 갖는다.

공동체 운동(communitarian movements)은 사회적·문화적 전환기에 주로 발생하였다. 공동체 운동은 오랜 역사동안 주기적으로 발생하였으며, 종교적·정치적·경제적·대안적 형태의 가족 기반을 제시해왔다. 미국에서 공동생활에 대한 연구가 가장 활발하게 이루어진 때는 1960년대와 1970년대이다.

Aidala(1989:311-338)는 코뮌이 기존의 생활패턴에 의문이 제기되고, 새로운 생활패턴이 아직 나타나지 않은 사회문화적 과도기에 발생한다고 주장하였다. Aidala는 코뮌이란 강한 이념적 공동체로서, "직장, 가족, 정치, 종교 및 이러한 요소들 간의 교차점에서 발생하는 하나의 대안적 시도"이라고 언급하였다. 또한 그녀에 의하면 "코뮌은 가족생활 규범의 변화과정에서 발생하는 것으로, 그 구성원뿐만 아니라 사회전체를 위해 기능한다."는 것이다(1989:312). Aidala는 또한 코뮌의 구성원들이 "공동생활을 지지하는 규범, 정당성, 관행을 수립하기 위해 노력해왔으며, 그러한 관행에는 출산보류 및 거부, 적극적 여성상과 감성적인 남성상, 일하는 아내와 살림하는 남편 등 사회적으로 규정된 역할보다는 서로 합의를 통해 관계를 형성하는 내용들이 포함된다."고 밝히고 있다(1989:334). 이러한 코뮌의 목표는 사회복지의 핵심 가치(자기결정권, 개인의 잠재력 발휘, 사회경제적 정의, 평등 등)에 어느 정도 부합된다. Aidala는 결론적으로 코뮌의 목표달성 여부와 상관없이 코뮌 그 자체는 전통적인 가족형태 및 인간관계에 의문을 제기하는 중요한 목소리라고 주장한다(1989:335).

Aidala와 Zablocki는 또한 상당수의 코뮌 구성원들이 새로운 가족형태를 찾기 위해 코뮌에 들어가는 것이 아니라, "자신과 같은 가치와 목표를 가진 다른 사람들과 함께 살기 위한 '합의 공동체(consensual community)'를 형성하기 위해 코뮌에 들어간다는 사실을 발견하였다. 즉, 코뮌은 혈연과 결혼을 중심으로 한 전통적인 유대관계를 넘어서 계획적으로 정서적 지지망을 확장하려는 시도이다"(1991:88). 그럼에도 불구하고 코뮌생활은 가족과 공동체의 불분명한 경계선상에 있다. "코뮌생활은 구성원들이 단지 함께 사는 것뿐만 아니라, 정서적 유대와 공통의 신념을 바탕으로 서로 밀접한 관계를 맺는 것이 특징이다"(1991: 113). 코뮌에 대한 이러한 설명에서 가족, 집단, 공동체를 어떻게 묘사하는지 이해하는 것이 중요하다. Aidala(1989) 및 Aidala와 Zablocki(1991)은 이러한 코뮌을 "광의의 가족(wider families)"으로 정의하고 있다. 이러한 관점은 인간행동의 여러 수준들 간의 교차점을 보다 쉽게 이해하도록 해준다.

Rosabeth Moss Kanter(Warren 1977:572-581)는 코뮌과 같은 유토피아 공동체의 핵심 이슈 및 관심사에 대해 명확하게 설명하고 있다. 그녀는 이러한 공동체의 핵심이슈는 바로 헌신(commitment)이라고 보았다. 그리고 코뮌의 주요 관심사는 공동체가 생존하기 위해서 수행해야 할 과업들을 구성원들에게 어떻게 분배할 것이며, 어떻게 하면 구성원들이 그 공동체에 오랫동안 만족감과 소속감을 느끼게 할 것인가에 있다.

Kanter가 언급한 헌신의 개념은 개인의 욕구·관심이 공동체 전체의 욕구·관심과 일치하는 것이 중요하다는 사실을 강조한다. Kanter는 "헌신이란 … 구성원들이 집단을 지속시키기 위해 어떠한 일도 할 수 있음을 의미한다. 왜냐하면 그것이 곧 그들이 원하는 것을 얻는 방법이기 때문이다."고 정의하였다. 즉, 어떤 개인이 헌신한다는 의미는, 곧 그 사람이 하고 싶어 하는 일이 바로 그 사람이 해야 할 일이라는 것을 뜻한다. 따라서 구성원들은 집단의 유지를 위해 필요한 것을 제공해주고, 집단으로부터 그에게 필요한 자신감을 얻게 된다(1977:574).

Kanter는 코뮌의 생존을 보장하고 구성원들의 헌신을 이끌어내기 위해서는 다음과 같은 문제들을 고려해야 한다고 주장하였다.

1. 강제성 없이 업무를 완성하게 하는 방법은 무엇인가?
2. 모든 구성원에게 만족스러운 의사결정을 하는 방법은 무엇인가?
3. 배타적이지 않고 친밀하고 만족스러운 관계를 구축하는 방법은 무엇인가?
4. 신규 구성원을 선택하고 그들을 사회화하는 방법은 무엇인가?
5. 개인의 자율, 고유성, 일탈을 어느 정도까지 용인할 것인가?
6. 공동체의 기능 및 가치에 대한 동의를 어떻게 이끌어 낼 것인가?(Kanter in Warren 1972:572).

코뮌에 대한 이러한 관점은, 코뮌을 약물남용과 무분별한 성행위의 온상으로 보는 일부 편견과는 상반된 것이다. 물론 어떤 코뮌에서는 이러한 무질서한 행동들이 실제로 나타날 수 있지만, 이러한 행동들은 코뮌이 아닌 다른 집단에서도 나타날 수 있다. 대체적으로 코뮌 연구가들을 코뮌과 같은 계획 공동체를 개인, 가족, 집단, 공동체에 대하여 실행 가능한 대안으로 본다.

뉴타운(New towns)

코뮌은 새로운 공동체를 찾기 위한 개인 및 집단의 노력에 의해 계획적으로 만들어진 공동체이다. 물론 정부차원에서도 계획 공동체를 만들려는 시도들이 있어왔다. 계획 공동체의 하나인 "뉴타운"은 1960년대 발생한 "도시위기(urban crisis)"에 대처하기 위한 정부의 노력으로 시작되었다. 도시위기는 공동체 구성원들, 특히 유색인종과 저소득층에 대한 억압과 배제로 인해 발생하였다. 이와 같이 소외된 개인 및 집단은 지역기반의 공동체에 참여하는 것이 거부됨으로써 기본적인 욕구 충족에 어려움을 겪게 되었다(Warren에 대하여 언급한 부분을 참조).

억압과 차별은 많은 사람들에게 상처를 주었을 뿐만 아니라, 1960년대 도시위기의 주원인이 되었다. 이러한 상황에서 뉴타운은 억압과 차별이 없는 새로운 공동체를 건설하려는 노력의 일환으로 등장하였다. 연방정부는 민간 개발업체의 뉴타운 건설 계획을 승인하고 자금 대출을 보증해주었다. 여기에는 하나의 조건이 제시되었는데, 이는 뉴타운이 유색인종, 저소득층, 노인, 장애인 등을 공동체 구성원으로 받아들여야 한다는 것이었다. 뉴타운은 거주환경의 복지뿐만 아니라, 개인 및 집단의 "삶의 질" 또는 "안녕"도 적절한 수준에서 보장하는데 관심을 가졌다(Environmental Protection Agency conference에서 Campbell의 말을 인용, 1976:10). 그러나 많은 학자들은 실제로 이러한 이상적인 기대에 부응하는 뉴타운은 거의 없었다고 지적한다.

1960년대 후반에 뉴타운이 다시 주목받기 시작하였는데, 사실상 뉴타운의 개념은 그 당시에 처음 등장한 것이 아니었다. 20세기가 시작되면서 영국에서는 "정원도시(Garden City)"라는 개념이 나타났다. 1차 세계대전 이후 미국에서 뉴타운이 등장하였고, 1929년부터는 정부차원에서 소위 그린벨트 타운에 대한 지원이 시작되었다. 따라서 1960년대의 뉴타운은 물리적·사회적 환경 모두를 고려하여 공동체를 건설하려는 종합적인 노력이라고 볼 수 있다. 뉴타운은 "지정된 지역 내에서 지정된 기간 동안 광범위한 사회적·경제적·물리적 활동을 지원하기 위해" 계획되었다(Campbell 1976:17). 뉴타운은 사회적으로는 다양한 교육 서비스와 의료, 오락, 공공시설과 종교시설 등을 구비해야 하며, 경제적으로는 기업, 산업, 전문직 등을 포함하여야 한다. 또한 물리적으로는 다양한 소득

수준에 맞는 주택 및 도로·시설과 같은 "인프라"를 구축해야 한다. 이러한 종합적인 서비스는 경제적으로는 실행 가능한 방식으로, 환경적으로는 건전한 방식으로, 사회적으로는 상호작용적인 방식으로 수행되어야 한다. 뉴타운의 시민들은 전체 개발과정에서 관리감독 및 의사결정에 참여하는 것이 원칙이다(Campbell 1976:17).

그럼에도 불구하고, 뉴타운 개발에 대한 정부 지원은 1970년대 말에 사실상 중단되었다. 결과적으로 정부지원의 계획 공동체는 그 효과성을 제대로 평가하기도 전에 단기에 종료되었다. 앞에서도 언급한 바와 같이 뉴타운의 거창한 목표들은 대부분 달성되지 못하였다. 다른 실험적·계획적 공동체와 마찬가지로, 뉴타운은 공동체가 제공하고자 했던 삶의 질에 대한 이상적인 비전을 제시하였다. Campbell은 뉴타운이 표방했던 거대한 목표에 대해 다음과 같이 설명하고 있다.

뉴타운은 인간의 가능성을 극대화하는 동시에 궁극적으로 나이, 성별, 인종, 종교, 경제적 조건에 상관없이 서로 상호작용하고 자연과 긍정적으로 교류할 수 있는 … 환경을 조성하고 유지하는 것이 목적이다(1976:2660).

공동체: 사회경제적 정의와 억압

뉴타운 문제는 전통적인 공동체 내에 존재하는 억압과 권력의 불평등한 분배를 해결해야 할 필요성에 대해 깨닫게 해주었다. 대안적 패러다임에서는 인간행동의 모든 수준에 내재되어 있는 억압을 인정하고 이를 감소시키기 위해 노력한다. 공동체는 인간행동의 많은 수준들을 포괄하기 때문에, 억압과 불평등한 권력분배를 인식하고 이를 감소시키는데 중요한 역할을 할 수 있다.

억압과 권력의 불평등 문제를 해결하기 위한 가장 중요한 첫 걸음은 이것의 존재를 인식하는 것이다. 공동체 내부에 존재하는 억압과 불평등을 인식하기 위한 하나의 방법은 우리가 속해있는 전통적인 공동체의 물리적 구조에 대해 검토하는 것이다. 즉, 전통적인 공동체는 어떻게 구성되는가? 전통적 공동체의 구성원들은 피부색, 소득, 계층에 따라 어떻게 구분되는가? 이러한 구분이 어떤 결과를 초래하며, 어떤 방식으로 유지되는가?

공동체와 차별

인간이 거주하는 장소는 그 사람이 삶에서 어떤 경험을 하는지에 중요한 영향을 미친다. 즉, 인간의 거주지는 그 사람이 어울리는 친구, 역할모델 및 동료, 학교, 접근 가능한 직업 및 자원, 주거의 질을 결정한다. 따라서 주거지에 있어서의 차별은 앞에서 열거한 모든 부분에 중요한 영향을 미친다는 사실을 알 수 있다. 미국에서 가장 흔한 차별은 피부색이나 소득에 의한 차별이다. 피부색에 따른 차별(학교, 공공편의시설, 직업, 주거에 있어서)은 1964년의 시민권법(Civil Rights Act)과 1954년의 연방대법원 판결(Brown과 Topeka교육위원회의 재판)에 의해 불법으로 규정되었지만, 공동체 내에서 차별이 여전히 지속되는지에 대해 살펴볼 필요가 있다.

Logan과 Feagin(Warren and Lyon 1988:231), 그리고 Feagin(1978:85)은 공동체 내에서 억압과 권력의 불평등 분배를 조장하고 유지시키는 몇 가지 제도적인 차별에 대해 설명하였다. 이러한 억압의 메커니즘에는 지역 지위 강등(block-busting), 인종 조정(racial steering), 특정경계지역 지정(redlining)이 포함된다.

지역 지위 강등(blockbusting)은 일부 부동산 중개인들이 아프리카계 미국인에 대한 백인들의 인종적 불안감을 이용하여 주택 시장을 교란시키는 관행을 말한다. 지역 지위 강등은 오직 백인들만 살던 지역에 아프리카계 미국인이 이사 올 경우 발생할 수 있다. 이 때 아프리카계 미국인이 이웃으로 이사 오면 백인 거주자들은 불안감을 느껴 대개 시세보다 낮은 가격으로 주택을 팔도록 종용 당한다. 그런 후 그 주택은 새로 이사 오는 아프리카계 미국인에게 상당히 부풀려진 가격에 팔린다. **인종 조정**(racial steering)은 기존의 인종적 분리를 지속시키는 방법 중 하나이다. 인종 조정은 부동산 중개인 또는 부동산 임대업자들이 인종적·경제적 분리를 유지시키기 위해 사람들을 공동체의 특정 지역으로 몰아넣는 것이다. **특정경계지역 지정**(redlining)은 은행 등 일부 대출 기관들이 공동체의 특정 지역을 투자 위험 지역으로 지정하는 것을 말한다. 투자 위험 지역으로 지정되는 곳은 대개 가난하거나 유색인종이 많이 사는 지역이다. 특정경계지역 지정이란 말은 일부 은행들이 가계대출이나 담보대출을 승인해주지 않는 지역을 지도상에 빨간 선으로 표시해두던 관행에서 비롯되었다. 특정경계지역 지정은 공동체의 구성원들이 낡은 임대 주택을 구매하여 리모델링하는 것조차 금지하기 때문에 공동체에 부정적인 영향을 미친다(Logan 1988:231-241; Feagin and Feagin 1978:85-115).

이러한 관행들은 공동체의 분리, 차별, 억압을 만들어내고 유지시키는 메커니즘이다. 이러한 관행들은 모두 주거와 직접적으로 관련되어 있다. 주거는 공동체 생활의 일부분이지만, 우리가 어디에 사는가는 우리 삶의 많은 부분에 중요한 영향을 미치기 때문에, 주거를 공동체 억압 체계의 핵심이라고 봐도 무방할 것이다. 주거에 있어서의 차별은 다른 유형의 차별에도 직접적인 영향을 미친다. 이 중 가장 주목해야 할 것은 바로 학교에서의 차별이다. 아마도 우리 모두가 통합된 공동체에서 함께 어울려 생활하고자 하는 의지가 없다면, 우리 삶에서 이러한 억압과 차별을 근본적으로 몰아내기는 어려울 것이다. 모든 사람은 자신이 선택한 공동체나 이웃에서 살 수 있는 권리가 있다.

타인과 가까이 지내다보면 자신과 다른 그들의 복잡성을 보다 잘 이해하게 되고 존경하게 될 것이다. 사람은 타인과 어울려 살면서 타협과 존중을 배우고, 차이를 인식함으로써 보다 성장할 수 있다. 이 장에서 우리는 단지 저소득층과 유색인종의 경우만 언급했지만, 이 외에도 우리 자신과 다른 성적지향, 종교적 신념, 장애, 연령 등을 가진 사람들에게도 적용해 볼 수 있다.

사회개발 접근(Social development approach)

사회개발 접근은 공동체 구축과 발전을 지구적 관점으로 바라보는 것이다. 사회개발의 개념은 다음과 같이 다양하게 정의된다(Sullivan 1994:101).

- ▶ "인간의 욕구에 부합하는 사회정책 및 프로그램을 구축하기 위한 계획적인 변화과정"(Hollister).
- ▶ "사회 불평등과 문제를 제거하기 위해 인간의 잠재력을 최대한 발휘하도록 하는 것"(Meinert, Kohn and Stickler).
- ▶ "인간의 욕구가 모든 수준(특히 가장 낮은 수준)에서 충족되도록 사회복지와 사회제도를 발전시키기 위한 목적으로 개인의 역량을 촉진하는 상호 체계적·통합적 접근"(Billups and Julia).
- ▶ "모든 시민들이 젠더, 인종, 나이, 성적지향, 장애에 상관없이 평등한 사회적·경제적·정치적 권리를 누리며, 아울러 지위, 역할, 특권, 책임에 대

해 평등하게 접근할 수 있는 사회구조를 만들고 유지하기 위한 것"
(Chandler).

이러한 개념들의 공통점은 사회개발 접근이 궁극적으로 공동체 구성원들의 기본적인 욕구 충족을 위해 기본 자원에 대한 그들의 접근권을 보장한다는 것이다. Sullivan은 의식주에 입각한 전통적 욕구개념보다 더욱 확장된 욕구개념으로써, 기회제공, 개인 및 집단의 잠재력 발휘, 평등권 보장, 자연보호 등에 대한 욕구도 기본 욕구에 포함시키고 있다(Sullivan 1994:107-108). 이러한 확장된 개념의 사회개발접근은 인간의 다양성 존중, 사회경제적 정의라는 사회복지의 기본가치 및 윤리에 부합된다. Asamoah와 그의 동료들은 사회복지 맥락에서의 사회개발을 다음과 같이 설명하였다.

> 사회개발은 인권, 사회정의, 공평한 자원분배, 인간과 경제의 동반성장의 가치를 강조하는데... 이러한 가치는 사회복지의 가치와 일치한다. 또한 사회개발은 강점, 임파워먼트, 자급자족, 발전에 초점을 둔다는 점에서 사회복지의 변화·성장 지향적 가치와도 일맥상통한다. 사회개발은 사회복지 전문가들에게 공통의 세계관을 제공함으로써 폭넓게 적용될 수 있다(Asamoah, Healy and Mayadas 1997).

앞에서 설명한 사회개발의 개념과 확장된 기본욕구의 개념은, 공동체와 그 구성원이 기본욕구 충족과 목표 달성을 위해 스스로 변화를 추구한다는 점에서 강점 관점, 페미니스트 관점, 임파워먼트 관점과 일치한다.(1,2,3장 참조)

다양성과 공동체

공동체 수준에서 사회복지의 주된 관심은, 다양성이 존중되는 공동체 환경이 구축될 수 있도록 장애물을 인식하고 제거하는 것이다. 코뮌과 뉴타운 같은 계획 공동체는 많은 면에서 다양성을 반영하고 있다. 사회복지사의 핵심 관심사는 공동체에서 인간의 다양성이 어느 정도로 존중되고 통합되는가이다. 우리가 이 책 전반에 걸쳐 제시하고 있는 대안적 관점에서는 인간의 다양성을 존중하고 극대화하는 것을 강조한다. 따라서 대안적 공동체 관점 역시 공동체 구성원들의 다양성을 강점의 원천으로 본다. 동시에, 대안적 공동체 관점에서는 공동체 내의 다양성과 공동체 주변의 억압받는 사람들 간의 중요성 사이에서 균형을 유지하는 것에 관심을 갖는다. 이러한 균형을 통해 우리는 긍정적 정체감, 안정감, 역사의식을 형성할 수 있다.

종교와 공동체

종교는 공동체 생활을 하는 많은 사람들에게 중요한 요소이다. Maton과 Wells는 종교가 공동체의 안녕에 미친 긍정적인 면과 부정적인 면을 설명하였다. Maton과 Wells는 **종교**를 광의적 차원에서 "집단과 활동의 초점을 일상생활의 물질세계를 넘어 정신세계로 확장시키는 모든 영역"(1995:178)이라고 정의한다. 이러한 종교의 개념은 앞에서 살펴본 영성의 개념과 비교해 볼 수 있다.

　　　종교기관과 공동체 발달　　　Maton과 Wells(1995)는 많은 종교조직들이 공동체 발달을 위해 어떤 역할을 해왔는지에 대해 다음과 같이 설명한다.

종교조직, 특히 도시의 종교조직은 지역사회와 공동체의 활성화에 많은 관심을 기울여왔다. 이와 같이 종교조직에 의한 환경개선은 낙후된 도시 인프라로 인해 발생하는 긴장감을 줄이고 지지 자원을 강화함으로써 예방적 효과를 지닌다(Maton and Wells 1995:182).

　　　종교기관과 사회활동　　　종교기관은 공동체의 물리적 구조 개선과 구성원들의 복지증진을 위해 노력했을 뿐만 아니라, 공동체 내의 사회경제적 정의 구현을 위한 사회활동에 중요한 역할을 담당해왔다. 교회의 사회활동은 특히 역사적으로 아프리카계 미국인 공동체와 더불어 발전되어 왔다. 이러한 맥락에서 Maton과 Wells는 다음과 같이 설명하고 있다.

특히 남부 지역에서는 흑인 교회들이 시민권 운동의 중심 역할을 해왔다 … 흑인 교회들은 백인사회와는 재정적으로 독립된 리더십을 가진 목사를 중심으로, 사람과 자원을 능숙하게 관리하였고, 체계적인 재정 기반을 갖추고 있었다. 이들은 시민들에게 함께 모여 전략과 전술을 계획할 수 있는 장소를 제공해 주었다. 또한 흑인 교회들은 억압당한 흑인들의 바람을 담은 노래, 예배, 기도 등을 제공함으로써 평등을 향한 흑인들의 집합적 염원을 고취시켰다(1995:187-188).

종교기관이 공동체 생활에 미치는 부정적 영향　　교회를 비롯한 기타 종교기관들은 한편으로는 공동체의 삶에 매우 긍정적인 역할을 수행해왔으나, 다른 한편으로는 역사적으로 다양한 영역에서 개인 및 공동체에 부정적인 영향을 미치기도 하였다. Maton과 Wells는 이에 대해 다음과 같이 설명한다.

일부 종교의 원칙과 가치는 부적절한 죄의식 및 불안을 조장하고, 정서적 문제에 대해 편협한 시각을 제공할 수 있다… 조직화된 종교의… 거대한 심리적·경제적 자원은 여성과 소수인종의 역량을 강화시키는 데 사용되기보다는 오히려 이들을 예속시키거나 역량을 약화시키는 데 사용될 수 있다 … 종교가 "불행한 사람들"을 돕는다는 점에서 한편으로는 많은 자원봉사자들과 경제적 자원을 끌어 모을 수 있는 장점이 있지만, 다른 한편으로는 이것이 도움을 필요로 하는 사람들에 대해 가부장적, 역량 약화적 접근(disempowering approach)이 될 수 있다. 또한 주류 종교는 현 사회 권력구조의 일부를 차지하기 때문에, 현재의 권력구조에 도전하는 임파워먼트 활동에는 참여하지 않는 경우가 많다(1995:189).

사회복지사는 교회를 비롯한 종교기관이 공동체와 그 구성원의 역량을 강화시킬 수도 있고 약화시킬 수도 있다는 사실을 인식해야 한다.

공동체와 장애인

Mackelprang과 Salsgiver(1996:9)는 장애인의 사회경제적 정의를 지향하는 두 가지 대안적 패러다임인 소수자모델(Minority Model)과 자립생활모델(Independent Living Perspective)에 대해 설명하였다. 1960년대 시민운동의 격동기에 나타난 소수자모델은 미국에서 "장애인에 대한 의식"이 출현하게 된 계기가 되었다. Mackelprang과 Salsgiver(1996)는 장애인에 대한 의식이 1970년대 초반 자립생활 개념의 발전과 함께 더욱 성숙되었다고 주장하였다.

자립생활모델　　Mackelprang과 Salsgiver는 "자립생활이란 장애인들이 스스로 자신들의 역량을 개인적·정치적 영역에서 발휘하기 시작하도록 촉진하는 것"이라고 강조한다(1996:10).

자립생활모델의 원칙과 사례

1. 자립생활모델에서는 장애인을 환자나 클라이언트가 아니라, 적극적이고 책임감 있는 소비자로 본다.
2. 자립생활모델에서는 모욕적이고 권리박탈적인 전통적 치료 접근을 거부하고, 장애인 스스로 자신의 삶을 영위하도록 한다.
3. 자립생활모델에서는 공적 기관에 의해 제공되는 전문적 간병서비스를 거부하고, 장애인 스스로 간병인이나 도우미를 고용하고 해고할 수 있는 권리를 보장한다.
4. 자립생활모델에서는 정식 자격을 갖춘 간병인 대신 장애인이 직접 훈련시킨 맞춤형 간병인을 선호한다.
5. 자립생활모델에서는 장애인의 임파워먼트는 다른 사람에 의해서가 아니라, 장애인 스스로 획득하는 것이라고 본다. 여기에서 사회복지사는 치료자가 아닌 조력자의 역할을 한다.
6. 자립생활모델에서는 장애인의 가장 큰 제약조건으로 환경과 사회를 꼽는다.
7. 자립생활모델에서는 소비자의 필요에 의해 자연스러운 지지체계가 형성되어야 한다는 원칙을 고수한다(Mackelprang and Salsgiver 1996:10-12).

자립생활: 장점과 한계   Mackelprang과 Salsgiver는 사회복지가 자립생활모델로부터 배울 점이 많다고 제안하였다. 특히, "클라이언트를 하나의 사례로 보는 사례관리적 관점으로부터 스스로의 임파워먼트를 강조하는 소비자 주도적 실천모델로의 전환"은 사회복지에 많은 시사점을 준다(1996:12-13). 그러나 Mackelprang과 Salsgiver는 "자립생활모델이 문제를 지나치게 외부적 관점에서 바라본다는 비판을 받을 수 있다."고 지적하였다. 즉, "자립생활모델에서는 소비자인 장애인들이 이미 스스로 무엇을 원하는지에 대한 지식과 능력을 모두 갖추고 있다고 단정 지으며, 그들의 강점을 찾기 위해 도움이 필요할 수 있다는 전제를 무시한다"(1996:12). 더 나아가 Mackelprang과 Salsgiver는 사회복지와 자립생활모델이 서로 공조함으로써 발전될 수 있다고 보았다. 즉, 사회복지에서는 다(多)체계적·생태적 접근을 통해 자립생활모델에 기여할 수 있고, 자립생활모델에서는 장애인의 욕구를 보다 잘 이해하고, 그들을 비롯한 억압집단의 임파워먼트를 강조함으로써 사회복지에 기여할 수 있다."고 제안하였다(1996:13).

공동체와 성적지향

레즈비언이나 게이와 같은 성적 소수자들에게는 공동체와 관련된 그들만의 특수한 문제가 존재한다. 도시의 공동체는 시골의 공동체보다 다양성 속의 다양성을 수용해야 할 기회를 더 많이 접한다. 어떤 연구에 의하면, "대부분의 레즈비언과 게이들은 원(原)가족보다는 그들의 파트너나 친구들을 더 신뢰하며 지속적인 사회정서적 지지를 받을 수 있는 원천으로 생각한다. 따라서 레즈비언과 게이에게는 공동체에서의 관계가 무엇보다도 중요하다."는 것이다(Demo and Allen 1996:420). 동성애 혐오는 게이와 레즈비언의 개인 및 공동체 생활에 중대한 영향을 미친다.

> 일상생활에서 레즈비언 부부나 게이 부부는 자녀의 교사, 자녀친구의 부모 등 공동체의 다른 구성원들과 만날 때 내면화되거나 외면화된 동성애 혐오에 직면하게 된다. 심지어 어린이집에서 일상적으로 이루어지는 서류작성에 엄마·아빠의 신상정보를 기입해야 하는 상황에서도 주류 이성애자 사회가… 자신들을 아이의 가족이나 심지어 양부모로도 인정하지 않는다는 현실을 받아들여야 한다(Crosbie-Burnett and Helmbrecth 1993 in Demo and Allen 1996:420).

공동체에 대한 강점 관점

이상적인 공동체는 개인의 정체성과 공동체 구성원으로서의 정체성이 통합되는 공동체라고 볼 수 있다. Myers(1985:34-35)는 아프리카중심 세계관에서 그러한 전체론적 관점을 발견할 수 있다고 보았다. 아프리카의 "확장된 자아(extended self)" 개념은 사실상 공동체를 포함한다. 즉, 나와 공동체는 분리된 다른 체계가 아니다. Myers는 "여기에서 말하는 자아(self)에는 모든 조상, 후손, 만물, 공동체가 다 포함된다."고 설명한다(Meyers 1985:35). Utne(1992:2)는 공동체에 대한 포괄적 접근을 제시하는 비서구적 관점의 장점에 대해 언급하였다. 그는 "서양인들이 토착민들의 교훈에 귀를 기울여야 하며, 이를 통해 다른 선택을 해야 한다."고 권고하였다. 그는 또한 "언젠가 우리 아이들은 남아프리카 코서족(族)의 속담인 '우리가 있기에 내가 있다(I am because we are)'에 담겨진 공동체 경험에 대해 이해하게 될 것이다."라고 말하였다.

Collins(1990)는 공동체와 다양성에 대한 페미니스트 관점을 제시하였다. 그녀는 공동체 구축과 유지에 있어서 아프리카계 미국 여성들의 강점을 반영하였는데, 이들은 역사적으로 공동체를 통해 억압에 맞서 투쟁하고 생존해왔다. Collins의 관점은 전체성과 단합을 강조하는 아프리카중심 세계관을 반영한다. 또한 Collins(1990:53)의 관점에서는 미국 역사에 존재해온 노예제와 억압이 아프리카계 미국인 개인, 가족, 조직, 공동체에 결정적인 영향을 미쳤다는 것을 인정한다. 그녀는 이런 역사적 상황이 아프리카계 미국인과 백인 공동체 사이에 큰 차이를 만들었다고 보았다. 그녀는 핵가족, 확대가족, 공동체가 합쳐진 형태의 전통적 백인 공동체와, 공적·시장주도적·교환적 지배정치경제에 맞서 투쟁한 집합적 노력의 공간인 흑인 공동체 모두에 대한 대안을 제시하였다(Bethel in Collins 1990:53).

흑인 여성들은 이러한 대안적 공동체를 구축하고 유지하는 데 중요한 역할을 담당하였다. 흑인 공동체의 일차적 관심사는 매일의 생존이었는데, 여성들은 이러한 상황에서 공동체에 필요한 안정감을 제공해 주었다(Collins 1990:146). 흑인 여성들이 가족과 공동체에서 수행한 임파워먼트 역할은 다음의 내용에서도 잘 나타난다.

> 아프리카계 미국 여성들은 지배집단의 세계관과는 뚜렷이 구별되는 자신들만의 세계관을 형성하기 위해 그들의 영향력, 권위, 힘을 구축하고자 노력하였다. 아프리카계 미국인 공동체에서 흑인 여성들은 문화전수자로서의 역할을 담당하였고 이는 그들에게 힘을 부여하였다 … 흑인 여성들은 문화를 조성하고, 풍속·규범·관습을 전수하며, 그들의 생존을 보장하는 세계관을 구축하기 위한 힘을 지녔다 … 이 힘은 … 경제적 권력이나 정치적 권력과는 상관없으며, 여성우위를 강조하는 힘과도 거리가 멀다(Radford-Hill in Collins 1990:147).

Collins는 또한 아프리카중심 세계관에 입각해서 구축된 대안적 공동체가 "연대, 돌봄, 그리고 개인의 책임"을 강조한다고 보았다. 미국의 억압적 현실과 결합된 그들의 역사적 세계관은 구성원들의 역량강화를 강조하는 대안적 공동체의 개념을 도출하는데 중요한 역할을 하였다. 이러한 대안적 공동체 개념은 이론을 통해 만들어진 것이 아니라, 아프리카계 미국 여성의 "일상적인 행동"을 통해 구축된 것이다.

대안적 공동체는 억압적 사회 제도에 맞서 싸우는 흑인 여성과 남성들에게
에너지를 제공하는 안식처로서의 역할을 하였다. 이러한 관점에서 힘이란
공동체의 이익을 위해 사용되는 창조적인 힘으로써, 이는 가족, 교회 등과
같은 공동체뿐만 아니라, 공동체의 다음 세대인 아동들에게도 유용하게 적
용된다(Collins 1990:223).

탄력성(Resiliency)과 공동체

우리는 앞서 개인의 탄력성에 대해 살펴보았다. 개인의 탄력성은 공동체
환경에서의 인간행동을 이해하기 위해 중요한 개념이다. 왜냐하면 개인의 탄력
성은 공동체 생활의 질을 결정하는 중요한 요소이기 때문이다. Saleebey(1996:
300)는 점점 더 많은 학자들이 공동체가 개인의 탄력성에 중요한 영향을 미친다
는 것에 동의한다고 보았다. 공동체는 탄력성을 강화시킬 수도 있고 약화시킬
수도 있는데, 다음은 탄력성의 이러한 특징을 설명한 것이다.

1. **강화 역할**(enabling niches): 개인들로 하여금 스스로에 대해 인식하고, 필
   요한 지식을 갖추도록 지지하며, 공동체 내·외부적으로 견고한 관계를
   구축할 수 있도록 하는 공동체.
2. **약화 역할**(entrapping niches): 공동체 구성원들이 낙인되고 소외된다. 즉,
   공동체는 낙인과 소외를 받는 사람들로 구성된다(Saleebey 1996:300).

"개인의 탄력성을 강화하는" 공동체의 특징을 구체적으로 살펴보면 다음과
같다.

▶ 대부분의 공동체 구성원들이 서로가 가진 자산(asset)에 대해 알고 인정하
  며 활용함.
▶ 개인, 가족, 집단의 네트워크에 대한 정보를 공유
▶ 동료들 간의 소셜 네트워크 구축
▶ 세대 간 멘토링 관계를 통해 도움, 조언, 지지, 격려 제공
▶ 공동체의 도덕적·시민적 생활에 기여하고 성숙한 시민으로서의 역할을
  수행할 수 있는 기회 제공
▶ 구성원에 대한 높은 기대(Saleebey 1996:300)

공동체: 건강과 탄력성

위의 모든 특징들은 개인과 공동체의 복지 증진을 위해 상호작용을 한다. Saleebey는 이외에도 건강과 공동체 탄력성 간의 관계에 대해 다음과 같이 설명하고 있다.

건강과 역량의 관점에서 볼 때, 개인이 가장 최상의 조건을 발휘할 경우는 위험요소나 질병에 초점을 둘 때가 아니라, 가능성·가치·성취·회복에 초점을 둘 때이다 … 결국, 건강과 탄력성은 모두 공동체의 목표, 사회유대, 집합적 관점, 멘토링, 전체로의 소속감을 강조한다(Saleebey 1996:301).

요약

이 장에서 우리는 공동체에 대한 다양한 전통적·대안적 관점들을 살펴보았다. 특히 공동체에 대한 역사적 관점을 재조명하였고, 공동체의 개념정의와 관련된 이슈들을 검토하였다.

또한 전통적 공동체 관점과 관련된 많은 논의들을 제시하였다. 먼저, 장소적 공동체와 기능적 공동체에 대해 구체적으로 살펴보았고, 개인·가족·집단과 같은 미시 체계와 거대 사회체계를 연결시키는 중간 고리로서의 공동체도 살펴보았다. 또한 사회체계로서의 공동체, 관계방식으로의 공동체에 대해서도 살펴보았다.

대안적 공동체 관점으로는 비장소적 공동체에 대해 살펴보았다. 구체적으로 소셜 네트워크 공동체, 공동체의 질적 측면, 코뮌과 뉴타운을 포함한 계획 공동체에 대해서 살펴보았다.

공동체 차원에서의 억압과 권력 문제도 대안적 공동체 관점의 일환으로 본 장에서 다루었다. 또한 다양성의 개념과 공동체 생활과의 관계 및 공동체의 강점 관점에 대해서도 논의하였다.

9장 복습

연습문제

1. 공동체 구성원들에게 적합한 사회화와 상호지지를 제공하는 것은 공동체의 _____ 에 해당된다.
   a. 기능
   b. 네트워크
   c. 사회 시스템
   d. 구조

2. _____ 는 1960년대 "도시 위기"를 초래한 억압과 차별을 타파하기 위한 정부 차원의 계획 공동체이다.
   a. 코뮌
   b. 뉴타운
   c. 유토피아 공동체
   d. 교외

3. 공통의 전통, 문화, 생활방식, 그리고 그로부터 나온 상호책임성을 기반으로 한 관계 방식을 _____ 이라 알려져 있다.
   a. 소셜 네트워크
   b. 게젤샤프트 관계
   c. 게마인샤프트 관계
   d. 확대 가족

4. 사회복지사는 풍부한 비공식적 상호작용을 가지고 있지만 경제적 기회를 제공하는 능력이 열악한 공동체를 만날 수 있다. 가령, 도시중심부에 거주하는 빈민들을 사실상 거대 사회로부터 고립된다. 이는 _____ 의 결핍으로 설명될 수 있다.
   a. 경제적 자본
   b. 가교적 자본
   c. 수직적 자본
   d. 공동체 자본

5. 인종·문화·종교, 직장 집단에서의 구성원들이 하나의 공동체를 형성하는 것은 _____ 의 예이다.
   a. 유토피아 공동체
   b. 계획 공동체
   c. 사회적 공동체
   d. 동일시 공동체

6. 공동체 구축 및 개선에 대한 전체론적이고 통합적인 접근을 _____ (이)라고 한다.
   a. 공동체 부흥
   b. 종합적 공동체 계획
   c. 빈곤과의 전쟁
   d. 시민 윤리 또는 시민 사회

7. 공동체의 특정 지역을 투자 위험 지역이라고 규정짓는 일부 은행들의 차별적 관행을 무엇이라 하는가?
   a. 지역 지위 강등
   b. 인종 조정
   c. 특별경계지역 지정
   d. 공동체 소외

8. 전체 집단의 발전을 위해 작동하는 하나의 자원으로써 집단의식이나 집단 정체성을 무엇이라고 하는가?
   a. 문화자본
   b. 사회자본
   c. 공동체 동일시
   d. 공동체 의식

9. 공동체 구축 및 개선에 대한 지구적 관점으로, 인간의 기본적 욕구 충족하기 위해 기본자원에 대한 접근성을 높이고, 기회, 평등권 보장, 개인 및 집단의 잠재력 극대화에 초점을 두는 접근방법은 무엇인가?
   a. 지구적 공동체 개발
   b. 공동체 조직화
   c. 사회 개발
   d. 종합적 개발

10. 공통의 관심을 위해 상호작용하는 개인 및 사업 파트너의 집합체로, 이러한 공동체는 과학기술의 도움으로 상호작용하며, 어떤 규칙이나 프로토콜에 따라 유지된다. 이는 어떤 공동체인가?
   a. 사이버공간 공동체
   b. 사회 공동체
   c. 기술발달 공동체
   d. 가상 공동체

답: 1) a 2) b 3) c 4) b 5) d 6) b 7) c 8) a 9) c 10) d

참고문헌

Abrams, L., and Moio, J. (2009). "Critical race theory and the cultural competence dilemma in social work education." *Journal of Social Work Education, 45*(2), 245-261.

Aidala, Angela A. (1989). "Communes and changing family norms: Marriage and lifestyle choice among former members of communal groups." *Journal of Family Issues, 10*(3): 311-338.

Aidala, Angela A., and Zablocki, Benjamin D. (1991). "The communes of the 1970s: Who joined and why?" *Marriage and Family Review, 17*(1.2): 87-116.

Anderson, Ralph, and Carter, Irl. (1990). *Human behavior in the social environment.* (4th ed.). New York: Aldine De Gruyter.

Asamoah, Y., Healy, L. M., and Mayadas, N. (1997). "Ending the international-domestic dichotomy: New approaches to a global curriculum for the millennium." *Journal of Social Work Education, 33*(2), 389-402.

Beverly, S., and Sherraden, M. (1997). *Human capital and social work* (97.2). St. Louis: Washington University George Warren Brown School of Social Work, Center for Social Development.

Briggs, X. N. de Soyza. (1997). "Social capital and the cities: Advice to change agents." *National Civic Review, 86:* 111-117.

Bouvard, Marguerite. (1977). "The intentional community movement." In Roland L. Warren, ed., *New perspectives on the American community: A book of readings* (3rd ed.). Chicago: Rand McNally College Publishing Company.

Bricker-Jenkins, Mary, and Hooyman, Nancy R., (Eds.). (1986). *Not for women only: Social work practice for a feminist future.* Silver Spring, MD: National Association of Social Workers, Inc.

Campbell, Carlos. (1976). *New towns: Another way to live.* Reston, VA: Reston Publishing, Inc.

Collins, Patricia Hill. (1990). *Black feminist thought: Knowledge, consciousness, and the politics of empowerment.* Cambridge: Unwin Hyman, Inc.

Compete.com (2009). "Top twenty-five social networking sites.Feb 2009." Retrieved June 10, 2009, from http://social-media-optimization.com/2009/02/top-twenty-fivesocial-networking-sites-feb-2009/

CSWE (2008). "Educational policy and accreditation standards 2008 (July 1)." Retrieved from http://www.cswe.org/CSWE/ccreditation/

Demo, D. H., and Allen, K. R. (1996). "Diversity with lesbian and gay families: Challenges and implications for family theory and research." *Journal of Social and*

Personal Relationships, 13(3): 415-434.

Ewalt, P., Freeman, Edith, and Poole, Dennis. (Eds.). (1998a). *Community building: Renewal, well-being, and shared responsibility.* Washington, D.C.: NASW Press.

Ewalt, P. (1998b). "The revitalization of impoverished communities." In P. Ewalt, E. Freeman, and D. Poole (Eds.). *Community building: Renewal, well-being, and shared responsibility* (pp. 3.5). Washington, DC: NASW Press.

Feagin, Joe R., and Feagin, Clairece Booher. (1978). *Discrimination American style: Institutional racism and sexism.* Englewood Cliffs, NJ: Prentice Hall.

Fellin, P. (1993). "Reformulation of the context of community based care." *Journal of Sociology and Social Welfare 20*(2): 57-67.

Kanter, Rosabeth Moss. (1977). "Communes and commitment." In Warren, Roland L., *New perspectives on the American community: A book of readings.* Chicago: Rand McNally College Publishing Company.

Kuhn, Thomas S. (1970). *The structure of scientific revolutions* (2nd ed.). Chicago: The University of Chicago Press.

Lappe, F. M., and DuBois, Paul M. (1997). "Building social capital without looking backward." *National Civic Review, 86:* 119-128.

Logan, John R. (1988). "Realities of black suburbanization." In Warren, Roland L., and Lyon, Larry. *New perspectives on the American community* (5th ed.). Chicago: The Dorsey Press.

Longres, John. (1990). *Human behavior in the social environment.* Itasca, IL: F. E. Peacock.

Louv, R. (1996). "The culture of renewal, part I: Characteristics of the community renewal movement." *National Civic Review, 85:* 52-61.

Louv, R. (1997). "The culture of renewal, part 2: Characteristics of the community renewal movement." *National Civic Review, 86:* 97-105.

Lynn, M. (2004). "Inserting the 'race' into critical pedagogy: An analysis of 'race-based epistemologies.'" *Educational Philosophy & Theory, 36*(2), 153-165.

Mackelprang, R. W., and Salsgiver, R. O. (1996). "People with disabilities and social work: Historical and contemporary issues." *Social Work, 41*(1): 7-14.

Maton, K. I., and Wells, E. A. (1995). "Religion as a community resource for well-being: Prevention, healing and empowerment pathways." *Journal of Social Issues, 51*(2): 177-193.

Maybury-Lewis, David. (1992). "Tribal wisdom." *Utne Reader, 52:* 68-79.

McKnight, John L. (1987). "Regenerating community." *Social Policy, 17*(3): 54-58.

McKnight, John L. (1992). "Are social service agencies the enemy of community?" *Utne Reader, 52:* 88-90.

Myers, Linda J. (1985). "Transpersonal psychology: The role of the Afrocentric paradigm." *The Journal of Black Psychology, 12*(1): 31-42.

Naparastek, A., and Dooley, D. (1998). "Countering urban disinvestment through community-building initiatives." In P. Ewalt, E. Freeman, and D. Poole. (Eds.). *Community building: Renewal, well-being, and shared responsibility* (pp. 6.16). Washington, DC: NASW Press.

Netting, Ellen; Kettner, Peter; and McMurty, Steven. (1993). *Social work macro practice.* New York: Longman.

Page-Adams, D., and Sherraden, M. (1997). "Asset building as a community revitalization strategy." *Social work, 42(5):* 423-434.

Parrish, R. (2002). "The changing nature of community." *Strategies, 15*(2).

Porter, E. (2004). "A typology of virtual communities: A multidisciplinary foundation for future research." *Journal of Computer Mediated Communication, 10*(1). Retrieved from http://jcmc.indiana.edu/vol10/issue1/porter.html#s01

Reiss, Albert J., Jr. (1959). "The sociological study of communities." *Rural Sociology, 24:* 118-130.

Rubin, Israel. (1983). "Function and structure of community: Conceptual and theoretical analysis." In Warren, Roland L., and Lyon, Larry. *New perspectives on the American community.* Homewood, IL: The Dorsey Press.

Saleebey, D. (May 1996). "The strengths perspective in social work practice: Extensions and cautions." *Social Work, 41*(3): 296-305.

Sanderson, Dwight. (1988). In Warren, Roland L., and Lyon, Larry. *New Perspectives on the American community* (5th ed.). Chicago: The Dorsey Press.

Schiele, J. H. (2007). "Implications of the equality-of-oppressions paradigm for curriculum content on people of color." *Journal of Social Work Education, 43*(1), 83-100.

Schulman, M. D., and Anderson, C. (1999). "The dark side of the force: a case study of restructuring and social capital." *Rural Sociology, 64*(3): 351-372.

Solomon, Barbara. (1976). *Black empowerment: Social work in oppressed communities.* New York: Columbia University Press.

Sullivan, W. P. (1994). "The tie that binds: A strengths/ empowerment model for social development." *Social Development Issues, 16*(3): 100-111.

Tonnies, Ferdinand. (1988). "Gemeinschaft and Gesellschaft." In Warren, Roland L., and Lyon, Larry. *New Perspectives on the American community* (5th ed.). Chicago: The Dorsey Press.

Utne, Eric. (1992). "I am because we are." *Utne Reader, 52:*2.

Wallis, A. D., Crocker, J. P., and Schecter, B. (1998). "Social capital and community building: part one." *National Civic Review, 87:* 253-271.

Walsh, J. (1997). "Community building in theory and practice: three case studies." *National Civic Review, 86:* 291-314.

Warner, M. (1999). "Social capital construction and the role of the local state." *Rural Sociology, 64*(3): 373-393.

Warren, Roland. (1977). *New perspectives on the American community: A book of readings* (3rd ed.). Chicago: Rand McNally College Publishing Company.

Warren, Roland L. (1978). *The community in America* (3rd ed.). Chicago: Rand McNally College Publishing Company.

Warren, Roland. (1988b). "The good community." In Warren, Roland L., and Lyon, Larry. New perspectives on the American community (5th ed.). Chicago: The Dorsey Press.

Warren, Roland and Lyon, Larry. (1983). *New perspectives on the American community.* Homewood, IL: The Dorsey Press.

Warren, Roland and Lyon, Larry. (1988). *New perspectives on the American community* (5th ed.). Chicago: The Dorsey Press.

Weber, Max. (1988). "The nature of the city." In Warren, Roland L., and Lyon, Larry. *New perspectives on the American community* (5th ed.). Chicago: The Dorsey Press.

Webster's II New College Dictionary. (1995). Boston: Houghton Mifflin Co.

Yosso, T. (2005). "Whose culture has capital? A critical race theory discussion of community cultural wealth." *Race, Ethnicity and Education, 8*(1), 69-91.

10장

지구적 관점과 이론

Human
Behavior
and
the Social
Environment

10장에서는 국제적, 지구적 사회복지에 대한 전통적 접근과 대안적 접근뿐 아니라 최근의 이론과 지식에 대해서도 다룬다. 국제적 맥락에서 인간행동과 사회환경에 대한 기본 지식을 살펴보기에 앞서 최근 국제적이고 조직적인 수준에서 이루어지는 일들을 검토해볼 필요가 있다. 이 장에서는 국제 사회복지의 과거, 현재, 미래에 대한 몇 가지 근본원리를 설명한다.

특히 이 장에서는 다양한 국제사회복지 관점에 지침이 되는 U.N.의 세계인권선언을 소개하고 있다. 세계인권선언은 1948년에 채택되었지만 지금까지도 미국 사회복지교육에서 충분한 관심을 기울이지 않고 있다.

또한 이 장에서는 사회복지사와 관련된 3개의 국제조직 즉, 국제사회복지학협회, 국제사회복지사연맹, 국제사회복지협의회의 사명과 목적에 대해서도 소개할 것이다. 이러한 내용을 잘 숙지하고 있어야 최근 국제사회복지의 기본적인 맥락을 이해할 수 있다. 여러분도 이 조직들의 웹 사이트를 방문해서 국제사회복지공동체의 구성원으로 가입하고 최근의 계획 및 활동을 숙지하길 기대한다. 세계가 지속적으로 빠르게 변화하고 있기 때문에 우리는 지구적 차원의 인간행동과 사회환경에 대하여 장기적으로 접근해야 한다. 이 장에서 소개하고 있는 참고문헌(웹사이트)을 통해서 전 세계의 급속한 변화에 반응하고 있는 지구적 사회복지의 세계로 접근할 수 있을 것이다.

2001년 9·11 사건과 연이어 발발한 이라크와 아프카니스탄의 전쟁은 미국과 전 세계의 개인, 가족, 집단, 조직, 공동체에 영향을 주었다. 이 비극적인 사건은 미국인의 행복과 국제적인 관심사, 욕구, 증오심, 사회행동 간에 상호 관련되어 있음을 일깨워주었다. 그리고 그 비극적인 사건은 사실상 모든 미국인에게 직·간접적으로 영향을 주었고 전 세계 수많은 사람들의 삶에도 영향을 주었다고 볼 수 있다. 사회복지사들은 인간과 사회환경, 인간의 존엄과 가치, 사회경제적 정의에 대해 관심을 가지기 때문에, 9.11 이전과 이후의 중요한 문제들을 이해하고 해결해야 할 책임을 가지고 있다.

사회복지와 이슬람

9·11 사건 이후 미국의 일반인뿐 아니라 특히 사회복지사들도 무슬림 내

지 아랍세계 그리고 이슬람종교와 문화에 대해 아는 바가 거의 없다는 점이 더욱 분명해졌다. 6장에서 우리는 가족의 맥락에서 이슬람에 대해 살펴보았다. 10장에서는 무슬림의 삶을 이끄는 이슬람 세계관과 문화의 기본교리를 다룸으로써, 종교적 및 사회적 입장에서 이슬람을 보다 잘 이해할 수 있을 것이다. 하지만 무슬림과 무슬림공동체도 모든 다른 인간 공동체와 마찬가지로 개인과 공동체가 이슬람 교리를 받아들이고 실천하는 정도에 차이가 있음을 이해하는 것이 매우 중요하다.

Al-Krenawi와 Graham에 따르면, "아랍의 민족사회는 대단히 다양하고, 민족적, 언어적, 종파적, 가족적, 부족적, 지역적, 사회경제적, 그리고 국가적 정체성에 따라 다양한 사회적 차별체계로 구성되어 있다."고 한다. 또한 이슬람 사회는 "개인보다 집단을 우선시하고 느린 사회변화와 사회적 안정 추구"를 더욱 강조한다고 말한다(2000a:10).

Rehman과 Dziegielewski는 이슬람의 세계관에 포함되어 있는 7가지의 기본 믿음을 제시한다.

1. 천국과 지상의 유일자이면서 창조자인 유일신 알라에 대한 믿음
2. 신의 뜻에 대한 믿음(Al-Qad/숙명론)
3. 알라의 수호천사에 대한 믿음
4. 알라의 계시록(토라, 시편, 코란과 가스펠)에 대한 믿음
5. 알라의 예언자들에 대한 믿음
6. 심판 날에 대한 믿음
7. 사후의 삶에 대한 믿음(2003:33).

Al-Krenawi와 Graham은 "이슬람교의 다섯 가지 지주(Five Pilllars of Islams)"가 이슬람 교도들의 삶에 스며들어 있다고 설명한다.

1. **샤하다**(The shahada): 알라 이외에는 어떤 신도 존재하지 않으며 모하메드가 최후의 예언자라는 믿음의 신앙고백
2. **살라트**(The salat): 하루에 다섯 번 기도하는 의무
3. **자카트**(The zakat): 가난한 사람들의 가족과 사업을 위해 자선을 베풀어야 할 의무. 관례상 매년 모든 자본, 자산, 저축 그리고 현재 수입 중 2.5%의 금액을 자선비로 사용하도록 정함.

4. **시암**(The siam): 라마단 한 달 동안 낮 시간에 음식, 음료, 성생활을 금지하는 의무. 라마단은 알라가 예언자 모하메드에게 코란을 계시한 기념일 바로 전 한달 간임.

5. **하지**(The Hajj): 알라가 코란을 예언자 모하메드에게 계시했던 장소인 신성한 이슬람 도시인 메카 순례. 무슬림은 재정적, 정신적, 육체적인 능력을 가지고 있는 한 최소한 생애 한번은 순례를 해야 함(Al-Krenawi and Graham 2000b:294-295).

또한 "이슬람교에는 특별한 식사법이 존재한다. 무슬림은 돼지고기나 정상적인 활동을 저해할 우려가 있는 술이나 약물을 섭취하지 않는다"(Rehman and Dziegielewski 2003:33).

국제적, 지구적 맥락에 대한 정의

Asamoah와 동료 학자들(1997)은 "국제적"과 "지구적"이라는 용어가 혼용되고 있다고 지적하면서 이 두 용어의 차이를 설명하고 있다. 국제적이라는 용어는 "둘 이상의 국가와 관련된, 보다 좁은 의미"를 담고 있고, 이에 반해 '지구적'이라는 용어는 (일반적으로) 지구 전체를 하나로 간주하고, 하나의 연계망 속에서 국내와 국제적인 관심사가 연결되어 사회현상에 서로 영향을 주고받는다는 의미를 담고 있다.

Healy(1995, in Midgley 1997:9-10)도 국제적과 지구적이라는 두 용어를 구별한다. 그녀는 '국제적'이라는 용어가 "여러 나라의 사회복지활동을 비교 설명하는데 포괄적으로 적용되는 용어"이고, '지구적'이라는 용어는 "지구 전체에 영향을 미치는 복지활동을 포괄적으로 가리키는 것"이라고 정의한다(1995, in Midgley 1997:9-10). 사회복지에 대한 국제적, 지구적 관점을 살펴보면서 우리는 이러한 차이를 유념해야 할 것이다.

국제사회복지의 역사적 맥락: 전통적 관점과 대안적 관점

Mayadas와 Eliott(1997)는 국제사회복지의 역사를 4단계로 설명하고 있다. 1단계는 초기 개척자 시기(1880년대에서 1940년대)로, 이 시기 동안 유럽과 미국 간에 활발한 교류가 이루어졌고, 특히 영국에서 미국으로 새로운 사회복지 접근방법이 이전되었다. 자선조직협회(COS)와 인보관(Settlement House)은 사회복지 실천의 기초적인 접근방법이었으며 Midgley는 자선조직협회운동의 이론을 다음과 같이 기술한다.

> 자선조직협회는 빈곤 상태에 있다고 판단된 사람에게 도움을 제공하는 실천 활동에 비판적이었고, 여성 자원봉사자들을 활용하여 빈민구제 신청자의 환경을 조사하고 확인하였다. 또한 자원봉사자들은 클라이언트를 재활시키고, 그들이 스스로의 힘으로 살아갈 수 있도록 원조해주는 계획을 수립했다. 이러한 접근은 … 과학적 원칙에 근거한 것으로 여겨졌다(1997:162).

그는 인보관운동에 대해서도 다음과 같이 기술한다.

> 인보관운동은 치료에 관심을 두기보다 빈민들이 자신의 환경을 개선할 수 있도록 도와주는 다양한 거주지역 활동에 관심을 가졌다. 인보관은 많은 대학생 자원봉사자들이 주축이 되어 유럽과 북미 도시 빈민가에 살고 있는 빈민들의 욕구에 맞게 성인교육교실, 청년클럽, 그리고 레크리에이션 활동을 실시했다. 또한 인보관 활동가들은 지역공동체 조직화에도 관여했다(1997: 162).

Mayadas와 Eliott(1997:175-176)는 이러한 접근에 내재된 전문적 가치는 "온정주의, 자민족중심주의, 보호주의이며, 이러한 전문적 가치는 빈민에 대한 자선, 박애, 사회통제를 위한 서비스 모델에 기초하고 있다."고 한다.

두 번째 단계는 전문직 제국주의(Professional Imperialism)(1940년대~1970년대)의 발전시기이다. 이 시기에는 미국에서 다른 나라로 사회복지교육이 전파되고 발전되었다. 그 기본가치는 여전히 온정주의, 자민족중심주의, 식민주의를 벗어나지 못했고, 서비스는 사회통제적, 교정적, 의료적 위기대응에 기초하였다. 심지어 미국의 사회복지교육을 도입해간 국가 중에서는 자국의 문화가 공동체와 집단을 중시함에도 불구하고, 실천의 초점을 개인에 두고 있는 사회복지교육모델을 수용하는 상황에서 자국과 미국의 문화적 차이에 민감하지 못했다(Mayadas and Eliott 1997:176).

세 번째 단계는 사회복지의 재개념화 및 토착화시기로(1970년대~1990년대) 토착민(원주민)의 욕구와 미국에서 이전된 모델이 조화를 이루지 못한 결과로 나타났다. 수많은 개발도상국에서는 극심한 빈곤과 정치적 억압으로 서구의 모델을 거부하고 보다 더 급진적이고 해방적인 사회개발 모델을 지향하였다. 이 단계의 기본가치는 지방분권화, 양극화, 분리, 지역화이다. 이러한 가치는 개발도상국에서 서구중심 모델을 거부하는 상황을 반영한다(Mayadas and Eliott 1997: 177).

네 번째 단계는 21세기 국제사회의 발전시기로 현재 진행 중이며, 이 단계는 국제사회복지의 패러다임이 전환되고 있음을 보여준다. 국제사회복지가 접근하는 방식은 사회발전을 지향하고, 포괄적이며, 다양한 국가와 지역의 문화적, 사회적 상황의 요구에 신중하게 대응하는 것이다. 새로운 접근방식의 기본가치는 상호적인 의사소통과 다문화주의로 이러한 가치는 민주주의, 다양성, 사회, 문화, 다민족에 초점을 둔다(Mayadas and Eliott 1997:177). 사회개발 접근은 후반부에서 자세히 살펴볼 것이다.

지구적 맥락의 사회복지: 논쟁/비판

지구적 맥락에서 사회복지를 둘러싼 문제들은 복잡하고 난해한 탓에 전문가들 사이에서도 논쟁거리가 된다. Midgley(2001 in Gray and Food 2004:625)는 사회복지사들이 지구적 맥락에서 사회복지를 이해하고자 할 때 직면하게 되는 몇 가지 문제를 언급한다.

▶ 국제사회복지의 본질
▶ 국제적인 사회복지교육과 실천에 대한 전문가의 책무
▶ 사회복지의 보편적인 가치
▶ 국제주의의 바람직하고 규범적인 모습
▶ 사회복지의 본질, 즉 치료중심이나 행동주의나 개발 중심의 실천방식 중 전문가가 전념해야 하는 것

지구적 맥락의 사회복지에 관한 수많은 논쟁들 가운데 하나는 "전문직 제국주의"에 관한 문제이다. Gray와 Food(2004:626)에 따르면,

전세계의 수많은 사회복지사들은 "전문직 제국주의" 특히 개발도상 국가에서의 전문직 제국주의에 대해 목소리 높여 반대하고 있다. 사회복지 연구자들은 지난 30년 동안 서구의 지배적 영향력이 사회복지에 미친 바에 대한 인식을 재고하기 위해 노력해왔고, 개발도상국들이 '제1세계의 실천이론과 모델의 전제와 그 문화적 편견'으로부터 벗어나서 자국에 맞는 사회복지를 찾을 필요가 있다고 강조해왔다. 그리고 현지 중심의 교육과 실천을 개발하기 위해 노력해왔다.

다음은 "전문직 제국주의" 논쟁에서 비롯된 토착화 논의와 그 논쟁의 입장 중 일부이다.

토착화 논쟁

토착화 논쟁은 두 가지 전제에 기초하고 있다.

1. 사회복지는 서구에서 만들어낸 근대의 산물로, 점진적으로 변한다는 개념과 잘 맞아 떨어진다. 여기서 문제점은 "예컨대 서구의 실천 관점이 다른 지역에 사는 사람들의 개인적, 사회적 욕구에도 잘 맞느냐이다."
2. 토착화는 "서구에서 만들어진 사회복지"의 영향력에 의문을 제기하고 사회복지와 지역문화, 역사, 그리고 정치적, 사회적, 경제적 발전을 연결시키려 한다는 점에서 탈근대적 현상이다. 토착화 논쟁의 반대편에서 주장하는 바는 "특정 국가에서 고유한 사회복지실천을 발전시키려는 토착화가 반드시 필요한가?"이다. 이러한 논의는 "토착화된" 실천을 가장 효과적이게 하는 것이 국가 간 경계인지 아니면 국가 간 공통점인지에 대한 문제로 확장되고, 실천을 위해 가장 적절한 개념틀을 제공해 주는 것이 경계의 유연성 내지 경직성 문제로 확장될 수 있다(Gray and Food, 2004:634-635).

위에서 설명한 논쟁의 두 전제는 다음과 같은 보다 구체적인 논쟁으로 이어진다.

1. 지구화 대 지역화 논쟁: "지구화 과정은 지역에 기반을 두고 문제를 해결하는 방법과 대치되는 경향이 있다."는 논쟁

2. 서구화 대 토착화 논쟁: 서구의 사회복지가 "아프리카와 아시아와 같은 제3세계 내지 개발도상국의 상황"에 적절한가? 서구의 사회복지가 "빈곤, 에이즈, 기아, 가뭄 그리고 전쟁과 같은" 개발도상국의 문제들을 해결할 수 있는가?

3. 다문화주의 대 보편주의 논쟁: "내재된 문화적 편견"은 다문화에 대한 사회복지나 문화적으로 민감한 관점에 어떤 영향을 주는가? 보편적으로 가치가 있다는 것은 어떤 개념인가? 비서구권의 전통 문화에서 친족, 공동체, 확대가족체계에 바탕을 둔 집단적 가치와 갈등을 빚을 가능성은 무엇인가?"(Gray and Food 2004:627).

과학기술과 국제사회복지

　　과학기술에 대한 접근은 국제사회복지와 지구적 환경에서 점차 중요한 문제가 되고 있다. 새로운 과학기술은 국제사회복지와 사회발전에 수많은 기회를 제공해 줄 수 있다. 하지만 과학기술을 이용하고 접근하는 것은 자원이 결핍된 사람들과 과학기술을 갖고 활용하는 사회기반이 부족한 국가에게는 심각한 장벽이 될 수도 있다. 예컨대 Midgley(197:33)는 전문가들의 말을 빌어서 "최근 수십년 동안 일어난 정보과학기술의 급속한 팽창은 정치적이거나 경제적 발전보다 지구화의 가속화에 훨씬 더 중요한 역할을 해왔다."고 확신한다. 다시 말해서 과학기술 특히 정보통신기술은 전 세계 사람들과 즉각적인 소통을 가능케 하고 있다. 많은 사람들은 이러한 결과가 지구적으로 통합되어 세계적 문화로 향해가는 것으로 간주한다. 그러나 중요한 점은 과학기술과 그 잠재적 영역에 모든 사람들이 함께 참여하도록 하는 것이다. 대개의 경우 자원, 교육, 평등한 접근권이 결핍될 경우 앞서 여러 번 언급했던 정보격차가 나타난다. 즉 사람이나 국가가 삶의 질을 향상시키고 소통하기 위한 기술을 활용하는 능력에 상당한 격차가 존재해서 "가진 자"와 "못가진자"를 만들어낸다. 과학기술은 분명 국제사회와 경제발전을 위해 고려해야 할 핵심사항이다. 최근 Healy(2001)는 새로

운 과학기술이 국제사회복지 실천과 교육을 발전시킬 수 있는 가능성을 검토하고 있다.

국제사회개발

사회개발은 "경제발전의 성과를 사회프로그램과 연결해서 인간의 복지를 증진시키려는 접근이다. 사회개발을 지지하는 사람들은 경제발전이 반드시 사회적 목적을 위해 활용되어야 한다고 주장한다." 또한 이들은 사회개발프로그램이 사회문제에 치료적인 "임시처방"으로 접근할 것이 아니라, "경제발전에 긍정적으로 기여해야 한다."고 주장한다(Midgley 1997:75-76). 이러한 접근은 개발도상국에서 널리 활용되고 있고 점차 선진국의 취약지역에서도 활용되고 있다. 사회개발 개념은 9장에서 언급한 바와 같이 대부분의 지역사회개발, 빈곤감소에 대한 자산 접근과 많은 공통점을 가지고 있다. 지구적 맥락에서 사회개발은 경제발전으로 누리는 혜택의 심각한 차이와 극심한 빈곤을 극복하기 위해 노력하는 국가와 조직에서 관심을 갖고 있다.

이 책에서 여러 차례 언급한 바와 같이 사회복지, 특히 미국의 사회복지는 역사적으로 개인의 변화와 사회변화의 측면, 미시적 접근과 거시적 접근 사이에서 그 책임의 균형을 유지하기 위해 투쟁해왔다. 또한, 이러한 투쟁의 역사는 인간행동과 사회환경에서도 존재한다. 인간행동과 사회환경에서 이러한 투쟁은 종종 조직, 지역사회, 지구적 환경과 같은 큰 규모의 체계수준보다 개인적이거나 소규모 체계수준의 인간행동에 더 많은 관심을 기울이게 하는 결과를 초래하기도 한다. 일부 학자들은 사회개발 접근을 통해 이러한 대립적인 책임 간에 균형을 이룰 수 있는 방법을 찾을 수 있다고 주장해 왔다.

예컨대, Asamoah와 동료 연구자들은 "UN의 사회개발프로그램이 사회발전의 두 가지 구성요소 즉, 인간의 발달과 지속가능한 발전이라는 두 요소를 연결시켜 주고 있다."고 말한다. 이러한 미시적 접근과 거시적 접근의 결합은 Lowe가 정의한 사회개발에도 반영되어 있는데, 그는 사회개발이란 "포괄적인 개념으로, 개인과 사회제도의 발전을 동시에 추구하는 총체적이고 생태체계적인 접근이다."(Asamoah, Healy, Mayadas 1997에서 인용된 Lowe, 1995)라고 한다.

다음으로는 U.N. 세계인권선언을 살펴볼 것이다.

유엔 세계인권선언

세계인권선언(United Nations Universal Declaration of Human Rights)은 국제사회 복지조직의 가장 중요한 지침 중 하나이다. 세계인권선언은 전 세계 사회복지 조직에서 원칙과 사명을 개발하는데 널리 활용되었다. 한 가지 언급하자면, 이 선언문은 작성 당시의 시대적 특성으로 인해 주로 남성 대명사가 사용되고 있다. 첨언하면, 1948년 채택된 제2조에 "성(sex)"이 추가되었지만, 미국을 포함한 대다수의 나라에서 이를 잘 실천하지 못하고 있다.

유엔 인권선언문
제1조 모든 사람은 태어날 때부터 자유롭고, 존엄성과 권리에 있어서 평등하다. 사람은 이성과 양심을 부여받았으며 서로에게 형제의 정신으로 대하여야 한다.
제2조 모든 사람은 인종, 피부색, 성, 언어, 종교, 정치적 또는 그 밖의 견해, 민족적 또는 사회적 출신, 재산, 출생, 기타의 지위 등에 따른 어떠한 종류의 구별도 없이, 이 선언에 제시된 모든 권리와 자유를 누릴 자격이 있다. 나아가 개인이 속한 나라나 영역이 독립국이든 신탁통치지역이든, 비자치지역이든 또는 그 밖의 다른 주권상의 제한을 받고 있는 지역이든, 그 나라나 영역의 정치적, 사법적, 국제적 지위를 근거로 차별이 행하여져서는 아니된다.
제3조 모든 사람은 생명권과 신체의 자유와 안전을 누릴 권리가 있다.
제4조 어느 누구도 노예나 예속상태에 놓여지지 아니한다. 모든 형태의 노예제도 및 노예매매는 금지된다.
제5조 어느 누구도 고문이나, 잔혹하거나, 비인도적이거나, 모욕적인 취급 또는 형벌을 받지 아니한다.
제6조 모든 사람은 어디에서나 법 앞에 인간으로서 인정받을 권리를 가진다.
제7조 모든 사람은 법 앞에 평등하고, 어떠한 차별도 없이 법의 평등한 보호를 받을 권리를 가진다. 모든 사람은 이 선언을 위반하는 어떠한 차별에 대하여도, 또한 어떠한 차별의 선동에 대하여도 평등한 보호를 받을 권리를 가진다.
제8조 모든 사람은 헌법 또는 법률이 부여하는 기본권을 침해하는 행위에 대하여 담당 국가법원에 의하여 효과적인 구제를 받을 권리를 가진다.
제9조 어느 누구도 자의적인 체포, 구금 또는 추방을 당하지 아니한다.
제10조 모든 사람은 자신의 권리와 의무, 그리고 자신에 대한 형사상의 혐의를 결정함에 있어서, 독립적이고 편견 없는 법정에서 공정하고도 공개적인 심문을 전적으로 평등하게 받을 권리를 가진다.
제11조 1. 형사범죄로 소추당한 모든 사람은 자신의 변호를 위하여 필요한 모든 장치를 갖춘 공개된 재판에서 법률에 따라 유죄로 입증될 때까지 무죄로 추정받을 권리를 가진다. 2. 어느 누구도 행위시의 국내법 또는 국제법상으로 범죄를 구성하지 아니하는 작위 또는 부작위를 이유로 유죄로 되지 아니한다. 또한 범죄가 행하여진 때에 적용될 수 있는 형벌보다 무거운 형벌이 부과되지 아니한다.

제12조	어느 누구도 자신의 사생활, 가정, 주거 또는 통신에 대하여 자의적인 간섭을 받지 않으며, 자신의 명예와 신용에 대하여 공격을 받지 아니한다. 모든 사람은 그러한 간섭과 공격에 대하여 법률의 보호를 받을 권리를 가진다.
제13조	1. 모든 사람은 각국의 영역 내에서 이전과 거주의 자유에 관한 권리를 가진다.
	2. 모든 사람은 자국을 포함한 어떤 나라로부터도 출국할 권리가 있으며, 또한 자국으로 돌아올 권리를 가진다.
제14조	1. 모든 사람은 박해를 피하여 타국에서 피난처를 구하고 비호를 향유할 권리를 가진다.
	2. 이 권리는 비정치적인 범죄 또는 국제연합의 목적과 원칙에 반하는 행위만으로 인하여 제기된 소추의 경우에는 활용될 수 없다.
제15조	1. 모든 사람은 국적을 가질 권리를 가진다.
	2. 어느 누구도 자의적으로 자신의 국적을 박탈당하거나 그의 국적을 바꿀 권리를 부인당하지 아니한다.
제16조	1. 성년에 이른 남녀는 인종, 국적 또는 종교에 따른 어떠한 제한도 받지 않고 혼인하여 가정을 이룰 권리를 가진다. 이들은 혼인 기간 중 및 그 해소시 혼인에 관하여 동등한 권리를 가진다.
	2. 결혼은 양당사자의 자유롭고도 완전한 합의에 의하여만 성립된다.
	3. 가정은 사회의 자연적이며 기초적인 구성 단위이며, 사회와 국가의 보호를 받을 권리를 가진다.
제17조	1. 모든 사람은 단독으로는 물론 타인과 공동으로 자신의 재산을 소유할 권리를 가진다.
	2. 어느 누구도 자신의 재산을 자의적으로 박탈당하지 아니한다.
제18조	모든 사람은 사상, 양심 및 종교의 자유에 대한 권리를 가진다. 이러한 권리는 자신의 종교 또는 신념을 바꿀 자유와 선교, 행사, 예배, 의식에 있어서 단독으로 또는 다른 사람과 공동으로, 공적으로 또는 사적으로 자신의 종교나 신념을 표명하는 자유를 포함한다.
제19조	모든 사람은 의견과 표현의 자유에 관한 권리를 가진다. 이 권리는 간섭받지 않고 의견을 가질 자유와 모든 매체를 통하여 국경에 관계없이 정보와 사상을 추구하고, 접수하고, 전달하는 자유를 포함한다.
제20조	1. 모든 사람은 평화적 집회와 결사의 자유에 관한 권리를 가진다.
	2. 어느 누구도 어떤 결사에 소속될 것을 강요받지 아니한다.
제21조	1. 모든 사람은 직접 또는 자유롭게 선출된 대표를 통하여 자국의 통치에 참여할 권리를 가진다.
	2. 모든 사람은 자국의 공무에 취임할 동등한 권리를 가진다.
	3. 국민의 의사는 정부의 권위의 기초가 된다. 이 의사는 보통 및 평등 선거권에 의거하며, 또한 비밀투표 또는 이와 동등한 자유로운 투표 절차에 따라 실시되는 정기적이고 진정한 선거를 통하여 표현된다.
제22조	모든 사람은 사회의 일원으로서 사회보장제도에 관한 권리를 가지며, 국가적 노력과 국제적 협력을 통하여 그리고 각국의 조직과 자원에 따라 자신의 존엄성과 인격의 자유로운 발전을 위하여 불가결한 경제적, 사회적 및 문화적 권리의 실현에 관한 권리를 가진다.
제23조	1. 모든 사람은 근로의 권리, 자유로운 직업 선택권, 공정하고 유리한 근로조건에 관한 권리 및 실업으로부터 보호받을 권리를 가진다.
	2. 모든 사람은 어떠한 차별도 받지 않고 동등한 노동에 대하여 동등한 보수를 받을 권리를 가진다.
	3. 모든 근로자는 자신과 가족에게 인간적 존엄에 합당한 생활을 보장하여 주며, 필요할 경우 다른 사회적 보호의 수단에 의하여 보완되는, 정당하고 유리한 보수를 받을 권리를 가진다.
	4. 모든 사람은 자신의 이익을 보호하기 위하여 노동조합을 결성하고, 가입할 권리를 가진다.
제24조	모든 사람은 근로시간의 합리적 제한과 정기적인 유급휴일을 포함한 휴식과 여가에 관한 권리를 가진다.
제25조	1. 모든 사람은 식량, 의복, 주택, 의료, 필수적인 사회역무를 포함하여 자신과 가족의 건강과 안녕에 적합한 생활수준을 누릴 권리를 가지며, 실업, 질병, 불구, 배우자와의 사별, 노령, 그 밖의 자신이 통제할 수 없는 상황에서의 다른 생계 결핍의 경우 사회보장을 누릴 권리를 가진다.
	2. 모자는 특별한 보살핌과 도움을 받을 권리를 가진다. 모든 어린이는 부모의 혼인 여부에 관계없이 동등한 사회적 보호를 향유한다.
제26조	1. 모든 사람은 교육을 받을 권리를 가진다. 교육은 최소한 초등기초단계에서는 무상이어야 한다. 초등교육

은 의무적이어야 한다. 기술교육과 직업교육은 일반적으로 이용할 수 있어야 하며, 고등교육도 능력에 따라 모든 사람에게 평등하게 개방되어야 한다.

2. 교육은 인격의 완전한 발전과 인권 및 기본적 자유에 대한 존중의 강화를 목표로 하여야 한다. 교육은 모든 국가들과 인종적 또는 종교적 집단간에 있어서 이해, 관용 및 친선을 증진시키고 평화를 유지하기 위한 국제연합의 활동을 촉진시켜야 한다.

3. 부모는 자녀에게 제공되는 교육의 종류를 선택함에 있어서 우선권을 가진다.

제27조 1. 모든 사람은 공동체의 문화생활에 자유롭게 참여하고, 예술을 감상하며, 과학의 진보와 그 혜택을 향유할 권리를 가진다.

2. 모든 사람은 자신이 창조한 모든 과학적, 문학적, 예술적 창작물에서 생기는 정신적, 물질적 이익을 보호받을 권리를 가진다.

제28조 모든 사람은 이 선언에 제시된 권리와 자유가 완전히 실현될 수 있는 사회적 및 국제적 질서에 대한 권리를 가진다.

제29조 1. 모든 사람은 그 안에서만 자신의 인격을 자유롭고 완전하게 발전시킬 수 있는 공동체에 대하여 의무를 부담한다.

2. 모든 사람은 자신의 권리와 자유를 행사함에 있어서, 타인의 권리와 자유에 대한 적절한 인정과 존중을 보장하고, 민주사회에서의 도덕심, 공공질서, 일반의 복지를 위하여 정당한 필요를 충족시키기 위한 목적에서만 법률에 규정된 제한을 받는다.

3. 이러한 권리와 자유는 어떤 경우에도 국제연합의 목적과 원칙에 반하여 행사될 수 없다.

제30조 이 선언의 그 어떠한 조항도 특정 국가, 집단 또는 개인이 이 선언에 규정된 어떠한 권리와 자유를 파괴할 목적의 활동에 종사하거나, 또는 그와 같은 행위를 행할 어떠한 권리도 가지는 것으로 해석되지 아니한다.

새천년 목표

2000년 유엔 개발프로그램에서는 U.N. 세계인권선언의 원칙에 따라 수많은 국가, 민간영리조직, 비영리조직, 비정부기구(NGOs)와 공적인 정부조직이 협력하여 2015년까지 세계의 빈곤을 퇴치하기 위한 아젠다를 천명하였다. 반기문 사무총장은 2008년 유엔새천년개발목표 보고서 서문에서 기존 목표에 우선하는 상위 목적을 "국제사회는 2000년에 새천년 선언문을 채택하면서 '남성, 여성, 아동을 비참하고 비인간적인 극도의 빈곤상황으로부터 벗어나게 하기 위해 최선을 다할 것이다.'라고 서약했다. 새천년개발목표를 달성하기로 되어 있는 2015년까지는 이제 절반도 남지 않았다."고 언급하였다.

또한 반기문 사무총장은 새천년개발목표(MDGs)의 진정한 의도는 "전 세계가 함께 발전하려는 염원으로 요약된다."고 한다. 그러나 새천년개발목표는 단순한 개발목표를 의미하는 것이 아니라 굶주림으로부터 해방, 기초교육을 받을 권리, 건강할 권리와 미래세대에 대한 책임같이 보편적인 인간의 가치와 권리를 포함한다(U.N. 2008:3). 여덟 가지 목표는 다음과 같다.

1. 목표: 절대빈곤과 기아퇴치

2. 목표: 보편적 초등교육 달성

3. 목표: 성평등과 여권신장

4. 목표: 유아사망률 감소

5. 목표: 산모 보건 개선

6. 목표: 에이즈(HIV/AIDS), 말라리아 및 주요 질병 퇴치

7. 목표: 지속가능한 환경 보장

8. 목표: 국제적인 협력관계 증진

성과와 과제

2008년 보고서에는 성취된 목표와 목표 성취를 위해 지속되어야 할 활동을 언급하고 있다. 그리고 "새천년개발목표(MDG) 중 일부가 이미 상당한 성과를 거두었으며, 2015년까지 나머지 목표들도 달성할 수 있을 것으로 기대된다."고 보고하고 있다.

성과

▶ 전체적으로 볼 때, 절대빈곤인구를 절반으로 줄이려는 목표는 달성할 수 있을 것으로 보인다.

▶ 두 지역을 제외한 전 지역에서, 초등학교 취학률은 최소 90%에 이른다.

▶ 초등교육을 받는 어린이들 가운데 남학생 100명당 여학생 비율은 인구밀도가 가장 높은 지역을 포함하여 10개 지역 중 6개 지역에서 95% 이상을 차지한다.

▶ 홍역으로 인한 사망은 2000년도에 75만명에서 2006년에는 25만명 미만으로 줄어들었고, 개발도상국 내 약 80% 정도의 어린이가 홍역백신 주사를 맞았다.

▶ 에이즈로 인한 사망자수는 2005년 220만 명에서 2007년 200만 명으로 감소했고, 새로 감염된 환자수도 2001년 300만 명에서 2007년 270만 명으로 줄었다.

▶ 말라리아 예방이 확대되어 사하라 이남 아프리카 지역의 5세 미만 아동에게 방충망이 널리 보급되었으며, 2000년 이래 방충망 이용이 3배로 증가했다.

▶ 목표로 삼고 있는 2015년 이전에 결핵의 발생을 멈추고 감소세로 전환시킬 수 있을 것이다.

▶ 1990년부터 지금까지 약 16억 명이 안전한 식수를 마실 수 있게 되었다.

▶ 오존층을 파괴하는 물질을 더 이상 사용하지 않게 되었으며, 이를 통해 지구온난화를 완화시키는데 크게 기여할 수 있었다.

▶ 개발도상국에서는 외채를 갚는데 사용하고 있는 소득의 비율이 2000년 12.5%에서 2006년 6.6%로 감소했다. 이렇게 생겨난 여분의 소득을 빈곤을 줄이는데 사용할 수 있었다.

▶ 민간기업들은 개발도상국에 필수의약품 제공을 늘리고 휴대전화 기술 등을 빠르게 확산시켰다(U.N. 2008:4).

남겨진 과제

또한 이 보고서는 "몇몇 성공한 목표와 달리 좀 더 강력하고 추가적인 조치를 취하거나 잘못된 점을 시정하려는 노력 없이는 성취할 수 없는 목표도 존재한다."고 한다.

▶ 사하라 이남 아프리카에 사는 사람들 중 하루 1달러 미만의 돈으로 생활하는 사람들을 반으로 줄이겠다는 목표는 요원해 보인다.

▶ 개발도상국 어린이 중 약 1/4 가량이 체중미달이거나 장기간의 영양불량 등으로 미래의 희망조차 빼앗길 위험에 처해있다.

▶ 초중등교육을 받고 있는 남녀학생의 비율을 같은 비율로 유지하려던 목표는 113개 국에서 일단 실패했으며, 18개국 정도가 2015년까지 이 목표를 달성할 수 있을 것으로 보인다.

▶ 개발도상국에서 일하는 여성 중 2/3 정도는 자영업이거나 노동에 대한 대가를 기대할 수 없는 가족단위 노동에 고용되어 있는 등 매우 불안정한 고용구조를 보이고 있다.

▶ 개발도상국의 약 1/3은 여성국회의원이 전체 국회의원의 10% 미만이다.

▶ 개발도상국에서는 매년 50만 명 이상의 여성이 출산도중이나 임산과 관련해서 사망한다.

▶ 개발도상국 인구의 거의 절반에 해당하는 약 27억 명이 비위생적인 환경에서 살고 있다.

▶ 개발도상국에서 늘어나는 도시인구 중 1/3 이상이 빈민가에서 생활하고 있다.

▶ 탄소배출문제를 해결하기 위해 세워놓은 국제로드맵과는 상관없이 탄소배출은 끊임없이 증가하고 있다.

▶ 선진국들의 대외원조액은 2007년까지 2년 연속 감소했고, 2005년에 약속했던 수준 아래로 떨어질 가능성도 있다.

▶ 국제무역협상은 예정된 계획보다 몇 년 정도 느리게 진행되고 있고, 초기의 기대에도 한참 미달할 것으로 보인다(U.N. 2008:4).

분명 성과도 많았지만, 이 목표들을 달성하기 위해 수행되어야 할 과제도 상당수 남아있다. 이 보고서에는 목표 달성 과정에서 세계경제의 침체로 인해 놓친 것과 잃어버릴 가능성이 높은 것들을 확인하고 있다. 이 보고서는 2008년 가을부터 2009년 전반기에 본격적으로 세계경제가 침체되기 직전인 2008년에 발간되었다. 유엔세계인권선언문과 새천년개발목표는 인권에 대한 확고한 신념을 기반으로 하고 있다. 이에 따라 우리는 인권 전문직으로서의 사회복지 개념에 대해 살펴볼 것이다.

인권 전문직으로서 사회복지

인권의 정의는 다양하지만, 많은 공통점이 있는데 차후에 그러한 정의에 대한 논의를 살펴볼 것이다. 1988년 국제사회복지사연맹(IFSW: 다음 부분의 IFSW 관련정보를 참조할 것)에서는 "사회복지가 과거로부터 현재까지 인권전문직임에 변함이 없다."고 선언했다. Healy는 IFSW 선언에 나타난 기본원리는 "모든 인간의 고유한 가치이며, 그 주요 목적 중 하나는 공평한 사회구조를 조성하는 것인데, 이는 인간의 존엄성을 유지하면서 인간의 안정과 발전을 가능하게 할 수 있다."고 한다. Healy는 인권을 "모든 인간에게 주어진 권리"로 정의한다. 그녀는 특히 유엔 인권선언 22조와 25조가 인권전문직으로써의 사회복지에 적용될 수 있다고 본다(앞의 유엔세계인권선언의 해당조항을 보라)(Healy 2008:735-737). 그리고 Lundy와 Van Wormer는 사회복지사전에서 사회정의를 "모든 사회구성원들이 동일한 기본적인 권리, 보호, 기회, 의무 그리고 사회적 혜택을 가지는 이상적 상태"라고 정의한다(Lundy and Van Wormer 2007:727).

사회경제적 정의 개념도 사회복지가 목표로 삼은 기본요소이면서 인권 개념과도 밀접하게 관련되어 있다. 물론 동일한 것은 아니다. 예컨대 Lundy와 Van Wormer는 "경제적 정의는 보다 좁은 개념으로, 생활수준이 이상적으로 평등해야 함을 의미한다. 모든 사람이 의미있는 일을 할 기회를 가져야 하고 충분한 음식, 주거, 건강을 유지할 정도의 생활수준을 보장하는 수입이 있어야 한다."고 본다. 그들은 "사회경제적 정의는 일반 사회와 관련된 보편적 용어인 반면, 인권은 사람에 대한 것으로, 자유와 안녕, 개인과 집단의 권리에 관한 구체적이고 보편적인 기준을 뜻하는 용어이다."라고 부연 설명한다(Lundy and Van Wormer 2007:728).

Asamoah와 동료 연구자들은 "사회복지전문직에서 인권을 통합적 개념틀로 활용할 가능성"을 논의하면서, 유엔인권선언(앞부분을 참조할 것)이 인권을 사실상 네 범주로 규정하고 있다고 한다.

1. 인간의 존엄성
2. 시민권과 정치권
3. 경제권, 사회권 — 주거, 보건, 교육, 노령연금을 보장하는 정부의 책임을 포함한다.
4. 단결권은 "쾌적한 환경, 평화, 국제적 분배의 정의와 같은 권리를 실현시키기 위해 개별적, 국제적 협력이 필요하다고 강조한다"(Asamoah, Healy, and Mayadas 1997).

학자들은 미국에서 인권 범주 중 앞의 두 범주만을 "인권의 모든 것"으로 여겨왔다고 주장한다. 그러나 "지구적 관점에서 전문직 사회복지는 뒤의 두 가지 범주도 중요하게 여긴다."고 말한다(Asamoah et al. 1997).

인권침해 가운데 가장 심각한 것은 고문이다. *우리 시대의 전염병: 고문, 인권 그리고 사회복지*(David W. Engstom and Amy Okamura 2004)라는 글에서 저자들은 이러한 심각한 인권침해를 다룬다. 그들은 고문이 만연한 현실을 고발하면서, 미국의 수많은 이민자와 피난민들이 고문의 희생자가 되어왔음에도 불구하고, 미국 사회복지사들은 고문생존자들을 도와줄 준비를 충분히 갖추지 못했다고 한다. 그래서 고문생존자를 원조하는 사회복지사에게 도움이 될 만한 개입방법과 활용 가능한 자원에 대한 정보를 제공한다.

다음으로 우리는 지구적 맥락에서 사회복지의 주요 목표인 인권과 사회경제적 정의를 실현하기 위해 활발히 활동하고 있는 주요 국제사회복지조직들을 살펴볼 것이다.

국제사회복지조직

국제사회조직들은 유엔세계인권선언을 이행하는데 많은 관심을 가지고 있다. 더구나 이들 조직은 모든 사람의 행복, 사회경제적 정의사회 실현이라는 사회복지 윤리와 가치에 부합하는 지구적 환경을 효과적으로 구축하는 방법과 사회복지사의 책무에 관한 관심사를 공유한다. 대표적인 국제사회복지사조직으로는 국제사회복지사연맹(International Federation of Social Work: [IFSW]), 국제사회복지협회(International Council on Social Welfare: [ICSW]), 그리고 국제사회복지학회(International Association of Schools of Social Work: [IASSW])가 있다. 이 조직들은 사회복지교육과 실천을 통해 국제적 접근을 효과적으로 발전시키는 리더십과 지침을 제시하기 위해 협력한다. 예컨대, 2001년 국제사회복지사연맹과 국제사회복지학회는 공동 작업으로 국제사회복지의 정의를 주창하였다. 이들 각 조직의 사명과 원칙을 살펴본 후 공동 작업으로 만들어진 국제사회복지의 정의를 검토할 것이다.

국제사회복지학회(IASSW)는 사회복지 교육기관과 사회복지 교육을 지원하는 조직, 사회복지 교육자들의 국제 연맹체이다. 사명은 다음과 같다.

a. 인간의 복지를 증진시키기 위해 지구적 사회복지의 교육, 연구, 학문을 발전시키고 향상시킨다.
b. 사회복지교육자들의 역동적인 공동체와 교육자들의 프로그램을 만들고 유지한다.
c. 정보와 전문 지식의 상호교류를 지원하고 촉진한다.
d. 국제적 수준의 사회복지교육을 제시한다.

국제사회복지학회는 이러한 사명을 실행하기 위해 유엔인권선언과 유엔인

권협정을 준수하고 개인의 양도할 수 없는 권리를 존중하는 것이 자유, 정의, 평화의 근간으로 여긴다.

국제사회복지학회의 구성원들은 지속적으로 사회정의와 사회발전을 추구해야 할 의무가 있다. 이러한 사명을 수행함에 있어, 국제사회복지학회는 구성원 간에 그리고 다른 사람들과 협력, 협조, 그리고 상호 의존할 것을 촉진한다.[1]

국제사회복지협회는 1928년 파리에서 창설된 비정부조직으로, 현재 전세계 80개국 이상의 국가적, 지역적 조직을 대표한다. 또한 이 협회에는 다수의 주요 국제조직도 회원으로 참여하고 있다.

사명(Mission): 국제사회복지협회는 지구적 비정부조직으로, 사회복지, 사회발전, 사회정의의 발전을 추구하는 국가 및 국제 회원조직들을 대표한다.

국제사회복지협회의 기본 사명은 전 세계에 혜택을 받지 못한 사람들의 빈곤, 곤경, 취약성을 감소시키기 위해 사회경제적 발전을 증진시키는 것이다. 국제사회복지협회는 음식, 주거, 교육, 보건, 그리고 안전에 대한 기본적 권리를 인정하고 보호하기 위해 노력한다. 국제사회복지협회는 이러한 권리들이 자유, 정의, 평화의 근본 바탕이라고 생각한다. 또한 국제사회복지협회는 기회의 평등, 표현의 자유, 인간서비스에 대한 접근권을 개선하고자 노력한다.

이러한 사명을 수행함에 있어서 국제사회복지협회는 사회적 목적과 경제적 목적 간의 적절한 균형을 유지하고, 문화적 다양성을 존중하는 프로그램과 정책을 지지한다. 국제사회복지협회는 정부, 국제조직, 비정부조직 등에서 이러한 프로그램과 정책을 실행하도록 촉구한다. 그래서 지역적, 국가적, 국제적 수준의 협회 조직망을 통해서, 또 타 조직과도 협력한다. 국제사회복지협회는 이러한 목적을 추구하기 위해 정보수집과 배포, 연구 및 분석, 세미나 및 회의개최, 일반대중의 경험활용, 비정부조직의 강화, 정책제안서 개발, 공적인 옹호활동 참여, 정부와 타 조직 의사결정권자 및 행정가와 협력하는 방법을 사용한다.[2]

국제사회복지사연맹(IFSW)은 사회복지가 다양한 배경, 즉 인본주의, 종교적, 민주주의적 이상과 철학적 배경에서 유래한다고 본다. 그리고 사회복지는 개인-사회의 상호작용에서 발생하는 인간의 욕구를 충족시키고 인간의 잠재력을 발

---

1) 기존의 검색주소가 http://www.iassw-aiets.org로 변경됨.
2) 검색주소는 http://www.icsw.org을 참조할 것.

휘할 수 있도록 보편적인 적용원칙을 갖는다고 본다.

전문직 사회복지사는 인간의 복지와 자아실현을 위한 서비스 제공, 인간행동과 사회에 관한 과학지식의 개발 및 올바른 사용, 개인, 집단, 국가, 국제적 욕구와 열망을 채워줄 자원개발, 삶의 질 향상, 그리고 사회정의의 달성이라는 업무에 전념한다.

역사: 국제사회복지사연맹은 국제사회복지사 상설사무국을 계승한 조직으로, 1928년 파리에서 창설되어 2차 세계대전이 발발할 때까지 활동하였다. 1950년 파리에서 열린 국제사회복지총회에서 비로소 전문적 사회복지사의 국제조직인 국제사회복지사연맹의 창설에 대해 결의했다.

초기에 맺은 협약은 7개국의 조직에서 회원이 되기로 동의하면, 국제사회복지사연맹(IFSW)을 출범시킨다는 것이었다. 충분한 준비작업 후, 1956년 마침내 독일 뮌헨의 국제사회복지총회에서 국제사회복지사연맹을 창설하였다.[3]

국제사회복지의 정의: 사회복지전문직은 인간의 행복을 증진시키기 위해 사회변화, 인간관계의 문제해결, 권한강화와 인간해방을 촉진한다. 사회복지는 인간행동과 사회체계이론을 활용하여, 사람들이 그들의 환경과 상호작용하는 것에 개입한다. 사회복지의 근본 원칙은 인권과 사회정의이다.

사명: 다양한 형태로 존재하는 사회복지는 인간과 환경간의 다양하고 복잡한 상호작용을 강조한다. 모든 사람이 자신의 온전한 잠재력을 개발하고, 삶을 풍요롭게 하며, 역기능을 예방할 수 있도록 돕는 것이 사회복지의 사명이다. 전문직 사회복지는 문제해결과 변화에 초점을 두고 있다. 그렇기 때문에 사회복지사들은 사회뿐 아니라 개인, 가족, 공동체의 삶을 변화시키는 대리인이다. 사회복지는 가치, 이론, 실천이 상호 맞물려 있는 체계이다.

가치: 사회복지는 인도주의와 민주주의 사상으로부터 발전했고, 그 가치는 모든 사람의 평등, 가치, 존엄성의 존중에 기초하고 있다. 사회복지실천은 이미 1세기 이전부터 인간의 욕구충족과 잠재력 개발에 초점을 두어왔다. 인권과 사회정의는 사회복지활동의 동기이며 정당화의 근거가 된다. 사회복지 전문직은 취약집단과 연대하여 사회통합을 촉진시키기 위한 목적으로 빈곤을 완화시킬

---

3) 검색주소는 http://www.ifsw.org을 참조할 것

뿐 아니라, 취약하고 억압받는 사람들을 해방시키는데 힘쓴다. 사회복지의 가치는 국가적 및 국제적 전문직 윤리강령에 구체화되어 있다.

이론: 사회복지 방법론은 연구 및 실천평가에서 도출되는 체계적인 증거기반 지식에 근거하며, 이 증거기반 지식은 지역적 맥락에서 지역 현지의 고유한 지식을 포함한다. 사회복지는 인간과 환경 간의 복잡한 상호작용을 인식하며, 생리·심리사회적 요인들을 포함해 다양한 요인들에 영향을 받거나 주기도 하는 인간의 능력을 인식한다. 사회복지 전문직은 복잡한 상황을 분석하고 개인적, 조직적, 사회문화적 변화를 촉진하기 위해 인간발달과 행동 그리고 사회체계이론을 활용한다.

실천: 사회복지는 사회에 존재하는 장애물, 불공평, 그리고 불의를 다룬다. 또한 일상적인 개인의 문제와 사회문제뿐 아니라 위기와 응급상황에도 대응한다. 사회복지는 인간과 환경 모두에 초점을 두는 총체적 관점에 적합한 다양한 기술, 기법, 활동을 활용한다. 사회복지개입은 일차적으로 개인에 초점을 둔 심리사회적 과정에서부터 사회정책, 사회계획 및 개발에 이르기까지 다양하다. 이러한 개입에는 상담, 임상사회복지, 집단활동, 사회교육활동, 가족치료, 요법뿐 아니라 사람들이 지역사회에 있는 서비스와 자원을 얻을 수 있도록 도와주는 원조활동도 포함한다. 또한 기관행정, 지역사회조직 그리고 사회정책과 경제발전에 영향을 미치는 사회, 정치적 활동에 관여하는 일도 포함한다. 사회복지는 보편적으로 전체론적인 것에 초점을 두지만, 사회복지실천의 우선순위는 문화, 역사, 사회경제적 조건에 따라 국가와 시기마다 다양할 수 있다.[4]

요약

10장에서 우리는 국제적 내지 지구적 수준에서 이루어지는 사회복지의 다양한 측면을 다루었다. 특히 미국이나 부유한 나라의 사회복지사들은 세계무대에서 특별한 기회와 중대한 책임을 동시에 가진다. 사회복지가 전문직의 목적

---

4) International Association of Schools of Social Work/ International Federation of Social Workers, Definition of Social Work Jointly Agreed 27 June 2001 Copenhagen

을 달성하기 위해서는 점차 세계무대로 나아가야 한다. 인간행동과 사회환경을 보다 더 온전하게 이해하기 위해서, 우리는 국제적 이슈와 사람에 대해 해박한 지식을 갖출 필요가 있다. 만약 우리가 부유한 집단과 사회의 구성원이라면, 우리의 특권이 지구의 많은 사람들과 분배되고 있지 않다는 사실을 반드시 인식해야 한다. 더구나 우리는 특권적 지위로 얻은 혜택을 사회경제적 정의실현에 도움이 되는 옹호활동에 활용할 책임이 있다. 우리 사회복지사들은 국경과 신념체계 그리고 생활양식을 초월하는 진정한 세계관을 발전시켜야 한다.

10장 복습

연습문제

1. 사회복지와 관련하여 다양한 국가의 사회복지활동을 비교하여 설명하려고 할 때 Healy가 사용하는 개념은 무엇인가?
   a. 국제적인
   b. 지국적인
   c. 세계적인
   d. 국제적이고 지구적인 용어의 상호교환적인 사용

2. 국제사회복지의 역사는 4단계로 범주화된다. 각기 다른 나라와 지역의 문화적, 사회적 맥락에 따른 욕구에 보다 더 포괄적이고 민감하게 대응하면서 사회개발을 지향하는 국제적인 사회복지를 보여주는 것은 어느 단계는?
   a. 2단계
   b. 4단계
   c. 전문직 제국주의 단계
   d. 자선조직단계

3. _____ 는(은) 사회복지실천에 대한 서구의 지배력과 미국 사회복지교육의 다른 국가들로의 발전과 수출을 나타낸다.
   a. 사회복지 식민화
   b. 사회복지실천의 현지화
   c. 사회복지 지구화
   d. 전문직 제국주의

4. 인간의 복지를 증진시키기 위한 이 접근은 사회프로그램을 경제개발 성과와 지원으로 직접 연결시킴으로써 사회프로그램이 경제발전에 긍정적으로 기여해야 한다고 주장한다. 이러한 접근은 무엇인가?
   a. 포괄적 발전
   b. 사회적 발전
   c. 사회-경제개발
   d. 지구적 빈곤전쟁

5. 이것은 국제 사회복지조직을 이끄는 가장 중요한 문서 가운데 하나로 전 세계 사회복지조직들의 원칙과 임무를 발전시키는데 사용되고 있다. 이것은 무엇인가?
   a. 국제 사회복지사 윤리강령
   b. 사회복지교육 핵심역량위원회
   c. 국제 인권선언
   d. 국제적십자 헌장

6. _____ 는(은) 모든 사회구성원이 동등한 기본권, 보장, 기회, 의무, 사회적 혜택을 가지고 있다는 이상적인 조건으로 정의될 수 있다.
   a. 사회정의
   b. 시민권
   c. 인권
   d. 이상적 권리

7. _____ 는(은) 세계 도처에 있는 빈곤, 고난, 취약성 감소에 목표를 둔 사회경제적 발전방식을 촉진시키는 것을 기본의무로 하는 지구적 비정부조직이다. 이 조직은 전 세계 80개국 이상의 국가 및 지역조직들을 대표한다.
   a. 국제 적집자사(IRC)
   b. 국제 사회복지사연맹(ICSW)
   c. 국제 사회복지위원회(IFSW)
   d. 유엔 개발프로그램(UNDC)

8. 2000년도 새천년 선언문의 채택은 2015년까지 종식을 위한 아젠다를 설정했다.
   a. 고문
   b. 차별
   c. 학살
   d. 세계빈곤

9. _____ 는(은) 인간으로서의 권리와 자유, 복지, 개인 및 집단의 권리와 연관된 특수한 보편적 기준들을 나타낸다.
   a. 사회경제적 정의
   b. 인권
   c. 임파워먼트
   d. 정치적 정의

10. 사회복지사들은 지구적 맥락에서 사회복지실천을 이해하기 위해 노력하는 가운데 다양한 문제에 직면한다. 다음 보기에서 이러한 문제가 아닌 것은?
    a. 사회복지가치의 보편성
    b. 사회복지실천의 본질적 특성, 즉 전문가는 문제를 개선하는 활동가가 되어야 하는지 아니면 실천적 방식을 개발해야 하는지에 대한 여부
    c. 사회복지교육과 실천을 국제화시키는 전문가의 책임
    d. 위의 모든 보기가 문제와 관련 있음

답:1) a 2) b 3) d 4) b 5) c 6) a 7) c 8) d 9) b 10) d

제10장 지구적 관점과 이론   611

참고문헌

AL-Krenawi, A., and Graham, J.(2000a). "Culturally sensitive social work practice with Arab clients in mental health settings." Health and Social Work, 25(1), 9-22.

AL-Krenawi, A., and Graham, J.(2000b). "Islamic theology and prayerm International Social Work, 43(3), 289.

Asamoah, Y., Healy, L. M., and Mayadas, N. (1997). "Ending the international-domestic dichotomy: New approaches to a global curriculum for the millennium." Journal of Social Work Education, 33(2), 389-402.

Gray, M., and Fook, J.(2004). "The quest for a universal social work: some issues and implications." Social Work Education, 23(5), 625-644.

Healy, L.(2001). International Social Work: Professional Action in an Interdependent World. New York: Oxford.

Healy, L.(2008). "Exploring the history of social work as a human rights profession." International Social Work, 51(6), 735.

International Association of Schools of Social Work (IASSW). Available: http://www.iassw.soton.ac.ul/Generic/Mission.asp

International Association of Schools of Social Work/International Federation of Social Workers. Definition of Social Work Jointly Agreed 27 June 2001. Copenhagen.

International Council on Social Welfare (ICSW). Available: http://www.icsw.org.

International Federation of Social Workers. Available: http://www.ifsw.org.

Lundy, C., and Van Wormer, K. (2007). "Social and economic Justice, human rights and peace: The challenge for social work in Canada and the USA." International Social Work, 50(6), 727.

Mayadas, N. and Eliot, D. (1997). Lessons from International Social Work. Book chapter in Reisch, M. and Gambrill. E. Social Work in the 21st Century. Thousand Oaks, CA: Pine Forge Press.

Midgely, J. (1997). Social Welfare in Global Context. Thousand Oaks, CA: Sage Publication.

Rehman, T., and Dziegielewski, S. 2003). "Women who choose Islam." International Journal of Mental Health, 32(3), 31-49.

United Nations Universal Declaration of Human Rights. Available: http://www.un.org/Overview/rights.html

U.N. Millennium Development Goals. Retrieved May 8, 2009, from http://www.undp.org/mdg/goal3.shtml

U.N. (2008). The Millennium Development Goals Report 2008. New york: United Nations.

색 인

감수(監受)

이혁구

성균관대학교 사회학과 졸업
미국 텍사스 주립대학교(오스틴) 사회학 석·박사
성균관대학교 사회과학부 사회복지학과 교수 (現)

저서 및 역서

1. 지식의 최전선: 세상을 변화시키는 더 새롭고 더 창조적인 발상들 (공저, 2002, 한길사)
2. 세계화와 복지국가의 위기 (공역, 2002, 성균관대학교 출판부) (2003년 대학민국학술원 선정 우수학술도서)
3. 종교사회복지실천론: 사회복지실천에서 얼알의 다양성 (공역, 2003, 성균관대학교 출판부) (2005년 대학민국학술원 선정 우수학술도서)

역자(譯者)

석희정

성균관대학교 일반대학원 사회복지학 박사
경남대학교 사회복지학과 조교수 (現)

저서

노숙인의 거주상실 체험에 대한 현상학적 연구 (2012, 지식과 교양)

권현정

성균관대학교 일반대학원 사회복지학 박사과정 수료

김동하

성균관대학교 일반대학원 사회복지학 박사과정 수료

배은미

성균관대학교 일반대학원 사회복지학 박사과정 수료

이현

성균관대학교 일반대학원 사회복지학 박사과정 수료

조용운

성균관대학교 일반대학원 사회복지학 박사과정 수료

고지영

성균관대학교 일반대학원 사회복지학 석사

김연

성균관대학교 일반대학원 사회복지학 석사과정 수료

이수연

성균관대학교 일반대학원 사회복지학 석사

인간행동이론과 사회복지실천: 패러다임의 경쟁과 전환

초판인쇄   2013년 11월 25일
초판발행   2013년 11월 30일

지은이   Joe M. Schriver
옮긴이   성균관대학교 사회복지연구회
펴낸이   안종만

편 집   우석진·이재홍
기획/마케팅   홍현숙
표지디자인   최은정
제 작   우인도·고철민

펴낸곳   (주) 박영사
            서울특별시 종로구 평동 13-31번지
            등록 1959. 3. 11. 제300-1959-1호(倫)
전 화   02)733-6771
f a x   02)736-4818
e-mai   lpys@pybook.co.kr
homepage   www.pybook.co.kr
ISBN   979-11-303-0009-2   93330

copyright©성균관대학교 사회복지연구회 2013, Printed in Korea

* 잘못된 책은 바꿔드립니다. 본서의 무단복제행위를 금합니다.
* 저자와 협의하에 인지첩부를 생략합니다.

정 가   23,000원